ISBN 978-0-266-35653-0
PIBN 10413921

REVISTA GENERAL

DE

LEGISLACIÓN Y JURISPRUDENCIA

TOMO 73

REVISTA GENERAL

DE

LEGISLACIÓN Y JURISPRUDENCIA

FUNDADA POR

D. JOSE REUS Y GARCÍA

DIRECTOR

Excmo. Sr. D. JOSÉ MARÍA MANRESA Y NAVARRO

AÑO TRIGÉSIMOSEXTO

TOMO 78

MADRID
IMPRENTA DE LA REVISTA DE LEGISLACIÓN
á cargo de José M. Sardá
Ronda de Atocha, núm. 15, centro.
1888

LA CONTRATACIÓN

ANTE LOS REGISTRADORES DE LA PROPIEDAD *

II

La ley de 11 de Mayo del corriente año 1888 (*Gaceta* del 22) relativa á las bases del Código civil, establece en la última, ó sea la 27, lo que sigue: «Se establecerán, con el carácter de disposiciones adicionales, las bases orgánicas necesarias para que en períodos de diez años formule la Comisión de Códigos y eleve al Gobierno las reformas que convenga introducir como resultados definitivamente adquiridos por la experiencia en la aplicación del Código, por los progresos realizados en otros países y utilizables en el nuestro, y por la jurisprudencia del Tribunal Supremo.»

El legislador ha comprendido que con el carácter de movilidad de los tiempos modernos, por lo que atañe al perfeccionamiento de las instituciones, se hacía preciso evitar el estacionamiento en el Código civil, que no marcharía al compás de la época, y por ello ha consignado la disposición transcrita, para que la Comisión de Códigos, en períodos de diez años, formule y eleve al Gobierno las reformas que convenga introducir como resultados definitivamente adquiridos por la experiencia en la aplicación del Código y por la jurisprudencia del Tribu-

---

* Véase la pág 616 del tomo anterior

nal Supremo. Téngase muy especialmente en cuenta que se comprende también como objeto de reforma lo que pueda serlo en virtud de *los progresos realizados en otros países y utilizables en el nuestro,* de suerte que el legislador no considera que debamos concretarnos á nuestra patria para el mejoramiento del Código, sino que entiende que deben tenerse en cuenta los progresos que se realicen en otros países, que puedan utilizarse en España. Además, el legislador comprende que el estacionamiento es la muerte, y por lo tanto, ha querido consignar en disposición concreta los plazos de revisión para atender al perfeccionamiento del Código, lo cual indudablemente no podrá menos de dar buenos resultados, porque la experiencia tiene demostrado que en leyes complicadas y complejas es útil y necesaria una revisión y mejora realizada al compás de las observaciones que la práctica ha sugerido y el progreso de los tiempos hace inevitable.

Veinticinco años cumplidos tenemos de régimen hipotecario, y con respecto á transmisión de la propiedad, tenemos el mismo sistema que al comenzar, bien que con las excepciones de los artículos 405 al 408 de la ley Hipotecaria, mediando la notabilísima circunstancia de existir.el proyecto de ley adicional á la Hipotecaria de 1864, que admitía á la inscripción los documentos privados hasta determinada cuantía ratificados ante el Registrador, sin que hayan podido subsanarse los defectos gravísimos que envuelve el sistema vigente, que demostramos de un modo cumplido en nuestra monografía *Estudios sobre legislación hipotecaria y notarial,* y habiendo formulado un proyecto perfectamente científico que obvia aquellos inconvenientes y ofrece otras ventajas, la clase notarial pretende continuar en un *statu quo* insostenible, con tanto mayor motivo, en cuanto en la legislación de otros países se han establecido otros sistemas altamente convenientes á la propiedad territorial, y de los cuales, por lo tanto, hemos de tomar lo que pueda sernos aplicable, dado el estado actual de nuestra legislación, movimiento adoptado ya por nuestro legislador en la ley citada, con aplicación al Código civil, y que condena la oposición sistemática que el Cuerpo notarial hace á todo movimiento de progreso que pueda contribuir á la mengua de sús privilegios de clase, aun cuando aquel progreso redunde en beneficio del País en general. Pero afortunadamente, el legislador se inspira en un espíritu más amplio y conforme con nuestros tiempos, y lo prueba, además de la disposición citada, la creación en el Ministerio de Gracia y Justicia de una Biblioteca de legislación extranjera, lo cual ha de hacer más asequibles en España los progresos que en materia de legislación se realicen en otros países. Por lo mismo, el espíritu estrecho que la clase notarial quiere hacer dominar en la cuestión objeto de nuestro estudio, no prevalecerá, y la reforma se llevará á cabo teniendo en cuenta los importantes antecedentes que respecto á la misma existen en la Península y en otros países.

Lo dijo el Sr. García Andreu y lo sostienen todos los escritores: el ideal de la ciencia se dirige hacia la sustantividad de la ley Hipotecaria y de lo que conste en el Registro, ya que sin ella no habríamos alcanzado mucho más de lo que teníamos con las antiguas Contadurías, y con el actual sistema es imposible llegar á la misma, porque siempre nos encontramos con los insuperables inconvenientes de los artículos 33 y 34 de la ley Hipotecaria, hasta el extremo de que el que quiere adquirir con completa seguridad, ha de recurrir á los trámites costosos é inacabables de los propios artículos 34 de la ley y su concordante 308 del Reglamento, cosa análoga á lo que establece el sistema de sir Roberto Torrens al verificarse la primera inscripción, para verificar la cual se precisa que cuando el propietario opta por el sistema de la *registration of title*, presente en la oficina del Registro sus antiguos títulos, acompañados de un plano de la finca. El Registrador examina escrupulosamente todas sus condiciones, la suficiencia del deslinde, la legitimidad de la posesión, las cargas y las servidumbres que pesan sobre ella, etc., etc.; inmediatamente se publican anuncios en los periódicos y se dirigen comunicaciones especiales á los propietarios colindantes. Si se suscita alguna oposición de parte legítima, se suspende el curso del expediente de información hasta que haya sido satisfactoriamente resuelta. Si nadie formula reclamación, el Registrador ó jefe de la *real property transfer office* admite á registro la finca por el régimen de la *registration of title*. A este efecto, inscribe el título de propiedad, con su plano correspondiente, en un folio especial de cierto Registro, en el cual especifica circunstanciadamente todas las cargas, servidumbres, hipotecas y arrendamientos á que está sujeta la finca, y entrega al propietario un duplicado exactamente igual á la matriz del Registro, sacado de ella algunas veces fotográficamente. Como se ve, las operaciones preliminares al libramiento del título son semejantes á las que tiene establecidas nuestra legislación hipotecaria para el caso de derechos anteriores á la ley, ó inscritos en los antiguos libros de las Contadurías de hipotecas, ó de derechos no inscritos y que no resultan de documento alguno; y en relación á los anteriores adquirentes con lo que establecen los artículos 34 de la ley Hipotecaria y 308 del Reglamento.

Pero esto que en el sistema australiano no ocurre más que al inscribirse por primera vez la finca en el Registro y expedirse el título, no tiene en España límite de ninguna clase, y ha de verificarse siempre que el adquirente quiera evitar los inconvenientes de inscripción de títulos falsos, lo cual está en contra de nuestro sistema actual y en favor de aquél, que proporciona tantas ventajas y seguridades al propietario y futuros adquirentes en las transmisiones sucesivas del predio por el sistema que antes mencionamos.

Y el de sir Roberto Torrens ha llegado á la completa sustantividad de la ley, bajo el aspecto de que lo que aparece del Registro y del título sea la inconcusa verdad legal, en cuanto al valor del inmueble ó derecho de que se trata, porque el que adquiere un inmueble ó presta con hipoteca, puede dormir tranquilo; los títulos de propiedad con el sistema Torrens llevan la garantía del Gobierno, que responde de toda reclamación que pudiera dirigirse contra ellos. Si una vez expedido un título resulta que se ha perjudicado á un tercero, el Gobierno le indemniza, pero no le restituye la propiedad. Exceptúase, por supuesto, el caso de que el poseedor haya procedido con dolo. Para prestar esa garantía, el Gobierno percibe en el acto del Registro un derecho que no excede de 2 por 1.000. Para comprender cómo puede la Administración con una prima tan mínima garantizar los actos celebrados por los particulares y registrados por ella, conviene tener en cuenta la escrupulosidad con que se ejecutan las operaciones preliminares á la primera inscripción, ó mejor dicho, al libramiento del título, por consecuencia de lo cual no se ha dado todavía el caso de que un acto haya sido anulado por los Tribunales en Nueva Gales del Sur, y uno solo en Queesland, otro en Nueva Zelanda, dos en la Australia del Sur, etc., según los *Official reports on the working of the system in the colonies*, redactados por los Gobernadores de las colonias inglesas, en contestación á la circular de Lord Kimberley, de Septiembre de 1880, y publicadas por acuerdo de la Cámara de los Comunes en 10 de Mayo de 1881.

Con el actual sistema, y dados los veinticinco años cumplidos de régimen hipotecario, es decir, con el transcurso del término de la prescripción para Castilla, para las fincas y derechos que se inscribieron al establecer el Registro moderno, y así sucesivamente en el transcurso del tiempo, se convalida por la prescripción el estado de dominio y hasta el posesorio en el Registro, á pesar de la ausencia de los requisitos que con el sistema australiano se cumplen al verificarse el registro de la finca; por lo cual podría darse á la inscripción todo el carácter de sustantividad que tiene en Australia, y todavía mayor, la sustantividad del sistema prusiano consignada en el proyecto de 28 de Noviembre de 1868, según el cual lo que consta en los libros merecería una fe absoluta é inatacable; «es propietario el que aparezca como tal en el Registro.» La transmisión de los bienes inmuebles se verifica en Prusia por virtud de la *Auflassung*, esto es, de la investidura que confiere el Juez Registrador, al propio tiempo que practica la inscripción, constituyendo ambas cosas un acto indiviso y el único eficaz para efectuar la enajenación (1), porque el convenio sólo produce un derecho á pedir el registro. El art. 1.º de la primera ley de 5 de Mayo de 1872 *sobre la adquisición de la propiedad inmueble y sobre los derechos reales inmoviliarios*, dice: «en caso de enajenación voluntaria, la propiedad de un inmueble no se adquiere sino por virtud de una inscripción en el *libro territorial*, hecha á seguida de un acto de investidura (*Auflassung*)»; y en el 2.º, «la investidura se lleva á cabo mediante la siguiente doble declaración: 1.º, el propietario actual, según el Registro, declara que consiente en que se haga la inscripción en favor del nuevo adquirente; 2.º, éste declara que reclama la inscripción. Ambas declaraciones se harán simultáneamente y en alta voz ante el Juez Registrador competente.» Resulta así una especie de enajenación consentida ante los Tribunales, una *cessio in jure*. «La investidura, se dice en el preámbulo, y la inscripción que la sigue, son dos operaciones inseparables, y constituyen en su conjunto un solo acto jurídico que produce la transmisión de la propiedad, como lo hacía en otro tiempo la tradición. En la investidura, las dos partes expresan solemnemente su voluntad recíproca de enajenar y de adquirir; en la inscripción el Juez

---

(1) Cuando ésta es voluntaria, porque el art. 5.º de la primera de las cuatro leyes *sobre la adquisición de la propiedad inmueble y sobre los derechos reales inmoviliarios*, dice: fuera del caso de jurisdicción voluntaria, la propiedad inmueble continuará adquiriéndose como antes; «esto es, cuando se adquiera por herencia, legado, comunidad legal entre cónyuges, expropiación forzosa, etcétera. Sin embargo, cualquiera que sea el modo de adquisición, el adquirente no podrá consentir una investidura ni constituir un derecho real sobre un inmueble, si no ha inscrito antes su derecho en el libro territorial.» Es decir, que en estos casos la inscripción no es un modo de adquirir, ni tiene otro valor que el que alcanza, por ejemplo, en Francia ó España. Sólo los coherederos pueden, antes de la partición, transmitir los bienes sin inscribir precisamente su derecho.

consagra y da validez al consentimiento de las partes. Una investidura sin inscripción ó una inscripción sin investidura serían impotentes para transferir la propiedad.»

Véase, pues, que nuestro sistema es muy moderado y prudente con respecto lo que ocurre en otros países más científicos que el nuestro; pues nosotros solamente establecemos que la contratación ante los Registradores de la propiedad sea *voluntaria* (en contra de lo que se ha supuesto por varios de nuestros impugnadores), mientras que en Prusia es forzosa; y es porque hemos querido proponer solamente que en nuestra patria se verifique un tímido ensayo en su más pequeña escala, de lo que en otros países ocurre en todos casos respecto la transmisión de la propiedad. Por lo demás, puede verse que nuestro sistema tiene antecedentes de tal valía y significación que destruyen la argumentación toda que contra el mismo se haya hecho.

Otras disposiciones del sistema hipotecario de Prusia confirman los principios generales que hemos mencionado, y entre ellas citaremos algunas. El conocimiento que tenga el adquirente de un título anterior, por el que se haya obligado el enajenante á transferir la cosa á un tercero, no será obstáculo á que se verifique la adquisición (art. 4.°, ley de 5 de Mayo de 1872), disposición análoga á lo prevenido en el art. 3.° del Reglamento de nuestra ley Hipotecaria, que establece que la obligación de transmitir á otro el dominio de cualquier inmueble ó derecho real, ó de constituir sobre uno ú otro algún derecho de la misma índole, no estará sujeto á inscripción. Tampoco lo estará la obligación de celebrar en lo futuro cualquiera de los contratos comprendidos en los artículos anteriores, á menos que en uno ó en otro caso sea garantida dicha obligación personal por medio de otra real. Las restricciones del derecho de enajenar sólo producen efecto contra tercero, si se ha hecho mención de ellas en los libros territoriales, ó si los terceros han tenido conocimiento de las mismas. Estas restricciones no se refieren á los derechos reales, sino á los que limitan el derecho de enajenar, como las condiciones resolutorias, el pacto de retroventa, etc., ó las que proceden de la condición del propietario cuando es menor, pródigo, etc. Los derechos reales, por lo general, tampoco perjudican á tercero si no se inscriben. El Registrador ó Juez conservador está obligado á examinar la validez, en el fondo y en la forma, del acto de la investidura y del consentimiento necesario para hacer la inscripción; pero los vicios del título que ha servido de fundamento no autorizan para denegar la inscripción (1). Los Registradores son responsables de las faltas en que incurran en el ejercicio de sus funciones, y en caso de insolvencia responde el Estado, según el art. 29. La razón aducida por la Cámara de los Señores en apoyo de esta responsabilidad subsidiaria del Estado, es la siguiente: «La ley hace depender el derecho de propiedad de la inscripción, poniendo así, en cierto modo, la fortuna de los particulares en manos de los Registradores; y es, por lo mismo, justo que en compensación garantice plenamente al propietario contra las faltas que aquéllos puedan cometer. Esta garantía, provechosa para el crédito territorial, no será onerosa para el Estado, que podrá hacer pesar esta carga sobre los propietarios, aumentando un poco la tarifa de los derechos de inscripción. Resultará así una especie de seguro mutuo entre todos aquéllos contra los errores posibles de los libros territoriales. Esta parte de la legislación prusiana es análoga á la del sistema de Sir Roberto Torrens, de que nos hemos ocupado, y por lo ventajosa que es al crédito territorial, debe procurar implantarse en España, para llegar á lo cual debemos proseguir en el camino de la sustantividad de la ley, pues hacia la misma se dirige.

_____

(1) Art. 46 de la ley sobre los libros territoriales. El 48 ordena que el Registrador examine si hay algo que se oponga á la investidura; esto es, si el enajenante es propietario según los libros, si tiene capacidad de enajenar, si es susceptible el inmueble de ser enajenado, y si el adquirente tiene capacidad de adquirir.—Este examen es análogo al que nosotros proponemos para evitar los inconvenientes que aparecen del Registro, y al propio tiempo se hace precisa la calificación del título, según el art. 18 de la ley Hipotecaria.

En Suecia, la ley de 22 de Abril de 1881, establece que «cuando una persona ha adquirido de buena fe un inmueble, y después de haber obtenido la investidura la ha poseído en concepto de propietario y sin interrupción durante veinte años, no se dará acción alguna, fundada en un derecho anterior, contra la prescripción.» Una segunda ley de la propia fecha autoriza á los Tribunales para conceder la investidura, cuando no se puede justificar la propiedad, acudiendo al medio de los edictos. Al cabo de diez años, á contar desde el último, si nadie ha intentado la reivindicación, y el interesado figura como propietario en las oficinas de Hacienda, se le concede la investidura. .

En Rusia se publicó en 19 de Mayo de 1881 un decreto del Emperador, citando «los *principios generales* referentes á la constitución del derecho de propiedad y demás derechos reales», calcado en el sistema prusiano de la ley de 1872. Según él, el Registrador que forma parte del orden judicial, está facultado para calificar el derecho del que solicita el registro; depende el derecho de propiedad de la inscripción en los libros; la hipoteca es independiente del crédito y puede constituirla el dueño del fundo á su nombre para transmitirla luego. Es de notar la facultad que se confiere al propietario de renunciar al derecho de enajenar y gravar, solicitando el *cierre* del registro; hecho lo cual, se le expide un certificado, que es el que transfiere á la persona á quien se enajena ó hipoteca el inmueble, para que lo presente en el Registro á fin de que se inscriba el derecho adquirido sin otro requisito.

En· España tenemos, con respecto á los efectos de la inscripción, el régimen hipotecario que hemos explicado en nuestra monografía *Estudios sobre legislación hipotecaria y notarial* con los inconvenientes que nacen del art. 17, y especialmente del 33 y 34 de la ley Hipotecaria, de que nos hemos ocupado extensamente, habiendo experimentado el 34 tales modificaciones para evitar los inconvenientes de nuestro actual sistema que con razón ha sido impugnado por los Sres. Galindo y Escosura, y por el Sr. Azcárate en su obra citada, tomándolo de la Memoria histórica de los trabajos de la Comisión de Codificación, al referirse á las modificaciones que ha sufrido, y especialmente á la de la ley de 17 de Junio de 1877.

El procedimiento de liberación admitido como permanente en virtud de la ley que se acaba de citar, lo condenó la Comisión de Codificación que redactó el proyecto de 11 de Abril de 1864, al referirse al art. 34 citado, y al llamado expediente de liberación, ó sea la notificación personal ó por edictos de las inscripciones á que tratase de darse efectos irrevocables á cuantos hayan poseído en los veinte años anteriores la finca inscrita. Dijo dicha Comisión en la Memoria histórica citada: «La Comisión había adoptado el procedimiento de liberación como medida transitoria, mientras duraran ciertas hipotecas legales existentes, que no debía suprimir por altos respetos, pero sin desconocer su ineficacia como medio de favorecer el crédito territorial y las transacciones sobre inmuebles. Fué establecido en Francia con el nombre de *purge* este procedimiento, pero como supletorio del sistema de publicidad y especialidad que el legislador no se atrevió á adoptar por respeto á las hipotecas legales, que aún subsisten y no sin que su insuficiencia en aquel país para reemplazar á dicho sistema, deje de ser por todos reconocida. Una de las causas que más han contribuído á impedir que se arraiguen y desarrollen en aquella nación las verdaderas instituciones de crédito territorial y á que se desnaturalicen y falseen las establecidas, ha sido la repugnancia de los propietarios á pasar por un procedimiento que pregona sus necesidades, cuando pueden ellos remediarlas con menos escándalo, pagando intereses más altos por menos tiempo. El sistema de publicidad y el de liberación, se excluyen recíprocamente: cuando el primero es completo, el segundo es innecesario. Si todo derecho real para ser efectivo contra tercero ha de constar en el Registro, ¿para qué notificar y anunciar su constitución cada vez que se transmite ó modifica? Y si el derecho real no ha de ser efectivo contra tercero, sino cuando se le haga saber por la notificación y el edicto, ¿qué vale su inscripción, ni para qué los requisitos y solemnidades con que se verifican? Por eso, si la Comisión admitió aquel procedimiento, fué en tanto que subsistieran algunos derechos que podrían no estar registrados, y para precaverse de ellos, ó para inscribir por primera vez inmuebles que carecían de título escrito. Y no dudó en preferir como sistema permanente la publicidad del Registro á la de la liberación, porque si la primera envuelve hasta cierto punto una ficción legal, la de que todos pueden enterarse de los asientos del Registro, la segunda se apoya también en otra ficción de la misma especie, la de que todos pueden leer los edictos que se fijan en la casa consistorial, ó se insertan en el *Boletín* de la provincia, aunque se hallen ausentes á mucha distancia y sin tiempo material para ejercitar su derecho. Verdad es que admitida la liberación en la ley para excluir ciertas hipotecas existentes en la época de su promulgación, hasta que éstas se extingan, no habría absoluta seguridad para los que adquiriesen un derecho inscrito como libre, si no lo liberaban, pero al menos eran muy reducidas y determinadas las causas que podían menoscabarlo, y todas debían desaparecer después de algún tiempo; pero con la adición que después se ha hecho al art. 34, lo transitorio se convierte en permanente; las causas de resolución de los derechos inscritos se multiplican de un modo indeterminado, y del sistema alemán de publicidad previa y efectiva, pasamos al sistema francés, mixto de publicidad, con efectos limitados y sin eficacia verdadera, á menos de completarla con un procedimiento especial dilatorio, costoso, y que repugnarán de seguro los propietarios.»

Mientras por un lado ocurre esto, por otro es aceptado como axiomático, con referencia á la legislación hipotecaria, el principio de que por la inscripción, no por la tradición, se adquiere el dominio de los inmuebles y derechos reales, de manera que el axioma jurídico *non nudis pactis sed traditionibus vel usucapionibus dominia rerun transferuntur* se entiende aplicable hoy en cuanto se trata de derechos inscribibles cuando ha mediado la inscripción. El Tribunal Supremo sigue esta misma tendencia al declarar en sentencia de 16 de Noviembre de 1885, que la persona á cuyo favor está inscrita en el Registro de la propiedad una finca, tiene el dominio y la posesión civil y real de la misma, y en tal concepto la personalidad que exige el art. 1564 de la ley de Enjuiciamiento civil, para ejercitar la acción de desahucio contra el tenedor precario de aquélla. Roconoce lo mismo la sentencia de 21 de Abril de 1884, y la de 3 de Octubre de 1882 establece que el título de comprador de una finca y su posesión es suficiente y valedero para el desahucio contra el que la disfrutaba sólo en calidad de arrendatario; sin que por haberlo determinado así la sentencia recurrida, infrinja la disposición del art. 1564 de la ley de Enjuiciamiento civil, mucho menos no habiendo comparecido al juicio quien se consideró propietario con título inscrito, del que podrá hacer uso como viere conveniente; y que por iguales razones, y porque no se perjudica á tercero á quien asista mejor derecho, son inaplicables los artículos 23 y 27 de la ley Hipotecaria. De esta jurisprudencia aparece que el Tribunal Supremo marcha, en cuanto se lo permiten los estrechos moldes de la ley Hipotecaria, hacia la sustantividad de la misma, concediendo á la inscripción efectos indudables en crédito del dominio y posesión de la finca á favor del que la tiene inscrita como suya en el Registro, dando á esta posesión y dominio efectos coercitivos ante los Tribunales, contra el que no ostenta título inscrito. Resulta, en conclusión, que arreglada la cuestión del artículo 33 de la ley, llegaríamos pronto á la sustantividad completa de la misma, y de esto, á disfrutar las completas ventajas del crédito territorial y de la institución del Registro, que aún no han llegado á obtenerse, no hay más que un paso.

Ya lo dijo Buenaventura Agulló, actual Registrador de la propiedad de Barcelona, en un artículo publicado en el *Progreso*, con el título *Los Registradores de la propiedad*: «Si lo que es verdad en el Registro no es cierto ante los Tribunales; si el 'título válido según el Registrador no lo es para los Jueces; si el interesado no puede creer en la seguridad de la adquisición, por más que esté inscrito su derecho, repetimos, ¿qué son los Registradores? ¿para qué sirven los Registros? Para nada, una fórmula más, un nuevo empleado y mayores gastos.

»Precisa, pues, conservar á los Registros y á los Registradores su verdadero carácter, y el día en que los títulos inscritos surtan aquí, allá y en todas partes efecto, aun contra los acreedores singularmente privilegiados, y contra todo demandante, la propiedad territorial aumentará tanto en valor, cuanto representan las contingencias de un pleito y temores consiguientes. Y si á esto se añadiera la movilización de la propiedad, considerándola como la caja de un banquero, por cierto menos segura, y el valor territorial se echara á la plaza mediante obligaciones hipotecarias al portador y previa plena justificación del valor de la finca, y mediante sencillísimo procedimiento de apremio, como acontece con las letras de cambio, el crédito territorial sería lo que debe ser: el *Haber* y el *Debe* que en forma documental circularía en las Bolsas.

»Jamás podrá ofrecer un banquero mejores garantías con su papel que el propietario territorial con sus valores mobili zados; tan sólo falta quitar á los inmuebles las trabas que les impiden remontarse á la calidad de muebles por el valor que representan. Hágase esta revolución y se tocarán los resultados. Deróguese el art. 33 de la ley Hipotecaria y admítanse por el legislador los billetes hipotecarios al portador.»

Con respecto de este particular estamos á poca diferencia lo mismo que cuando empezó á legislarse sobre Registro en tiempos de D. Carlos y Doña Juana, y si no hemos alcanzado las ventajas del crédito territorial, menos podemos esperar las del crédito agrícola que logran los propietarios de Australia con su sistema, ya que en aquellas apartadas regiones puede el propietario contratar un préstamo con garantía real sin gravar su finca con una hipoteca, entregando su título en calidad de prenda á un Banco de préstamo, con lo cual el acreedor no

corre ningún riesgo, porque mientras conserva en su Caja
aquel título, que conforme dijimos en el anterior artículo lleva
en sí mismo su registro particular, el dueño de él no puede
vender ni hipotecar su finca. En la información que se verificó
en Inglaterra en 1879, declaró Sir A. Blyth que había sido
Director de un Banco consagrado especialmente á este género de operaciones, que en veinte años no había tropezado con
ninguna dificultad. Y con respecto del particular puede decirse que á la entrada de verano es muy frecuente en nuestro
País que los labradores tomen á rédito pequeñas cantidades
por uno ó dos meses, para sufragar los gastos de recolección
de mieses; pero como el sistema vigente no se presta á estas
facilidades, ó no encuentran lo que necesitan, ó lo encuentran
en condiciones onerosísimas equivalentes á una sequía parcial,
que merma considerablemente el producto de su cosecha.

Estamos, pues, en el caso de procurar llegar á obtener
todas las ventajas posibles del Registro, adaptando la solución
de la legislación prusiana respecto hacer al Estado responsable subsidiario de las faltas del Registrador insolvente, principio aceptado, bajo el aspecto que indicamos anteriormente, en
Australia, procurando la pronta derogación del art. 33 y sus
concordantes de la ley Hipotecaria y su Reglamento, para llegar á cuyo término es la primera etapa la contratación ante
los Registradores en la forma que proponemos; pues es indudable que del perfeccionamiento del Registro habíamos de alcanzar los más provechosos resultados hasta llegar al sistema
Torrens, recomendado en Francia por el economista Ives Gu-
yot, y en Suiza por Numa Droz.

Sostenemos en nuestra repetidamente citada monografía,
Estudios sobre legislación hipotecaria y notarial, que interesa
sobre manera evitar en todo lo que se refiera á contratación
inscribible en el Registro de la propiedad la duplicidad de fun-

cionarios que en la actualidad intervienen en ellos, Notario y Registrador, con todas las grandes desventajas que de ello se derivan, expuestas en nuestro citado trabajo. Pues bien; esta conclusión que envuelve en sí la resolución del problema, la patrocina el Cuerpo notarial, si bien bajo el punto de vista de que se refunda en el Notariado el Registro de la propiedad.

La Gacetilla Notarial que se publica en Medina Sidonia, en su número 59, correspondiente al 18 de Marzo del corriente año 1888, combate el proyecto de ley del Sr. Maluquer, que cuenta como precedentes, que menciona, la exposición elevada á la Comisión de la información agrícola por el *Fomento Vendrellense*, y la dirigida al Sr. Ministro de Gracia y Justicia por varios vecinos de Calafell, y supuesto, dice la *Gacetilla Notarial*, que se ha convertido en realidad de proyecto de ley la idea sostenida por el *Fomento Vendrellense*, por obra del Diputado á Cortes Sr. Maluquer, trata de demostrar de un modo amplio el error que envuelve la idea sostenida en nuestra obra, manifestando que en los principios del año 1884 le concedió la *Gaceta de los Colegios Notariales* un turno en el tema de reformas del Notariado que á la sazón se discutía con empeño, y después de hacer varias reflexiones acerca el origen y necesidad de la Institución del Notariado, dice:

«Después de esto, necesariamente se nos había de ofrecer el problema de la unificación; planteado por el dualismo legal de funciones congéneres con las notariales, porque precisamente el progreso de la ciencia tiene una trayectoría que, á manera de polo magnético traza el principio de unidad, y así es como los conocimientos humanos se asientan en la unificación.»

«Determinado, añade, el concepto de una Institución pública, es indispensable, por el principio de la unidad, reconocer su campo y marcar los límites de su extensión, y destruir falsas lindes que suelen mantener diviso lo que de suyo es indiviso. Pues bien; en el reconocimiento del Notariado se encuentran más de una y más de dos falsas lindes, y es entre

todas la más toscamente trazada aquella que divide y separa
el Notariado del Registro de la propiedad; dos Instituciones
que, á nuestro entender, tienden á unirse en superior unidad.»
Ante este problema proclamamos la siguiente

BASE 2.ª—*Refundir en el Notariado el Registro de la propiedad.*

«No ha de sorprenderme, compañeros, que la anunciación
de esta base produzca alarmas y enérgicas impugnaciones á
nombre y defensa del derecho constituído, y de la primera ley
Hipotecaria de España, y de la autoridad de aquella respetabi-
lísima Comisión codificadora que trazó la monumental exposición de los motivos de esa misma ley Hipotecaria, y de los intereses creados, y de la especialidad de las funciones del Registro de la propiedad, y de una cierta autonomía del cuerpo
de Registradores. No ha de sorprenderme, repito, como tampoco me sorprenderá la desdeñosa mirada que sospecho dirijan
á la base algunos Sres. Registradores pensando, tal vez, que á
la base informa una mezquina idea del material interés del
Notariado, ó tal vez creyendo que el Notariado ataca ilegítima-
mente la propiedad ajena para satisfacer las propias, íntimas
y primeras necesidades que de vez en cuando enseña sus continuas lamentaciones. Todo eso y más se me ofreció en confuso tropel al escribir la base, y cuando á pesar de eso la escribí,
comprenderéis que, al menos, por lo que á mi pobre juicio alcanza, la base prospera á través de tales impugnaciones, y su
razón de ser la eleva sobre tales argumentos.»

«Para que el discurso se desenvuelva holgadamente, sin
premiosos rozamientos de obstáculos que con propiedad pueden llamarse personales, conviene, ante todo, sentar que si el
Notariado acepta la base, si el Notariado proclama la base, si
el Notariado pide la refundición de la base, no puede en manera
alguna obrar así por estímulos de intereses de casta, ni al obrar
así produce menoscabos al dignísimo cuerpo de Registradores;
sino que su idea ha de ser, por necesidad, la idea de una doc-

trina pura y esencialmente científica, y los efectos de esa doctrina han de ser, también por necesidad, de alta transcendencia y de grande provecho para todos.»

«Partiendo de los principios expuestos al hablar de la base 1.ª, sobre los conceptos de poder público, instituciones públicas y propiedad, conviene ahora examinar el sistema científico adoptado para ejercer la acción que compete al poder público respecto á la propiedad.»

«He dicho que el deber primero del Estado en la materia es asegurar la autenticidad de los actos legítimos de la propiedad; de los actos que la ley civil determina al convertir la idea de propiedad en hecho de la vida social; y que esa autenticidad es la razón del Notariado.»

«Definida la legitimidad del hecho, sancionado el hecho por la ley y elevado en su abstracción á la categoría de derecho, recibe del Notariado la viabilidad jurídica con la autenticidad que el Notariado le imprime, á modo de contraste que garantiza la bondad y pureza del metal precioso. Ya el hecho es viable; ya el hecho es cierto y positivo; ya el hecho entra con caracteres de certeza y positividad en el comercio de la vida, sin que los agentes del hecho puedan temer la negación ni la duda que destruyen el concepto de propiedad.»

«Con sola esa condición de autenticidad, la propiedad vive, sea cual fuere la forma demostrativa de autenticidad. Pero de la misma manera que hay razones concluyentes para erigir en sistema científico la forma de autenticidad, y para reconocer en la Institución Notarial el mejor sistema, también las hay para afirmar que si bien la autenticidad engendra el hecho jurídico y satisface cumplidamente la necesidad de los agentes del hecho, reportan muy grande conveniencia los intereses públicos, y por ende el Estado, de una cierta promulgación de ese hecho de la propiedad para que llegue ó pueda llegar al conocimiento de todos los ciudadanos. Publicidad: he aquí el Registro de la propiedad.»

«El Notariado es la autenticidad de los actos de la propie-

dad; el Registro de la propiedad es la publicidad de ciertos actos referentes á cierta propiedad. El Notario representa una
cualidad esencial de todos los actos de la propiedad: el Registro de la propiedad representa una circunstancia de algunos
actos de la propiedad. De Notariado á Registro existe la misma diferencia que hay de esencia á forma. Pues bien; siendo
así las cosas, cumple á mi intención sana; cumple al mereci-
miento del dignísimo Cuerpo de Registradores, que yo ofrezca
á su elevada consideración las razones en que me fundo para
proponer que el Registro de la propiedad se refunda en el Notariado y no éste en aquél, por si en ello pudiera remotamente
descubrirse alguna idea mortificante para quien yo no puedo
tener más que consideración y respeto; y esas razones, ya
apuntadas, son: que los caracteres de esencia y generalidad
que corresponden al Notariado no se encuentran en el Registro, y que por ello ejerce aquél sobre éste, al plantearse la refundición, una especie de magnetismo absorbente, que impone
la extructura de la base. En los anchos pliegues de *esencia* y
de *generalidad* del Notariado cabe sin detrimento, cabe sin
mengua el Registro de la propiedad; mientras que sería vano
empeño forzar la superior extensión del Notariado en los reducidos moldes del Registro de la propiedad.»

«¿Habrá quien entienda que la refundición del Notariado y
del Registro de la propiedad implica negación ó menoscabo de
cualesquiera de esas funciones ó de ambas? Paréceme que no,
y por tanto, son ineficaces los argumentos que se rebusquen
para sostener que esos organismos del poder público no son
refundibles.»

«Se ha de reconocer, en primer término, que la materia objeto del Registro de la propiedad es también materia objetiva
del Notariado. Esto es obvio, se ha repetido hasta la saciedad,
y no es necesario anunciarlo de nuevo. Si ahora lo menciono
de paso es no más para decir que si hay tal unidad objetiva,
por más que varíe la forma y difiera la extensión de funciones,
la ley superior de la unidad del universo impone en el derecho

público, como lo impone en todas las cosas, que el Estado no mantenga dualidades donde la filosofía no las mantiene; que el Estado se dirija á la unidad en su constante progreso, que el Estado no sostenga dos Instituciones distintas é independientes para las evoluciones armónicas de un mismo género que representan una sola acción del poder público.»

«Si el Notariado representa *autenticidad* de los actos de la propiedad, y si representa el Registro *publicidad* de algunos de esos actos, ¿qué motivo, qué razón, qué doctrina de fundamento es la que produce dualidad en fines tan íntimamente unidos?»

«No puedo explicarme el por qué del Cuerpo de Registradores como organismo especial é independiente, así como tampoco puedo explicarme el por qué del Registro civil en el Juzgado municipal. ¿Acaso no es la Dirección general de los Registros civil y de la propiedad y del Notariado una protesta viva y elocuentísima de esa lamentable pluralidad de institutos?»

«De ese extraño modo de ejercer su acción el poder público surge un dilema inexcusable: ó existe dualidad en esas Instituciones, ó existe unidad. Si lo primero, debe desaparecer la Dirección general como hoy está constituída, porque ese centro no es personificación del concepto ejecutivo del poder público, como lo es el Ministerio, sino *Dirección, Jefatura* de Instituciones, y es sabido que las Instituciones diferentes, pero análogas, no tienen la unidad de analogía en sus respectivas Direcciones ó Jefaturas, porque se absorberían unas á otras, sino que esa unidad se encuentra más arriba, en aquella personificación, en el Ministerio. Si lo segundo, está perfectamente determinada la Dirección general, pero entonces no deben ser Instituciones distintas el Notariado, el Registro de la propiedad y el Registro civil.»

«Quizá sea una alucinación; pero yo debo declarar bajo mi honrada palabra, que en esas tres instituciones no veo, con arreglo á los que tengo por buenos principios, más que una

sola Institución. Y porque sería un delirio—para los demás, no-
para mí—pretender hoy la unificación de los tres institutos,
limitémonos á lo que la base dice, y dejemos para ocasión propicia lo que la base no dice, con grande pesar mío; con gran
privación del gusto mío en dar explicaciones sobre la procedencia, facilidad de función, sencillez de práctica y completo
resultado de la refundición del Registro civil.»

«Si lo que he dicho justifica la refundición de la base; si de-
la teoría se pasa á la ejecución de la base, el asunto tiene dos
partes, una esencial y otra complementaria; el período definitivo y el inevitable período de transición.»

«Compréndese á primera vista que ambas partes tienen su
natural explanación en el desarrollo de las bases subsiguien-
tes que tratan de la función y de la organización notarial. Allí
es donde cabe lógicamente el detalle; pero esto no obsta á que
se consignen aquí los puntos capitales de la refundición propuesta.»

«El Notariado, Cuerpo de servidores de la patria, se orga-
nizará de modo que la necesaria unidad del Cuerpo no destruya la no menos necesaria variedad de sus funciones, especialmente de aquellas funciones que forman grupos homogéneos
en sí, separados por diferencias y relacionados por analogías.
Así, pues, el Registro de la propiedad, grupo especial de las
funciones notariales, ha de ser regido por Notarios, por individuos pertenecientes al Cuerpo de Notarios, comprendidos en el
organismo general de la Institución, sujetos al régimen también general de la clase y formando parte de un buen sistema
de ingreso, categoría y ascenso.»

«En cuanto al período de transición, es indispensable, ante
todo, no romper bruscamente los valladares que hoy existen
por determinación de la ley. En este punto me parecen tan respetables las disposiciones vigentes que, á la verdad, no creo
sostenible que un Notario del día se encargue del Registro de-
la propiedad, aunque sea Abogado y se haya recibido por oposición tal Notario, porque sobre la abogacía y sobre la oposi—

ción especial del Notario, hay no poco muy especial del Registro en los principios fundamentales de las oposiciones por donde se entra en el Cuerpo de Registradores. Á la vez es lógico reconocer que por iguales razones no será bueno que los actuales Registradores de la propiedad desempeñen las funciones que hoy competen al Notariado. El período de transición deberá partir, pues, de esta regla: *Que el personal existente al verificarse la refundición no pase en sus funciones del límite marcado por las leyes vigentes á la sazón.*»

«Empero si esa regla asegura el respeto debido á la aptitud legal declarada, ofrece el inconveniente de retardar el período definitivo, porque en cuanto al personal, imprime excesiva lentitud á la obra de refundición, viniendo así á mantener por muchos años una dualidad que estorba y molesta á la unidad apetecida. Para evitar este grave inconveniente hay el sencillo medio de establecer una prueba de aptitud, en la que los Registradores y los Notarios actuales, indistintamente, que quieran pasar del período de transición, obtengan una especial declaración de su competencia para ejercer íntegras las funciones notariales determinadas en la nueva ley. En este caso habría que modificar la regla sentada en esta forma: *Que el personal existente, al verificarse la refundición, no pase en sus funciones del límite marcado por las leyes vigentes á la sazón, á menos que sea declarado apto para ello.*»

«Véase cómo sin detrimento de los principios respetables y sin transgresión de la ley puede acelerarse la refundición, de tal modo, que resulte breve, fácil y expedito el período transitorio; porque dejo á vuestra consideración, compañeros, cuantos de vosotros llámense Notarios ó llámense Registradores; cuantos de vosotros, digo, tan ilustrados, tan ambiciosos de reputación y tan legítimamente estimulados del deseo de ventaja concurriréis á demostrar vuestra suficiencia para la total función del Notariado, á obtener la honra de integrar la situación definitiva del Notariado y á lograr también el mayor provecho para vuestras familias.»

«Bastan ahora esas someras indicaciones que más adelante encontrarán oportuno desenvolvimiento; y por lo demás, la cuestión queda reducida á que la base informe el Código notarial, como refundición consumada, y que por disposiciones transitorias se atienda á mantener en sus marcados límites las aptitudes declaradas y la generalización de aptitudes propuesta para reducir el período de transición.»

«Permitidme en este punto, Notarios y Registradores del día, que sea yo el primero en saludar respetuosamente al Notariado del porvenir. Y tú, benemérita institución del Estado; tú, que representas la unión y confraternidad de organismos aislados indebidamente; tú, que entrañas el sacerdocio del dogma definido; tú, que del oficio envilecido por la venta de la atroz servidumbre del menosprecio te elevas á la santidad del servicio á la patria y al noble orgullo de reputación universal, acepta sin desdén el entusiasmo de mi saludo, que el brillo de tu grandeza no se ha de empañar con el vitor de mi débil voz.»

**

Llamamos muy especialmente la atención del Sr. Ruiz Gómez acerca el contenido del apartado anterior, y muy particularmente en el siguiente contenido: *Se ha de reconocer en primer término que la materia objeto del Registro de la propiedad es también materia objetiva del Notariado. Esto es obvio, se ha repetido hasta la saciedad y no es necesario anunciarlo de nuevo. Si ahora lo menciono de paso es no más para decir que si hay tal unidad objetiva, por más que varíe la forma y difiera la extensión de funciones,* LA LEY SUPERIOR DE LA UNIDAD DEL UNIVERSO IMPONE EN EL DERECHO PÚBLICO, COMO LO IMPONE EN TODAS LAS COSAS, QUE EL ESTADO NO MANTENGA DUALIDADES DONDE LA FILOSOFÍA NO LAS MANTIENE; QUE EL ESTADO SE DIRIJA Á LA UNIDAD EN SU CONSTANTE PROGRESO; QUE EL ESTADO NO SOSTENGA DOS INSTITUCIONES DISTINTAS É INDEPENDIENTES PARA LAS EVOLUCIO-

NES ARMÓNICAS DE UN MISMO GÉNERO QUE REPRESENTAN UNA SOLA ACCIÓN DEL PODER PÚBLICO.

La refundición del Registro de la propiedad en el Notariado la pide también el Sr. Pou en *La Notaría* de Barcelona en la forma indicada en nuestro anterior artículo, de suerte que esta aspiración hacia la unidad late con poderoso impulso en el corazón del Notariado, como en el nuestro y demás entidades que han cooperado á la idea y muy especialmente en el Sr. Maluquer, autor de la proposición de ley, y ante tales antecedentes puede quedar convencido el Sr. Ruiz Gómez de que en el fondo hay conformidad absoluta entre el Notariado y los propagandistas de la reforma actual, con la sola diferencia de detalle, no esencial, de si el Registro ha de refundirse en la Notaría, ó si, por el contrario, ésta, en cuanto se trate de contratos inscribibles, ha de refundirse en el Registro. Ante la magnitud del problema, y los fecundos resultados que de ello han de reportarse, cualquiera de los contendientes que defienda el error, merece el más alto respeto y consideración de su contrario, porque en el fondo late una idea justa y generosa y el error involuntario en el detalle no puede ser objeto de censura.

Conocidos estos antecedentes, que tan oportunamente ha traído á la discusión la *Gacetilla Notarial,* la cuestión queda muy simplificada, supuesto que queda descartado de la contienda el punto principal y fundamental de la cuestión, y puede decirse que ésta sólo versa ya sobre un punto que pudiéramos llamar reglamentario, por lo menos dado el punto de vista que nosotros adoptamos.

Nosotros podemos estar equivocados en esta cuestión ó punto de *detalle*; pero nos absuelve del error la rectitud de nuestras intenciones y los antecedentes legales que respecto del particular hemos mencionado. El sistema australiano, adoptado ya en tantos países y próximo á implantarse en otros por haberlo patrocinado hombres eminentes, no hace precisa la intervención de Notario en los contratos inscribibles, no interviene en ellos, según la legislación de Prusia, y se verifica el contrato á modo de una *cessio in jure* ante el Juez Registrador, legislación sobre la cual está calcada la de Rusia, conforme hemos visto, y en España tenemos vigente el art. 405 de la ley Hipotecaria, que consagra la inscripción de la contratación privada ratificada ante el Registrador, debiendo tenerse en cuenta que el proyecto de ley de 1864 establecía el sistema para todos los contratos que se verificasen en lo futuro, con tal que se ratificasen ante el funcionario del Registro en la forma establecida en el proyecto y no excediese su cuantía de 1.000 reales.

.*.

La elección de la unificación, favorable al Registro de la propiedad, no es dudosa por los antecedentes legales que respecto del particular quedan mencionados, y además por existir en España Registro público desde hace más de tres siglos, antecedentes que no cabe dejar de tener en cuenta por lo mucho que significan en el terreno de los hechos, y de la realización práctica de la reforma. No cabe despreciar valiosísimos elementos amontonados por el transcurso de los siglos, especialmente la perfectísima obra, salvo algunos detalles, del Registro de la propiedad actual, y la circunstancia de que en países extranjeros no hay ningún precedente de que el Registro se haya refundido en el Notariado, mientras que los hay muy notables de que en algunos todo se verifica en el Registro sin intervención de Notario. En nuestra misma patria los precedentes legales están á favor del Registro, como puede verse por los artículos 405 al 408 de la ley Hipotecaria y el proyecto de ley de 1864, en el cual se .contiene la opinión de la Comisión de Códigos, favorable á que la contratación que se verifique ante Registrador produce los mismos efectos que la que tenga lugar ante Notario público, y su proyecto de 1864 tendía á refundir en el Registro las atribuciones notariales, y no el Registro á la Notaría, y este antecedente legal debe ser tenido muy en cuenta.

Decía la Comisión de Códigos citada en la Exposición de motivos del proyecto de ley adicional á la Hipotecaria, lo que vamos á transcribir, que en boca de aquellos eminentísimos jurisconsultos, hace inútil todo debate, supuesto que su autoridad es universalmente reconocida: «*El contrato privado que los mismos contrayentes reconocen y ratifican ante un oficial público y dos testigos, reune intrínsecamente todas las solemnidades y todas las garantías de autenticidad que la ley requiere en los instrumentos públicos. Y si la escritura otorgada ante un Notario es título bastante para la inscripción del dominio á favor del que lo adquiera de ese modo, no puede negarse la misma virtud al documento privado que se ratifique ante un Registrador ó un Juez de paz; ni la inscripción que de él se haga debe dejar de surtir los efectos del art. 34 de la ley Hipotecaria, luego que transcurra el término señalado en el art. 1.º del adjunto proyecto de ley, lo mismo que las demás inscripciones que se verifiquen por instrumentos públicos.*»

De suerte, que la otorgación de un contrato ante Notario no tiene ningún privilegio sobre la contratación ante el Registrador, si el legislador le confiere dichas facultades, ni el Notario tiene ningún desconocido amuleto, ni ningún oculto privilegio que comunique cierta misteriosa importancia y vitalidad al contrato, como hacen suponer ciertas afirmaciones de algunos ardientes defensores del Notariado, ó Notarios mismos; sino que tales contratos tienen sólo la virtualidad que les da la ley; y si la ley confiere al Registrador las facultades expresadas, el contrato verificado ante él en la forma prevenida tiene todos los requisitos suficientes para la inscripción, y produce los mismos efectos legales que el otorgado ante Notario público.

Y los produce con la ventaja de evitarse con ello las segundas enajenaciones verificadas en fraude de terceros adquirentes; la presentación de títulos falsos en el Registro de la propiedad y sus pavorosas consecuencias; y de conocer los contrayentes la calificación del Registrador antes de llevarse el con-

trato á su consumación; y saber de antemano el contrayente á
qué ha de atenerse respecto la calificación jurídica del contrato por el que ha de censurarlo en el Registro, y en vista de
los datos del mismo Registro en el propio momento de la convención y que no pueden ser alterados por nada ni por nadie
en aquel acto á la vista de los contrayentes.

El art. 22 de la ley Hipotecaria se había apresurado á hacer constar la responsabilidad del Notario que hubiese cometido alguna omisión que impidiese inscribir el acto ó contrato;
pero hasta la reciente resolución de 31 de Enero anterior, publicada en la *Gaceta* de 26 de Marzo, no ha habido derecho
concreto sobre el particular en cuanto al procedimiento para
hacer efectiva aquella responsabilidad, que quedaba, por lo
tanto, ilusoria, por no saber el perjudicado de qué medios debía valerse para reclamar los perjuicios que se le hubiesen ocasionado.

El art. 57 del Reglamento de la ley Hipotecaria hacía po-
testativo en el Notario el acudir ó no contra la calificación del
Registrador, contraria á la inscripción del título por defectos
en la redacción del instrumento; y por más que la resolución
de 27 de Diciembre de 1875 impuso al Notario la obligación de
subsanar el defecto, extendiendo á su costa una nueva escritura, *si fuese posible*, ó indemnizado en todo caso á los interesados por los perjuicios que hubiesen sufrido, es lo cierto que,
en varios casos, la otorgación de la escritura *no será ya posible*;
y no hay medio de indemnizar á los interesados ciertos perjuicios, ni es fácil tal reclamación, ni evita la misma un juicio
declarativo, si el Notario persiste en no autorizarlo ó no verificarlo en la forma solicitada. En resumen; un pleito probable,
que puede tener un resultado contrario á lo solicitado por la
parte actora.

Como se ve, la legislación sobre responsabilidad Notarial
por defectos en la redacción de los títulos está en mantillas,
porque la Dirección general, en la resolución citada de 31 de
Enero último, se refiere á los artículos 22 de la ley Hipoteca-

ria, el 57 del Reglamento general para la ejecución de la misma, el 43 de la del Notariado, los 103, 104, 112 y 114 del Reglamento general para la organización y el régimen del Notariado, los 2.°, 3.° y 9.° de la Instrucción sobre la manera de redactar instrumentos públicos sujetos á Registro, y la resolución de 22 de Diciembre de 1875; y es evidentísimo que todas estas disposiciones acusan en la legislación notarial un estado embrionario, sobre la perfectísima y bien regularizada legislación hipotecaria sobre responsabilidad de los Registradores, consignada en el título 11 de la ley y artículos del 291 al 297 ambos inclusive del Reglamento; bajo cuyo supuesto, estamos en el caso de preferir esta legislación á aquélla, porque ésta se presenta desarrollada y con bases fijas, mientras que aquélla está al nacer y debe recibir su desarrollo; esto sin perjuicio de que la contratación ante el Registrador evita lo que la Resolución de 31 de Enero anterior trata de corregir; y no es dudoso afirmar y sostener, como decimos en nuestra monografía, que es preferible nuestro sistema al que resulta de la contratación notarial, porque en materia de contratación mejor es precaver que tener que corregir y subsanar.

Al cabo de veinticinco años de régimen hipotecario ha sido posible que, denegada la inscripción de una escritura autorizada por un Notario de Barcelona, por los defectos que se mencionan en la Resolución de 31 de Enero anterior (1), el intere-

---

(1) En la práctica de Abogado hemos tenido un caso, en que se acudió reclamando contra el Notario la responsabilidad que previene el art. 22 de la ley Hipotecaria por denegación de inscripción del título por defectos insubsanables, interponiéndose al efecto el juicio declarativo correspondiente. El Notario interpuso incidente previo, alegando que había recurrido gubernativamente contra la calificación del Registrador (después de la interposición del pleito), y por lo tanto, que debía suspenderse el juicio hasta la decisión del recurso, lo que estimé procedente el Juzgado, suspendiéndose el litigio, que hace una porción de años está paralizado; y no habiendo el recurso sido resuelto aún por el Juzgado después de los años transcurridos, y habiendo fallecido después el Notario demandado, y cambiado la naturaleza y estado del

sado acudiese al Notario autorizante para que redactase una
nueva escritura, y habiéndose resistido á ello, acudió á la
Junta directiva del Colegio notarial, deduciendo la queja correspondiente, y que la misma previniese á aquél que, de no
redactar una nueva escritura á su costa, estaba en el deber de
recurrir gubernativamente contra la calificación del Registrador para que se declarara que aquélla estaba bien redactada;
y citado á conciliación el Notario autorizante para que mani-
festara cuál de los dos medios señalados por la Junta directiva
estaba dispuesto á adoptar, contestó en dicho acto que ninguno de ellos, toda vez que, aparte de no estar en las atribuciones de la expresada Junta la facultad de hacerle las prevenciones referidas, no procedía acudir á la vía gubernativa para
que se declarara bien redactado el documento, por cuanto el
no haberse inscrito en el Registro de la propiedad no dependía
de causas que afectaran á su buena ó mala redacción; y que
tampoco estaba obligado á redactar una nueva escritura á su
costa, porque la de que se trataba no adolecía de defecto alguno imputable al funcionario que la autorizó; y prevenido
otra vez dicho funcionario por la expresada Junta directiva

---

asunto por diversas circunstancias relativas á los interesados, lo que se pre-
tendió y logró con la interposición de aquel recurso fué hacer ineficaz la demanda por un medio indirecto. Téngase en cuenta que el actor, en el pleito,
hizo varias gestiones para que el recurso se tramitara, lo que no logró; y
como tenía concedida la pobreza solamente para el litigio, no podía comparecer en el recurso, cuya admisión fué improcedente en cuanto al efecto de
suspender el pleito, pues se trataba de faltas insubsanables, errores de derecho cometidos por el Notario al autorizar la venta por la totalidad de una
finca, otorgándola sólo parte de los condueños de ella, pero no todos los que
tenían parte proindiviso en la misma. Es visto que en este caso el pleito no
debía haber sido suspendido; pero lo fué en perjuicio del comprador, constan-
do de un modo evidente que no podía prosperar el recurso, ni el Notario estaba autorizado para recurrir; pero siempre hay medio de alargar indefinidamente un asunto en casos en que, como el citado, la legislación nada prescribe respecto del particular; y hasta que se haya formado jurisprudencia, ocu-
rrirán muchos abusos en perjuicio de los contrayentes.

para que en el término de ocho días pusiese en práctica uno
de los medios indicados anteriormente, manifestó que no le
conocía las facultades que al efecto se atribuía, por estar reservadas dichas facultades á Autoridades de distinto carácter;
en virtud de cuyas manifestaciones se abstuvo la referida Junta directiva del conocimiento del expediente, y con informe
razonado lo elevó á la Dirección general; la cual, después de
varias consideraciones, resolvió: que el Notario repetidamente
citado, en el término de quince días, recurriese gubernativamente contra la manifestación del Registrador de la propiedad,
á fin de que se declarase bien redactada la escritura, ó de lo
contrario que se redactase á su costa una nueva escritura en la
que se subsanasen los defectos de la anterior.

Todas las disposiciones en que se funda la Resolución objeto de nuestro estudio, que hemos citado anteriormente, se refieren á la corrección disciplinaria de los Notarios, y ha sido precisa una declaración particular y concreta de la Dirección general para que el Notario se creyese obligado á lo resuelto por
la Junta Directiva del Colegio; y es indudable que si, dados los
muchos y variados casos que pueden ocurrir, se han de observar tales trámites y dilaciones, el sistema queda juzgado por
sí mismo, la legislación sobre responsabilidad notarial queda
condenada por deficiente, y el proyecto de contratación ante
los Registradores lleva inmensas ventajas al actual, porque
evita aquellos inconvenientes, y los interesados saben á qué
atenerse con respecto á la calificación del Registrador, hecha antes de que el contrato se consume, y en su consecuencia, en oportunidad de dejar las cosas en el mismo ser y estado que tenían al acordar las partes el contrato que iban á
llevar á cabo; de suerte que, en el contrato de compraventa, el
comprador no hará entrega de su dinero en el caso de que haya
algún inconveniente, ya que le consta el obstáculo que se opone á la inscripción.

Respecto estas deficiencias de la legislación notarial, ya hicimos observar en nuestra monografía citada, que la moderna

legislación sobre Notariado no señala plazo para expedir las copias de las escrituras que deben llevarse para su inscripción al Registro de la propiedad, debiendo acudirse á la legislación antigua, que previene que tiene obligación el Escribano de dar á la parte interesada la escritura original, dentro de tres días, contados desde el en que se le pidiese, si no pasase de dos pliegos, y dentro de ocho días si pasase de los dos pliegos, bajo la sanción de pagarle los daños y perjuicios que se le siguieren por la dilación, y además cien maravedises por cada día de tardanza; y si la escritura se hubiese de dar á las dos partes, debe darla á la que la pidiese, aunque la otra no la pida: leyes 3.ª y 5.ª, tít. 23, lib. 10, Novísima Recopilación. Como quiera que en lugar correspondiente hicimos los oportunos comentarios respecto de este estado en que se encuentra la legislación notarial, cúmplenos hoy solamente marcar las deficiencias de la misma, y decir que la legislación hipotecaria lleva una ventaja inmensa sobre la notarial respecto á los particulares indicados y los términos para verificar las operaciones de inscripción en el Registro de la propiedad, pudiendo, por lo tanto, afirmarse que la legislación hipotecaria está perfectamente desarrollada, mucho más en nuestros días, con las resoluciones que han recaído; y que estando la legislación del Notariado en un estado primitivo con referencia á la hipotecaria, ya que hasta fecha reciente (1) no se ha ordenado publicar la jurisprudencia recaída sobre el particular, no es dudoso decidirse por la ley Hipotecaria como más perfecta para los diversos casos que pueden ocurrir; esto sin perjuicio de otras inmensas ventajas de nuestro sistema sobre el notarial vigente.

La ley Hipotecaria establece perfectamente todo lo relativo á la responsabilidad civil de los Registradores, los casos en que tiene lugar, casos de error, inexactitud ú omisión, rectifi-

---

(1) Real orden de 28 de Febrero de 1888 disponiendo que se publiquen en la *Gaceta* las Resoluciones que recaigan en los expedientes de consulta sobre la inteligencia de la ley del Notariado.

cación de errores cometidos en asientos de cualesquiera especie, responsabilidad del Registrador en caso de suplencia, caso
de pérdida de un derecho real ó la acción para reclamarlo por
error, malicia ó negligencia del Registrador, ó el de quedar libre de una obligación inscrita por causas análogas; Juzgado
competente para deducir la reclamación, procedimiento para el
caso en que el Registrador no satisfaga el importe de la indemnización, concurso de varios perjudicados por actos del Registrador, y caso de no alcanzar á cubrir todas las reclamaciones que se estimen procedentes; sanción contra el Registrador
condenado por ejecutoria á la indemnización de daños y perjuicios si no repone la fianza ó no asegura á los reclamantes
las resultas de los respectivos juicios, anotación preventiva sobre los bienes de dichos funcionarios, caso de indemnización de
daños y perjuicios é imposición de multas, cesación de la responsabilidad del Registrador, prescripción de la acción para
reclamar la indemnización, y parte de la incoación de litigio
contra un Registrador por indemnización de perjuicios causados por sus actos, al Presidente de la Audiencia, anotación preventiva que éste ordenará en su caso y parte de los adelantos del
pleito. Todo el tít. 11 de la ley Hipotecaria está consagrado á
la responsabilidad civil de los Registradores, y los artículos
del 291 al 297 ambos inclusive, del Reglamento, á la corrección disciplinaria.

Cotéjense tales disposiciones con las que sirven de fundamento á la Resolución de 31 de Enero último que hemos enumerado anteriormente, y se verá la inmensa diferencia que media emtre la legislación hipotecaria y notarial; ésta sólo tiene
regulada la corrección disciplinaria; por lo que atañe á la civil,
se ha dado el primer paso con la resolución que acabamos de
citar; pero de él á su desarrollo perfecto hay una inmensa distancia que andar, cosa que nos da hecha la legislación hipotecaria, bajo cuyo supuesto no es dudosa la elección. Y he aquí
un nuevo motivo para adoptar el proyecto de reforma, y que no
quedaba mencionado en nuestra monografía citada, porque to-

davía no se había publicado entonces la Resolución de 31 de Enero último ni la posterior de 31 de Febrero.

Como ejemplo práctico de lo mucho que interesa no dar lugar á dilaciones en los asuntos, porque después ocurren nuevos casos que modifican el derecho en cuanto á ser una ó varias las personas que lo disfrutan, debe citarse el de la sentencia del Tribunal Supremo de 26 de Enero de 1887, en litigio promovido contra la heredera del Registrador de la propiedad de Noya sobre indemnización de perjuicios causados por actos de dicho Registrador; pues habiendo fallecido el que tenía el derecho, dejó varios hijos, y uno de los coherederos entabló por sí y por los demás hermanos y coherederos, por quienes prestó caución, el litigio que dió lugar á la sentencia de que se trata, en la cual el Tribunal Supremo casó en parte la sentencia dictada por la Audiencia de la Coruña, dando lugar al primer motivo de casación, que se formuló como sigue: «1.º El art. 533 de la ley de Enjuiciamiento civil, que enumera, entre las excepciones dilatorias que pueden alegarse como perentorias, la falta de personalidad en el actor, por no acreditar el carácter ó representación con que reclama; porque la sentencia recurrida condena al recurrente á que pague á la demandante el importe total de los perjuicios que se suponen causados por el Registrador de la propiedad de Noya, de quien es causahabiente la Doña Amalia Tovía, al padre de la demandante, pero sin intentar siquiera justificar que tenía la representación de ellos; y es visto, por consiguiente, que al ordenarse en la sentencia recurrida que la recurrente pague á la demandante, juntamente con la parte de ésta, la que corresponde á los otros tres hermanos de la misma, se desestima una excepción taxativamente comprendida en el artículo citado de la ley de Enjuiciamiento.» Cuyo motivo de casación estimó el Tribunal Supremo estableciendo la siguiente doctrina: «Considerando que, por el contrario, la sentencia infringe el artículo expuesto en el primer motivo, porque el derecho reclamado es divisible entre los herederos, y no ha podido ejercitarle íntegramente la demandante, no teniendo poder de los demás interesados, ni acreditando que en virtud de partición hereditaria, ó por otro medio, hubiese recaído en ella el todo de la cantidad de que se trata.»

Por lo mismo, debe procurarse por todos los medios evitar que el asunto pueda tener una tramitación ulterior, lo que se logra con la contratación ante el Registrador en el doble concepto de la calificación del contrato, por los defectos en su redacción y por el otro concepto de evitar que no pueda inscribirse en virtud de los antecedentes del Registro, de que nos ocupamos en la monografía de referencia, porque durante la tramitación del expediente y diligencias posteriores, puede fallecer el Notario y quedar sin curso el expediente, ó puede quedar yacente la herencia del mismo, ó con varios coherederos, en cuyos casos se ofrecen dificultades para hacer la reclamación contra el deudor; puede fallecer ó quedar insolvente el vendedor que ha recibido el precio de la venta y debe devolverlo, y también puede ocurrir cualquier incidente con referencia al comprador que había de cobrar la cantidad entregada, como, p. e., hacer donación universal á un hijo bajo varios pactos, y suscitarse después dificultades entre ellos para el percibo de dicha cantidad; bajo cuyo supuesto, lo mejor es evitar estos inconvenientes con la calificación del Registrador ante los interesados, en virtud de la cual puedan éstos decidirse por lo que más les convenga, pero á ciencia cierta, bajo el supuesto de que siempre pueden verificar lo que les parezca contra la opinión del Registrador y recurrir después; pero en este caso ya saben lo que les ha de ocurrir, mientras que en el sistema actual el adquirente se queda sin dinero y sin finca, ó sin derecho, por un tiempo por demás largo, si no es que definitivamente lo pierde todo, según las circunstancias, en virtud de no lograr se verifique la inscripción, con los perjuicios de los gastos del expediente gubernativo, cuando ha de entablarlo el interesado, por no referirse la denegación del asiento en el Registro á defectos en la redacción del título, y no venir entonces el Notario obligado á la interposición y seguimiento del recurso.

.[*].

Además de lo que queda indicado en el apartado anterior, debemos consignar que mucho más podría decirse en contra de la refundición del Registro á la Notaría, por ser lo más procedente verificarse de ésta á aquél en cuanto se trate de contratos inscribibles, por razón de la superior carrera científica de los Registradores sobre los Notarios, y porque no es posible desentenderse del precepto notarial de que *por punto general los protocolos son secretos*, cosa que acarrearía desde luego inconvenientes de difícil solución para la refundición del Registro á la Notaría, para llevar á efecto la cual debería verificarse una verdadera revolución en el modo de ser de la propiedad española, ahora que se han salvado ya los principales inconvenientes del planteamiento del actual sistema hipotecario, lo cual se consigna de un modo por demás elocuente en la *Memoria histórica de los trabajos de la Comisión de Codificación*, suprimida por decreto del Regente del Reino de 1.º de Octubre de 1869, escrita y publicada por acuerdo de la misma, siendo Ponente D. Francisco de Cárdenas, Vocal de ella. Dice: «Mas la reforma hipotecaria era tan indispensable y la ley que la realizó tan justa y tan favorable á la causa pública, que, á pesar de las gravísimas dificultades con que tuvo que luchar desde su origen, á pesar de haberla combatido tantos intereses individuales y de localidad, que se decían perjudicados por ella, ha salido á salvo de una revolución que tantas cosas ha cambiado y que ha puesto en tela de juicio casi todas las instituciones. Es digno de notarse que cuando las juntas de distrito y los directores del movimiento revolucionario pedían la destrucción de casi todo lo existente, no se levantó ni una sola voz contra la ley Hipotecaria. Los amigos del verdadero progreso deben congratularse de ello, pues la institución que ha resistido prueba tan terrible, tiene sin duda más vitalidad y raíces más profundas

·de lo que se suponía anteriormente.» No queremos añadir nin-
.gún comentario á tan brillante defensa de la ley Hipotecaria,
amenazada de muerte por el cuerpo notarial. Téngase además
en cuenta que habiendo acudido varios Notarios en contra del
proyecto de 11 de Abril de 1864, por lo que se refería á la inscripción de documentos privados ratificados ante el Registrador, la Comisión reprodujo el proyecto en 1867, desestimando
dicha oposición (1).

De todos modos, si la clase notarial insiste en su propósito de
refundir el Registro en el Notariado, como quiera que los proyectos que acarician el Sr. Pou en *La Notaría*, de Barcelona, y el
·Sr. Castillo en la *Gacetilla Notarial*, de Medina Sidonia, son ge ·
néricos, esperamos los defenderán y desarrollarán en todos sus
detalles, formulándolos en debida forma y por extenso, para
conocer su bondad intrínseca, su mecanismo y sus pormenores;
·que entonces podrá juzgarse la reforma con perfecto conocimiento de causa, y tal vez, en vista del proyecto, pueda llegarse fácilmente á una solución satisfactoria para todos, porque se
llegaría á la deseada unidad, y en el fondo los dos proyectos
vendrían á ser análogos; y como la clase de Registradores de la
propiedad demuestra en este asunto un patriotismo sin límites
que merece los más entusiastas plácemes, por cuanto nada tiene que oponer al proyecto de refundición del Registro á la Notaría, ideado y defendido por la *Gacetilla Notarial*, tal vez esté
muy próxima la hora de la reforma, supuesto que nosotros, á
pesar de nuestra opinión contraria, estaríamos muy satisfechos
de que se realizase el proyecto bajo la base de refundir el Re-
·gistro en la Notaría, porque, salvo algunos detalles, se llegaría
al mismo resultado, y no hacemos cuestión capital la de detalle, y contando, como se cuenta, con la aquiescencia al proyecto del desinteresado Cuerpo de Registradores de la propiedad, puede llegarse á la reforma apetecida por nosotros y por
el Notariado y aceptada por los Registradores, cosa que obvia

(1) Reseña histórica citada, págs. 168 y 613.

la dificultad, por mediar el consentimiento expreso (1) de una
clase que pudiera considerársela perjudicada, lo cual facilita
mucho el asunto. En virtud de estas nuestras francas manifestaciones, podrá comprender el Notariado que no le queremos
mal, y sólo anhelamos la realización de un ideal científico, con
el cual todos estamos conformes.

---

(1)   Véase lo que, entre otras cosas, dice *La Notaría* de Barcelona en el número 1578, correspondiente al día 2 de Julio de 1888: «Desconociendo tan sólo
los fundamentos de la Institución notarial, y destruyendo por completo los
principios en que descansa la legislación hipotecaria, es posible que germine
una idea que tan pocos defensores cuenta, siendo, por el contrario, rechazada
por las dos clases que con mayor conocimiento de causa pueden tratar de
ella, y á las que más directamente se refiere.—Y en efecto; los Registradores,
por medio de su órgano en la prensa, y los Notarios, con los escritos publicados en sus periódicos oficiales y exposiciones elevadas á las Cortes por sus
Juntas directivas, protestan unánimes, demostrando con razones evidentísi-
mas la imposibilidad de establecer tal innovación, sin lastimar profundamente
la propiedad inmueble, etc.»

(Se continuará).

VICTORINO SANTAMARÍA.

EL PROYECTO DE CÓDIGO CIVIL

A juzgar por las apariencias, no ha de pasar este año sin que la *Gaceta de Madrid* haya publicado el proyecto de Código civil, tan necesario y tan ansiosamente deseado por los hombres de ciencia, por los políticos y por los españoles todos, que desean se facilite el medio de llegar pronto á la unidad legislativa en aquella materia, y que desde luego se alteren ciertas instituciones de conformidad con los nuevos principios jurídicos, aceptándose para la legislación común una gran parte de la que rige en las provincias y en los territorios en que el Derecho foral se ha respetado.

Creemos, pues, que todos nos hallamos en el caso de exponer nuestro criterio sobre cuestión tan compleja y difícil, si bien reconocemos, por nuestra parte, no sólo que nos falta competencia para ello, sino que carecemos de la autoridad indispensable para que los juicios formulados tengan algún resultado práctico. De todas suertes, acaso iniciemos una provechosa discusión, en que personas de conocimientos superiores y de respetable autoridad expongan ideas provechosas y atendibles, que es lo que principalmente nos proponemos al iniciar esta serie de artículos, el primero de los cuales natural es que se dedique á examinar el procedimiento adoptado últimamente, no sólo para que el Código empiece á regir cuanto

antes, sino para que sus prescripciones vayan filtrándose en
el Derecho foral paulatina y continuadamente.

.ᵒ.

El art. 3.º de la ley de 11 de Mayo último dispone, que «el
Gobierno, una vez publicado el Código, dará cuenta á las
Cortes, si estuvieren reunidas, ó en la primera reunión que
celebren, con expresión clara de todos aquellos puntos en que
haya modificado, ampliado ó alterado en algo el proyecto redactado por la Comisión, y no empezará á regir como ley ni
producirá efecto alguno legal hasta cumplirse los sesenta días
siguientes á aquel en que se haya dado cuenta á las Cortes de
su publicación»; plazo de sesenta días que puede.prorrogarse,
según lo determinado en el art. 4.º

Ahora bien; dada la gran extensión que forzosamente ha
de tener el proyecto, y el poco espacio de que se ha de disponer para publicarlo en la *Gaceta*, ¿no se necesitarán dos meses
por lo menos para que el Gobierno esté en disposición de dar
cuenta á las Cortes? Pues suponiendo que los trabajos se hallen tan adelantados que dicha publicación pueda empezar á
hacerse en el próximo mes de Octubre, no somos exagerados
al calcular que hasta Diciembre no será posible cumplir con
aquel requisito previo; y aun suponiendo que no se utilice la
prórroga establecida en el citado art. 4.º de la ley, siempre
resultará que el nuevo Código sólo puede empezar á regir en
Marzo de 1889, si es que para entonces no han sobrevenido
acontecimientos que impidan ó retrasen la realización de los
propósitos del Gobierno.

Sin embargo, sea de ello lo que quiera, merece detenido
estudio lo dispuesto en los artículos 5.º al 7.º de la expresada
ley, que hoy han de ser el principal objetivo de nuestro
examen.

Salvo la excepción de que el título preliminar en la parte
referente á los efectos de las leyes y de los estatutos y de las

reglas generales para su aplicación, así como las disposiciones relativas á las formas de matrimonio, deben ser obligatorias para todas las provincias del Reino, el art. 5.º establece
que las provincias y territorios en que subsiste el Derecho foral, lo conserven por ahora en toda su integridad, sin que sufra alteración su actual régimen jurídico por la publicación del
Código, que ha de regir sólo como supletorio en defecto del
que lo sea en cada una de aquéllas por sus leyes especiales.
Pues bien; el art. 6.º prescribe que el Gobierno, oyendo á la
Comisión de Códigos, ha de presentar á las Cortes, en uno ó
varios proyectos de ley, los apéndices del Código civil, en que
se contengan las instituciones forales que convenga conservar
en cada una de las provincias ó territorios donde hoy existan;
y como tales proyectos no se han presentado, ni tenemos noticia de que se piense publicarlos por ahora, resulta que las aludidas instituciones forales han de quedar en suspenso tan pronto como empiece á regir el Código general, hasta que sea un
hecho la formación de los especiales, pues es muy de notar
que en el art. 5.º se señala aquél como supletorio *del que lo
sea* en cada una de aquéllas por sus leyes especiales, es decir,
del que rija después de publicados los apéndices á que se contrae el art. 6.º

Verdad es que el 7.º dispone que el Código civil empiece
á regir en Aragón y las islas Baleares al mismo tiempo que en
las provincias no aforadas, en cuanto no se oponga á aquellas
de sus disposiciones forales y consuetudinarias que actualmente estén vigentes, con lo cual se da á entender que el Código
general ha de servir como supletorio de dichas disposiciones
especiales, sin necesidad de que éstas hayan sido publicadas
como apéndice en lo referente á la legislación aragonesa y de
las islas Baleares; pero es lo cierto que queda á merced de los
Tribunales la declaración de subsistencia de ciertas instituciones, y que el Poder judicial será el que, atribuyéndose funciones del legislativo, habrá de declarar en cada caso particular
si actualmente se hallan vigentes disposiciones generales y

consuetudinarias, que los mismos escritores y jurisconsultos de aquellas provincias no podrían asegurar que estuvieran vigentes ó derogadas.

Por consiguiente, es manifiesto que, á nuestro entender, y aunque no ha existido el suficiente valor para declararlo de una manera explícita y terminante, la ley que nos ocupa, no sólo se ha inspirado en el principio de la necesidad de codificar, sino en el de la unificación. En cuanto á lo primero, nadie hay que pueda oponer reparo alguno; pero respecto á la unificación, si bien es un ideal constantemente perseguido, especialmente en nuestros Códigos políticos, debe tenerse presente que á ella se han opuesto y siguen oponiéndose comarcas enteras que prefieren sus instituciones forales á una gran parte de las de Castilla, que seguramente se traducirán en el futuro Código.

Mucho celebraríamos que, siquiera fuera por aquel medio indirecto, se llegara á la unidad legislativa de las disposiciones civiles, aceptándose de las provincias y territorios aforados, para los que no lo fueran, todo aquello que tienen de aceptable, y derogándose en absoluto cuanto es opuesto á una buena concepción del derecho; pero nos equivocaríamos en sumo grado, si viéramos que se llegaba á tan grandioso fin por virtud de la ley que nos ocupa. Es más; nuestra opinión es, que han de surgir graves dificultades que se opongan á la realización de los altos propósitos en que se inspira.

Más claro: la ley de 11 de Mayo, que aparentemente sólo es codificadora, entendemos que en el fondo es eminentemente unificadora; y aunque tanto en un sentido como en otro merece nuestros más sinceros elogios, creemos que no ha llegado aún el tiempo de la unificación, que el medio buscado para conseguirla no ha de dar los resultados que sus autores se proponen, y que desde luego ha de producir una perturbación grande en la vida civil de las provincias y territorios aforados; pues si se quería dejar á salvo sus instituciones, lo natural era que se hubieran publicado los Códigos especiales al mismo tiempo que el general, y si se pretende implantar éste como único cuerpo legal en todo el territorio español, ha debido declararse explícitamente, sin que por virtud de los artículos 6.º y 7.º se dé lugar á que disposiciones y costumbres tal vez próximas á desaparecer vengan á adquirir nuevas condiciones de vida y una autoridad que no tenían.

Por otra parte, es muy de observar que el art. 6.º de la ley expresa que en los apéndices del Código civil han de contenerse las instituciones forales que *conviene* conservar, y por lo tanto, no es aventurado creer que sólo se conservarán las instituciones de aquella clase transcritas al Código general, toda vez que si las demás fueran *convenientes* también se hubieran aceptado para la legislación común.

Repetimos, pues, que habría sido más liso y menos expuesto á complicaciones y controversias aceptar desde luego el criterio radical de la inmediata unificación, si para ello se entendía que era llegado ya el tiempo, y que en otro caso era más natural que sólo se declarase que las provincias ó territorios donde hoy existen instituciones forales siguieran rigiéndose por ellas, hasta que se creyera llegado el instante de unificar el Derecho civil español.

LUIS M. MIQUEL IBARGÜEN.

ENJÚICIAMIENTO CRIMINAL

Las Audiencias de lo criminal, ¿son competentes para conocer de las causas contra los Alcaldes y Autoridades administrativas de poblaciones donde no residan dichos Tribunales?—Concepto y extensión de sus atribuciones respecto á dichos procesos, y en los dirigidos contra Jueces de primera instancia y municipales.

Publicada la ley de 14 de Septiembre de 1882, y la adicional á la provisional sobre organización del Poder judicial de 14 de Octubre del propio año, surgieron repetidas dudas acerca de la competencia que venía atribuída á determinados Tribunales para entender en las causas contra ciertos funcionarios, de antes sometidos á especiales jurisdicciones.

Ocioso es recordar la perturbación y el desconcierto que tales cuestiones producen en la pronta administración de la justicia, frecuentemente entorpecida por incidentes jurisdiccionales, que dan por consiguiente resultado la paralización de los procedimientos y el desconcierto más lamentable en el desenvolvimiento práctico de las elevadas funciones del organismo judicial.

Las discrepancias, por lo tanto, de criterio, en asunto de tal transcendencia, habrían necesariamente de elevarse al conocimiento del más alto de los Tribunales del Estado y del Jefe del Ministerio fiscal, encargados, por la superioridad de sus funciones, de determinar la verdadera doctrina, interpretando con autoridad, que pudiera calificarse de dogmática, los ambiguos preceptos de la ley.

Empero las dudas no han cesado, las discrepancias siguen

subsistentes; y bien pudiera asegurarse que la mayoría de las Audiencias de lo criminal, ó se atribuyen facultades, de que en nuestro sentir carecen, ó si, por el contrario, limitan su jurisdicción á aquello que, según la ley les compete, encuentran en el Ministerio público una oposición de criterio, que contribuye por modo evidente á hacer más ostensible la necesidad de poner definitivo término á un orden de cosas que cede en perjuicio de la administración de la justicia.

Abandonadas hoy, en bien de la ciencia del Derecho, las sutilezas y nimiedades que los antiguos jurisconsultos invocaban al estudiar el concepto jurídico de la competencia; inspirados, por otra parte, los Códigos modernos en principios más exactos, y transformada, en armonía con los organismos políticos la idea de la jurisdicción, es perfectamente excusable que nosotros, prescindiendo de múltiples teorías, sinteticemos brevemente lo que importa al objeto del presente estudio.

La idea abstracta del Derecho se realiza y adquiere efectividad por medio de las leyes sustantivas, que, por decirlo así, lo definen y estatuyen; y se complementa y ultima con las leyes llamadas adjetivas, porque determinan el modo de hacer eficaz ante los Tribunales el derecho preestablecido.

Estas leyes adjetivas, reguladoras, rituarias ó de procedimiento, en armonía con la fundamental del Estado, han instituído la manera de funcionar ciertas entidades, á quienes viene cometida la dispensación del derecho, á saber, los Jueces y Tribunales de diversos órdenes y de jerarquías diferentes, que en virtud del poder que les está encomendado, administran justicia, que es como la finalidad del derecho en el desenvolvimiento de la sociedad.

Y he aquí el concepto supremo de la competencia: concepto clarísimo y evidente, porque sus términos se hallan condensados en estas breves palabras: facultad atribuída por la ley á ciertos organismos sociales para aplicar el Derecho administrando justicia.

Así entendida la competencia, puede asegurarse que en

nuestra Monarquía tradicional, el Rey era la fuente de toda jurisdicción, la personificación sensible de la justicia, y el origen y fundamento de todas las jurisdicciones, puesto que en su soberanía residía, como esencial atributo, la potestad suprema de aplicar las leyes.

Es, por tanto, evidente que hoy, salvo los casos de jurisdicción retenida, sobre cuya conveniencia ó inconveniencia no habremos de discutir, la competencia está vinculada en los Tribunales, á quienes por el art. 76 de la Constitución vigente, se confiere por modo exclusivo la *potestad* de aplicar las leyes en los juicios civiles y criminales, siquiera administren la justicia en nombre del Rey.

Circunscribiéndonos al derecho criminal, la competencia en asuntos criminales viene atribuída en cuanto á la jurisdicción ordinaria al Tribunal Supremo; á las Salas de lo criminal de las Audiencias territoriales y Audiencias de lo criminal; á los Jueces de instrucción y á los Jueces municipales. Conocen, además, como jurisdicción especial de asuntos criminales; el Senado en los casos previstos por la ley fundamental; los Tribunales de guerra y marina; los Tribunales eclesiásticos en los delitos de esa clase, con sujeción á lo prevenido por los Sagrados Cánones; los Cónsules en la forma prevenida por la ley orgánica del Poder judicial en sus artículos 342, 345 y 346, y finalmente, las Autoridades administrativas y de policía en determinados casos.

Es elemental en cuestiones de competencia, que, no sólo la naturaleza del delito, ó el territorio donde se cometa, sino también las circunstancias personales del indicado como responsable, atribuyen á éste á al otro Tribunal el conocimiento del asunto. Y en consecuencia de dicha tesis, el llamado fuero personal debe ser mirado como una de las fuentes de jurisdicción en lo criminal, que por su naturaleza es siempre improrrogable; puesto que la especie de jurisdicción prorrogada en los delitos conexos de distintos territorios á un solo Juez, y el llamado fuero de atracción, no invalidan el principio absoluto de la improrrogabilidad, antes bien, lo confirman y robustecen.

En lo que hace á la jurisdicción ordinaria, y sin extender-nos más allá del Reglamento provisional para la administra-ción de justicia, en sus artículos 58 y 90, ya se consigna que en determinados casos, y atendidas las condiciones personales de los presuntos reos, conozcan de los procesos en unos, el Tri-bunal Supremo; y tratándose de Jueces legos ó eclesiásticos, ó de Alcaldes en el ejercicio de funciones judiciales, las Au-diencias, componiéndose la Sala necesariamente de cinco Ma-gistrados.

Esa especie de correlación entre la categoría personal del acusado con la del Tribunal que había de juzgarle, fué exten-diéndose sucesivamente, y si se creía, por ejemplo, en el Reglamento provisional, que un Gobernador de provincia, de-biera por su jerarquía venir sometido á la jurisdicción del Su-premo, creyóse oportuno más adelante, que un Alcalde, ó un Diputado provincial, debería comparecer, no ante un Juez in-ferior, sino ante un Tribunal de superior categoría. Y todavía se extendió más tal doctrina, llevando esa especie de respeto al fuero personal, á las jurisdicciones especiales, que á su vez lo consignaron respecto á los no aforados. Sirva de comproba-ción á esta tesis la ley de 9 de Julio de 1882, que establece distintos órdenes de Jueces, según la graduación de los mili-tares que hayan de ser juzgados por los tribunales del fuero ordinario, y la de 10 de Marzo de 1884, en cuanto á los no mi-litares que responden, atendida su jerarquía, ya en Consejo de guerra ordinario, ya de oficiales generales.

Sintetizando ahora lo que sirve de materia al presente es-tudio y publicada la ley de 14 de Octubre de 1882, que esta-tuyó las nuevas Audiencias de lo criminal, suscitáronse acalo-radas controversias jurisdiccionales, que pueden condensarse en estas tres cuestiones, base de todas las divergencias sur-gidas.

1.ª Los funcionarios administrativos que ejercen autoridad, ó los Concejales de Ayuntamiento, siempre que unos y otros no lo sean de capital de provincia, ó de poblaciones donde haya Audiencias, ¿están, si no se tratase de delitos anteriores á 14 de Octubre de 1882, sometidos con jurisdicción especial, á las Audiencias de lo criminal?...

2.ª Los Jueces de instrucción y municipales, ¿deberán ser juzgados por las Audiencias territoriales exclusivamente, ó por las Salas de lo criminal de dichos Tribunales, ó Audiencias de lo criminal, según la respectiva demarcación jurisdicional?...

3.ª ¿Qué Juez es competente, y cuál es la extensión de sus facultades, para la instrucción del sumario?...

Si para resolver las disidencias que, como hemos indicado, surgieron ante los preceptos de la ley de 14 de Octubre de 1882, estudiados en relación con los contenidos en la orgánica de 1870, art. 276, hubiéramos de acudir á las resoluciones del Presidente y Fiscal del más alto de los Tribunales de la Nación, lejos de desvanecerse las dudas, habrían seguramente de aumentarse. En efecto, en la circular de la Presidencia del Supremo, de 10 de Julio de 1884, al resolver las consultas elevadas por las Audiencias, se determina, que cuando los Jueces dirijan la instrucción contra funcionarios administrativos de puntos donde no haya Audiencia, pueden y deben proceder con facultades propias, y que, por el contrario, si el sumario se incoa contra funcionarios residentes en capital de provincia ó de Audiencia ó Diputados provinciales, ó en los demás casos enumerados en el art. 4.º de la ley de 14 de Octubre citada, deberán los Jueces instructores atenerse á lo prevenido en el art. 303 de la ley de Enjuiciamiento criminal.

Mas frente á tan explícito mandato, la Fiscalía de dicho Tribunal, en Circular de 18 de Agosto de 1884, prevenía á sus subordinados lo contrario, ordenándoles que en uno y otro supuesto, formulasen la querella ante las Audiencias respectivas, y dedujesen los recursos procedentes, si los Jueces se atribuían facultades propias para conocer en asuntos sobre los que no tenían sino jurisdicción delegada.

De esa diversidad de criterios surgieron, como luego ha-

bremos de examinar, multitud de recursos, fuente de jurisprudencia, sentada por el Tribunal Supremo, con el ácierto y la
sabiduría que le es propia.

Preveníase por el art. 276 de la ley orgánica de 1870, que
las Salas de lo criminal de las Audiencias territoriales conociesen en única instancia de las causas contra funcionarios administrativos que ejerciesen autoridad por delitos cometidos en
el ejercicio de sus cargos, fuera de los atribuídos al Supremo;
jurisdicción extendida por el art. 141 de la ley de 29 de Agosto
de 1882, á los delitos cometidos por los Diputados provinciales.
Y, asimismo, atribuía á las dichas Audiencias, la citada ley
orgánica, las causas contra Jueces de instrucción, Jueces y
Fiscales municipales y Jueces eclesiásticos inferiores; debiendo cumplirse en cuanto á los militares de superior graduación,
lo mandado en la ley de 9 de Julio de 1882.

He aquí, por tanto, los antecedentes legales que en primer
término han de tenerse presentes al estudiar las trnascedentales
variaciones, introducidas en materia de competencia por la ley
de 14 de Octubre de 1882, ó sea la adicional á la orgánica de
Tribunales; variaciones indispensables supuesta la creación de
nuevas Audiencias para la administración de la justicia en lo
criminal.

Porque esa ley adicional, no sólo modificó, como erróneamente se ha sostenido, algunas de las reglas de competencia
por razón del fuero personal, sino que basta la atenta lectura
de su art. 4.º para asegurar que el art. 276 de la ley orgánica
quedó virtualmente derogado, en armonía con la nueva organización dada á los Tribunales para el establecimiento del juicio oral y público. Esta doctrina, acertadamente sancionada
por el Tribunal Supremo en sentencia de 19 de Septiembre
de 1885 y otras, encierra la clave del problema, toda vez que
si dicho artículo se halla derogado, á no ser en los delitos an-·
teriores al 15 de Octubre de 1882 (Sentencia del Tribunal Supremo del propio día; Comp., núm. 230) no hay para qué invocarle, sino estudiar la cuestión dentro de los preceptos de la

ley adicional, en relación con la de Enjuiciamiento criminal vigente.

Pues bien; admitido como indiscutible que el repetido artículo 4.º de la ley adicional ha derogado el 276 de la orgánica del Poder judicial, síguese como lógica consecuencia que si en aquél se asienta una regla general y se enumeran las excepciones, lo que no se halle exceptuado está dentro de la regla, y sobre esta argumentación no caben ni sutilezas, ni caprichosas distinciones.

Es la regla general que las Salas de lo criminal de todas las Audiencias, sean ó no territoriales, conocen de las causas por delitos cometidos dentro de su circunscripción respectiva, que competan á la jurisdicción ordinaria. Son las excepciones ciertos procesos encomendados especial y taxativamente á las Salas de las territoriales, á la Audiencia en pleno, ó al Supremo. ¿Se mencionan entre ellos los incoados contra funcionarios administrativos que lo sean de pueblos no capitales de Audiencia ó de provincia?... Ciertamente que no; luego su fuero personal está dentro de la regla general, que atribuye la competencia á los Jueces de instrucción para el sumario y á la respectiva Audiencia para el juicio, todo dentro de los términos adecuados á la jurisdicción ordinaria.

Y en armonía con ese precepto explícito, absoluto y terminante, la ley de Enjuiciamiento criminal de 14 de Septiembre de 1882, anterior á la adicional, pero informada en los mismos principios adecuados á la reforma de organización de los Tribunales, estableció en su art. 14 que fuera de los casos reservados al Senado (1) y de aquellos que expresa y *limitativamente* atribuye la ley al Tribunal Supremo, á las Audiencas territoriales, á las jurisdicciones de Guerra y Marina y á las Autoridades administrativas ó de policía (2), los Jueces de instrucción son *competentes* para la instrucción del sumario en

---

(1) Artículo 45 de la Constitución de 1876, y ley de 11 de Mayo de 1849.

(2) Artículo 625 del Código penal.

toda clase de delitos; y para conocer de la causa y del juicio respectivo, las Salas ó Audiencias de lo criminal de la circunscripción correspondiente.

Y por si todavía no pareciese claro é indiscutible lo que venimos sustentando, el art. 303 de la dicha ley de Enjuiciamiento, al hablar de la formación de los sumarios, sólo autoriza el nombramiento de Juez delegado en aquellas causas encomendadas *especialmente* por la ley orgánica á determinados Tribunales. De modo que si según el art. 4.º de la adicional, las causas contra funcionarios administrativos que no lo sean de capital de provincia ó Audiencia, no vienen atribuídas á Tribunales determinados, es innegable que no les es aplicable el párrafo 2.º, sino el 1.º del art. 303, ó más claro, que el Juez instructor lo es propio, no especial, porque las Audiencias de lo criminal no pueden delegar facultades que la ley no les reconoce, y que son exclusivas de los Jueces de instrucción.

El Tribunal Supremo no ha podido sentar jurisprudencia, porque sobre la competencia ó incompetencia del Juez para actuar en el sumario no se da recurso de casación, según el art. 23 de la ley de Enjuiciamiento, y lo resuelto en sentencia de 3 de Diciembre de 1884; pero realmente no era preciso, pues la ley está tan terminante que huelga toda interpretación. Nos remitimos, sin embargo, á la notable doctrina consignada en la sentencia de 19 de Septiembre de 1885, inserta en la *Gaceta* de 4 de Octubre siguiente, pues en ella puede observarse que á más de confirmar la doctrina de que los funcionarios administrativos ó Alcaldes de poblaciones que no lo sean de capital de provincia ó Audiencia, están dentro de la *regla general* de jurisdicción, viene á reconocerse la facultad de instruir el sumario en el Juez, puesto que habiéndolo hecho así el Juez de Puente del Arzobispo, sólo se reformó lo acordado respecto al otro procesado, que por ser, no Alcalde, sino Juez municipal, debía ser sumariado por un Juez especial, conforme al art. 303 de la ley de Enjuiciamiento criminal.

Hemos dicho que por el art. 4.º de la ley adicional no se reconoce á las Audiencias de lo criminal facultad de conocer en las causas de la manera especial que dicho artículo atribuye á las territoriales y al Supremo; y si este precepto absoluto no admitiese excepciones, forzoso sería admitir que ni los Jueces de instrucción, ni los municipales, deberían ser juzgados por otras reglas que por las de la jurisdicción ordinaria, y que los sumarios no precisarían para su instrucción de Juez delegado. Pero es bastante leer el párrafo 2.º del repetido art. 4.º, y su atenta lectura demostrará que los funcionarios judiciales se hallan dentro de las frases «salvo lo dispuesto en esta ley ú otras especiales.» Y en efecto, aparece incuestionable que la ley adicional ha dejado subsistentes los artículos 246, 258 y 259 de la orgánica (Sents. del Tribunal Supremo de 25 de Octubre de 1884 y 19 de Septiembre de 1885); y por lo tanto, y conforme á los artículos 757, 775 y 303 de la ley de Enjuiciamiento criminal vigente, la querella ó antejuicio, y aun la simple denuncia, por los delitos cometidos por los Jueces de instrucción en el ejercicio de sus funciones, ó fuera de él, han de ser formulados ante la Sala de lo criminal de las territoriales ó Audiencias de lo criminal respectivas, según el fuero del lugar, debiendo dichos Tribunales nombrar el Juez especial para la formación del sumario con arreglo á lo mandado en el artículo 303 de la vigente ley de Enjuiciamiento.

Así lo ha entendido el Tribunal Supremo en multitud de sentencias, entre las que deben consultarse las de 25 de Octubre de 1884, 23 de Febrero de 1885, 19 de Marzo de 1885 y 19 de Septiembre de 1885; habiendo por ello desaparecido todo motivo de duda y pudiéndose consignar como doctrina aceptable: 1.º Que hallándose derogado el art. 276 de la ley orgánica, en cuanto sometía á las Audiencias territoriales el conocimiento de las causas contra los Jueces de instrucción por toda clase de delitos, y de los cometidos por los Jueces municipales en el ejercicio de su cargo, radica hoy dicha competencia, sin otra distinción que la respectiva demarcación de territorio, en las Salas y Audiencias de lo criminal. 2.º Que en esa clase de procesos, ya se incoen por antejuicio, querella, denuncia ó de oficio, es preciso la designación de Juez delegado para la formación del sumario. 3.º Que los Jueces municipales por los delitos ordinarios, los Fiscales de dichos Juzgados, en todos los casos, los Jueces eclesiásticos inferiores, los militares de Comandante á Coronel inclusive y sus asimilados del Ejército y Armada, y últimamente, los Alcaldes, Concejales y funcionarios administrativos, que no lo fueren de capital de Audiencia ó de provincia, que por las leyes orgánicas de 9 de Julio de 1872 venían sometidos á fuero especial, están hoy sujetos á la jurisdicción de las Audiencias ó Salas de lo criminal, teniendo los respectivos Jueces facultades propias para la instrucción y terminación de los sumarios.

Creemos haber expuesto con la posible claridad la opinión que sustentamos en una cuestión tan debatida, y en la que aún no parece haberse pronunciado la última palabra. Y decimos esto, porque en la Circular de la Fiscalía del Supremo de 30 de Abril de este año, ante la insistencia sin duda de las consultas, y la necesidad de solucionarlas, no obstante la anterior Circular de 18 de Agosto de 1884, se ordena á los Fiscales que en la instrucción de sumarios, admisión de querellas y procesamientos de autoridades de pueblos no capitales de provincia ó Audiencia, se atemperen á lo resuelto por el Tribunal Supremo en sentencia de 25 de Octubre de 1884, *Gaceta* de 13 de Febrero de 1885. Pero como esa sentencia se refiere exclusivamente á Jueces de instrucción, no creemos del todo resueltas las dudas acerca de la competencia de los Jueces en los sumarios contra Alcaldes y funcionarios administrativos, ni tampoco podemos precisar la fuerza que hoy deba reconocerse á la Circular de 18 de Agosto de 1884; si bien en nuestro humilde sentir es categórica, explícita y terminante, la jurisprudencia del Tribunal Supremo en el asunto.

P. GONZÁLEZ DEL ALBA.

ESTADÍSTICA DEL REGISTRO DE LA PROPIEDAD:

AÑOS 1874, 1875 Y 1876

En la novena reunión del Congreso internacional de Estadística que tuvo lugar en Budapest, capital del reino de Hungría, desde el 29 de Agosto al 11 de Septiembre de 1876, se puso á discusión, en la Sección segunda, el tema referente al movimiento de transmisión de la propiedad inmueble y á la Estadística hipotecaria.

Acerca de este punto había redactado el Magistrado de Budapest, Sr. Zluiszky, una notable Memoria, en la que después de hacer un estudio comparado de las legislaciones europeas sobre Registros de la propiedad y acerca de las hipotecas, establecía un proyecto de Estadística internacional, cuyos modelos, ligeramente modificados por el Ponente Sr. Schnierer y por la Sección, aceptó el Congreso en sesión general, traduciéndolo en el siguiente acuerdo:

Para estudiar debidamente el movimiento de la propiedad inmueble, es preciso:

1.º Formar listas anuales del número y valor de las propiedades transmitidas y de las transcripciones hechas en los Registros por contratos, ejecuciones sucesivas y expropiaciones por causa de utilidad pública.

2.º Reunir datos relativos á todas las cargas hipotecarias actualmente inscritas.

3.º Presentar datos anuales exactos respecto de ellas, sus cesiones, etc., con arreglo á un modelo que fué aprobado.

4.º Clasificar los créditos inscritos y los cancelados con arreglo á una escala de interés desde menos del 3 por 100 hasta más del 10 por 100.

5.º Clasificarlos igualmente por grados de cuantía desde menos de 500 francos hasta más de un millón de francos.

Inspirándose, evidentemente, en este importante acuerdo, y con arreglo á los principios en él establecidos por personas de tanta competencia como autoridad en estas materias, la Dirección general de los Registros civil, de la propiedad y del Notariado, publicó en el año 1881 la *Estadística del Registro de la propiedad correspondiente á los años* 1871, 1872 *y* 1873, y ha publicado últimamente la relativa á los de 1874, 1875. y 1876.

Esta última publicación, que es la que nos corresponde hoy examinar, forma un abultado volumen de más de 1.000 páginas en folio mayor, y contiene datos importantísimos, que estamos ciertos han de merecer la atención y el estudio de nuestros lectores, no tan sólo por el interés que encierran en su aspecto jurídico, sino porque constituyen un factor de gran transcendencia para la resolución del problema social, uno de cuyos aspectos, la crisis agrícola, es hoy objeto de preferente y justificada atención por parte de los poderes públicos.

En la imposibilidad de dar á conocer todos los datos contenidos en el tomo de Estadística, presentaremos á nuestros lectores un resumen de las cifras de mayor importancia, relativas á cada uno de los años que abarca, exponiendo luego las consideraciones que de los datos se desprenden.

Desde 1.º de Enero á 31 de Diciembre de 1874 se inscribió en los Registros de la propiedad la enajenación de 403.035 fincas rústicas y la de 83.400 urbanas. De las primeras, 179.386 se habían enajenado por última voluntad, siendo su valor de 164.745.311,80 pesetas; 202.084 lo fueron por contrato en que medió precio, y 21.565 por contratos en que no medió. De las segundas, ó sean las urbanas, se enajenaron por última voluntad 31.268, siendo su valor de 112.064.776,37 pesetas. Por con-

trato mediante precio se transmitieron 48.248, y sin precio declarado 3.884. El valor de las fincas de ambas clases transmitidas por contrato oneroso fué de 238.403.655,12 pesetas satisfechas al contado, y 122.944.308,58 á plazos, y el valor de las
que se transmitieron sin mediar precio fué de 25.414.843,14 pesetas. Se pagó por impuesto de derechos reales la cantidad de
10.291.514,63 pesetas, y por honorarios en los Registros la de
1.525.743,36.

Clásificadas las fincas por su valor, resulta que en 1874
hubo 271.477 fincas rústicas y 32.810 urbanas, cuyo valor individual no excedía de quinientas pesetas; 86.417 de aquéllas
y 32.189 de éstas, que fluctuaban entre quinientas y dos mil
quinientas pesetas; 15.837 y 8.134 de dos mil quinientas una
á cinco mil; 6.774 y 4.812 de cinco mil una á doce mil quinientas; 1.584 y 1.619 de doce mil quinientas una á veinte mil;
1.105 y 1.060 de veinte mil una á cuarenta mil; 511 y 539 de
cuarenta mil una á cien mil; 146 y 155 de cien mil una á doscientas cuarenta mil, teniendo un valor individual superior á
esta última cifra 28 fincas rústicas y 73 urbanas solamente.
De 15.711 de las primeras y 862 de las segundas, no constaba
el precio individual, y de 3.445 y 1.147 respectivamente, no
constaba de modo alguno.

Las 403.035 rústicas enajenadas en 1874, se subdividen del
modo siguiente: por razón de su extensión superficial y de la
forma de hacerse las enajenaciones, 76.997 se transmitieron
por contratos ó actos *inter vivos*, y 50.362 por actos de última
voluntad, sin que ninguna de ellas fuese mayor de 20 áreas
de extensión superficial; de veinte á cincuenta áreas se transmitieron 57.516 en la primera de dichas formas y 47.520 en
la segunda; de más de cincuenta á noventa y nueve áreas,
37.783 y 34.004; de una á dos hectáreas, 23.206 y 22.423; de
dos á cinco hectáreas, 13.629 y 12.676; de cinco á diez, 5.127
y 4.303; de diez á veinte, 2.349 y 2.000; de veinte á cincuenta,
1.193 y 1.130; de cicuenta á ciento, 615 y 482; de más de cien
hectáreas, 692 y 451, siendo desconocida la extensión super-

ficial de 4.542 de las transmitidas por contrato y 4.035 de las que lo fueron por última voluntad.

Sin incluir el de hipoteca, del que nos ocuparemos luego separadamente, se inscribió en los Registros en dicho año la constitución de 7.946 derechos reales, clasificados del modo siguiente: 3.556 eran de usufructo, uso ó habitación; 660 de servidumbre, de las cuales hubo 506 rústicas, 142 urbanas y 12 especiales para objetos de utilidad pública; 1.735 censos enfitéuticos, 322 consignativos, 654 reservativos y 50 vitalicios; 705 arrendamientos y 264 cargas ó pensiones temporales.

De los 7.946 derechos reales que en el citado año se constituyeron ó inscribieron, 4.512 lo fueron por contrato y 3.434 por última voluntad; no constaba el precio ó valor de 2.068, y era conocido en los 5.878 restantes, ascendiendo á la cantidad de 20.594.129,79 pesetas; 3.614 no devengaron pensión ó renta, y la devengaban los 4.332 restantes, ascendiendo su importe anual á 1.477.009,97 pesetas. Percibió la Hacienda 262.598,91 pesetas por impuesto sobre derechos reales constituídos, y 55.385,58 los Registradores por sus honorarios.

Se constituyeron 3.394 hipotecas legales y 26.295 voluntarias; hipotecándose 45.335 fincas rústicas y 14.201 urbanas, siendo los capitales asegurados 15.694.355,73 pesetas por hipotecas legales y 120.238.162,42 por voluntarias. Clasificadas por su duración ó plazo estipulado, hubo 7.197, sin plazo fijo; 8.213, por un año ó menos; 7.036, por más de un año y menos de tres; 4.524, por más de tres y menos de seis; 1.299, por más de seis y menos de diez, y 1.420, por más de diez años.

Fueron canceladas 18.554 hipotecas, de las que 710 eran legales y las otras 17.844 voluntarias, quedando en su virtud liberadas 24.798 fincas rústicas, por un importe de pesetas 46.984.936,96, y 10.678 urbanas por la suma de 52.690.751,24.

Clasificadas las hipotecas constituídas por su importe individual, dentro de cada clase, hubo: 725 legales y 4.911 voluntarias, hasta quinientas pesetas cada una; 1.633 y 12.926 de quinientas una á dos mil quinientas; 506 y 4.206 de dos mil quinientas una á cinco mil; 316 y 2.548 de cinco mil una á doce mil quinientas; 97 y 809 de doce mil quinientas una á veinte mil; 58 y 562 de veinte mil una á cuarenta mil; 37 y 255 de cuarenta mil una á cien mil; 17 y 57 de cien mil una á doscientas cuarenta mil, y 5 y 21 respectivamente, cuyo valor excedía de esta última cifra.

Se realizaron 12.787 préstamos con hipoteca sobre fincas rústicas por un importe de 42.649.055,05 pesetas. De esos contratos no se estipuló interés alguno expreso en 3.177; no excedía de tres por ciento en 63; fué de tres á cinco por ciento en 396; de cinco á ocho en 4.677; de ocho á diez en 2.096; de diez á doce en 1.376; de doce á quince en 584; de quince á veinte en 364; existiendo 54 préstamos en que se pactó expresamente un interés mayor del veinte por ciento anual.

Con hipoteca sobre fincas urbanas se realizaron 7.514 préstamos por un importe total de 44.764.074,24 pesetas; pactándose sin interés, 1.560; con interés anual menor del tres por ciento, 36; del tres al cinco, 474; de cinco á ocho, 3.116; de ocho á diez, 1.112; de diez á doce, 732; de doce á quince, 297; de quince á veinte, 155, y un interés superior al veinte por ciento anual en 32 préstamos.

Se registraron 201 contratos de préstamo en la forma especial de censo consignativo, de los cuales sólo tres eran irredimibles.

Hubo 4.055 ventas con pacto de retrocesión, de las cuales 2.915 se referían á fincas rústicas, 831 á urbanas y 309 á fincas de ambas clases. El término concedido á los vendedores para retraer fué en 1.036 sin plazo fijo; en 1.186 menor de dos años, y en 1.833 mayor de dos años. Devengó la Hacienda por la formalización y extinción de estos préstamos, 197.539,10 pesetas, y los Registradores 33.148,31.

Fueron registradas por primera vez 254.936 fincas rústicas, cuyo valor declarado era de 276.653.462,27 pesetas y una extensión de 533.477,88 hectáreas, y 31.185 urbanas, que va-

lían 81.394.169,24 pesetas, y ocupaban 6.783.904 metros cuadrados.

Los datos referentes á documentos y honorarios comprenden sólo el segundo semestre de 1874, porque los datos del
primero se incluyeron en el tomo de Estadística publicado
en 1881, donde se expresaban los datos de los años económicos de 1870-71, 1871-72, 1872-73 y 1873-74. Durante el semestre se presentaron para inscripción ó anotación 122.184 docu
mentos modernos, que devengaron 1.060.904,09 pesetas; 1.922
documentos antiguos (ó sean anteriores á 1863), que rindie-
ron 19.935,79; 21.327 informaciones de dominio ó de posesión,
por 163.183,67; se expidieron 5.629 certificaciones, que dieron
un producto de 63.055,24; y se tramitaron 447 expedientes de
liberación y análogos que produjeron 2.900,23. El total de honorarios devengados en dicho período fué de 1.309.979,02; los
devengados en mandamientos judiciales ó en favor de la Hacienda y que no se percibieron, ascienden á 38.867,72; el impuesto sobre los honorarios, sumaba 105.271,84; quedando,
finalmente, un líquido, á deducir gastos de personal y oficina,
de 1.165.839,46 pesetas.

⁎

Durante el año natural de 1875 se inscribió la enajenación
de 389 171 fincas rústicas y de 81.119 urbanas, de las cuales
173.685 y 30.534 respectivamente se transmitieron por última
voluntad, por un valor de 164.988.700,44 pesetas las rústicas
y de 132.057.681,52 las urbanas. Fueron enajenadas 198.043
rústicas y 47.709 urbanas por actos ó contratos, mediante
precio, siendo éste de 295.020.109,05 pesetas al contado, y
44.542.012,48 á plazos; y por actos *inter vivos*, en que no medió precio, 17.443 fincas rústicas y 2.876 urbanas, estimadas
en 16.904.462,76 pesetas. La Hacienda percibió por impuesto
de derechos reales 17.666.462,78 pesetas, y los Registradores
por honorarios, 1.473.350,19.

De las 389.171 fincas rústicas y 81.119 urbanas enajena-das, valían quinientas pesetas ó menos 259.944 y 31.715; de quinientas una á dos mil quinientas, 83.514 y 31.026; de dos mil quinientas una á cinco mil, 15.610 y 7.817; de cinco mil una á doce mil quinientas, 6.376 y 4.938; de doce mil quinientas una á veinte mil, 1.712 y 1.729; de veinte mil una á cuarenta mil, 1.092 y 1.107; de cuarenta mil una á cien mil, 682 y 549; excedían de cien mil, sin llegar á doscientas cuarenta mil, 207 y 166; pasaban de esta última cifra 45 y 53; hubo 17.315 y 1.103, cuyo valor no constaba individualmente, siendo desconocido por completo el de 2.674 rústicas y 916 urbanas.

Clasificadas las 389.171 fincas rústicas enajenadas por razón de la cabida y la forma en que tuvieron lugar las enajenaciones, resultan: menores de veinte áreas, 72.929 por contrato y 50.000 por última voluntad; mayores de veinte hasta cincuenta áreas, 56.689 y 48.830 respectivamente; mayores de 50 y que no llegaban á una hectárea, 35.648 y 32.320; de una á dos hectáreas, 23.321 y 19.771; de dos á cinco, 13.105 y 11.198; de cinco á diez, 5.055 y 4.058; de diez á veinte, 2.294 y 1.869; de veinte á cincuenta, 1.237 y 1.006; de cincuenta á ciento, 560 y 506; de más de cien hectáreas, 788 y 768; y 386 por contrato y 3.359 por sucesión, cuya extensión superficial era desconocida.

En el citado año 1875, á que se refieren estos datos, se constituyeron 7.503 derechos reales, sin comprender en este número el de hipoteca, que aparece clasificado con separación. Del citado número fueron 3.015 de usufruto, uso ó habitación; 595 servidumbres, de las que 442 eran de naturaleza rústica, 148 urbanas y 5 especiales para objetos de utilidad pública; 2.189 censos enfitéuticos, 209 consignativos, 466 reservatvos y 74 vitalicios. Se registraron además 715 arrendamientos y 240 cargas ó.pensiones temporales.

De los citados derechos reales, se constituyeron 4.585 por contrato y 2.918 por última voluntad; no se declaró el valor ó precio en 1.511, y en las 5.992 en que se reconocía importaba 21.217.906,01 pesetas. Devengaban pensión 4.534, siendo su importe anual 1.476.731,38 pesetas, y no la devengaban 2.969.

Por impuesto en la constitución de derechos reales, no hipotecarios, percibió la Hacienda 585.865,98 pesetas, y se devengaron en los Registros 61.011,01 por honorarios.

Se constituyeron 2.870 hipotecas legales y 27.427 voluntarias, importando las primeras 10.488.482,87 pesetas, y las segundas 157.953.243,88. Se hipotecaron 48.277 fincas rústicas y 15.185 urbanas. El total de hipotecas constituídas, que fué 30.297, se clasifica, por su duración, en la forma siguiente: sin plazo fijo 7.379; por menos de un año 8.392; por más de un año hasta tres, 7.231; por más de tres años hasta seis, 4.830; por más de seis años hasta diez, 1.235, y por más de diez años 1.229.

Se cancelaron 807 hipotecas legales y 17.063 voluntarias, quedando en su virtud liberadas 24.076 fincas rústicas, por las cuales se reintegró la suma de 48.471.149,41 pesetas, y 9.204 fincas rústicas por reintegro de 50.489.318,22.

Clasificadas las hipotecas constituídas por el importe del capital asegurado, resultan: 567 legales y 4.624 voluntarias en que no excedía de quinientas pesetas; 1.492 legales y 13.565 voluntarias de quinientas una hasta dos mil quinientas; 403 y 4.480 respectivamente, de dos mil quinientas una á cinco mil; 267 y 2.781 de cinco mil una á doce mil quinientas; 80 y 884 de doce mil quinientas una á veinte mil; 34 y 680 de veinte mil una á cuarenta mil; 19 y 306 de cuarenta mil una á cien mil; 8 y 84 de cien mil una á doscientas cuarenta mil, y aunque no se inscribió ninguna hipoteca legal superior á esta última cifra, hubo 23 voluntarias que la superaron.

Fueron inscritos 13.354 préstamos con hipoteca de fincas rústicas, por un valor de 75.449.587,76 pesetas; de los cuales no devengaban interés 3.084; devengaban menos del tres por ciento anual, 56; de tres á cinco, 372; de cinco á ocho, 4.625; de ocho á diez, 2.443; de diez á doce, 1.580; de doce á quince, 701; de quince á veinte, 424, y mayor del veinte por ciento, 69.

Se impusieron sobre fincas urbanas 7.638 préstamos, en garantía de 35.280.406,75 pesetas. No devengaban interés expreso 1.626; no excedía del tres por ciento anual en 23; era de tres á cinco, en 364; de cinco á ocho, en 2.974; de ocho á diez, en 1.283; de diez á doce, en 774; de doce á quince, en 377; de quince á veinte, en 185, y superior al veinte por ciento en 32 préstamos.

En la forma especial de censos consignativos, se registraron 209 préstamos, de los cuales sólo en 13 existía pactada la condición de perpetuidad.

Fueron registradas 4.104 ventas con pacto de *retro*, de las cuales lo eran de fincas rústicas 2.815; de urbanas 933, y de fincas de ambas clases 356. El término pactado para retraer, fué: menor de dos años, en 1.301; mayor de dos años, en 1.981, y no se estipuló plazo fijo en 822. Percibió la Hacienda por constitución y resolución de cuenta á retrocesión 259.139,05 pesetas, y los Registradores por su inscripción 33.135,53.

Se inscribieron por primera vez en dicho año 261.597 fincas rústicas, que ocupaban una extensión de 536.019,75 hectáreas, y estaban valoradas en 174.853.771,02 pesetas; y 31.170 urbanas, cuya extensión era de 6.157.522 metros, y cuyo valor ascendía á 74.003.513,88 pesetas.

Por último, se presentaron para inscripción durante el año natural de 1875, 258.757 documentos modernos, 3.352 antiguos (anteriores á 1863) y 54.183 informaciones posesorias y de dominio; devengando 2.187.833,32 pesetas los primeros; 34.725,32 los segundos, y 410.181,14 las informaciones. Se expidieron 13.316 certificaciones, con un rendimiento de 144.897,08 pesetas, y se tramitaron 825 expedientes de liberación y análogos, que dieron un producto de 6.718,13 pesetas. Resulta, pues, que el total de honorarios ascendió á la suma de 2.784.354,99, de las cuales se dedujeron 80.892,20 por lo devengado y no cobrado por mandamientos judiciales ó en favor de la Hacienda, y 226.675,62 por impuesto, quedando para los Registradores un producto líquido de 2.476.787,17 pesetas.

⁎

Se inscribió durante el año 1876, la enajenación de 473.633 fincas rústicas y 94.544 urbanas. De ellas 228.200 de las primeras, fueron transmitidas por actos de última voluntad, por un valor de 220.122.381,65 pesetas; así como 38 294 urbanas, por 145.054.044,79. Por contrato mediante precio, se transmitieron 222.554 rústicas y 52.263 urbanas, siendo el precio satisfecho al contado por ambas clases de predios 293.996.806,37 pesetas, y habiéndose aplazado el pago de 35.392.144,63. Por otros actos ó contratos *inter vivos*, en que no medió precio, se enajenaron 22.909 rústicas y 3.987 urbanas, estimadas en 29.553.301,57. La Hacienda percibió por impuesto en enajenaciones de fincas 13.654.372,12 pesetas; y en los Registros se devengaron 1.758.710,28. El dato total de valores por enajenaciones de fincas es de 724.118.679,01 pesetas.

Clasificadas por su valor las fincas enajenadas, hubo 319.992 rústicas y 36.087 urbanas, que valían quinientas pesetas ó menos; 98.314 y 35.834 pasaban de quinientas hasta dos mil quinientas; 17.255 y 9.713 más de dos mil quinientas á cinco mil; 7.771 y 5.948 más de cinco mil hasta doce mil quinientas; 2.634 y 2.024 más de doce mil quinientas á veinticinco mil; 1.045 y 1.324 más de veinticinco á cincuenta mil; 646 y 701 más de cincuenta á cien mil; 248 y 319 más de ciento á doscientos cincuenta mil; y hubo tan sólo 66 y 67, respectivamente, cuyo valor individual excedía de doscientas cincuenta mil pesetas. No constaba separadamente el valor de 19.241 rústicas y de 1.183 urbanas, y era totalmente desconocido en 6.091 y 1.334.

Se enajenaron por última voluntad 66.687 fincas rústicas, y por contrato 82.253, que no excedían de veinte áreas de extensión superficial; 64.012 por el primer medio, y 65.750 por el segundo, que tenían más de veinte hasta cincuenta áreas; 42.733 y 42.065 de más de cincuenta y que no llegaban á la hectárea; 27.011 y 26.091, de una á dos hectáreas; 14.210 y 13.915, de más de dos hasta cinco; 4.996 y 5.420, de más de cinco hasta diez; 2.276 y 2.657, de más de diez hasta veinte; 1.337 y 1.435, de más de veinte á cincuenta; 616 y 632, de más de cincuenta hasta ciento; 852 y 749 de más de cien hectáreas, y 3.470 y 4.496 cuya extensión era desconocida.

Clasificadas también las fincas urbanas enajenadas por la forma en que lo fueron y razón de su extensión superficial, resultan: 12.143 por última voluntad y 19.180 por contrato, menores de cien metros cuadrados; 6.981 y 10.274, mayores de ciento y menores de doscientos; 5.285 y 7.338 mayores de doscientos y menores de quinientos; 1.912 y 2.680 mayores de quinientos y menores de mil; 859 y 1.188, de mil á cinco mil; 148 y 230 de cinco á diez mil; 50 y 48, de diez á veinticinco mil; 10 y 23 de más de veinticinco mil; y 10.906 y 15.299 cuya extensión no se declaraba ó era desconocida.

Los derechos reales constituídos, sin incluir el de hipoteca, y que se registraron, son los siguientes: 2.775 de usufructo; 291 de uso y habitación; 585 de servidumbre; 1.827 de censo enfitéutico; 471 de reservativo; 137 de consignativo; 142 de vitalicio; 768 de arrendamiento, y 252 cargas ó pensiones temporales. La Hacienda pública percibió por impuesto, 410.707,55 pesetas, y los Registradores devengaron 56.782,97.

Las hipotecas constituídas fueron 32.035, de las cuales 2.712 eran legales y 29.323 voluntarias. Se hipotecaron en su garantía 69.886 fincas, 53.811 rústicas y 16.075 urbanas. Por las expresadas hipotecas legales se aseguró un importe de 13.191.412,56 pesetas, y por las voluntarias 204.781.764,06, que hacen un total de 217.973.156,62. Clasificándolas por razón del plazo por que se constituyeron, resultan: 7.654 sin plazo fijo; 8.209 por menos de un año; 7.630 por más de un año y menos de tres; 5.732 por más de tres y menos de seis; 1.518 por más de seis y menos de diez; 1.214 por más de diez y menos de veinticinco; y 78 por más de veinticinco años.

Teniendo en cuenta su especie y el importe del capital asegurado, resultan las siguientes cifras: constituídas 454 hipotecas legales y 5.035 voluntarias, no excedían del valor individual de quinientas pesetas; 1.499 y 14.397, valían de quinientas una á dos mil quinientas; 370 y 4.687, de dos mil quinientas una á cinco mil; 238 y 3.106, de cinco mil una á doce mil quinientas; 83 y 1.156, de doce mil quinientas una á veinticinco mil; 41 y 563, de veinticinco mil una á cincuenta mil; 15 y 272, de cincuenta mil una á cien mil; 9 y 79, de cien mil una á doscientas cincuenta mil; y 3 y 28, de más de doscientas cincuenta mil pesetas.

Se cancelaron 19.815 hipotecas, siendo legales 564 y voluntarias 19.251, quedando liberadas en su virtud 37.823 fincas, de las cuales 27.603 eran rústicas y 10.220 urbanas. Importaban los capitales representados en las cancelaciones de las hipotecas legales, 5.046.279,20 pesetas, y lo devuelto por las voluntarias 103.551.490,14, que hacen un total de 108.597.769,34. Clasificadas las cancelaciones por la duración de las hipotecas, aparece que se cancelaron 3.170 de las constituídas sin término fijo; 5.453 de un año ó menos; 3.738 de más de tres años hasta seis; 1.155 de más de seis años hasta diez; 558 de más de diez años hasta veinticinco; y 18 de un plazo mayor de veinticinco años. Se devengaron 574.179,81 pesetas por impuesto sobre cancelaciones, y 90.158,12 por honorarios.

Con garantía de predios rústicos se inscribieron 14.800 préstamos, con un importe total de 58.595.572,47 pesetas, por los cuales devengó la Hacienda por impuesto 446.755,79 y se percibieron por inscripción 127.224,38.

Clasificados por el interés estipulado, resultan: 3.174 con un importe de 9.542.891,08 pesetas, no devengaron ostensiblemente interés; 53 le devengaron de tres por ciento anual ó menos, por una cuantía total de 750.091,45; de más de tres á cinco por ciento, 597 por 2.630.173,48; de más de cinco á ocho por ciento, 5.734 por 27.478.105,36; de más de ocho á diez por ciento, 2.507 por 10.068.375,45 pesetas; de más de diez á doce, 1.564 por 4.851.472,82; de más de doce á quince, 728 por 2.210.871,46; de más de quince á veinte, 388 por 645.091,10, y de más de veinte por ciento anual, 55 por pesetas 418.500,26.

Los préstamos con hipoteca especial de fincas urbanas, fueron: 8.250 y su capital 49.418.460,18 pesetas, habiendo satisfecho á la Hacienda por impuesto 422.283,03, y por honorarios de inscripción 60.908,70. Clasificados por el interés estipulado, resultan: sin interés, 1.640, importando 5.132.174,93 pesetas; hasta tres por ciento anual, 38 por 402.362,61; más de tres hasta cinco, 441 con 5.800.382,41; más de cinco á ocho, 3.581 con 27.579.637,67; más de ocho hasta diez, 1.215 con 7.063.868,74; más de diez á doce, 730 con 2.272.560,28; más de doce hasta quince, 372 con 860.964,41; más de quince hasta veinte, 200 con 276.646,88, y más de veinte por ciento, 33 por 30.132,25.

Se registraron 137 contratos bajo la forma especial de censos consignativos, 90 de ellos con la cualidad de redimibles, y con la de no redimibles los 47 restantes.

El número de contratos de venta con el pacto de retro que se registraron fué de 4.936; de ellos hubo 3.392 de fincas rústicas, 1.102 de urbanas y 442 que las comprendían de ambas clases. En 1.806 se otorgaba para retraer un plazo que no excedía de dos años; en 1.684 más de dos años hasta cinco; en 465 más de cinco hasta diez; en 86 más de diez años, y en los restantes no se determinaba plazo.

Se inscribió por primera vez en los Registros, la propiedad de 162.614 fincas rústicas, con un valor declarado de pesetas 148.277.900,19. No excedían de veinte áreas de extensión, 43.288; eran de más de veinte á cincuenta, 43.072; de más de cincuenta sin llegar á una hectárea, 33.600; de una á dos hectáreas, 20.961; de dos á cinco, 11.453; de cinco á diez, 3.750; de diez á veinte, 1.983; de veinte á cincuenta, 1.159; de cincuenta á ciento, 458; de más de ciento, 794, y 2.096 de extensión desconocida.

Se inscribió, también por primera vez, la posesión de 253.301 fincas rústicas, valoradas en 89.140.750,15 pesetas.

El número de fincas urbanas cuyo dominio se inscribió por primera vez en dicho año, fué de 27.022, y su valor pesetas 86.211.118,57, de las cuales 8.859 no llegaban á cien metros cuadrados superficiales; 4.376 variaban entre ciento y doscientes metros; 4.041 excedían de doscientos hasta quinientos; 1.420 pasaban de quinientos hasta mil; 604 pasaban de mil hasta cinco mil; 71 pasaban de cinco hasta diez mil; 14 pasaban de diez hasta veinticinco mil; 12 eran mayores de veinticinco mil, y en 7.625 no se declaraba la extensión superficial.

Las urbanas cuya posesión fué inscrita por primera vez fueron 29.864, valoradas en 31.599.894,53 pesetas.

Se presentaron durante el año natural de 1876 para su inscripción, 282.742 documentos modernos (posteriores á 1863), que devengaron por honorarios 2.456.502,43 pesetas; 4.036 documentos antiguos, que produjeron 43.127,10, y 72.859 informaciones de dominio y de posesión por 640.702,68. Se expidieron 13.207 certificaciones que devengaron por honorarios 148.888,59 pesetas; y se tramitaron 1.129 expedientes de liberación y análogos que dieron un rendimiento de 9.265,02, cuyas cantidades suman un producto total de 3.298.485,82 pesetas, de las que han de deducirse 93.531,90 por honorarios devengados por mandamientos judiciales ó en favor de la Hacienda pública, que no se percibieron, y 273.576,07 por impuesto sobre los honorarios, resultando un rendimiento líquido de 2.931.377,85, del cual han de sufragarse los gastos de instalación y de personal auxiliar.

Del estudio de las cifras expuestas, deduciremos algunas consideraciones, pero sin que hagamos otra cosa que indicarlas de un modo sucinto, á fin de no dar sobrada extensión á nuestro trabajo que, como todos cuantos contienen muchas cifras, suelen hacerse fatigosos aun para los más aficionados á los estudios estadísticos.

La baja iniciada en la cifra de las enajenaciones en 1873, debida al estado de guerra civil, que anuló el movimiento contractual en varios distritos y moderó notablemente la formalización de títulos en otros muchos, continuó en descenso en los años 1874 y 1875, siendo ya más próspero el de 1876 en que alcanzó una cifra superior á la obtenida desde hace bastantes años. Es decir, que la enajenación de fincas aumentó de un modo considerable merced á la paz de que el país comenzó á disfrutar en el último de los años expresados.

El mayor contingente de las fincas que se enajenan por contrato corresponde al de compraventa, en el cual puede pagarse al contado el precio ó aplazarse su pago en parte ó en todo; siendo frecuente, cuando el pago del precio se aplaza, que se hipotequen á su seguridad las mismas fincas vendidas.

Por regla general, y excepto contadas excepciones, toda finca afecta á un derecho real en favor de terceras personas, pierde en valor y en condiciones para la transmisión tanto como representa el mismo derecho real capitalizado; y de aquí el esfuerzo que la propiedad viene realizando para disminuir la cifra total representativa de estas desmembraciones, ya sea el usufructo, el uso y la habitación, las servidumbres, los censos en sus varias formas, los arrendamientos ó las cargas, pensiones ú otros derechos innominados.

El usufructo y los censos, principalmente el enfitéutico, son los derechos reales que con mayor frecuencia se constituyen ó inscriben. En cambio el arrendamiento, de naturaleza tan favorable, continúa casi por completo alejado de los libros del Registro, hasta el punto de que en el año que ha alcanzado cifra mayor, que fué el de 1876, sólo se inscribieron 768.

Respecto á las hipotecas, que es entre los derechos reales el que mayor importancia constitutiva representa, viene notándose disminución en el número de las constituídas en 1873 y 1874, si bien en los de 1875 y 1876 se ha iniciado alguna alza, que indudablemente ha seguido en aumento en los años sucesivos. En el trienio que nos ocupa, se observa un creciente descenso proporcional de las hipotecas legales, que implica un alza equivalente en las voluntarias.

He aquí, por último, las consideraciones que se derivan del examen de las hipotecas constituídas, clasificándolas por razón de su plazo. El gravamen efectivo que las hipotecas imponen, se determina y aprecia principalmente por su cuantía, en relación con el valor de los predios; pero hay una circunstancia independiente de dicha relación y que merece estudio detenido por su evidente influencia en la manera de ser del gravamen, y más todavía en las facilidades para su extensión ó levantamiento, y esta circunstancia es la del tiempo por el cual, ó durante el cual, se establece cada hipoteca.

En igualdad de las restantes condiciones y pactos, las de tracto más largo son generalmente las más benignas, por ser evidente que una hipoteca en que se conceden seis ú ocho años para el reintegro, gravará menos que otra estipulada por un año, exigible, por lo tanto, en un período brevísimo, durante el cual es de todo punto improbable que la propiedad devuelva en producto neto el importe del capital que se le incorpore.

Bajo este aspecto, las variaciones que ofrece el trienio, respecto del anterior, son las siguientes: haber disminuído en número las hipotecas constituídas sin plazo fijo, lo cual se explica por la disminución ya indicada de las legales, que se incluyen en este grupo; haber aumentado, aunque por fortuna muy ligeramente, las constituídas por un año ó por término menor; aumento algo más considerable en la de más de un año hasta tres, y en las de más de tres años hasta seis, y disminución en las de plazos superiores á seis años, acentuándose más la baja en los que pasan de diez: como si el capital esquivara con creciente empeño las inversiones por largos períodos.

RAMÓN SÁNCHEZ DE OCAÑA.

Julio de 1888.

EL SECRETO DEL SUMARIO *

Acudimos al llamamiento que hace un escritor distinguido, cumpliendo el deber impuesto por el carácter profesional de esta REVISTA y tristemente impresionados al ver las densas nieblas de la pasión, pretendiendo invadir el puro ambiente de la

---

* En el número del periódico *El Imparcial*, del día 10 del presente mes, se ha publicado la siguiente carta:

«Sr. Director de *El Imparcial*.

»Mi querido amigo: El desenfreno de que viene dando muestras el noticierismo anónimo con motivo del que ya se conoce con el nombre de *Crimen de la calle de Fuencarral*, merece que se llame sobre él la atención de toda persona medianamente ilustrada en asuntos jurídicos, sobre todo cuando se halla próximo el restablecimiento entre nosotros del juicio por Jurados.

»Habiendo tenido la honra de iniciar hace dieciséis años en *El Imparcial* la campaña periodística que me ha dado el modestísimo lugar que ocupo entre los escritores de mi país, no puedo ser sospechoso para nadie de desamor á la publicidad en materias de administración de justicia; pero después de haber leído cuidadosamente cuanto acerca del indicado crimen han publicado los diarios madrileños de más circulación desde el día siguiente al del suceso hasta la fecha, abrigo la convicción profundísima de que si no se oponen remedios muy enérgicos, aunque indirectos á ese desenfreno, llegará á ser punto menos que imposible no sólo la administración de justicia en lo criminal, sino la vida regular y tranquila en país donde tales cosas acontecen y aun motivan pujas y competencias.

»Sí, mi buen amigo y compañero, no concibo en este punto nada más inicuo, nada más repugnante, dicho sea respetando todas las intenciones, que mientras á causa de las primeras diligencias de la instrucción de un proceso,

justicia; pero resueltos con firmeza á remontar las ideas hacia esferas más tranquilas que aquellas en donde luchan violentas corrientes de la opinión, antes conmovida por el dolor y la indignación que causa el crimen, ahora impaciente y quebrantada por la duda, y luego recelosa del acierto, cuando no de la virtud, que haya presidido en la formación de un proceso criminal. Alienta y fortalece nuestro propósito la circunstancia de haber nacido la voz de alarma del seno mismo de la prensa y de persona tan poco sospechosa para el periodismo como el Sr. Fernández Martín; pues de otra suerte acaso hubiéramos ahogado nuestro impulso, recelosos de que la propia iniciativa no fuese estimada con la imparcialidad que es de desear; ya que los momentos en que la opinión aparece cautiva de emociones, no son los más felices para esperar la crítica de un juicio razonado y prudente.

---

uno ó varios individuos se hallan privados de libertad, incomunicados, desprovistos de todo medio de defensa, lo más libre, lo más comunicativo, la prensa periódica que más influjo puede tener en la opinión pública, se consagre á difundir juicios, á deslizar reticencias é insinuaciones, acerca de la criminalidad ó de la inocencia de tal ó cual detenido, fundándose en rumores, en palabras, en hechos ó en omisiones más ó menos ciertos, más ó menos fielmente recogidos, sin que se sepa dónde, cuándo, cómo, ni por quién, previniendo en pro ó en contra de determinadas personas el ánimo de los que en su dia habrán de juzgarles.

»Esto, dígase lo que se quiera, no lo hace la prensa que se estima en ningún país civilizado. En todas partes donde ocurre un crimen rodeado de circunstancias extraordinarias, los periódicos diarios dan noticias del HECHO, refiriéndolo hasta en sus más pequeños pormenores; en todas partes donde se halla establecido el juicio oral, con ó sin Jurado, los periódicos bien servidos informan á sus lectores de las peripecias de aquel ACTO PÚBLICO; y lo uno y lo otro sirve para iluminar la acción investigadora de la justicia y para contener la arbitrariedad de los Jueces, que saben van á ser juzgados á su vez por la opinión, aun cuando sean legalmente irresponsables por su veredicto; pero en ninguna parte se discute por la prensa, como se está discutiendo por la de Madrid, desde los primeros instantes del periodo de la INSTRUCCIÓN SECRETA del proceso que motiva estas líneas LA IMPUTABILIDAD DEL DELITO, al participación en el mismo de tales ó cuales personas.

»A seguir por ese camino, y autorizada esa costumbre, se llegará sin tar-

Sin referirnos ahora á honrosísimas excepciones, de sentir
es que la prensa, uno de los auxiliares más poderosos con que
debiera contar la investigación judicial, anteponga su lucrati-
va empresa á la obra común de la protección social, en la que
todos á porfía estamos igualmente empeñados; en cuyo trance forzoso es marcar el verdadero camino al que acaso inadver-
tidamente se extravió, y en último término consignar que los
particulares intereses en tanto viven y prosperan, en cuanto
se amoldan y sujetan á las condiciones de una sociedad regularmente organizada.

¿Es necesario el secreto del sumario? ¿Hasta dónde alcanza
esta reserva? ¿Qué garantías tiene la justicia contra las infracciones que con tal motivo se cometan? Estas cuestiones surgen
desde luego con ocasión del mal que deplora, con muy buen

---

dar mucho á la venalidad de las noticias y de las insinuaciones sobre estas
delicadísimas materias, y nos encontraremos con que así, como durante el
imperio del sistema procesal, inquisitivo, secreto y escrito, el criminal procu-
raba á todo trance atraerse al Escribano ó al escribiente encargado de preparar los elementos más poderosos del juicio, ahora procurará, cueste lo que
cueste, alcanzar el auxilio de un periódico de gran circulación, ó siquiera la
benevolencia de algún noticiero que vaya «haciendo las entrañas,» como vul-
garmente se dice, de los Jurados que hayan de pronunciar el veredicto de
inocencia ó culpabilidad, sin apercibirse de que son instrumento de una su-
gestión de larga mano preparada y realizada.

»No quiero hacer otras observaciones; pues las que dejo someramente indicadas me parecen suficientes para que todas las personas honradas se pre-
vengan contra su propia curiosidad, tan luego como se aperciban de que
puede ser explotada para fines incalificables.

»No extrañaré que se desencadene contra estas líneas el mercantilismo
periodístico, que no condeno, ni siquiera censuro, cuando no lesiona derechos tan respetables como los de la justicia social y los de la honra y de
la vida humanas, pero no quiero que pase sin protesta, aunque sea tan insignificante como la mia, este *signo del tiempo*, que puede hacer de la institución
del Jurado en España el organismo más peligroso de cuantos se conocen
para la aplicación de las leyes en los juicios criminales.

»Tuyo afectísimo amigo y antiguo compañero,

»MANUEL FERNÁNDEZ MARTÍN.

»Madrid 8 de Julio de 1888.»

sentido, el reputado autor de la carta que anotamos, y cuyo examen consideramos tan transcendental como adecuado á la índole de la REVISTA.

∴

La formación del sumario tiene un precedente indispensable que da lugar á su nacimiento: la comisión del delito. Perturbado el derecho por el delincuente, existe á favor de éste una desigualdad de condiciones que es indispensable desaparezca, para que los elementos sobre que versa el juicio criminal no vayan injustamente preparados, y ostentando, con arbitrariedad notoria, el triunfo anticipado de una de las partes sujetas á la decisión judicial. El criminal ha concebido el delito en el secreto de su pensamiento, estudiando el éxito de su idea punible, procurando asegurar su comisión y cuidándose de que no le alcance la acción de la justicia para obtener la impunidad; todo ello realizado en la sombra y con sorpresa de la sociedad súbitamente herida por inesperada agresión.

El ofendido por el delito tiene derecho á exigir, cuando menos, que se le faciliten condiciones de vida para reparar su ofensa y restablecer el derecho perturbado, idénticas á las que ha disfrutado el delincuente para lograr su propósito: concesión que no negarán seguramente ni aun los más avanzados partidarios de la escuela correccionalista, pues cualquiera que sea el fin que se atribuya á la pena, algo hay que conceder á la sociedad y al individuo lastimados por el delito, cuya intervención en el proceso revela existir sagrados y respetables derechos. No cabe tampoco que la acción criminal se prepare por distintos medios que el delito; antes bien, si posible fuera exagerar el sigilo, la reserva y la investigación secreta, habría que conceder la mayor facultad en este punto á los que ejercitan aquella acción; porque acerca de los propósitos del delincuente nadie está preparado ni convenientemente advertido, en tanto que para el descubrimiento del delito y de sus

circunstancias, existe oculto un enemigo cuyo afán consiste
en distraer la acción investigadora, confundiendo los puntos
de vista sobre que gira el procedimiento y colocándose fuera
del alcance de la justicia. El criminal hallará contrariedades·
y obstáculos para lograr su propósito, pero no tiene que luchar con la persecución oculta del que sabe á donde se en-
caminan nuestros pasos y dirige sus esfuerzos á impedir el
descubrimiento de la verdad: situación desventajosa para la
sociedad, que reclamaría tal vez mayores elementos de protección á su favor en el primer período del proceso.

El secreto del sumario es, por tanto, la primera necesidad
que surge al nacer la investigación judicial, como medio indispensable de vida para establecer la igualdad de condiciones
entre el ofensor y la parte ofendida; y es exigencia del proceso mismo, á medida que el sumario avanza y llegan á él nuevos y respetables derechos que no es posible desconocer.

Sin detenernos á considerar que aun los recursos puramente materiales de comprobación entran también de lleno en el
secreto sumarial, porque iríamos más allá de nuestro propósito, sólo hemos de fijar la atención en el elemento personal
á que alcanza la investigación, donde más vivamente se manifiestan los funestos resultados de una revelación imprudent-
te. Los testigos son, en primer término, auxiliares fundamentales de la investigación, y concurren al llamamiento judicial obligados por el precepto de la ley, pero amparados de
tal suerte, que mientras no tengan en el proceso otra representación que la de su testimonio, son acreedores á iguales
respetos que los demás ciudadanos, inclusa la consideración
de ser estimados como inocentes é impedir que la suspicacia ó
la maledicencia menoscaben su fama de personas honradas.
Y si admitimos que antes de la publicidad del juicio, es decir,
antes que el testigo aparezca escudado por su propia revelación, puede ser lícito sorprender en todo ó en parte lo que
haya declarado, para que la común apreciación, juzgando de
un dato incoherente, sin tener á la vista los complementos del

proceso, edifique y destruya á su antojo, ni la investigación tendrá libertad en su desarrollo, ni por imperiosa que sea la ley donde se consigne la obligación de declarar, habrá medio de reducir á su observancia al testigo cuyas virtudes cívicas, cuya fama y buen nombre van á peligrar en el abismo de las más atrevidas censuras.

Son de mayor alcance estas reflexiones, si se trata del que ya tiene en el sumario el carácter de procesado. Esta condición, que en el curso de las diligencias no significa otra cosa que indicio de participación en el delito, lanzada sin miramiento á noticia de todos, cuando no ha llegado el tiempo de probar la inocencia ó la culpabilidad, viene á ser por ignorancia del derecho, por apasionamiento del juicio ó por la malicia humana, supuesto aventurado de delincuencia que muchas veces recae en el que plenamente se justifica, y tarde ó nunca se despoja de las dudas y recelos con que envolvieron su nombre las revelaciones inexactas, ó por lo menos indiscretas. No hagamos todavía más triste la situación del que está sujeto á un procedimiento, privado de su libertad, intervenidos sus bienes, sufriendo todas las contingencias de la investigación y autorizando al propio tiempo á todos menos á él para divulgar la sagrada intimidad de actos y palabras que se han manifestado en la seguridad del secreto y en la confianza de un fallo que sólo á la justicia corresponde pronunciar.

Sería una iniquidad monstruosa sostener otros principios acerca de este punto. Para que la investigación no se convierta en tiranía ni degenere en un martirio impropio de los países cultos, hay que otorgar á los individuos aquellas garantías inherentes á sus derechos naturales y no exigir otras prestaciones ni sancionar otros deberes que los puramente indispensables al descubrimiento del delito. Y no entramos en el orden de las consideraciones humanas, donde estas ideas ofrecen dilatado espacio que recorrer, porque con más extensión y acaso con mayor viveza tendríamos que traspasar el límite que nos hemos impuesto.

El secreto del sumario es una afirmación incontrovertible sobre la que no se concibe la existencia de duda racional; pero acerca de la extensión que requiere esa necesidad evidente, cabe la variedad de apreciaciones, hoy más numerosas después de proclamado el predominio, más ó menos influyente, del principio acusatorio en nuestras leyes procesales. Desde el momento en que el procesado obtiene participación y conocimiento del sumario, desde el punto en que se admite la intervención del presunto culpable en ciertas diligencias de gravedad irreparable, parece posible la revelación de lo que en esas mismas actuaciones se contiene, porque salvada la distancia que encerraba en absoluta reserva á cada una de las partes, ningún interés hay ya que consultar, fuera del de la sociedad y el del acusado que allí tienen su legítima representación.

Hay también extraños al proceso, aunque con él relacionados, hechos que se manifiestan por sí mismos en análoga publicidad á la que constituye la materia del delito, y sobre los cuales sería difícil y á veces rídicula la imposición de una reserva, que en muchos casos llegaría aun á perjudicar la acción investigadora de la justicia. En suma, cuando cesa el período de la investigación secreta, es admisible la publicidad en determinadas circunstancias y condiciones; porque entonces comienza la igualdad de medios entre el individuo que perpetró el delito y la sociedad ó la persona ofendida.

¿Es consecuencia de lo expuesto que cualquiera puede divulgar los secretos del sumario? Tal es el punto grave de actualidad, objeto de la honrada protesta anotada en este artículo, y de no difícil resolución dada la naturaleza misma del sumario.

En la esfera de la moral, á nadie es lícito penetrar en los arcanos de la intención ni en los misterios de la conciencia, mucho menos para hacer pública ostentación de los vicios y virtudes que se pretende averiguar; y en el orden legal sagrado es también cuanto constituye patrimonio exclusivo de una persona ó está protegido por el derecho individual. Pues el su-

mario reune la excelencia de estos respetos, porque lleva en
su seno el concepto moral y público de cuantos figuran en el
proceso y es, tocante á la forma, dominio pleno de la sociedad
en cuyo nombre actúa el representante de la justicia. ¿Podrá
negarse acaso á los intereses fundamentales de un país, al poder constituído en nombre de todos los asociados, lo que á uno
sólo es imposible negar? ¿Se dará el caso de considerar legítima la acción para reivindicar el menos importante derecho
posesorio y no amparar ese mismo derecho cuando le ostenta
la sociedad entera? Absurdo semejante sólo puede concebirse
en un extravío punible. Nadie tiene facultad de disponer de los
elementos del sumario, sino aquellos en cuyo provecho se termina ó en cuyo perjuicio se tramita, y aun estos últimos dentro de las exigencias debidas á la investigación secreta. Si,
como antes hemos advertido, llega un período en el procedimiento donde ya es lícita una relativa publicidad; si hay hechos que por no haber tenido su origen en el sumario siempre
fueron patrimonio de todos, ni aquella publicidad ha de aprovechar más que á los individuos en cuyo beneficio se establece-
ce, porque es la armonía entre el derecho de defensa y el de
acusación, ni estos hechos deben confundirse con las diligencias sumariales, que son de la exclusiva pertenencia de quien
prepara con ellas la acción correspondiente.

Comete, por tanto, infracción manifiesta y punible aquel
que revela ó sorprende el secreto del sumario, sin que la ley
autorice este conocimiento. Mayor aún ha de ser la responsabilidad cuando la revelación no es verídica ó con motivo de las
actuaciones se fingen y suponen hechos, conceptos y palabras,
se emiten juicios y censuras, se anticipan los resultados de un
fallo, más ó menos probable, y se construye, en suma, uno ó
varios procesos, basados en un solo hecho criminal sin otra garantía que el mero capricho ó la malicia humana. En estos casos
se aparenta la revelación del secreto cometiendo realmente una
falsedad; y si es perjudicial á los intereses y personas compro-
metidos en el verdadero sumario la publicidad sin límites de lo

que en él se actúa, no hay para qué ponderar lo irreparable del
daño que sufren cuando cada cual se constituye en Juez de los
demás, ó pretende revelar verdades que le son desconocidas.
Tales abusos quebrantan la sociedad en sus más sólidos cimientos; porque usurpada la facultad de investigar el delito,
abierto el campo á las presunciones de delincuencia, puestos
de relieve los medios auxiliares de la justicia, autorizada la novela del crimen antes de ser comprobado y contribuyendo con
la publicación desenfrenada al mayor bien del culpable y al
desamparo del ofendido, no queda, en verdad, sobre la tierra
punto luminoso de esperanza. En vano tratarán de sustraerse
á la inmensa responsabilidad que contraen, los que escudan
sus propósitos manifestando que no revelan fielmente el suma-
mario sino que recogen aislados rumores, noticias anónimas,
detalles particulares, actuaciones probables: todo ello no ate-
núa el mal causado por la publicidad desbordada y añade el
ningún respeto que merecen administrados y administradores
de la justicia.

Aumenta, si cabe, la prohibición de publicar las actuaciones
judiciales durante el período de investigación, esa dificultad ó
casi imposibilidad de ejercitar una acción correspondiente á algunas de las infracciones que mediante la publicidad se cometen, porque si en ellas se persigue la revelación de un secreto, dase por supuesto que es cierto lo revelado confirmando así
los datos del sumario; y si se denuncia una falsedad, sábese de
igual suerte que no es lo publicado la fiel expresión de las diligencias sumariales; ante cuyo peligro muchas veces dejarían
de perseguirse aquellas infracciones, si, por ventura, la ley san-
cionara explícitamente su castigo. En ciertos casos la naturaleza de la acción daría cabal idea de lo que se actuase.

De todas suertes hay, á nuestro juicio, derecho incuestionable para no tolerar la publicación de noticias y datos pertenecientes al sumario, mientras la investigación aconseja tal reserva. Y como dada la inmensa variedad de accidentes y la
distinción de motivos es impracticable la determinación de una

regla fija para saber en qué momento el secreto puede romper-
se sin menoscabo del procedimiento, sólo el criterio del Juez
instructor ha de facilitar la medida de tal concesión, como el
único responsable de la investigación sumarial; concesión que
ya hemos dicho no ha de ser absoluta sino en relación de dependencia con los fundamentales intereses á que debe su origen el sumario.

Acaso pudieran parecer innecesarias estas deducciones de
índole puramente procesal, encaminadas á justificar el secreto
del procedimiento en la forma y medida que acabamos de ver,
y ciertamente lo serán para el menos versado en materias jurídicas; pero como existe quien por inadvertencia ó con voluntad desconoce tales principios, los hombres de ley han de refugiarse ante todo dentro de su propio campo, esquivando mezclarse en la candente lucha de las discordias sociales y de las
mezquinas ideas. Si entrara en nuestro propósito explorar otros
horizontes no muy distantes del terreno en que nos hallamos,
tendríamos que reducir á más estrechos límites la condición en
que espontáneamente se colocan los que atacan al secreto del
sumario, porque se despojan, entre otros derechos, del último
que abandona al hombre, del de la consideración agena, del
que sostiene la mutua armonía y coexistencia de los deberes
sociales, sin cuya reciprocidad el individuo se hace indigno de
la sociedad en que vive. Pedir justicia imparcial y austera burlándose de ella en cualquiera de los momentos en que su acción
se desenvuelve; proclamar lo sagrado de la institución, profa-
nando al mismo tiempo el ara donde se eleva; exigir á sus representantes acierto y responsabilidad, mientras se procura ex-
traviar la investigación y ejercer influjo sobre el libre ejercicio
de la funciones judiciales; sancionar el respeto á sí mismo y el
menosprecio á los demás, no son sino delirios de la mente ó
culpas de la voluntad. No hay Tribunal posible en el país donde
tales extravíos pretenden adquirir carta de naturaleza: lo mismo el Jurado que los Jueces de derecho necesitan llegar al
juicio exentos de toda preocupación, libres de toda asechanza,

elevados por la majestad de su prestigio, dispuestos á recibir incólume el sagrado depósito del sumario, confiado hasta entonces á la integridad y prudencia del Juez instructor, y viviendo, en fin, en santa paz con ese otro tribunal respetable de la opinión, á quien es lícito aconsejar pero nunca prevenir. Cuando se desconoce el carácter augusto de lo más venerable que la sociedad atesora ó se convierte en objeto de lucro lo que sólo á ella pertenece; cuando no hay seguridad ni protección para el fundamento de todas las garantías individuales, se acaricia la falsedad, y antes que la justicia pronuncie su fallo, la opinión extraviada ó la pública maledicencia han divulgado sus presunciones, han fingido las pruebas, han inventado el proceso, y anticipan la culpabilidad ó la inocencia, bien puede decirse y tristemente profetizarse que esa sociedad alimenta en su seno el germen de su desdichada ruina.

La justicia está herida de muerte si no vive enaltecida por todos los respetos humanos y considerada en todas sus manifestaciones.

⁎

La legislación vigente no guarda perfecta armonía con las ideas expuestas; porque si bien es cierto que el secreto del sumario se reconoce como principio inconcuso en nuestros Códigos, hay infracciones no previstas en la penalidad á que ajustan sus fallos los Tribunales.

La primera disposición taxativa acerca de este punto es la la del art. 301 de la ley de Enjuiciamiento criminal, en donde se establece que «las diligencias del sumario serán secretas hasta que se abra el juicio oral, con las excepciones determinadas en la misma ley.» Parecía lógico que consignada una afirmación tan categórica se hubieran tenido en cuenta todas las consecuencias derivadas de la aplicación de ese principio; pues aun cuando el citado artículo prevé varias infracciones, no están comprendidas otras distintas que pudieran cometerse, ni la penalidad que se establece guarda relación con la entidad del mal producido en tales casos. En efecto, «el Abogado ó Procurador de cualquiera de las partes que revelare indebidamente el secreto del sumario, será corregido con multa de 50 á 500 pesetas.» «En la misma multa incurrirá cualquiera otra persona que no siendo funcionario público cometa aquella falta.» Y por último, «el funcionario público, en el caso de los párrafos anteriores, incurrirá en la responsabilidad que el Código penal señale en su lugar respectivo;» con cuya disposición, que es el precepto íntegro del art. 301, claro es que no está resuelto el problema de la penalidad acerca de este punto.

Sin detenernos ahora en el examen del alcance y extensión á que se prestan las disposiciones transcritas, preciso es no olvidar que lo castigado en ellas es *la revelación del secreto del sumario*, es decir, la pública manifestación de los hechos, datos y diligencias que le constituyen, pero se omiten las falsedades relativas al mismo, la suplantación de lo que se actúa, la publicidad de conceptos ó juicios fundados en actuaciones verdaderas ó supuestas, y tantas otras infracciones que afectan á ese primer período del procedimiento. Se dirá que la penalidad correspondiente debe tener su lugar adecuado en el Código y no en la ley de Enjuiciamiento, pero no sería ociosa alguna referencia que fuese como la garantía del principio á que obedece el secreto del sumario.

No es tampoco suficiente el carácter de corrección gubernativa ó disciplinaria que se adopta por el artículo citado; primero en razón á que la gravedad de ciertos ataques exige sanción adecuada al mal que se produce, y además porque es difícil, sobre todo en la práctica, determinar hasta qué punto y por qué medios alcanza la jurisdicción disciplinaria á personas que no intervienen en el sumario y á las que, según el artículo 301, es aplicable también la multa de 50 á 500 pesetas.

El Código penal no es más explícito que el de procedimiento en la represión de los delitos y faltas cometidos con motivo de la violación de la reserva sumarial; pues sólo comprende en su art. 378 al funcionario público que rompe el secreto á que está obligado por razón de su cargo, y en el 371 al Abogado y Procurador que descubren las revelaciones de su cliente. Verdad es que si el sumario se divulga, hay que exigir la responsabilidad en primer término á los encargados de custodiar ese sagrado depósito, y que únicamente á su imprevisión ó á su malicia será debido el daño que se produzca; pero así no se excusan otras responsabilidades secundarias ni otros delitos que puedan tener por base el sumario ó que se cometan relacionados con su formación. Pór lo que se refiere á la integridad y pureza de ese primer período del procedimiento criminal, echamos de menos disposiciones encaminadas á su garantía y que tengan por fin exclusivo proteger esa propiedad tan inviolable como que pertenece á la sociedad entera, y en su libre ejercicio descansan los prestigios de la justicia humana.

De esta omisión no deducimos en absoluto que hoy se carezca de medios para reprimir las invasiones de los particulares en el terreno cuya entrada aún no se ha franqueado para todos. Cuando se lastima el principio de autoridad, la honra ó personas comprometidas en el sumario, preceptos hay en el Código cuyo examen consideramos prolijo en este instante; que no es nuestro propósito manifestar á los dignos representantes de la ley los recursos que ésta pone en sus manos para asegurar el cumplimiento de su elevada misión, sino invocar deberes que yacían olvidados para muchos y avisar prudentemente al legislador de los peligros que amenazan al bienestar de los pueblos.

A. M. L.

Julio de 1888.

REVISTA DE LA PRENSA PROFESIONAL EXTRANJERA

El *Bulletin de la Société de Legislation comparée*, en su número correspondiente al mes de Mayo último, publica un interesante trabajo por V. Bogisié, Profesor de la Facultad de Derecho de Odessa y autor del reciente Código civil de Montenegro, sobre los principios y método adoptados en la confección de dicho Código, que ha sido promulgado el 25 de Marzo de este año empezando á regir el día 1.º del corriente mes de Julio.

Las particularidades que el país presenta bajo el punto de vista de su situación, costumbres, hábitos, condiciones económicas en que se encuentra y las relaciones recientemente establecidas con el resto de Europa, habían determinado al autor de dicho Código á dar en una carta fechada en Septiembre de 1865 algunos pormenores sobre los principios y método adoptados, y este trabajo es el que ha sido reproducido por el *Bulletin* en atención al interés que tiene en la actualidad para formar juicio del Código referido, ahora que ha entrado en vigor.

Gracias á él, podemos dar á nuestros lectores algunas noticias sobre el mismo.

Al recibir Bogisié del Soberano de Montenegro la delicada misión que tan sabiamente ha desempeñado, dos corrientes distintas dividían las opiniones sobre la forma en que debía ser ejecutado dicho encargo. Unos, en consideración probablemente á la especial originalidad del país, creían que las partes más salientes y más precisas de la costumbre debían ser recogidas y simplemente trasladadas al Código con las únicas modificaciones exigidas por las necesidades del momento. Otros, por el contrario, aferrados fuertemente á las tradiciones del Derecho romano, opinaban que sin dejar de acomodar la obra más ó menos á las costumbres especiales del país, bastaba seguir las huellas de la Codificación en los más célebres y modernos Códigos; y concordando ambos sistemas, Bogisié procuró hacer una obra á la vez sistemática y popular, teniendo en cuenta de una parte las manifestaciones de las opiniones reinantes en la teoría y en la práctica legislativas de los países que ya se habían provisto de un Código civil, y de otra los elementos originales del país á que había de estar destinado el que recibiera encargo de formar.

En su erudita *Exposición de principios* el autor ha tratado de dar cuenta exacta, no sólo del plan trazado en su obra codificadora y las reglas seguidas en su desenvolvimiento, sino también de las principales diferencias que existen bajo el punto de vista histórico, político, social, legislativo y jurídico entre el Montenegro y los demás países de Europa á la época de la Codificación de su respectivo Derecho civil, diferencias de que no podía prescindir el legislador y que explican suficientemente las modificaciones que se observan entre dichos Códigos y el que examinamos.

En el deseo de que su trabajo no resultase estéril, dado el carácter y la vida histórica excepcional del pueblo montenegrino, su aislamiento anterior y su reciente entrada en las relaciones con el resto de Europa, el autor tuvo especial cuidado de poner en perfecta armonía su obra con las condiciones propias y la vida social de dicho país, estableciendo para ello las siguientes bases á que había de acomodarse en su desenvolvimiento:

1.ª Que el fondo del Código debía componerse de las instituciones y reglas de derecho existentes á la sazón en la vida, en el espíritu y en la tradición del pueblo, no eliminando ni modificando nada de lo que existiera más que en el caso de absoluta necesidad.

2.ª Que á las instituciones existentes que formaban, por decirlo así, el capital tradicional del pueblo, no debían agregarse otras nuevas, á no ser que las relaciones de la vida cuotidiana lo exigieran imperiosamente.

3.ª Que para evitar todo dualismo en el derecho y para facilitar la fusión entre los elementos nuevos y los antiguos, se hiciese la introducción de los primeros, de tal suerte, que entre todos resultara una comunicación recíproca é incesante.

4.ª Que todas las disposiciones del Código debían estar concebidas y formuladas de modo que pudieran ser aplicadas sin esfuerzos por los hombres y con la ayuda de los medios de que el país dispone.

5.ª Que el Código debía ser hecho de tal suerte, que haciendo inútil toda violencia no incitase la introducción de nuevos preceptos á infringirlos ó á eludirlos.

6.ª Que por la homogeneidad de sus materias, por su disposición metódica, por la claridad de la exposición, debía ser el Código, en cuanto fuere posible, accesible para todos.

7.ª Que no pudiendo ni debiendo ser perdidas de vista las relaciones exteriores, debía el Código á la vez permitir á los montenegrinos adquirir una noción general del derecho extranjero, y á los extraños formarse idea de las particularidades de la legislación montenegrina; y

8.ª Que en vista del desarrollo ulterior del derecho en el país, el Código en vez de dificultad debía servir de base y de punto de partida á dicho desenvolvimiento en todas sus ramas y en todas sus manifestaciones.

No pudiendo por su extensión seguir en todas sus partes este trabajo, nos limitamos á lo relativo á la repartición de materias hecha en el Código. En este punto, el autor no ha seguido el criterio puramente subjetivo de los antiguos adeptos de la escuela *naturalista*, sino que objetivamente y tomando las relaciones jurídicas tales como ellas se presentan en la vida, ha adoptado como regla general el disponer las materias según la afinidad natural que las instituciones tienen entre sí, cuidando preferentemente de hacer preceder las materias menos frecuentes en la vida del pueblo, de aquellas más conocidas, para que éstas conduzcan á aquéllas, llevando asi al lector de lo conocido á lo desconocido, y de hacer preceder también en lo posible las disposiciones generales, es decir, abstractas, de los elementos concretos.

Bajo la base de este principio ha sido dividido el Código en seis partes, por el orden siguiente: 1.ª Disposiciones generales: 2.ª Derechos reales: 3.ª Diferentes especies de contratos: 4.ª Contratos en general y otras fuentes de obligaciones: 5.ª Personas ó sujetos de derechos; y 6.ª Explicaciones, definiciones y disposiciones complementarias.

Como se ve, esta distribución de materias se aparta en algunos puntos importantes del orden seguido ordinariamente en los demás Códigos y en los tratados de Derecho civil. La parte consagrada á las disposiciones generales, hace las veces de la introducción general que se observa en las obras didácticas y en algunos Códigos. Llaman también la atención, las que tratan de los sujetos de derecho y de las diferentes especies de contratos, y especialmente la parte sexta que se echa de menos en todos ellos.

En su *Exposición de principios,* el autor justifica los motivos de dicho sistema, pero nosotros tenemos que renunciar á su cita para no dar mayores proporciones á esta reseña.

En cuanto á la forma, se ha seguido un estilo sencillo para hacerlo más comprensible del pueblo, y sólo en aquellos puntos en que la extremada concisión pudiera perjudicar la claridad, ha procurado el autor ser un poco más prolijo.

En la *Exposición* citada, se indican también los elementos que podrían servir para formar una historia de la Codificación, como son: la organización de los trabajos hechos, los estudios preliminares en el país, el orden de la confección, lugares en que han sido llevados á cabo, consultas, lecturas de proyectos, etc., etc., cosas todas que son de interés por más de un concepto. Y por último, una especial reseña de los motivos de las instituciones que ha habido necesidad de introducir.

Esperamos poder dar en breve más pormenores de este Código, bastando por hoy las indicaciones hechas para formar juicio de toda su importancia.

.*.

El mismo *Bulletin*, en su número correspondiente al mes de Junio próximo pasado, inserta un importante estudio de M. Alberto Rivière, sobre una institución originalísima conocida en Croacia con el nombre de *Zadruga*.

Desígnase con este nombre, una de esas comunidades de familias de que tantos ejemplos nos ofrece el Derecho antiguo y que constituye uno de los restos de la vida patriarcal, practicada en casi toda Europa en la Edad Media, y de que se encuentran vestigios en el centro de Francia, hasta fines del siglo XVIII.

Dicha institución consiste en asociaciones agrícolas, por medio de las cuales muchos miembros de una misma familia ó varias familias distintas explotan una propiedad que es del dominio colectivo de todos ellos. Según el autor, todas las visitadas por él en Croacia ocupaban una superficie de 15 á 30 hectáreas y el número de sus copropietarios pasaba comunmente de 50.

La dirección de la asociación es confiada á un jefe elegido por los asociados, que ordinariamente suele ser el de mayor edad, de lo que toma el nombre de *Starechina* (el anciano). Dicho jefe tiene á su cargo la administración, regula el orden de los trabajos agrícolas, vende y compra, como lo haría el director de una sociedad común. Ninguno de los asociados tiene derecho á disponer de los fondos comunes sin el consentimiento de los miembros mayores de la comunidad. Estos constituyen el poder deliberante, el consejo de administración, por decirlo así, de la sociedad, y sólo después de largas deliberaciones es como se concede la autorización para enajenar.

En el cumplimiento de sus deberes de administración, el jefe es ayudado por la *domatchika* que dirige todo lo concerniente al menaje de la casa. Él puede ser destituido siempre que los asociados juzguen necesaria ó útil dicha medida, y por último, es reemplazado á su muerte, sin que la constitución de esta pequeña república sufra la más pequeña modificación.

Todos los miembros de la comunidad tienen el deber de consagrar todo el tiempo necesario á los trabajos de la explotación. No pueden adquirir para sí más que aquello que fabriquen á horas perdidas, y el pequeño peculio que de este modo llegaren á formar, es de lo único que pueden disponer por testamento, porque los bienes comunes son absolutamente inalienables aun *mortis causa*. La hija que se casa recibe un dote, pero no puede reclamar ninguna parte del dominio colectivo, y hasta el jefe no puede disponer por testamento sin el consentimiento de sus coasociados más que de algunos objetos muebles. Hablando con propiedad, puede decirse que en rigor no existe el derecho de sucesión.

Juzgado á *priori* parecerá, sin duda, que este régimen es poco á propósito para estimular la iniciativa y la actividad individual, porque asegurando á todos los asociados una parte siempre igual en los beneficios cualquiera que sea su celo en el trabajo, debiera quitarle todo interés en los resultados; pero esta opinión, hasta cierto punto lógica, está por completo destruida por la experiencia, pues los hechos demuestran que las ventajas de dicha institución son muy superiores á sus inconvenientes.

En efecto, en razón á su carácter cooperativo, la *zadruga* combina las ven-tajas de la grande y de la pequeña propiedad. Ella impide la subdivisión ex-cesiva. Poseyendo más ganados y más capital que los propietarios individua-les, es mejor cultivado su suelo y produce mucho más. Con ella pueden evi-tarse muchas más miserias, siendo á la vez el Hospicio, el Hospital, la casa de Beneficencia y el Asilo. El hijo que la abandona, sabe que su plaza le es re-servada. Aquel á quien la edad, las enfermedades ó los accidentes le incapa-citan para el trabajo, el huérfano, la viuda quedan á cargo de la comunidad. Y por último, en esta sociedad cooperativa en que la sangre es el vínculo que los une y no el solo interés pecuniario, los sentimientos de familia se man-tienen más profundos, y por esto y por la vigilancia recíproca de todos, las costumbres se conservan más puras.

No obstante todas esas ventajas, de algunos años á esta parte se mani-fiesta en Croacia, y lo mismo en los demás pueblos slavos, una marcada ten-dencia favorable á la división ó desvinculación de estas comunidades. Las ideas de independencia inspirando á los asociados el deseo de libertarse de la autoridad un poco despótica de su jefe, y de otra parte, la creencia equivoca-da de que trabajando aisladamente ellos podrían retirar todos los beneficios de su labor haciéndose más ricos, han hecho á los *sadrugari* pedir una y otra vez la división de las propiedades patrimoniales, y el legislador desgraciada-mente ha favorecido esta funesta tendencia.

Así es, que antes nada podía destruir la *zadruga* como no fuese la muer-te de todos los asociados, no permitiéndose la división más que en el caso de que habiendo llegado á ser muy numerosos los asociados por el desarro-llo natural resultante de los matrimonios, pasaban á constituir al lado una segunda *zadruga;* pero en la actualidad, desde la ley de 1874 está recono-cida la libertad más absoluta; todo el que quiere retirarse de la comunidad tiene derecho á reclamar su parte de los bienes comunes, y hasta ha llegado á prohibirse la formación de nuevas *zadrugas.*

Los resultados de estas medidas no han tardado en manifestarse, pues la Croacia atraviesa en estos momentos una crisis económica de las más inten-sas, que no ha podido menos de llamar la atención del Gobierno, el cual, para remediar la miseria de las clases agrícolas, propone la reconstitución de la *zadruga,* fundamento de la vida nacional.

El proyecto sometido por ello á la Comisión, tiene por objeto salvar lo que resta de esta institución y fortalecerla con medidas protectoras. La Co-misión, inspirándose en este pensamiento, admite que debe restringirse nota-blemente la absoluta libertad de división antes establecida, y ha resuelto que en adelante no pueda el Gobierno autorizar la partición sino en el caso de que lo pida la mayoría de los copropietarios y cuando excedan de cierta extensión. Un segundo proyecto de la Comisión tiene por objeto permitir regularizar la situación de muchos compartícipes que, por evitar los gastos de una partición regular, habían llevado á efecto clandestinamente la división. Semejantes operaciones no han sido nunca válidas para la administración y de esto resultaba un conflicto grave en la organización y funcionamiento de la propiedad territorial; dificultad que la Comisión espera vencer con las nuevas disposiciones citadas, pues por la economía que de ellas resulta confía en que los antiguos copropietarios se apresurarán á convalidar sus anteriores divisiones.

Tal es, en resumen, el trabajo de la Comisión. Es posible que su valeroso esfuerzo haya evitado la ruina de la agricultura, es decir, de la riqueza nacional. La *zadruga* ha sido, en efecto, el maravilloso instrumento con ayuda del cual ha sido creada y desarrollada esa riqueza, y al salvar ahora del inevitable naufragio sus últimos restos, ha contribuido poderosamente á salvar el país de un desastre económico.

***

La revista italiana titulada *Il Filangieri*, publica, en su número de Abril último, un artículo de Adolfo Sacerdoti sobre la teoría de la letra de cambio, que debiera adoptarse como base de una ley uniforme para los varios Estados.

Esta cuestión, que fué ampliamente discutida en el Congreso de Derecho comercial celebrado en Amberes en 1885, ha sido desde hace tiempo objeto de numerosos estudios por los tratadistas, creyéndose hasta estos últimos años que podría fácilmente conseguirse el éxito de tan general aspiración, porque en realidad parecía que no habría de ofrecer dificultad alguna la adopción del concepto de la letra de cambio admitido por la legislación germánica, que venía traducido efectivamente en ley en los varios Estados en que estaba á la orden del día la reforma del Derecho mercantil. Pero últimamente han llegado á conocerse las dificultades que amenazaban comprometer seriamente la obra de la unificación del derecho cambiario, y en estos momentos en que el ordenamiento de dicha institución atraviesa por un período tan interesante, conviene en extremo conocer con exactitud el modo como ha ido sintiéndose dicha necesidad en los distintos países, y como ha sido reglamentada para deducir de todo ello una solución concreta en este punto.

Este es el objeto que se propone el autor del artículo de que damos cuenta, exponiendo en primer lugar los sistemas adoptados por las diversas legislaciones y la tendencia sucesivamente desplegada en las tentativas hechas hasta ahora en pro de un derecho uniforme, deduciendo, por último, las debidas conclusiones acerca de la teoría que debiera ser preferida para establecer una ley uniforme en la materia.

A este propósito divide su trabajo en tres partes: en la primera de ellas se expone con suma precisión el régimen seguido por cada uno de los Estados en su legislación respecto á la letra de cambio: en la segunda, se examinan los diversos sistemas adoptados en los varios proyectos presentados para el establecimiento de un derecho cambiario uniforme; y por último, en la parte tercera el autor establece las conclusiones que de su anterior examen se derivan, estudiándose en ella las dos tendencias manifestadas en el Congreso de Amberes, ó sean el sistema franco-belga y el italo-germánico.

*
* *

Sobre esta misma cuestión y con el epígrafe «La unificación de las leyes cambiarias en el Congreso internacional de Derecho comercial de Amberes» publica la *Rassegna di Diritto commerciale*, de Turín, una importante monografía del ilustre jurisconsulto escocés J. Dove Wilson.

Este interesante trabajo, que constituye un instructivo estudio crítico de Derecho comparado en materia cambiaria entre las diversas legislaciones modernas de Europa y el antiguo Derecho escocés y la reciente ley inglesa que tanto se va extendiendo en el Reino Unido, es notable por más de un concepto; y en la imposibilidad de hacer más detenida reseña del mismo, llamamos con gusto sobre él la atención de nuestros lectores por el interés que tiene todo lo que se refiere á la unificación de la legislación en este punto tan importante del Derecho mercantil, sobre todo después de los resultados tan poco lisongeros del Congreso citado.

E. AGUILERA.

NOTICIAS BIBLIOGRÁFICAS [*]

Escritos del Excmo. Sr. D. Manuel Durán y Bas

PRIMERA SERIE.—ESTUDIOS JURÍDICOS.

Si el nombre del ilustre jurisconsulto, en cuyas obras nos ocupamos, necesitase alguna recomendación, se la daría la serie de escritos que acaba de publicarse. Los que hoy tratan materias jurídicas hacen más que espigar en campos ya cultivados, no escriben generalmente comentarios, pero discuten nuevas y muchas veces raras teorías en ciencia penal, en la mercantil y aun en la civil, que tantos creían agotada. La jurisprudencia en su más genérica acepción, la escuela histórica y la doctrina de Savigny, que en Barcelona tiene un verdadero templo y celosos sacerdotes, el Derecho foral que también tiene sus custodios é intérpretes, cuanto se ocurre á los criminalistas alemanes é italianos; he aquí lo que el Sr. Durán y Bas hace objeto de sus investigaciones. El derecho tal como los cristianos deben comprenderlo no es menos digno de atención, y por eso el Sr. Durán y Bas, que no puede mostrarse indiferente á este concepto, de puro antiguo ya casi nuevo por estar olvidado, consagra á tan interesante objeto uno de sus mejores trabajos.

Difícil es en verdad juzgar en una breve reseña una obra de miscelánea jurídica, aunque por otra parte fuera competente el crítico para tan ardua tarea. Algo se facilita, sin embargo, atendiendo á que los escritos del Sr. Durán son más sintéticos que analíticos, pues dedicados á Sociedades y Academias, unos á maestros y otros á discípulos, deben concentrar en frases genéricas y trazar en grandes líneas los principios, sin descender á pormenores que han de buscarse en otros libros. El autor del prólogo que precede á éste, Don Luciano Ribera, afirma la independencia de criterio que distingue al Sr. Durán, siempre que la ciencia jurídica tiene que verse modificada por la política. En lo puramente científico medítese la manera de comprender y juzgar el Krausismo en el *Estudio sobre el desenvolvimiento científico del siglo XIX*, con tal libertad que no creemos haya de merecer la aprobación de los que no hace mucho eran dueños de los destinos de la patria, y hoy todavía gozan de alguna reputación en las escuelas. En el estudio titulado «La Escuela Histórica

---

y Savigny,» cita el juicio que éste ha formado del espíritu crítico como crea-dor, ó por lo menos modificador del Derecho, y en este punto el Sr. Durán y Bas no es menos independiente de preocupaciones y teorías que al juzgar lo que ha hecho Krause, ó más bien Ahrens, y alguno de sus discípulos.

El estudio La Codificación distingue aquellas ramas del Derecho en que unos discuten su conveniencia y otros la niegan, de aquellas otras en que todos la admiten, desean y practican, adoptando con esta manera de pensar el único hilo conductor que puede guiar nuestros pasos en un intrincado labe-rinto. Hace notar más adelante las dificultades de fondo y las de forma que la redacción de un Código presenta; observaciones que hoy tienen valor de actualidad, por las circunstancias en que se encuentra España. «La sociedad española, dice el Sr. Durán, camina á una transformación, al igual que todas las naciones europeas;» el que sostiene semejante opinión, jamás podrá figurar entre los fueristas más intransigentes, porque la transformación á que alude no es otra que el proceso orgánico manifestado en multitud de Códigos nue-vos. En cambio dice que las instituciones locales un nuestra patria, no se han concitado el odio y el ensañamiento que las francesas anteriores á la Revolu-ción, y esto es verdad, porque jamás se ha visto en nuestras Cámaras sesiones en que dicha tendencia se manifiesta, y más bien contamos entre nuestros anales fechas como el 2 de Enero que data como la del 4 de Agosto.

La conciencia popular y el derecho nuevo deben identificarse, dice el Sr. Durán, si han de ser viables los Códigos, y lo que ha sucedido con una ley particular, la del matrimonio civil, debe enseñarnos lo que puede y debe es-perarse de toda la transformación del derecho. La modificación lenta y mo-ditada por medio de leyes especiales parece preferible, y en este punto somos de la misma opinión del Sr. Durán y Bas.

Son muy notables los datos históricos relativos á los orígenes del derecho catalán, y lo son tanto más, cuanto menos conocidos de la mayoría de los jurisconsultos castellanos Mientras el derecho foral no se estudie en nuestras Universidades, será mucho lo que se ignore en las de Castilla respecto á la Historia jurídica y de las instituciones más importantes del Derecho privado y del público Por eso, al recomendar á los lectores de la REVISTA los escritos del Sr. Durán y Bas, sobre todos ellos aplaudimos y recomendamos el estudio de La Codificación, y acaso, sin necesidad de nuestra palabra, se fijarán en él cuantos recorran el libro, en realidad uno de los más notables que en los úl-timos años han dado á la estampa nuestros jurisconsultos.

ANTONIO BALBÍN DE UNQUERA.

Ley estableciendo el juicio por jurados, por *D. Mariano Pozo y Mazzetti*, Presidente de la Audiencia de Tortosa, y *D. Carlos Lago y Freire*, Vicesecre-tario del mismo Tribunal.—Valencia, 1888.

Entre las muchas publicaciones destinadas á facilitar el conocimiento y la aplicación de la ley de 20 de Abril último, restableciendo el Tribunal del Jurado para determinados delitos, que han visto la ley recientemente, ocupa un lugar muy distinguido la que lleva ese título.

Penetrados sin duda sus autores de que uno de los fines más inmediatos que deben perseguirse es el de facilitar la aplicación de la parte mecánica, por así decirlo, ó de procedimiento que existe en la ley, como preliminar de las operaciones del sorteo de los Jurados y de la celebración del juicio en que éstos intervienen, han limitado la parte de comentarios á ligerísimas notas puestas á continuación del texto de algunos artículos, dedicando en cambio un gran espacio, más de la mitad de las páginas de la obra, á la inserción de cuantos formularios se hacen precisos para plantear la ley.

En esta parte podemos asegurar, porque conocemos todas ellas, que ninguna de las obras publicadas hasta el día contiene tan completos, bien formados y útiles formularios como la de los Sres. Pozo y Lago; pues abarca desde la providencia del Juez municipal acordando las disposiciones preliminares para la constitución de la Junta, hasta la sentencia del Tribunal del Jurado, con todos los trámites é incidentes que pueden surgir, así en los Juzgados municipales y de instrucción en la formación de las listas del término y del partido, como en las Audiencias, que son las encargadas de designar los ciudadanos que han de figurar en las listas definitivas.

Contiene, por último, la obra que nos ocupa, un estudio de las disposiciones penales contenidas en la ley, tan curioso por su novedad como útil en la práctica.

La obra en suma llena cumplidamente el fin principal que la inspira, que es la parte práctica ó de aplicación de la ley, que facilita notablemente á cuantos han de cumplir sus preceptos, y demuesta al propio tiempo que los representantes de la justicia histórica dirigen sus esfuerzos, contra lo que muchos piensan, al logro del éxito más completo de los Tribunales populares.

Por lo mismo que es, por desgracia, muy escaso el número de los funcionarios de la Administración de justicia en nuestro país que dedican sus esfuerzos á la publicación de obras jurídicas, es muy digno de encomio el trabajo de los Sres. Pozo y Lago, el último de los cuales ha publicado también recientemente una *Ley de Enjuiciamiento criminal* anotada con la Jurisprudencia, de la cual damos cuenta á nuestros lectores en este mismo número.

La nueva cárcel de Barcelona; Memoria leída en el acto de inaugurarse sus obras, por D *Pedro Armengol y Cornet.*—Barcelona, 1888.

El autor de esta Memoria, cuyo nombre va unido á todos cuantos trabajos se han realizado en España para la propaganda de la reforma penitenciaria y que ha representado dignamente á nuestra patria en los Congresos penitenciarios de Stokolmo y Roma, ha dado una prueba más de su entusiasmo y de su competencia en estas materias con motivo de inaugurarse las obras para la construcción de la nueva cárcel de Barcelona, reclamada hace tiempo por cuantos conocen los grandes inconvenientes que, bajo el punto de vista de la higiene, de la moralidad y de la corrección, ofrece la hoy existente en la capital del antiguo Principado, que tan gráfica y concienzudamente ha expuesto D. Manuel Gil y Maestre en su curiosísimo libro sobre la *Criminalidad en Barcelona y en las grandes poblaciones,* y sólo comparables á los que dieron a la del *Saladero* de esta corte tan triste celebridad.

Después de hacer consideraciones muy atinadas acerca de la importancia y transcendencia que entrañan las reformas de los Establecimientos penitenciarios, expone el Sr. Armengol la historia de los trabajos y gestiones hechas por la Junta de cárceles hasta llegar al ansiado término de la inauguración de las obras de la nueva, que ha de contar Barcelona entre sus más útiles reformas; terminando su trabajo, digno de ser conocido por cuantos á estos estudios se dedican, exponiendo observaciones importantísimas respecto á la necesidad de un personal idóneo y de moralidad intachable, así como del cuidado que debe ponerse en la redacción del Reglamento interior, que son, sin duda alguna, los factores más importantes, aparte las condiciones arquitectónicas, de todo buen Establecimiento penitenciario.

Acompañan á la Memoria los planos de la nueva cárcel, compuesta de seis naves convergentes á una rotonda, donde se halla la capilla, y de los edificios auxiliares necesarios que, de llevarse á cabo como está proyectada, superará ciertamente á cuantas existen en España, incluso la Carcel Modelo de esta corte

**

Leyes de Enjuiciamiento criminal y del Jurado, comentada y anotada la primera con la doctrina declarada por el Tribunal Supremo desde el establecimiento del recurso de casación en materia criminal hasta 1887, y con las disposiciones á que hace referencia el texto, por *D. Carlos Lago y Freire*, Vicesecretario de la Audiencia de lo criminal de Tortosa, con un prólogo del Excmo. Sr D. Aureliano Linares Rivas.—Tortosa, 1888.

Tanto por el fin eminentemente práctico de esta obra, como por el orden y acertado método con que se halla recopilada la jurisprudencia del Tribunal Supremo, es el libro del Sr. Lago de indudable utilidad para cuantos han menester conocer y aplicar los preceptos contenidos en la ley de Enjuiciamiento criminal vigente.

A continuación de cada uno de sus artículos expone el autor, en forma de comentario sucinto, la doctrina en que se inspira y las disposiciones de otras leyes ó decretos con que se relaciona, completando su trabajo con la jurisprudencia establecida por el Tribunal Supremo en la interpretación del texto legal.

Cuantos se dedican al ejercicio de la Abogacía ó pertenecen á las carreras judicial y fiscal no han menester más indicaciones para apreciar la gran utilidad de esta obra, pues que la práctica les hace patente la ventaja de encontrar desde luego, en un momento dado, la doctrina establecida por el Tribunal Supremo respecto á cada uno de los preceptos de la ley, tan necesaria en algunos casos, que sin ella ni podrían fundarse ni prosperar pretensiones ó fallos que, por deficiencia de expresión ó redacción en los artículos de la ley, no es posible fundamentar en el texto literal de ninguno de sus preceptos.

Contiene además esta obra la ley de 20 de Abril de 1888 estableciendo el juicio por Jurados para determinados delitos, con ligeros comentarios y algunas sentencias recaídas en la interpretación de las disposiciones de la ley de 1873, que han sido incluídas en la que ha de regir desde el año próximo.

De esta suerte, ofrece el Sr. Lago un libro que contiene todo lo concer niente al Enjuiciamiento criminal, que no dudamos ha de obtener el éxito que merece, así por la utilidad de la obra como por la plausible laboriosidad

del autor, que, en medio de las atenciones propias de su cargo, halla espacio
para dedicarse á la publicación de obras como la de *La ley del Jurado*, escrita
en colaboración con el Sr. Pozo y Mazzeti, y la *Ley de Enjuiciamiento criminal*,
á la que dedicamos estas líneas.

**

Derecho procesal de España.—Primera parte.—*La ley y la jurisprudencia vigentes del Enjuiciamiento civil*, por *D. José Robles Pozo*, Abogado de los ilustres Colegios de Madrid y Granada.—Madrid, 1888.

El autor de esta obra, cuya primera parte acaba de aparecer, ha emprendido una publicación que, de llevarse á cabo como está planeada, constituirá
seguramente un valioso texto de consulta para todos los jurisconsultos y para
cuantos forman parte de los Tribunales de justicia.

Comprenderá esta publicación, según el plan que el Sr. Robles ha trazado, los tratados siguientes: 1.º La ley y la jurisprudencia vigentes del Enjuiciamiento civil, que es el que hemos de examinar: 2.º La ley y la jurisprudencia del Enjuiciamiento criminal, en los distintos procedimientos vigentes,
incluso el especial para los delitos de contrabando: 3.º La ley y la jurisprudencia del procedimiento contencioso-administrativo: 4.º Procedimiento ad
ministrativo; y 5.º Procedimiento canónico.

La ley y la jurisprudencia del Enjuiciamiento civil contiene el texto de la
edición oficial de la ley de 3 de Febrero de 1881, corregida por su fe de erra-
tas, y las rectificaciones publicadas en la *Gaceta* de 5 de Marzo del mismo año,
reformada por la ley de 11 de Mayo último y aclarada por Real orden de igual
fecha, y la Jurisprudencia civil procesal establecida por las decisiones del
Tribunal Supremo de Justicia y del Consejo de Estado en materia de competencias, en más de diez mil fallos, hasta 1.º de Enero del año actual, que
constituyen á la vez que el comentario más autorizado, la más recta interpretación que puede y debe darse á las reglas de tramitación de todos los
juicios y negocios civiles.

La estructura de este libro es análoga á la de la *Ley de Enjuiciamiento criminal* del Sr. Lago, que hemos examinado, aunque tiene mayor extensión la
parte de jurisprudencia, hasta el punto de que constituirá una labor improba
y de tan gran valor y aplicación práctica como trabajo y asiduidad revela su
autor, al que deseamos espacio y alientos para ver terminada esta publicación, que todos los Abogados han de acoger con beneplácito y considerar verdaderamente necesaria entre sus libros de consulta.

RAMÓN SÁNCHEZ DE OCAÑA.

LA CONTRATACIÓN

ANTE LOS REGISTRADORES DE LA PROPIEDAD *

III

Decíamos en nuestro anterior artículo que en el corazón del Notariado latía con poderoso impulso la idea de refundir el Registro en la Notaría, y así es en efecto. Remitido á la REVISTA nuestro anterior artículo, recibimos los números 71 y 72 de la *Gacetilla notarial* que contienen un notable artículo de D. José María Py y de Puyade, Notario de.Rambla, en el cual se ocupa por extenso del proyecto de ley del Sr. Maluquer, y en el mismo formula un proyecto que tiene algo de la antigua Contaduría de Hipotecas, y algo, ó bastante, de la suprimida sección de hipotecas por orden de fechas en el moderno Registro de la propiedad. Es un proyecto nuevo lanzado á la discusión, pero con tendencia á refundir el Registro en el Notariado; á lo menos así lo parece desde el momento en que se propone que «en la cabeza de cada partido judicial habrá un Notario Registrador,» y en otro párrafo se habla de los Notarios Registradores.

Como quiera que creemos que no será el único proyecto que se formule respecto de la refundición del Registro en el Notariado, ya que esperamos los de los Sres. Castillo y Pou, que respectivamente en la *Gacetilla notarial* y en *La Notaría* han

---

* Véanse las páginas 616 del tomo anterior y 5 de este tomo.

difundido dicha idea, además de que es de esperar que otros ilustrados Notarios formulen y publiquen acerca del particular otros trabajos, nos limitamos á transcribir el del Sr. Py y de Puyade, sin comentario de ninguna clase.

Dice: «Díganos el Sr. Maluquer, puesto que considera innecesaria la calificación de títulos; puesto que tanto como ellos (se refiere á los Registradores) saben los Notarios; puesto que destruye al estimarla inútil la inscripción extracto, y resucita como única necesaria la inscripción índice; díganos, repetimos, si eso le parece idéntico en el terreno científico y legal, y más beneficioso en el terreno económico el siguiente proyecto:

»Los Notarios llevarán dos protocolos corrientes: uno público para todos los actos y contratos que deban ser registrados inmediatamente después de su otorgamiento y sus similares; y otro secreto para los demás actos y contratos que está llamado á autorizar con su fe.

»En la cabeza de cada partido judicial habrá un Notario Registrador.

»El Registro se compondrá de dos clases de libros y de dos especies de protocolo. Libro de la propiedad, libro de afecciones de la propiedad, protocolo de actos notariados y protocolo de actos no notariados. Los libros se subdividirán por Ayuntamientos y cada Ayuntamiento en tomos. Cada finca tendrá dos hojas y una cada afección en el libro correspondiente. A la cabeza de unas y otras, y bajo un número de orden, se hará la descripción de la finca ó del gravamen, referido éste al número ordinal que aquélla tenga.

»Después y sucesivamente por nota somera, y respondiendo á lo que se exprese al frente de las respectivas casillas, se anotarán las sucesivas transmisiones y modificaciones.»

«Las hojas del libro de la propiedad contendrán necesariamente un apartado en que se fijan los números que correspondan á las cargas que afecta, ó que se impongan sobre la finca en el libro de afecciones; y en las de éste, otro apartado en que se expresen las divisiones que de la finca que gravan puedan

hacerse en el de la propiedad con los números que en la división se señalen á las partes.»

«Los Notarios del distrito tendrán obligación de poner en
conocimiento del Registrador los otorgamientos pertinentes
que ante ellos se hicieren en el término de tercero día y en la
manera en que hoy comunican al Decanato del Colegio el de
los actos de última voluntad que autorizan.».

«Los Notarios que autorizaran escrituras que se refieran á
fincas fuera del distrito notarial, tendrán obligación de expedir y remitir al Registrador del en que la finca radique, copia
autorizada en papel del sello de oficio y en el término de octavo día, de las escrituras que autorizasen ó testimonio bastante
de hijuelas en su caso.»

«Con estas escrituras y testimonios numerados debidamente, se formará el protocolo de actos notariados, y el de actos no
notariados con los demás documentos que causen inscripción,
sin perjuicio de inscribirlos en los libros del Registro.»

«Los Notarios Registradores expedirán certificaciones del
Registro, permitirán el examen y consulta del mismo y de
los protocolos que lo completan; y la inscripción, el examen,
la consulta y las certificaciones costarán cantidades insignificantes.»

«El examen de títulos en los protocolos públicos de los Notarios devengarán idénticos derechos.»

«Pero... ¡quedarán suprimidos los actuales Registradores
de la propiedad!»

«No decimos nosotros esto: tan sólo proponemos dentro de
los principios científico-légales del Sr. Maluquer; pero la verdad es, que se nos finge mejor entretenida la propiedad inmueble bajo tales bases, sobre todo, si el Estado, mirando por ello,
vuelve sobre sus pasos en cuanto al Timbre y el Impuesto sobre Derechos reales y transmisión de bienes se refiere; si estudiando lo que representa la Autoridad en materia judicial separa de ella aquello á que la Autoridad no entra para nada,
aquello en que en realidad sólo da fe de hecho, y lo atribuye á

la Institución notarial: si la declaración de herederos en las sucesiones directas, y las que á las mismas equipara, declaraciones que siempre se hacen y siempre se inscriben sin perjuicio,
dejan de ser actos de jurisdicción voluntaria y se convierten en
informaciones extrajudiciales; si el mismo camino se da á las
informaciones posesorias reduciéndolas al valor de una simple
escritura; si se reduce, por último, la inconmensurable extensión de éstas, exigiendo solamente para ellas lo necesario y
suprimiendo cuanto sea inútil de lo que hoy se les pide por la
Instrucción, y se reducen con todo ello los gastos y los derechos que cualquiera transmisión de dominio causa en el día.»

«Repetimos, que no vamos contra la ley Hipotecaria, que no
nos contradecimos, que hablamos dentro del criterio que hemos descubierto en el proyecto de ley del Sr. Maluquer, y que
relacionamos cuanto hemos dicho con lo que ya dijimos al estudiar los sistemas de la inscripción y la transcripción: de lo
que preferimos entre aquello y esto, nos reservamos nuestra
opinión, que no podría fundamentarse sino estudiando al hombre dentro de la institución, y nos repugna hacer este estudio.»

«Si alguna palabra hemos dicho por la que el cuerpo de Registradores pueda creerse ofendido, crea en desquite que el
que suscribe se estima muy inferior á todos los que lo forman
y que sus palabras son la defensa del cuerpo Notarial que se
encuentra á la altura de aquél en ciencia, en estudio y en probidad.»

***

Repetimos, que no queremos por ahora emitir nuestro juicio acerca del proyecto que acabamos de transcribir y sólo nos
corresponde hacer constar que por él se trata de disminuir el
peligro que con el actual sistema existe, y tiene lugar en la
práctica acerca el peligro de las segundas enajenaciones verificadas en fraude de terceros adquirentes, cosa en que tanto

insistimos en nuestra monografía repetidamente citada y que mencionan de un modo muy especial los propietarios de Calafete en su instancia. Luego, desde el momento en que son reconocidos tales defectos en el sistema vigente, nuestro proyecto y el más concreto del Sr. Maluquer, que los evita completamente, es digno de aprecio, ya que el Notariado formula proyectos que tratan de evitar inconvenientes por todos reconocidos.

Y en efecto, el Sr. Pou en el número 1556 de *La Notaría*, de Barcelona, decía con respecto del particular: «En cuanto al inconveniente de nuestra legislación actual sobre la contratación consistente en la posibilidad de verificar cualquiera contratante una enajenación fraudulenta en perjuicio de otro contratante, antes de que el contrato con éste verificado se inscriba en el Registro, entendemos que puede obviarse en gran parte con la diligente inspección del Registro antes ó en el momento del contrato, con la pronta presentación en dicha oficina del contrato celebrado y con la saludable precaución del Notario, de retener en su poder la titulación que ha tenido á la vista para formalizarlo, hasta que el mismo esté inscrito ó por lo menos presentado en el Registro; y si se quisiera hacer más para alejar la remota posibilidad de un fraude que aun con el uso de estos medios existe, podría conjurarse todo peligro imponiendo al Notario el deber de comunicar al Registrador, inmediatamente de firmado el contrato, los datos que respecto á éste debe contener el asiento de presentación, á fin de que tomada por este funcionario nota en el Diario, produjese ésta los efectos de aquel asiento y se hiciese, por consiguiente, imposible que la presentación de un título clandestino anterior á la del legítimo viniese á perjudicar los derechos adquiridos en este último.»

Se ve, pues, que el peligro de las enajenaciones fradulentas existe con la actual legislación, que dichas enajenaciones tienen lugar con sobrada frecuencia, que el Notariado reconoce este estado de cosas y propone medios para evitarlo; de suerte

que nuestro trabajo, por lo menos, habría servido para poner
de relieve las cancerosas llagas de nuestro actual sistema hipotecario. Sobre si el proyecto del Sr. Maluquer y la doctrina de
nuestra monografía evitan, mejor que los proyectos hasta ahora
propuestos por los Notarios, el peligro, lo dejamos al juicio imparcial de nuestros ilustrados lectores, pues por ahora no queremos juzgar, en espera de nuevos y más importantes trabajos
en este sentido que emanen del Notariado, especialmente del
proyecto del Sr. Castillo, de Medina Sidonia, sobre refundición
del Registro de la propiedad en el Notariado.

.

Otra ventaja se habría logrado de la discusión habida con
motivo del proyecto de reforma, consistente en que en nuestra
repetidamente citada monografía nos ocupamos, página 158
y siguientes, de lo costosa que es hoy la contratación ante Notario público por lo sobrecargada que se halla de advertencias
y cláusulas inútiles, transcribiendo en la página 167 la opinión de los autores del Escriche reformado, los cuales consignan como síntesis de su pensamiento que cada escritura se
convierte en un tomo, y cada protocolo en el *multorum came-
llorum onus,* y el Sr. Py y de Puyade, Notario de Rambla, en el
proyecto antes transcrito reconoce, al referirse á las escrituras,
la inutilidad de muchas cláusulas, al consignar lo siguiente:
«Si se reduce, por último, la inconmensurable extensión de
éstas, exigiendo solamente para ellas lo necesario, y suprimiendo cuanto sea inútil de lo que hoy se les pide por la instrucción,
se reducen con todo ello los gastos y los derechos que cualquiera transmisión de dominio causa en el día.» Y en otra parte
de su artículo dice, refiriéndose al Sr. Maluquer: «Lea la Instrucción sobre el modo de extender los documentos públicos
sujetos á Registro, y vea cómo los hace interminables el cúmulo de requisitos inútiles que exige.»

Sea cualquiera la solución que recaiga en el hoy debatido asunto relativo á la contratación ante los Registradores de la propiedad, debe el legislador tener en cuenta el estado defectuoso de nuestra legislación respecto del·particular que queda señalado y reconocido por el Notariado; lo cual es un motivo más en apoyo de la reforma, supuesto que es otro de los fundamentos en que se basa.

Lo sensible es que, para reconocer el Notariado este defecto y el que se indica en el apartado anterior, haya sido preciso que se presentara un proyecto de ley á los Cortes por un digno y celoso Diputado, en virtud del cual ven mermadas los Notarios sus prerrogativas. Menos mal, no obstante, que éstos, para conservar sus prerrogativas, que bambolean al más ligero examen del estado de nuestra legislación, reconozcan aquellos defectos y consientan en parte del sacrificio, porque, por lo menos, este bien siempre lo reportaría el País de la polémica entablada.

.*.

La sencillez, la economía que puedan obtenerse bajo un sistema científico, he aquí los ideales de nuestros tiempos. Pugnaba la ley Hipotecaria con la letra de varios de sus artículos en ciertos casos en que la ciencia marcaba distintos derroteros de su literal sentido, y la jurisprudencia hipotecaria ha tenido que encargarse de desautorizar infundadas opiniones, desvanecer errores disculpables y marcar el verdadero camino que debía seguirse, al par que rigurosamente científico, con tendencia á evitar trámites y obtener economía en la inscripción.

Evidente era el estado de nuestra legislación y el avasallador precepto del art. 82 de la ley Hipotecaria respecto á cancelación de inscripciones, y resolvió la dificultad con arreglo á los principios científicos el Real decreto de 20 de Mayo de 1880, según el cual, y dentro de los más estrictos principios de justicia, se obtienen inmensas ventajas para la propiedad y el crédito te-

rritorial, porque se logra un medio fácil de obtener la cancelación de inscripciones caducadas de derecho, cuya subsistencia
en el Registro de la propiedad producía males incalculables sin
beneficio de nadie. Y no obstante, el principio sentado por el
artículo 82 era categórico y terminante. Pero la tendencia de
la jurisprudencia moderna lleva al legislador á obtener todas
las ventajas posibles sin faltar á los principios de justicia y
equidad, antes bien respetándolos en todo y por todo. Es el
triunfo más espléndido del espíritu de la ley sobre la letra de la
misma, el triunfo del fondo sobre la forma, en definitiva, el
triunfo de la ciencia.

La literal interpretación del art. 20 de la ley Hipotecaria,
ha dado origen á un sinnúmero de conflictos, algunos de ellos
de difícil ó imposible solución, según el sentido riguroso y es-
tricto de la ley en su significación aparente. Pues bien: la interpretación científica resuelve estas dificultades según las
más puras reglas de la hermenéutica legal, en beneficio del
propietario habiente derecho, con grande economía de tiempo,
de dinero, y solventando todas las dificultades que podían
presentarse á primera vista.

El precepto del art. 20 citado es terminante y no puede
inscribirse el dominio ni ningún derecho real á favor de otra
persona que no se halle inscrito á favor de la que lo transfiera
ó grave, y esta disposición se había entendido en el literal sentido de que para verificar una inscripción posterior á favor de
un tercero, debía constar inscrito el derecho á favor del causante, es decir, que había de mediar precisamente la inscripción previa á la del que pudiese considerarse dueño del derecho, antes de verificarse la inscripción á favor del último adquirente, lo cual daba lugar á dificultades á veces insuperables. Examinaremos algunos casos prácticos resueltos por la
Dirección general.

La Resolución de 15 de Diciembre de 1887 declara, que es
inscribible una escritura de venta hecha á nombre de una herencia yacente, aunque no se haya inscrito á nombre de los

herederos. El Registrador de la propiedad de Málaga se negó á inscribir una escritura de venta otorgada por el Juez de primera instancia del distrito de la Merced de aquella ciudad, en nombre de la herencia yacente á que correspondía, fundándose en el art. 20 de la ley Hipotecaria, y se declaró que procedía la inscripción considerando que es herencia yacente aquella que aun no ha sido adida; y mientras conserva tal cualidad, la ley supone existente la personalidad del difunto para todos los efectos legales, incluso para el de que la venta de los bienes hereditarios se repute hecha á nombre del causante; y que estando la venta verificada á nombre de éste, era evidente que había sido cumplido el art. 20 de la ley, según para casos análogos había resuelto la Dirección en 20 de Junio y 24 de Julio de 1884.

El Registrador de Villanueva de la Serena, fundado en el artículo 20 de la ley Hipotecaria y 20 del Reglamento, denegó la inscripción de adjudicación de unos bienes hecha á favor de ciertos acreedores, habiendo antes renunciado la herencia los instituídos, alegando que era precisa la previa inscripción á favor de los herederos; y por Resolución de 20 de Junio de 1884 se revocó la providencia apelada y la nota del Registrador declarando inscribible la escritura denegada. Dicha Resolución aparece confirmada por la de 24 de Julio del propio año.

Más notable es la de 22 de Enero de 1886, que declara que para inscribir á favor de los hijos los bienes gananciales de su madre, no es preciso, aunque ésta haya fallecido después del padre, que se inscriban previamente á nombre de ella. Se trata, en el caso de la Resolución, de la inscripción de ciertos bienes gananciales pertenecientes á los dos esposos, y habiéndoselos partido los herederos, sin que constasen inscritos á favor de la madre que sobrevivió al marido, en cuyo nombre constaban, el Registrador denegó la inscripción de la escritura particional, fundado en los artículos 20 de la ley Hipotecaria y 34 de su Reglamento. La Dirección declaró inscribible la escritura, fundada en los artículos mismos que citaba el Registrador, estableciendo notabilísima doctrina que hace prevalecer el espíritu á la letra de la ley, y tiende á la supresión de requisitos y formalidades superfluos, mientras sea el mismo el fondo del asunto.

Otra Resolución, digna de especial mención, podemos citar en el terreno de nuestro estudio, y es la de 3 de Septiembre de 1887, dictada en recurso de Ultramar, relativa á anotaciones de embargo de bienes de una persona fallecida, según la cual y subsanados ciertos defectos que existían, podría tomarse la anotación preventiva de embargo solicitada, á pesar de que la herencia continuaba inscrita á nombre de la deudora que contrajo la deuda origen del procedimiento en el cual se ordenó aquella anotación preventiva, de suerte que la Dirección general de Gracia y Justicia en el Ministerio citado no acepta la doctrina del Registrador de la propiedad de la Habana, análoga á la que varios Registradores habían atribuído al art. 20 de la ley Hipotecaria de la Península. Existiendo en el caso de autos la circunstancia de que no había herederos declarados, la citada Dirección sentó que no había necesidad de la inscripción á favor de éstos exigida por el Registrador, porque sobre pugnar esto con la posibilidad real, se ha hecho constar que en el abintestato aun no hay herederos reconocidos y declarados, haciendo otras manifestaciones que omitimos.

Otra Resolución de 5 de Abril de 1886, dictada asimismo en recurso de Ultramar, decide que no es preciso para cancelar la previa inscripción á favor de la persona que consiente, cuando está inscrito el derecho á favor del causahabiente, ni que concurra el deudor al otorgamiento de la escritura, y la del propio Ministerio de 9 de Mayo del corriente año 1888 declara: que cuando se ha estipulado como condición resolutoria de la venta la falta de pago de los plazos, procede, si llega este último caso, la nueva inscripción á favor del vendedor sin necesidad de otro documento.

Creemos haber demostrado hasta la más completa evidencia por medio de las Resoluciones enunciadas, que hemos mencionado someramente, á pesar de la notabilísima doctrina que contienen, para no dar demasiada extensión á este apartado, que la jurisprudencia contemporánea tiende á la sencillez del procedimiento, á evitar fórmulas y requisitos, y atiende más al fondo del asunto que á la forma, sin curarse mucho del formularismo de las leyes; y estas consideraciones, en nuestro humilde sentir, son un poderoso argumento en favor de nuestro sistema, porque al mismo no puede oponerse más que un amor á lo tradicional, que es lo anticientífico, cuando la jurisprudencia moderna sigue otros derroteros, y queda demostrado que tiende á lograr el objetivo con los menos rodeos posibles, alcanzándose con más facilidad y economía el fin á que se aspira, sin que se falte á la justicia, antes bien contribuyéndose á ella, porque es justo y bueno lograr el derecho con sencillez y ausencia de obstáculos.

.*.

La jurisprudencia que mencionamos en nuestra monografía *Estudios sobre legislación hipotecaria y notarial*, va siendo confirmada por sucesivas Resoluciones de la Dirección general, y vamos á estudiar una que corrobora la que sirve de fundamento al art. 2.º, cap. 2.º del tít. 1.º de nuestro citado trabajo, relativa á la cancelación de inscripciones hechas en virtud de escritura pública. Y decimos en dicho artículo, página 67: «Se ve que la jurisprudencia hipotecaria ha tendido á facilitar la inscripción de todos los actos que hayan de llevarse al Registro, bastando que consten de un modo que no pueda dar lugar á dudas», y á seguida estudiamos la Resolución de 5 de Octubre de 1864 relativa á la cancelación de la fianza de un Administrador de loterías, mediante el acuerdo de cancelación puesto por la Dirección de Loterías al pie de la escritura de fianza de que se trataba.

Esta Resolución ha sido confirmada por la reciente de 16 de Marzo último, que establece que ha de considerarse como docum ento auténtico, á los efectos de cancelar una inscripción de hipoteca para responder del cargo de Administrador de loterías, el acuerdo puesto al pie de la misma y firmado por el Director de Rentas, cancelando la hipoteca.

Constituída fianza por el Administrador de loterías de Málaga, falleció apareciendo que dejó saldadas y terminadas sus cuentas, á las que dió fallo absolutorio el Tribunal de las del Reino, y la Dirección general de Rentas Estancadas acordó que se cancelara su fianza y que así se consignara en la misma escritura inscrita, y presentada ésta en el Registro de la propiedad de Málaga con el acuerdo de la Dirección, extendido al pie del documento firmado por el Director y sellado con el de aquel Centro, denegó el Registrador la cancelación en su virtud solicitada, por no ser bastante la nota de la Dirección para cancelar con arreglo al art. 82 de la ley, tanto más, cuanto que en ella no se consiente expresamente.

Habiendo acudido el que solicitaba la inscripción en recurso gubernativo, alegó para demostrar la improcedencia de la negativa, que el decreto puesto en la escritura por la Dirección general de Rentas es un documento auténtico, según se infiere del precepto consignado en el párrafo 3.º del art. 596 de la ley de Enjuiciamiento civil; fundándose además en las órdenes de 17 de Julio de 1863 y de 5 de Octubre de 1864, y que con sólo leer el acuerdo de la Dirección, se adquiere la certeza de que ha consentido terminante y explícitamente en la cancelación.

Oído el Registrador, informó que era de confirmar su calificación: primero, porque la nota estampada por la Dirección general de Rentas no podía ser estimada documento auténtico por no estar extendido en la forma que prescriben los Reglamentos; segundo, porque carece de la legalización necesaria para que haga fe en el Registro; tercero, porque en ella falta el expreso consentimiento necesario para la cancelación; y cuarto, porque las Resoluciones anteriores al año 1869 sobre cancelaciones no tienen fuerza á consecuencia de la reforma de la ley

hecha en dicho año y del art. 72 del Reglamento. El Juez delegado dejó sin efecto la nota recurrida, por considerar que,
tanto el decreto autorizado por el Director de Rentas como la
certificación librada por el Tenedor de libros de Loterías de dicha Dirección, son documentos auténticos y fehacientes, por
cuanto en ellos aparece estampado el sello de aquel Centro
directivo, cuyos documentos deben hacer fe por sí solos, sin
necesidad de legalización alguna, por no exigirla la ley en este
caso, con otras consideraciones que hizo, acuerdo que fué confirmado por la Presidencia y por la Dirección general que sentó
la siguiente doctrina:

Visto el art. 82 de la ley Hipotecaria:

Visto el art. 8.º de su Reglamento:

Vistas las Resoluciones de 17 de Julio de 1863 y 5 de Octubre de 1864:

Considerando que no es posible negar la autenticidad del
acuerdo que figura al pie de la escritura de fianza hipotecaria
por llevar la firma del Director general de Rentas y el sello de
aquel Centro; y siendo notorio que tal acuerdo estaba en las
atribuciones de la dicha Autoridad, reune el documento las circunstancias previstas por el art. 8.º del Reglamento hipotecario:

Considerando que la Dirección general, en la parte dispositiva de la Resolución á que se ha aludido, cancela la fianza y
ordena que así conste en la escritura á los efectos que convengan al interesado, por lo cual es obvio que consiente en la extinción de la hipoteca, quedando cumplido el precepto del artículo 82 de la ley.

Considerando que en corroboración de ese acuerdo ha presentado el interesado una certificación suscrita por el Subdirector segundo de Rentas Estancadas y visada por el Director,
en que consta que D. José Criado, como Administrador que fué
de Loterías, dejó saldadas sus cuentas, á las que dió su fallo
absolutorio el Tribunal de las del Reino; y ese documento,
como antecedente necesario de la orden de cancelación, disipa

toda duda acerca del exacto cumplimiento que ha tenido en esté caso el ya citado precepto del art. 82.

Considerando que en dos diferentes ocasiones, en 17 de Julio de 1863 y en 5 de Octubre de 1864, ha declarado esta Dirección que una nota extendida en la misma forma que la que ha motivado este recurso es título hábil para una cancelación, y esas dos Resoluciones son aplicables al caso actual, sin que ello obste la afirmación del Registrador de Málaga de que han perdido su fuerza á consecuencia de la reforma de la ley, pues no hay fundamento alguno para tal aseveración.»

La conclusión que de estos antecedentes se deriva es la de que son inscribibles los documentos auténticos, por cualquier medio que se logre dicha autenticidad, aun cuando no intervenga en ellos Notario público; de suerte que podemos repetir lo que sentamos en nuestro citado trabajo acerca la facultad que tendría el Registrador de dar autenticidad á los contratos que se ratificasen ante el mismo en la forma del proyecto sometido á la decisión del Congreso de los Diputados.

En demostración de que el Derecho moderno está saturado de este espíritu de llegar á obtener el resultado positivo que se apetece, sin sacrificar el fondo á la forma, como hasta ahora venía en parte sucediendo, podemos citar la Real orden de 21 de Agosto de 1885 dictada para subvenir á las necesidades que ocurrieron con motivo de la epidemia colérica de aquella época, según la cual y por su art. 6.°, la cédula testamentaria que debía llenarse según el art. 5.° respecto las circunstancias personales del testador, la institución de heredero y demás requisitos del testamento, «no habiendo Notario en la localidad, ó no acudiendo éste con la prontitud necesaria al llamamiento del requirente, y no pudiendo utilizar otros medios legales para otorgar testamento con la urgencia que el caso exija, la expresada cédula deberá extenderse por el Secretario del Juzgado de primera instancia, ó del municipal en su defecto, previa solicitud verbal que dirigirá al Juez cualquier pariente ó amigo del otorgante. Los mencionados Secretarios devengarán por la redacción de la cédula los derechos designados en el número anterior.» Otros artículos de la citada Real orden regulan las funciones de los Secretarios judiciales en la autorización de cédulas testamentarias; y de todas las disposiciones de la Real orden mencionada se deduce la conclusión que hemos sentado, relativa á que el legislador no sacrifica á la forma el fondo del asunto, sino que se dirige á la obtención del fin que se apetece, aun cuando hayan de relajarse los rigorismos de escuela; y como en el caso del debate no se trata de otra cosa que de esto, el estudio que acerca del particular hacemos contribuye á demostrar que la tendencia moderna del Derecho es distinta de la que sostiene el Notariado para continuar disfrutando sus privilegios.

***

Como si en este proceso jurídico de la reforma todo hubiese de contribuir á demostrarla, podemos ofrecer á la consideración de nuestros lectores, y también á la de nuestros adversarios, una disposición reciente, por demás notable, inspirada en el mismo criterio de las que hemos enumerado antes, contenida en el Real decreto de 5 de Junio de 1886, relativa á la redención y venta de los censos, treudos, foros y demás cargas ó gravámenes de naturaleza análoga pertenecientes al Estado. Entre otros fundamentos del Decreto, se menciona en el preámbulo: «que no se han visto hasta el presente realizados los laudables propósitos del Gobierno, inspirados, más que en el deseo de allegar recursos al Tesoro, en la necesidad generalmente sentida de fomentar la riqueza agrícola, liberando á la propiedad inmueble de las onerosas cargas que la abrumaban, y realizando al propio tiempo el fin altamente beneficioso en el orden económico y político de consolidar los dominios directo y útil tan perjudicialmente divididos.»

Pues bien; obedeciendo á esta noble tendencia el art. 8.º del Real decreto citado, dispone lo siguiente: «Para la cancelación de las cargas ó gravámenes en el Registro de la propiedad, será documento bastante la certificación que expida la Administración de Propiedades ó Impuestos respectiva, en que se haga constar haberse verificado aquéllas, así como el ingreso en Tesorería del capital que las cargas ó censos representan, y que consiente en la cancelación. Si la redención se verificara á plazos, será preciso para la cancelación, además de la certificación de que queda hecho mérito, otra en su día que acredite hallarse satisfechos aquéllos en su totalidad por el redimente.»

Una vez más queda consagrado el principio de que es inscribible en el Registro de la propiedad un documento auténtico, expedido por un funcionario del orden administrativo, no Notario público, y ante tan repetidos ejemplos y casos de nuestra legislación, la teoría sostenida por nosotros, de acuerdo con tantísimos antecedentes legales, de que se conceda al Registrador la facultad de que ante él se ratifiquen los actos y contratos inscribibles, es pura y legalmente ortodoxa, y no puede hacerse oposición seria á la misma.

**

Como antecedentes que podemos adicionar á los consignados en nuestra monografía *Estudios sobre legislación hipotecaria y notarial* sobre documentos inscribibles que no han pasado ante Notario público, podemos mencionar la Resolución de 25 de Febrero de 1888 sobre procedencia de la inscripcion de las relaciones de bienes consignados en instancia privada, la cual confirma las de 27 de Mayo de 1863, 2 de Mayo y 26 de Noviembre de 1864, de suerte que esta jurisprudencia está sufi-

-cientemente corroborada para que no pueda haber lugar á dudas.

Asimismo, según los artículos 149 y siguientes del Reglamento de la ley Hipotecaria, procede la inscripción de la hipoteca constituída *apud acta* por los tutores ó curadores, debiendo considerarse esta clase de hipoteca, así como las constituídas en favor de los Pósitos, las prestadas por los procesados en juicio criminal y las constituídas por bienes reservables y de peculio, las únicas excepciones existentes en derecho constituído del principio general consignado en el art. 146 de la ley Hipotecaria (1).

Del propio modo el proyecto de Código civil de 1851, que servirá de fundamento al que ha de publicarse en breve, según la base primera de la ley de 11 de Mayo último, lo cual indica la autoridad de aquel proyecto, facilitaba el medio de dar carácter público al documento privado que se refería al contrato de prenda, pues niega al derecho que se deriva del referido contrato efectos contra tercero, á no constar por instrumento público ó privado cuya fecha sea cierta, adquiriendo este carácter la que consta en el contrato, ó bien por la incorporación á un Registro público, ó bien por el inventario que de él hiciese algún funcionario también público, ó bien por la muerte de cualquiera de los que lo hubieran otorgado. Datos son éstos de grandísima significación en el problema de nuestro estudio, y que aumentan los que consignamos en las páginas 40, 41 y 42 de nuestra monografía, de los cuales se deriva la conclusión favorable al proyecto de ley del Sr. Maluquer, de que el documento privado adquiere el carácter de público por medio de la ratificación del mismo ante un funcionario también público, y el art. 24 del proyecto de ley de 11 de Abril de 1864 hacía posible esta ratificación de cualquiera de los modos establecidos en los artículos 21 y 22, según el lugar en que residiesen los contrayentes, es decir, ante el Registrador ó el Juez

(1)   Consulta número 1882 de la *Reforma legislativa* de 1887, página 185.

municipal del domicilio de cualquiera de los contratantes ó del lugar en que radicasen sus bienes. Téngase en cuenta que el art. 24 del proyecto se refería á los contratos privados que se otorgasen en lo sucesivo, lo cual era llegar, respecto de este punto, á todo lo que previene el sistema Torrens, con la única diferencia de que, según éste, puede ratificarse el contrato ante cualquier funcionario público, y según el proyecto de 1864 tenía la ratificación las limitaciones consignadas, pero que revelaba dicho sistema un progreso indudable sobre el vigente. ¡Qué no hubieran dicho los Notarios si hubiésemos propuesto lo mismo que los eximios legisladores de 1864 en su famoso proyecto de ley, cuando ahora, con proponer un sistema menos radical han calificado el proyecto de malhadado, etc., etc.!

Y nuestro modo de pensar se va abriendo paso paulatinamente, y encontramos una manifestación de ello en el número 858 de la *Reforma legislativa* correspondiénte al 10 de Junio de 1888, en donde se inserta un artículo titulado *Expedientes posesorios*, que se refiere á los que se tramitan ante los Juzgados de primera instancia, en el cual se lee: «Y aunque se suprimieran las informaciones tal como hoy se tramitan, ¿se perdería mucho en eso? ¿No sería bastante que esos dos testigos declararan ante el mismo Registrador, ante el Alcalde ó cualquier otro funcionario público, señalando un derecho módico por esa diligencia? ¿Sería alguna cosa rara que al presentar al Registrador la certificación administrativa se le pidiera que en el acto, ó al siguiente día, recibiera declaración en forma breve y sencilla á dos testigos, sin necesidad de otras ni más diligencias? ¿Qué costaría eso?»

«En una palabra: de lo que se trata, es de concluir con ese expedienteo, que no reporta ningún beneficio, y de sustituirlo con otro ú otros medios, sean los que fueren, para que se estimúle esa masa enorme de propiedad que yace muerta, sin vida legal, espantada del Calvario que ha de recorrer para exhibirse ante el mundo, sobre la que nadie presta un céntimo, ni prestará jamás, y que merece toda la atención, todo el interés y cariño, todos los afanes y desvelos de la dignísima Dirección general de los Registros, quien sabrá seguramente, con su ilustración, sacar á esa propiedad tan maltratada del atolladero en que yace por exigencias que hoy no tienen ninguna explicación.»

Mientras esto no se logre, no se acallarán los quejidos de la opinión, ni se lograrán las ventajas del establecimiento del Registro, por lo cual sería de desear que se estudiase una reforma radical que extirpara de una vez tantas trabas con las que se ehcuentra aherrojada y abatida la propiedad territorial, como lo prueban tantas manifestaciones aisladas, que recopiladas y reunidas formarían severo proceso contra la legislación vigente, y serían el argumento más poderoso para impulsar la reforma que defendemos.

A medida que se va profundizando en el estudio de la cuestión objeto del debate, van encontrándose nuevos antecedentes que confirman nuestra teoría, porque la ley Hipotecaria y su Reglamento y la jurisprudencia recaída posteriormente, arrojan tantos datos que confirman nuestra tesis, que á medida que se avanza en el estudio van saliendo corroboradas las doctrinas de que por una buena porción de disposiciones legales el Registrador ejerce de Notario público, y por consiguiente, la misión de dar fe en varios actos y contratos inscribibles; y si esto acontece sin inconvenientes ni perjudiciales resultados, no hay para qué no extender esta intervención á otros casos en beneficio de la contratación y de la propiedad territorial.

Uno de los antecedentes de que no hicimos mención en nuestra monografía, es el de los requisitos y formalidades que se observan en el caso de cancelación de inscripción de crédito hipotecario, y de ello vamos á ocuparnos someramente.

El art. 250 de la ley Hipotecaria dispone, que cuando se presente un título á fin de que se cancele total ó parcialmente alguna hipoteca, deberá presentarse también la escritura de su constitución en que conste haber sido inscrita, y se pondrá una nota que exprese la cancelación, sin perjuicio de la que también deba ponerse en aquel título.

Si no se presentase la referida escritura de constitución de la hipoteca, se acompañará al título copia en papel común, sin necesidad de que contenga firma alguna, debiendo el Registrador cotejar en aquel acto dicha copia con el original, y extender y firmar la nota de conformidad, si resultase, cuya nota firmará asimismo el interesado ó quien en su representación haya presentado la copia, y si no supiere, el testigo que firmó el asiento de presentación.

Según el art. 72 del Reglamento, la escritura con su nota y testimonio se podrán presentar acompañadas de copia simple y literal, para que, siendo cotejada y resultando conforme, quede archivada en el Registro la copia, devolviendo el título al interesado.

De los antecedentes expuestos, resulta: que el Registrador, con el fin de poder devolver el título original de la cancelación, debe cotejar la copia con dicho original, poniendo la nota de conformidad, si resultase, cuya nota debe firmarse por el interesado ó quien haya presentado el título ó el testigo que firmó el asiento de presentación, si no supiese; de suerte que se da autenticidad y validez á la copia simple presentada sin firma, y dicha copia se archiva en su legajo correspondiente, es decir, en el legajo de los *documentos públicos*; de suerte que el.Registrador, mediante el cumplimiento de los requisitos de la ley, convierte de privada en pública la copia del título de cancelación. Y que el cotejo convierta al documento privado y sin firma en público, mediante la nota expresada, lo demuestran el art. 7.º del proyecto de ley adicional á la Hipotecaria de 11 de Abril de 1864 y lo manifestado por la Comisión de Códigos en la exposición de motivos del mismo, en donde se dice

que, «para garantizar en todo tiempo la autenticidad de las
cancelaciones y la grave responsabilidad que por ellas puede
contraer el Registrador, dispone el art. 250 de la ley Hipotecaria que queden archivados en el Registro los documentos en
cuya virtud se hagan. Esta disposición priva á los interesados
de la posesión de un título importante, ó les obliga á reempla-
zarlo con la segunda copia del mismo. Además, si el título de
cancelación lo es á la vez de la adquisición de otro derecho inscribible, como sucede cuando se enajenan bienes dotales por el
marido y la mujer, en cuyo caso es la escritura de venta título de cancelación de la hipoteca dotal, este documento debería
devolverse en un concepto y no en otro. Mas estas dificultades
pueden remediarse fácilmente sin dejar de cumplir lo prescrito en el art. 250, disponiendo que cuando el título de cancelación sea una escritura pública, se presente acompañado de su
copia en papel común firmada por los interesados; la cual, cotejada por el Registrador, quede archivada en el Registro, de-
volviéndose el original y poniéndose en ambos ejemplares la
nota de *Registrado*, etc.»

Téngase en cuenta que la Comisión de Códigos propone el
archivo de la copia simple cotejada por el Registrador *para garantizar en todo tiempo la autenticidad de las cancelaciones, y la
grave responsabilidad que por ellas pueda contraer el Registrador*, y es indudable que una copia que ha de producir tan importantes y transcendentales efectos, no puede menos de revestir el carácter de documento público y solemne, y lo adquiere
por la intervención del funcionario encargado del Registro y
por el cumplimiento de los requisitos de la ley. Estos antecedentes legales quedan confirmados por la Resolución de 30 de
Marzo de 1875. Además, y archivándose, según los primitivos
preceptos de la legislación hipotecaria, el título original de cancelación en el legajo de documentos públicos, por serlo el de
que se trataba, continúan archivándose en el propio legajo las
copias simples autenticadas por el Registrador, siguiéndose en
este particular la misma práctica trazada por el formulario ó

modelo núm. 7 de los oficiales que acompañan al Reglamento.

Sacando de estas premisas legales la consecuencia indeclinable, puede asegurarse ante este nuevo dato, que el Registrador es un funcionario público con fe y atribuciones para dar autenticidad á documentos privados, y por lo tanto, puede atribuírsele la facultad de hacer lo propio con los contratos privados que se le presenten para producir sus efectos en el Registro de la propiedad. Nuestro proyecto es, pues, altamente científico y le abonan precedentes legales dignos de mucha estima.

Lo que acaba de decirse tiene mayor fuerza si se considera y tiene en cuenta lo prevenido en el art. 90 del Reglamento de la ley Hipotecaria, que establece, que la cancelación se inscribirá en el libro y lugar correspondiente, según su fecha, y expresará: 1.º El número de la inscripción que se cancele: 2.º El documento en cuya virtud se haga la cancelación, expresando, si es escritura, los nombres de los otorgantes, el del Notario ante quien se haya otorgado, y su fecha; si es solicitud escrita, los nombres de los firmantes, la fecha, la circunstancia de haberse ratificado aquéllos en presencia del Registrador, la fe de conocimiento de las personas, y de no resultar del Registro que alguna de ellas hubiese perdido el derecho que le hubiese dado la inscripción cancelada, etc.: 4.º Expresión de quedar archivado en el legajo correspondiente el documento presentado.

Obsérvese que este artículo, en cuanto se refiere á la solicitud escrita de cancelación que pueda presentarse, establece todas las circunstancias de nuestro sistema, á saber: ratificación de los firmantes ante el Registrador, fe de conocimiento de las personas, como en los contratos, examen del Registro para evitar los inconvenientes del mismo, especialmente la pérdida del derecho consignado en la inscripción cancelada, seguramente para evitar las segundas enajenaciones en fraude del contrayente; y obsérvese que el Registrador debe dar fe de esta circunstancia, que es una garantía para los que contraen, y finalmente tiene lugar el archivo del documento presentado,

:archivo que se verifica en la forma de copia simple expresada, cotejada del modo que hemos dicho. El último párrafo del artículo 90 de nuestro estudio, al referirse al documento de cancelación que ha de presentarse en varios Registros, dice: «El interesado, al presentar en cada Registro la escritura, acompañará una copia simple de ella, extendida en papel común, que se cotejará por el Registrador; y resultando conforme, le pondrá al pie de la misma: *Conforme con el original presentado,* luego la fecha, y debajo firmará la persona que presente el documento, ó un testigo si ésta no pudiera firmar, quedando dicha copia archivada.»

En el art. 90 del Reglamento de la ley Hipotecaria tenemos confirmado una vez más nuestro sistema para el efecto de inscribir una solicitud escrita; es decir, un documento privado luego que haya sido ratificado ante el Registrador del modo expresado en el mismo. Este antecedente legal, conforme con las principales bases de nuestro sistema, lo corrobora una vez más; y podemos asegurar, como decimos en nuestro trabajo, que no se habrá llevado á cabo ninguna reforma, en materia de legislación, corroborada y sostenida con tanta abundancia de antecedentes legales.

(*Se concluirá*).

VICTORINO SANTAMARÍA.

LA TESTAMENTIFACCIÓN

EN DERECHO INTERNACIONAL PRIVADO *

Ahora bien; sentadas la noción y clasificación de los estatutos, ¿en qué casos y en qué lugares estarán sujetos los individuos á cada uno de ellos, y cuándo podrán invocarlos con arreglo á las máximas del Derecho internacional privado y á las prescripciones del positivo?

Asunto por demás controvertido es éste y que requiere detenido y maduro examen para su cumplida solución dentro de la ciencia jurídica moderna.

Tres ideas, mejor dicho, tres elementos importantes entran en la investigación de este problema, elementos que entrañan una serie de ideas y cuestiones de difícil solución; estas ideas, son: *la personalidad*, como *sujeto* de derecho; *la propiedad*, como *objeto*, y *el espacio ó lugar del acto*, como *relación* necesaria entre ésta y aquél.

La personalidad, como *sujeto de derecho, siempre es la misma, sea cualquiera el punto que ocupe en el espacio;* pues como dijimos al tratar de la teoría del Derecho, *todo individuo tiene una esfera de acción donde desenvolver sus aptitudes* con arreglo á las leyes de la esfera nacional ó Estado á que pertenezca, porque, como sentamos al explicar los estados de las personas, *súbdito el individuo de una nación, á sus leyes ha de estar su-*

---

* Véase la pág. 596 del tomo 72.

jeto y por ellas ha de regirse, sin que sea excusa para no *obe-decerlas* la de hallarse accidentalmente fuera de su patria; pues siendo los derechos de la personalidad cosa tan subjeti-va y á ella inherentes, habrán de seguirla donde quiera que vaya, como la sombra sigue al cuerpo, siendo esta la razón ju-rídica de que el estatuto personal acompañe eternamente al in-dividuo.

Razón análoga existe para sentar el mismo principio, con respecto al estatuto real, en relación con la propiedad inmue-ble; esto es, *que la propiedad, como objeto de derecho, siempre es la mi sma sea cualquiera el punto que ocupe en el espacio;* y como el conjunto de leyes que la regula es inherente á su propia na-turaleza, sin consideración al *estado* ó capacidad de las perso-nas ó sujetos de derecho, y como el Estado es la única entidad capaz de dictarlas por su *soberanía* territorial ó *unidad* nacio-nal, y como dentro del Estado se halla enclavada, y de sujetar-se á leyes de otro Estado perdería el suyo su *soberanía* en esa parte de su territorio y por ende su *unidad* nacional, de aquí que el estatuto real sea cosa tan eterna como el inmueble mis-mo, no pudiendo existir éste sin que aquél subsista.

Estos estatutos, personal y real, parecen así expuestos no-ciones antitéticas; pues rigiéndose éste por leyes inherentes á su propia naturaleza, sin consideración al estado ó capacidad de las personas, y rigiéndose el personal por leyes que la acom-pañan, allí donde el individuo vaya parece como que se divor-cian; pues las leyes *reales* no salen del territorio en que la pro-piedad radica. Mas como en la realidad la antítesis no existe, pues todas ellas se resuelven en una síntesis suprema, siendo idéntico en la razón lo que en la inteligencia era contradicto-rio, así estas ideas se armonizan lógicamente; considerando que, si bien el estatuto real no se aparta del territorio donde el inmueble radica, mientras el personal acompaña al individuo á país extraño, en el personal va, como inherente de la persona-lidad humana, el derecho de propiedad, siendo este derecho el azo de unión y dependencia entre el inmueble y su dueño au-

sente, pudiendo coexistir sin obstáculo alguno y sin entorpe-
cerse los dos estatutos por medio de esta relación, quedando,
por tanto, en pie las ideas sobre ellos expuestas.

Ya Story, al estudiar estas ideas, sentaba como principio
general, aunque deduciendo consecuencias falsas, el que se
desprende de nuestras anteriores nociones, esto es, que *cada
nación posee soberanía y jurisdicción exclusivas dentro de su
propio territorio*, para ligar directamente tanto á la *propiedad*
que en él radique y á las *personas* que á él pertenezcan como
á los *actos* que en él se ejecuten.

De modo que, según este principio, el Estado tiene jurisdicción y soberanía exclusivas sobre el individuo mientras
sea súbdito suyo, esté en su territorio ó fuera de él, rigiéndose en sus *estados personales*, en su capacidad legal y en sus
derechos y obligaciones, como individuo, por las leyes personales (estatuto personal), del Estado á que pertenece. Asimismo, el Estado tiene jurisdicción y soberanía exclusivas
sobre los bienes que radiquen en su territorio, ya sean propiedad de súbditos suyos, ó propiedad de súbditos de otros Estados, rigiéndose estos bienes por las leyes reales del Estado en
que radican; aunque, si son propiedad de un extranjero, á pesar
de que los bienes seguirán rigiéndose por el estatuto real, esto
es, por las leyes del Estado en que radican, sin embargo las
relaciones jurídicas, entre los bienes como *objeto* y el extranjero como *sujeto*, se regularán por el estatuto personal de éste,
ó sea, por las leyes del Estado á que pertenezca el individuo
ó *sujeto* de derecho. Y tiene soberanía y jurisdicción sobre los
actos ejecutados en su territorio por súbditos de otros Estados,
soberanía que será exclusiva y mediata, si se refiere á actos
criminales, ó inmediata ó indirecta si se refiere á actos civiles.

De lo expuesto se ve que los dos estatutos, personal y real,
son lo que podríamos llamar el derecho *civil* ó *sustantivo* del
Derecho internacional privado, quedándonos por examinar el
derecho *procesal* ó *adjetivo*, que lo es este tercero estatuto llamado *formal*.

Ya lo hemos definido, como el conjunto de disposiciones que rigen *los actos* del que se halla en país extranjero; de modo que para poder dilucidar con exactitud por qué reglas ha de regirse en sus *actos* el que en país extranjero se halla, tenemos un primer elemento, *acto*.

En todo *acto* deben distinguirse dos ideas, su *forma* y su *contenido*; el contenido de todo acto jurídico es su fundamento, su razón; es decir, la capacidad de las entidades jurídicas que intervienen en él, ya como sujeto, ya como objeto; la forma es la serie de requisitos externos con que ese acto se ha de llevar á cabo para que sea válido. Su contenido, *en cuanto á los actos civiles* se refiere, lo estudiamos en los estatutos real y personal; su forma, en cuanto á estos mismos actos, es lo que vamos á estudiar ahora, en el estatuto que lleva su nombre, esto es, en el estatuto formal, que es á modo del procedimiento que ha de seguirse en los diversos actos que puede el hombre ejecutar en un país extraño.

Y nos referimos sólo á los actos civiles, porque ya dijimos que este estatuto correspondía á nuestra tercera agrupación de los *estados de las personas*, que es la que abarca aquellas leyes que regulan los diversos estados en que pueden encontrarse los individuos *en relación* con el *lugar* en que ejecutan sus *actos*; pues según el lugar en que los ejecuten, así estarán sujetos *á una ú otra jurisdicción*, y dentro de una misma jurisdicción *á unos ú otros Tribunales*; y dada esta noción, en general se refiere á todos los *actos*, y como estos actos pueden ser de dos clases, *civiles* y *criminales*, de aquí que en cuanto á la forma nos refiramos á los primeros; pues los segundos caen bajo el estatuto formal, no sólo en cuanto á la forma, sino también en cuanto al contenido, siendo para conocer de ellos Tribunales competentes, y siéndoles en su calificación aplicables las leyes, tanto sustantivas como adjetivas, del territorio ó nación donde se hubiere ejecutado el delito.

En los *actos civiles*, el estatuto formal sólo se refiere á los requisitos ó formalidades externas de que los actos han de ir revestidos, y estas formalidades pueden ser, ya las exigidas por las leyes del Estado ó nación á que el individuo pertenezca, ya las exigidas por las leyes del Estado ó nación en que el individuo se halle, quedando esto á su libre voluntad. Si prefiere las primeras, puede hacerlo, ya ante el Cónsul ó representante legal de su nación, ya ante el funcionario público correspondiente de la nación en que se encuentre, pero con los requisitos de la suya; si prefiere las segundas, tendrá que amoldarse, sólo en cuanto las formalidades exteriores, á la legislación de aquel pueblo; pues en cuanto á los requisitos sustantivos, capacidad, etc., ó en cuanto á los muebles, se aplicarán sus respectivos estatutos personal y real; así los Tribunales del país en que ejecute el acto, podrán ser competentes para todas aquellas diligencias preventivas, necesarias para la conservación, seguridad de bienes, documentos ó derechos, pero nunca podrán entrar en el fondo de la cuestión jurídica, á no ser que se sometan todas las partes á su jurisdicción, y aun en este caso ha de tenerse en cuenta que no traiga perjuicio ó vulnere los intereses de la nación ó de un tercero, súbdito de la nación á que el ejecutante del acto pertenece.

Por estas someras indicaciones, de cuestión tan profunda, puede conocerse, al paso que el error de Schaffner al sentar como principio absoluto que toda relación jurídica debe ser juzgada según las leyes del lugar en que ha tomado existencia, y el vicio de Torres Campos que con su incertidumbre confunde los elementos esenciales de los tres estatutos, la exctitud de aquellas máximas latinas, perfectamente aplicables á nuestra teoría, pudiendo decir con ellas, que el estatuto *personal* se rige por la ley: *Legis domicilii personæ.*

El *real* por la regla: *Lex loci rei sita.*

Y el formal por la prescripción: *Locus regit actum.*

IV

En comprobación de cuantas afirmaciones llevamos hechas, podemos citar, con verdadera complacencia, no sólo algunas leyes de nuestros diversos Códigos, sino también multitud de sentencias del Tribunal Supremo, que aseveran, á más de la riqueza de nuestra legislación sobre este punto, la idea de que no ha sido España, esta España tan calumniada como mal conocida, la última en el camino del progreso y en el estudio del Derecho internacional privado, sino, por el contrario, una de las primeras, si no la primera en aclarar punto tan discutible y oscuro, que aun no ha dejado salir, á los escritores alemanes ó ingleses, del confuso eclecticismo de los unos, ni del apego á la teoría exclusivamente territorial de los otros.

Sujeta España, como casi todo el mundo entonces conocido, á la dominación romana, y encerrada dentro de los estrechos moldes del *jus gentium,* mezquinas habían de ser sus nociones de Derecho internacional, cuando ella misma, triste colonia de sus dominadores, pasaba por el yugo de la conquista formando parte de aquellas clasificaciones que, empezando en el *jus latii* y terminando en el *dedititi,* abrazaba con el nombre general de *peregrinus* á todos aquellos pueblos que tenían la desgracia de no poseer la ciudadanía romana.

Si esto es así, como lo atestiguan los dos riquísimos bronces encontrados á fines de Octubre de 1851 en la ciudad de Málaga y traducidos en un curioso estudio crítico por D. Manuel Rodríguez Berlanga; si en estos bronces, donde se consignan las leyes por que había de regirse el *Municipii flavii salpensani* ó *Malacitano,* uno de los sometidos al Imperio, se hacen constar leyes como la 54 del primero y el epígrafe y las 22 y 29 del segundo, por las que, aun dentro del mismo municipio, el ciudadano romano absorbe todos los derechos en perjuicio de los co-

lonos, ¿qué extraño es que los pueblos sometidos, como España,
al verse aún formando parte del imperio latino tratados con
tal dureza, miraran á los extranjeros, no ya con el áspero calificativo de *bárbaros* que le daban las leyes, sino de un modo
todavía más cruel y agresivo?

De aquí, sin duda ninguna, que al ser invadida por los vi-
sigodos, al reconstruirse en una sola nacionalidad, aunque regida por dos derechos diferentes, el romano para los vencidos,
y el germano para los vencedores, enconadas las ideas por las
continuas y terribles luchas de pueblo con pueblo y raza con
raza, no abandonara su prevención hacia los extranjeros y
planteara, como todas las demás naciones, en odio á los demás
pueblos, el conocido con el nombre de derecho de albana (*albi
natus*, nacido en otra parte, esto es, extranjero), que gráficamente lo define Gutiérrez como la facultad que tenía el soberano á la sucesión y herencia del extranjero que moría en sus
Estados sin haberse naturalizado en ellos; ó del extranjero naturalizado que no hubiere dispuesto de sus bienes ni dejado heredero regnícola, ó naturalizado; ó del regnícola que hubiese
salido del Reino.

Más unificadas las dos legislaciones, latina y visigoda; abra-
zados vencedores y vencidos ante la común desgracia que les
amenazaba, ante la invasión árabe; importado á nuestra patria
un nuevo elemento de progreso inoculado en el ideal religioso
á que se acogieran en aquella guerra santa contra las taifas
agarenas, el *cristianismo* que, ya en su edad madura, había
dado sus más preciados frutos, recibieron con este elemento
una nueva idea, hasta entonces para ellos desconocida, la de
la *sociabilidad humana*, idea que dió sus fecundos resultados,
pues empezada la reconquista, amalgamados en los fueros municipales que los Monarcas concedían á los pueblos conforme
sacudían el yugo sarraceno, las leyes latinas con las godas y
éstas con las canónicas, en lo que ellas tenían de buenas ó de
realizables con arreglo á las nuevas necesidades y costumbres,
y unificados estos fueros por el sabio y nunca bien admirado

· Monarca D. Alfonso X en el *Fuero Real de España,* primer Código genuinamente patrio; el derecho de albana, ese derecho verdaderamente insensato como el gran Montesquieu le calificó al denunciarle á las naciones, hecho que acredita su existencia en ellas, fué abolido en España, decretándose su nulidad en la hermosa ley 2.ª, tít. 24, libro 4.º de aquel Fuero, después copiado en la ley 2.ª, tít. 30, libro 1.º de la Novísima Recopilación, que dispone «que *los romeros* quien quier que sean, é donde quier que vengan, puedan, también en sanidad, como en enfermedad, facer manda de sus cosas según su voluntad, é ninguno non será osado de embargarle poco ni mucho.» Véase con cuánta razón Gutiérrez se queja de ,que el Consejero Treilhard, en la exposición de motivos sobre el tít. 1.º, libro 1.º del Código francés, al acusar á los demás pueblos de ingratos, en no haber correspondido al llamamiento de la Asamblea francesa que suprimió este derecho, no hubiera consignalo como excepción honrosa la de nuestra patria que, muchos siglos an-´ tes que la suya, desde el siglo XIII, lo tenía abolido.

Desde que esta primera prescripción fué establecida en nuestras leyes, la condición del extranjero en España ha ido mejorando y sus derechos han ido reconociéndose hasta darles el completo desarrollo que hoy tienen en la teoría de los estatutos que hemos expuesto.

Tres grupos de leyes podemos formar desde las de Partida hasta nuestros días, concernientes respectivamente á cada uno de los estatutos que venimos estudiando.

El estatuto personal, tal y como lo hemos explicado, esto es, el que abarca aquellas leyes que regulan los diversos Estados en que puede encontrarse un individuo ó sujeto de dere-. cho, ya aislado, ya en relación con las demás esferas individuales y sociales, ó sujetos de derecho de la nación ó Estado á que pertenece; ó como dicen los autores de Derecho internacional, el conjunto de leyes de una nación que determina el estado y capacidad civil de los que forman parte de ella, lo vemos sancionado en nuestros Códigos, rigiéndose constantemente por las reglas latinas de *Ratione origines: Legis domicilii personæ: Mobilia ossibus inhærent; personam sequuntur,* que dan origen á disposiciones tan acertadas como la de que el individuo que se halla accidentalmente en país extranjero puede invocar la ley de su nacionalidad, en cuanto á su capacidad se refiere, y la no menos progresiva de que los bienes muebles que á ese individuo acompañen deberán regirse por este mismo estatuto.

Podemos citar á este efecto, como comprobación de nuestra tesis, desde las leyes 7.ª, 8.ª y 9.ª, tít. 2.º, Partida 1.ª, que es de donde han hecho extensiva esta idea al Derecho internacional, hasta las modernas leyes donde consta en todo su esplendor.

Estas leyes de Partida, concordadas con las 4.ª, 5.ª, 8.ª, 9.ª, 10, 12, 15, 16, 18 y 20 del tít. 1.º de la citada Partida 1.ª, nos dan noción filosófica de la teoría que sustentamos. Disponen estas prescripciones, que las leyes deben ser hechas por el «Emperador ó Rey (Estado), sobre las gentes de su señorío, ó otro ninguno no ha poder de las facer en lo temporal, fuera ende si lo ficiesse con otorgamiento dellos. E las que de otra manera fueren fechas no han nombre ni fuerza de leyes ni deven valer en ningún tiempo» (ley 12). Establecen asimismo, sentado el anterior principio de que sólo el señor (hoy poderes públicos) del Estado puede hacerlas, que «ley tanto quiere decir como leyenda en que yace ensañamento ó castigo escripto *que liga ó* apremia la vida del hombre (del vasallo) que no faga mal, ó muestra ó enseña el bien que el home deve facer: ó otrosí es dicha ley, *porque todos los mandamientos della deven ser* leales, ó derechos, *ó cumplidos* según Dios *é según justicia»* (ley 4.ª). Esta misma idea de *obediencia* la vemos al sentar que las virtudes de las leyes son siete, y entre ellas: la 2.ª, *ordenar* las cosas; la 3.ª, *mandar;* la 6.ª, *vedar;* y la 7.ª, *escarmentar* (ley 5.ª). Que «las leyes deven ser complidas (por los vasallos) ó muy cuidadas ó catadas (ley 8.ª y 9.ª), pues ellas les muestra conocer sus *señores,* ó sus mayorales, ó *en qué guisa les deben ser obedientes é leales* (ley 10), pues todos aquellos que son del señorío del facedor de las leyes sobre que las él pone, son tenudos de las obedecer é guardar, é juzgarse por ellas, *é non por otro escrito de otra ley fecha en ninguna manera»* (ley 15), porque las leyes son *fechas en bien de los vasallos* y claro que á sus derechos y obligaciones han de sujetarse (leyes 16 y 18), no pudiendo alegar ignorancia para dejar de cumplirlas (ley 20).

Con estos antecedentes entra el Código alfonsino en la explicación de *los fueros*, confirmando las anteriores nociones al decir en su definición que *el fuero*, ó sea el conjunto de leyes por que cada municipio dentro del mismo Estado se gobernaba, «non se debía decir ni mostrar escondidamente más por las plaças é por los otros lugares á quien quier que lo quisiere oyr», dando á entender que debía ser *público y conocido*, para no poder luego alegar su ignorancia (ley 7.ª, tít. 2.º, Partida 1.ª), prescribiendo después, que ha de ser hecho por *omes de buen entendimiento*. «E quando así fuere fecho, puédenle *otorgar é mandar*, é de esta guisa *será assí como ley»* (ley 8.ª)

De todas estas leyes se deducen reglas de gran importancia para el estatuto personal: 1.ª Que el único que puede ha cer las leyes para sus vasallos es el señor natural del *lugar* á que éstos pertenecen: 2.ª Que los vasallos tienen obligación de cumplirlas mientras pertenezcan al *lugar* de que emanan: 3.ª Que no pueden, mientras esto suceda, obedecer ley de otro *lugar* á que no pertenecen, aunque accidentalmente se encuentren en él: 4.ª Que no podrán alegar ignorancia de las leyes, pues para su cumplimiento se hacen públicas: 5.ª Que haciendo extensiva esta teoría al Derecho internacional, quedará vigente con sólo entender *Estado*, donde las leyes de Partida dicen *lugar*.

Estas reglas quedan confirmadas de un modo terminante en la Novísima Recopilación, donde, aparte de las leyes prohibitivas que niegan á los extranjeros en España capacidad para toda clase de empleos, artes, comercio, industrias y oficios (leyes 2.ª, tít. 4.º, y 2.ª, tít. 5.º, libro 7.º; 8.ª y 9ª, tít. 9.º, libro 6.°, y 2.ª, título 3.°, libro 9.°), hoy por fortuna casi todas las últimas suprimidas, existe una disposición que comprende nuestra doctrina, cual es la ley 3.ª, tít. 11, libro 6.°, que los exceptúa de todas las cargas, pechos ó servicios *personales,* pues éstos los prestan en la nación de que son súbditos.

Claro que siendo la ciencia jurídica del Derecho internacional cosa tan moderna, como nacida á fines del pasado siglo, en éste es donde ha tenido que formarse y en éste donde hemos de encontrar sus más ricos veneros jurídicos. En efecto, el estatuto personal como inherente al individuo, en él se delinea y desarrolla en toda su plenitud, y así, no sólo han quedado suprimidas las prohibiciones de la Novísima por el Real decreto de 17 de Noviembre de 1852, artículos 18, 20 y 21; por la Real orden de 26 de Julio de 1853; Constitución de 1869, artículo 25, art. 2.° de la de 1876; y finalmente, por los tratados internacionales, en los que los extranjeros son equiparados á los nacionales en muchos casos (véase el celebrado con Alemania en 1872, con Austria 1870, Bélgica íd., Francia 1862, Italia 1868, Portugal 1870), sino que tomando cuerpo la doctrina en estas leyes encerrada, y encarnando, á más de en nuestras leyes gubernativas, como lo atestigua la Real orden de 23 de Noviembre de 1886, donde se establece «que no es admisible la hipótesis de que la mujer casada pueda contratar y convenir la *nacionalidad* que ha de regular los actos de su vida civil, toda vez que, mientras su marido pertenezca á distinta nacionalidad queda sujeta la mujer á las leyes que regulan el *estatuto personal* de la familia,» esto es, á la nacionalidad del marido; en la práctica por nuestro Tribunal Supremo de justicia establecida, ha sido doctrina de sus admirables sentencias sobre este punto, donde sienta, con notable precisión, todo lo que venimos sosteniendo. Véanse si no las de 6 de Noviembre 1867, 27 Noviembre 1868, 12 Mayo 1885 y 24 Mayo 1886; donde establece, como principio de Derecho internacional privado á que han de ajustarse nuestros Tribunales, «que el estatuto personal, no mediando un tratado especial, debe regir todos los actos que se refieren *en lo civil* á la persona del extranjero, subordinándose á las leyes vigentes en el país de que es súbdito, y decidiéndose por él todas las cuestiones de aptitud, capacidad y derechos personales; porque en otro caso se introduciría la perturbación y la facilidad de burlar las disposiciones de las leyes patrias, que protegen los derechos de los súbditos, al mismo tiempo que les impone las correlativas obligaciones; que la ley personal de cada individuo es la del país á que pertenece, la cual le sigue á donde quiera que se traslade, regulando sus derechos personales, su capacidad de transmitir por testamento y abintestato, y el régimen de su matrimonio ó familia; que al extranjero le acompañan su estado y capacidad y deben aplicársele las leyes personales de su país, evitando así los inconveniente de no juzgarle por una sola ley, cuando esto *no se oponga á los principios de orden público y á los intereses de la nación en que formula sus reclamaciones*; y que el estatuto personal rige todos los actos que se refieren en lo civil á la persona del extranjero sujeto á las leyes vigentes en el país de que es súbdito, decidiéndose por él todas las cuestiones de capacidad, aptitud y derechos perso-nales.»

Menos dado á nebulosidades y problemas el estatuto real, ha sido reconocido en España desde los primeros albores de nuestra legislación, tal y como lo venimos estudiando, ó sea, como el conjunto de leyes de una nación que regula los derechos referentes á la propiedad inmueble, sin consideración al estado ó á la capacidad de las personas, naciendo esta idea de la relación directa entre la entidad *Estado*, y la realidad *Nación ó territorio*, sobre el que aquél tiene completa *soberanía*.

Ya las leyes 6.ª y 8.ª del tít. 2.°, libro 3.° del Fuero Viejo de Castilla, disponían que si entidades ó individuos de un *fuero* demandaban á entidades ó individuos sujetos á *fuero* distinto sobre propiedad de bienes inmuebles, esta demanda había de regirse por el *fuero* del *lugar* donde el inmueble radicase; ley que por la confusión á que pudiera dar lugar en el estatuto personal, aunque sancionada por la 15, tít. 14, Partida 3.ª, fué más tarde aclarada por la ya citada ley 3.ª, tít. 11, libro 6.º de la Novísima, que sujeta los bienes raíces de los extranjeros á las cargas y leyes vigentes en el lugar donde están situados; sin tener para nada en cuenta la capacidad ó estatuto personal del dueño, pero sin oponerse á él, como ya hemos visto por las disposiciones al tratar de aquél expuestas; siendo definitivamente establecido por la Real orden de 7 de Enero de 1838, aclaratoria del convenio celebrado con Inglaterra y Francia en 1750, que «los extranjeros están sometidos á las leyes del país extraño respecto de los bienes inmuebles que en él posean, pues es de *derecho público universal*, que los tales bienes son regidos por las leyes del país en que radican»; dándose como razón de esta máxima en el Febrero, reformado por Caravantes, que la *soberanía es indivisible* y dejaría de serlo desde el momento que algunas porciones de un mismo territorio fuesen regidas por leyes que emanaran de otro soberano.

Conforme con esto, la Real orden citada prescribe que se observarán para «*el repartimiento y cargas* que recaigan, *solamente, sobre la propiedad* territorial, de súbditos extranjeros en España, las mismas leyes establecidas para los súbditos españoles, *por ser cargas inherentes al suelo*, cualquiera que sea su poseedor»; prescripción reforzada por el art. 21 del Real decreto de 17 de Noviembre de 1852, y sobre todo el 34 de la ley de 4 de Julio de 1870 que dispone, «que los bienes raíces ó inmuebles pertenecientes á extranjeros de cualquier clase que sean éstos, y aunque no residan en territorio español, estarán sujetos á todos los impuestos que graviten sobre los bienes de igual naturaleza pertenecientes á españoles», ley que hizo extensivo á las provincias de Ultramar lo que ya sobre esta materia regía en las de la Península.

En este estatuto se da el caso, originalísimo en nuestra legislación, de que pactada esta misma teoría en los tratados internacionales antes citados, celebrados por España con otras naciones, nadie la haya puesto en duda, siendo universalmente respetada, y no habiendo, por tanto, tenido necesidad nuestro Tribunal Supremo de sancionarla con su jurisprudencia.

El estatuto formal se encuentra vigente en nuestra legislación desde que lo sancionó la ley 24, tít. 11, Partida 4.ª, al disponer que «quando casan algunos en una tierra ó facen pleytos (convenios) entre sí, é después van á morar á otra tierra en que es costumbre contraria de aquel pleyto; porque podría acaescer dubda quando muriese alguno dellos, si deva ser guardado el pleito que pusieron entre sí, ante que casasen, ó quando casaron ó la costumbre de aquella tierra do se mudaron, por ende lo queremos departir. E decimos: que el pleito quellos pusieron entre sí, *deve valer en la manera que se avinieron*, ante que casassen ó quando casaron, é non debe ser embargado *por la costumbre contraria de aquella tierra do se mudaron*. Esso mismo sería maguer ellos non pusiesen pleyto (convenio), *ca la costumbre de aquella tierra do ficieron el casamiento deve valer,* quanto á las dotes, é en las arras, é en las ganancias que ficieron, é non la de aquel lugar do se cambiaron.»

Sabido es que en España existían y aun existen legislaciones forales que son á las que se refiere esta ley de Partidas al dictar reglas para resolver los conflictos que entre dos de ellas pueda haber sobre un determinado punto; pues esta idea ampliada y modificada en cuanto pueda oponerse al estatuto personal que en ella se confunde, es aplicada á todos los *actos* que un individuo pueda realizar en un Estado extraño al suyo, el embrión de la teoría del estatuto formal, vigente en el Derecho internacional privado.

Definíamos este estatuto como el conjunto de disposiciones que rigen los actos del que se halla en país extranjero que en la teoría de los estados de las personas vimos correspondía á la tercera agrupación, esto es, á la que abarca aquellas leyes que regulan los diversos estados en que pueden encontrarse los individuos, ó esferas individuales, en relación con el lugar, ó esferas nacionales, en que ejecutan sus actos.

Estos *actos* pueden ser, como dijimos, *civiles ó criminales*, y están sujetos á las leyes del *lugar* ó *Estado* en que se llevan á cabo.

(*Se concluirá*)

JUAN GARCÍA-GOYENA ALZUGARAY.

EL PODER SOCIAL

LA INSTRUCCIÓN Y EL JUICIO EN LO CRIMINAL

———

(Apuntes jurídicos.)

IDEAS GENERALES SOBRE EL ORIGEN DEL PODER SOCIAL Y SUS TRES FORMAS DE REALIZACIÓN

De un modo en extremo ostensible y evidente se manifiesta en la naturaleza social humana la existencia de dos contrarias y opuestas tendencias, que lo son sustanciales y constituyen además su modo de ser: la una individualista, expresión de la libertad individual fundada en su voluntad esencialmente libre y colectivista; la otra, ó sea de asociación y aproximación á sus semejantes, á consecuencia del limitado alcance de su poder y de la urgencia de sus necesidades morales y físicas; aspiraciones y tendencias ambas encarnadas en el ser humano, dependiente á la vez una de otra, de tal modo, que no es dable sino por un esfuerzo de abstracción el concebirlas separadas. La individualista, en efecto, no le dejaría sentir ni aun presentir la necesidad de la sociedad, reduciéndola al más triste y grosero aislamiento, mientras que la asociable, sin la anterior, haría al individuo incompatible con la existencia absorbente de la mera asociabilidad, teniendo éste por fin que buscar en la soledad la redención de su personalidad desconocida; y por lo tanto, es imprescindible é inevitable el ordenamiento

armónico de tan auténticas aspiraciones y tendencias, por medio de un justo nivel y prudente compensación entre las exigencias de ambas, tanto más cuanto que esa misma naturaleza
es, bajo su punto de vista objetivo, «el resultado inmediato y
tangible de la combinación ordenada y armónica de las dos
contrapuestas tendencias, expansiva y de aproximación.»

El hombre armoniza de hecho estas dos divergentes aspiraciones de un modo espontáneo ó inconsciente, por decirlo así,
en la primera y más fundamental de las manifestaciones sociales, en la familia, base y origen de las demás; y al confundirse por ella en una todas las individualidades que la componen, por medio de los inexplicables é incomprensibles vínculos
del amor y de la sangre, acrecen las necesidades de las mismas dando margen á que las familias se congreguen formando agrupaciones, que llevan al hombre sucesivamente hasta
el Estado, la más grande y más sublime manifestación social,
y la más propia para la realización de sus elevados fines.

El Estado objetivamente considerado, es, por decirlo así,
«la concentración ordenada de relaciones entre personas individuales y morales, que viven independientemente en un mismo territorio, por medio de un vínculo superior al hombre, ó
sea por el ejercicio del Poder,» Poder que, dimanando del Omnipotente, surge del hecho de la constitución en sociedad y reconoce por exclusivo objeto y único fin la realización del orden,
siendo, en su virtud, la razón de ser de toda manifestación social, y al mismo tiempo de la naturaleza sociable humana; pues
sin su importante y necesario concurso sería estéril é imposible
la sociedad. ¿Cómo explicar si no la naturaleza social del hombre, si la sociedad no pudiese realizarse, si no tuviese ésta en
el Poder su razón de ser? ¿Cómo explicar una concentración
ordenada y armónica de relaciones sociales sin la posibilidad
de ellas, sin el concurso de un vínculo *superior* y aunador?
¿Cómo comprender la Sabiduría y Omnipotencia del Supremo,
si al crear al hombre sociable no le confiriese poder para serlo,
para imponerse á los demás realizando el orden?

El hombre es sóciable, el hombre aspira á la sociedad, luego ha de ir á ella, luego ha de serle factible ésta.

Mas, ¿qué es el Poder en abstracto? *Una facultad de hacer;* y subjetivamente considerado y aplicado á la sociedad, *es la facultad de dominar la sustancialmente libre é ilimitada voluntad humana, para hacer al hombre y á la sociedad Estado libres.* En efecto, si la naturaleza misma individual lleva al hombre á la sociedad; si la realización de ésta no es más que la armonización y equilibrios de las tendencias expansiva y asociable, no es posible conseguir tales fines, sino mediante el respeto de todos los asociados y la restricción de su libertad objetiva, libertad que, siendo una cualidad sustancialmente ilimitada de la humana voluntad, sólo puede ser restringida y mermada por medio de una facultad ó en nombre de un poder de origen superior á ella ó procedente de la suprema voluntad; pues si ella creó al hombre esencial é ilimitadamente libre, ella y sólo ella, ó en su nombre, se ha de restringir su voluntad sin menoscabo de su dignidad, y lo que es más transcendental, sin derecho á la rebelión, y por lo tanto, por ella ó en su nombre, únicamente es dado producir y mantener sólidamente el orden social.

Si el hacer, esencia del Poder, es realizar aquello que piensa y quiere un ser libre, se habrán de distinguir en el ejercicio del Poder social tres facultades consustanciales, que si bien se desarrollan en esferas y órdenes distintos participando de una misma sustancia, «la de ser facultad de hacer», constituyen un solo Poder.

El legislativo, ejecutivo y moderador: éstas son las tres ramas del Poder social, independientes en cuanto á sus manifestaciones, y constituyendo, por decirlo así, cada una un poder formal. El legislativo es como el poder subjetivo, tiene su esfera de acción en las altas regiones de la moral, se remonta hasta lo supra sensible y divino, para establecer preceptos á que se ha de ajustar la conducta humana y *producir el orden,* donde únicamente tiene realización posible la libertad. El ejecutivo es como el poder objetivo, se desarrolla en la conducta humana, está en contacto íntimo con ella, haciendo cumplir los preceptos del legislativo y *realizando el orden*; pero este poder tiene á su vez dos distintas formas: *la meramente ejecutiva*, que hace cumplir la ley dentro del orden y hasta emplea la fuerza contra el desorden, y *la judicial*, que también la hace cumplir, pero restableciendo el orden perturbado. Ambas tienen un mismo fin, hacer cumplir las leyes y realizar el orden; pero ambas proceden por distinto camino y ocasiones diversas. El moderador es como el poder sustantivo, regula las relaciones entre los dos anteriores, procura su independencia, deslinda, en caso de duda, sus distintas atribuciones, no las asume, no las absorbe; es como el elemento de unidad y unificador del poder mismo, colectivamente manifestado.

El orden es, en suma, el fin último del poder social, y en su virtud puede definirse en sentido puramente objetivo, diciendo que es «el ejercicio de la libertad humana por medio de su misma restricción:» ejercicio y restricción son éstas, que si bien parecen antitéticas, una y otra se completan, se comprenden y hasta se suponen; y tanto es así, que la misma libertad bajo su aspecto objetivo, no es ni puede ser otra cosa en buenos principios psicológicos y sociológicos, «que el ejercicio de un derecho garantido por el cumplimiento de un deber.» En efecto, sería ilusorio el derecho de seguridad individual, el de propiedad, etc., si no envolviese el deber de respetar las personas y cosas ajenas: la libertad que no se mueve dentro de la esfera del derecho, no es sino el empleo de la fuerza contra el orden que perturba, y que el poder social está llamado á restablecer.

II

FIN DEL PODER EJECUTIVO EN SU ORDEN JUDICIAL Y SUS VÍAS DE PROCEDER CIVIL Y CRIMINAL

El restablecimiento del orden perturbado: ¡he aquí el fin y objeto del Poder ejecutivo en su rama ó forma judicial! Dicha perturbación afecta dos distintos aspectos, á los cuales corresponden sus dos maneras de proceder diversas: la vía civil y la criminal.

La sociedad garantiza á todos los ciudadanos el libre ejercicio de sus derechos por medio de los deberes correlativos, que merman la libertad para que pueda subsistir y ejercitarse: cuando dos ciudadanos se creen en posesión de un mismo derecho, no cabe que ninguno de ellos se crea obligado al cumplimiento del deber correspondiente, pues dicho se está que equivaldría á ceder de su supuesto derecho; y como derecho sin deber es como esencia sin existencia, es como sustancia sin forma, al punto tiene que surgir y surge una perturbación en el orden social.

Por mucho que afecte esta perturbación al interés particular ó privado, no deja de interesar á la sociedad su restablecimiento; ya por la intervención de la Autoridad judicial, ya por convencimiento, ó por transacción de partes, pues si la sociedad es la armonización ordenada de relaciones individuales y morales, desde el momento en que ese orden se perturba, se alteran esas relaciones, se contraría su fin y naturaleza, afectando, por tanto, á esa misma sociedad y al poder social, que es su razón de ser y el único llamado á restablecerle.

Esa perturbación del orden social puede ir mucho más allá y producir efectos más desagradables y transcendentales, cuando al realizarse se consuma un mal ó un daño á la sociedad, al Estado ó al individuo en su honor, su persona ó su propiedad. En este caso, la perturbación no es meramente civil, como la anterior que acabamos de apuntar, porque no tan sólo se lesiona el derecho negándole el deber del respeto, sino que además se produce un mal, se realiza un daño que constituye una transgresión criminal y un delito, al perturbar el orden moral y el público también.

En la perturbación meramente civil, basta para su restablecimiento que el poder social declare el derecho conculcado haciendo cumplir la ley, ó bien que se termine la contienda por transacción de partes, en cuyo caso surge un nuevo derecho y un deber mutuo por la convención, ó por allanamiento de ellas, á lo no respetado en un principio. Pero en la criminal es indispensable y necesario que el poder social vaya más allá é imponga un castigo al culpable, con el cual satisfaga la vindicta pública y procure la corrección del delincuente extirpando de su corazón la raíz y germen del mal, trocándole en un ciudadano honrado y útil á la sociedad, y le obligue asimismo, y en su caso, á la restitución é indemnización; función que en manera alguna puede ejercitarse sino á nombre del poder social por lo apuntado anteriormente, y porque, de otra suerte, el castigo degeneraría en venganza inicua é imposición indigna, en inaguantable la corrección que en sí envuelve un concepto de superioridad por parte de quien la exige, procura y ejercita, y en robo la indemnización arrancada contra la voluntad del dañador.

III

PERTURBACIÓN CRIMINAL DEL ORDEN POR EL DELITO.—SU APARICIÓN REPENTINA Y MISTERIOSA EN LA SOCIEDAD.—COMPENSACIÓN SOCIAL EN LA INSTRUCCIÓN.

La perturbación criminal del orden social constituye un delito, ó sea «una transgresión voluntaria de la ley penal,» de lo cual se desprende que son dos los elementos constitutivos del mismo: *el uno, puramente* REAL, *ó sea el hecho material y dañoso y la culpabilidad del agente que éste envuelve; y el otro, eminentemente* RELATIVO *ó de referencia á la ley penal, ó sea el* «nomen juris» *ó definición legal,* por la que se establecen las relaciones jurídicas entre el anterior y el precepto escrito de la ley penal.

El conocimiento del hecho material en sus detalles y circunstancias, y al mismo tiempo en todo su alcance y transcendencia, así como la culpabilidad por parte del agente y la discusión de sus relaciones jurídicas, es la función capital y primera del poder social en la persecución del delito, para establecer después esas mismas relaciones de derecho que el referido hecho real guarde con la ley, y determinar su imputabilidad y hacer efectiva la responsabilidad consiguiente.

Conocer y esclarecer la verdad, ó sea el elemento real y de hecho del delito ejecutado siempre á espaldas del poder social y con sorpresa de la misma víctima ó perjudicado, es la función primera del poder social en su orden judicial; función que tiene dos distintos momentos: el primero, consecuencia necesaria de la forma de aparecer el delito en la sociedad; y el otro, consiguiente al modo de proceder este mismo poder, cuyos momentos son *la instrucción sumarial y el juicio.*

En el misterioso é impenetrable arcano de la conciencia extraviada por el mal á consecuencia de la falta de freno religioso y moral, base sólida, fundamental y única del orden social, centellean los primeros fulgores siniestros del crimen en el insondable abismo del pensamiento; acaricia, estudia, madura y determina su delito el criminal á merced y al amparo de la tenebrosa y oscura sombra de la inmunidad *material y presente* de su conciencia, y á espaldas de la sociedad y de su víctima.

Escudado y prevalido aquél de la impotencia social para adivinar, ni mucho menos seguir ni coartar los perversos movimientos de su espíritu en la generación del delito, escogita los medios de que ha de valerse para conseguir su objeto y evitar toda sorpresa que pueda frustrarle, así como para eludir ó burlar toda responsabilidad penal; nadie le interrumpe, nada le molesta ni perturba para meditar su atentado en estos instantes; no es posible, pues, impedir la concepción y desarrollo psíquico del delito, pues ningún obstáculo se le opone, y cuenta siempre y en todas ocasiones con que la sorpresa de la víctima objeto de sus criminales intentos y de la misma sociedad le han de colocar y de hecho le colocan en circunstancias ventajosísimas sobre ellos para procurar su impunidad por todos los medios que estén á su alcance.

El delincuente elige el momento más oportuno para perpetrar su crimen, cuando su víctima está más desprevenida, cuando estima que ha de ser más difícil desbaratar su artero y menguado proyecto, y cuando todo lo tenga dispuesto según sus alcances y artificio, para hacer desaparecer el cuerpo del delito y toda huella del mismo; es decir, que el culpable tiene preconcebido un doble plan de ataque y de defensa, que le ilumina, dirige y ayuda para la consumación de su indigna acción, que la sociedad y el ofendido no conocen, ni poseen un hilo siquiera de tan enmarañada é inicua trama.

Cuando el agente criminal realiza su atentado, producto, según queda dicho, de la más desconocida y secreta preparación, sorprende á la sociedad, por lo mismo que no le espera, por lo mismo que no la fué posible prevenirle ni precaverle, y al mismo tiempo cunde la alarma pública al ver el resto de los ciudadanos atropellados, vilmente vulnerados y desconocidos aquellos mismos derechos que ellos consideraban garantidos, temiendo ser objeto de una agresión semejante, y su conciencia justamente indignada contra el culpable, reclama su castigo.

En medio de la sorpresa consiguiente á la perpetración del crimen, ante tan inesperado como brusco ataque, el poder social se agita y revuelve contra un agente incógnito que desea conocer y no acierta ni aun á imaginar; quiere descifrar el enigma de un hecho apreciable, únicamente por sus tristes, deplorables y tangibles resultados; intenta descubrir de una mirada todo el plan sigilosamente preconcebido por la mente depravada del autor para poder pedirle cuenta de su perversa conducta, pero... imposible.

Ávido y deseoso de esclarecer la verdad, recoge, activa y pacientemente y á manera de cabos sueltos, todos los indicios, todas las huellas y efectos del hecho criminal; busca y estudia concienzudamente la relación próxima y remota que unos con otros pueden guardar entre sí y con la verdad á cuya posesión aspira; medita y reflexiona sobre el engranaje de los mismos; y á la manera que un artista intenta combinar las piezas dislocadas de una máquina para él desconocida, á fin de adivinar el pensamiento del artífice constructor, del mismo modo, de igual suerte el poder social, recogidos estos primeros datos, sin otra ayuda que su celo, actividad y buen deseo, les observa atenta y detenidamente, y del encadenamiento de los mismos forma la impresión primera y racional del proceso de un perverso pensamiento oculto y de un repugnante plan secreto, no sólo para tomar las medidas de precaución convenientes y que la prudencia aconseja, sino que después han de servir de base fundamental, de punto de partida, para el planteamiento de la leal y levantada contienda entre la sociedad y el acusado, ó seá el juicio.

La instrucción sumarial, como su mismo nombre lo indica, no es un proceso ni un juicio; no es más que la consignación desapasionada y en nombre de la sociedad de todos aquellos datos importantes que guardan relación con el hecho punible y que pueden desaparecer en los que se encierra, y de cuya combinación brota, por decirlo así, una verdad lógica y racional, y como de impresión del acto perseguido, en la cual se han de fundar todas las medidas indispensables y encaminadas á prevenir la acción pública y sobre la que han de apoyarse y girar las conclusiones fiscal y de la defensa para entrar en el juicio; pues sin ella, carecerían una y otra de firme sobre qué mantenerse y campo para desarrollarse.

La instrucción sumarial es además una reposición de la

sorpresa social y compensación de la desigualdad calculada
por el culpable; en ella se penetra rápidamente, aunque de un
modo hipotético, pero racional, del secreto plan del agente; en
ella, de deducción en deducción, se llega á formar un concepto del hecho que se va á juzgar; sin ella no podría cumplir
esta necesidad social el poder público; y en ella, en suma, se
recogen y consignan los efectos visibles del crimen, y se asegura la persona del autor ó autores presuntos, cuando sea preciso, para evitar se coloquen fuera de la acción y alcance del
poder, en méritos de todo lo que la sociedad, ó el poder mejor
dicho, se ponen en condiciones posibles para pedir cuenta estrecha de su indigno proceder al culpable, acusándole de su
delito, probándosele y retándole á la defensa para que demuestre su inocencia ó desvirtúe la acusación, y exigiéndole finalmente la responsabilidad legal consiguiente.

IV

SIGILO DE LA INSTRUCCIÓN SUMARIAL

En la comisión de todo hecho punible concurre generalmente, y hasta casi en absoluto, la existencia de un plan preconcebido, como acabamos de apuntar, toda vez que no sólo ha de tener en cuenta el agente la defensa y resistencia por parte de su
víctima ó perjudicado, sino también de los dependientes de la
Autoridad ó policía judicial, á pesar de que, por desgracia, esto
influiría solamente en el ánimo del criminal de las grandes poblaciones, donde se cuenta con el auxilio no despreciable de
una policía que, si no es la judicial, *pues no existe en España*
(¡parece increíble!), la suple de algún modo. De todas suertes,
es indudable que el culpable ha de procurar que desaparezcan
las huellas de su acción y todo indicio que le pueda descubrir
ó comprometer siquiera, y hasta ha de intentar también el so-
borno ó intimación del testigo, ¡y con alguna esperanza, por

·desgracia! prevalido del poco, del ningún valor cívico que exis-·. te actualmente, por el extravío moral de su conciencia, por la falta de sentido jurídico, en el que tan gran papel desempeña la instrucción religiosa, tan indiferentemente mirada hoy día y tan adulterada por el ciego fanatismo, que obra sin discernir, que no le cuesta trabajo convencerse de que es un bien evitar *un mal* á un semejante, y de que con ello se perjudica *á tercero*. ¡Como si la justicia, como si la ley, como si el Estado, como si el ofendido no fueran terceros!

Todo delito deja tras de sí el rastro de su perpetración, la huella de su autor y hasta los indicios de los más minuciosos detalles; desde que el alevoso asesino concibe y determina el depravado intento de arrancar la vida á su víctima, inquiere, averigua y está al acecho de cuanto se refiere á su modo de ser; si va á tal ó cual sitio poblado ó despoblado; si va á esta hora ó la otra del día ó de la noche; si se acompaña de alguno ó no; si lleva consigo armas de defensa ó va inerme; si es sereno ó arriesgado y decidido, ó, por el contrario, pusilánime y cobarde; si podrá consumar su acción á solas y sin llamar la atención; si huirá por aquí ó por allá para alejar toda sospecha; si ha de seguir esta ó la otra conducta externa con el mismo objeto; todo esto y mucho más calcula y reflexiona para dirigir un golpe certero, rápido y misterioso; mas como quiera que son tantas y tan imprevistas las circunstancias que concurren en la realización de estos hechos, que no es posible prever, pero sí hacer desaparecer después de conocidas por el delincuente, es indispensable en absoluto que el poder social proceda en secreto, á espaldas del criminal, sin que éste pueda seguir sus pasos, y apercibido, borrar todo aquello que puede y debe servir de base, no ya para una sentencia, pero sí para una acusación fundada sobre que descansan los modernos sistemas de enjuiciar en lo criminal.

Aquella señal que impresa dejó el autor con su pisada en el teatro del crimen; aquel rastro de sangre que desde dicho lugar indica los parajes que éste recorriera; aquellos pequeños vestigios de vestiduras que se hallaron adheridas á las extremidades superiores del interfecto en testimonio de una lucha desesperada, ó en las aristas de las piedras del escalo, etc., constituyen un mundo para el poder social; le llevan paulatina y gradualmente á la posesión de la verdad ó realidad del hecho; lo cual sería, no obstante, más que difícil, imposible de todo punto recoger y estudiar, si el criminal siguiera los pasos de la justicia, los descubriese y por sí mismo y con ayuda de alguien, que nunca falta, les hiciese desaparecer, ó al menos la relación que con él pudieran guardar.

La instrucción sumarial secreta es un arma poderosa contra el culpable, necesario y justo es confesarlo; y esto es así precisamente, porque desconoce el mágico eslabonamiento de unos con otros datos, que no estuvo en su mano destruir ni ocultar la relación que con él guardan; cuyo principio de reserva absoluta en la instrucción no puede ni debe reconocer excepción ninguna, según lo corrobora y confirma el mismo legislador en el Código procesal vigente, al sancionar que el arbitrio judicial del instructor estimará cuando no pueda correr peligro la resultancia del sumario para decretar sólo en este caso su publicidad.

En la instrucción sumarial pugnan dos intereses, dos tendencias distintas y contrapuestas, aquellas mismas de que hablábamos al comentar estos apuntes: el individuo está enfrente de la sociedad, es decir, las aspiraciones de éstos están en en ellas personificadas; la individualista en el culpable, y la colectivista ó social en el funcionario representante del Poder. ¿Pero en qué condiciones? El individuo prevenido, aprestado y escudado con el misterio que envuelve al delito, y en posesión ó iluminado por la verdad del hecho, que le enseña el modo de desorientar á la acción pública, mientras que el funcionario judicial va á ciegas, ha percibido un golpe rudo, mas ignora de dónde procede ni por dónde viene; y esto sentado, ¿sería justo abandonar por completo el Estado al individuo, autorizándole para seguir los pasos á la justicia social? ¿Sería racional, lógi-

co ni equitativo dejar al Estado á merced de la habilidad maliciosa del delincuente y no compensar de algún modo la diferencia y desigualdad entre uno y otro, y mucho más siendo
ésta calculada por el criminal?

Pero aun hay más; no solamente es la naturaleza de la instrucción la incompatible con la publicidad, sino que la misma
del sistema acusatorio que preside nuestra legislación procesal
en lo criminal, no lo requiere y hasta lo rechaza.

No siendo, como no es, la instrucción otra cosa «que la preparación del juicio», es evidente é indudable que no puede
surtir (como de hecho sucede) los efectos de un proceso ó de
una serie de pruebas: es el punto de partida *de donde únicamente
ha de tomar sus armas la acusación*, y puede hacerlo igualmente la defensa, por más que posee la verdad real, puesto que el
Juez instructor ha de reunir en ella igualmente, y hasta de un
modo fatal, aquellos datos que han de inculpar, como los que
hayan de servir de esculpación; y decimos fatal, porque el Juez
no puede apreciar el valor de los mismos que ha de resultar
del conjunto, ó sea *a posteriori*. La instrucción tiene por base
la verdad, y ésta lo mismo puede perjudicar que favorecer, por
ser además una verdad hipotética, y por lo tanto mudable, que
se ha de hacer pasar por el crisol del juicio: el testigo, el pe-
rito, pueden modificar sus afirmaciones impunemente en el
acto del juicio; la defensa puede explicar el enigma que envuelven algunos indicios, hacer prueba contra ellos y demostrar lo falaz de lo que en ellos haya de aparente y engañador;
puede oponer afirmación contra afirmación, esculpación contra inculpación, por lo mismo que indispensablemente se le ha
de conferir vista del sumario terminado, para evacuar el traslado de conclusiones. Si todo esto es factible y de precisión en
el actual sistema acusatorio, ¿puede decirse ni sostenerse como
necesaria la publicidad del sumario, que no tiene carácter de
estabilidad, sino que, por el contrario, queda sujeto á la resultancia del juicio subsiguiente? Por otra parte, siendo como es
el arsenal de donde únicamente puede tomar armas la acusa-

ción, ¿pueden dejarse ni exponerse á la mala fe del delincuente empeñado en desorientar la acción de la justicia y en estraviarla haciéndola seguir derroteros engañosos, cosa que le es tanto más fácil, cuanto que es poseedor de la verdad de hecho? Si la acusación ha de ofrecer alguna garantía á la sociedad, al poder público, ha de ser fundada en la instrucción sumarial formada á espaldas del reo presunto, mientras su acción pueda ser temible al esclarecimiento de la verdad: el sistema contrario equivale á encubrir el delito y favorecer la impunidad del delincuente.

V

ACTIVIDAD EN EL SUMARIO.—POLICÍA JUDICIAL

Poco menos que imposible sería en la práctica conservar íntegramente el secreto de la instrucción sumarial, si ésta se prolongase demasiado, en razón á las diversas y variadas diligencias que se han de practicar y testimonios que se han de recibir, para elevarse de lo desconocido á lo conocido hipotéticamente, y á que por el poco espíritu de justicia y de prudencia que á la generalidad de los testigos anima, comprometen y descubren á cada instante esa reserva por medio de sus imprudentes revelaciones sobre los interrogatorios de que han sido objeto y de las respuestas dadas por ellos, viniendo de esta suerte á ser poco menos que ineficaces las precauciones legales del examen separado de los mismos, y á quedar el Juez en una situación dificilísima á los fines de la instrucción.

Menester sería para evitar esto, que en un momento dado se reuniesen esos testigos y se les aislase convenientemente para proceder á su examen sin levantar mano; cosa de todo punto imposible, porque no todos son conocidos en el primer momento, y porque si respecto á los conocidos se recurre á la citación ordinaria, jamás faltan disculpas legales para no acudir y poder confabularse después de hablar con los otros, sólo con la *buena idea de librar de un mal á un convecino, sin perjui-cio de tercero*; y si se acude á la orden verbal, es muy difícil ha-cerla en el momento oportuno en que el citado pueda recibirla, é impracticable de todo punto fuera del lugar del Juzgado.

Inconveniente es este muy natural y demasiado corriente en la práctica, y constituiría fundamento bastante sin remon-tarse á otro orden superior de consideraciones, para deducir como condiciones indispensables á una buena y secreta ins-trucción la actividad en el funcionario instructor y la más es-quisita vigilancia por medio de esa entidad puramente imagi-naria y sólo muy deseada en el día, ó sea la Policía judicial ¡Que no podemos ni aun decir si llegará á existir!

La instrucción sumarial no es una ciencia ni un arte, pero requiere en el instructor conocimientos científicos y hasta dis-posiciones especiales, y ante todo, un golpe de vista perspicaz adquirido en la práctica. Necesita de la ciencia jurídica sobre todo, porque el conocimiento de la rama penal ha de servirle de norte y guía para encauzar y dirigir convenientemente sus esfuerzos y actividad en uno ú otro sentido, y hacer resultar de sus averiguaciones una verdad de hecho, sí, pero en la cual puedan encontrar después la acusación y la defensa *los actos determinantes de tal ó cual delito, de tal ó cual eximente, atenuan-te ó agravante*, sobre que haya de versar el juicio y á los que se ha de ceñir la sentencia; es decir, que el instructor ha de re-unir la suspicacia del Juez de hecho y ciencia del de derecho.

En el instructor, es indispensable un celo y actividad infa-tigables, y sobre todo una afición decidida y disposición espe-cial á la investigación de la verdad justiciable, y para que na-da influyan en él las circunstancias externas que se le pueden oponer, precisa reunir una voluntad fría é inquebrantable, por-que sin un buen sumario no puede funcionar la acción pública, y á la recta instrucción se oponen obstáculos como lo es, en primer término, la ingerencia del caciquismo empozoñador de toda idea de bien, de orden, de justicia y de libertad, que de-searía *fabricar* sumarios para sus torcidos fines ó que se instruyesen *con su venia y beneplácito*...; el Juez instructor ha de descubrir la verdad, sin considerar nunca si podrá favorecer ó perjudicar al presunto reo, porque eso lo estimará después el Tribunal sentenciador.

Los conocimientos jurídicos, las disposiciones especiales y la firme voluntad del instructor, garantizan la actividad y el secreto de la instrucción, y responden de su bondad y acierto.

El funcionario que al comenzar la instrucción cuenta con datos adquiridos confidencialmente, pero fidedignos, ó posee suficiente golpe de vista para juzgar del personal de testigos, peritos é inculpados, y que sabe apreciar las circunstancias de lugar y tiempo, puede concebir, combinar y resolver un plan en su mente y ponerle en práctica valiéndose de cuantos medios la ley le concede, para cohonestar la carencia de sentido jurídico y falta de ilustración del testigo, por regla general, y mala fe del presunto responsable ó responsables, teniendo muchísimo terreno ganado para la causa social; pues el practicar una diligencia antes ó después de otra por prever su resultado, el preguntar hoy una cosa y mañana ampliar el interrogatorio, ahora á este testigo y después al otro, no es indiferente ni mucho menos, cuando obedece al plan secreto del instructor, sino que suele desbaratar los proyectos mejor combinados entre reos y testigos débiles é ignorantes, falsarios ó venales, y hasta imposibilita una confabulación por no haber podido traslucir á dónde va á parar la intención del instructor, que debe ser impenetrable como la del reo mismo, así como igualmente lo que respecto del hecho conozca ó ignore el primero.

Todo lo expuesto supone y requiere la existencia de un buen sistema de policía judicial, que es como el ojo temible de la justicia, sin el cual va á ciegas y fácilmente se extravía. Con un buen cuerpo de policía judicial, pero un cuerpo sano, no de los muchos que se forman para satisfacer necesidades y aspiraciones bastardas, sino de esos que se componen de individuos independientes, expertos, prudentes, astutos, leales y decididos, de esos que, *como los antiguos mozos de Escuadra de*

Cataluña, sabían que tenían un deber inviolable, sagrado, apremiante ó ineludible que cumplir, y que sólo su familia se cuide que tiene una nómina que percibir: de esos que saben posponerlo todo á los intereses del servicio; con un cuerpo de esta naturaleza, el Juez instructor nó tendría que adivinar un logogrifo cada vez que acuerda la incoación de un sumario; pues solamente conoce en aquel momento que se ha realizado un hecho, ¡y gracias si se sabe darle cuenta de su importancia ó gravedad material!; pues no es raro que un Juez de instrucción ¡merced á nuestra justicia municipal! reciba un oficio noticiándole haberse herido mortalmente á *Fulano*, que se halla con pocas esperanzas de vida, abandonar el referido funcionario sus quehaceres en la cabeza del partido, y al llegar al lugar de la ocurrencia encontrarse con que se trataba de una lesión constitutiva de un delito, ¡porque... duró su curación poco más de siete días!

Si el cuerpo de policía judicial existiera, no tendría el Juez, sobre todo los de los partidos rurales y de poca importancia (que son los más), que buscar en la confidencia particular el hilo del hecho criminal, confidencia que, dado el estado corrompido por la política y las pasiones en que están nuestros pueblos, es casi siempre parcial y desleal; y extraviada así la acción de la justicia, se hace interminable la instrucción.

Si esa policía existiera, no quedarían impunes tantos delitos, no pasarían desapercibidas tantas confabulaciones y coartadas, no serían tan difíciles y penosas las diligencias judiciales, y no serían á la par éstas tan estériles como lo demuestra el considerable y crecido número de sobreseimientos y el alarmante de procesados rebeldes y fugados, que afrentan y se burlan soez y descaradamente, por desgracia, del poder social; no sería, en una palabra, tan débil, tan impotente, tan pequeño el estado para poder luchar con el delincuente.

El secreto, la actividad, la especialidad en el instructor y una buena policía judicial, son en resumen las condiciones indispensables para una buena instrucción; si cualquiera de ellas

falta, jamás podrá llenarse su objeto de compensar la desigualdad existente entre el poder social y el criminal, en razón á la
misteriosa é ignorada generación del delito, en reponer á aquél
de la sorpresa consiguiente al mismo, y fundar el arsenal
donde han de proveerse de armas la acusación y la defensa,
para que pueda tener lugar la solemne y pública contienda legal entre ambas, ó sea el juicio; y es más, la falta de alguna
de estas condiciones, sería y *es siempre* la causa de cierto
inexplicable malestar, que parece calmarse solamente por medio de la reforma, para volver á sentirle después más apremiante y molesto; pues dicho se está que no es posible encontrar, andando hacia adelante, lo que sólo podría obtenerse de-
teniendo el paso para robustecer y afianzar lo existente.

MARTÍN PERILLÁN MARCOS

EL IMPUESTO DE DERECHOS REALES

SOBRE LA NUDA PROPIEDAD

Cuestiones de vivísimo interés son siempre las que suscita
en la práctica el derecho de nuda propiedad, pero ningunas tan
importantes como las que se relacionan con el impuesto de derechos reales y transmisión de bienes, por cuanto el vigente
Reglamento de 31 de Diciembre de 1881 por el que se rige
aquél, exige el impuesto de una manera poco justa, lo cual es
más sensible, dadas las filosóficas bases sobre las que, somos
los primeros en reconocer, descansa el mencionado impuesto,
y la frecuente aplicación de este importantísimo derecho en la
vida.

Opinamos nosotros, que la base primordial ó ineludible sobre que debe exigirse toda contribución ó impuesto es sobre la
utilidad que el acto ó transmisión reporte; enhorabuena que
todo acto que proporcione un beneficio cierto é indudable sea
gravado con un impuesto cuya cuantía deberá variar, según
la importancia de aquél y las circunstancias especiales que en
el mismo concurran; pero, por el contrario, será por demás
odioso y luchará abiertamente contra los principios económicos que necesariamente han de informar todo sistema de tributación, aquel que se exija sin tener en cuenta estas ideas, y
esto último acontece con la nuda propiedad, que siendo un importantísimo derecho, pero que hasta la conclusión del usufructo no proporciona utilidad alguna, sin embargo, el impuesto
de derechos reales viene á exigirse en el momento mismo en

que se causa ú origina, con lo cual, además de herir el importantísimo factor del capital, fuente primordial de la riqueza, ocasiona verdaderos conflictos en la práctica y perjuicios gravísimos al contribuyente, como hemos de tratar demostrarlo en el curso de este modesto trabajo.

En efecto; suele ocurrir con frecuencia que un testador reparta para después de su muerte el pleno dominio de sus bienes á favor de distintas personas, dejando á una de ellas el usufructo y á otra la nuda propiedad, pudiendo ocurrir también que el usufructuario tenga menor edad y se encuentre en más condiciones de vida que el nudo propietario.

Pues bien; en este caso, el que adquiere el derecho de nuda propiedad, conforme al vigente Reglamento del impuesto de derechos reales de 31 de Diciembre de 1881, según preceptúa la regla 2.ª del art. 66, está obligado á satisfacer el 75 por 100 del impuesto que devengue la transmisión de que se trate, conforme al grado de parentesco que mediare con el causante. Con la sola exposición de este ejemplo, que incesantemente se repite en la práctica, aparece clara y patente la suprema injusticia que preside á la exacción del impuesto en este caso: el nudo propietario nada adquiere de presente, sino tan sólo una esperanza por demás efímera, y que en repetidas ocasiones no se cumple, y sólo por esta esperanza, que no le reporta beneficio alguno por el momento, el impuesto, no obstante, se exige entonces de una manera terminante y el interesado tiene que aprontar en el acto un efectivo desembolso por una simple esperanza que puede ser quizá lo que tan sólo adquiera, y dado el caso de que se negare á satisfacerle y no tuviera bienes propios embargables, viene á recaer el perjuicio en el usufructuario, el cual, aunque haya legalizado su situación con el inmediato pago de la parte de cuota que le hubiere correspondido, tendrá que abonar igualmente la del nudo propietario, pues de lo contrario se verá privado de los bienes á virtud del art. 114 del Reglamento, que preceptúa responden éstos, en todo caso, del pago del impuesto.

No se crea por lo expuesto que tratamos de defender la no sujeción á impuesto del derecho de mera propiedad, no; creemos que efectivamente debe satisfacerse; lo que únicamente censuramos es el momento en que se exige; nos explicamos y encontraríamos justo que cuando este derecho se haga efectivo, cuando la esperanza se haya convertido en realidad, devengue el impuesto, sea cual fuere su cuantía ó estimación, pues no entra en nuestro ánimo discutir este extremo, por la razón de que entonces viene á herir una utilidad, cierta, tangible ó indudable, y, por tanto, el gravamen se hace más factible y el dispendio viene á compensarse con el inmediato beneficio que se adquiere.

Creemos que con la idea que defendemos ningún perjuicio sufren los intereses del Tesoro, pues no se trata más que de un mero retraso en el cobro de sus cuotas, á no ser en el caso de que la nuda propiedad no llegue á tener efecto por vivir más tiempo el poseedor de los demás derechos, y en este caso bien justificado y disculpable es el perjuicio ante él incalificable y de mucha mayor magnitud que experimentaría el nudo propietario, caso de haber satisfecho el impuesto previamente por un acto que no llegaba á cumplirse.

Pudiera objetársenos que antes de la terminación del usufructo ó del derecho similar á que vaya unido, puede la nuda propiedad reportar beneficio mediante la venta de este derecho; pero téngase presente que ni aun en este caso habría perjuicio para el Erario, pues el impuesto, dentro perfectamente de la opinión que sustentamos, vendría á exigirse en aquel momento, satisfaciendo el vendedor los derechos correspondientes á la nuda propiedad cuya utilidad realizaba en aquel acto, y el adquirente el que correspondiere á la compra que realizaba, sosteniéndose igual criterio respecto á las demás transmisiones que pudiera hacer el interesado antes de entrar él mismo en el disfrute de su derecho, quedando siempre garantido el Tesoro de sus cuotas.

En un solo caso admite el mencionado Reglamento de 31

de Diciembre de 1881 la suspensión del pago del impuesto de
este derecho hasta la terminación del usufructo, y es, según
dispone el art. 109, cuando el que adquiere la nuda propiedad
careciese de bienes, en cuyo caso se aplazará el pago de la liquidación, que en todo caso debe girarse haciéndose constar
aquella circunstancia, y se resolverá ó no el aplazamiento por
la Dirección general, en alzada al Ministerio; y concluído que
sea el usufructo, el nudo propietario pagará la liquidación como
tal y la que se gire por el usufructo que adquiere entonces, á
cuyo efecto deberá presentarse en la oficina liquidadora, dentro
de los plazos señalados para los contratos, á contar desde la
fecha en que se verifique legalmente la consolidación de ambos
derechos.

Por último, la Real orden fecha 5 de Junio de 1886, circu-
lada por la Dirección general de Contribuciones en 10 de Agosto siguiente, dispone que, aparte de la justificación que el interesado acompañe de su pobreza para obtener el aludido aplazamiento de pago, se abra por las oficinas liquidadoras en que
se presentare una información puramente administrativa, di-
rigiéndose oficios á los Alcaldes del sitio en que residiese el interesado y donde tuviese bienes, á fin de depurar prolijamente
los hechos alegados, y remitiéndose dichos datos, una vez reunidos, á la Dirección, informando lo que sobre el particular se
les ofrezca á fin de que la misma resuelva ó no la pretensión
aducida.

Por demás equitativa y justa nos parece la disposición contenida en el art. 109 del Reglamento, siendo únicamente de
sentir que tal disposición no sea de carácter general, pues en
nuestra opinión no debe obedecer el aplazamiento del pago del
impuesto tan sólo al error y hasta imposibilidad de que el que
careciese de toda clase de recursos viniera á pagar un oneroso
gravamen por un derecho que en aquel entonces ninguna utilidad le suponía, sino que un impuesto tan importante, que
descansa sobre bases tan justas, debía en este punto obedecer
á miras más altas y filosóficas, á la idea de utilidad que el acto

que grava reporte, pues allí donde existe, todos estamos obligados á prestar nuestros medios para que, unidos á los propios del Estado, pueda éste cumplir los múltiples fines que debe raalizar en la vida, pero nunca podrá sostenerse dentro de los serenos principios de la razón un impuesto que grave tan sólo una esperanza.

AGUSTÍN M. MIQUEL IBARGÜEN.

LAS PRISIONES EN CHILE

I

Es indudable que el estado de adelanto y de cultura de un pueblo, pende en gran parte del régimen de sus prisiones.

Las naciones menos civilizadas no prestan jamás atención á los establecimientos carcelários. No buscan jamás la regeneración del delincuente, y el castigo es para ellas sólo el dolor material del culpable. No procuran tampoco reconciliarlo con la sociedad ni levantarlo para que sea más tarde un ser útil á la misma; he aquí por qué en esos pueblos la reincidencia es una consecuencia precisa del que una vez ha delinquido.

En Chile la civilización ha hecho progresos notables; pero sin embargo de que se hacen grandes gastos en cárceles, escuelas, hospitales, cuarteles y otros establecimientos análogos, se ha prestado poca ó ninguna atención al régimen interno de sus prisiones.

Vamos á dar á la ligera una pequeña idea de cómo son los establecimientos penales en Chile, y á indicar algo de lo que convendría hacer en ellos para llenar las exigencias que se hacen sentir á este respecto.

II

Las prisiones en Chile son de tres clases, á saber:

Cárceles penitenciarias;

Presidios urbanos, y

Cárceles.

Los establecimientos penales en que las mujeres cumplen sus condenas ó donde se las detiene mientras se las procesa, se denominan, cuando los hay especiales, *Casas de corrección*.

III

Sólo existen dos Penitenciarías en Chile.

Una está en Santiago, ciudad capital de la República, y la otra en Talca, capital de la provincia de este mismo nombre.

La Penitenciaría de Santiago está á cargo de un Jefe denominado *Director*, teniendo además un segundo que es Tesorero con el título de *Subdirector*, aparte de los guardianes de patios y de una guardia especial permanente que custodia á los detenidos allí.

A las Penitenciarías sólo se envían á los reos rematados que han sido condenados á prisión perpetua ó á presidio mayor en cualesquiera de sus grados, es decir, de cinco años y un día á veinte años.

Todos los establecimientos penales en Chile dependen de la Autoridad administrativa.

El Poder judicial nada tiene que ver con los reos rematados. Su ingerencia es sólo respecto de los que están acusados de algún delito, es decir, en *proceso*, y sólo en lo que se relaciona con sus causas y nunca con el orden interno y demás necesidades de esta clase de detenidos.

En un principio, el Gobierno de Chile estableció talleres en la Penitenciaría de Santiago, á fin de que los reos, si tenían oficio, lo perfeccionaran; y los que no, tomasen alguno y pudieran subsistir cuando obtuvieran su libertad, por haber cumplido sus condenas ó por haber alcanzado indulto.

El producto de este trabajo se distribuía entre el establecimiento y el preso, reservándole á éste una parte de su ganancia para entregársela á su salida, con el objeto de que, llevando un oficio, tuviera también donde trabajar desde ese momento, con lo cual se le colocaba al abrigo de la miseria.

Esto era sumamente ventajoso para el pobre preso; pero tal sistema concluyó porque los talleres dejaron pérdidas.

¡Cosa increíble! Sin embargo, así pasaron los hechos y esto se debió á que no hubo una buena y honrada administración, perjuicio que también ha redundado en contra de los presos.

El Gobierno no debió haber desesperado de este primer ensayo. Nos parece que, dado el origen de las pérdidas, su deber era haber éstablecido otra administración más experta y dictado reglas que asegurasen los nuevos capitales que se iban á invertir, y no haber desmayado por lo desgraciado de ese primer ensayo propio en casi toda empresa que no es gobernada por el interés particular.

Entre tanto, en este establecimiento existían constantemente lo menos quinientos hombres, que no podían estar en la inacción y en el ocio. Era preciso inventar otro sistema, y entonces se arrendaron los talleres y los brazos necesarios á cada uno de ellos. Así es como allí se ven hoy día implantadas las siguientes industrias: un taller de litografía, uno de carpintería y ebanistería, otro de zapatería, y por fin, un establecimiento de panadería.

Sin esto, ¿qué habría hecho esa gente sumergida en la ociosidad?

No obstante, ¿es ó no ventajoso este sistema? A nuestro modo de entender las cosas, nos parece que es lo peor que ha podido inventar un cerebro humano.

Los contratistas de estas industrias tienen á su disposición la cantidad de trabajadores que necesitan; pagan un jornal insignificante y hacen trabajar á esos infelices poco menos que á bestias de carga. El preso no tiene reclamo; los empresarios saben gratificar bien á los empleados, y éstos, como es natural, están siempre de parte del empresario.

Es así el modo como se especula con esos infelices que, mal

comidos, dejan en el trabajo las pocas fuerzas que les queda, y raros son los que resisten á las duras exigencias de estos ávidos negociantes: por eso hay que cambiar operarios con frequencia, y sólo los que sobresalen son cuidados un poco más porque dejan mayor provecho.

Aquí no hay una escuela donde al preso se le enseñe á leer y escribir y donde pueda depurar sus costumbres para que sea algún día un hombre honrado y útil á su familia y á la patria.

IV

La Penitenciaría de Talca está dividida en tres secciones:
La primera es la de Penitenciaría.

La segunda es la de Presidio urbano, á donde van los condenados á prisión desde sesenta y un días hasta cinco años, ó sea á presidio menor en cualesquiera de sus grados.

La tercera es la de Cárcel, donde se encuentran los reos procesados y donde se cumplen condenas por *faltas*.

El régimen de este Establecimiento es análogo al que hemos descrito anteriormente, con sus mismos defectos y vicios, y lo que es peor, sin que exista allí una escuela para los detenidos, á pesar de que el Gobierno no las escasea ni aun en los lugares apartados y de poca importancia.

Tanto en la Penitenciaría de Santiago como en la de Talca hay bastante aseo; sus distribuciones son cómodas, ventiladas, tienen gas, médicos, capellanes, hospital, servicio religioso, siendo muy difícil la evasión de los detenidos.

V

Pasemos ahora á ocuparnos de los Presidios urbanos.

El primero de éstos existe en Santiago, y siempre existen en él más de 500 hombres.

El Jefe de este Establecimiento es el de la guardia especial que lo custodia.

No hay tampoco aquí una escuela.

No existen talleres sostenidos ni por el fisco ni por la municipalidad. El que sabe algún oficio y tiene donde desempeñarlo, se le permite trabajar en él á ciertas horas, sometido á trabas que todo lo dificultan; y por esto ya se comprenderá que los abusos no son pocos, y que también se especula con el trabajo de esos infelices.

Al frente de este Establecimiento no está un hombre entendido que sea capaz de dar á los asilados en él lo que no tienen, es decir, reglas que pudieran moralizar al delincuente y sacarlo de la postración en que yace. No obstante, el Jefe de este Establecimiento no es de los peores, si se compara con los de otros análogos que existen en la República.

VI

La Cárcel pública de Santiago es enteramente inadecuada á su objeto; pero se levanta actualmente una que prestará toda clase de comodidades y que tal vez no dejará nada que desear.

El plano de este Establecimiento fué hecho por un arquitecto inteligente, que falleció en la flor de la edad. Nos referimos á Ricardo Brown, el más hábil chileno en su profesión, tan modesto como excelente amigo.

Al frente de este Establecimiento, es decir, de la cárcel actual, existe un Alcaide que la regenta algunos años, que sabe cumplir con sus deberes de caballero y de hombre humano. No es un verdugo, y su experiencia le ha hecho estimable entre todos los que, por desgracia, se encuentran allí, porque sabe aprovecharla sin recibir una maldición de nadie.

VII

Hay también en Santiago una *Casa de corrección* donde se encuentran las mujeres procesadas, así como las que cumplen alguna condena.

Este Establecimiento está á cargo de monjas, que atienden regularmente á las detenidas.

Por desgracia, aquí tampoco hay una escuela ni talleres en que ocupen el tiempo las detenidas, ni donde puedan ganar algo con su trabajo para aliviar su situación.

Las monjas reciben costuras de la calle, utilizando así el trabajo de las presas; pero el producto de estos servicios no es para las detenidas.

¡Pésimo sistema!

Las Superioras se enriquecen con el trabajo de sus víctimas, lo que por cierto es inmoral y repugnante.

Las prácticas religiosas, en cambio, no escasean aquí; pero, ¿es esto lo bastante?

Nos parece que falta mucho que hacer para que el Establecimiento penal de mujeres llegue á estar regularmente organizado.

VIII

La segunda ciudad de Chile, después de la capital, es Valparaíso, notable por su comercio y por ser la residencia de la mayor parte de los extranjeros que llegan á este país.

Tiene una Cárcel pública para hombres y otra para mujeres.

Esta última se halla á cargo de las monjas de *La Caridad*, pero con los mismos inconvenientes y defectos que la Casa de correción de Santiago.

La cárcel es á la vez Presidio urbano. Se encuentra bajo la vigilancia de un Alcaide con los llaveros necesarios. Un destacamento de tropa de línea cubre la guardia que sirve para contener el orden interno.

La cárcel de Valparaíso no llena su objeto. Tiene varios patios y calabozos sucesivos que sirven de dormitorios á los detenidos. Estos se hallan poco ventilados, y son, por lo tanto, mal sanos.

Los patios no presentan comodidad ni resguardan á nadie del sol en el verano, ni de las lluvias en el invierno. No tienen aleros ni están empedrados; de manera que con las lluvias aquello debe ser un barrizal mal sano ó incómodo.

Nunca faltan en ella 500 detenidos, y á la verdad que causa pena contemplar el cuadro que presentan esos infelices.

Allí no existe tampoco una escuela.

No hay talleres. Sin embargo, tiene una gran capilla donde un religioso les dice misa una vez por semana.

Reina en este Establecimiento la corrupción más espantosa, á causa de que en cada calabozo duermen en común más de 80 detenidos, sin catres y sólo sobre entarimados de madera, que establece una comunidad peligrosa para la moral y buenas costumbres.

El día lo pasan los hombres sentados en el suelo de los patios en la abyección más completa.

Reina allí la ociosidad, y nada, absolutamente nada se hace por la enmienda del que ha delinquido, ni tampoco porque se aprenda un oficio para que alivie su miseria ó la de su familia, que ha quedado abandonada á la suerte desde que cayó preso.

El que sabe algún oficio y tiene donde desempeñarlo, se le permite trabajar á ciertas horas del día; pero su escasa ganancia se recarga con las contribuciones que el Alcaide actual les impone por su condescendencia en permitirle trabajar en vez de estar en eterno ocio.

¡Siempre el Jefe tiranizando á estos infelices!

¡Siempre el Jefe especulando con el sudor de sus víctimas!

¿Y por qué se tolera esto? La razón es clara: la Autoridad olvida este círculo de acción donde puede hacer reformas ó importantes beneficios, porque cree que la suerte de esta clase de desgraciados no es digna de su atención, y porque también coloca de Jefes en los Establecimientos carcelarios á personas de incapacidad notoria para dirigirlos, á quienes deja obrar, sin poner coto á los abusos y á los negocios que hacen á toda hora.

Al fin, esto tendría poco de reprochable si los citados empleados, repetimos otra vez, fueran honrados ó supieran siquiera sugerir una idea noble para aliviar la suerte de los desgraciados que yacen en las prisiones.

Estos carceleros, para sostenerse en tan lucrativos puestos y enriquecerse con el trabajo del preso, no saben más que una cosa, y es, mostrarse serviles á los Jueces y encubrirles los tormentos que hacen sufrir á sus víctimas.

El Alcaide de la cárcel de Valparaíso, entre los repugnantes espectáculos que ofrece al que la visita, el más común y ordinario es el de colocar á los hombres tendidos en el suelo teniendo el pescuezo en el *cepo* sin movimiento alguno.

Aquí al que delinque no se le corrige, sino que se le irrita para que vuelva á delinquir y tener el placer de darle otro castigo algo más riguroso. No se trata de su enmienda, sino de hacerle sufrir. En suma, no hay idea de lo que es ó debe ser una prisión ni de los móviles de las penas. El azote y el tormento, ¡he aquí los castigos para enseñar y corregir!

IX

En los demás pueblos de la República existen cárceles que son también á la vez presidios urbanos. En estos Establecimientos hay un departamento para mujeres, cuando no existe un local ó casa especial para ellas. Están regentados por monjas en algunas partes, y en otras por una mujer que tiene el título de *Alcaidesa*.

Las cárceles y presidios son gobernados por un empleado que se denomina *Alcaide*.

Como estos Establecimientos son de segundo orden, su régimen es peor que el que se ha implantado en las grandes ciudades. La ociosidad en ellos es el todo. No existen escuelas; no hay un taller, no hay nada que tienda á mejorar la condición del preso, ni nada que indique que se busca la enmienda del criminal. Sólo se quiere que el desgraciado sufra la pena que le impuso el Magistrado, y esto es lo único que se busca y también lo único á que se aspira. Nosotros preguntamos ahora: ¿Es esto corregir al culpable? ¿Es esto hacer algo en bien de la sociedad? Lo que se logra es sólo gastar en un mal alimento para esos infelices, que adiestrados allí más en el crimen, forjan mejor su plan de defensa contra la Autoridad, y todo esto lo ponen en ejecución cuando vuelven á la libertad.

Se les tiene en una perpetua ociosidad, y estos hombres, que han perdido la afición al trabajo, contando con los compañeros que han conocido en el presidio, son una amenaza constante para la sociedad.

No ha faltado quien diga que cada escuela que se abre es un presidio que se cierra; ¿por qué entonces en cada establecimiento penal no existe una escuela? ¿Por qué al frente de las cárceles no se colocan hombres que tengan siquiera cierta preparación y cierta elevación de espíritu para que atiendan á esos infelices, como lo requiere el adelanto y la civilización del siglo?

.El Gobierno debe prohibir, bajo severas penas, que todo Alcaide haga trabajar para sí á los presos de su Establecimiento; que no se sirva de ellos para nada, y que el trabajo sea libre y sin cortapisa alguna; que no se les exija *propinas*, ya que la Autoridad no tiene talleres propios en que utilizar á los presos.

En Chile se gastan cientos de miles de pesos en obras de todas clases al año, pero no se ha pensado jamás en procurar aprovechar las fuerzas de esas víctimas. Hágaseles trabajar moderadamente por cuenta del Estado, págueseles sus servicios aunque sea regularmente, procúreseles un ahorro, y la criminalidad disminuirá entonces notablemente. De este modo también se le proporcionará al preso un mejor alimento, se le enseñará un oficio, se le preparará un capital, y á su salida de la prisión ese hombre tendrá que ser un buen ciudadano y un artesano instruído. ¡Cuánto no ganaría Chile si el Gobierno fijara su atención en los Establecimientos penales y tratara de introducir éstas ú otras reformas en ellos! Mas ahora se le quita á la industria los mejores brazos; se hacen criminales en vez de corregir al que delinque, y como en estos Establecimientos reinan los vicios, son ellos una pésima escuela para lo futuro.

Debemos, no obstante, confesar con franqueza que en estas materias nos resta mucho que hacer; es preciso descender á las prisiones para ver de cerca tanta miseria y tanto mal, donde debe existir moralidad, buen ejemplo y una enseñanza que depure sentimientos incultos ó corazones rebeldes, que se hacen peores con el rigor ó con los malos hábitos. Esto, repetimos, se debe sólo á la culpa de los Gobiernos y al abandono que hacen de los que por desgracia delinquen y no se les procura levantarles en las horas amargas en que purgan su delito.

Hemos visto, y esto con bastante frecuencia, imponer como castigo la privación del trabajo por simples faltas, al preso que era amante de su oficio y quería ganar algo para enviar un pan á su esposa é hijos que estaban en la miseria; y cuando observábamos la razón de ser de tal determinación y lo pernicioso de este sistema, nos contestaba un carcelero llamado Facundo Deformes, hombre vulgar é inepto para este puesto, que este castigo era muy doloroso para el hombre que tenía obligaciones serias que cumplir, y por eso debía apartarles de ese deseo.

A esto observábamos que tal castigo iba contra una familia que estaba en la miseria y al borde del vicio ó del crimen, y con sangre fría nos replicaba: «¡*Qué importa eso! Nada tenemos que hacer con las miserias y lágrimas de la calle; lo que se quiere es hacer pesada y odiosa la vida del penado!*»

Con este modo de pensar en carceleros tan vulgares y tan ignorantes, ¿qué se puede esperar de nuestros Establecimientos penales?

A grandes males, grandes remedios. El vicio y la corrupción tienen precisamente que ceder su puesto á la moralidad y honradez.

¡Esperemos!

ROBUSTIANO VERA.

Santiago de Chile, Abril de 1888.

REPÚBLICA DE COSTA RICA

I. Código civil.—II. Cuestión de límites entre Costa Rica y Nicaragua.—III. Intervención de Costa Rica en el canal interoceánico de Centro América.—IV. Relaciones científicas.

I

CÓDIGO CIVIL

Siendo Presidente de la República D. Braulio Carrillo, empezó á regir el año 1841 el Código general del Estado, en que estaban comprendidas las leyes civiles, penales y de procedimientos. De dichas leyes han estado vigentes en lo fundamental hasta el año 1880 las segundas, y hasta el actual las otras dos; salvo reformas introducidas en 1865 por disposiciones especiales, y algunas tan acertadas como la ley Hipotecaria, basada en la de España, y la de concurso de acreedores, modelada en la legislación del antiguo Reino de Prusia.

Si cerca de medio siglo de observancia de las principales leyes sustantivas y adjetivas de un Estado es raro ejemplo de estabilidad legislativa en nuestra época, esta misma circunstancia justifica que se hayan realizado con gran laboriosidad reformas jurídicas en todas las esferas durante estos últimos años por la Comisión codificadora de Costa Rica. De tal suerte es exacta esta última indicación, que dentro de poco existirá una interesante colección de las leyes vigentes en aquella República, cuya fecha de promulgación más antigua sea el año 1885 y que comprenda los Códigos civil, penal, de procedimientos, fiscal, de comercio, de policía y militar, y la ley orgánica de Tribunales, del Jurado y del Notariado.

Respecto á estos Códigos modernos, llamamos la atención hace tiempo (1) acerca de las principales reformas del penal, —sometido hoy á nueva revisión,—y ahora nos proponemos examinar el cívil, que ha empezado á regir el·1.º de Enero del corriente año.

Dicho Código ha sido sancionado por el ilustrado Presidente D. Bernardo Soto, que da gran impulso á las reformas legislativas enumeradas, y refrendado por el Ministro de Justicia D. Ascensión Esquivel, uno de los más reputados jurisconsultos del foro costarricense (2).

La clasificación general que admite el Código, es la siguiente: Libro I. De las personas.—Libro II. De los bienes y de la extensión y modificaciones de la propiedad.—Libro III. De las obligaciones.—Libro IV. De los contratos y cuasi-contratos, y de los delitos y cuasi-delitos como causa de obligaciones civiles.

Respecto á cada una de estas divisiones, indicaremos ligeramente los principios culminantes y más dignos de estudio.

Título preliminar.—Además de las disposiciones generales relativas á la publicación y efectos de las leyes,—que se aplican á todos los Códigos y que indudablemente tienen su lugar propio en el fundamental al tratar de la función. legislativa,

(1) *La pena de muerte en Suiza.*—REVISTA GENERAL DE LEGISLACIÓN Y JURISPRUDENCIA. Tomo 66, pág. 611, nota.

(2) De la elaboración de esta obra legislativa hemos dado cuenta en un modesto *rapport*, publicado en el *Annuaire de législation étrangère* (París, 1896) y traducido por la *Revista contemporánea.* (Madrid, 15 de Septiembre de 1887.)

aunque por costumbre inveterada suelen incluirse en el Código civil,—contiene el título preliminar una parte referente al Derecho internacional privado, que entraña una importante reforma.

Así como en Europa, á pesar de los nobles esfuerzos del célebre jurisconsulto Mancini, no ha podido llegarse á un acuerdo respecto á la unificación de aquella rama del Derecho, en América se convocó un Congreso en 1878 con aquel objeto, que dió por resultado el tratado que se firmó en Lima el 9 de Noviembre de dicho año (1). Como una de las Repúblicas signatarias de aquella importante convención internacional fué la de Costa Rica, representada por el Presidente de dicho Congreso de jurisconsultos Dr. D. Antonio Arenas, la Comisión codificadora creyó que debía cumplirse aquel solemne compromiso al revisar el Código civil, completando su obra el Colegio de Abogados de la capital. Habrá sido, pues, Costa Rica la primera nación americana que ha aplicado en su Código civil las reglas adoptadas por iniciativa de la República del Perú para uniformar el Derecho internacional privado de la América española.

Libro primero.—En el tít. IV se reconoce el verdadero concepto del llamado matrimonio civil, que no debe ser otra cosa que el registro civil del matrimonio, cuya teoría no consiente la duplicidad en la celebración del matrimonio que admiten algunas legislaciones, olvidándose de que por dicho acto aparece en la vida una persona social que nace, como todas, en un solo momento. El Código de Costa Rica no atribuye efectos civiles al matrimonio celebrado ante la Iglesia católica, en cuya religión comulga la mayoría del país, mientras no se inscribe

---

(1)   Con el mismo fin se ha convocado para el día 25 de Agosto de este año, en Montevideo, un Congreso sud-americano, por acuerdo de los Gobiernos argentino y uruguayo.

en el registro del Estado, pero limita la intervención de éste
al reconocimiento de la nueva persona social que se ha constituído sin faltar á las prescripciones del Código.

Para el caso de que los contrayentes lleven el laicismo á
una de las materias en que menos se concibe, al decir de pensadores que respecto á otras lo admiten, determina la forma
en que debe celebrarse dicha unión.

El Código costarricense establece también la separación
de cuerpos y el divorcio. En su deseo de que la petición de la
nulidad del vínculo sea maduramente reflexionada y no producto de un arrebato momentáneo, dispone que la acción de
divorcio sólo podrá ejercerse después de haber transcurrido un
año, desde que llegaron á noticia del cónyuge ofendido los hechos que la motiven.

El legislador de Costa Rica, que regula minuciosamente
cuanto entiende que hay en el matrimonio de esencial y absoluto, proclama el principio de la libertad más amplia en la organización de lo que considera accidental y variable, como es
todo lo referente al régimen económico de la familia. Este sistema que informa en nuestro País el derecho foral de Cataluña, ha sido aceptado por el Congreso jurídico español
de 1886.

En el caso de que no se celebre contrato matrimonial, el
legislador presume que los cónyuges desean acomodar sus relaciones económicas á un sistema que es en su esencia el de
gananciales por partes iguales, no en combinación con el régimen dotal como en Castilla, sino establecido sin mezcla alguna
de otros principios, cual existe en Baviera.

Para la legitimación de los hijos naturales, el legislador de
Costa Rica, de acuerdo con los buenos principios, no admite
otro medio que el subsiguiente matrimonio de los padres.

Respecto á la patria potestad, acepta la teoría que concede
participación á los dos cónyuges en el ejercicio del poder familiar; pero asigna al padre el derecho de resolver los conflictos que entre las dos entidades puedan surgir, concedién-

dole la dirección suprema (1). De todas suertes, se aparta de los preceptos establecidos acerca de esta materia por la generalidad de los Códigos, asemejándose al portugués, que dispone que «las madres *participan del poder paterno* y deben ser oídas eu todo lo que se refiere á los intereses de los hijos; pero al padre es á quien especialmente corresponde durante el matrimonio, como jefe de la familia, dirigir, representar y defender á sus hijos menores, tanto en juicio como fuera de él.»

Con el fin de suplir la incapacidad que origina la falta de edad regula una institución, la tutela, y para la que causa la enfermedad, la curatela, comprendiendo con acierto que tratándose de proteger el desarrollo de una persona hasta que llega á su plena capacidad, como quiera que se realiza un solo fin, no es necesario que éste sea condicionado por dos instituciones que se sucedan, la tutela y la curatela ó curaduría.

La mayor edad la fija el Código costarricense, como los de Francia, Portugal é Italia, en los veintiún años, considerando que la precocidad del desarrollo intelectual en nuestros días aconseja adelantar la época de la emancipación; y si esto necesitara comprobarse con datos de la experiencia, la historia comtemporánea de Costa Rica los suministra en abundancia: Circunscribiéndonos á la vida pública, reconoce la generalidad de la República que pocos gobiernos han superado en las líneas generales de la administración de los intereses del país al actual, en que ocupan altos cargos ilustrados representantes del elemento joven de aquel Estado centro americano.

Libro segundo.—En el capítulo 2.° del libro 6.° se regula la emisión de cédulas hipotecarias, estableciendo un sistema análogo al que adoptaron las leyes de Prusia de 1872, imitando

---

(1)   Art. 186. El padre ejerce la patria potestad, y de ella participa la madre con sujeción á la autoridad de aquél.

En falta del padre, el ejercicio de la patria potestad corresponde á la madre.

la antigua legislación de la villa de Brema y que es más sencillo que el admitido en el *Act Torrens* de las colonias inglesas. En efecto: así como para la transmisión del certificado de una hipoteca sobre la propiedad inmueble exige esta conocida ley que se celebre un contrato de cesión ante un testigo y que se inscriba en el Registro general (1), el Código de Costa Rica dispone que las cédulas, una vez emitidas con los requisitos y garantías que determina, constituyen un documento al portador, que puede transmitirse aun por endoso en blanco. Realizan, en suma, estas interesantes disposiciones el ideal de movilizar la propiedad inmueble.

Reconoce el legislador costarricense que «las producciones del talento» son propiedad de su autor, y comprende, por tanto, á esta institución entre las que pertenecen al Derecho civil, si bien dispone que deberá regirse por leyes especiales. Y no sólo se preocupa Costa Rica de los derechos de los autores nacionales, sino también de los extranjeros, como lo demuestra la circunstancia de haber estado representada en las conferencias diplomáticas de Berna, aunque opina que no ha llegado todavía en dicho país el momento oportuno de resolver tan importante cuestión.

Consagra el Código que examinamos un concepto amplio de la libertad de testar; pues no admite otras legítimas que las porciones necesarias para que el testador «deje asegurados los alimentos de su hijo, legítimo ó no legítimo, hasta la mayoridad si es menor, y por toda la vida si es inválido; y los de sus padres legítimos ó madre ilegítima y los de su consorte, mientras los necesiten» (2).

_____

(1)   *Bulletin de la Société de législation comparée. Rapports* de Mrs. Ch. Lyon-Caen y J. Challamel. (Paris, Abril 1896.)

(2)   Respecto á los hijos, se acomodan estos preceptos del derecho positivo costarricense á los principios filosóficos que sobre esta materia sostiene un defensor tan decidido de la libertad de testar como es el docto Profesor señor Giner de los Ríos. *Aplicando,* dice, *al derecho de familia los principios del*

Uno de los argumentos que se aducen en pro de la libre testamentifacción, el que favorece el establecimiento de fundacio-
nes científicas, benéficas, etc., nos parece, dados los precedente (1), que ha de abonar en Costa Rica la consagración de
aquel derecho.

El Código de dicho Estado, como otros varios, se aparta de
la tradición del Derecho romano de que la sucesión no puede
ser en parte testada y en parte intestada.

Modifica también el concepto que Roma tenía del heredero
al disponer que aquél no responde nunca de las deudas y cargas de la herencia, sino hasta donde alcancen los bienes de
ésta, y modifica los efectos del beneficio de inventario, que se
concretan á que en el caso de ser aceptada la herencia en esta
forma, tienen los acreedores el derecho de probar que hay otros
bienes además de los inventariados, mientras que si se hace
puramente, corresponde al heredero justificar que no quedan
bienes suficientes para cumplir· las disposiciones testamentarias.

Repara la ley costarricense una preterición del Derecho romano primitivo y una postergación del edicto pretorio, que se
ha perpetuado en la legislación castellana con las fuentes de
que se deriva, y aun en Códigos promulgados en los tiempos
modernos, como el de Napoleón. Ya se comprenderá que nos
referimos á la sucesión *abintestato* del cónyuge sobreviviente,
que el Código de que nos ocupamos, aun más liberal en este
punto que el italiano, llama en primer término y por partes

---

de propiedad, es fácil deducir las leyes de la vida económica de aquella institución.
Son las principales:... la de la reserva forzosa de una porción de los bienes de los pa-
dres (legítima), *después de muertos éstos, para atender á los hijos menores, incapa-*
citados, etc., (no á otros). (Giner y Calderon. *Principios de Derecho natural.*
Madrid, pág. 214.)

(1)   El Hospital de Cartago, antigua capital de la República, se debe á la
filantropía de varios vecinos, y San José tiene un Hospicio de Huérfanas,
fundado y dotado de rentas por una señora de dicha ciudad, en 1869.

iguales con los hijos y los padres legítimos. Sólo en el caso de que tenga bienes gananciales recibirá lo que le falte para completar la porción que en otro caso. le hubiera correspondido.

Libro tercero.—El Código civil de Costa Rica, como otros muchos de Europa y América, entre ellos los de Francia y el Uruguay, ha creído conveniente dedicar un título á regular la prueba en lo que tiene carácter sustantivo; considerando, sin duda, que «es la justificación de los hechos una parte integrante de los mismos en cuanto á su valor jurídico, parte que debe necesariamente comprenderse en el Código ó cuerpo del Derecho privado, si se ha de aspirar á que éste ofrezca á la consideración de las personas jurídicas el conjunto de condiciones á que han de acomodar su conducta para la realización y eficacia de sus relaciones privadas» (1).

El legislador costarricense establece que «toda convención ó acto jurídico cuyo objeto tenga un valor mayor de 250 pesos, deberá constar en documento público ó privado, no siendo en tal caso admisible la prueba testimonial», siguiendo la tendencia moderna que concede poca importancia á las declaraciones testificales, aunque extiende algo más sus límites que algunos Códigos europeos (2), debido tal vez á la distinta apreciación del numerario en América.

Respecto al concurso de acreedores de los que no son comerciantes, consideramos que merecen fijar la atención algunas de sus disposiciones. Establece, como la generalidad de las legislaciones, que se elijan los curadores ó síndicos por la asamblea de acreedores; pero así como en Austria es su número ilimitado y en España deben ser tres, en Costa Rica sólo pue-

---

(1)   Discurso pronunciado por el ilustrado Catedrático D. Augusto Comas en el Senado español en la sesión del 2 de Marzo de 1885, al apoyar su enmienda á las bases del Proyecto de Código civil presentadas por el Sr. Ministro de Gracia y Justicia.

(2)   El Código de Napoleón fijó la cantidad de 150 francos, y el de Italia la de 500.

de nombrarse uno, si bien cabe que se renueve anualmente. Los honorarios que ha de percibir el curador definitivo los fija la junta de acreedores y se le entregan por mitad al hacerse cada reparto, y el resto al aprobarse la cuenta general de su administración, lo que excita su interés para procurar la pronta terminación del concurso.

Libro cuarto.—Como ya hemos visto que consagra el Código de Costa Rica la libertad civil en la organización económica de la familia y en la sucesión testamentaria, es innecesario añadir que la reconoce y garantiza en el derecho de obligaciones, que es donde se admite por todos con menos oposición.

Al legislar sobre el contrato de sociedad establece un procedimiento para obtener la representación proporcional de todos los intereses, que es el que debe seguirse á no existir estipulacion en contrario. Determina al efecto que los votos de los socios han de computarse en proporción á los capitales, contándose el menor capital por un voto y fijándose el número de votos de cada uno de los demás socios por el cociente del capital respectivo por el capital menor. El residuo que excediere de la mitad del divisor constituye también un voto, y se concede otro al socio industrial (1).

Respecto al derecho de obligaciones no juzgamos necesario examinar con más detención los preceptos del Código de Costa Rica, porque en esta rama del Derecho es donde existe mayor semejanza entre las leyes de todos los países á que han servido de arquetipo los principios capitales de la ciencia jurídica de Roma. Unicamente indicaremos, para terminar esta parte de

---

(1) Este sistema es uno de los varios que pueden aplicarse á las personas sociales para conseguir la representación proporcional, y si bien lo defendimos en principio en *El Foro* de Costa Rica (22 de Octubre de 1887) como uno de los más sencillos, no creemos que sea el más perfecto y eficaz para conseguir el objeto que se propone.

ñuestro estudio, que se aplican las reglas generales de los contratos á uno que ha alcanzadó hoy gran desenvolvimiento, el
de seguros, cuando no se refiere á objetos de comercio. La importancia de esta disposición la señaló el ilustre jurisconsulto
Sr. Días Ferreira al comentar un precepto análogo del Código
civil portugués, que, como decía, ha introducido una profunda alteración en el derecho anterior, pues según éste, todos los
contratos de seguros, cualesquiera que fuese su especie, en-
traban en la competencia de los Códigos mercantiles (1).

II

CUESTIÓN DE LÍMITES ENTRE COSTA RICA Y NICARAGUA

El ilustrado representante diplomático de la República costarricense, D. Manuel M. de Peralta, en un minucioso registro de
los archivos de España dirigido por un profundo conocimiento de
la Historia, demostró hace años, en varias obras notables, que,
teniendo en cuenta la demarcación territorial de las posesiones
de nuestra patria en América,—punto de partida admitido por
todas ellas cuando pasaron á ser Estados independientes para
proceder al deslinde de sus territorios respectivos,—la frontera
que separaba á Costa Rica de Nicaragua en 1826 era una línea
cuya posición determinaba tres puntos: la boca del río San
Juan en el Atlántico, la del río Sapoá en el lago de Nicaragua,
y la desembocadura del río de la Flor en el Pacífico.

Por lo tanto, dentro de esta demarcación de Costa Rica quedaba comprendida la provincia de Guanacaste, ó sea el antiguo
Partido de Nicoya, cuya dependencia sufrió continuas alterna-
tivas durante la dominación española y que el primer Congreso constituyente que se reunió en San José el año 1825 declaró agregada á Costa Rica, mientras que la Constitución de Ni-

---

(1) *Código civil portugués*, vol. III, art 1540.—Lisboa, 1872.

caragua de 8 de Abril de 1826, dejó de enumerarla entre los partidos que comprendía dicho Estado.

Desde entonces es considerado por Costa Rica el antiguo partido de Nicoya como provincia suya, y al efecto le concedió el derecho de sufragio, puso á su frente un Jefe político para los asuntos gubernativos y económicos y un Juez de primera instancia para la administración de justicia, premió sus servicios á la nación concediendo el título de ciudad á la villa de Guanacaste, y ejerció, en suma, todos los derechos anejos á la soberanía.

Nicaragua, si bien respetaba el *statu quo*, y así lo demuestran las satisfacciones que dió con motivo de haber traspasado sus tropas en 1855 el río de la Flor, no había abandonado sus pretensiones acerca de aquel distrito, que consideraba pendientes de resolución en la ley electoral de 1838 y suscitó el litigio cuando acababa de ser librada de los horrores de la guerra civil por la intervención de Costa Rica, que fué denominada «vanguardia de Centro América» en el *Boletín oficial* de León (1).

Aceptados los buenos oficios del Coronel D. Pedro Rómulo Negrete, Ministro Plenipotenciario del Salvador, y con objeto de asegurar la fraternidad entre Costa Rica y Nicaragua, firmaron un Tratado de límites en San José el 15 de Abril de 1858 los representantes diplomáticos de aquellas dos Repúblicas, D. José María Cañas y D. Máximo Jerez (2).

En su artículo 2.º quedó resuelta la cuestión de límites, en la siguiente forma: «La línea divisoria de las dos Repúblicas, partiendo del mar del Norte, comenzará en la extremidad de Pun-

---

(1) El Gobierno de Costa Rica encargó recientemente al Sr. D. Lorenzo Montúfar que escribiera una historia detallada y exacta de aquella importante expedición militar.

(2) Este Tratado se conoce en la diplomacia americana con el nombre de Jerez-Cañas, sus signatarios.

ta de Castilla, en la desembocadura del río de San Juan de Nicaragua, y continuará marcándose con la margen derecha del expresado río, hasta un punto distante del Castillo Viejo tres millas inglesas, medidas desde las fortificaciones exteriores de dicho Castillo, hasta el indicado punto. De allí partirá una curva, cuyo centro serán dichas obras, y distará de él tres millas inglesas en toda su progresión, terminando en un punto que deberá distar dos millas de la ribera del río aguas arriba del Castillo. De allí se continuará en dirección del río de Sapoá, que desagua en el lago de Nicaragua, siguiendo su curso que diste siempre dos millas de la margen derecha del río de San Juan con sus circunvoluciones hasta su origen en el lago, y de la margen derecha del propio lago hasta el expresado río de Sapoá, en donde terminará esta línea paralela á dichas riberas. Del punto en que ella coincida con el río de Sapoá, el que por lo dicho debe distar dos millas del lago, se tirará una recta astronómica hasta el punto céntrico de la bahía de Salinas, en el mar del Sur, donde quedará terminada la demarcación del territorio de las dos Repúblicas contratantes.»

Después de 1858 siguió Costa Rica ejerciendo su jurisdicción en el territorio que le asignaba el Tratado, y, como de este se desprende, sacrificó á la paz y al restablecimiento de sus relaciones fraternales con Nicaragua, el sumo imperio que le correspondía sobre el San Juan en concepto de ribereña de un tercio de este río y de toda la parte sur del lago de Nicaragua, y asimismo una zona de tierra de bastante extensión en el istmo del Papagallo, desde el río de la Flor al centro de la bahía de Salinas.

Nicaragua, que en convenios y en actos públicos había reconocido implícitamente la validez del Tratado de límites, la puso en duda en 1872, contra la opinión enérgica y lealmente manifestada en el Senado por el general Jerez, y sin tener en cuenta que de haberse apelado á un plebiscito—medio de muy difícil aplicación, pero conforme con el criterio de muchos publicistas, que consideran que estriba en una libertad bien entendida el principio de organización de las nacionalidades (1) —el voto de la mayoría de los habitantes de Guanacaste seguramente hubiera sido favorable á Costa Rica, según ha reconocido con imparcialidad un escritor nicaragüense (2). Es verdaderamente sensible que, olvidando Nicaragua las nobles frases que había dedicado en 1869 su periódico oficial, con motivo de la recepción del Ministro plenipotenciario de dicha República por el Presidente de Costa Rica, á enaltecer la conveniencia de estrechar los lazos entre ambos Estados, originara un enfriamiento de relaciones entre los mismos al demandar «una provincia distante, pobre, separada de Nicaragua por altas cordilleras, inaccesible durante seis meses en el año, provocando con ello la enemistad de Costa Rica, que es un vecino comparativamente poderoso» (3).

A fin de evitar las complicaciones á que podía dar margen este enojoso asunto, ofreció su mediación el Gobierno de Guatemala con objeto de conseguir que se resolviera amistosamente, y, en efecto, reunidos los Enviados extraordinarios de Costa Rica y Nicaragua, D. Ascensión Esquivel y D. José Antonio Román, con el Ministro de Relaciones exteriores de la nación guatemalteca Dr. Cruz, firmaron un protocolo el 24 de Diciembre de 1886, conviniendo en someter la cuestión de validez del tratado de límites de 1858 al arbitraje del Presidente de los Estados Unidos y en su defecto al de Chile.

En el siguiente año, los dos Presidentes de las naciones litigantes, el General Sr. Soto y el Coronel Sr. Carazo, asistidos de sus respectivos Ministros de Relaciones exteriores Sres. Gon-

---

(1) Este procedimiento han acordado aplicar Chile y el Perú para decidir la pertenencia de los departamentos de Tacna y Arica. (*El Derecho* —Lima, Febrero y Marzo de 1888.)

(2) Citado en la obra del Sr. Calvo, *República de Costa Rica.*—S. José, 1887.

(3) Correspondencia de Mr. Carlos N. Riotte, Ministro plenipotenciario de los Estados Unidos en Nicaragua. (Papers relating to the Foreign Relations of the U. S. in 1873.)

zález Víquez y Guzmán, é inspirándose en el noble propósito
de terminar las diferencias existentes entre ambas Repúblicas, firmaron un tratado en la capital de la de Nicaragua, sin
perjuicio de que siguieran su curso los trámites del juicio arbitrial hasta que se verificara el canje de ratificaciones. Como dicho convenio no mereció la aprobación del Poder legislativo nicaragüense, nos limitamos á mencionar esta tentativa, muy
previsora por parte del Sr. Carazo y prudente respecto del señor Soto, para procurar dar término al asunto internacional
que venimos examinando, y á que hubiera ofrecido una solución completa y más amistosa todavía que la que ha recibido.

Mientras tenían lugar estas negociaciones diplomáticas se
había logrado que Mr. Cleveland aceptase la designación de
árbitro, y ante él se presentaron los correspondientes alegatos;
confiándose la defensa de los derechos de Costa Rica al distinguido Abogado D. Pedro Pérez Zeledón, Enviado extraordinario de aquella República en Washington, y colaborando en sus
trabajos su antecesor en aquel cargo, el Sr. Peralta, por el
completo conocimiento que tenía de tan importante asunto.

Los escritos presentados por la representación de Costa
Rica son en extremo eruditos, sin que esto perjudique en lo
más mínimo la admirable concisión y claridad con que se presentan los argumentos. No es menos digna de elogio la forma
cortés y mesurada que se emplea constantemente al juzgar
las pretensiones del adversario.

La réplica al alegato de Nicaragua (1) es un estudio com-

---

(1) Réplica al alegato de Nicaragua en la cuestión sobre la validez ó nulidad del tratado de límites de 15 de Abril de 1858, que ha de decidir como
árbitro el Sr. Presidente de los Estados Unidos de América, presentado en
nombre del Gobierno de Costa Rica por Pedro Pérez Zeledón, su Enviado
extraordinario y Ministro plenipotenciario en los Estados Unidos. Washington, 1887.

La primera parte de dicho trabajo se dedica á los *Precedentes históricos*,
asunto tratado por la defensa de Nicaragua, y en ella se descubre el resultado de las investigaciones de D. Manuel María de Peralta.

pleto de la cuestión, en que se examinan detalladamente todas las fases de la misma; pero los argumentos capitales que se aprecian entre los expuestos por la parte contraria, son los siguientes:

Falta de ratificación por la Asamblea del tratado de límites. —Nicaragua ha sostenido desde 1872 que el convenio no ha sido ratificado por la Asamblea según disponía la Constitución de 1838. A esta afirmación opuso Costa Rica los siguientes argumentos: 1.º La Asamblea de 1858 tenía el carácter de constituyente y asumía el supremo poder de la nación: 2.º En virtud de estas facultades extraordinarias autorizó al Poder ejecutivo para iniciar, concluir, ratificar y canjear las ratificaciones de dicho tratado: 3.º De no reconocerse la validez de este decreto, ha de considerarse nula también la Constitución aprobada por aquella Asamblea, sin las formalidades que para las reformas constitucionales prescribía la ley fundamental de 1838.

Nulidad del convenio por no haber sido ratificado por la República del Salvador.—La representación de Costa Rica demostró plenamente, apoyándose en los motivos y texto del tratado: 1.º, que la intervención de aquella República fué una ventaja mutua y no especial para Nicaragua; y 2.º, que la intervención de la República salvadoreña, en concepto de fiadora del cumplimiento del tratado, no puede dar á éste el carácter de convención tripartita, sino que es una obligación accesoria, que podía haberse anulado sin invalidar la principal.

La convención de 1858 debía tener el carácter de reforma constitucional.—A esto opone el Abogado de Costa Rica: 1.º, que ninguna Constitución de Nicaragua comprende en el territorio de esta República á la provincia de Nicoya, y que, por lo tanto, el reconocimiento de su anexión á Costa Rica no implica una reforma constitucional; 2.º, que la jurisprudencia internacional admite que se resuelvan en forma de tratados las cuestiones de límites; y 3.º, que aun la Constitución de 1838 permite que una legislatura ordinaria pueda «disponer lo conveniente para la administración, conservación y *enajenación de toda propiedad del Estado.*»

De los restantes argumentos del alegato de Nicaragua, algunos quedan contestados con los datos expuestos al hacer la reseña histórica que hemos creído más acertada de tan importante cuestión. Tales son, por ejemplo, las afirmaciones de que el tratado de 1858 es pernicioso para los derechos de la nación nicaragüense y que fué más bien impuesto que aceptado por ella.

En el alcance al núm. 71 de la *Gaceta de Costa Rica*, publicado en el mes de Marzo del año actual, se apresuró á comunicar el Gobierno que, según le participaba su Ministro plenipotenciario en Washington, el fallo del Presidente de los Estados Unidos en la cuestión de validez del convenio que hemos examinado, había sido favorable á dicha República.

A este triunfo, que honra ciertamente á la diplomacia costarricense, sin ceder en desdoro de Nicaragua, tratándose de un fallo arbitral, se le concede gran importancia en aquella República, más bien que para el ensanche de su territorio,—pues seguirá teniendo el que hasta ahora poseía y menos del que corresponde á sus derechos históricos,—para el definitivo término de dicha enojosa cuestión, origen de desconfianzas y antagonismo entre dos naciones hermanas (1), que se aliaron hace pocos años para defender la independencia de la patria y que están llamadas á cooperar á la apertura del canal interoceánico de Centro América, que contribuirá poderosamente á la prosperidad de ambas Repúblicas.

---

(1) «.... hoy puedo anunciaros con júbilo—ha dicho recientemente el Presidente de Costa Rica—que en virtud de ella *(la convención de arbitraje)* han desaparecido totalmente nuestras diferencias con Nicaragua.» (Mensaje del Presidente de la República al Congreso constitucional.—San José de Costa Rica, 1.º de Mayo de 1888.)

(Se concluirá)   JOSÉ MALUQUER Y SALVADOR.

CONGRESO JURÍDICO DE BARCELONA

La Revista de Legislación, deseando contribuir por su parte con los medios de propaganda de que dispone á todo aquello que tienda á desarrollar la cultura jurídica del País y dar solución á los diversos problemas que en la actualidad se hallan planteados respecto á la conveniencia de introducir determinadas reformas en la legislación hoy vigente, cree oportuno dar á conocer á sus abonados, la Circular, Reglamento y Cuestionario por que ha de regirse el Congreso jurídico que ha de celebrarse en Barcelona en el próximo mes de Septiembre.

Son los siguientes:

CIRCULAR

Varios letrados y diversas instituciones jurídicas de esta capital han coincidido casi simultáneamente en el pensamiento de que, con ocasión de la Exposición Universal que en 8 del corriente Abril se ha abierto en la misma, se celebre en la primera semana de Septiembre un Congreso Jurídico, conforme los van á celebrar los cultivadores de otros ramos del saber humano y las clases que más directamente representan los intereses económicos de la nación, y como en todos los países ha sido costumbre hacerlo en ocasiones semejantes.

No ha movido á los iniciadores de la idea ni el propósito de emular otras reuniones de esta especie, nacionales ó extranjeras, ni ninguna tendencia exclusiva ó local. La importancia que el Congreso pueda tener la recibirá de la participación que en sus deliberaciones tomen los jurisconsultos que honran las Escuelas, las Academias y el Foro de las distintas provincias españolas, ya que á ellos, y no á los extranjeros, se hace el llamamiento por un sentimiento de modestia de que no se arrepienten los que han confiado á los infrascritos el encargo de hablar en su nombre; y celebrándose el Congreso con ocasión de una Exposición Universal, no deben discutirse sino problemas jurídicos de interés común, por legítima que sea la aspiración á conservar instituciones seculares á cuyo amparo y valor se han formado los sentimientos, se han desarrollado las costumbres y han alcanzado largos días de prosperidad los intereses de importantes regiones de la Península.

Gran dicha es que la perpetua elaboración de la Ciencia y los altos intereses sociales á que la Legislación debe de continuo atender, ofrezcan, sin interrupción en la Historia, múltiples y variados problemas que, susceptibles de discusión en el terreno de los principios, permitan soluciones de carácter práctico para convertirse en reglas de Derecho positivo. Y como por general que sea en nuestros días la tendencia á la alta especulación científica, no lo es menos en una época de reconstrucción como la presente la necesidad de dar á las leyes la perfección que sólo se consigue haciéndolas expresión á un tiempo de la verdad jurídica y de la satisfacción legal de las necesidades sociales, el Congreso que se celebre deberá dedicarse á discutir algunos de los problemas que interesan á la vez á la Ciencia y á la sociedad española, y que si atraen el espíritu á meditar sobre ellos, demandan igualmente á los Poderes públicos solución inmediata.

Son estos problemas tantos en número, que la elección era difícil. ¡Ojalá que en ella haya presidido el acierto! Pero en una época en que las leyes, si son antiguas, no siempre están desprovistas de los defectos de oscuridad, de contradicción y aun de deficiencia en el precepto, y si son modernas, su expresión en forma aforística exige la precisión de su sentido y alcance, es notorio que la Jurisprudencia, complemento siempre necesario de la ley, crece en importancia, lo cual reclama la determinación del grado de su autoridad, la fijación de los casos y condiciones en que deben adquirirla los fallos del Tribunal encargado de elaborarla y la fórmula del valor jerárquico, si se permite la frase, que deba tener entre las diversas fuentes del Derecho positivo. Hoy, sin duda, el comercio, no sólo ha dilatado sus horizontes territoriales, sino también su influencia, llevando á la vida social su espíritu y recibiendo del de la época la condición de plegarse á las diversas necesidades de la vida y á la incansable actividad de los presentes días; y entre las nuevas instituciones que ha producido, es la de la hipoteca marítima asunto de controversia respecto á su bondad, materia de estudio en punto á la mejor manera de su desarrollo, objeto de reserva por parte de algunos legisladores que no la han admitido todavía en Códigos recientemente reformados. La variedad de las teorías acerca de la legitimidad y del fin de la ley penal transciende, como no puede menos de ser, en el sistema de las penas, y plantea el problema de si las privativas de la libertad deben ser las únicas, ó solamente las principales en todo sistema penal, y si su organización debe basarse en una tendencia puramente correctiva, ó tener por objeto la represión y la corrección á un tiempo mismo. La expropiación forzosa, cuya legitimidad y extensión dependen del concepto que se tenga del fin del Estado, de la naturaleza jurídica de la propiedad y de la recíproca limitación del derecho social y del derecho individual, plantea, entre otros, dos arduos problemas: el del límite del sacrificio de la propiedad privada en aras del interés público, y el del alcance de la indemnización, si el perjuicio se extiende á la propiedad industrial y al crédito mercantil. Y en días en que la facilidad de las comunicaciones hace más frecuentes las relaciones sociales y jurídicas entre individuos de nacionalidades distintas, ó de comarcas de la misma nación, pero sujetas á legislaciones diversas; en que esas relaciones pueden estar reguladas por leyes de dos Estados, si al tiempo de contraerlas es distinta la nacionalidad de los interesados en las mismas, ó si, después de contraídas, la nacionalidad ó el domicilio experimentan cambio, no siempre voluntario ó convencional por ambas partes, y en que de la distinta legislación provienen diversos estados jurídicos en el orden de la familia y de la sucesión en los bienes; en días en que en materia civil y en materia criminal, se sostiene como principio científico que el fallo de los Tribunales, como expresión de lo justo, no es mero acto del poder nacional, sino decisión de la Autoridad impersonal que todas las sociedades deben reconocer, quedan por tal motivo planteados también dos problemas, uno de Derecho civil internacional y otro de Derecho procesal, internacional también, que al lado de los antes indicados ocupan la atención de los Poderes públicos, provocan discusión entre los hombres doctos, afectan á los derechos del individuo y tienen en agitación importantísimos intereses morales y económicos.

Si á la ilustración de esos problemas puede contribuir el Congreso que se celebre, su utilidad será manifiesta; mas para obtener esa ilustración necesario será que á él concurran, con el entusiasmo del hombre de ciencia y con el interés del ciudadano que ama á su patria, los jurisconsultos del país, que han enriquecido su inteligencia con los tesoros del saber y con las enseñanzas de la práctica. Á todos, pues, se dirige, para que acojan benévolos su llamamiento, la Comisión organizadora del Congreso Jurídico, que suscribe; de la Patria y de la Ciencia merecerán bien los que contribuyan por ese medio al mejoramiento de la legislación nacional.

Barcelona 15 de Abril de 1888.

El Decano de la Facultad de Derecho y del Colegio de Abogados, y Presidente de la Comisión española de la Fundación Savigny, *Manuel Durán y Bas*.—El Presidente de la Academia de Jurisprudencia y Legislación, *Magín Pla y Soler*.—El Presidente de la Academia de Derecho administrativo, *José Flaquer y Fraise*.—El Presidente de la Academia de Derecho, *Juan Homs y Homs*.

REGLAMENTO

DEL

CONGRESO JURÍDICO DE BARCELONA .

Artículo 1.º El Congreso se reunirá en Barcelona, y celebrará sus sesiones desde el día 1.º al 8 inclusive del próximo Septiembre en el local destinado al efecto por la Junta Directiva de la Exposición Universal.

. Art. 2.º Serán miembros del Congreso:

1.º Dos personas designadas por cada una de las Corporaciones ó Institutos siguientes: el Consejo de. Estado, los Tribunales de justicia ordinarios y especiales, el Ministerio fiscal, las Direcciones generales de los Registros de la Propiedad y del Notariado, de lo Contencioso del Estado, de Establecimientos penales, de Instrucción pública, y de Gracia y Justicia del Ministerio de Ultramar; las Facultades de Derecho de las Universidades, las Comisiones de Codificación de España y de Ultramar, y la de reforma del Código de Comercio; la Real Academia de Ciencias morales y políticas, los Colegios de Abogados, los de Notarios, las Academias de Jurisprudencia y la Asociación general para la reforma penitenciaria en España. Los Colegios de Abogados y las Academias de Jurisprudencia de las poblaciones en que haya Audiencia territorial podrán designar cuatro personas, y doble número la Facultad de Derecho, el Colegio de Abogados y la Real Academia de Legislación y Jurisprudencia de Madrid.

2.º Los escritores de Derecho, los jurisconsultos que sean invitados por la Comisión organizadora, los que sean ó hayan sido Decanos de las Facultades de Derecho de las Universidades del Reino ó de los Colegios de Abogados y de Notarios, ó

Presidentes de Academias jurídicas de España, y los Catedráticos numerarios de la Facultad de Derecho de esta ciudad.

3.º Los Ponentes nombrados por la Comisión organizadora con arreglo al art. 7.º; y

4.º Las Juntas de gobierno y ocho delegados de cada una de las Corporaciones siguientes: Facultad de Derecho, Colegio de Abogados, Academias de Jurisprudencia y Legislación, de Derecho administrativo y de Derecho de Barcelona y Comisión española de la Fundación Savigny; y cuatro, que tengan el carácter de Letrados, elegidos por cada una de las siguientes Corporaciones: Colegio de Notarios de esta ciudad y Asociación para la reforma penitenciaria.

Los miembros del Congreso designados por las Corporaciones ó Instituciones expresadas acreditarán su nombramiento por medio de comunicación oficial, y no serán representantes de las ideas de aquéllas, sino que asistirán como personas competentes en las materias especiales que se discutan.

Art. 3.º Las personas designadas para ser miembros del Congreso, que se propongan asistir á él, se servirán ponerlo por escrito en conocimiento de la Comisión organizadora antes del día 15 de Agosto próximo.

Art. 4.º La Mesa del Congreso se compondrá de un Presidente, cuatro Vicepresidentes y cuatro Secretarios. El Congreso podrá acordar el nombramiento de Presidentes honorarios.

Art. 5.º A las diez de la mañana del día 1.º de Septiembre próximo se reunirán los miembros del Congreso en sesión preparatoria, en la cual se presentarán por los Delegados sus credenciales, se procederá al nombramiento de la Mesa y se tomarán los acuerdos de carácter general que sean necesarios.

A las tres de la tarde del mismo día se celebrará la sesión de apertura; y en ella se dará posesión á la Mesa, se anunciarán los acuerdos que se hayan tomado en la junta preparatoria, y que por su naturaleza deban ser públicos, y se procederá á la discusión del primer tema.

Art. 6.º Los restantes temas se discutirán en los días inmediatos, en sesión pública que se celebrará á la misma hora, y el día 8 tendrá lugar la sesión de clausura, en la cual se procederá á la votación de las conclusiones propuestas en la forma que expresa el art. 10; el Presidente hará el resumen de las tareas del Congreso y se tomarán los acuerdos que se consideren convenientes.

Art. 7.º Para cada tema que deba discutirse en las sesiones públicas se nombrarán cuatro Ponentes por la Comisión organizadora. Los que acepten este cargo se servirán enviar su dictamen á dicha Comisión antes del día 1.º de Agosto próximo.

Art. 8.º Todas las personas invitadas para asistir al Congreso pueden enviar á la Comisión organizadora del mismo, antes de su apertura, Memorias impresas ó manuscritas sobre cualquiera de los temas, y presentar enmiendas á los dictámenes de los Ponentes, antes de la expresada fecha.

Art. 9.º En la discusión de cada tema podrán pronunciarse cuatro discursos, además de los de los Ponentes que quieran defender su dictamen. Los discursos podrán ser orales ó escritos, y la duración de cada uno no podrá exceder de veinticinco minutos. En ningún caso se concederá la palabra para rectificaciones, alusiones ó cuestiones incidentales ó de orden.

Art. 10. La Comisión organizadora nombrará, tres días antes de la apertura del Congreso, una compuesta de tres miembros del mismo para cada uno de los temas; y cada Comisión, en vista de los respectivos dictámenes, enmiendas y Memorias presentadas, formulará las conclusiones que deban ser objeto de discusión y votación. Dichas Comisiones deberán oir á los Ponentes de los respectivos temas y á los autores de Memorias ó enmiendas, que lo deseen; pero sin que esta Audiencia tome el carácter de discusión en ningún caso.

Art. 11. La votación sobre las conclusiones tendrá lugar en la sesión de clausura, en la forma que en la preparatoria se acuerde.

Art. 12. Dentro de los ocho días de terminado el Congreso los miembros de él que hayan tomado parte en las discusiones deberán remitir á la Secretaría el extracto de sus discursos ó manifestar si prefieren que se publiquen según el resultado de las notas taquigráficas. Su silencio significará que optan por lo segundo.

Art. 13. La Comisión organizadora cuidará de la publicación de las actas del Congreso, lo más tarde dentro de los seis meses de la clausura del mismo. Dichas actas se remitirán al ·Gobierno de S. M., á los Cuerpos Colegisladores, á la Comisión de Códigos, á los Tribunales y Corporaciones que hubieren nombrado delegados, á los Ponentes y á la Mesa del Congreso; los demás individuos de él podrán adquirirlos con la rebaja del 20 por 100 de su precio, y los ejemplares que resten se pondrán en venta para aplicar su producto á cubrir los gastos del Congreso.

Art. 14. Los miembros del Congreso podrán utilizar durante su celebración las Bibliotecas de la Facultad de Derecho de esta Universidad y del Colegio de Abogados de la misma.

Art. 15. Todas las comunicaciones que se dirijan á la Comisión organizadora deberán remitirse á la Casa Colegio de Abogados, Calle de la Leona, núm. 14.

Barcelona 15 de Abril de 1888.

El Decano de la Facultad de Derecho y del Colegio de Abogados, y Presidente de la Comisión española de la Fundación Savigny, *Manuel Durán y Bas.*—El Presidente de la Academia de Jurisprudencia y Legislación, *Magín Pla y Soler.*—El Presidente de la Academia de Derecho administrativo, *José Flaquer y Fraise.*—El ·Presidente de la Academia de Derecho, *Juan Homs y Homs.*

CUESTIONARIO

DEL

CONGRESO JURÍDICO DE BARCELONA

TEMA 1.°—¿Qué condiciones debe reunir la Jurisprudencia para disfrutar de la Autoridad de doctrina legal?

Ponentes.—Ilmo. Sr. D. Bienvenido Oliver, Subdirector de los Registros civil y de la propiedad y del Notariado.

D. Enrique Gil Robles, Catedrático de la Facultad de Derecho de Salamanca.

D. Joaquín Costa, Abogado del Ilustre Colegio de Madrid.

D. Magín Pla y Soler, Presidente de la Academia de Jurisprudencia y Legislación de Barcelona.

TEMA 2.°—¿Qué reglas debieran admitirse por los Estados para unificar los efectos de la diversidad originaria de nacionalidad y de domicilio, y de su cambio en el orden jurídico de la familia y la sucesión?

Ponentes.—D. Ricardo Sasera, Catedrático de la Facultad de Derecho de Zaragoza.

D. Manuel Torres Campos, ídem de la de Granada.

D. Rafael Rodríguez de Cepeda, ídem de la de Valencia.

D. Juan de Dios Trías, ídem de la de Barcelona.

TEMA 3.°—¿Es conveniente el establecimiento de la hipoteca marítima? En caso afirmativo, ¿sobre qué bases debiera organizarse?

Ponentes.—D. Faustino Álvarez del Manzano, Catedrático de la Facultad de Derecho de la Universidad Central.

D. Agustín de Ondovilla, Auxiliar de la Dirección general de los Registros civil y de la propiedad y del Notariado.

D. Marcelino Isabal, Abogado del Ilustre Colegio de Zaragoza.

D. Raimundo Durán y Ventosa, Abogado del Ilustre Colegio de Barcelona.

TEMA 4.º—¿Bajo qué sistema deben establecerse las penas privativas de la libertad para que respondan al verdadero fin de la ley penal?

Ponentes.—Excmo. Sr. D. Vicente Romero Girón, ex Ministro de Gracia y Justicia.

Excmo. Sr. D. Luis Silvela, Catedrático jubilado de la Facultad de Derecho de la Universidad Central.

D. Félix de Aramburu, Decano de la Facultad de Derecho de Oviedo.

D. Pedro Armengol y Cornet, Secretario Relator de la Audiencia de Barcelona.

TEMA 5.º—¿En qué casos y bajo qué formas y condiciones debe admitirse la exterritorialidad de la cosa juzgada en materia civil y criminal?

Ponentes.—D. Salvador Viada Vilaseca, Abogado fiscal del Tribunal Supremo de Justicia.

Sr. Marqués de Vadillo, Catedrático de la Facultad de Derecho de la Universidad Central.

D. Vicente Olivares Bieo, Vicesecretario de gobierno del Tribunal Supremo de Justicia.

Sr. Marqués de Olivart, individuo correspondiente de la Real Academie de Ciencias morales y políticas.

TEMA 6.º—¿Dentro de qué límites debe circunscribirse la expropiación forzosa para conciliar los legítimos intereses privados con el interés social?

Ponentes.—Excmo. Sr. D. Manuel Danvila, ex Fiscal del Consejo de Estado.

Ilmo. Sr. D. Gabriel Rodríguez, Abogado del Ilustre Colegio de Madrid.

D. Vicente Santamaría de Paredes, Catedrático de la Facultad de Derecho de la Universidad Central.

D. Angel Bas, Catedrático de la de Barcelona.

Barcelona, 24 de Julio de 1888.—P. A. de la C. O., *Juan Homs y Homs*, Secretario.

REVISTA DE LA PRENSA PROFESIONAL EXTRANJERA

El *Journal du Droit international privé et de la jurisprudence comparée* publica la «Ley sobre Sociedades anónimas extranjeras», promulgada en Turquía en 25 de Noviembre último, en la cual se establecen las condiciones con arreglo á las cuales pueden las Sociedades anónimas extranjeras establecer en dicha nación agencias y sucursales.

Para ello es necesario obtener previamente autorización del Gobierno imperial. Dicha autorización ha de ser solicitada, por conducto del Ministerio de Comercio, por una persona ó por un comité debidamente facultado por el Consejo de administración de la Sociedad ó por su Junta general, debiendo acompañarse á la solicitud copia de los estatutos de la misma, legalizada por la Embajada ó Legación del país en que resida dicha Sociedad.

El término fijado para que las agencias y sucursales de las Sociedades ya establecidas soliciten la autorización indicada es el de tres meses, á contar desde la promulgación de la expresada ley; y á todas aquellas que no se conformen con esta prescripción les estará prohibido operar en Turquía, procediéndose al cierre de sus oficinas si las tuvieren ya establecidas en el país

Esto no obstante, estarán dispensadas de solicitar dicha autorización en el plazo mencionado las agencias y sucursales de las Sociedades anónimas que desde hace tiempo han sido reconocidas por el Gobierno imperial, pero se harán inscribir en el correspondiente registro que ha de llevarse en el Ministerio de Comercio, haciendo constar en él también los nombres y las cualidades de los Delegados designados y su domicilio legal.

Presentada la solicitud de autorización con la copia de los estatutos, al Ministerio de Comercio procederá al examen de éstos, y si en ellos no se contuviese nota que sea contrario á las leyes del Imperio, á los intereses del mismo ó á la moral pública, se acordará la autorización pedida después de haber recibido en este sentido las órdenes de la Sublime Puerta.

En el caso de que no fuese acordada la autorización por considerarse que los estatutos son contrarios á las leyes, á los intereses del Estado ó á la moral pública, se comunicará dicha resolución á la Sociedad interesada en el plazo de tres meses, á partir de la fecha do la petición.

Las agencias y sucursales de Sociedades anónimas que sean autorizadas en la forma que precede para hacer operaciones en Turquía están obligadas á designar un número de apoderados y á elegir un domicilio legal para sus asuntos judiciales y otros.

Si alguna de dichas Sociedades se negare ó impidiere la ejecución de cualquier fallo definitivo y ejecutorio dictado contra ella, le será retirada la autorización que le hubiere sido concedida y, sin perjuicio de ello, se procederá al mismo tiempo por las vias legales á la ejecución del citado fallo.

Excusado es decir que ninguna Sociedad anónima extranjera puede hacer operaciones en Turquía por medio de *agencias* y de *sucursales* si no obtuviere la autorización mencionada con sujeción á las reglas ya expuestas; y si por acaso fueren establecidas dichas agencias y sucursales sin haber obtenido previamente la autorización oficial del Ministerio de Comercio, se procederá inmediatamente con todo rigor á impedir las operaciones de las mismas.

Si una agencia ó sucursal de Sociedad anónima extranjera que hubiere obtenido en forma la autorización exigida por la ley citada, deseara hacer en Turquía operaciones distintas de las indicadas en los estatutos sociales, cuya copia fuera presentada al solicitar dicha autorización, ó si tales estatutos sufrieran modificación alguna, está obligada á ponerlo en conocimiento del Ministerio de Comercio en el espacio de tres meses lo más tarde; y si las modificaciones introducidas en los estatutos por cualquiera de ambas causas contuvieran estipulaciones contrarias á las leyes ó á los intereses del Imperio, así como á la moral pública, el Ministerio de Comercio podrá rehusar lo más tarde en el término de tres meses la nueva autorización solicitada, la cual deberá ser concedida en otro caso. Dicho Ministerio es el único competente para examinar si las operaciones de las agencias y sucursales debidamente autorizadas se conforman ó no á sus respectivos estatutos, y es además el encargado de la ejecución de la referida ley.

Tales son, en resumen, las principales disposiciones de la misma, cuyo conocimiento es de sumo interés por el considerable desarrollo que en los presentes tiempos tienen esas instituciones de crédito y por los conflictos á que pudiera dar origen la omisión de los requisitos y formalidades exigidas en dicha ley para el legal funcionamiento en Turquía de las Sociedades anónimas extranjeras por medio de agencias ó sucursales.

⁎

La *Revue de Droit international et de Legislation comparée* se ocupa, en un extenso artículo de Mr. Emile Stocquart, Abogado del Tribunal de apelación de Bruselas, del *privilegio de extraterritoriedad, especialmente en sus relaciones con la validez de los matrimonios celebrados en las Embajadas ó Consulados,* cuyo trabajo está consagrado á poner una vez más de manifiesto la necesidad ya demostrada por uno de los ilustres fundadores de dicha revista, de que los Gobiernos ó los Estados se pongan de acuerdo para establecer algunas reglas generales de Derecho internacional privado que vengan á uniformar la institución del matrimonio, que con ser la más importante se halla, sin embargo, abandonada á la incertidumbre más completa.

Especialmente los celebrados en el extranjero ante los agentes diplomáticos ó consulares, se hallan regidos por principios muy diversos según la nacionalidad de los contrayentes, dándose con ello ocasión á numerosos y desagradables conflictos que convencen aun más de la urgencia de dicha solución sabiamente defendida por el autor.

Comienza dicho artículo por algunas consideraciones generales acerca del progresivo desenvolvimiento que desde la antigüedad hasta nuestros días han tenido las relaciones internacionales y el Derecho internacional privado, estudiando en ellas cómo el criterio de los primeros tiempos de considerar al extranjero como enemigo, ha ido suavizando su primitivo rigor bajo la civilización cristiana y por las nuevas costumbres creadas por la multiplicidad de relaciones entre los diversos países y la rapidez de las comunicaciones, hasta llegar á esa comunidad de derechos de que hablaba Savigny, á la que ningún Estado puede hoy sustraerse sin incurrir en la reprobación del mundo civilizado y sin el peligro de ser llamado por él á dar cuenta de su conducta.

De dichas consideraciones deduce el autor, que si bien se han realizado grandes progresos en este punto, todavía queda por hacer bastante, á fin de poner término á los conflictos que con frecuencia se suceden por falta de principios fijos y uniformes que regulen las principales instituciones del Derecho internacional.

Examínase después en el artículo, de que damos cuenta, de modo muy concienzudo y por tratados aparte, todo lo relativo al matrimonio celebrado en el extranjero ante los agentes diplomáticos ó consulares, según las principales legislaciones que admitan este modo de celebración.

El primero de dichos tratados está consagrado á la legislación francesa, el segundo á la belga, el tercero á la italiana, el cuarto á la neerlandesa, el quinto á la alemana, el sexto á la suiza, el séptimo á la inglesa, el octavo á la escocesa, el noveno á la de los Estados Unidos, el décimo á la del Uruguay, y el undécimo á la del Perú.

De todo este trabajo deduce el autor, por conclusión general, que para evitar las cuestiones á que esa diversidad de legislaciones pudiera dar origen, es conveniente, y aun de absoluta necesidad, que los diversos Gobiernos se decidan á regular de una vez para siempre la importante cuestión del matrimonio. Así han venido pidiéndolo los más importantes escritores de los principales países de Europa y América, que con sus escritos han dado la voz de alarma, invitando á las naciones á ese acuerdo.

Además, el privilegio de *extraterritoriedad* es fuertemente combatido por la doctrina moderna, que tiende á restringirle hasta sus más estrechos límites, y bien puede decirse que la celebración de los matrimonios en las legaciones no tienen valor más que en virtud de una razón de cortesía entre los Estados, ó sea en virtud de lo que los jurisconsultos ingleses llaman *international comity*, principio que ciertos países rehusan admitir en materia tan importante como el matrimonio. Y como no basta en este punto la mera tolerancia de las naciones, porque ésta no crea ningún derecho ni debiera surtir efecto legal, como dice Laurent en su *Droit civil international*, urge adoptar reglas fijas y estables que regulen esta institución, sin que basten á entorpecer dicha obra las dificultades, más imaginarias que reales, que algunos pretenden encontrar para ello, porque así como los diversos Estados han podido entenderse y llegar á un acuerdo en ciertas materias, como, por ejemplo, en la *Unión postal* y otras de orden más secundarios, ésa misma empresa no habría de tropezar con mayores obstáculos cuando seriamente quisiera establecerse una regla común para la celebración del matrimonio en país extranjero por los agentes diplomáticos y consulares, porque siendo en esto uno mismo el interés de todos los Estados, el acuerdo habria de ser fácil y hacedero.

Sentimos no poder hacer más detenida reseña de este trabajo, de cuya importancia é interés puede formarse juicio por las breves indicaciones que preceden.

***

Entre otros notables trabajos, publica la revista italiana titulada *Il Filangieri* una erudita memoria del ilustrado escritor Antonio Buccellati, sobre la *eficacia extensiva de la ley penal*.

Estúdiase en ella una importante cuestión de derecho penal internacional, cual es el verdadero y racional concepto del principio de la *territoriedad*, que ha de servir de norma para el legítimo ejercicio de la jurisdicción penal, en cuanto á los delitos cometidos en el extranjero.

El desacuerdo en que los autores se hallan respecto de esta materia, no ha podido menos de producir sus consecuencias, tanto en las leyes como en la jurisprudencia y hasta en los proyectos presentados para dar solución á dichas dificultades. De aquí, las divergencias que el estudio de estas cuestio-

nes sugiere entre los principales tratadistas, tanto de la ciencia penal, como·
del derecho internacional.

A restablecer sólidamente la buena doctrina legal tiende el trabajo del
citado autor, en el que principalmente se trata de demostrar que la ley penal
es esencialmente *territorial* y que carece de razón de ser el supuesto de la *ex-
tratraterritoriedad*, admitida por algunos respecto de ciertas personas, cosas
y actos.

La memoria de que damos cuenta, se halla dividida en dos partes: en la
primera de ellas se trata de la *territoriedad*, demostrando el autor que la ley
penal es esencialmente territorial y que de ningún modo puede ejercerse la
jurisdicción penal de un Estado fuera de los límites del territorio de dicha
nación. Otra cosa, sería violar la independencia, la autoridad y el poder privativo de los demás países.

Beccaria, en su obra *Dei delitti e delle pene*, decía, inspirándose en este mismo criterio, que el lugar de la pena es el lugar del delito, y así, en efecto,
á toda idea de delito es correlativa·la del territorio donde éste hubiere sido
cometido, siendo en suma la ley penal, por su propia naturaleza, *territorial*
como manifestación·de la soberanía del Estado, y á todos indistintamente
obliga en nombre de la unidad y de la imparcialidad de la juristería.

Es de advertir que, según el autor, la idea del *territorio* no debe entenderse limitada al suelo comprendido dentro de los límites ó fronteras de una
nación, sino que tiene un concepto mucho más amplio, que abarca dentro de
sí todo aquello que, estando fuera de dichos límites, *se adhiere jurídicamente al
territorio* Así se concibe que ciertas personas, ciertas cosas y ciertos actos,
aunque residan las primeras ó se ejecuten los últimos fuera de la nación, caen
bajo la jurisdicción de la misma, sin que por esto se vulnere ó contradiga el
principio de la *territoriedad*, lo cual, demuestra cuán infundada es la ida de
la supuesta *extraterritoriedad* de dichas personas, cosas y actos.

La segunda parte de la memoria citada, está consagrada al estudio de las
personas, cosas y actos que deben considerarse *jurídicamente adheridas al territorio* de la nación.

En el primer caso, se encuentran los monarcas extranjeros, durante su
temporal permanencia en un país extraño, los embajadores y los agentes diplomáticos, porque éstos representan en el extranjero su propia nación y por
el principio de confraternidad de todas las naciones, que inspira el derecho internacional, deben ser considerados y respetados como parte de la soberanía
de su propio Estado. Este es el fundamento de esa llamada ficción de *extraterritoriedad*.

En cuanto á las cosas, comprende en primer lugar á las naves, porque son
consideradas siempre como parte del país mismo, de modo que están siempre
bajo la jurisdicción del Estado cuya bandera las cobija.

Esto no obstante, es preciso distinguir entre las embarcaciones de guerra y las mercantes. Las primeras se consideran siempre unidas virtualmente al Estado, no sólo por las razones indicadas, sino también por el carácter de la persona que gobierna la nave, que forma parte de la soberanía y del poder público. Así es, que una nación podrá defenderse de una nave armada, que ponga en peligro su tranquilidad, pero lo que de ningún modo le es dado es ejercitar acto alguno de *jurisdicción* en ella.

Las naves mercantes, por el contrario, si se hallaren en alta mar, no reconocen otra jurisdicción que la de su propia bandera; pero cuando están en un puerto extranjero, vienen obligadas á someterse á las leyes del país en que se halla, y sólo sirve la jurisdicción de su bandera para sus relaciones con la tripulación.

También deben considerarse adheridos al territorio de un Estado los países ocupados militarmente, los lugares donde se hallan establecidas las colonias ó donde son recogidos los deportados, las islas que, entrando en el circuito de otra nación, fuesen espontáneamente cedidas al mismo para aportar á ellas aquellos de sus ciudadanos que faltasen al orden del Estado; y por último, el *radio necesario para su defensa,* que comprende no sólo los golfos, los puertos y los bajos, sino también el mar *territorial.*

En último término, se ocupa el autor de los actos que aun cuando ejecutados en el extranjero, deben ser considerados como *jurídicamente adheridos* al territorio, y renunciamos á más pormenores por no hacer más extensa esta reseña.

.˙.

En la misma revista encontramos otro interesante artículo de V. Wau-train Cavagnari, en el que científicamente se ocupa del plan y método que debiera adoptarse en la enseñanza de la facultad de Derecho.

Sin entrar en el examen en que se funda para ello el articulista, debemos únicamente consignar que, en opinión del mismo, debieran distribuirse en tres grupos las materias propias de un racional plan de estudios, en la forma siguiente:

Primer grupo   Ciencia social, que comprendería las ciencias sociales propiamente dichas, como son la Sociología y la Estadística; las ciencias ético-sociales, como son la Economía política y la Etica; y por último, las ciencias jurídico-sociales, ó sean la Política, la Teoría ó Filosofía del Derecho, la Ciencia de la Legislación, la Ciencia de la Administración y la de la Hacienda.

Segundo grupo.   Ciencia Jurídico-histórica, que comprendería el Derecho romano, el Canónico, el Germánico y el Nacional.

Tercer grupo.   Ciencia jurídica propiamente dicha, en cuyo grupo estarían comprendidos el Derecho constitucional, Administrativo, Financiero, Derecho de procedimientos civil, mercantil y penal, Derecho internacional y Legislación comparada.

En opinión del autor, no impide el plan establecido que á las asignaturas que constituyen los grupos indicados, se añadan algunas otras ciencias secundarias ó derivadas de las mismas, que contribuyan á ilustrar y profundizar los conocimientos de las materias objeto de las mismas; pero para no hacer infructuosos los resultados, por el afán imprudente de avanzar demasiado, debiera establecerse una distinción, cual es la de hacer obligatoria la enseñanza de los grupos mencionados, y potestativa ó voluntaria la de las demás, en la seguridad de que la mayor parte de los jóvenes aplicados no perderían la oportunidad de consagrarse á estos estudios.

Además, debe tenerse en cuenta que la carrera de Derecho está dedicada principalmente para los que luego han de consagrarse al ejercicio profesional de la abogacía, y hay que dar, por lo tanto, á dicha enseñanza un carácter práctico, huyendo de inútiles estudios que constituyan una perjudicial pérdida de tiempo, pues para ser un buen Abogado, dice el articulista, y para defender debidamente los intereses de los clientes, no se necesita haber digerido los escritos profundos de Spencer, de Sumner Maine, Fouillée, etc.

E. AGUILERA.

NOTICIAS BIBLIOGRÁFICAS *

Tratados de sucesiones intestadas y de los consortes en la misma cosa y fideicomiso legal, según.los fueros de Aragón, publicados en latín por D. Andrés Serveto Aviñón, D. Gil Custodio de Lissa y Guevara y D. Jerónimo Portolés, y traducidos y anotados por *D. Joaquín Martón y Gavín*, Licenciado en Derecho civil y canónico.

El ilustrado Decano del Colegio de Abogados de Zaragoza, que á sus muchos merecimientos une el de ser un escritor castizo y elegante, acaba de enriquecer la bibliografía contemporánea con la obra á que se refieren estas líneas, publicada en un lujoso tomo por la notable Biblioteca de Escritores aragoneses que edita la Diputación provincial.

Quisiéramos corresponder á la excepcional importancia del libro con un juicio crítico verdadero, en el que desde luego, á la severidad del más absoluto desapasionamiento, no podrían oponerse los sinceros elogios que merece el concienzudo trabajo que nos ocupa. Bástanos hacer constar que los libros traducidos por el Sr.Martón son un compendio exacto y perfecto de la legislación á que se refieren, y tendrán un complemento necesario y perfecto con el *Repertorio* de D. Miguel de Molin, la traducción de los *Estudios ó anotaciones* de D. Jerónimo Portolés, el *Ensayo de jurisprudencia y práctica de Aragón en materia civil desde el siglo* XVI *hasta el día,* y los *Fueros de Aragón* que están en uso y forman el actual Derecho moderno. Todos estos libros piensa publicar el erudito Sr. Martón; y la verdad es que si en todas las épocas son útiles obras de esta clase, mayores elogios merece quien las emprende, hoy que se trata de codificar el Derecho civil español.

No es esta la ocasión de tratar detenidamente el problema de la *codificación* civil, intima y necesariamente relacionado con el de la *unificación;* pero preciso es convenir en que es natural y se explica perfectamente que los par-

* De todas las obras jurídicas que se nos remitan dos ejemplares, haremos un juicio crítico en esta Sección de la REVISTA. De las que versen sobre otras materias pondremos un anuncio en la cubierta de las entregas.

tidarios de las legislaciones especiales, para la defensa de las mismas, las den
á conocer con toda clase de detalles, ya que, según hace constar el Sr. Martón, «muy en breve ha de iniciarse en Aragón una era de movimiento intelectual y de vida de Derecho civil, en vista de las tendencias hacia la unidad,
ó amenazas aparentes hacia el particularismo jurídico de provincias regidas
por legislaciones especiales.»

A este propósito, el Sr. Martón hace una minuciosa reseña de las tentativas hechas para codificar el Derecho civil desde la publicación del Decreto
de 2 de Febrero de 1880, precedido de un notable y elegante preámbulo del
malogrado D. Saturnino Alvarez Bugallal, que supo anunciar la citada codificación sin grandes alarmas, «merced á la elevación de miras, discreto lenguaje, prudente criterio y patrióticas aspiraciones allí reflejadas.» En lo que á
esta parte se dedica el prólogo del libro citado, el Sr. Martón demuestra que
á su vasta ilustración reune un espíritu de transigencia digno de todo encomio, pues aunque se muestra entusiasta defensor de la legislación foral aragonesa, en más de una ocasión se presenta como campeón esforzado de la codificación civil general.

Más que hacer juicio crítico de lós libros compilados por el Sr. Martón,
hemos de hacer resaltar el criterio de éste, para que nuestros lectores conozcan su importante personalidad, por la influencia que naturalmente han de
tener sus opiniones al tratarse de cualquier cuestión que afecte al Derecho
civil aragonés; y no extrañará, por lo mismo, que principalmente nos ocupe-
mos de algunas opiniones que emite y confirma con razonamientos muy atendibles.

A propósito de la especialidad del principio de preferencia de los colate-
rales sobre los ascendientes, en la sucesión intestada, el Sr. Martón hace mérito de los pueblos y países donde ha existido y existe aún, entre los cuales
cita muy especialmente el pueblo tagalo en las islas Filipinas, deduciendo, en
consecuencia, que dicho principio no ha de ser muy disconforme con el Derecho, cuando resulta acogido por pueblos sencillos y exentos de los refinamien-
tos, conveniencias y sutilezas á que se entregan las sociedades modernas.

También es de notar el detenido estudio que hace el Sr. Martón para impugnar la tesis de D Luis Franco y Mora, Barón de Mora, quien sostiene que
se da interpretación excesivamente lata y equivocada al fuero *De rebus vincu-
latis*, y á este propósito, contra lo afirmado por Franco, cree que la segunda
parte es base sucesoria general, y no un simple caso particular.

Asimismo merece muy detenida consideración la idea, valientemente sostenida, de que los aragoneses no acuden á la legislación romana á falta de
fueros ó de legislación propia, como entiende Aviñón, sino que hace notar que
los rasgos más salientes de la legislación aragonesa son: su carácter pronun-
ciadamente *regional*, con ideales *indígenas* y propios, y un acentuado *espíritu
visigodo*, informando sus elementos y doctrinas.

Repetimos que, muy á pesar nuestro, no podemos dedicar más tiempo y espacio al libro que nos ocupa; pero con lo dicho comprenderán nuestros lectores el gran mérito que lo avalora, y con cuánta razón felicitamos muy cordialmente al ilustre escritor D. Joaquín Martón y Gavin, á quien tanto deben la ciencia del Derecho en general, y especialmente los pueblos regidos por legislaciones especiales como la aragonesa.

LUIS M. MIQUEL IBARGÜEN.

Lo stato moderno e la giusticia.—*Lodovico Mortara*—Torino, 1885.

La obra publicada con este título por el distinguido Catedrático de la Universidad de Pisa, es un estudio completísimo del concepto de la administración de justicia dentro del estado moderno, de los defectos de su organización actual y de los rumbos que es necesario seguir para que pueda llenar su elevada función libre y desembarazadamente.

Comienza examinando en tesis general la índole y el estado actual del problema que ha de resolver; hace luego atinadas consideraciones acerca del régimen popular representativo y de la constitución del Poder judicial; consagra después su atención á exponer sucintamente la parte histórica del asunto, reseñando el concepto del Poder judicial en la organización política de los principales Estados antiguos y modernos; ocúpase á continuación en el examen del mismo Poder dentro del nuevo Derecho público italiano, estudiando su autonomía orgánica, la justicia penal y la civil, los motivos que aconsejan su separación, así como las reformas que se hacen precisas en una y otra para ponerlas en consonancia con las exigencias de la ciencia y de la práctica; consagrando la última parte de su notable trabajo á consignar sus opiniones repecto á la garantía y limitaciones que deben ponerse á la autonomía orgánica de la Magistratura para evitar posibles abusos de su poder, así como también respecto al procedimiento de transición que estima más conveniente para llegar á la organización más acabada y perfecta de la administración de justicia en el reino de Italia.

El capítulo IX, que es el destinado á exponer la organización que el Profesor Mortara estima más conveniente para la Magistratura, es el que ofrece mayor interés de toda la obra y revela gran competencia en su autor; pero en nuestra opinión, es poco práctico y ofrece dificultades é inconvenientes de no escasa importancia. Nosotros creemos que sólo hay un sistema eficaz, ó al menos de bastante eficacia para que sea una verdad la independencia y autonomía de la Magistratura, y para que el Poder judicial constituya un verdadero Poder, con los atributos inherentes á los demás del Estado; y este siste-

ma es el que planteó en España el Sr. Salmerón el año 1873, confiando la propuesta para los cargos vacantes al Tribunal Supremo, y dejando reducido el arbitrio ministerial á la aprobación de la propuesta elevada por la más alta representación de la Magistratura. Este procedimiento, en su esencia, es el que ofrece mayores garantías en cuanto á la independencia y autonomía del Poder judicial, y creemos que, con las modificaciones de detalle que se estimaran oportunas según las condiciones de cada país, no podría ser rechazado por cuantos desean, como el ilustre Mortara, el prestigio y la independencia de la administración de justicia, que son garantía firmísima de los más altos intereses sociales.

Pero el Poder ejecutivo, que por históricas corruptelas de los principios constitucionales se ha arrogado en todos ó casi todos los países atribuciones que son propias y privativas del Poder judicial, ¿renunciará al ejercicio de la facultad de elegir los funcionarios de la administración de justicia? Este es el problema previo que hay que resolver, no en un principio, sino en la práctica, para pensar después en la resolución del planteado con tanta ilustración como acierto por el distinguido Profesor de la Universidad de Pisa.

.∗.

Commemorazione di Francesco Carrara letta all' Ateneo veneto dal socio effecttivo *Prof. Avv. Renato Mansato*, nella tornata dei 12 Aprile, 1888.—Venezia, 1888.

Este notable discurso, que responde cumplidamente al laudable propósito de conmemorar la muerte del insigne Carrara, es un estudio completo, aunque sucinto, de la vida y escritos más notables del eminente criminalista, cuya pérdida deja en la ciencia penal y en la escuela antropológica italiana un vacío muy difícil de llenar, no obstante las relevantes dotes de los distinguidos tratadistas que representan hoy en Italia la escuela que á tanta altura supo elevar Carrara.

Nació este ilustre jurisconsulto en Lucca (Toscana) el 11 de Septiembre de 1805, dos años después de haber comenzado á explicar en la Universidad de Pisa la cátedra de Derecho penal el ilustre Carmignani, el Linneo del Derecho penal, al cual llamó siempre su maestro.

Laureado ya en los comienzos de su carrera en el Liceo universitario de Lucca, Carrara empezó sus tareas del foro con un gran caudal de doctrina y relevantes dotes: la elocuencia vigorosa que nace de la firmeza de las ideas y no del cúmulo de palabras, argumentación enérgica y admirable erudición jurídica; dando ya muestras desde su juventud de lo que más adelante llegó á ser: el primero de los oradores criminalistas de Italia.

Consagrado al estudio de todas las escuelas y de los principales tratadistas de Derecho penal, antiguos y modernos, de cuyo conocimiento dió muestra en las obras que más adelante publicó, comparando, analizando doctrinas y depurando errores, elaboraba su espíritu los elementos del sistema de Derecho penal, cuyo concepto supo tan claramente estatuir.

Permaneció entregado á los estudios jurídicos y á los asuntos del foro hasta 1848, al fin de cuyo año comenzó sus tareas de la enseñanza, dedicándose durante once años á explicar en el Ateneo universitario de Lucca el Derecho penal, alternando sus lecciónes con las del Derecho civil.

Reintegrada la Universidad de Pisa en el año 1859 en todas sus facultades, la cátedra de Derecho penal no podía, no debía esperar otro Profesor que Francisco Carrara, nombrado para desempeñarla, que al poco tiempo daba á luz el *Programma al corso di diritto criminale*, libro modesto por su título, pero que ha quedado y quedará por mucho tiempo como la más original, la más profunda y la más erudita obra de la literatura jurídica moderna, en la cual comienza por investigar este gran problema: fundamento del Derecho penal, cuáles son sus límites y su objeto, y en qué criterio debe inspirarse la pena.

Después de exponer estos datos de la vida y primera obra publicada por Carrara, pasa el Profesor Manzato á exponer brevemente las ideas sustentadas en los demás libros y trabajos publicados sucesivamente, entre ellos: *Diritto della difesa pubblica e privata* (1859-60); *Varietà dell'idea fondamentale del giure punitivo* (1862-63); *Dottrina fondamentale della tutela giuridica* (1861-62); *Genesi antropologica del diritto criminale* (1879); *Se l'emenda del reo possa considerarsi come unico fondamento é fine della pena* (1863-64); *Sull'avvenire della sciensa criminale; Lineamenti di pratica legislativa penale; Pensieri sul progetto del codice penale; Reminiscense di cattedra e foro* (1883); *Teorica della prevalenza* (1886); *Se l'unità sia condizione del giure penale.*

El trabajo del Profesor Manzato resulta, en suma, muy interesante para cuantos se consagran al estudio del Derecho penal, y digno por la discreción y elegancia con que se halla escrito, del objeto que se propuso su distinguido autor de tributar un homenaje de admiración y de respeto al más ilustre de los criminalistas italianos.

***

Aberdaje du navire de commerce français la «Ville de Victoria» et du cuirassé anglais le «Sultan»; par *M. Edouard Clunet*, Avocat á la Cour de Paris.—Paris, 1898.

En este folleto, que tiene verdadero interés para los aficionados al estudio del Derecho mercantil marítimo y para los navieros y demás personas que intervienen en el comercio marítimo, plantea Mr. Clunet las diversas cuestiones á que ha dado lugar el abordaje de los dos buques expresados, examinando con gran copia de datos el problema de derecho que entraña, las condiciones jurídicas de los buques de guerra en sus relaciones internacionales, el Tribunal competente para conocer, la ley que debe aplicarse; y por último, el arbitraje internacional; rechazando este último en el caso de que se trata, por estimar Mr. Clunet que este procedimiento excepcional sólo es aplicable cuando los Tribunales de ninguna de las naciones de que se trata tienen competencia para resolver el conflicto, como ha ocurrido en los casos de diferencias entre Inglaterra y los Estados Unidos con motivo del Alabama, entre España y Alemania acerca las islas Carolinas, y entre Italia y Colombia á consecuencia del arresto del Sr. Cerruti.

RAMÓN SÁNCHEZ DE OCAÑA.

REFORMAS EN LA ADMINISTRACIÓN DE JUSTICIA

SEÑORES:

Tengo hoy la honra de presidir la apertura de nuestros Tribunales por la sensible dimisión del Sr. D. Eugenio Montero Ríos del alto puesto á que le habían elevado su mérito y circunstancias y cuya ausencia de este sitio lamento; é interpreto también con seguridad el natural dolor de todos al dedicar un recuerdo de pésame á la memoria del Sr. D. Eduardo Alonso y Colmenares, arrebatado al Tribunal por una enfermedad rápida, en momentos en que se ocupaba con afán de prestar servicios importantes y del mayor interés para que el personal encargado de administrar la justicia en el país, respondiera á cuanto exige tan elevado ministerio.

Cumplidos estos dos deberes, para mí ineludibles, y convencido de que nadie pone en duda las condiciones que deben adornar á los encargados de administrar justicia, explicadas en nuestras leyes con las palabras de que sean «leales ó de buena fama ó sin mala cobdicia» y además «que hayan sabiduría para juzgar los pleitos derechamente», no me detendré á discurrir sobre ellas, y partiendo del supuesto de que concurren en cuantos conservan la confianza de S. M., me propongo

---

(*) Discurso leído por el Excmo. Sr. D. Hilario de Igón y del Royst, Presidente accidental del Tribunal Supremo, en la solemne apertura de los Tribunales, celebrada en 15 de Septiembre de 1888

manifestar mis opiniones sobre algunos medios que considero convenientes para utilizar la aplicación de aquéllas, y lograr al mismo tiempo la consideración que la justicia necesita á fin de constituir la verdadera salvaguardia de todos los derechos: con lo cual cumpliré la obligación que la ley y las circunstancias casi inopinadamente me imponen, de dirigiros la palabra en esta ocasión solemne.

Necesario es que los Jueces no sólo se hallen adornados de las dos cualidades esenciales de ciencia y deseo de acertar, sino que hagan una vida regular y moderada hasta el retraimiento, sobre todo en lo que se roza con la política, á la cual, sin perjuicio de su opinión particular, deben ser extraños en la práctica, limitándose á ejercitar los actos personales relacionados con ella á que la ley les llame.

La ley misma debe ayudar con sus preceptos á dicho retraimiento, evitando la intervención de los Jueces en todo lo que se roce con tan abrasado campo, para lo cual es de desear que empezando por los Jueces municipales, se evite que tenga en su elección parte alguna el interés político, el cual puede, en mi opinión, contribuir á que se sospeche de la pasión del Juez en los muchos negocios que no pasando por su cuantía al conocimiento de los Tribunales de derecho en la primera instancia, son, sin embargo, de grande interés para la fortuna de los que litigan en tales casos.

En tanto que no lleguemos á establecer que el cargo para desempeñar dichas funciones constituya el primer grado de la jerarquía judicial, formando circunscripciones proporcionadas, es necesario exigir al menos, que sean nombrados con la misma separación de todo acto político que los que desempeñan cargos judiciales superiores.

¿Y qué diremos relativamente á los Jueces de primera instancia y á los de instrucción? Encargados los primeros de resolver los negocios en primer grado, su buena opinión y el concepto de ciencia é imparcialidad es de tal importancia, que puede, según creo, influir mucho en que los litigantes se aquieten con su decisión, disminuyendo el número de los recursos de alzada; y para que dichos funcionarios reunan tan apetecibles condiciones, es preciso organizar los servicios en términos que deban su puesto exclusivamente á sus circunstancias de saber y rectitud, y que no se pueda ni aun sospechar que lo han obtenido exclusivamente por el favor, y menos por el favor político.

Si queremos, pues, justicia respetable y respetada, no me cansaré de repetir que los encargados de administrarla deben ser extraños á la política. Y entiéndase bien que no entra en mi propósito la idea de la exclusión para cargos judiciales de las personas que hayan intervenido en ella, de las cuales pueden salir y han salido hombres eminentes en todos los ramos del saber y del servicio público.

Mi tesis se limita á sostener que como han obrado siempre cuantos se han hallado en dicho caso, que yo sepa, desde el momento en que reciban la investidura judicial, se separen y vivan alejados de la ardiente arena de las cuestiones políticas, sin perjuicio de la salvedad que ya dejo hecha de ejercitar los actos relacionados con ellas á que la ley les llame, ya sea como electores, ya como miembros del Parlamento. Con dicha investidura el Juez entra en un orden que exige ya la vida retirada que he pedido, y el alejamiento de todo acto que pueda hacer dudar de la imparcialidad del que juzga.

Esta necesidad se deja sentir con mayor razón si cabe que en los negocios civiles, en las funciones propias de los Jueces instructores, pues son muchos los casos que en lo criminal se relacionan con la política.

Cuanto se haga, y se ha hecho ya mucho para elevar la carrera judicial al carácter de un verdadero sacerdocio civil, mayores garantías tendrá la sociedad de bienestar y de verdadera y práctica libértad. Y digo, señores, que se ha hecho mucho, porque tenemos la inamovilidad judicial, por la cual se ha suspirado durante largos años en valde, y que constituye uno de los medios más poderosos para conseguir un Cuerpo de

Jueces dignos, lo cual no es incompatible con la inspección
constante que debe vigilar la conducta de todos á fin de separar del ejercicio de tan augustas funciones á los que resulten
indignos; pensamiento que ha inclinado sin duda el ánimo del
respetable Sr. Ministro de Gracia y Justicia para la creación
de la Junta inspectora, recientemente organizada.

Con un espíritu de equidad y deseo de imparcialidad para
los actos electorales, se ha establecido la intervención de los
Jueces en ellos. No me atreveré á sostener que el resultado
haya sido contrario á la verdad electoral, ni me toca, ni debo,
ni quiero entrar en dicho terreno; pero sí juzgo que con ese
proceder sufre visible quebranto la respetabilidad de los Jueces, así como.por el contrario ganará mucho cuando se aplique en toda su extensión el principio constitucional de que los
Tribunales no ejerzan otras funciones que las de juzgar y hacer que se ejecute lo juzgado. La experiencia nos enseña, desgraciadamente, que la intervención referida provoca la elección y remoción de personas determinadas, en mengua del
ministerio judicial, y conviene, por lo mismo, y es de esperar
que se evite este grave inconveniente.

Para mayor dignidad de los mismos Tribunales, sería también muy oportuno, en mi opinión, que los funcionarios todos
que pertenecen á ellos sean retribuídos por el Estado, evitando así los daños que resultan de que perciban derechos en los
juicios; sistema que se presta á que pueda sospecharse que se
practican diligencias inútiles ó se agravan las necesarias.

No fué otro, sin duda alguna, el fundamento para la supresión de los derechos que percibían los Jueces, medida que
los dignificó, y que conviene hacer extensiva á los demás funcionarios que intervienen en las actuaciones judiciales. Ya es
planteó este sistema en los Juzgados de la jurisdicción militar
y de extranjería, antes de la supresión en 1868 de los Tribunales especiales, y lo considero grandemente beneficioso para
el buen nombre de la justicia.

Y al llegar aquí, me asalta una idea que constituye hace

muchos años una verdadera preocupación y una aspiración constante de mi corazón. Yo pregunto: ¿no sostiene el país un Ejército para su defensa contra los ataque del exterior y para conservar el orden material en el interior? Pues ¿por qué no ha de sostener lo mismo los Tribunales de justicia para conservar el orden moral y la paz de las familias? Creo firmemente que la administración de la justicia gratuita, constituiría un verdadero beneficio para la sociedad. Los enormes gastos que ocasionan los litigios llegan en ocasiones á constituir una especie de denegación de justicia, que aleja á los ciudadanos de llamar á la puerta de los Tribunales, de los cuales, aunque sea exagerando el mal, ha llegado á decirse que los que nececitan acudir á ellos salen todos arruinados, llevando el vencedor solamente la ejecutoria.

No desconozco las dificultades que ofrece el planteamiento del sistema. Entre ellas, no es la menor el fundado temor del aumento de pleitos, y la consiguiente necesidad de mayor número de Tribunales para resolverlos; pero aceptado el principio, no sería difícil evitar los inconvenientes que pudiera producir.

El de la facilidad para promover pleitos, que acaso será el principal, se salvaría con el establecimiento de una indemnización pecuniaria impuesta á los vencidos en juicio y á los condenados en las causas criminales, quedando completamente exentos de pago los inocentes y los que hubieren litigado con razón.

Los condenados por delito recibirían como un aumento de pena el pago de la cantidad señalada por indemnización, en equivalencia de la condena de costas que hoy se les impone, y los vencidos en juicio sufrirían las consecuencias de su temeridad. Las cantidades por indemnización ingresarían en el Tesoro para ayuda de ocurrir á los gastos de los Tribunales, reemplazando en esta ú otra forma los ingresos que hoy tiene.

Considero que si llegáramos algún día á la administración gratuita de la justicia en la forma indicada, ú otra que se considerase más perfecta, resultarían grandes beneficios morales al país y á la justicia misma. Sirva hoy siquiera la idea para que se medite sobre ella, y cuando menos, espero que se interpretará el planteamiedto de esta cuestión como resultado de una aspiración generosa.

Después de todo, y cualesquiera que sean las reformas y mejoras que juzguemos convenientes, á nosotros nos corresponde cumplir los preceptos de las leyes en vigor, y bien puedo permitirme asegurar desde este sitio, que el Tribunal Supremo, llenando sus deberes de explicarlas, lo hace siempre con un alto espíritu de ciencia y rectitud; y los demás Tribunales aplicándolas, sin perjuicio de los errores á que siempre estará sujeta la humanidad, y que la ley concede medios de corregir, son dignos de la estimación general, y no necesitan que yo les recuerde desde aquí el espíritu de templanza, independencia, estudio y amor á la justicia que á todos debe animarnos para cumplir la misión de dar á cada uno lo que es suyo.—HE DICHO.

LA TESTAMENTIFACCIÓN

EN DERECHO INTERNACIONAL PRIVADO *

En cuanto á los criminales, lo dispone así ley tan antigua como lo es la 1.ª, tít. 1.º, libro 2.º del Fuero Real, que establece que, «todo home que se mudare so algun señorío y ficiere algun fecho malo, porque deba haber pena de su cuerpo, ó de su haber, y pasare á morar á otro señorío, allí responda, y tome juicio ante aquel Alcalde en cuya tierra fué el fecho: y no se pueda excusar porque fué á morar á otro lugar», ley desde entonces reconocida y á través de los tiempos respetada y transcrita en la 15, tít. 1.º, Partida 1.ª, donde después de consignar la obligación del súbdito, de sujetarse á las leyes de su país, añade: «E eso mismo decimos de los otros que fuesen de otro señorío, que ficiesen el pleyto, ó postura ó *yerro* en la tierra do se juzgase por las leyes; ca maguer sea de otro lugar non pueden ser excusados de estar á mandamiento dellas, pues el *yerro* ficieron onde ellas han poder, ó aunque sean de otro *señorío*, en cuya tierra oviere fecho alguna de estas cosas»; leyes conservadas hasta nuestros días, según puede verse en la nota 12 de la ley 9.ª, tít. 11, libro 6.º, por la que los extranjeros están sujetos á las leyes de policía y seguridad del Estado en que se encuentren, y principalmente en el artículo 29 del Real decreto de 17 de Noviembre de 1852, y cons-

---

* Véanse las páginas 598 del tomo 72, y 120 de este tomo.

tante jurisprudencia del Tribunal Supremo que expresan que aquéllos, ya sean domiciliados, ya transeuntes, se hallan sujetos á las leyes y Tribunales españoles, por los delitos que cometan en el territorio español.

Obedece esta doctrina, como con profundo razonamiento consigna el ya citado Caravantes en su edición del Febrero reformado por Goyena, Aguirre y Montalbán, en que todo Estado tiene el derecho de velar y proveer á su conservación; en este derecho reside la *soberanía*, que no puede ser limitada ni en cuanto á cosas, ni en cuanto á personas; y mal podría el Estado llenar el fin y deber de su conservación encerrando en su seno hombres independientes de su poder, ora nacionales, ora extranjeros. Estos, por otra parte, deben respetar la ley que les protege y agradecer la hospitalidad que encuentran.

En cuanto á los *actos civiles* pueden dividirse en *judiciales* y *extrajudiciales*. Los judiciales, objeto de contención que resuelven los Tribunales, y los extrajudiciales que consisten *en manifestaciones voluntarias*, tácitas ó expresas *de contraer obligaciones* y *adquirir derechos* por contratos ó cuasi contratos ó cualquiera otro medio (Escriche).

En todos ellos, los Tribunales competentes para su conocimiento serán los del país donde las obligaciones hayan de cumplirse, y las formalidades externas á que han de sujetarse para su validez, las marcadas por las leyes del país en que el acto se ejecuta.

Sobre el primer punto, siguiendo las huellas del Derecho internacional, perfectamente señaladas en los notables estudios del sabio escritor Pasquale Fiore, y aparte de las diversas disposiciones (Tratados internacionales, Real decreto de 1852, ley de 4 de Julio de 1870), que determinan los casos en que los Tribunales del país en que se encuentra el extranjero pueden tomar medidas preventivas y precautorias sobre los bienes muebles, derechos y acciones que luego han de dilucidarse por los Tribunales de la nación de que aquel fuera súbdito, ya los artículos 29 y 32 del tántas veces citado Real decreto de 17 de Noviembre de 1852, establecían que los extranjeros tienen derecho á que por los Tribunales españoles se les administre justicia con arreglo á las leyes españolas en las demandas que entablen para el cumplimiento de las obligaciones contraídas en España, *ó que deban cumplirse en España*, principio sancionado después en los artículos 922 al 925 de la ley de Enjuiciamiento civil de 1855, más tarde copiado en el 954 de la de 1882, donde haciendo recíproco este derecho á las demás naciones se consigna que las sentencias firmes pronunciadas en países extranjeros tendrán fuerza en España aun sin mediar tratados, si reunen las cuatro circunstancias siguientes: haber sido dictada á consecuencia del ejercicio de una acción personal; no haber sido dictada en rebeldía; que la obligación, para cuyo cumplimiento se haya procedido, sea lícita en España, y que la carta ejecutoria reuna los requisitos necesarios en la nación en que se haya dictado para ser auténtica, y los que las leyes españolas requieren para que haga fe en España.

Esta teoría, que no es nueva, pues ya en algunas leyes de Partida se ve expuesta, ha sido confirmada últimamente, á más de por los Tratados internacionales, por sentencia del Tribunal Supremo, tan famosa como la dictada en 20 de Diciembre de 1887 dando fuerza á otra pronunciada por el Juez del distrito 5.º del ramo de lo civil de la ciudad de Méjico, fundándose para ello en la misma doctrina del ya citado art. 954 de la ley de Enjuiciamiento civil.

En cuanto al segundo punto, ó sea á las leyes por que han de regirse las formalidades externas de los actos ejecutados en un país extranjero, la doctrina es más acabada y nuestra legislación reviste más claridad, aunque no tanta como de desear fuera.

Podemos citar en apoyo de la opinión, de que estas leyes han de ser las del país en que se ejecute el acto, á más de la ya expuesta ley 24, tít. 11, Partida 4.ª, basada en la máxima latina *lex loci contratus*, el Real decreto de 17 de Octubre de

1851 que es de lo más completo que sobre esta materia se ha legislado, pues en él se encuentra comprendida toda la doctrina moderna sobre este punto.

Dicho Real decreto, firmado por el á la sazón Ministro de Gracia y Justicia, D. Ventura González Romero, sienta en su artículo único que serán válidos y causarán ante los Tribunales españoles los efectos que procedan en justicia, todos los contratos y demás actos públicos notariados en cualquier país extranjero, siempre que concurran en ellos las siguientes circunstancias: que el asunto, materia del acto ó contrato, sea lícito y permitido por las leyes de España; que los otorgantes tengan aptitud y *capacidad legal* para obligarse con arreglo á las de su país (esto es, con arreglo á su estatuto personal); que en el otorgamiento *se hayan observado las fórmulas establecidas en el país donde se han verificado los actos ó contratos* (ó sea que se haya cumplido el estatuto formal); que cuando estos contengan hipotecas de fincas radicantes en España se haya tomado razón en los respectivos registros del pueblo donde estén situadas las fincas (quiere decir, con sujeción al Estatuto Real), y que en el país del otorgamiento se conceda igual eficacia y validez á los actos y contratos celebrados en territorio de los dominios españoles.

Como se ve, sólo la última cláusula disuena de la grandeza de la teoría en este Real decreto sustentada, mas esta última cláusula, aunque sancionada como todas las demás por Real decreto de 1852 en su art. 35, era mal mirada por los legisladores y jurisconsultos; y así vemos que en el mismo año de promulgada, los redactores del notable proyecto de Código civil, en su art. 10, la suprimían al sustentar de un modo absoluto que «las formas y solemnidades de los contratos, testamentos y de todo instrumento público, se regirán por las leyes del país donde se otorguen.» Disposición que, según el comentarista de este Código, D. Florencio García Goyena, en sus concordancias nos pone á la cabeza de las demás naciones; pues ninguna de ellas, á excepción de la Luisiana, lo establece, y aun esto lo hace con restricciones y no del modo general y amplio que el art. 10 de que tratamos.

Esta prescripción, aunque incrustada en un Código que por desgracia no llegó á regir, no por eso ha sido estéril; pues aunque el art. 282 de la ley de Enjuiciamiento civil de 1855, al decir que los documentos otorgados en otras naciones tendrían igual fuerza que los que lo sean en España, si *reuniesen todas las circunstancias* exigidas en aquéllas y á más *las que se requieren* en España para su autenticidad, se refiriera á las circunstancias del Real decreto de 1851, y por tanto á la que mandaba que para su eficacia había de concederse la misma en el país extraño á los actos celebrados en territorios españoles; la ley de Enjuiciamiento civil de 1882, hoy vigente, en su art. 600, vuelve la vista á aquel Código y establece como doctrina general que los documentos otorgados en otras naciones tendrán el mismo valor en juicio que los autorizados en España si reunen los cuatro requisitos siguientes: que el asunto ó materia del acto ó contrato sea lícito y permitido por las leyes de España; que los otorgantes tengan aptitud y *capacidad* legal para obligarse con arreglo á las leyes de su país (estatuto personal); que en el otorgamiento se hayan observado las formas y solemnidades establecidas en el país donde se han verificado los actos y contratos (estatuto formal), y que el documento contenga la legalización y *los demás requisitos necesarios para su autenticidad en España;* pero esta cláusula, entendiéndola no como en la ley de 1855 con arreglo al Real decreto de 1851, sino conforme con la jurisprudencia del Tribunal Supremo que en la sentencia antes citada de 20 de Diciembre de 1887 se rige por el art. 954 de la vigente ley procesal, que se refiere á los casos en que las sentencias firmes de Tribunales extranjeros serán válidas en España, aun *sin mediar tratados ni reciprocidad,* artículo del que el 600 es una exacta copia, y por tanto debe producir el mismo efecto.

Esta sentencia determina en su tercer considerando, que aun en el caso en que la ley exigiese (que no exige) la reciprocidad, ésta *se supone* siempre, y lo que *debe probarse* para que no surta efecto, es que la *reciprocidad no existe*, y *no probando* esto, la *suposición* queda en pie.

Sin embargo, no lo entendieron así las sentencias de 6 de Noviembre de 1867 y la más moderna de 1886 que citan como reglas de Derecho internacional privado, que el estatuto formal es «el que rige los actos ejecutados en país extraño y celebrados con arreglo á sus leyes en cuanto á sus formalidades externas, pero siempre dentro de las prescripciones del art. 282 de la ley de Enjuiciamiento de 1855 y Real decreto de 1851; mas téngase en cuenta que la primera de estas sentencias es anterior á la nueva ley de Enjuiciamiento y que para la interpretación de ésta no sirve; y que la segunda, aunque posterior, está derogada tácitamente por la de 20 de Diciembre de 1887, que es la que confirma la teoría que venimos sustentando, pudiendo con razón, en vista de ella, sostener como al principio que·la verdadera máxima por la que el estatuto formal debe regirse y se rige hoy en España, es la de *locus regit actum.*

Cúmplenos, para terminar nuestra teoría de los estatutos, hacer una observación referente á sus distintas naturalezas, inspirada en el comentario de García-Goyena al art. 10 del proyecto de Código civil.

El estatuto real y el personal se regulan por leyes *preceptivas,* esto es, por leyes cuyo cumplimiento no puede eludirse, siendo, por tanto, condición necesaria para su observancia que las personas, en cuanto á su capacidad y estado, se rijan por las leyes de la nación de que sean súbditos; y los bienes inmuebles, en cuanto son independientes del sujeto, por las del lugar en que radican mientras que el estatuto formal se regula por leyes *permisivas,* esto es, que se le conceden al extranjero para facilitar sus actos, pues si éste no quiere sujetarse á las leyes del país en que los celebra y sí á las leyes de su patria, el acto así celebrado tendrá eficacia en ésta, para lo cual, según los tratados internacionales celebrados en España, el Real decreto de 1852 y la ley de 4 de Julio de 1870, se le confiere á los Cónsules facultades para intervenir como Notarios en los actos que celebren en el extranjero los españoles, sujetándose á las leyes patrias.

Hállase la razón jurídica de esta regla en las palabras del comentarista citado, al decir que si un español celebra un acto én el extranjero con las solemnidades prescritas por las leyes españolas, este acto será válido, pues nada podrá oponer en contra el Tribunal español ante quien fuese presentado, ni podría lógicamente declarar indigno del beneficio de las leyes españolas al natural que se ha conformado con ellas, aun estando en país extranjero.

V

Las ideas en filosofía, como los hechos en historia, son las unas consecuencias de las otras; y así, dada la primera, natural y lógicamente se han de desprender de ella todas las demás que en su seno toman origen. Queda comprobado esto con sólo examinar la serie de gradaciones por que hemos tenido que descender para llegar al punto que nos proponíamos, á la cuestión jurídica cuya solución perseguimos. De este modo la teoría del Derecho en abstracto nos ha conducido á la teoría del Derecho en concreto, primero en su acepción más general y luego en su acepción particular, dando con ello lugar, como desprendimiento de la primera teoría, á la teoría de las naciones, y como desprendimiento de ésta á la de los estatutos. Pero dilucidados estos puntos y dada una idea, aunque sucinta, de las diversas cuestiones entrañadas en la ciencia del Derecho internacional privado, fuérzanos el origen de este trabajo á aplicar aquellas ideas al problema á que se refiere y para cuyo estudio fué comenzado.

Es este problema la investigación de *las leyes que deben re-*

*gir en la celebración de un testamento hecho en país extranjero
para que tenga validez en España.*

Para su completo conocimiento fuérzanos el método que venimos sosteniendo á exponer la teoría de la *testamentifacción*, originada de la que ya expusimos de los estatutos, para, en armonía con todas las en este estudio sustentadas, poder de modo más facil y más claro hacerla comprensiva, y finalmente, resolverla con arreglo á derecho.

La teoría de los testamentos, como afirma Leibnitz, buscando su razón filosófica, está basada en la idea de la *inmortalidad.*

El hombre no perece. Ser compuesto de espíritu y materia que en su divina conjunción forman el *alma ó personalidad*, está sujeto á las leyes espirituales, materiales y sociales que son eternas. Así su espíritu intangible, al desprenderse del cuerpo *sigue existiendo* en lo infinito por la virtualidad de la idea; el cuerpo, al desprenderse de su espíritu, *sigue existiendo* en la Naturaleza por la virtualidad de la materia, y su alma ó personalidad, á la descomposición de estos dos elementos que la forman, sigue existiendo en la *sociedad* por la virtualidad de la *herencia.*

Porque el hombre como ser sociable constituído en familia, se reproduce en sus descendientes, descendientes sujetos á esta eterna ley de las causas, por la cual todo efecto ha de participar de los caracteres de la causa que lo produce, ó sea á la constante ley *hereditaria.*

De este modo los descendientes *heredan*, sólo por ser suyos, los rasgos fisionómicos de los ascendientes, su constitución fisiológica, su color, sus mismas enfermedades y aun sus propias costumbres, es decir, su misma *personalidad* reproducida é *inmortalizada* en toda la serie de su descendencia; de aquí que las leyes reconozcan el derecho de los ascendientes á *legar* esta personalidad y el derecho de los descendientes á *heredarla*, y como la *personalidad* no sólo se refiere á la esfera fisiológica ó material, que al fin es ciega, sino también á la social y á la espiritual, que son libres, de aquí que este derecho á *legar* y este derecho á *heredar* se refieran desde el apellido á cuantos bienes, derechos y acciones constituyan la personalidad del que lega, aunque siempre en relación con el *estado civil* del que hereda.

Pues bien; á la *forma* ó documento en que el individuo hace uso de este derecho de *reproducirse* transformándose, ó sea continuando su *personalidad* en la de sus herederos, esto es, *inmortalizándose* en la sociedad, es á lo que se le da el nombre de *testamento*.

Por esta razón la ley 1.ª, tít. 1.º, Partida 6.ª, al definirlo, consigna «que *testatio, et mens*, son dos palabras latinas que tanto quieren decir en romance como testimonio de la voluntad del ome... Ca en él se encierra ó se pone ordenadamente la voluntad de aquel que lo face: estableciendo en él su heredero, ó departiendo lo suyo en aquella manera que él tiene por bien que finque lo suyo después de la muerte...» Concepto que, á través de los siglos, viene á coincidir con el dado por el proyecto de Código civil en su art. 555 que lo define como «un *acto* solemne y esencialmente revocable por el que dispone el hombre de todo ó parte de sus bienes para después de muerto en favor de una ó más personas.»

Si el *testamento*, como la definición afirma, es un *acto*, es evidente que han de intervenir en él los tres elementos que intervienen en todo acto, esto es, *persona* que lo ejecute, *forma* de ejecutarlo y *objeto* sobre que recaiga.

La persona estará en cualquiera de los diversos *estados civiles* que señalamos al hablar de éstos en la primera de las tres agrupaciones en que los dividimos; y ya esté en uno ó en otro, tendrá ó no capacidad para ejecutar determinado *acto*; de donde se ve que en cuanto á la persona será necesario, para que pueda otorgar testamento, que tenga *capacidad legal*. La *forma* hemos visto por la definición dada, que ha de ser *solemne*, ó como dice el comentarista del proyecto de Código, hecha con los *requisitos ó solemnidades de la ley* y cuya inobservancia ó falta *lo anula*, según el art. 588 del mismo cuerpo legal que, tomado de la ley 32, tít. 9.°, Partida 6.ª, lo comprueba. El *objeto* estará sujeto á la voluntad del testador en cuanto aquél tenga *capacidad* para disponer de él, y la *solemnidad* con que disponga sea la exigida por las leyes.

Para las primeras, ó sea la capacidad del que puede testar, existen leyes como la 10, título 5.°, libro 2.°, y la 4.ª, tít. 3.°, libro 4.° del Fuero Juzgo, robustecidas por la 13, tít. 1.°, Partida 6.ª; por la 5.ª de Toro, que es la 4.ª, tít. 18, libro 10 de la Novísima, y la 4.ª de Toro, que es la 12, tít. 20, libro 10, recopilada; y finalmente por la 6.ª, tít. 12, libro 1.° de la Recopilación de Indias; leyes que, tomando su origen en la 17, título 1.ª, libro 28 del Digesto, y en el párrafo 1.° del tít. 12, libro 2.° de las Instituciones, vienen á sentar, con el art. 600 del proyecto de Código, que pueden disponer por testamento los varones mayores de catorce años y las hembras mayores de doce que al hacerlo gocen de su cabal juicio, y aun estando locos ó dementes, pueden disponer durante los intervalos lúcidos que tengan.

Para las cualidades externas ó accidentales, esto es, para las solemnidades del testamento, puede verse desde el tít 5.°, libro 11 del Fuero Juzgo, que se ocupa de los *escriptos* que deven valer ó non, leyes 11, 13, y 15; hasta el Fuero Real, ley 1.ª, tít. 5.°, libro 3.°; leyes 1.ª y 2.ª, tít. 1.°, Partida 6.ª; ley 1.ª (tít. XIX del Ordenamiento), y 2.ª (ley 3.ª de Toro), título 18, libro 10, Novísima Recopilación; 1.ª, 2.ª, 7.ª y 8.ª, título 23 del mismo libro, y la glosa 3.ª, núm. 4.°; ley 1.ª, tít. 4.°, libro 5.°, Recopilación, que tenía en su apoyo la ley 103, título 18, Partida 3.ª; Sentencias de 14 de Mayo de 1864, 28 de Junio de 1865, 7 de Diciembre de 1868, 29 de Diciembre de 1872, 15 de Abril de 1872, 27 de Mayo de 1872, 11 de Diciembre de 1855, 11 de Junio de 1864, 21 de Diciembre de 1872, 6 de Diciembre de 1861, 10 de Julio de 1873, y la opinión de los comentaristas como López, glosa 7.ª á la ley 1.ª, título 1.°, Partida 6.ª; Arévalo en la 1.ª, título *De testamentos*, núm. 48; Góm ez en la 3.ª, núm. 29; Palacios, Castillo y Matienzo.

Todas estas disposiciones establecen las clases de testamentos, ya sean abiertos ó cerrados, nuncupativos ó por fideicomiso, los testigos que han de legalizarlo, si han de ser ó no rogados, y cuándo ha de necesitarse ó no asistencia de Notario, y su lectura; requisitos todos que se refieren á las formalidades externas que el testamento ha de reunir para su validez.

Ahora bien; relacionando esta teoría con la de los estatutos, ¿qué condiciones ha de reunir, tanto esenciales como accidentales, el testamento de un español hecho en territorio extranjero y el de un extranjero hecho en España?

Al tratar de aquella teoría vimos que el estatuto personal es el que sigue al individuo donde quiera que se encuentre, y que, en cuanto al formal, puede elegir el de su patria ó someterse al del país donde se halle; de donde se deduce, haciendo aplicación de estos principios á la testamentifacción, que la capacidad del extranjero para otorgar disposición testamentaria se regirá por las leyes de la nación de que es súbdito, incluyendo en estas leyes aquellas que tratan de cómo puede disponer de sus bienes sin oponerse á las prescripciones que sobre gananciales, legítimas, etc., establezcan; y la forma de celebrarlo será, ante el Cónsul de su nación ó ante el Notario del país en que se encuentre, pero rigiéndose por las solemnidades del suyo ó amoldándose á las que exigen las leyes del país en que testa, pues de estos tres modos será válido.

Confírmanos en esta idea, no sólo todo lo que sobre el Derecho en general, el Derecho internacional y sobre los estatutos personal y formal hemos expuesto, sino la multitud de leyes especiales que sobre testamentos se han dictado; pues desde los artículos 10, 585 y 586 del proyecto de Código, donde se ordena que los testamentos se rijan por las leyes del país en que se otorgan, hasta el Real decreto de 1851 y el art. 600 de la ley de Enjuiciamiento civil vigente, sancionan este principio, como éste y el de que la capacidad se regulan por las leyes patrias quedando terminantemente exigidos en el Real decreto de 1852, art. 35, que da fuerza al·de 1851, y en nuestros tratados internacionales con Alemania, Francia, Italia, Austria, Bélgica y Portugal de 1872, 1862, 1868 y los tres últimos de 1870, donde además se prescribe que los Tribunales del país en que se otorga el testamento podrán tomar todas aquellas medidas precautorias y de seguridad que estimen necesarias con respecto á los bienes, acciones y derechos del testador, para que en su día los herederos puedan hacer saber sus derechos ante los Tribunales de la nación de que aquél era súbdito. Doctrina más ampliamente expuesta por las sentencias ya citadas de 6 de Noviembre de 1867, 27 de Noviembre de 1868, 12 de Mayo de 1885 y 24 de Mayo de 1886, que sostienen que la capacidad del testador ha de regularse por el estatuto personal, esto es, por las leyes de su nacionalidad, y la de 24 de Mayo de 1886 que sienta la verdadera doctrina sobre esta materia, pues luego de expresar, refiriéndose á un testamento, en su primer considerando que el estatuto personal, según el Derecho internacional privado, rige todos los actos que se refieran en lo civil á la persona del extranjero, sujeto á las leyes vigentes en el país de que es súbdito, decidiéndose por él todas las cuestiones de *capacidad*, aptitud y derechos personales, añade en su considerando tercero: que dada la capacidad del extranjero, su *testamento* será válido cuando se *hayan observado* en su otorgamiento *las formalidades del país en que se ejecutó*, que como externas y formularias (es decir, que no tocan á la *soberanía* que cada Estado pueda tener en cuanto á sus súbditos), son válidas en España. Teoría que, con la sustentada por la ya famosa sentencia de 20 de Diciembre último, nos ponen, como lo estábamos desde el siglo XIII en que se suprimió el derecho·de albana, á la cabeza de las naciones en cuanto á la ciencia del Derecho internacional privado se refiere, ·realizándose lo que ya el Rey Sabio presentía con su maravillosa inteligencia, esto es, el común respeto á todas las leyes de todas las naciones; «ca ellas (ley X, tít. 2.°, Partida 1.ª), muestran (á los hombres) á conoscer á Dios; é conosciéndole, sabrán en qué manera lo deven amar ó temer. E otrosí, les muestra conoscer sus señores é sus mayorales, ó en qué guisa les deven ser obedientes é leales. Otrosí, muestran, como los omes se amen unos á otros queriendo cada uno su derecho para el otro guardándose de le non facer lo que non querría le ficiessen á él. Ca en guardando bien estas cosas biven derechamente, é con folgura é en paz, é aprovéchase cada uno de lo suyo, é á sabor dello, é enrriquescen las gentes, é amuchíguase el pueblo, é acresciéntase el señorío, é refrénase la maldad ó cresce el bien.» Viéndose como el gran Monarca adivinaba, con su poderoso genio, el principio sobre el que el derecho moderno había de basarse, esto es, la teoría de la *sociabilidad humana*.

JUAN GARCÍA-GOYENA ALZUGARAY.

LA CODIFICACIÓN POR BASES

Los últimos trabajos que sobre codificación civil y penal han ocupado la atención de las Cortes y del público, han puesto en litigio un asunto de la mayor importancia, y es el siguiente: Al formar un Código, ya sea sobre principios enteramente nuevos en su aplicación, ya sobre las tradiciones y costumbres de un pueblo, ¿conviene someter á la deliberación de los Congresos el texto de la nueva ley, ó es preferible á este sistema el de reducir á determinado número de bases las disposiciones principales de aquél y discutir éstas, pidiéndose por el Gobierno para todo lo complementario un absoluto y omnímodo voto de confianza? Prescindiremos para tratar esta cuestión de las exigencias de la política, de las que jamás se prescinde en la práctica y de las especiales circunstancias en que se halle el País, y como si pudiera aislarse la teoría, procuraremos encontrar la solución de un problema tantas veces planteado y con tan vario criterio resuelto entre nosotros.

Ni los antiguos Códigos ni una gran parte de los romanos se hacían por los Parlamentos; ya porque éstos no formasen parte de la organización política nacional, ya porque se considerase que las condiciones de una Corporación de aquella índole no eran las mejores para realzar semejante obra: Roma encargaba sucesivamente de ella á los Reyes, á los Cónsules, á los tribunos, á los decenviros, á reuniones de jurisconsultos y profesores de Derecho *(juris antecesores)*. Los grandes Códigos y libros análogos de la época justinianea se debieron principalmente á Triboniano y á Teófilo, y tanto al primero, que por influencias sobre él ejercidas se explican muchas disposiciones. El Senado no redactaba ningún cuerpo de leyes ni aun cuando, según dice un historiador, *consilia á populo ad Senatum translata sunt*. El principio seguido por los pueblos germánicos y aplicado constantemente se expresa en otra frase bien conocida: *De minoribus rebus principes consultant, de majoribus omnes*. Atendidas la rudeza ó ignorancia de los bárbaros, era imposible que sus magnates entendiesen más que de cosas de guerra, lides, treguas, distribución del botín y otras análogas. Carlo Magno más que á las reuniones de los grandes acudía para sus *Capitulares* á los sabios y prelados que florecieron bajo su imperio. Alarico también al promulgar para los romanos un Código lo encarga á un sabio jurisconsulto.

Desde que se renovó la teoría romana de que la ley era la expresión de la voluntad del Príncipe, sólo él y sus privados eran los que redactaban los Códigos. Cuando el Gobierno tomaba la forma popular, siendo imposible que la muchedumbre los formulase, los demagogos ó jefes del pueblo tenían las mismas atribuciones que los Príncipes. Implantado el feudalismo en Europa, los señores ó sus consejeros desempeñaban el mismo papel, y donde, como en Inglaterra, existían representantes del pueblo, ellos hacían las leyes, pero no las recopilaban en Códigos. Los de la Iglesia, desde la fecha más remota, llevan todos el nombre de un solo compilador, Dionisio el Exiguo, Graciano, San Raimundo de Peñafort, San Martín de Braga, San Isidoro, Burchardo, Focio, figuran en este prolijo catálogo con otros más, que reunen las disposiciones de las autoridades competentes en este fuero, aunque más bien son autores de recopilaciones legislativas que de Códigos en la moderna significación de esta palabra. Continúa prevaleciendo el principio de que las Asambleas civiles y religiosas no son preferibles á los escritores aislados ó particulares para formar y transmitir á la posteridad los cuerpos de uno y otro Derecho.

Siguen á los de la Edad media los tiempos del Renacimiento y se continúa la misma tradición, como lo comprueban los primeros textos legales publicados en una época de marcada transición, tanto en el Derecho civil como en el canónico. Empieza casi en toda Europa la decadencia de las formas representativas; donde existían, se olvidan; y si eran en otras partes desconocidas, no se establecen. Todas las Monarquías adquieren más fuerza; los jurisconsultos destronan á los representantes del pueblo; los Letrados sostienen con toda su ciencia el nuevo Poder y procuran transmitirlo sin menoscabo á las nuevas generaciones. En tanto, los escritores con sus obras contribuyen á minarlo; nace la crítica de las leyes, pero no por eso encarna la potestad legislativa en los representantes del pueblo. Solamente la Iglesia formula verdaderos Códigos en sus Concilios ecuménicos, y aun éstos desaparecen después del Tridentino, y las Bulas y decretos pontificios no se reunen constituyendo nuevas recopilaciones. Este nombre y no otro merecen los textos legales que en diferentes países ven la luz pública antes de que termine el siglo XVIII. Montesquieu da ideas bastante precisas de lo que debe ser un Código; Filangieri muestra los principios generales de la legislación, y Rousseau, proclamando el poder legislativo del pueblo, obtiene la gloria de ser considerado como restaurador del sistema representativo en los tiempos modernos. Poco después, la Carolina y Polonia encargan la redacción de sus Códigos á filósofos y jurisconsultos, y las mismas Asambleas francesas, que parcialmente van transformando toda la legislación de un país, no se atreven á emprender en conjunto la obra de la Codificación, tal como se comprende en los tiempos que alcanzamos.

De los Parlamentos salen profundos políticos, oradores de gran elocuencia, pero no jurisconsultos. El legislador que se impone al País, no se forma entre el tumulto de las pasiones ni se encuentra entre los que, á toda costa, desean conquistar el

Poder, ni adquiere aquel honroso título como las altas magistraturas, elevado por las revoluciones. En una noche como la
del 4 de Agosto, podrá variarse por completo la faz de un país
destruyendo más que edificando; pero ni en una ni en muchas
legislaciones puede trabajarse un Código. Napoleón fué el primero que en la Historia contemporánea obró profunda revolución en el Derecho, y lo hizo, no en las Asambleas políticas,
sino en el *Consejo de Estado*, recibiendo la inspiración de cada
uno de sus miembros; pero sometiéndolas todas á un criterio
único y á una voluntad soberana. Exactamente el mismo procedimiento de los Justinianos en Constantinopla y de los Al-
fonsos en Castilla; consulta y deliberación de muchos, plan y
decisión de uno solo.

La codificación civil, como puede verse en el muy docto resumen histórico publicado recientemente por Mr. Amiaud, hase
derivado casi en toda Europa de la francesa, pues donde no se
han aceptado sus principios, se ha creído, al menos, conveniente imitar sus procedimientos. Cópianse las instituciones sin que
los pueblos se parezcan; la obra de Napoleón se extiende como
sus conquistas allende el Rhín, por Suiza, por la Alemania
meridional, por Bélgica, y hasta el pueblo medio africano, medio americano, de Haiti, adopta la ley francesa. Sin que esto hiciesen otras naciones, al admitir la influencia de la revolución,
de la cual el Imperio no fué más que un período y una fase; re-
formaron también á la francesa, la ley civil, la penal, la mercantil, y el jurisconsulto Pardessus pudo escribir al lado del texto francés, las concordancias de los Códigos extranjeros; pues
esa ley tan afortunada, si es fortuna para un Código ser aplicado á pueblos diferentes unos de otros, para alguno de los
cuales ha de resultar defectuoso, fué preparada en reuniones
de jurisconsultos de innegable mérito, no en aquellas Cámaras serviles ó rebeldes que formaban los satélites del Emperador feliz ó desgraciado, sino antes de la época de la decadencia de los caracteres y de las instituciones, cuando existían aún
espíritus viriles y genios republicanos, no abatidos por la ad-

versidad, no corrompidos por la próspera fortuna. Los Talley-
rand y los Metternich podrán servir para la política; pero no salen de ellos los grandes legisladores. A medida qué se extiende el Código francés, van apareciendo sus defectos para otras
naciones; en Francia prosigue viviendo con razón suficiente y
en otras partes sin ella, y es que en Francia se había escrito y
publicado á tiempo y con el estudio previo y necesario, y fuera
del vecino país adoptado por motivos políticos, ó porque habiendo cambiado realmente las condiciones sociales, no tenían
los ánimos bastante vigor para emprender, como debieran,
el trabajo legislativo.

Las Cortes de Cádiz introdujeron en nuestro Derecho algunas importantes reformas; pero no hicieron más Código que el
político, y debemos agradecérselo. Su obra, que había de nacer
para daño y perdición de muchos, aunque hubiere sido buena,
llevada y traída por las revoluciones sucesivas, no había encontrado un Luis XVIII, un Carlos X, un Luis Felipe que con-
servasen los maduros frutos del estudio; sino un Fernando VII,
para quien la obra de sus enemigos ó de los que reputaba tales, no merecía más consideración que sus autores. Para las
leyes abrogación ignominiosa; para los hombres horcas, des-
tierros, confiscaciones. Bien se vió la suerte que hubieran tenido las reformas civiles de las Cortes por la que tuvo el Código penal de las posteriores; si pudo nacer y vivir largo tiempo
el mercantil, fué porque éste no lastimaba los pretendidos derechos del Monarca, ni los de clase alguna, porque no envolvía
cuestiones políticas, y sobre todo, porque ya, por decirlo así, el
Rey se hallaba en su lecho de muerte. Salvado el escollo de la
guerra civil, España quiere codificar y, en efecto, codifica; pero
aun habían de pasar á la historia otro reinado y varias revoluciones antes que en el Derecho civil se observasen las nuevas
tendencias.

Bien sabido es que nuestro Código mercantil fué obra de
un solo autor, y en verdad que no debemos quedar descontentos del sistema. Los intereses á que responde esta obra de la

ley no son tan permanentes como los que regula el Código civil, cambian y se transforman con multitud de elementos no
más duraderos en que el progreso es continuo, y además tienen
un carácter internacional, que hasta cierto punto los hace solidarios de las modificaciones que se introduzcan en países extranjeros. A pesar de todo, la obra de Sáinz de Andino preside
á las nuevas fases de la sociedad española y llega hasta nuestros días de ferrocarriles, de telégrafos, de *cheques*, de Bancos,
de Sociedades de crédito de toda forma y denominación, lo que
basta para tributarle las alabanzas más merecidas.

En cambio el Código penal de Fernando VII no sale á la
publicidad, porque debía ser obra de las Cortes. No hemos de
presentar el juicio crítico de aquella obra, porque ya lo han
hecho, y por cierto muy favorable, personas competentes. Los
Códigos de esta clase difícilmente se prometen ya larga vida
en nuestra época; los progresos de la filosofía y de las ciencias
que deben consultar como auxiliares de la jurídica en todo lo
relativo á delitos y penas, influyen de tal suerte en la opinión
de los hombres de ley que jamás quedan contentos de su obra,
y por la parte religiosa y política de los mismos textos legales
hay siempre seguridad de abrir en ellos profunda brecha.

En tanto, varias naciones extranjeras renovaban el ejemplo dado por nuestro Código mercantil, especialmente las nuevas de América. Hoy puede creerse terminada la obra legislativa en las Repúblicas hispano-americanas, y en verdad que muchos de sus Códigos que preceden al español en el tiempo, deben tenerse por frutos excelentes de la cultura de nuestra raza
y de la vocación de nuestros jurisconsultos para obra tan importante, porque nuestro Derecho fué el primero que estudia-
ron los de América. Véase el Código de la República Argentina, obra de un solo hombre, y no se podrá menos de confesar
que los republicanos más exaltados reconocen cuán ventajosa
es la unidad de miras y de autor para que resulte la tan deseada en las leyes. Las Asambleas representativas tienen sobra-
dos asuntos á que atender y bien importantes para que se les

pidan trabajos de semejante naturaleza; y si á las mismas obras de ingenio se exigió siempre que se compusiesen lejos de toda agitación de los sentidos y del ánimo, ¿qué deberá exigirse á los Códigos, que entre todos los trabajos del sabio son los que más deben consultar la razón y la experiencia?

Carmina secessum scribentis et otia quærunt.

Todo cambia en los Congresos como por una especie de flujo y reflujo; los que proponen las leyes, los que las hacen y las opiniones de aquéllos y de éstos. El interés común de los Gobiernos, de la mayoría y de las oposiciones en los asuntos no políticos y que más pueden influir en la prosperidad de la nación es un mito, ni aun nos atrevemos á llamarlo *ficción de derecho*. Por otra parte, la ciencia de hacer leyes, y más de carácter permanente, no se confiere con el acta al Diputado ni al Senador con su nombramiento.

Mucho ha faltado á Bentham al describir los inconvenientes de los Parlamentos en su *Táctica de las Asambleas legislativas*. Recuérdese que Demóstenes obtuvo más plácemes introduciendo un apólogo en uno de sus discursos que tronando en nombre de la libertad helénica en contra de Filipo, y que otro orador, al ser aplaudido, preguntó á los circunstantes: ¿Qué desatino habré dicho? Las cuestiones técnicas encuentran siempre muy reducido número de oradores; mas concluída la discusión, lo mismo votan los sabios que los ignorantes, y los sufragios se cuentan y no se pesan. La experiencia suele faltar aun más que la ciencia y la reflexión; las Cámaras reciben más elogios cuanto más se apartan de su especial destino, esto es, cuando se parecen á las Academias. Llaman la atención el Parlamento británico, el Cuerpo legislativo francés, las Cortes en España, y sin tantos alardes de oratoria quizá representa mejor su papel la desconocida Asamblea de un Cantón de Suiza. Así es que no se considera, y con razón, ninguna Asamblea numerosa en condiciones á propósito para formular un Código como se redactan en nuestro tiempo.

Hay quien se opone al Jurado, porque no comprende que sea Juez el que no ha estudiado Derecho, y pasa por el contrasentido de que legisle el que se encuentre en el mismo caso. El Jurado es una consecuencia lógica, dígase lo que se quiera, del sistema representativo, y el Juez no ha menester las elevades dotes del legislador para aplicar rectamente las leyes que se hayan establecido.

Pero se dirá: una persona, por sabia que sea, podrá redactar una recopilación, mas no hacer un Código. Ya que las Asambleas no puedan redactarlo; ¿qué inconveniente hay para que discutan y voten las bases que el Gobierno ó los Diputados y Senadores presenten? He aquí dos cuestiones que se han de resolver, para que de su conjunto resulte la solución de nuestro problema. Entiéndase bien que no negamos el poder legislativo de las Cámaras, como tampoco el del Rey, pero así como al requerir la sanción de éste sólo le pedimos que se entere del texto de la disposición, así no pediremos á las Cámaras sino que presten la suya á los Códigos trabajados por jurisconsultos particulares, ó en otro caso, por Comisiones codificadoras.

Más fácil es al que escribe un Código formular de una vez su pensamiento sobre todas las instituciones jurídicas que entresacar del caos de las legislaciones anteriores cuanto considere oportuno para su época. No hay recopilación de leyes que no sea muy imperfecta; muchas son como un resumen de todos los defectos que pueden imaginarse. No es fácil llevar de frente, como los corceles de una cuadriga, instituciones de varias razas y civilizaciones, lo romano, lo germánico y lo foral, y lo que surge de las necesidades del siglo xix en su último cuadrante hacia el xx. En cada una de estas épocas hay tendencias diversas y muchas se reflejaron en leyes; hay costumbres contra estas mismas; hay glosas é interpretaciones de jurisconsultos; hay sobre todo esto jurisprudencia. El talento más extraordinario no sabe conciliar tantas antinomias, ni ser eco de voces tan discordantes; y desde el momento en que escoge entre todo aquello, ya codifica al uso moderno y no recopila.

Además, las recopilaciones jamás concluyen, jamás sirven sino en el momento en que el legislador deja la pluma; el derecho canónico, procediendo mejor por recopilaciones que por Códigos de otra especie, con sus *sextos* y *séptimos de las Decretales* y sus *Extravagantes*, puede servirnos como ejemplo. He aquí la razón de que las recopilaciones hayan concluído su tiempo, y que los pueblos más reacios á la codificación renuncien al primer sistema.

II

¿Por qué se ha de extrañar que la formación de un Código se encomiende á un solo autor, cuando todo lo más importante para la vida de los ciudadanos y de los pueblos lo tiene igualmente? Cada Ministro dispone á su antojo del ramo que administra, y en el sistema que nos rige su voluntad es la que impera, y en cada modificación ministerial recibe la gestión de los negocios públicos un nuevo aspecto. Si de esta consideración pasamos á lo que son las Cortes, ¿no vemos que igualmente los Ministros disponen de las mayorías y que realmente el querer de uno solo ó de varios que forman el Ministerio es lo que hace las leyes? No tienen éstas mayor estabilidad y duración que los simples decretos, sino porque se necesita para su derogación que de nuevo intervengan las Cortes. Los trabajos de codificación emprendidos por un solo autor ya no irían á la representación nacional con sólo el nombre de éste; los autorizaría al presentarlos el Gobierno que los adoptase y las Comisiones que informasen acerca de ellos. De suerte que la objeción que se hace á las obras de tal modo emprendidas y llevadas á cabo, no tiene, en realidad, fundamento.

La opinión pública suele conservar á ciertas leyes el nombre del Ministro que las inspiró, aunque esta práctica no puede ser más opuesta á la índole del sistema representativo. Ley de

Moyano se llama la relativa á la que trata del consentimiento paterno para el matrimonio; la ley Nocedal se hizo célebre en los fastos de nuestro periodismo; la ley Montero Ríos nos recuerda el matrimonio civil, y así otras que no citamos ahora y que todos recuerdan. Los indicados Ministros no hicieron más que proponerlas; esto es lo único admisible en derecho constitucional, y dentro de sus principios no cabe decir más; pero como eran la expresión de su modo de juzgar aquellas instituciones, su nombre y no el general de las Cortes que las decretaron sirve para distinguirlas. Y así en todos los países que se gobiernan por el régimen representativo. Y en Roma otro tanto, donde las leyes se designaban con el nombre de los Cónsules y con el de los tribunos los plebiscitos, aunque todas eran ó debían ser en derecho constituyente la voluntad del pueblo.

Si grandes son en el fondo las ventajas que presenta un Código debido á una sola inteligencia, si bien auxiliada por el trabajo de otras muchas, no son menores las que resultan, respecto á la forma, de un solo y mismo estilo. Tanto es así, que las verdaderas é irreconciliables antinomias no aparecen con este sistema. La afirmación resultará tanto más exacta, cuanto que los fallos de los Tribunales Supremos que han de formar jurisprudencia aparecen contradictorios entre sí muchas veces, porque los Jueces, si bien animados de los mejores deseos y del espíritu de cuerpo, no menos que de la gran importancia de su cometido, no son los mismos. El que redacta Códigos formula principios generales que no se prestan á errores ni á las llamadas antinomias ó contradicciones en el Derecho tanto como la apreciación de los hechos en una sentencia. Bastaría esta sola ventaja para preferir la unidad del legislador, puesto que la unidad de la ley es naturalmente el resultado de aquella premisa.

No hay obra humana de verdadera importancia en ciencias y en artes que á esta ley no obedezca. No sería la Naturaleza tan sencilla en medio de su pasmosa variedad, si no fuera uno solo el autor de la misma. Tendríase por falto de razón al que no comprendiese que la sencillez y la claridad resultan de la referida circunstancia, porque la verdad y la justicia, por muchas personas apreciadas á la vez, ya no parecen las mismas. La legislación no puede sustraerse á la regla que la poesía tomó de la lógica, y eso que la imaginación impera sobre la razón en las obras del arte.

Denique sit quodvis simplex dumtaxat et unum.

Discutidas ya las ventajas del sistema de codificación que pudiéramos llamar unipersonal, ó por Comisiones de reducido número de miembros, veamos cuáles son sus inconvenientes.

Procede el más grave del espíritu de sistema científico ó de partido que se observaría en toda la obra. Pero como el autor no había de ser un filósofo especulativo que á manera de Locke redactase un Código para naciones que jamás hubiese visto; como, por otra parte, lo que trabajase no pasaría á tener fuerza de ley sin el previo examen y aprobación de otros jurisconsultos de distintas opiniones; como el inconveniente posible en todo caso para un solo autor desaparecería repartiendo la tarea entre los individuos de una Comisión codificadora, no juzgamos que deba desecharse el sistema de que tratamos por el indicado recelo. En verdad no lo han tenido las naciones modernas, que sólo han buscado en los Parlamentos la sanción de los Códigos.

A lo cual añadiremos, que ningún sistema de filosofía ni escuela jurídica, por grande que su renombre fuese, consiguió influir de tal suerte en una colección de leyes que le comunicase su espíritu con exclusión de otras opiniones y sistemas. Ni el estoicismo, ni el epicureismo en la antigüedad, ni el paganismo, ni la misma religión cristiana lograron semejante victoria entre las doctrinas morales y religiosas, ni la moderna filosofía germánica en su mayor desarrollo y las extensas aplicaciones á las ciencias políticas. Hácense las leyes para variar con los tiempos, y por eso no pueden atarse al carro de una opinión cualquiera, por respetable que sea. Sólo indicaremos que si los Códigos no se inspiran todavía en el espíritu cristiano, no es ciertamente porque éste no sea bastante para producir una legislación completa, sino porque la revelación cristiana, que directamente no pasa de religiosa y moral, sólo indirectamente es política, y además porque teniendo por armas la persuasión, jamás emplea las de la fuerza, y nunca más que en razón oportuna las de la ley y el Derecho constituído. La frase del Salvador ¿*Quis me constituit judicem inter vos*? le sirve de santo y seña para cuanto se refiere á las relaciones temporales y civiles, que si bien deben amoldarse al espíritu cristiano, en sí mismas encuentran condiciones y norma de vida. Aun tratándose de las mismas leyes religiosas, dijo Cristo: *Non veni solvere, sed adimplere.*

Si el espíritu de sistema ó de partido es propio de un hombre, á todos alcanza el general de una época ó civilización, y de semejantes influencias ¿quién podrá librarse? En cambio la generación para la cual se legisla, ni las extraña ni se lamenta de ellas, cuando producen sus necesarios efectos en un Código.

Desde que en los tiempos modernos se comprendió la imposibilidad de discutir y aprobar en las Cámaras el texto íntegro de una colección de leyes relativas á un mismo ramo del Derecho, se adoptó el medio de presentar á los Parlamentos las bases ó principios generales de la obra. Pero nadie podría hacer con ellas el Código, á la manera que Cuvier hacía con los huesos de los animales antidiluvianos, esto es, reconstruir el ser del que un tiempo formaron parte. Por ser principios muy generales se prestan á la discusión, y las distintas opiniones encuentran campo en que lucir su elocuencia; pero no se refieren de una manera directa más que á las soluciones también generales. Con la misma base aprobada por un Parlamento, este Ministerio promulga una ley ó un Código individualista y aquél hace otro socialista; uno se decide por conclusiones propias del sistema centralizador, y otro por las del contrario. De lo cual resulta, que el Código no se discute y pasa por discutido á

la vista de los que no profundizan el estudio de estas cuestiones.
Un Real decreto de escasa importancia, precedido de la correspondiente exposición al Rey, queda mejor explicado que un Código, porque, limitándose á pocos y determinados puntos, el Ministro los abarca todos, según su criterio, mientras el Parlamento no llega á dar la opinión de la mayoría sino acerca de títulos y capítulos muy generales. Nadie puede dirigir cargos al Gobierno después de terminada la obra, si en ella resulta una base más, ó una menos, ó tal vez alguna de las aprobadas, pero con alteraciones sustanciales; si alguien censurase por ello al legislador de hecho, esto es, al Gobierno mismo, sería probable que éste contestase no haber hecho más que desarrollar, con arreglo á su propia conciencia, los principios sobre los cuales habría de formarse el Código. Y la ley sería ley, por más que pareciese dura, violenta, injusta.

Si las ciencias morales y políticas tuviesen la exactitud de las matemáticas, si en ellas se encontrase la verdad por los mismos caminos, bastaría un corto número de principios generales para desarrollar sus consecuencias; pero dependiendo de la voluntad humana, esencialmente ambulatoria, no cabe incluir en lo que se ha llamado bases más que principios vagos que se desenvuelven lenta y casuísticamente, gracias al contenido de la ciencia. De aquí los sistemas que los matemáticos no admiten sino tratándose de las aplicaciones y no mientras exponen la ciencia pura. He aquí *a priori* demostrada la insuficiencia de las bases para conseguir el fin de la codificación; que si apelásemos á las lecciones de la experiencia veríamos comprobada la misma verdad con la breve existencia de los Códigos así formados y con el escaso desarrollo de las instituciones que regulan.

No negaremos que si un Gobierno quiere gloriarse con el dictado de legislador preferirá un método que en poco tiempo le granjea el más honroso de sus timbres, si entiende que puede obtenerlo quien se lo proponga, cualesquiera que sean las circunstancias del país en que vive. No de otra manera se

explican ciertas impaciencias que no se observan únicamente
en nuestro siglo, sino que más ó menos se han visto siempre.
Los Reyes de España en el período del absolutismo legislaban
diciendo que sus disposiciones tuviesen la misma fuerza y vigor que leyes hechas en Cortes; si se trataba de recopilaciones,
no variaban el procedimiento; y si de Códigos al uso moderno
se hubiese tratado, creemos firmemente que no lo habrían modificado. Los profundos estudios sobre filosofía del Derecho y
legislación comparada jamás fueron del gusto de los políticos.
Montesquieu y Filangieri fueron considerados mucho tiempo
como autores *vitandos*, y la generación de sus contemporáneos
no muy alejada de la nuestra, miró como un visionario á Juan
Bautista Vico, pues que osaba escribir sobre ciclos histórico-
cos, á la manera de los siderales que los astrónomos descri-
bían.

En el último período de nuestra legislación las autorizaciones han sido frecuentes, demasiado frecuentes, y para que no
pareciesen del todo infundadas se han concedido, una vez discutidas más ó menos ligeramente las bases de los Códigos.
Verdad es que existía una Comisión numerosa de ilustres jurisconsultos y acreditada ya por trabajos preparatorios de extraordinario mérito. El Código civil y el penal se han enreda-
do en el laberinto de las discusiones de Cortes, únicamente el
de Comercio, que siempre tuvo mejor suerte, ha podido ver la
luz pública. Las bases del Código civil, por más que sus autores las hayan explicado, aun en libros, no han merecido la
aprobación de todos, y alguien supone que deberían ser en mayor número y más concretas; las del penal aun fueron más
vivamente censuradas en el Senado. Una de ellas era meramente política, y por eso no es de admirar que los partidos al
mismo tiempo que las escuelas de Derecho la combatiesen.
Nos referimos á la que prevee la modificación de las penas correspondientes á los delitos de opinión que llamamos de la
prensa. Concedida ó negada en tales circunstancias la autorización pedida, bien se comprende que la cuestión política reba-

ja la importancia de la propiamente jurídica y por natural consecuencia contribuye á disminuir el prestigio que ante la opinión pública en general, que es la de todos los partidos en las
cuestiones de interés común, podría ostentar el nuevo Código.

Preguntado una y otra vez un filósofo acerca de quién era
Dios, para ponderar la dificultad de la respuesta, la difería
siempre de hoy para mañana. Lo mismo debemos hacer nosotros cuando se nos pregunte si es bueno ó malo un Código
debido á tales autorizaciones.

Cuando Ministerios de muy diferente opinión política gobiernan con una misma Constitución y con leyes orgánicas
que no se han aprobado por sus partidarios, porque lo más importante no es la ley sino la manera de interpretarla y aplicarla, no se comprende fácilmente cómo se ponen estorbos para
discutir y aprobar Códigos no políticos ni administrativos, sino
civiles y penales. Por eso creemos que no se diferirá mucho su defensivo planteamiento, á pesar del vicio radical ya
examinado en cuanto á la intervención de las Cámaras, que
lealmente hemos expuesto á la consideración · de los lectores.

Como resumen diremos que el reconocimiento de la potestad de legislar en las Cortes con él Rey es un principio constitucional que no se infringe en manera alguna, encargando el
estudio y redacción de los Códigos á jurisconsultos de reconocido mérito y experiencia y á Comisiones codificadoras; que al
legislador corresponden la autoridad y la sanción, no la preparación y el estudio de las leyes, más propios de otras personas; que la historia nos lo demuestra en el modo de formarse
los Códigos y recopilaciones en Roma, en la Edad Media, en
España, en el Derecho civil y sobre todo en el canónico; que
la preparación fuera de las Cámaras y encargada á los jurisconsultos, aunque sea á uno solo, no da por resultado el predominio de una opinión científica, ni de un partido político,
sobre todos los demás; que las Cámaras por su propia organi-

zación y la índole de sus procedimientos (1) no son á propósito para la discusión de los Códigos; que lo que se llama bases de los mismos se presta en la aplicación á sistemas diferentes y sólo comprende los principios más generales, y, por último, que el ejemplo de la moderna codificación en las principales naciones de Europa y de América tampoco favorece al sistema de preparación y estudio en las Asambleas legislativas. Esta es al menos nuestra opinión, que tratando de cuestiones de actualidad exponemos, confiando igualmente en la benevolencia y en el sentido práctico de nuestros lectores.

(1) Para ser Diputado basta llevar al Congreso un acta, que de ninguna manera supone ciencia y que, sin embargo, confiere el carácter de legislador al que la presenta. La elección puede ser perfectamente legal, genuina expresión de la voluntad del pueblo, lo que ya es mucho pedir, y sin embargo perfectamente ineficaz para transformar en legisladores con la conciencia y ciencia de tales á los elegidos. Publicistas modernos sostienen, lejos de profesar la doctrina del sufragio universal, que la cualidad de elector no debía concederse sin ciertas pruebas por el estilo de las académicas. ¿Y se quiere que los representantes del país puedan ser menos instruidos que los electores? Si los diputados lo son en una legislatura y no vuelven á serlo en su vida, ¿qué experiencia adquieren? Si son los mismos en casi todas, que es el caso más frecuente, ya los compromisos de partido sujetan el voto, cohiben la conciencia, hacen participar de los errores comunes y extraviarse al más sensato criterio.

El procedimiento no es más apropiado en las Cámaras que la constitución de las mismas para la formación de las leyes. Una proposición, un dictamen de Comisión elegida ya con determinado propósito de aprobar ó no aprobar un proyecto, enmiendas sobre puntos particulares, tres discursos en pro y tres en contra del dictamen con rectificaciones, casi siempre ajenas al fondo del asunto; he aquí el programa de una campaña parlamentaria en la discusión de un Código, ni más ni menos que en una ley de circunstancias, que son las que excitan más vivo interés, desde que hay Parlamentos. Para ensanchar este cuadro de formalidades y diligencias; para impedir, mas no para mejorar las condiciones de la discusión, se conoce desde el viejo Catón en Roma hasta Parnell en la Gran Bretaña, tratando aquél de Cartago y de Irlanda éste, lo que se ha llamado *obstruccionismo*, esto es, la abdicación por el diputado de la facultad de discutir y de la de votar para que no sea ley la disposición que no le place, lo que será difícil para el individuo de una Cámara, mas no para un partido. La ley pende siempre de la aquiescencia de las minorías, y hasta que se conviertan en Poder la respetan con la segunda intención de destruirla, en cuanto les sea posible. Toda ley, pues, vive al día, como todo Gobierno, y hay, como para las olas del mar, flujo y reflujo para las instituciones jurídicas, que debieran ser más permanentes.

ANTONIO BALBÍN DE UNQUERA.

LA CONTRATACIÓN *

ANTE LOS REGISTRADORES DE LA PROPIEDAD *

IV

Siguiendo en el estudio del tema objeto del debate, se ofrecen cada día á la consideración del escritor nuevos antecedentes legales que, como por aluvión, aumentan la consistencia de la argumentación ya formulada, y es porque por todas partes se hallan desparramadas importantes manifestaciones de autorizados pareceres que coinciden y convergen á un mismo punto, por razón de que el razonamiento científico lleva á una consecuencia precisa é indeclinable.

El art. 476 de la ley de Enjuiciamiento civil dispone que lo convenido en acto de conciliación tendrá el valor y eficacia de un convenio consignado en documento público y solemne. Y dice el Sr. Manresa en la pág. 434 del tomo II de sus aprecables *Comentarios á la ley de Enjuiciamiento civil reformada,* que lo convenido en acto de conciliación en realidad no es más que un convenio entre particulares (Sent. 13 de Junio de 1872), sin que la intervención del Juez municipal pueda darle más valor y eficacia que le daría la de un Notario, en razón á que no interviene para fallar, sino para autorizar el acto. Téngase presente que, según la ley antigua, lo convenido en acto de conciliación en todo caso tenía la fuerza y autoridad de cosa juz-

---

* Véanse las páginas 616 del tomo anterior, y 5 y 97 de este tomo.

gada, dándole el carácter. de sentencia firme para los efectos de su ejecución, pues según el art. 218 de la ley de 1855 cuando lo convenido en acto de conciliación excedía de la cantidad prefijada para los juicios verbales, debía llevarse á efecto por el Juez de primera instancia, *de la manera y en la forma prevenida para la ejecución de las sentencias.*

Siguiendo. el Sr. Manresa el comentario del art. 476 de la ley procesal citada, dice que si lo convenido en acto de conciliación excediese de 250 pesetas en la Península y 1.000 en Ultramar, exigible desde luego ó en plazo determinado, vencido éste, podría pedirse la ejecución, no por la vía de apremio, como antes se practicaba, sino por medio del procedimiento ejecutivo, ordenado en la sección 3.ª, tít. 15 del libro 2.º de la ley, sirviendo de título ejecutivo la certificación del acto de conciliación, lo mismo que si fuese una escritura pública, puesto que la ley le da el mismo valor y eficacia.

Y continúa el Sr. Manresa: «Sin embargo de ser esta la consecuencia lógica del precepto legal, algunos Jueces se niegan á despachar la ejecución en tales casos, fundándose en que, entre los títulos que tienen aparejada ejecución, designados taxativamente en el art. 1429 de la ley de la Península (1427 de la de Ultramar), no se mencionan las certificiones de lo convenido en acto de conciliación. Cierto que no se hace mención expresa de estos documentos, y que habría sido conveniente hacerla para alejar esa duda; pero, ¿había necesidad de hacerla? ¿No están comprendidos lógica y racionalmente en el núm. 1.º del artículo antes citado? Según él, son títulos ejecutivos, ó que tienen aparejada ejecución, las *escrituras públicas.* ¿Y puede dudarse de que tienen el carácter de escritura pública las certificaciones de dichos actos de conciliación, desde que la ley ordena que lo convenido en ellos *tendrá el valor y eficacia de un convenio consignado en documento público y solemne?* Hasta en la ley del Timbre de 1881 se les reconoce ese carácter al ordenar en su art. 49, que «se empleará el timbre »de 10 pesetas, clase 6.ª, en las certificaciones de los actós de

»conciliación cuando haya avenencia; y que los pliegos subsi-
»guientes al primero serán del timbre clase 12, *como en las co-*
»*pias de las escrituras.*»

»Un requisito exige el núm. 1.º del art. 1429 para que la escritura pública tenga aparejada ejecución; «que sea primera
»copia, y si es segunda, que esté dada en virtud de manda-
»miento judicial y con citación de la persona á quien deba per-
»judicar.» Preciso será llenar este requisito en las certificaciones de los actos de conciliación para que tengan fuerza ejecutiva. A este fin hemos aconsejado en el comentario anterior
(pág. 431) que se exprese al pie de ellas si es primera ó segunda copia, cuya expresión no deberá omitir el Secretario, y
mucho menos negarse á consignarla cuando lo exija la parte
interesada. Pero si se hubiere omitido la expresión de ser primera copia, ó realmente fuese segunda, habrá de acudirse al
Juez de primera instancia para que expida mandamiento al
municipal á fin de que se libre y entregue al demandante certificación del acto de conciliación, con citación de la persona á
quien perjudique ó deba ser ejecutada, ó para que con igual
citación se coteje con su original la certificación librada. Llenado este requisito y concurriendo los demás que exige la ley
para que pueda despacharse la ejecución en virtud de escritura pública, el Juez que no la despache por no reconocer este
valor y eficacia en la certificación del acto de conciliación,
faltará á la letra y al espíritu de la ley.

»Tales han sido el pensamiento y objeto de esta reforma, y
así resulta de las actas de la Comisión de Codificación que en
ella intervino. Aparte de la corrección de abusos, á cuyo fin
se ha dirigido, examinándola sin pasión, se verá claramente
que, lejos de haberse falseado la institución, como algunos
suponen, se han concedido á lo convenido en acto de conciliación todos los efectos propios de su naturaleza, cual es la de
un convenio entre partes, consignado en documento público y
solemne, y por consiguiente, con todo el valor y eficacia que
la ley atribuye á los documentos ó escrituras públicas, ya

-como medio de prueba, ya como título que trae aparejada eje-
-cución.

»Y que este ha sido el pensamiento de la reforma, lo confirma la nueva excepción, establecida bajo el núm. 6.° en el artículo 460. Según ella, están exceptuados del acto previo de la conciliación los juicios declarativos que se promuevan para reclamar la nulidad ó el cumplimiento de lo convenido en acto de conciliación, no mencionando también los ejecutivos, porque están comprendidos en la excepción octava del mismo artículo. Luego reconoce la ley que puede pedirse el cumplimiento de lo convenido en acto de conciliación, tanto en la vía ordinaria, por medio del juicio declarativo que corresponda, como en la vía ejecutiva, según los casos que hemos expuesto anteriormente; y no podría ser de otro modo sin ponerse en contradicción la misma ley, puesto que al privar á esos convenios de la fuerza de cosa juzgada que antes tenían, les concede todo el valor y eficacia de un convenio consignado en escritura pública.»

El notabilísimo comentario que hemos transcrito, debido á la autorizadísima pluma del Sr. Manresa, corrobora una vez más nuestra teoría, supuesto que si á lo convenido ante Juez municipal debe concedérsele y se le concede el valor y eficacia de lo consignado en escritura pública, y produce los mismos efectos, mucho más debe concedérseles al contrato ratificado ante el Registrador de la propiedad con el fin de obtener la inscripción del mismo, supuesto que es funcionario de mayor categoría, y el convenio ratificado ante el mismo ha de producir los efectos de la inscripción, tarea propia y peculiar del Registrador ante el cual el contrato se reproduce para la formalidad de que el mismo adquiera el carácter de público y auténtico, especialmente para los terceros.

En definitiva, el carácter de público lo adquiere el contrato por la autenticidad que el funcionario público le da en relación á los otorgantes, de ser los mismos que aparecen otorgarlo; de suerte que cuando esta autenticidad no resulta del contrato,

éste es nulo, por más que contenga todos los demás requisitos-
de la ley, y así lo demuestra la sentencia del Tribunal Supremo de 31 de Mayo de 1887, por la cual se resuelve:

«1.º Que el testamento nuncupativo otorgado ante Notario
es un instrumento público en el que, aparte de la *solemnidad
de testigos* que requiere la ley 1.ª, tít. 18, libro 10 de la Novísima Recopilación y de las demás circunstancias que le son peculiares, debe observarse la *formalidad* ordenada en la ley 2.ª,
tít. 23 del propio libro y Código, que concuerda en lo esencial
con el art. 23 de la ley del Notariado.

»2.º Que esa formalidad, encaminada á justificar la identidad
personal del otorgante con la fe del Notario, ó con el testimonio
de los testigos instrumentales ó de *conocimiento*, es un requisito
esencial para la validez de dicho instrumento público, de conformidad con lo dispuesto en el caso 3.º del art. 27 de la citada ley del Notariado, y con lo establecido también, aunque de
un modo implícito, en la referida ley 2.ª, tít. 23, libro 10 de
la Novísima Recopilación, la cual en los extremos en que conviene y concuerda en aquella otra ley debe estimarse como vigente.

»Y 3.º Que en tal virtud, y no concurriendo, como aquí no
concurre, el caso *grave* y *extraordinario* á que se refiere el párrafo tercero del mencionado art. 23 de la ley del Notariado,
puesto que ni existió en realidad, ni fué alegado por los de-
mandantes, ni ha sido declarado en la sentencia recurrida, al
darse esta validez y eficacia al segundo de los testamentos antes reseñados en el que la identidad ó conocimiento del testador se acredita solamente por el dicho de uno de los testigos
instrumentales, se infringe claramente la expresada ley recopilada y la doctrina establecida por el Tribunal Supremo.»

Esta doctrina, acerca del conocimiento de los otorgantes, se
halla corroborada por resoluciones de 17 de Enero de 1876 y 19
de Abril de 1880.

De suerte que no pudiendo dar fe el Notario del conocimiento del testador, ni tampoco los testigos, nada se hace, se auto-

riza un acto nulo, y por lo tanto queda confirmado lo que hemos dicho tantas veces, que la intervención de Notario en el contrato no le da ninguna misteriosa vitalidad ni importancia, sino que le da eficacia el cumplimiento de las leyes, cosa que puede hacer el Registrador en los contratos inscribibles.

En la página 50 y siguientes de nuestra monografía nos ocupamos *de la inscripción de las certificaciones de los actos de conciliación ó verbales, en que por convenio de las partes se constituya algún derecho real sobre bienes determinados.* Este apartado puede considerarse ampliación de aquel artículo.

.˙.

Los contratos privados han sido admitidos á la inscripción del Registro público y en las oficinas liquidadoras del impuesto sobre derechos reales y transmisión de bienes, sin que se haya hecho siquiera necesaria la ratificación ante funcionario público que se requiere según nuestro sistema, y vamos á reseñar las disposiciones que permitieron y autorizaron lo que queda mencionado.

En el art. 21 de la ley de 23 de Mayo de 1845, se consignó que: en los mismos plazos (que las escrituras públicas) se presentarán igualmente (en las oficinas del Registro) los contratos particulares en que no intervenga Escribano, firmados por los interesados respectivos; y con arreglo al precio que del documento presentado resulte, se liquidarán y satisfarán los derechos.

Por la circular del Ministerio de Hacienda de 18 de Julio de 1849, se resolvió que, lejos de haberse derogado por la Real orden de 27 de Julio de 1847 el art. 21 del Real decreto de 23 de Mayo de 1845, ha explicado su verdadera inteligencia, reducida á que, si bien se sujetaron al Registro de hipotecas, á la vez que los públicos, los documentos privados en que no interviniese Escribano, debía entenderse de aquellos documentos para los cuales no se exige como necesaria circunstancia el otorgamiento de escritura pública.

El art. 6.º del Real decreto de 19 de Agosto de 1853 dispuso lo siguiente: no se exigirá el otorgamiento de escritura pública, sino en los casos en que lo requieren las leyes como requisito principal para la validez de los actos sujetos al Registro.

Fué más notable la Real orden de 18 de Octubre de 1855 que mandaba se admitan al Registro todos los documentos públicos y privados, cualquiera que sea la época de su otorgamiento, y se tome razón de ellos, puesto que esta circunstancia no altera ni varía el valor legal que puedan tener en juicio.

No deben de modo alguno, según el Real decreto de 19 de Agosto de 1853, admitirse al Registro aquellos documentos que, necesitando para su validez como requisito principal el otorgamiento de escritura pública, se encuentren sin este requisito. En nada altera ni disminuye la fuerza de dicha resolución el acuerdo tomado por la Dirección general de Contribuciones en 14 de Septiembre de 1860, recordando la Real orden de 18 de Octubre de 1855, porque esta disposición tuvo únicamente por objeto la admisión al Registro de los documentos antiguos, tanto públicos como privados, que habían dejado de presentarse en los términos prescritos, y de ningún modo derogar el referido Real decreto. (Real orden de 22 de Junio de 1862.)

La resolución de 13 de Enero de 1863 establece, que cuando haya de trasladarse un asiento antiguo de documento privado para encabezarse la primera inscripción de la finca en los libros nuevos, no se exigirá la conversión del documento en escritura pública, siendo de la competencia de los Tribunales los efectos legales de la nueva inscripción respecto á tercero.

La exposición de motivos del proyecto de ley adicional á la Hipotecaria de 1864, que hemos transcrito antes, se ocupa de la inscripción de documentos privados, y á nosotros, mencionadas las disposiciones que autorizaban dicho registro en las Contadurías de hipotecas, sólo nos cumple manifestar que aquellas disposiciones estaban ,en armonía con aquella legislación imperfecta, que de todos modos no es nuevo en España el registro de documentos privados, que nuestro sistema responde á los adelantos de la ciencia y al de nuestra legislación actual, y que el espíritu más exigente no puede menos de manifestarse conforme con el proyecto, máxime teniendo en cuenta lo que respecto á inscripción ocurre en varios países extranjeros.

Se ha afirmado que la reforma que sostenemos no ha hallado eco, y en este equivocado supuesto se argumenta en el sentido de que, ya que el proyecto no ha producido efecto, no es bueno y debe desecharse. A esto sólo deberemos contestar, que el proyecto y nuestra monografía repetidamente citada, han producido una polémica inesperada, á la cual la prensa profesional le ha dado una grande· importancia, no por nuestros escasos merecimientos, sino por el interés que el problema entraña, en tanto que un Notario caracterizado, el Sr. D. José María Py y de Puyade, que lo es de Rambla, se lamentaba de esto en un notable artículo inserto en el núm. 71 de la *Gacetilla Notarial*, diciendo: «Cuantos periódicos profesionales existen en España se ocuparon ó se ocupan en el malhadado proyecto (se refiere al de ley del Sr. Maluquer), esfuerzos de altí-sima inteligencia, raudales de vastísima ilustración, se han invertido en hacer su crítica racional y científica; y más de una vez he sentido íntima y profunda satisfacción, al par de noble envidia, al leer tantos y tantos brillantísimos argumentos como en combatirla se han empleado.»

«Mas aquello mismo que yo me temía, ha venido á realizarse: cuando se habla mucho de una cosa, se la ajiganta progresivamente, haciendo que el infinito negativo se convierta en infinito.»

Créanos el Sr. Py de Puyade; en el proyecto flota algo más que una negación infinita para que el problema preocupe á tantos hombres eminentes, y todos los periódicos profesionales y otros muchos que no lo son, se hayan ocupado de él con muchísimo interés, y nosotros añadiremos que nuestra monografía, y consiguientemente el proyecto en ella defendido, encontró favorable acogida en la prensa, y para probarlo transcribiremos el juicio crítico de algunos periódicos, en la imposibilidad de hacerlo de todos ni de muchos de ellos.

La *Crónica Legislativa* emitió su juicio crítico acerca de la obra, en los números 26 y 27 correspondientes á los días 23 y 31 de Julio de 1887, que forman un solo ejemplar. Dice, después de insertar el título de la obra: «Al cuerpo de Registradoreres de la Propiedad dedica el Sr. Santamaría la obra que acaba de publicar con el título que precede, en la que pretende demostrar la necesidad de dar fe pública notarial á los Registradores de la Propiedad para el otorgamiento de actos y contratos sujetos á inscripción. Funda el autor la reforma que propone de las leyes Hipotecaria y Notarial en los inconvenientes que nacen de la posibilidad de las segundas enajenaciones hechas en fraude de los terceros adquirentes: en la posibilidad también, de la presentación de títulos falsos en el Registro de la Propiedad, en perjuicio del verdadero propietario, que por la misma ley y mediante el cumplimiento de sus preceptos puede verse despojado de su derecho y de su finca; en los inconvenientes que nacen del Registro para la inscripción de los títulos, y en los recursos que se interponen contra la calificación de los Registradores.

»El autor comprendiendo lo atrevido de la reforma que propone, pues por ella se lesionan hondamente los intereses de la clase Notarial, la que por ella quedaría reducida á la nada y hasta merecería la supresión por el insignificante papel que había de desempeñar en la sociedad, reducido su ministerio á la autorización de instrumentos no sujetos á inscripción, confiesa de antemano, que tales ideas encontrarán fuerte impugnación especialmente por la clase Notarial que vería mermada su hoy demasiada extensa esfera de acción, como el mismo dice.

»Tan transcedental reforma sostenida por un escritor de reconocido mérito ha de llevar seguramente la alarma á la clase Notarial, no por el temor de próxima realización, pues las reformas por buenas que sean y por sólidas que sean las razones en que se apoyen, no llegan á la esfera legislativa por el libro ó por el periódico, pues nuestros legisladores no leen sino por el fundado temor de que dichas ideas lleguen á formar opinión, en cuyo caso aunque no sean ley vienen siempre en desprestigio de la clase Notarial.

»No siendo la *Crónica Legislativa* la llamada á iniciar la defensa de la clase Notarial amenazada por el libro anunciado, ni tampoco la de los Registradores de la Propiedad; sin aceptar ni rechazar por hoy las ideas sustentadas en él, nos limitamos sólo á hacerlas públicas dejando el campo á los autorizados colegas que llevan el nombre de las clases interesadas, para que en cumplimiento de su deber abran debate sobre las ventajas ó inconvenientes de dichas reformas en el cual terciaremos en momentos oportunos.»

Debe tenerse en cuenta que después la *Crónica Legislativa* ha aparecido como periódico defensor del Notariado, lo cual da más fuerza y valor á sus manifestaciones; ya inclinadas entonces á favorecer implícitamente á los Notarios.

Lá REVISTA, en que ven la luz pública estos modestos artículos, decía en su cuaderno correspondiente al mes de Julio del año anterior: «Noticias Bibliográficas.—Estudios sobre Legislación hipotecaria y Notarial; por D. Victorino Santamaría, Abogado, Juez municipal de Vendrell. Un tomo en 4.° menor de 179 páginas, Barcelona.

De algún tiempo á esta parte se observa que los estudios sobre nuestra legislación hipotecaria van adquiriendo un lugar preferente entre nuestros tratadistas. Tiempo era que ramo tan importante de nuestro derecho ocupara lugar preferente en el libro y se divulgue en lo que quepa su conocimiento, pues la legislación hipotecaria, por sus reformas radicales y por el espíritu que le inspira, no puede el Abogado relegarlo á olvido, sino antes al contrario, dedicarla un estudio asiduo.

Entre los tratadistas que más constancia han demostrado en el estudio de esta legislación, lo es el de que hoy nos ocupamos, D. Victorino Santamaría, que ya demostró sus grandes conocimientos en una obra no ha mucho tiempo publicada, y que tenía por objeto: «Las capitulaciones matrimoniales y la hipoteca por razón de dote».

El folleto hoy publicado plantea una cuestión de gran importancia para los Registradores, y que hace ya tiempo viene tratándose, aunque no en la forma erudita y concreta con que lo hace el autor. ¿Deben encargarse los Registradores de la contratación? O en otros términos: dada la competencia de estos funcionarios, ¿podrían encargarse de la redacción de ciertos contratos? Tal es la cuestión que resuelve en un sentido favorable á dichos funcionarios y basando su criterio en multitud de citas de la ley Hipotecaria. Por dicha ley y en repetidas ocasiones, observa que ante el Registrador se celebran verdaderos contratos, otros que se ratifican ante el mismo y muchos que bastan y son suficientes para la inscripción de documentos no otorgados ante el Notario.

Para confirmar lo dicho recuerda el autor las disposiciones de ley sobre acreedores refaccionarios (art. 59 ley, y 51 reg.), las notas marginales que se extienden en el Registro para hacer constar el cumplimiento de obligaciones futuras y condiciones suspensivas (arts. 16, 143 ley, y 113 reg.), las notas adicionales para trasladar fincas del antiguo al nuevo Registro (art. 21 reg.) y los contratos privados celebrados antes de 1.º de Enero de 1863 (arts. 405 al 408 ley); estas y otras citas que de las leyes hace el autor, demuestran que los legisladores tuvieron en cuenta la idoneidad de dichos funcionarios y que sin duda alguna preparaban lentamente tan importante y transcedental reforma.

Abundamos nosotros en el pensamiento del autor, mucho más si se consultan las citas que evacua en el art. 5.º del capítulo 3.º, que estudiado y meditado comprueba que lejos de ser un peligro el que los Registradores se encarguen de ciertos contratos, son una garantía para las partes por la brevedad de las operaciones y la economía que había de reportar.

No nos extendemos en más consideraciones acerca de la obra, que por la novedad del asunto y lo bien tratado creemos que será favorablemente acogida y estudiado el problema que en ella se propone.»

Y el periódico *Las Provincias*, de Valencia, correspondiente al 19 de Junio del citado año con referencia á la obra referida dijo: «El objeto de este escritor es muy noble: preparar materiales para la reforma de nuestra gravosa y complicada legislación hipotecaria. Partidario del proyecto de ley sobre crédito agrícola, reduce la esfera de acción de los Notarios y acrecienta la de los Registradores de la propiedad, formando un proyecto de contratación ante estos funcionarios del Estado. La reforma, aparte de los perjuicios que naturalmente irrogará á la clase Notarial, no había de ser completamente extraña en nuestras costumbres y leyes, abonándola de un lado la necesidad de ensanchar los estrechos moldes que aprisionan con perjuicio y gabelas á la propiedad, y de otro las corrientes jurídicas de nuestro tiempo, que tratan de evitar intervenciones entre las partes contratantes, y también importantes preceptos de la ley Hipotecaria, su Reglamento y la jurisprudencia.

Todas estas disposiciones legales constituyen la materia de la obra, examinándolas con buen método y claridad, para deducir favorables consecuencias á la reforma de la ley Hipotecaria y en el sentido en que se defiende.

Que hay necesidad de reformarla, que es el supuesto de que parte el autor, nadie lo duda. ¿Quién no ha leído con gusto la sencillísima Acta Torrens de los americanos? Dista mucho nuestra legislación de aquélla en la materia que se estudia, y alcanzarla, no puede ser más que un ideal por mucho tiempo, en los pueblos que, como el nuestro, tienen creados tantos derechos ó intereses á la sombra de leyes y costumbres. .

Pero ya que no se puede correr tanto, qué se ande algo.»

.

La crisis agrícola que sufre la Nación y que importa combatir por todos los medios, hace preciso que se estudien los problemas que en mayor ó menor escala puedan atajarla, y el nuestro no es el que menos puede contribuir á ello, al objeto de facilitar una titulación escrita para la pequeña propiedad, á fin de que pueda obtener las ventajas del crédito territorial y agrícola para la obtención de préstamos con que atender al cultivo, etc. La situación en que se halla nuestra agricultura tiene que fijar las miradas de todo el que se preocupe del bien y porvenir de la noble tierra en que nacimos, del bienestar del mayor número de sus habitantes, que lo constituyen por cierto los que á hacerla que fructifique consagran sus incesantes afanes. Gime hoy toda la agricultura europea, aun la más adelantada, ante la amenazadora competencia que se aprestan y han empezado á hacerla apartadas pero más fértiles regiones, que hasta hace no largos años eran más bien sus mercados de consumo. ¿Qué suerte le deparará la Providencia á la española que tan atrás se vá quedando? Urge mejorar ó variar los procedimientos y los métodos, transformar cultivos que no sean remuneradores, utilizar más y emplear en mayor extensión las sustancias fertilizantes, suplir las deficiencias de la agricultura propiamente dicha con el desenvolvimiento de las otras industrias rurales... Pero para todo esto se requiere capital y el capital precisamente permanece retraído de los campos: que no va sino adonde halla crecido lucro ó donde halla garantías de seguridad. La cuestión del crédito territorial y agrícola es, pues, una cuestión capital para nuestra patria.

La tendencia moderna no se significa en el sentido de inmovilizar, sino en el de movilizar los bienes aun inmuebles, y por ello la aspiración científica es la que el crédito individual inmueble habría de irse perfeccionando por la transformación del contrato hipotecario de Derecho civil, desprendiéndolo de su fórmula tradicional para someterlo á la acción del torrente de la circulación del crédito, cuyo ensayo de estas nuevas formas son los bonos territoriales ó *Grundschuldbriefen* del imperio alemán y los más antiguos *Handfesten*, de la ciudad de Brema. Siguiendo, pues, esta tendencia, debe procurarse con todo empeño el perfeccionamiento de las instituciones hipotecarias y para ello debe empezarse por la base, que es la formación de una titulación escrita que conste en el Registro público.

Siguiendo esta tendencia, el Código de Costa Rica, en el libro segundo, regula la emisión de cédulas hipotecarias, estableciendo un sistema análogo al que adoptaron las leyes de Prusia de 1872, imitando la antigua legislación de la ciudad de Brema y que es más sencillo que el admitido en el Acta Torrens de las colonias inglesas. En efecto: así como para la transmisión del certificado de una hipoteca sobre la propiedad inmueble exige esta conocida ley que se celebre un contrato de cesión ante un testigo y que se inscriba en el Registro general (1), el Código de Costa Rica dispone que las cédulas, una vez emitidas con los requisitos y garantías que determina, constituyen un documento al portador, que puede transmitirse aun por endoso en blanco. Realizan, en suma, estas interesantes disposiciones el ideal de movilizar la propiedad inmueble.

En España es lo cierto que las ventajas del crédito territorial están todavía por las nubes, porque nuestro Banco Hipotecario impone muchas restricciones en sus operaciones de préstamos sobre fincas, entre ellas la de valuarlas muy bajas, no admitiendo las que constan inscritas solamente por expediente

---

(1) *Bulletin de la Société de législation comparée. Rapports* de Mrs. Ch. Lyon Caen y F. Challamel. (París, Abril 1886.)

posesorio, las que tengan alguna condición resolutoria, por más que los hechos demuestren que no puede llegar el caso previsto en la misma, como ocurre en Cataluña con la condición ó pacto de reversión para el caso de morir el donatario universal sin hijos, pues aunque los tenga numerosos el que trata de obtener el préstamo, el Banco ya no quiere contratar con él, y para estos casos, como para otros que se ofrecen de no aceptar los Bancos Hipotecarios la garantía de ciertas fincas, como la de pinares, terrenos no cultivados, siquiera vayan á ser reducidos á cultivo, precisa que se procure la creación de Bancos agrícolas.

Esta es otra de las ventajas de la reforma que ya empiezan á ver los propietarios y las Revistas agrícolas. Y para demostrarlo vamos á reproducir un interesante artículo debido á la bien cortada pluma del conocido propietario y letrado del foro catalán, D. Ramón María Catá de la Torre, inserto en la *Revista del Instituto agrícola catalán de San Isidro* correspondiente al día 15 de Junio anterior, núm. 495, y reproducido en el periódico de Madrid *La Liga Agraria.* El artículo lleva por título el mismo de este modesto trabajo, y dice:

«Por más que á primera vista no aparezca la importancia que tiene lo que acaba de enunciarse, para el modo de ser de la propiedad en general y especialmente para la rústica, es lo cierto que vale la pena de que todos cuantos nos interesamos por la mejora de las condiciones actuales del dominio agrario, fijemos la atención en esa reforma iniciada por el ilustrado escritor de derecho D. Victorino Santamaría. Sabido es que la propiedad territorial y la agricultura española están atravesando circunstancias dificilísimas que reclaman se acuda pronto con los remedios oportunos si no se quiere acabar de una vez con lo que constituye la base y el nervio de la prosperidad de la patria. Y en tales momentos hay cosas que si bien miradas á la ligera no muestran á la superficie la importancia y transcedencia que encierran, en el momento en que se las profundiza se comprende que es necesario asirse de ellas como de tabla salvadora que pueda conducirnos al ideal que se va alejando cada día más de nuestra vista.

»Cuando la propiedad rústica se encuentra agobiada por gabelas y tributos excesivos; cuando una escuela fanática y sectaria ha querido pasar su mano niveladora sobre la producción española amarrándola con fuertes ataduras para que no pueda volar libre de obstáculos, privándola de que contribuya así á labrar la riqueza de la nación, es fuerza aprovechar todas las coyunturas que se ofrecen, siquiera éstas no sean de mucha importancia, con el fin de conseguir se aminoren los gravámenes que la abruman y la arruinan; ¿y quién duda que el proyecto lanzado á la publicidad por el señor Santamaría, al abaratar los crecidos gastos que la contratación ocasiona, ha de contribuir en algo al alivio del estado por demás precario de la primera de nuestras producciones? ¿Y quién duda que estos gastos se simplificarían si los interesados, en lugar de consignar sus contratos en largas escrituras con el cúmulo de advertencias que la ley exige, con preámbulos necesarios muchas veces para la perfecta claridad del contrato y con cláusulas de espectancia y demás de que no es posible prescindir, podrían acudir ante los Registradores de la propiedad para celebrar sus contratos que las más de las veces se reducirían á un simple asiento de pocas líneas en el libro diario? No ignoramos que esto, como toda reforma de alguna transcendencia, presentaría tal vez dificultades; pero estamos seguros de que habiendo buena voluntad por parte de los encargados de aplicarla se vencerían todas. Creemos que ha sonado en España la hora de las reivindicaciones en favor de la abatida y esquilmada propiedad territorial, que de tanto tiempo viene siendo el *anima vilis* de todas las reformas y ensayos y la que amamanta á todos, absolutamente todos cuantos han sido favorecidos por nuestras leyes con una patente para vivir y medrar á expensas de la misma.

»No se asusten empero aquellos que de momento han de quedar perjudicados con la reforma, porque aunque ella no se realice, dentro de muy poco van también á sentir las consecuen-

cias del aniquilamiento de la madre tierra, si pronto no se la
ayuda con medidas reparadoras que á voz en grito reclaman
todos los propietarios y labradores de España. Y menos tiene
nadie derecho á escandalizarse después que rindiendo culto á
la fiebre por los intereses del capital se ha introducido la misma reforma·en beneficio de los valores moviliarios. Ya se comprende que aludimos á la disposición que permite cancelar cédulas hipotecarias sin necesidad de escritura pública.

»Pero á pesar de lo que acabamos de exponer, no defende·
ríamos con todas nuestras fuerzas la reforma si no la hiciese
imprescindible el art. 34 de nuestra ley Hipotecaria que pugna
con los derechos imprescriptibles de la propiedad española y
que urge desaparezca de una vez si hemos de informar nuestra legislación en los verdaderos principios jurídicos, desechan-
do para siempre las doctrinas de las escuelas utilitarias que
forman la base en que descansa la ruina económica de Espa-
·ña. «Harto es que, traspasando la ley Hipotecaria sus naturales límites, dicen los Sres. Galindo y Escosura en sus ilustrados ·comentarios á la misma (circunscritos según su nombre
indica á que fueran públicos todos los gravámenes que disminuyen el valor de las fincas y que los que no constasen en el
Registro no perjudicaran á terceros), comprendiese también las
constituciones y transferencias de dominio. Harto era que· fa-
llase sobre la validez de los títulos de propiedad cuyo examen
y apreciación debe dejarse al cuidado del particular que no
necesita la perpetua tutela de·los Poderes públicos; y los conflictos al fallo judicial que dirime las cuestiones de intereses
privados: faltaba sólo (como si en el país no hubiera atendibles
más intereses que·los de los acreedores) que se dictase la disposición 34 por lo cual puede ser sumido en la miseria el mayor
própietario, sin culpa suya, sin hecho suyo, sin noticia suya.»
«Si esto es posible, continúan, ¿hay legislación que lo sancione,
país que lo sufra, Gobierno que lo tolere, hombre de ciencia que
lo aplauda? Nosotros, que quizá no estamos conformes con.el
espíritu de la ley Hipotecaria que hace depender de la inscrip-

ción del dominio el mismo dominio, comprendemos, sin embargo, su sistema: el que no inscribe comete una omisión que la ley castiga con ensañamiento; pero, en fin, no ha inscrito y culpa tiene; lo que no podemos comprender es que cumpliéndose los preceptos legales para asegurar el dominio, quede sin embargo tan inseguro como si no se cumpliesen y que pueda darse el caso en que la augusta majestad de una sentencia sancione como acto válido y legal el robo organizado.» Hasta aquí los ilustres comentadores de la ley Hipotecaria.

»Nosotros pocas palabras hemos de añadir.

»Basta consignar que si esto es posible, si esto ha sucedido, si esto se ha perpetrado con mayor frecuencia de lo que debiera acontecer en una sociedad civilizada (y podríamos citar muchísimos casos), urge cambiar de rumbo, urge arrojar muy lejos las doctrinas de la escuela utilitaria y abrazar decididamente las que toman por base los eternos fueros de la propiedad. De momento, para evitar los irreparables perjuicios que ha ocasionado y ocasionará el mencionado art. 34 de la ley Hipotecaria vigente, no queda otro recurso que admitir la contratación ante los Registradores que son verdaderos funcionarios revestidos de fe pública. De esta suerte no se da tiempo á que en el espacio que media entre el otorgamiento de una escritura y su inscripción en el Registro se interponga un malvado que se apodere impunemente de nuestros derechos sin temor á los interdictos de los pretores romanos. Los fueros de la propiedad son demasiado elevados para que consientan por más tiempo un estado de cosas en que es posible el despojo, y en esta alternativa, ó se borra de nuestras leyes el art. 34 de la ley Hipotecaria, ó se autoriza á los particulares para que puedan contratar en el Registro de la propiedad, logrando de esta suerte que se verifiquen en un mismo acto y sin solución de continuidad el contrato y la inscripción del mismo en el Registro.

»Colocada la cuestión en este terreno se hace de necesidad imprescindible, por más que la reforma hubiere de inferir perjuicios (que no son de tanta monta como aparecen á la simple vista) á una ó á varias clases de la sociedad, porque ante todo es necesario atender á aquella que constituye una de las bases fundamentales del orden social, la que una vez desquiciada, por·fuerza la sociedad entera ha de resentirse, y como los intereses morales y los económicos son perfectamente solidarios, en pos del desmoronamiento de los principios del derecho ha de venir la ruina económica de los pueblos.

»Reciba, pues, el Sr. Santamaría nuestros plácemes por haber tomado la iniciativa en una idea que ha de ser de fecundos resultados para los intereses de la propiedad· española, á los cuales es necesario que cedan la preferencia cuantos de diversa índole pudieran estar con ellos en pugna. Recíbalos asimismo el Diputado Sr. Maluquer y Viladot por haber presentado una proposición de ley inspirada en tan fecundos principios. Es hora ya de abrazarnos decididamente á la bandera salvadora en la cual están escritas las grandes reivindicaciones de la propiedad agraria, ó contemplar en otro caso cómo las doctrinas utilitarias acaban de aniquilar á la que había de ser base firmísima en que pudieran apoyarse los progresos futuros.»

La necesidad y utilidad de la reforma la demuestra un hecho que ocurre en la práctica, por demás notable, y que vamos á reseñar por lo mucho que significa, en contra del crédito territorial y en favor del personal, y que tiene lugar en la provincia en que escribimos, en la de Tarragona. El Banco local de dicha ciudad tiene clasificadas á varias personas de la provincia y facilita préstamos al 4 por 100 de interés anual por medio de pagaré suscrito por el deudor y dos personas de las clasificadas por el Banco. Las facilidades de este modo de obtener y devolver los préstamos no hay para qué indicarlas, y sobre todo se recomienda por la baratura del interés, inferior al legal que cuasi sin excepción se señala en los contratos de préstamo hipotecario. Y decimos nosotros: ¿No es esto un importantísimo dato que acusa la deficiencia del régimen hipote-

-cario? ¿Cómo es que el prestamista prefiere la garantía personal á la hipotecaria, y á mayor abundamiento prefiere el documento privado á la escritura pública, señalando al préstamo
que consta por medio de pagaré un interés tan bajo que no ha
podido soñarlo el crédito territorial, que no tiene de tal sino el
nombre?

Problema es este que debiera hacer pensar á nuestros gobernantes, á los poderes públicos, que á alguna causa especial
son debidas semejantes anomalías, ya que no tienen explicación
satisfactoria, si no se concede lo que no puede negarse, y es
que nuestro actual sistema hipotecario es dilatorio, costoso y
de difícil realización. Y el Estado debiera emplear en esto su
fecunda iniciativa ordenando las leyes para que se faciliten los
préstamos á la agricultura, quitando trabas creadas por una
legislación venerable por lo secular, pero que descansa en el
desconocimiento de los procedimientos modernos del crédito y
en la apreciación inexacta de sus necesidades y sus beneficios.

El sistema australiano y el de Prusia son más sencillos que
el actual de nuestra patria; el del proyecto de ley del Sr. Maluquer ofrece muchísimas más ventajas que éste en cuanto á
las facilidades de la inscripción y cancelación del contrato, y
por lo tanto mayor economía; y si á esto se agregase una reforma que facilitase también el procedimiento ejecutivo, no
hay duda que se lograrían fecundos resultados respecto de este
particular.

***

Reasumiendo lo referente á la apreciación de la prensa respecto el proyecto que se debate, debe consignarse que ha sido
altamente favorable á la reforma, y únicamente la de la clase
interesada, ó algún periódico unido por relaciones de suscri-
ción á la clase Notarial, son los que han combatido la idea, con
poca fortuna por cierto, porque el pensamiento se va abriendo

paso, á pesar de tanta contradicción amontonada contra el mismo.

Examinados los precedentes que anteriormente se consignan, desde luego se echa de ver que el pensamiento que más se acomoda al estado actual de nuestra legislación en relación con las extranjeras es el formulado por *Las Provincias*, de Valencia: «ya que no se puede correr tanto (dice dicho periódico, refiriéndose al sistema Torrens), que se ande algo.» Este *algo* de nuestro proyecto no llega siquiera al sistema de Prusia, por cuya razón hemos dicho anteriormente que habíamos sido muy parcos en proponer la reforma, y que ésta era solamente un modesto y tímido ensayo, como así resulta efectivamente.

Con lo transcrito quedan también demostradas de un modo fehaciente las aspiraciones de la propiedad territorial, y demostrada su tendencia á alcanzar *progresos futuros* á los que ha de servir de base nuestra reforma, en virtud de la cual se entraría en una verdadera vía de adelantamiento, en la que, hasta llegar al sistema de sir Roberto Torrens, hay largo camino que recorrer. Al propio tiempo con las autorizadas opiniones que hemos consignado en este artículo respecto el proyecto de reforma, quedan contestados ciertos ridículos argumentos de algunos periódicos que se han entretenido en juzgar la importancia de las poblaciones de Calafell y Vendrell, porque de ellas partieron las primeras adhesiones á nuestro proyecto, dirigidas á los centros oficiales, como si la base de la población fuese el único factor que debe tenerse en cuenta en tales asuntos.

(*Se concluirá*).

VICTORINO SANTAMARÍA.

Consulta de D. José Miranda, Cura de la parroquia de Valdesoto, y respuesta de los Reverendísimos Padres Maestros del Convento de San Esteban de Salamanca, Orden de Predicadores, sobre contratos de ganados. *

RESPUESTA

De esta materia de aparcerías ó contratos de compañía en determinada especie de ganados, tratan de propósito, Baldo, *in leg. si pascenda, Cód. de pactis, et in leg. 1, Cód. pro socio;* Angel de Peregil, *Tract. de societate,* parte 2.ª; Sanctus Bernardinus de Sena, tomo 2.º, sermón 40; San Antoninus, p. 2, disp. 1; La Summa angélica, *De usura,* 2.º; Tabiena, Azor, tomo 3.º, *institut. moralium,* libro 9.º, cap. 7.º; Rebelo, *De obligationibus justitiæ,* p. 2, libro 25, *quæstio* 6; Reginaldo, libro 25, cap. 30; Molina, *De justitia et jure,* tomo 2.º, dis. 420; Bonacina, tomo 2.º, tract. 2, disp. 3, *De contratib.,* q. 6; Geneto, tomo 1.º, tract. 4, cap. 13, y el Cardenal de Luca, *De usuris,* disc. 2. Y las doctrinas que dan sobre este asunto, son las mismas que sirven para arreglar los demás contratos de compañía en cualquiera ótra materia, con sólo la diversidad de aplicación á este particular, en que suele mezclarse también contrato de conducción y locación.

1. Por lo cual San Bernardino, en la introducción al ser-món citado, notable 2, dice: «*in Soccida, quæ est quædam societas (et locatio, quia ex his duobus Soccida composita est),* digo, *in contractu animalium, duo concurrunt, scilicet societas et loca-*

---

* Véase la Consulta inserta en la página 677 del tomo anterior.

tio: *quia ex his duobus Soccida composita est, ideo qui discerne-*
re vult quando Soccida licita est, vel non, duo debet atendere: 1.°
Id quod est formale invera societate pecuniæ appositæ, quia sci-
licet ille, qui mutuat pecuniam mercatori ad veram societatem;
tenetur in se periculum retinere.» 2.° *«Debet considerare id, quid*
est formale in locatione, quia locans retinet in se periculum ca-
suale vei locatæ.» El contrato, pues, de aparcería ó compañía en ganados (y lo mismo es de locación) puede ser ilícito
por dos capítulos: ó porque interviene usura, ó por desigualdad en el repartimiento de la ganancia á proporción de lo que
pone cada uno de los compañeros.

2.   En cuanto á lo primero, Sixto-V en su Bulla, que empieza *dettentabilis*, dice así: *«Damnamus et reprobamus omnes, et*
quos cumque contractus et conventiones, pactiones post hac incun-
dos, sive in cundas, per quos, vel quas cabebitur (personas), digo,
personis pecunias animalia, haut quas libet alias ves societatis
nomine tradentibus, ut etiam, si fortuito casu quam libet iactu-
ram, damnum, vel amisionem seque contingat, sors ipsa, seu
capitale semper salvum sit, et integrum a socio restituatur.» Lo
mismo consta *ex. leg. si-non fuerint in princip.*, §§ *pro socio*:
donde se dice: *«Contra leges societatis esset contractus, et lu-*
crum percipere, damnum vero effugere.» Y así todas las veces
que, en fuerza del contrato de- compañía, queda el principal
asegurado en todo evento para quien le pone (excepto si se
pierde ó disminuye por culpa ó dolo del tenedor, que en tal
caso estará obligado en conciencia á restituir el importe de la
pérdida) es el contrato usurario, omitiendo por ahora si es lícito, que en fuerza de otro contrato de aseguración, el riesgo
del capital corra por cuenta del compañero que le recibe, aunque sin culpa suya; sobre que hay grave controversia con bien
graves fundamentos por la parte que afirma que aun así es
usura. Á lo menos es muy dificultoso reducir á la práctica estos dos contratos entre unos mismos compañeros, á términos
de equidad y justicia, de suerte que no quede el uno más agra-
vado, ó expuesto á mayor daño que el otro.

3. Y dado que, sin usura ni injusticia, se puedan practicar, sería menos dificultoso en compañía de ganados que en otras negociaciones, cuyo capital consiste en dinero, por razón de la díversidad que hay entre éste y el ganado: porque el dinero de ningún modo es por sí mismo fructífero, sino por el uso de él·en la negociación: en cuya atención Santo Tomás 2. 2, q. 48, art. 2, ad 5, para que el que da, por contrato de compañía, dinero á un mercader, pueda participar de la ganancia, da por razón el peligro á que se expone de perderlo: con que si queda asegurado de todo peligro, parece que se traslada todo el domínio al recipiente, como en el mutuo, y por consíguiente es muy dificultoso hallar título por el cual, sin vicio de usura, pueda el dador participar·de la ganancia. Los ganados de suyo son fructíferos, y no solamente ellos valen dinero, sino también el solo uso de ellos y el usufructo: por cuya razón se pueden locar y el dinero no. Y así Rebello en el lugar citado, q. 4, defiende por más probable que es usura la concurrencia de los dos contratos de *compañía y aseguración:* en la q. 6, núm. 6, dice: *«admitenda tamen videt limitatio quo ad alias ves inestimatas pro capitali datas quia in his usus valorem distinctum habet ab ipsis rebus, quales sunt pecora nabes, et similia; hæc enim sine injustis eia pro justa mercede asecurari posunt per alterum socium, absque eo quod a tradente alienentur* (como puede suceder en contrato de *locación,* de que Cardin. de Luca discursu cit.) *lucrumque ex usu eorum adquisitum socialiter dividi.»*

4. Pero, omitiendo esto, que aunque sea practicable en contratos de locación, en los de compañía siempre hace dificultad la Bulla de Sixto V y ley citada. Lo que no admite duda es que no hay usura todas las veces que el peligro del capital corre por cuenta de quien le pone; siendo esto, como queda dicho, de San Bernardino, lo formal en los contratos de compañía: de suerte que, si le ponen entre muchos, cada uno se expone al peligro de su parte: y si le pone uno solo, y otro la industria, éste se expone á perder su trabajo, y el otro su ha-

cienda. Y en este sentido se verifica que uno de los compañeros no sea participante en el daño, es á saber, en la pérdida
del capital, y lo sea en la ganancia, como se decide en la citada ley ibi: *«ita combeniri societatem posse, ut nullam partem
damni alter sentiat, lucrum vero commune sit: quod ita demum
valebit; si tamen sit opera, quanti damnum est, plerumque enim
tanta est, pecunia, digo, industria socii ut plus societati confe-
rat quam pecunia.»*

5. En cuanto á lo segundo, no puede haber solución más
clara del caso ni más cierta que la del Jurisconsulto Próculo,
leg. improposita §§. pro socio, y se contiene en estos términos bre-
vísimos: *«improposita autem quæstione arbitrium viri existimo
sequendum ex eo magis, quod judicium pro socio bonæ fidei est.»*
La dificultad está en formar juicio prudente en particular,
siendo necesario para esto, lo uno el conocimiento del menor
ó mayor peligro, y más ó menos regularidad en la ganancia,
según la que comunmente acaece; lo otro, saber apreciar por
otra parte el cuidado, trabajo y espensas en la custodia y mantenimiento del ganado, y por otra parte la utilidad, que, además de la ganancia partible, perciben los labradores que le
toman á su cargo, en la leche y uso de él para el cultivo de
los campos: sobre lo cual nadie podrá formar juicio más cabal
que los mismos que practican estos contratos y saben por la
experiencia continuada el útil que, á proporción de lo que una
y otra parte contribuye, se saca de ellos. Con todo eso, no
obstante la falta de conocimiento y experiencia en estas materias, se procurará decir, atendiendo á la relación que se hace
en la consulta, lo que buenamente pareciere más conforme á
razón; para cuyo fin se deben suponer las reglas siguientes;

PRIMERA˙ REGLA

6.   La primera regla es: que en estos contratos de buena fe, para formar juicio de su equidad, se debe atender á la costum-·bre, como es expreso in lege; *quod si nolit § quia asidua; § de dilit. et dicto ibi: ea enim quæ sunt moris et consuetudinis in bonæ fidei juditiis debent venire.* Y sin atender á esto, no se podrá dar dictamen acertado: por cuya razón Cayetano in Summa, verb. *Societas* in fine, dice: *De societatibus in materia animalium, quæ Soccide appellantur, tan varia est materia et consuetudo, ut forte, scribi complete non possit et præterea in cualibet patria· vide, ut ibi fieri consuebit a viris probis, vel secundum modum aprobatum a viris probis.* Verdàd es que esto, como advierte bien Silvestro, loco citat., q. 6, resp.˙2, se debe entender *modo consuetudo conveniat arbitrio boni viri,* conforme á la ley cita-da *improposita:* pero èntonces hay fundamento para juzgar que es racional y prudente la costumbre, cuando por lo gene-ral se hacen los contratos públicamente, sin recatarse los con-trayentes de que vengan á noticia de otros: lo primero, por-que, como dice el Cardenal de Luca, loco cit., núm. 12: *satis confert comunis usus hæc quæ circunstantia quod aptus fiat pu-blice et palam: cum id arguat bonam fidem et sinceran intentio-·nem:* y más abajo: *adque ut supra magna circunstantia est illa, quod non diferat sagax, et deprabatur negotiator a simplice, et sincero contraente, quoties modus contraendi ex consuetudine est˙ uniformis, dum ita cesat circumbetio et suffocatio quæ, videntur usuræ* (añádese) *et justitiæ consueta, et quodam modo esentialia requisita.* Lo segundo, porque siendo antigua y uniforme la costumbre y practicada á ciencia y paciencia de los Prelados, Párrocos y personas doctas y timoratas que practicasen estas materiàs, hay fundamento para creer que todos la tienen y han tenido por justa.

SEGUNDA REGLA

La segunda regla es la que da San Bernardino, *in introduct*. Serm. cit.: *Tertio notandum quod quando communiter non percipitum et probabiliter dubitatur, an illius vel istius deterior conditio sit in forma contractus et pacti, ad hibiti in soccida, seu quaqumque alia societate, tunc ibi non est pecatum; ubi autem conditio alterius notabiliter deterior aparet ad arbitrium boni viri pecatum est ex parte prebalentis, si hoc scienter facit.*

TERCERA REGLA

Aun en caso de que con algún fundamento se dude de la igualdad del contrato, pueden las partes ceder, como dice el maestro Bañez, *de justitia et jure*, q. 78, art. 4.°, disp. 3, in fine: *at vero quando res dubia fuerit, an sit ista equalitas in aliquo contractu, tunc poterunt socii cedere juri suo, et reputare equalem esse contractum: et ratio est, quia in tali contractu propter comunem ignorantiam uterque se exponit pari fortunæ.* Verdad es que esta regla suele ser muchas veces engañosa por la necesidad ó pobreza de los contrayentes, que por redimir su necesidad ó por codicia de ganar para salir de pobres, más que por propia voluntad (aunque digan que lo hacen voluntariamente), suelen admitir condiciones injustamente gravosas. Por lo cual el presentado Fr. Tomás de Mercado, tract. de contratos, cap. 9.°, modifica la regla de esta forma: *Cuando la compañía se hace entre personas á quienes no constriñe á ello la necesidad, cualesquiera condiciones se pueden sacar y poner, aunque de suyo sean algo injustas, sabiéndolo y entendiéndolo las partes, porque no hay agravio ni fuerza adónde hay voluntad.* Y parece que ésta, y no fuerza, se debe presumir cuando la costumbre es general y practicada igualmente entre todo género de personas. Esto supuesto, se irá diciendo en particular y por su orden sobre cada una de las especies de contratos que se ponen en la consulta.

RESPÓNDESE Á LAS DOS DUDAS QUE SE CITAN
SOBRE EL PRIMER CONTRATO

7.   En este contrato, según su forma y nombre que se le da, *de media cría,* no se hace común el capital, y por tanto queda siempre (con la excepción arriba puesta de culpa ó dolo del tenedor) á riesgo del que le pone, como se expresa en la consulta núm. 9, y por consiguiente de él sólo debe ser la mejora, si por accidente la hubiera. La cría solamente se hace común; y para este fin y para que puedan los contrayentes ambos dividir por iguales partes, uno pone el capital y otro solamente el cuidado de él: de lo que se sigue que cuando quiera que la vaca ó vacas puestas por capital se hayan de extraer de la aparcería, ó porque ésta se acabó, ó porque las vacas son ya inútiles para criar, se las debe llevar en el mismo estado que tuvieren ó precio en que se vendieren el que las dió.

8.   Mas de esto mismo nace la duda: una vez que las vacas puestas al principio se extraen de la aparcería, ó porque perecen ó porque se venden, ya se extinguió el capital que era sólo de uno y sucede en lugar de él, si perseveran las crías, otro capital distinto que es por mitad del tenedor; y poniendo éste ya tanta parte del capital como el compañero y además la industria, parece que por su naturaleza se acabó el primer contrato y sucede otro distinto en que no se debe hacer la división de las crías, que de nuevo hubiese, por iguales partes, sino que la mitad de ellas se debe consignar al labrador en correspondencia de haber puesto la mitad del capital, y de la otra mitad se le debe también consignar la correspondiente á la industria, trabajo y expensas.

9.   A la manera que si dos negociantes hiciesen contrato de compañía, poniendo uno mil ducados de capital y el otro la in-

dustria, y después de haber adquirido bastante ganancia dejasen ésta solamente para proseguir el contrato sacando los mil ducados el que los puso, ya era el contrato otro, y sería injusticia querer que todavía se dividiese por iguales partes como al principio la ganancia que de nuevo hubiere. A esto parece que se reducen las razones de dudar que sobre este contrato se proponen.

10.   Y sería manifiesta la iniquidad si lo que se dice en la consulta núm. 11, que una de las dos vacas que quedan de las primeras es del tenedor y está á su cargo y riesgo fuera de suerte que la una fuera determinadamente del uno y la otra determinadamente del otro, sin que se comunicase el daño en caso de perecer una de las dos, y que si pereciera la que tocaba al tenedor, éste no tuviese ya derecho á participar del fruto de la otra que restaba, ó si estuviese obligado á satisfacer al dador por la que sin culpa suya perecía. Mas esto no puede ser así, porque los dos tienen dominio común ó derecho sobre cada una de las dos que perezca, sea el daño para los dos, y cualquiera que diese cría la dé igualmente para ambos. Y lo mismo (mientras no se hiciese división en parte ó en todo deshaciendo el contrato) de todas las demás crías que fuesen sucediendo. Y así, cuando se dice qué una de las crías está á peligro del tenedor, no es porque se haya expuesto á peligro de perder alguna cosa que antes fuese privativamente suya, sino porque está á peligro de perder ó no percibir lo que tiene derecho y esperanza de percibir de una cosa que en fuerza del contrato le ha comunicado su compañero. Pero todavía se puede insistir en la razón de dudar; porque estando bajo del dominio de los dos en común, excede á su compañero en el trabajo ó industria que pone.

11.   Esto no obstante, la misma forma del contrato persuade que todas las crías que hubiesen durante la aparcería, y a provengan inmediatamente de las vacas puestas por capital, y ya mediatamente, se deben siempre dividir por iguales partes. Porque el contrato se reduce á dar uno el capital, quedándose

con el dominio y peligro de él para que el otro lo cuide y cuide también de las crías, con la condición de que todas las que proviniesen de él (sin distinguir entre las que provienen mediata ó inmediatamente) se hayan de partir por iguales partes en recompensa del trabajo del tenedor. Y como éste, antes de la partición, no ha adquirido todavía dominio privado en ninguna de las crías, y á lo más sólo adquiere dominio común con el otro, que todavía no es *jus in re*, sino *ad rem*, solamente para cuando se haga la división, antes de ésta no se verifica que ha añadido de nuevo cosa suya al contrato, sino solamente el contrato y expensas, ni se verifica con propiedad que haya actualmente ganancia; porque ninguno de los dos compañeros puede determinadamente decir: tanto he ganado en este contrato; pudiendo decir solamente de futuro: tanto ganaré ó espero ganar ó sacar; y no pudiéndose verificar que pone el tenedor la vaca, de que todavía no puede decir: *ya es mía*, se sigue que no hay título para que la división de todas las crías que hubiere durante el contrato no se haga por iguales partes, conforme á lo pactado al principio.

12. Lo mismo persuaden el modo y circunstancias del hecho; porque, como se expone en la consulta núm. 6, á arbitrio de cualquiera de los dos está *parar*, á fin de ó deshacer el contrato ó sacar las cabezas que haya de ganancia, y el no hacerlo sucede, como se dice en el núm. 12, por no tener necesidad alguna de las partes; y así entra aquí lo que se dijo arriba en la 3.ª regla puesta, número 6. Y entra también la primera que, en cuanto á la proporción con que se debe partir lo adquirido ó aumentado por todo el tiempo del contrato, se debe estar á la costumbre comunmente y sin violencia observada.

13. Con que siéndolo el que prosiga estos contratos bajo de una misma forma, no sólo en cuanto á las primeras crías, sino también en cuanto á las que provienen de éstas, parece que la misma costumbre califica de justa la repartición de todas ellas por iguales partes. Añádese á esto la razón general

á todo trato de compañía, en que la ganancia producida del
primer capital, aunque se vuelva á emplear con la segunda y
tercera y muchas veces, nunca se tiene por capital añadido
sobre el primero por contribución de ambos compañeros, sino
que va siguiendo siempre hasta que se decida la naturaleza
del primer capital y condiciones con que se puso al principio.
Y aunque en el cuarto ó quinto empleo, v. g., se ganen mil,
de los cuales, prorrateando el cápital puesto al principio, solamente le correspondan ciento, y los nuevecientos al empleo
de las ganancias anteriores; con todo eso, todas las ganancias,
aunque provengan de unas ó de otras, se deben repartir por
iguales partes como si provinieran solamente del capital que
se puso al principio.

14.   Ni obsta la división que parece hay entre este contrato de compañía en ganados y el de compañía en dinero, donde,
mezclándose la ganancia con el capital, no se puede determinar cuál es uno ni cuál es otro, y ninguno de los compañeros
tiene particular dominio sobre tal parte de dinero hasta que se
haga la división, aunque siempre tenga derecho á sacar tanto, siendo así que en la aparcería se sabe determinadamente
cuál es el principal ó capital y cuál es ganancia. Lo primero
porque, como de San Bernandino queda dicho arriba, núm. 1,
este contrato se debe regular del mismo modo que los demás
contratos de compañía. Lo segundo, porque no siempre se confunde ó mezcla el mismo individual dinero que se pone por
capital, con lo que se produce de la industria y uso de él, antes es lo natural distraerse enteramente el capital, empleándo-
lo en géneros; y así éstos, como los que provienen de la venta de ellos, es distinto del dinero puesto al principio y ya el
dominio no es privadamente de uno solo, como lo era el capital antes de emplearse, sino común.

15.   Lo tercero, porque el mismo ejemplo confirma la doctrina dada, pues así como en la compañía de dinero, por estar
confuso el capital con la ganancia, ninguno de los compañeros
tiene dominio sobre tal parte de dinero en particular, sino so-

lamente el derecho á sacar tanto, así también en esta aparcería, como queda dicho al núm. 10, el dominio de las crías, ínterin no se reparten, es común, sin que alguno le tenga sobre alguna en particular; y este dominio se ha comunicado bajo de la convención hecha al principio, de que siempre que se repartan se haga la división por iguales partes: luego si por esta confusión ó conmixtión en el dominio del dinero, que es ganancia, siempre se ha de hacer la repartición, como se pactó al principio, aunque provengan unas ganancias de otras. Lo mismo se debe decir en la presente materia.

16. Y acerca de lo que se dice, que aquí se sabe determinadamente cuál es principal y cuál es ganancia y de qué especie proviene inmediatamente cada cría, se debe advertir que esto es verdad, en cuanto á la entidad material de uno y otro; pero no en cuanto á la razón formal del capital, porque ni sirven de capital las vacas puestas al principio, según lo que tienen de su ser individual sino en cuanto fecundas, que es lo que toca á la propagación de la especie, y consistiendo ésta en la sucesión de generaciones se conserva el capital sucesivamente continuado, en cuanto á lo formal de él, en las crías que van sucediendo mientras no se dividen ó segregan del destino á que se ordena la aparcería. Y así como el que es causa de la causa es también causa del efecto, siempre el dador, mientras dura el contrato, tiene puesto el capital que, aunque no materialmente en sí, permanece todavía en sus efectos. Y esto se verifica mejor aquí que en la compañía de dinero: porque éste no es por sí fructífero, siendo la industria toda la razón formal de fructificar; pero en el ganado, toda la razón formal de fructificar es, no la industria ó trabajo del tenedor, sino su natural fecundidad. De manera que así como las vacas puestas al principio se consideran con dos respectos, uno en cuanto á su natural ser, bajo de cuya razón son solamente del dador y están á su peligro; y otro en que, fecundas y bajo de esta consideración, si no dan crias es el daño de los dos, así también las crías se deben considerar con dos respectos, uno de ganancia, y éste, como

se dijo núm. 11, no lo tienen actualmente sino sólo en aptitud ó derecho remoto los contrayentes hasta que se dividan y otro, en cuanto se continúan al capital, como efectos que suceden en lugar de él y como incorporados á él, y éste le tienen actualmente mientras no se dividen y con el mismo destino para que se puso al principio. Así como el dinero no sirve de capital, en cuanto es tal entidad de oro ó plata, sino en cuanto sirve al uso de la negociación bajo de cuya razón se contienen todos los aumentos de ganancia mientras no se dividen.

17. Con otro argumento deducido *ab inconvenienti*, parece que se convence más claramente esta doctrina. Porque si en caso que de las primeras vacas puestas al principio quedasen dos crías, había de ser ya el tenedor acreedor al fruto de ellas, por dos títulos: uno, por tener ya puesto el principal en tanta parte como el compañero, y otro, por el trabajo y expensas en cuidarlas y sustentarlas, se seguiría que debiera llevar enteramente el fruto de la una por ser suya, y de la otra, que era del compañero, debía llevar también la mitad por razón del trabajo y expensas, así como por esta misma razón le toca la mitad del fruto de las primeras, que eran del dador: con que si estas dos crías, diesen otras cuatro, dos cada una, debería el tenedor llevar tres; dos, porque eran de las suyas, y otra porque cuidaba de la de su compañero; y después, dando las cuatro otras ocho, dos cada una, habría de llevar el tenedor las siete, y el otro no más que una. Y así, durando la compañía algunos años, sin que se vendiesen ó dividiesen las crías que se iban aumentando, se podría ir haciendo cómo la cuenta de la cernina, de suerte que habiéndose hecho una porción cuantiosa de ganado, y queriendo repartir el que puso el capital, que era el fundamento y raíz de todo el aumento, se quedase con tanto y no más de lo que puso al principio, sin percibir ni haber percibido antes ganancia alguna, y acaso ni el capital, si por casual accidente se murió, y toda la ganancia se la llevaría enteramente el tenedor, después de haberse llevado el útil de la leche, estiércol y servicio del ganado.

Este mismo, y aun mayor, inconveniente se sigue haciendo la cuenta de otro modo. Supongamos que se pone en aparcería una vaca á media cría y con el pacto de que se han de ir vendiendo todas las que de ella proviniesen, excepto una que siempre se ha de ir dejando para reponer el capital: Hecho el contrato en esta forma, y dando la primera vaca dos crías, las cuales deben ya ser igualmente de entrambos; ó una de uno y. otra de otro, en vendiéndose la una ó se ha de llevar todo el precio de ella el tenedor, sin que al dador, si quiere tener por suyo el capital remanente, le deba tocar parte de ganancia; ó si se divide por mitad el precio, la otra cría restante deberá ser por mitad de ambas partes, y por consiguiente, el tenedor será acreedor á la mitad del fruto de ella, por tener ya puesto tanto capital como su compañero, y por razón del trabajo y expensas será acreedor á la mitad de la otra mitad. Puesto ya en estos términos, si esta vaca, que ya es por mitad de los dos, diese dos crías, no tendrá en ellas el dador más que una cuarta parte, y las otras tres serán del tenedor; y así, vendiéndose una de estas dos crías y repartiéndose por iguales partes el precio de ella, ya el dador del capital saca toda la parte que le correspondía; y por consiguiente, no puede quedar con parte alguna en la cría restante, ni con derecho para participar del fruto de ella, que deberá ser todo del tenedor; con que, cuando llegue la tercera cría, ya el capital (especialmente si después de haber dado crías la vaca puesta al principio, casualmente se murió) con todos sus frutos, se habrá consumido enteramente para el que le puso, no habiendo percibido más ganancia que el tenedor, y éste, que ha percibido tanta ganancia como su compañero, se hace privativamente dueño de todo lo que queda en ser. Esta no es compañía fraternal sino *Gemina*, que llama el derecho.

18. Si se insiste en que el que puso al principio el capital recibió ya el precio de él cuando se vendió. Además de que, como se acaba de decir, puede haberse muerto ó perdido casualmente, en cuyo caso, cuando llegue la tercera cría, pierde

el capital y el derecho á participar del fruto que proviene de él
si las crías se han de reputar capital puesto por los dos: se
añade en prosecución y confirmación de lo dicho arriba al número 17, lo primero, que aunque perciba el dinero de la primera vaca, si se vende, esto sucede cuando ya no es capaz de
parir ni de servir á la aparcería, habiéndose mantenido en ella
el tiempo en que daba fruto. Y así nunca se verifica que recibe el precio del capital: porque éste fué vaca paridera y la que
se vende no es así. Y el haberse mantenido en la aparcería en
tiempo que servía, sin haberse vendido antes, también es digno de precio. Y este uso, ó la utilidad para dar crías, y no la
material sustancia de la vaca, es lo que propiamente se pone
en aparcería, como con Baldo, in. leg. 1, Cod. *pro socio*, q. 2,
dice San Bernardino, loc. cit., Serm. 39, art. 2, cap. 2. *Ut di-
camus quod in dubio potius intelligitur in societate possita usus vei
quam ipsa res: et hoc facit ad gestionem Socidæ.*

Lo segundo, no tendrá lugar la dificultad, si vendiéndose la
vaca puesta por capital se repartiera el precio entre los dos
compañeros ó percibiéndole todo el tenedor, en cuyo caso quedaba el dador con derecho por una parte á percibir la mitad de
todas las crías, así las que mediata, como las que inmediatamente proviniesen del primer capital, porque todavía no le había sacado; y por otra parte, al tiempo de finalizarse la aparcería, sacar la parte ó todo el precio que había llevado el tenedor, y esto (además de ser lo mismo en la sustancia el que el
dador de las vacas perciba el precio de ellas cuando se vendan
ó cuando se finalice el contrato) sería variar la especie de este
contrato en el otro de *media ganancia* de que se dirá después,
ó sería hacerle usurario percibiendo el tenedor por modo de
empréstito el precio ó parte del precio de la primera vaca para
que por esta razón el dador participase de las crías que hubiere durante el contrato.

Dícese, pues, que para que el contrato no sea inicuo ó usurario todas las crías que hubiese mientras no se deshace, aunque provengan unas de otras, deben ser comunes y dividirse

entre los dos compañeros del mismo modo las últimas que las primeras.

19. Esta resolución es conforme á la doctrina que dan lós autores referidos, porque tratando de esta materia de propósito y extendiéndose en explicar varios modos con que semejantes contratos pueden ser injustos, y las condiciones que se deben observar para que no lo sean, ninguno de ellos se ha parado á distinguir entre las crías que mediatamente y las que inmediatamente provienen del capital puesto al principio, ni advierten que esta distinción se haya de tener presente para la repartición, antes bien, de la doctrina que dan se infiere lo contrario. Angel de Periglis, *loc. cit.* núm. 7, hablando del tiempo que deben durar estos contratos, sobre que alega unos decretos estravagantes, dice: *quando autem pacta fuerint circa tempus quo durare Societas deberet, tunc similiter œquitas arbitrio boni viri servanda est: consuebit enim in animalibus grosis quinquennio talis societas durare: non ergo videretur tutum pro longe majori vel minori tempore contrahi, présertim in foro conscientiœ, cum non videretur posse transire sine jactura et damno alterius.* Esta doctrina trasladó Silvestro loc. cit., q. 6, resp: 1, y sobre ella se debe notar que la estimación á cinco años para el contrato, sin que pueda en conciencia durar notablemente más ó menos tiempo, se entiende donde lo tiene así establecido alguna ley particular por la costumbre generalmente recibida, ó cuando de ser por más ó menos tiempo resultara grave daño á alguna de las partes; y no hay duda que resultaría daño al tenedor si hubiera de mantener la vaca puesta por capital más tiempo de cinco años sin ser obligado el dador á sacarlo, porque pasados cinco años después de haber comenzado á criar parece que no podía ya dar más crías, y el mantenerla sería trabajo y gasto sin provecho; además que en este contrato, donde cada año al tiempo debido está á arbitrio de cada uno de los contrayentes hacerle parar, no tiene lugar el escrúpulo que podía ocasionarse de esta doctrina, si no es que el dador, pudiendo todavía la vaca dar más crías,

la quisiera sacar después de no haber dado más que una, queriendo que en ésta prosiguiese la aparcería.

20.   Esto notado en doctrina de Angel y Silvestro, que en
general y prescindiendo de costumbre ó convenio justo entre
las partes aprueban otros autores, puede la aparcería de las
vacas-durar por espacio de cinco años, en cuyo tiempo ya puede haber crías de crías, y con todo eso el mismo Silvestro, ibid.
respons. 3, repitiendo la misma doctrina, añade: *dicit Ang. se·
requirere quædam juria extravagantia inter extraordinaria capi-
tula fœudorum quæ volunt, quod societas duret quinquemnium,
ipso capitali stante periculo tradentis, et omnes poledros* (todos
dicen sin distinción) *esse comunes.*

21.   Pero el mismo Angel, hablando de aparcerías en ganados menores, directa y expresamente da la resolución loc cit.
núm. 14, dice: «*si quis dederit alicui porca, jure societatis, et
non fuerit dictum de tempore, tunc is qui accipit, debet eam tenere per tres annos, et omnes porcelli qui nati sunt, partiendi
sunt per medium in unoque anno, vel siplacuerit Domino, et ei qui
accipit, tenere usque in capite trium annorum debent omnes par-
tiri per medium etiam porcelli nati de porcellis.*»

De este mismo sentir es Baldo, in leg. 1, Cód. *pro socio*, q. 2,
á quien trasladó San Bernardino, loc. cit., Serm. 39, donde dice
así: «*Per idem espresam est quando in societate ponitur species
ex una parte, et ex alia opera pastoralis. Verum est etiam quod
licet capita principalia mortua sint, tamen societas in fœtibus du-
rat.*» §§ *pro socio, leg. si id quod,* §§ *de pignoribus,* leg. grege.
Con que concurriendo con las razones alegadas el dictamen de
unos varones tan graves y tan sabios, parece no queda razón
de dudar sobre la justicia del contrato de *media cría,* en la forma que, según refiere la consulta, se practica especialmente
aprovechando el tenedor, además de percibir la mitad de la
cría, las demás utilidades que expone la consulta núms. 1 y 3, y
siendo tan corto y poco costoso el trabajo de mantenerlas.

A la razón de dudar arriba puesta, núm. 8, queda respon-
dido en los números 14, 16, 17 y 19 al ejemplo que va puesto·

núm. 9. Además de lo dicho, se añade que si el dinero pariera y con esto y con el tiempo se consumiera como las vacas, se habría de decir lo mismo; pero no pare ni sirve para el contrato de compañía, porque tenga alguna fecundidad natural, sino solamente como instrumento de que usa el negociante, siendo la industria de éste toda la razón formal de ganar; y así el que saca de la compañía el capital puesto en dinero, no puede ya participar de la ganancia, de la misma suerte que si no le hubiera sacado; porque sacó todo lo que puso con toda la razón de influir, como causa instrumental de la ganancia: mas el que saca las vacas después de haber dado crías que quedan existentes en el contrato, no saca la fecundidad natural, según la cual sirvieron de capital, que allí se queda en las crías.

A lo último que se dice al pie de la segunda duda, es verdad que el dinero no causa gastos para haberlo de mantener: pero cuanto más crece el dinero puesto en compañía, tanto más se aumenta la industria, cuidado y solicitud del negociante (á que corresponde en la aparcería el cuidado, trabajo y expensas de mantener el ganado) porque, no hay duda, vale más la industria del que negocia con mil, que la del que negocia con ciento: de otra suerte, no pudiera ganar más aquél que éste, siendo la industria toda la razón formal de ganar, y se evidencia en la industria que ponen, no como compañeros, sino por su salario, los criados de los compañeros y también los administradores de haciendas ó rentas de otros, que cuanto mayor es el caudal ó hacienda que administran, tanto mayor es el salario que merecen. Y aunque las vacas, además del cuidado de su custodia, cuesta el mantenerlas, y cuanto más se aumenta el número cuestan más, también se va aumentando la ganancia que se ha de sacar en las crías. De otra suerte, si no costara más el mantener ocho crías, v. g., que las dos vacas puestas al principio, no habría razón para que el tenedor pudiese participar más de las crías que diesen las ocho, que la que podía participar de las que diesen las dos.

(*La conclusión en el número próximo*).

DE LA IRRETROACTIVIDAD DE LAS LEYES *

CAPÍTULO VI

AUTORIDAD DE LA LEY EN CUANTO Á LAS RELACIONES JURÍDICAS QUE TIENEN POR OBJETO LAS COSAS

155.   Las cosas materiales, en cuanto pueden ser objeto de derechos pertenecientes á las personas, caen bajo el imperio de la ley, la cual define su condición jurídica y determina los derechos de que pueden ser objeto las mismas, fijando además la naturaleza y la extensión de tales derechos, la manera en que pueden ser adquiridos, cómo deben ser conservados y cuándo pueden ocurrir que sean perdidos.

Resulta, por lo tanto, de completa evidencia, que si todo

---

* Véanse las págs. 501 del tomo 68 de Revista; 17, 89 y 448 del 69; 61 y 390 del 70, y 479 del 72.

en este punto depende del precepto imperativo de la ley, necesario es ante todo examinar, cuál sea la autoridad que tenga la ley antigua y cuál la de la ley nueva, en cuanto á las relaciones jurídicas que tienen por objeto las cosas, y de esto es de lo que hemos de ocuparnos en el presente capítulo.

La transmisión ó transferencia de los derechos, mediante actos entre vivos ó *mortis causa*, debería también formar parte del presente estudio, pero de esto trataremos más adelante, cuando expongamos los principios relativos á la transmisión de los derechos sobre el patrimonio, y á la autoridad de la ley nueva respecto de este particular. El patrimonio, en efecto, comprende todos los bienes sin distinción, y por lo tanto, también las cosas materiales; y por esto, al exponer los principios que determinan la autoridad de la ley nueva en cuanto al derecho de disponer á título gratuito y de transmitir el patrimonio ó una parte de él, ó sea el derecho de *sucesión*, trataremos también de cuanto concierne á la transmisión de los derechos sobre las cosas materiales que son más parte del patrimonio.

156.   En cuanto á la calidad jurídica de las cosas, aparece desde luego fuera de toda duda que, dependiendo de la ley el definir la condición de las cosas y su cualidad como objeto de derechos, deben ser aplicadas inmediatamente las que á esto proveen á todas las cosas existentes en el momento mismo de su promulgación. Ninguna de las cosas materiales puede, en efecto, ser objeto de un derecho, más que en conformidad á la ley vigente en la ocasión en que quiera adquirirse sobre ella dicho derecho; y sería verdaderamente extraño, que los individuos pudieran retener derecho alguno que limitase en lo más mínimo el poder exclusivo perteneciente al legislador de definir ó declarar la cualidad jurídica de las cosas. En este punto es completo el acuerdo en que están todos los jurisconsultos, y no es necesario, en su virtud, detenerse inútilmente en su demostración.

Esto no obstante, si estando vigente la ley anterior fuese individualmente adquirido un derecho real con arreglo á la

condición jurídica de las cosas establecida por la misma llegando á constituir un derecho perfecto ya antes de la promulgación de la nueva ley, deberá ser respetado éste aunque di-
·cha ley nueva no admitiese la posibilidad de adquirir semejantes derechos, siendo este el único caso que puede establecerse como excepción de la doctrina antes sentada. Aun cuando tal derecho no hubiese sido ejercitado todavía, no por eso
debería dejar de ser respetado si fué debidamente adquirido,
y no podría, en suma, ser impedido su ejercicio más que en el
caso de existir disposición expresa de la ley en contrario, en
cuyo caso, sin embargo, podría estar justificada la expropiación del derecho privado que sería consecuencia de ello, pero
debería también admitirse la obligación de reparar en cuanto
fuese posible, y según los principios de la equidad, el daño
causado al que hubiere sido expropiado de dicho derecho.

157.   De lo expuesto se deducen las dos reglas siguientes:

a) No puede adquirirse ningún derecho real sobre una cosa,
si esto fuere incompatible con la condición jurídica de la misma, según el orden establecido por la ley vigente en el momento en que quiera adquirirse dicho derecho; y

b) Los derechos reales debida ó individualmente adquiridos
bajo el imperio de la ley antigua, deben ser reconocidos, no
obstante ser imposible su adquisición según la ley nueva, y el
ejercicio de dichos derechos no puede ser impedido, salvo el
caso de expresa disposición en contrario, por parte del legislador.

La primera de las reglas citadas no admite excepción alguna, ni aun en el supuesto de que hubieren tenido principio,
mientras estuviese en vigor la ley antigua, los actos en cuya
virtud fuesen adquiridos tales derechos. Siempre que la adquisición no haya sido perfeccionada antes de empezar á regir
la ley nueva, no existe posibilidad ni de adquirir ni de perfeccionar la adquisición de un derecho, más que en conformidad
á lo que estableciere la legislación á la sazón vigente.

Esto puede decirse, por ejemplo, del derecho que correspon-

de al propietario de un fundo inferior para apropiarse los des-
agües del fundo superior ajeno y de impedir su desviación.
En efecto, si esta servidumbre no pudiera considerarse adquirida y perfeccionada ya según la ley anterior al tiempo de
publicarse el Código civil italiano, debe ser regida exclusivamente por dicho Código, siendo á ella aplicables las disposiciones de los artículos 541, 637 y 655, aunque hubieren comenzado mientras estaba en vigor la legislación anterior los actos
para su adquisición y aun cuando hubiere tenido principio bajo
el imperio de dicha legislación el pleito entablado para su reconocimiento.

158. Haciendo aplicación de estos mismos principios, puede decirse también que toda ley nueva que declarase que ciertas cosas no podían ser susceptibles de apropiación privada,
debería ser inmediatamente aplicada y convertiría dichas cosas
en inapropiables, no obstante haber tenido principio los actos
necesarios para adquirir el dominio de las mismas, bajo el imperio de una legislación anterior que no contuviese semejante
prohibición; pero por lo que se refiere á la apropiación de dichas cosas, cuando ésta hubiera estado ya perfeccionada antes
de la promulgación de la citada ley, debe respetarse según los
principios generales el derecho adquirido por aquel que hubiese llegado á ser propietario de las mismas. Sin embargo, si
para alcanzar los fines de la ley expresada dispusiese el legislador que debiera considerarse extinguida la apropiación privada, aun respecto de aquellos que con anterioridad hubieren
llegado á ser propietarios, no por eso podría considerarse en
absoluto injusta tal disposición, si bien exigiría la equidad que
á dichos propietarios se concediese una proporcionada indemnización, por entrañar esto una verdadera expropiación por razones de utilidad pública.

Supongamos, por ejemplo, que por causa de pública necesidad, una ley prohibiese la venta para el extranjero de ciertas
materias. En rigor, esta prohibición no alcanzaría más que á
las ventas que hubieran de terminarse después de haber em-

pezado á regir dicha ley, pero no á aquellas que estuvieren
concluídas y perfeccionadas antes de su publicación aunque
sin ejecutar todavía. Esto no obstante, para conseguir los fines
que el legislador se propusiere al establecer dicha prohibición,
podría también impedir la ejecución de las ventas precedentemente concertadas, pero debería en este. caso proveerse, en
cuanto fuese posible, al equitativo resarcimiento de los daños ó
perjuicios con este motivo causados.

159. Es, pues, evidente, que si la nueva ley declarase susceptibles de apropiación ciertas cosas que antes no lo eran, dicha ley ejercería inmediatamente su autoridad sobre todos
aquellos que estuvieran en condiciones de aprovecharse de ella.

De estas consideraciones se deduce, que si una ley nueva
dispusiese que los torrentes no pudieran en adelante estimarse
como de razón pública, y quitase de tal modo á las aguas de los
mismos el carácter de aguas públicas, dicha disposición produ-
ciría inmediatamente el efecto de conceder el dominio de dichas
aguas á los ribereños como propiedad privada. En su virtud,
ellos adquirirían desde luego el derecho de tomar las susodi-
chas aguas, sin obligación de pagar canon alguno, y quedarían también libres del deber de satisfacer todo aquello que
antes tenía que ser satisfecho al patrimonio real ó de la nación,
por la concesión del derecho de derivar el agua obtenida por
ellos, mientras regía la ley anterior que consideraba tales
aguas como de dicho patrimonio.

La razón de esto se halla en que habiendo llegado á ser
cosa puramente privada de los ribereños las aguas indicadas
faltaría el título para cobrar dicho canon, y vendría así á extinguirse el derecho del expresado patrimonio para percibir
una prestación en virtud de un título ya extinguido.

No podría aducirse en contrario la teoría del derecho engendrado por parte del Estado en virtud de un título que se
hallaba fundado en la ley vigente cuando fué constituído dicho derecho, porque sólo tienen que ser respetados, según ya
en otra ocasión hemos dicho, aquellos derechos individual-

mente adquiridos por los particulares, lo que no sucede respecto de un derecho de regalía, como el de que se trata, el cual no puede ser ejercitado más que en conformidad á la ley que estuviese en vigor en el momento de su ejercicio, y debe necesariamente cesar cuando fuere incompatible con las nuevas disposiciones legales (1).

Es de advertir, sin embargo, que en virtud de dichas nuevas disposiciones solamente podría considerarse abolido el derecho perteneciente al Patrimonio fundado en su pretendido dominio señorial sobre las aguas, pero de ningún modo autorizarían á dejar por completo ineficaces ó para reducir á la nada los derechos adquiridos por terceras personas, á las cuales hubiese hecho el Gobierno alguna concesión mientras rigiera la ley anterior que declarase públicas las aguas torrenciales y atribuyese al Gobierno la facultad de hacer concesiones á los particulares para el aprovechamiento de las mismas en virtud de su dominio señorial.

Los derechos adquiridos individualmente por esas terceras personas por consecuencia de las soberanas concesiones indicadas deben ser respetados, á pesar de las disposiciones de la nueva ley, porque tienen que ser considerados, y lo son en efecto, derechos individuales legítimamente adquiridos.

De lo expuesto resulta que si una ley nueva excluyese de las aguas públicas las de los torrentes, los ribereños entrarían desde luego, en virtud de ella, en el pleno goce de las mismas por haber venido á pasar á la condición de propiedad privada, pero dicho goce sería sin perjuicio de los derechos adquiridos

---

(1) Esta cuestión fué muy controvertida en el Piamonte. Allí eran públicas las aguas torrenciales, según las Reales constituciones. Vinieron después á sobreponerse á ellas las leyes francesas, y por lo tanto el Código de Napoleón que no comprendía entre las aguas públicas las de los torrentes, que en su consecuencia debian ser consideradas como propiedad privada de los ribereños. Y en vista de esto, se suscitó la cuestión de si debían ó no pagar las rentas pactadas en favor del Patrimonio por la derivación de dichas aguas. (Confr. Cass. francesa, 21 Febrero 1810. Sirey, tomo 10, P. 1, pág. 178.)

por terceras personas mediante concesiones debidamente he·
chas y que hubieren llegado á quedar perfeccionadas bajo el
imperio de la legislación precedente (1).

160. La adquisición de un derecho real puede depender al·
guna vez de un hecho estimado por la ley ó de una relación ju·
rídica puesta en ejercicio bajo el imperio de la ley. En uno y
en otro caso la adquisición del derecho debe ser regida por las
disposiciones de la ley vigente al tiempo en que fué ejecutado
el hecho ó quedó perfeccionada la relación jurídica de que trae
origen. Esto no obstante, tienen que sujetarse á las prescripciones de la ley nueva las condiciones del hecho puesto en
ejercicio bajo el imperio de-la legislación anterior, siempre que
éste continúe y subsista después de haber empezado á regir
aquélla.

Esto sucede, por ejemplo, con el derecho que al arrendata_
rio corresponde para conservar la cosa arrendada hasta el término del arrendamiento, aun contra el comprador á quien
hubiese sido vendida por el arrendador. Dicho derecho debe
ser regido por la ley que estuviera vigente en el momento en
que tuvo nacimiento el vínculo legal, toda vez que ese dere·
cho real sobre el fondo arrendado es consecuencia inmediata
del contrato de arrendamiento y se deriva de la ley bajo cuyo
imperio hubiere quedado perfecta la relación jurídica creada
entre el arrendador y el arrendatario.

Por lo tanto, si la locación hubiere sido concluída estando
en vigor una ley que, como la austriaca, no concediese al lo-
catario tal derecho, los que en este caso se encontraren no podrían aprovecharse de·los beneficios de la nueva ley que atri-
buyera al arrendador dicha facultad y no podrían tampoco
obtener la rescisión del arrendamiento por ese motivo, á no ser
que expresamente se hubiere establecido á su favor en el con-

---

(1) Confr. Dallos, *Rep.*, v. aguas, núm. 884.—Trib. de Trani, 27 Noviembre 1876. Lebastro, c. Patrimonio, y Trib. de Catanzaro, 20 Agosto 1877 (Piro-
malli-Alati y Ramires), *Foro italiano*, P. 1, pág. 1058.

trato primitivo el derecho de dejarle sin efecto en caso de venta.

De estos mismos pricipios se deduce también que las servidumbres legales que nacen por consecuencia de determinádas condiciones de hecho tenidas en cuenta y reguladas por el legislador en las disposiciones de la nueva ley, sólo pueden ser adquiridas en conforminad con los preceptos de ésta, lo mismo cuando dichas condiciones han empezado á tener origen después de la promulgación de dicha ley, que en el caso de subsistir y continuar después de ella, en la forma estimada por la misma, aunque hayan tenido principio bajo el imperio de una legislación anterior.

161.   La regla que queda consignada puede servir también para resolver las cuestiones relativas á la posesión. Ya se considere ésta como manifestación y consecuencia del derecho de propiedad, ya se aprecie como hecho jurídico que con abstracción de todo derecho preexistente produce consecuencias jurídicas es un derecho real, toda vez que hace nacer en el poseedor el de conservar la cosa poseída y excluirla de terceras personas.

La posesión legítima y el *jus possidendi,* como manifestación del dominio, deben ser regidos por la ley, bajo cuyo imperio hubiese sido adquirido el derecho de propiedad; y la posesión, como estado de hecho que por sí mismo causa efectos y relaciones jurídicas, tiene que ajustarse y regularse por las disposiciones legales que estuviesen en vigor en el momento en que tal hecho jurídico tuviere lugar.

El *jus possidendi* está, por lo tanto, sujeto á las prescripciones de la ley nueva, la cual ha de ser aplicada para resolver sobre las acciones posesorias y decidir cuáles son las cosas que pueden ser objeto de posesión, así como sobre las cualidades de que tiene que estar adornada la posesión, el tiempo de su duración necesario para convalidar la acción, los actos exteriores que constituyen la perturbación de la misma y las consecuencias jurídicas que se derivan del hecho de poseer. En

su virtud, la ley nueva que regule lo relativo á la adquisición
de los frutos y de los demás derechos, según la buena ó mala
fe del poseedor, debe ser aplicada también desde su promulgación aun á los efectos de la posesión que hubiere tenido
principio bajo la ley anterior siempre que se trate de derechos adquiridos mediante ella después de estar en vigor dicha ley.

162. En cuanto á las formas esenciales para la adquisición
de los derechos reales es indudable que todo en este punto
debe depender de la ley que estuviere vigente cuando fuese
adquirido el derecho, y las nuevas disposiciones que después
de ellas se dictaren no podrán modificar las consecuencias jurídicas de los actos puestos en ejecución bajo el imperio de una
ley anterior. De aquí que si ésta exigiese la tradición como
requisito indispensable para la transmisión de la propiedad de
las cosas no bastaría ni podría ser eficaz para surtir dicho efecto el simple consentimiento de las partes acerca de la cosa y
del precio sin dicha tradición, y la ley posterior que después
declarase suficiente tal consentimiento para transferir la propiedad no podría aprovechar para hacer respetar el dominio
cuando éste hubiere sido transmitido mediante dicho consentimiento antes de la publicación de la misma, sino que sería
necesario ó que las partes celebrasen un nuevo contrato ó que
al dar ejecución al anterior agregasen á él la tradición.

También será necesario referirse á la ley sobre la cual se
funde la adquisición del derecho, cuando se trate de decidir
si la posesión inmemorial puede tener lugar respecto de aquellos derechos reales que, como las servidumbres continuas y
no aparentes, requieren indispensablemente un título para su
adquisición. De esto nos ocuparemos más detenidamente al
tratar de las servidumbres.

163. Cuando la adquisición del derecho haya de derivarse
de la accesión, de la especificación ó de la confusión debe aplicarse la ley anterior si el hecho de que trae origen hubiese
ocurrido antes de empezar á regir la ley nueva y hubiese que-

dado terminado de tal modo que deba considerarse perfeccionado el derecho.

Si, por el contrario, hubiesen comenzado tan sólo dichos actos bajo el imperio de la ley antigua completándose su desenvolvimiento y desarrollo después de promulgada la ley nueva, ésta es la que debe regir para decidir si puede ó no ser adquirida la propiedad por ellos.

164. La naturaleza, la extensión y los efectos de los derechos reales, deben regularse por la legislación que estuviere vigente al tiempo de tener nacimiento dichos derechos, aunque el ejercicio de los mismos viniera á tener lugar cuando ya se hallare en vigor una ley posterior.

Esto no obstante, la ley nueva puede sujetar á sus preceptos imperativos las consecuencias de actos y hechos nuevos ocurridos después de ella, relativos á ciertos derechos adquiridos estando en vigor la ley antigua, pero esto deben entenderse sólo respecto de aquellos hechos ó sucesos no tenidos en cuenta por el legislador en sus disposiciones, y siempre que el particular no hubiese adquirido un derecho en contra perfeccionado mientras regía la ley anterior.

165. La pérdida de los derechos reales, cuando depende de un hecho al que la ley da este efecto, debe ser regida por las disposiciones legales vigentes cuando fuere realizado dicho hecho.

Este principio tiene su fundamento en la teoría general, antes de ahora expuesta, de que las consecuencias jurídicas de un acto, cualquiera que éste sea, tienen que sujetarse á la ley vigente en el momento en que tal acto viene á realizarse, debiendo regularse y regirse por las disposiciones de la misma.

En su virtud, si la persona á quien pertenezca el derecho real no hubiere adquirido con él el de someter dicho acto á la legislación bajo cuyo imperio se hubiere constituído el referido derecho real, y la ley nueva hiciera depender su pérdida de la realización de un hecho no tenido ya en cuenta por la anterior, esta disposición ejercería su autoridad sobre los actos puestos en ejecución después de promulgada la misma, y podría, por lo tanto, someter á la pérdida de dicho derecho, con arreglo á sus preceptos, al que en tal caso se hallare.

166.   Para todo lo que concierne á la. conservación de los derechos reales, debe aplicarse la regla general, esto es, que la misma ley bajo cuyo imperio fué constituído el derecho real debe regular los modos de conservar dicho derecho. Sin embargo, esto no excluye la autoridad de una nueva ley que estableciese nuevos modos de conservación de los derechos adquiridos no tenidos en cuenta en la legislación anterior, en cuyo caso las nuevas disposiciones aprovecharían desde su promulgación á todos los que con anterioridad hubieren adquirido tales derechos.

En efecto, no puede negarse el poder que al legislador pertenece para sujetar á nuevas formalidades la conservación de los derechos ya adquiridos, y si en virtud de dicho poder se estableciese que la omisión de cualquiera de esas nuevas formalidades ó requisitos exigidos para la conservación de tales derechos llevase consigo la pérdida de los mismos ó su ineficacia jurídica, esta disposición alcanzaría también aun á aquellos que hubiesen sido adquiridos estando en vigor la legislación anterior, y por lo tanto, la inobservancia de la indicada formalidad ocasionaría la pérdida de los mismos.

Ejemplo de ello nos ofrecen la formalidad de la inscripción establecida como necesaria para conservar el derecho de hipoteca, adquirido mientras regía la ley anterior que no exigía semejante requisito, y la de la transcripción ordenada para conservar los derechos reales sobre bienes inmuebles, respecto de las terceras personas que hubiesen adquirido los mismos derechos sin hacerlos seguir de la transcripción.

Esto sentado, disponiendo la ley nueva que sea decisiva la formalidad de la transcripción para conservar los derechos adquiridos por parte del precedente propietario en contra de terceras personas que quisieren jactarse de haber adquirido los mismos derechos, semejante disposición ejercería su autoridad aun sobre los derechos reales constituídos antes de la promulgación de la misma, á no ser que el legislador hubiese ordenado expresamente lo contrario.

167. Esto es lo que ocurre en la legislación italiana, toda vez que después de declarar el legislador necesaria la transcripción para ciertos actos enumerados en el art. 1932, y de disponer en el art. 1942 que mientras no se lleve á efecto la transcripción de dichos actos no tendrán éstos efecto alguno en cuanto á tercero que por cualquier título hubiese adquirido y conservado legalmente algún derecho sobre los mismos bienes, se establece, sin embargo, en el art. 33 de la ley transitoria que las disposiciones de los artículos 1932 y 1942 citados no deben ser aplicados á los actos que tuvieren ya cierta fecha, ni á las sentencias pronunciadas antes de la promulgación del Código civil, sino que, por el contrario, han de ser regulados los efectos de tales actos y sentencias por las leyes anteriores, excepto en los casos que en dicha ley se reservan ó exceptúan.

Los principios generales expuestos hasta aquí resultarán mucho más claros y se comprenderán más fácilmente haciendo aplicación de ellos á los principales derechos, y con este objeto nos ocupamos á continuación y separadamente de la servidumbre, de la enfiteusis, del derecho de su superficie, de la prenda, de la hipoteca, y, en último término, de. la prescripción ó usucapión.

(Continuará.)

PASQUALE FIORE.

REPÚBLICA DE COSTA RICA *

III

INTERVENCIÓN DE COSTA RICA EN EL CANAL INTEROCEÁNICO DE CENTRO-AMÉRICA

Está hoy en vías de realización el proyecto expuesto á Felipe II en 1620 por el súbdito español Diego de Mercado, cuya curiosa *Relación* ha transcrito el publicista varias veces citado con elogio Sr. Peralta, en su monografía *El canal interoceánico de Nicaragua y Costa Rica en* 1620 *y en* 1887 (Bruselas, 1887).

Es base forzada para el trazado de dicho canal el antiguo *Desaguadero*, hoy río de San Juan, discutiéndose el punto de entrada y de salida de aquella vía interoceánica, que algunos ponen en la bahía de Salinas y en la boca del Colorado, respectivamente.

Adóptese esta solución, que es la más económica y la más favorable á Costa Rica, ó la que coloca aquellos puntos en Brito y Greytown, es lo cierto que de todas maneras ha de atravesar territorios que pertenecen á la primera de dichas Repúblicas, y así lo ha reconocido el Senado de los Estados Unidos al determinar los Gobiernos á que en su sentir pertenece la facultad de otorgar las correspondientes concesiones.

De este principio se desprende lógicamente el derecho de Costa Rica de intervenir en la administración del referido Canal interoceánico, lo que no sólo tiene importancia para dicho Estado sino también para nuestra patria, y es de general

---

* Véase la página 169 de este tomo.

interés en lo que se refiere á la neutralidad de aquella importante vía de comunicación.

Para demostrar la primera de estas afirmaciones, basta tener en cuenta qué en el Tratado de paz y amistad de 10 de
Mayo de 1850, considerado en Costa Rica, según decía el Presidente Sr. Oreamuno, como uno de los acontecimientos más
faustos y memorables para dicho país, se consignó el siguiente
artículo: «En caso de efectuarse por el territorio de Costa Rica,
en todo ó en parte, la proyectada comunicación interoceánica,
sea por medio de canales, por ferrocarriles, ó por éstos ú otros
medios combinados, la bandera y las mercaderías españolas,
así como los súbditos de S. M. Católica, disfrutarán el libre
tránsito *en los mismos términos y sin pagar otros ó mayores impuestos que los que respectivamente paguen los buques, mercaderías y ciudadanos de Costa Rica*» (1).

Aparte de las consideraciones referentes á España y Costa
Rica, debe desearse por razones de carácter internacional, que
tengan éxito las aspiraciones de la política exterior de esta República en dicha cuestión.

La razón es sencilla. «Cualquiera vía—según ha dicho
Mr. Grover Cleveland en el Mensaje que dirigió al Congreso el
8 de Diciembre de 1885—que se construya al través de la ba-
rrera que separa las dos mayores superficies marítimas del
mundo, debe ser para beneficio del mismo bajo la salvaguardia del género humano, libre del riesgo de caer bajo la dominación de una sola potencia, de ser un punto de cita para la
guerra ó presa de belicosa ambición.»

En esta materia es preciso reconocer que á los Estados Unidos se deben dos actos de gran transcendencia: el Tratado
Clayton-Bulwer de 1850, por el que la Gran Bretaña declaró
que abandonaba sus pretensiones sobre Greytown y que se
obligaba á garantizar la neutralidad del canal, y el haber re-
tirado el actual Presidente el Convenio celebrado con Nicara-

_____

(1)   Janer, *Tratados de España.*—Madrid, 1869.

gua el año 1884, porque, según decía, «no puedo recomendar proposiciones que envuelven en grado eminente privilegios de propiedad ó derechos fuera de nuestro propio territorio.»

Pero como las necesidades que determinan la política de un Estado dependen de múltiples contingencias de momento, cuando se trata de obras como la comunicación interoceánica, ha de procurarse en la dinámica jurídica internacional conseguir tal equilibrio de fuerzas que puedan ser en lo posible garantía del porvenir.

Por esta circunstancia, no debe ser indiferente la creación de la Compañía encargada de la construcción y administración del Canal interoceánico.

Para conseguir en este punto el propósito de neutralizar esta vía interoceánica que anima al actual Presidente Cleveland, como anteriormente á Taylor, algo contribuiría evidentemente en el actual estado de la cuestión el que los Directores que debe nombrar cada Gobierno directamente interesado fueran tres en lugar de dos, que los demás Directores fuesen elegidos también entre los ciudadanos de los tres Estados, y que sus informes anuales los presentasen á los Gobiernos de los Estados Unidos, Nicaragua y Costa Rica, sin limitar respecto á los dos primeros esta obligación, como hace el proyecto de ley referido.

En suma, y hablando en tesis general, es indudable que para procurar la neutralidad de una Compañía, es siempre preferible que intervengan en su dirección delegados de tres naciones á que se circunscriba la representación á dos de ellas, aparte de los convenios internacionales que acerca del particular puedan celebrarse más adelante.

Por este motivo los intereses generales de España y Costa Rica son armónicos en esta cuestión, como suelen serlo hoy cuantos afectan á nuestra patria y á las Repúblicas hispanoamericanas.

.*.

REPÚBLICA DE COSTA RICA

Después de escritas las anteriores líneas, hemos leído en la prensa que el Senado de los Estados Unidos y la Compañía norte-americana constituída para realizar la colosal empresa de construir el canal de Nicaragua y Costa Rica han reconocido los derechos de esta última República, que á su vez ha otorgado á la *Nicaragua Canal Asociation* de Nueva York la concesión correspondiente á la parte de su territorio que atraviesa dicha vía interoceánica. No hemos visto todavía la confirmación oficial de estas noticias, aunque puede presumirse su certeza, teniendo en cuenta las indicaciones expuestas acerca de este particular en la notable monografía del Sr. Peralta antes citada y en la no menos notable Memoria presentada últimamente al Congreso por el ilustrado y experto Ministro de Relaciones exteriores, Sr. D. Ascensión Esquivel.

IV

RELACIONES CIENTÍFICAS

Publicamos hace ya algún tiempo los acuerdos adoptados por la Real Academia de Jurisprudencia para entablar y sostener relaciones científicas con las Sociedades jurídicas de las Repúblicas hispano-americanas (1).

En virtud de dichos acuerdos, propuso la Comisión nombrada para desarrollarlos que una de las primeras Sociedades á que se dirigiera la Academia, fuese el Colegio de Abogados de Costa Rica, Corporación oficial en que se hallan inscritos los más notables Abogados de aquella República, y que á la par que desempeña las funciones de cuerpo consultivo del Gobierno, difunde la enseñanza del Derecho, procurando la creación de cátedras, practica la indagación científica como la Academia de Jurisprudencia de San José, á que sucedió en 1881, y mantiene relaciones con el exterior por medio de su interesan-

(1) *El Derecho hispano-americano en la bibliografía española.*—Adiciones.— Tomo 70 de la REVISTA GENERAL DE LEGISLACIÓN Y JURISPRUDENCIA.—Madrid, 1887.

te órgano en la prensa *El Foro*, de que varias veces nos hemos
ocupado.

A estas consideraciones cabía agregar la simpatía á España que siempre ha demostrado dicho importante centro jurídico, y en especial el distinguido Abogado D. Máximo Fernández, que ha sido constantemente intérprete de los sentimientos de deferencia hacia nuestra patria, del Colegio de San José,
en la Revista que es órgano de dicha Corporación centro-ame-
ricana.

A la comunicación de la Real Academia de Jurisprudencia
participando los acuerdos antes referidos, contestó el Colegio
de Abogados costarricense en 29 de Marzo de 1887, con una notable comunicación del que era entonces Presidente Sr. Al-
varado, en que decía lo siguiente: «El Colegió de Abogados de
Costa Rica, en cuyo conocimiento puse los importantes documentos á que me he referido, acordó en sesión del 23 del presente Marzo, aceptar las honrosas relaciones á que le invita la
Real Academia Matritense de Jurisprudencia y Legislación,
así como la valiosa colección de obras científicas con que se ha
dignado obsequiarle; dar á ese ilustre Cuerpo por mi medio,
los más sinceros testimonios de agradecimiento por ambos actos de particular deferencia con que ha distinguido al Colegio
de Abogados de Costa Rica, y asegurarle que sus nobles propósitos de estrechar los vínculos científicos con los países de Hispano América, y por consiguiente los de identidad de raza, carácter y tradiciones, acercan al presente y unirán en el porvenir estos pueblos y la hidalga nación española, hallarán perfecta correspondencia en el Colegio de Abogados de Costa Rica.»

A cambio de las obras enviadas por la Real Academia de
Jurisprudencia remitieron ejemplares de las últimas producciones científicas de aquella República, y en especial de los
Códigos recientemente promulgados, que han acrecentado con
libros aquí poco conocidos, la ya notable sección de Derecho
hispano-americano que contiene la Biblioteca de la referida
Academia.

Estas y otras pruebas de afectuosa consideración han motivado el nombramiento de Académicos correspondientes, otorgado á varios jurisçonsultos de Costa Rica, y el deseo recientemente manifestado de igualar en este punto á dicha nación con
la de Hispano América más favorecida bajo aquel aspecto (1), en
vista de la aceptación, digna de sincero reconocimiento, con que
han sido acogidos por los estadistas, los jurisconsultos, la prensa profesional y los centros de aquel país, los propósitos de la
Academia de mantener constantes relaciones científicas con las
Repúblicas de la América española.

Realizando este propósito, en el presente año se ha concedido al Sr. D. Bernardo Soto aquella distinción científica, que
por otorgarse á un ilustrado jurista que desempeña en la actualidad el cargo de Presidente de la República, significa una
prueba de consideración al distinguido Abogado que, como
Ministro y como Presidente, ha dado gran impulso á la codificación de las leyes patrias y á la enseñanza del Derecho, y
es, por otra parte, un nuevo testimonio de simpatía tributado
á aquella culta nación en la persona de su inteligente go-
bernante, según lo ha comprendido el periódico oficial *La
Gaceta* al dar cuenta del mencionado nombramiento en un artículo inspirado en los sentimientos de cordial afecto que enla-
zan á dicho Estado con la nación española.

Como demuestran las anteriores noticias, es la República
de Costa Rica una de las naciones hispano-americanas que más
se afanan para conseguir el progreso del Derecho en sus múltiples manifestaciones.

(1) En 1887 los Sres. Esquivel (D. Ascensión), Fernández (D. Máximo),
Montufar (D. Lorenzo) y Orosco (D. Rafael).

JOSÉ MALUQUER Y SALVADOR.

REVISTA DE LA PRENSA PROFESIONAL EXTRANJERA

La ilustrada publicación que con el título *Revue de Droit international et de Legislation comparée* ve la luz en Bruselas, bajo la dirección del ex Ministro Rolin-Jaequemins, inserta en su último número, entre otros importantes trabajos, el informe sobre la unificación de las legislaciones en materia de abordajes marítimos presentado á las deliberaciones del Instituto de Derecho internacional en la reunión del presente año por Mr. Ad. Sacerdoti, Profesor de la Universidad de Padua, y uno de los Ponentes ó Relatores de la Comisión tercera de dicho Instituto.

La mera exposición de la materia objeto del estudio de que damos cuenta, revela desde luego toda su importancia, porque entre las diversas cuestiones del Derecho comercial marítimo donde más necesaria resulta la sustitución de un derecho uniforme á las disposiciones encontradas de las distintas legislaciones, es sin duda alguna en la relativa á la reglamentación de los abordajes, tan frecuentes por desgracia en las actuales condiciones de la navegación, y que á tantos conflictos suelen dar origen, por la falta de reglas fijas, cuando se trata de embarcaciones pertenecientes á diferentes países que no están sujetos á una previa estipulación internacional.

En el estado de cosas presente, lo que más urge es la elaboración de un Reglamento común sobre los conflictos de leyes que pueden suscitarse en la materia, pero el objeto final que precisa alcanzar en seguida es la unificación internacional del derecho de abordaje por la formación de una ley uniforme que regule esta rama del Derecho marítimo, tan distinta de las demás, como decía en su obra, *El Derecho marítimo de Italia*, Boselli, actual Ministro de Instrucción pública de dicha nación.

Esta necesidad ha sido hace tiempo sentida. La Asociación para la reforma y la Codificación del derecho de gentes votó ya en la conferencia de Milán la declaración de que «á todas las potencias marítimas incumbe el deber de adoptar un orden único en materia de colisiones de mar», é inspirándose en los mismos principios el Instituto de Derecho internacional acordó en la reunión celebrada en Heidelberg, en Septiembre del año próximo pasado, que para la que había de tener efecto en el presente, se sometiese á la Asamblea un proyecto de Derecho comercial uniforme en cuanto á los abordajes marítimos, para cuya redacción fueron nombrados Ponentes Mr. Lyon-Caen y Mr. Sacerdoti.

Dicha reunión, que es la duodécima del Instituto, había de celebrarse en Lausanne durante los días 8 y siguientes del actual mes de Septiembre, en el Palacio de justicia federal, y en ella ha debido darse cuenta de las dos distintas ponencias redactadas por tan autorizados escritores.

La *Revue* publica sólo en el presente número la de Mr. Sacerdoti, y ofrece dar á conocer en breve la de Mr. Lyon-Caen, de la cual nos ocuparemos oportunamente.

Las principales cuestiones á que suelen dar origen los abordajes se refieren: primero, á quién sea el que haya de reparar el daño causado por abordaje á un buque, al cargamento ó á las personas que á bordo del mismo se hallaren; y segundo, á cuáles sean las formalidades que deban cumplir las personas perjudicadas por tal motivo para conservar su derecho á la indemnización, si hubiere lugar á ella, y cuál sea el término dentro del cual ha de ser entablada su reclamación.

Siguiendo esta misma división, Mr. Sacerdoti examina por separado en dos secciones distintas todas las cuestiones relacionadas con tales extremos. En la primera de dichas secciones se ocupa de los casos en que el abordaje es puramente casual, de los en que es causado por alguna falta cometida por el capitán ó por las gentes del equipaje de cualquiera de los buques abordados, y por último de aquellos en que la causa real del abordaje es dudosa ó no puede ser conocida.

Existiendo gran semejanza en casi todas las legislaciones respecto de los dos primeros casos, ó sean aquellos en que la causa del siniestro es puramente fortuita ó proveniente de una falta, y estando en su virtud circunscrita la divergencia al último, ó sea cuando es dudosa dicha causa, el autor entiende que no ha de ser difícil la unificación bajo el punto de vista de determinar quiénes sean los que en ellos deben soportar definitivamente la obligación de reparar el daño causado, porque sólo tendría cada país que sacrificar muy escasas disposiciones legales para obtener las ventajas de la deseada uniformidad legislativa.

Mr. Sacerdoti estudia con este motivo los dos sistemas seguidos por los diferentes países, las opiniones de los jurisconsultos más distinguidos que de esta materia se han ocupado, las discusiones habidas con ocasión de las distintas codificaciones de esta rama del Derecho, así como las doctrinas sentadas por la jurisprudencia, para deducir de todas esas autoridades si debe seguirse el sistema del derecho común por el que ha de reservarse á la legislación y á la jurisprudencia de cada Estado la cuestión de la reparación del daño causado por el abordaje, ó si debe adoptarse el sistema contrario estableciéndose, en su virtud, una legislación excepcional del derecho común para los casos de abordaje.

El primero de estos sistemas es el que está dentro de la corriente general de las leyes contemporáneas y es el tradicional en los usos del comercio en Inglaterra y América. El segundo tiene sus raíces en las leyes y usos de la Edad Media, y no está en vigor más que en el Código francés y en los de los demás países que le han seguido en sus codificaciones; pues hasta en el italiano de 1882 fué sustituído por el del derecho común el anterior sistema sancionado en el de 1865.

En la segunda de las secciones mencionadas examina también el autor el sistema seguido por el Derecho inglés, en el que no son necesarias ningunas formalidades previas para poder entablar después la oportuna reclamación, fijándose como término para dicho objeto el general para la prescripción de las acciones, y el que ha sancionado la mayoría de las legislaciones, en el que se establece la necesidad de actos conservatorios de la acción, como lo es la protesta del capitán en el primer puerto que llegue ó ante la Autoridad competente del lugar del siniestro, y la fijación de un plazo breve para la prescripción. Estudiados detenidamente dichos sistemas, muéstrase Mr. Sacerdoti partidario de que, para no tener por un tiempo demasiado largo á los buques bajo la amenaza de cualquiera reclamación de este género, se fije un plazo, por ejemplo de un año, á partir de la fecha del abordaje, y otro más

•corto aún, que podría ser de un mes desde el día en que los interesados adquiriesen el conocimiento del hecho, pasados cuyos términos no se admita demanda alguna, estimando además razonable que se permita también al capitán del buque abordado entablar la reclamación para poner á salvo los derechos de los interesados, toda vez que no debe perjudicar á éstos la negligencia en que dicho capitán pudiera incurrir respecto á la interposición de su reclamación, única objeción hecha á la necesidad de la protesta del mismo exigida por algunas legislaciones.

Después de esto, ocúpase ligeramente la ponencia que reseñamos, del Tribunal que debe ser competente para conocer de las demandas de indemnización por abordajes y del embargo del buque abordador.

Respecto de la primera de dichas cuestiones, como el uso y la jurisprudencia han establecido ya reglas particulares acerca de la competencia en la materia, fácil es, en opinión del autor, llegar á un derecho uniforme transformando en leyes esas reglas, que están de perfecto acuerdo con las necesidades del comercio. Y en cuanto al embargo del buque causante del abordaje, cuya traba es comunmente acordada aplicando los preceptos generales sobre embargos, entiende que sería conveniente sancionarlo de una manera formal y absoluta disponiéndose que pueda ser embargado en cualquier puerto, aun en el de arribada, durante todo el tiempo de la sustanciación del litigio, á menos que preste caución bastante, fijada por el Juez que conozca de la reclamación.

Como consecuencia de las consideraciones aducidas en su estudio, Mr. Sacerdoti somete á la aprobación del Instituto el siguiente proyecto de ley uniforme para los abordajes marítimos:

«1.º   Si el abordaje ha sido causado por una falta, todos los perjuicios son reparados por el buque á cuyo bordo hubiere sido cometida la misma.

»2.º   Si la falta hubiere sido cometida á bordo de los dos buques, ninguna indemnización puede ser reclamada por el daño causado á cualquiera de las dos embarcaciones ó á ambas. Sin embargo, los dos buques responden solidariamente del perjuicio experimentado por el cargamento ó por las personas. En estos casos, el que de ellos hubiere satisfecho todo el importe del daño, tendrá derecho á repetir contra el otro por la mitad.

»3.º   Cuando el buque abordador esté sometido á la conducción obligatoria de un piloto titulado ú oficial y las gentes que compongan el equipaje hayan cumplido las obligaciones que les incumban, dicho buque no viene obligado á soportar el daño que resulte de un abordaje motivado por falta del piloto.

»4.º   Si el abordaje hubiere causado la muerte ó lesiones á alguna persona, las indemnizaciones concedidas á las mismas son sacadas con preferencia del producto de la reclamación (1).

»5.º   No son admisibles las acciones de indemnización por actos de abordajes, si no fuese deducida la demanda dentro del año á contar desde el día en que el hecho tuviese lugar, y dentro del mes á partir del en que los interesados adquiriesen conocimiento del mismo.

»6.º   La reclamación puede ser hecha también por el capitán por cuenta de todos los interesados.

---

(1)   Es innecesario insistir en las razones de humanidad que aconsejan la adopción de esta regla, que se encuentra sancionada por el art. 661 del Código italiano y por el 422 del proyecto francés de 1865.

»7.º .El buque que diere lugar al abordaje puede ser embargado en cualquier puerto, aun en el de arribada, durante la sustanciación de la instancia, á menos que preste caución bastante, fijada por el Juez.

»8.º La demanda puede ser entablada igualmente ante el Juez que tenga jurisdicción para conocer del hecho según la ley del lugar, tanto en el puerto más próximo del punto en que tuvo efecto el siniestro, como en el de destino del buque abordador, ó en el que primeramente hubiere entrado de arribada, ó en el que hubiere sido embargado ó detenido dicho buque.»

*
* *

En *Il Circolo giuridico*, importante revista de legislación y jurisprudencia dirigida por Luigi Sampolo, Profesor de la Uiversidad de Palermo, encontramos un interesante artículo suscrito por Letterio Cranata, en que se trata una de las principales cuestiones del Derecho penal, cual es la de si la responsabidad legal por razón de delito ó cuasi delito transciende en el orden civil á los herederos del culpable difunto, conjuntamente con los demás correos.

El artículo 1156 del Código civil italiano dispuso que «si el delito ó cuasidelito es imputable á más de una persona, todas son obligadas_ *in solidum* al resarcimiento del daño causado.» .

Con este precepto el legislador decidió una antigua controversia entablada entre los jurisconsultos, y principalmente entre los escritores franceses,´ pero dejó sin resolver una duda que en la práctica puede suscitarse, á saber: si dicha solidaridad liga á los herederos de uno de los reos en concurrencia con los demás culpables, cuestión que no ha sido tampoco decidida por ningún otro artículo de dicho Código, pues si bien parece á primera vista que á este objeto responde la disposición del 1029, examinados con detención sus términos se ve claramente que por él no se desata el vínculo de la solidaridad, pero al débito se divide á prorrata entre los herederos, los cuales, en representación de su causante, han de satisfacer sólo la parte proporcional que corresponde al mismo, no precisamente por razón de la responsabilidad propia de dicho causante, sino por su cualidad de herederos, quedando, por lo tanto, sin resolver dicha dificultad (1).

Desde luego se comprende que no tratándose de ·una solidaridad nacida de un contrato ó pacto, sino de la legal fundada en la culpa ó en el dolo, según que traiga origen del delito ó del cuasi delito, tanto en uno como en otro caso dicha solidaridad es una verdera pena creada por la ley como medida represora de los actos dolosos ó culpables, é impuesta á los autores del delito ó del cuasi delito. Y como por ser puramente personal la responsabilidad penal no pasan á los herederos del culpable, ni la pena, ni las acciones nacidas de la misma, ni existe tampoco ley alguna tanto en el derecho antiguo como en el moderno que sancione la solidaridad en odio á dichos herederos, es indudable que éstos no pueden quedar obligados por tal vínculo, y si responden de algún modo, en cuanto al orden civil, no puede ser ciertamente por el concepto expresado, sino por otro distinto.

En dicho artículo procura el autor depurar cuáles sean los principios por los que debe regirse la responsabilidad *delictuosa*, estudiando la cuestión en los precedentes que existen en el Derecho romano, de cuyos textos deduce la

---

(1) En nuestro Código penal se halla resuelta dicha cuestión por los artículos 125, 126 y 127 del mismo.

diferencia característica que distingue la responsabilidad contratual y cuasi-contratual de la legal, cuya diferencia constituye la norma para la resolución del tema objeto del mismo.

En efecto; el pacto liga á los contratantes y á sus herederos, los cuales, subrrogándose en el lugar de aquéllos, quedan todos obligados *in solidum*, si bien singularmente cada uno responde sólo en razón de su cuota viril, y por lo tanto, la solidaridad les liga conjuntamente con los demás deudores; pero no puede decirse lo mismo respecto de la solidaridad ó responsabilidad *deli-tuosa*, pues en ésta con la muerte del correo ó con la de todos los culpables desaparecen la razón de la solidaridad, y por lo tanto, al venir en su lugar á responder del daño sus herederos, no pueden ser ligados por dicho vínculo, respondiendo del débito, no por tal concepto, sino por haber pasado á ellos la herencia de su causante, y porque con el delito ó con el *dolo malo* se ha aumentado el importe de la misma: es decir, que si quedan obligados es por cuanto se ha hecho más rica la herencia adida por ellos.

En su virtud, no existiendo vínculo alguno que les una á las consecuencias del delito ó cuasi delito, sólo deben responder los herederos del correo difunto de la parte de la responsabilidad civil que á su causante correspondiese sin ser solidarios del débito de los otros culpables, hayan ó no fallecido éstos.

E. AGUILERA.

Examen crítico de la jurisprudencia establecida por el Tribunal Supremo relativa á ventanas abiertas en paredes de medianería.

La doctrina del Derecho romano sobre servidumbres, que forma un conjunto completo y bastante perfecto, se halla trasladada á nuestro Derecho común en el tít. 31 de la Partida 3.ª Sabida es la división de servidumbres, establecida por aquél y aceptada por éste, en afirmativas y negativas, continuas y discontinuas. Admitióse la prescripción como medio.de adquirir unas y otras, si bien estableciéndose diverso período de tiempo para la de las continuas ó *cotidianas,* como las llama la ley de Partidas, y de las discontinuas, *de que non usan los homes cada dia, mas á las veces et con fecho;* contándose este tiempo en las afirmativas desde que el dueño del predio dominante *ejecutó* el hecho, que constituye gravamen sobre el sirviente; y en las negativas desde que, sin ejecutar hecho alguno por su parte, trató de limitar al·dueño del sirviente el libre ejercicio de su dominio, oponiéndose á él ó *contrallándolo,* y resignándose éste á tal oposición sin reclamar contra ella.

Admitieron los romanos como servidumbres de predios urbanos las de *luminum* y *ne luminibus officiatur.* Claramente explicó la naturaleza de una y otra el jurisconsulto Paulo, en el fragmento ó ley 4.ª, tít. 2.º, libro 8.º del Digesto, que dice: *Luminum in servitute constituta id adquisitum videtur, ut vicinus lumina nostra excipiat. Cum autem servitus imponitur, ne luminibus officiatur, hoc máxime adepti videmur, ne jus sit vici-*

no, invitis nobis, altius ædificare atque ita minuere lumina nostrorum ædificiorum. En la servidumbre *luminum* (de luces) adquirimos el derecho de que el vecino sufra nuestras ventanas. Mas cuando se impone la servidumbre *ne luminibus officiatur* (de no perjudicar las luces), adquirimos el derecho de que al vecino no le sea lícito edificar más alto contra nuestra voluntad, de modo que disminuya la luz de nuestros edificios.

De ambas servidumbres hace mención, aunque sucintamente, la ley 15 del título y Partida antes citados, cuando dice: *que si alguno abriese finiestra en pared de su vecino por do entrase la lumbre á su casa, ó le contrallase que non alzase su casa, porque non le tollese la lumbre, pasando diez años estando su dueño en la tierra et non lo contradiciendo, ó veinte seyendo fuera de ella, et esto ficiese á buena fe cuidando que había derecho de lo facer, et non por fuerza, nin á furto, nin por ruego que hubiese fecho al dueño, ganarie por este tiempo la servidumbre.* Habla esta ley, en la que como en muchas de las Partidas prevalece un estilo casuístico sobre el preceptivo adoptado por los Códigos modernos, del que abriese finiestra en pared de su vecino; pero es obvio que lo mismo debe entenderse si la abriese en pared medianera ó común, porque ninguno de los condueños puede hacer en ésta, sin consentimiento del otro, cosa ajena á los usos de medianería, como es el abrir ventanas; y si las abriese, viéndolo, callando y consintiéndolo el condueño, adquiriría sobre ella y sobre el predio del vecino al que recayesen las ventanas, una verdadera servidumbre. En efecto, el derecho de abrir ventanas en paredes de medianería no nace del condominio, y por tanto sólo puede nacer de servidumbre, y adquirirse por los mismos medios que éstas. Por eso Heineccio, fundado en la ley 40 del título antes citado del Digesto, define la servidumbre *luminum, jus in pariete vicini vel* COMMUNI *fenestras aperiendi.* (Elementa juris civilis secundum ordinem pandectarum. Libro 8.°, tít. 2.°, párrafo 147.)

Pero como la prohibición de abrir ventanas de luces en paredes de medianería, impedía en muchos casos dar luz á aposentos que podían recibirla sin perjuicio del vecino, costumbres locales, fundadas sin duda en el principio de derecho *quod tibi non nocet, et alteri prodest, ad id es obligatus*, autorizaron en algunas poblaciones, especialmente en Madrid, la facultad ó derecho de abrir en paredes medianeras ventanas que, sujetas á determinadas condiciones, no constituyen verdaderas servidumbres, ni limitan la libertad del predio colindante, cuando por haber de edificar en él sea preciso obstruirlas. Llámase comunmente á estas ventanas *de ordenanza*, por tratar de ellas, como de cosa establecida ya de antiguo, Don Teodoro Ardemans, Arquitecto y tracista mayor de las obras Reales, y maestro mayor de las de Madrid, en la obra que, con el título de *Ordenanzas de Madrid y otras diferentes que se practican en las ciudades de Toledo y Sevilla*, publicó en 1719. En el capítulo XI, página 84 de la edición de 1760, que tiene por epígrafe *Sobre las ventanas de medianería*, dice así: «Todas las veces que las piezas ocultas de las casas careciesen de luz, de su mismo aire ó cielo, es preciso discurrir en dársela por el ageno; y esto ha de ser calidad, que el vecino no sea perjudicado, y así sólo puede abrir en cada pieza dos ventanas de tercia de alto y cuarta de ancho junto á las soleras, con sus cruces de hierro y redes, para evitar que se vierta por ellas agua ni otras cosas que perjudiquen al vecino. Y en caso que este quisiera levantar su casa y necesitare cerrar ó tapar dichas ventanas de medianería, lo debe y puede hacer, sin que el otro se lo pueda embarazar, por ser centro y cielo suyo; y no porque sea en beneficio de su casa ha de ser en daño de la otra, excepto si pareciere escritura de contrato de haber cedido en algún tiempo el derecho un vecino á otro, pues en este caso el Juez dará la justicia á quien le tocare.» Existe, pues, con arreglo á estas Ordenanzas ó costumbres locales, una especie de servidumbre forzosa, respecto á apertura en paredes de medianería de ventanas de las dimensiones y condiciones dichas, pero cuya duración no es perpetua, sino limitada al tiempo en que el vecino no necesite taparlas para elevar su casa.

Pero la existencia de esta especie de servidumbre forzosa, limitada en su extensión y duración, no se oponía á que sobre paredes de medianería se constituyesen verdaderas servidumbres voluntarias y perpetuas de luces, por cualquiera de los medios legales de constituirlas, entre ellos el de prescripción, establecido por la ley de Partidas antes citada. Así viene á reconocerlo el mismo Ardemans, que en el párrafo siguiente dice: «También suelen convenirse dos vecinos á suplirse voluntariamente lo que la Ordenanza no permite; y esto suele correr mucho tiempo verbalmente, y fallecido el que padece, va adquiriendo el otro años de posesión, y luego pretende y quiere fundar derecho; esto es en grave perjuicio del otro interesado, y así no puedo dejar de decir que, siempre que estas gracias se hagan, sean limitadas, y que conste el por qué se hacen.» Luego al aconsejar Ardemans, que cuando un vecino suple ó tolera á otro lo que la Ordenanza no permite (esto es, que abra en pared de medianería ventanas de dimensiones y condiciones diversas de las llamadas de Ordenanza), haga estas gracias limitadas y cuide de que conste el por qué se hacen, esto es, que son por precario, lo cual obsta á toda prescripción, es porque no haciéndolo así, irá el otro adquiriendo años de posesión, y luego pretenderá y querrá fundar derecho: y lo fundará indudablemente con arreglo á la ley de Partidas antes citada, cuando transcurrido el tiempo de las prescripciones ordinaria ó extraordinaria según los casos, no pueda probarse por el sirviente que el origen de la posesión fué precario.

La doctrina expuesta hasta ahora conforme con la ley de Partidas y con la relativa á las ventanas llamadas de Ordenanza, fué la que sirvió de regla en Valencia á abogados y arquitectos desde inmemorial. Ventanas de tercia de alto y cuarta de ancho, y á una altura que no permitiese mirar por ellas, ya estuviesen abiertas en pared propia ó medianera, no constituían verdadera servidumbre, ni impedían que el colindante edificase obstruyéndolas; pero ventanas de mayores dimensiones ó á menor altura, y sobre todo con solera especial sobre ellas para recibir la carga de la pared superior, se han considerado siempre como constitutivas de verdadera servidumbre de luces, cuando á falta de otro título había transcurrido el tiempo exigido por la ley para su prescripción, sin oposición del dueño del predio sirviente por el cual recibían las luces. La apertura de tales ventanas no era por tanto tolerada por el que no quería ver gravada su finca con la servidumbre de luces.

Quizá son pocas las casas antiguas de Valencia que no disfruten ó sufran algunas de estas ventanas abiertas en paredes medianeras sobre suelo ajeno, reputadas siempre como verdaderas servidumbres. Su origen, que en la mayor parte de los casos data de tiempo inmemorial, es debido unas veces á división de una casa en dos; otras á su primitiva edificación sobre solares irregulares, pequeños, situados en calles estrechas y tortuosas, tan frecuentes en nuestras antiguas ciudades meridionales y muradas, lo cual obligaba á los colindantes á prestarse mútuamente la servidumbre de luces; y otras, finalmente, á haber ido cerrando desde muy antiguo los Ayuntamientos, por razones de moral y salubridad públicas, callejones sin salida llamados en valenciano *carreróns azucats*, concediendo ó vendiendo á algunos de los dueños de casas colindantes el suelo, convertido luego por ellos en patios ó corrales de sus casas, respetando, no obstante, como era debido, las servidumbres de luces existentes sobre lo que antes era vía pública. Tales son los motivos de haber existido en Valencia desde siglos antes de haberse abolido los fueros de este reino, gran número de ventanas, de dimensiones mucho mayores que las llamadas de Ordenanza, abiertas sobre paredes de medianería, con luces y aun vistas sobre el área del vecino, consideradas como verdaderas servidumbres dignas de respeto.

De ello ofrece irrecusable testimonio la ya tan rara como apreciable obra del Dr. Micer Pedro Jerónimo Tarazona, Consejero de la sacra católica Real Majestad del Rey D. Felipe, titulada: *Institusións dels Furs y Privilegis del Regne de Valensia*, impresa en esta ciudad en el año 1580. En el tít. 6.º del libro 2.º que lleva por epígrafe, *De les Servitots* y *Aqueductos*, dice: «Aquel qui voldra alzar sa casa ó fer finestres, no puga esser impedit, per llevar la lum al vheí hon hiá carrer en mig. Y si está juut, de modo que obrant li tanque la finestra, deu liu obrir altra lo qui obra, si te loch per hon pendre llum; y si no te loch, no lia tanque, si la tal servitut estará prescrita.»—«Al que quiera al- zar su casa ó abrir ventanas, no se le puede impedir por quitar luz al vecino cuando hay calle en medio. Y si está contiguo á él, de modo que obrando le cierre la ventana, debe el que obra abrirle otra, si tiene sitio por donde tomar luz; y si no lo tiene, no se la cierre, si tal servidumbre estuviese prescrita» Admi- tían, pues, los fueros de Valencia, de acuerdo con el Derecho romano y con el común de Castilla, consignado en la ley de Partidas antes citada, que en el mero hecho de tener abierta una ventana sobre el predio del vecino durante el tiempo exi- gido para la prescripción, constituía verdadera servidumbre, digna de ser respetada.

Y más adelante, corroborando este derecho, añade: «Y pot derrocar la pared mijera y reedificarla habentho menester, contra voluntad del vehí, deixant les finestres antigües y pres- criptes ubertes.»—«Y puede derribar la pared medianera y re- edificarla contra la voluntad del vecino, habiéndolo de menes- ter, dejando abiertas las ventanas antiguas y prescritas.» Nó- tese, que en ninguno de ambos casos se exige más título que el de la prescripción consiguiente á la antigüedad, para que se respeten las ventanas existentes.

Mas ¿qué limitación imponía al predio sirviente ese res- peto? ¿Hasta qué punto coartaba en su dueño la libertad de edificar? La limitación consistía en dejar descubierto un espa- cio de nueve palmos en cuadro; ó sean ochenta y uno cuadra- dos, para que por él recibiese luz la ventana; fuera de este es- pacio podía edificar y elevar cuanto quisiera su casa, á no me- diar la servidumbre de no alzar más, *altius non tollendi*, que como luego demostraré, es muy diversa de la de luz ó ven- tana. Y la necesidad de guardar esa distancia, bien fuese fijada por algún fuero ú ordenanza municipal ó por la costumbre, ha durado hasta nuestros días, y se halla consignada en la obra que, con el título de *Arte de edificar*, publicó en el año 1841 el Arquitecto D. Manuel Fornes y Gurrea, Director de la Academia de Nobles Artes de San Carlos de esta ciudad. En el párrafo que lleva por título: «Cómo se debe edificar en terreno propio sin perjuicio de tercero», dice á fojas 66: «El que edificare sobre paredes de medianería que tuviesen ventanas, se separará de ellas nueve palmos en cuadro, á saber: nueve por su frente y cuatro y medio por lado, contados desde el centro de aquéllas. En el caso de tener dichas ventanas más de nueve palmos de luz, las paredes laterales se sujetarán á su totalidad. Si las ventanas estuviesen á más de nueve palmos de altura de la superficie de tierra, podría levantar su casa hasta los nueve palmos más abajo de aquéllas, construyendo terrado ó galería para no registrar la casa del otro. Pero si fuese tejado, un palmo más abajo, por el diferente uso que tienen los terrados ó galerías y los tejados.» Y esa costumbre fué admitida y sentada como un hecho probado por esta Audiencia en sentencia de 31 de Octubre de 1863, según lo declaró el Tribunal Supremo en la suya de 22 de Mayo de 1865. Tal ha sido la práctica y costumbre observada desde inmemorial en esta ciudad y antiguo reino de Valencia, práctica y costumbre perfectamente ajustada á su antigua legislación foral y á la actual común de las Partidas.

Pero el Tribunal Supremo, aplicando en varias sentencias (especialmente en las de 17 de Mayo de 1876 y 13 de Mayo de 1882) á toda clase de ventanas abiertas en paredes de medianería, lo que antes sólo se aplicaba á las llamadas de Ordenanza, donde éstas existían, á saber: que son de mera tolerancia, que no constituyen verdadera servidumbre, y no obstan por tanto á que el vecino pueda obstruirlas edificando, ha causado con esta nueva doctrina honda perturbación en los dere-chos y gravísimos perjuicios en la propiedad urbana, que ve amenazados de convertirse en oscuros, lóbregos y mal sanos

aposentos, los que de inmemorial, quizá desde su edificación primitiva, venían disfrutando de luces, respetadas hasta
ahora como verdaderas servidumbres por los dueños colindantes. Causó general extrañeza esta doctrina entre abogados y arquitectos; porque aun concediendo que todas las
ventanas, aun las de dimensiones mucho mayores y condiciones muy diversas de las llamadas de Ordenanza, fueran de
mera tolerancia, ésta, lejos de oponerse á la prescriptibilidad,
constituye una de las bases y fundamento de toda prescripción. ¿Cuál es, en efecto, el origen de toda prescripción contra
el verdadero dueño de una cosa ó legítimo poseedor de un derecho, sino su tolerancia, apatía ó negligencia en conservarlo
ó defenderlo? ¿Se concibe que pudiera adquirirse por prescripción el dominio de una cosa contra el anterior dueño, si no
mediase tolerancia, apatía ó negligencia por parte de éste en
conservarla ó reivindicarla, antes de que transcurriese el tiempo fijado por la ley para su prescripción? ¿Se concibe que pudiera perderse por prescripción un derecho ó una acción, sino
por tolerancia, apatía ó negligencia de ejercitarlos en tiempo
oportuno? ¿Qué otra cosa sino mera tolerancia, insistiendo en
los ejemplos de la ley de Partidas, es la del dueño de un agua,
que por espacio de diez ó veinte años consiente que, sin título
concedido por él, se aproveche de ella el vecino para regar su
campo? ¿Ó la del dueño de una pared, que consiente que por
igual espacio de tiempo tenga el vecino metida en ella una
viga ó abierta una finiestra? El Tribunal Supremo ha usado en
esas sentencias la palabra tolerancia como sinónima de precario; y sin embargo, su significación jurídica es muy diversa.
Tolerar es no usar del derecho que uno tiene para oponerse á
que otro ejecute un acto; y el que no usa de ese derecho, tole-
rando sin interrupción durante el tiempo prescrito por la ley
actos contrarios á él, lo pierde, adquiriendo el derecho de ejecutar tales actos aquel á quien los ha tolerado.

Ese es uno de los fundamentos de la prescripción. *Precario*, es poseer una cosa como préstamo y á voluntad de su due-

ño, ó ejecutar un acto sin más derecho que el que nace del permiso *expreso* temporal ó revocable de quien lo tenía para oponerse á su ejecución. *Por ruego* llaman las leyes de Partidas á la posesión de una cosa ó ejecución de un acto con este título, y lo equiparan á la fuerza ó furto, siguiendo la doctrina del Derecho romano, que negaba efectos legales de verdadera y jurídica posesión á la obtenida *vi, clam, vel precario.* Pero al que objete alguno de estos vicios á la posesión invocada por otro como fundamento de prescripción, incumbe la prueba de ellos: al prescribente le basta probar que ha poseído durante el tiempo prescrito por la ley, sobre todo cuando la posesión ha sido tan manifiesta y paladina como lo es para el vecino la ventana abierta en pared medianera para recibir luz de su área ó suelo.

Diversa de la servidumbre de luces es la de que éstas no se mengüen ó perjudiquen. Vimos ya la precisión y claridad con que las distinguió el jurisconsulto Paulo; y aunque no con tanta, las distingue también la ley de Partidas citada. Por la primera, abrimos ventana en pared ajena ó medianera para recibir luz del área del vecino; por la segunda, nos oponemos á que éste eleve su casa, ó haga algo que mengüe la luz de que disfrutamos. Por la primera, el sirviente se ve forzado á dejar descubierta el área fijada por costumbres ú ordenanzas locales que, según antes se dijo, es de nueve palmos en cuadro en Valencia; pero fuera de esta área podrá elevar su edificio cuanto quiera, aunque elevándolo vaya menguando la luz del predio dominante. Por la segunda, se ve privado de elevar su edificio más allá de la altura determinada por convención ó prescripción. La primera es afirmativa, porque consiste en que el dominante ejecuta un hecho material, visible y hasta permanente, que no tenía derecho á ejecutar, como es abrir ventana en pared ajena ó de medianería. La segunda es negativa, porque no consiste en que el dominante ejecute acto alguno, sino en que el sirviente se vea privado, en beneficio de aquél, de hacer lo que, á no mediar tal servidumbre, podría hacer en

virtud de su libre dominio. En la una empieza á correr la prescripción desde que ejecuta el hecho dominante: en la otra desde que impide ejecutarlo al sirviente. La ley tantas veces citada de Partidas, no confunde en una ambas servidumbres, antes bien las distingue: para adquirir la de luces no exige copu-
lativamente que uno abra ventana en la pared del vecino, y le
contralle á que no alce su casa porque no le quite la luz: usa
de una locución disyuntiva. Basta abrir ventana y tenerla
abierta el tiempo fijado por dicha ley para adquirir la servidumbre de luces, sin necesidad de intimación ú oposición al
vecino, para que éste no obstruya la ventana ni edifique á menor distancia de la fijada por ordenanza ó costumbres locales,
que en Valencia hemos dicho que son nueve palmos en cuadro. Pero si, fuera de esta área, el vecino intentase alzar más
su edificio, no obstruyendo, sino menguando, perjudicando,
officiendo como decían los romanos, las luces de que el otro
disfruta, y éste le *contrallase*, desde entonces empezará á correr el tiempo para prescribir la servidumbre *ne luminibus
officiatur ó altius non tollendi*.

Análoga distinción entre ambas servidumbres establecía el
Derecho foral de Valencia. Tarazona, en la obra citada, después de decir que el que edifica junto á pared de medianería
en que hay ventana, no puede cerrarla si no tiene el vecino
otro lugar por donde recibir luz y la servidumbre está prescrita, continúa: «y si alguno tiene servidumbre sobre la casa de
su vecino para que no se levante más, puede prohibírselo, si
puede probar la servidumbre.» De manera que para defender la
de luces, bastaba probar la antigüedad de la ventana: para la
de que el vecino no alzase más la casa, no bastaba que hubiese tenido siempre aquella altura, era necesario probar que no
la había tenido mayor, por oponerse á ello un pacto, ó un hecho obstativo, contra el cual no se había reclamado oportunamente.

Cierto es que toda servidumbre afirmativa limita la libertad
del sirviente, impidiéndole hacer lo que se oponga á la natura-

leza de aquélla: mas esta limitación de libertad no puede calificarse de servidumbre negativa, ni exigir que el tiempo para su prescripción no se cuente sino desde que hubiese mediado un acto obstativo por parte del dominante; porque este acto existe virtualmente desde que se ejecutó por primera vez el hecho que constituye la servidumbre afirmativa; desde que el uno comenzó á regar su campo con agua que nace en el del vecino, ó metió viga ó abrió ventana en pared ajena, ó empezó á usar senda, carrera ó vía por heredad ajena para entrar en la suya.

El Tribunal Supremo, no obstante, partiendo de los supuestos de que todas las ventanas en paredes medianeras son de mera tolerancia, y de que las aberturas de edificio correspondientes á suelo y cielo ajeno llevan consigo la servidumbre negativa de no perjudicar las luces á que se destinan, ha establecido en sentencia de 10 de Mayo de 1884, que cuando no se constituye por contrato ó última voluntad, ha de contarse el uso para la prescripción desde la existencia de algún acto obstativo. Y como toda servidumbre afirmativa lleva consigo en el predio sirviente el gravamen de abstenerse su dueño de hacer lo que la impida, aplicando igual razonamiento á todas, vendría á inferirse que el tiempo para prescribir las de aguaducho, senda, carrera, vía y las demás afirmativas, no debían contarse sino desde que medió acto obstativo para que el dueño de la fuente no diese otro curso al agua, ó el de la heredad por donde pasaba la senda, carrera ó vía no abriese zanja, plantase árboles ó levantase pared que impidiesen el tránsito, lo cual destruye por su base la diferencia entre servidumbres afirmativas y negativas, y es abiertamente contrario á la ley de Partidas tantas veces citada.

·La honda perturbación en los derechos y gravísimos perjuicios en los intereses de la propiedad urbana, que está causando en Valencia y quizá en otras provincias esa nueva doctrina, merece llamar la atención de los hombres competentes, para que, á ser posible, en el nuevo Código civil, ó por lo menos en la jurisprudencia que se forme para su aplicación, quedan fijados con mayor acierto la naturaleza, límites y efectos de esta servidumbre, y lo relativo á su prescripción. ·

Deseoso de contribuir á ello con mi modesta cooperación, me he decidido á publicar estas breves observaciones, que acaso sirvan de estímulo para que la prensa profesional ilustre esta materia de no escaso interés. · ·

Valencia 20 de Agosto de 1888.

ANTONIO RODRÍGUEZ DE CEPEDA.

ESTADO DE LA ADMINISTRACIÓN DE JUSTICIA
Y REFORMAS QUE PARECEN CONVENIENTES *

Excmo. Señor:

La sabiduría del legislador impuso á los Fiscales de todas las Audiencias de España la obligación·de remitir cada año á este centro una Memoria acerca de la administración de la justicia en lo criminal en su respectivo territorio, para que el del Tribunal Supremo elevase á V. E. la exposición razonada que por tercera vez tiene la honra de presentar bajo su nombre.

Derívase el precepto de la misma Constitución del·Estado, la cual, si por una parte determina que la potestad de aplicar las leyes en los pleitos y causas que ocurran, pertenece exclusivamente á los Juzgados y Tribunales, por otra declara que corresponde al Rey cuidar de que se administre pronta y cumplida justicia en todo el Reino. El brazo del Gobierno para ejercer un atributo tan esencial de la soberanía es el Ministerio fiscal; institución fuerte por su unidad, su ubicuidad y disciplina.

Inmediatamente subordinado al Ministro de Gracia y Justicia, debe dar cuenta á V. E. de sus actos como centinela de

---

* Memoria elevada al Excmo. Sr. Ministro de Gracia y Justicia en la solemne apertura de los Tribunales el día 15 de Septiembre de 1888, por el Fiscal del Supremo D Manuel Colmeiro.

la ley y representante del Gobierno en sus relaciones con el Poder judicial, á fin de que pueda hacer uso de la facultad de alta inspección, y vigilar por su medio la administración de la justicia en cuanto concierne al bien público.

El Fiscal del Tribunal Supremo se dará por muy contento, si además de lograr este deseo, que es lo principal, contribuye su Memoria á corregir ciertos extravíos de la opinión movida por algunos descontentos de las últimas reformas introducidas en nuestro derecho penal y de sus frutos. El agua no corre toda por este cauce; pero al cabo unas veces el criterio de la escuela que cada uno sigue, otras errores involuntarios, y acaso también la pasión política, suelen avivar la inclinación á la censura. Para poner la razón en su punto importa conocer los hechos y estudiarlos con ánimo sereno y tranquilo. Enhorabuena desconfíen los imparciales de la crítica que se refleja en la presente Memoria; pero confíen en las noticias y datos que contiene, pues llevan el sello de la verdad oficial, y si no aceptan á ciegas sus consecuencias, á lo menos no podrán negar que son fidedignos.

I

LA CRIMINALIDAD

Nada preocupa tanto á los hombres pensadores como la investigación del mayor ó menor número de los delitos cometidos durante el año judicial á que la Memoria de la Fiscalía se refiere; y sin embargo, el período es demasiado corto para conceder á los hechos más valor que supone uno de los elementos de la estadística criminal. El aumento ó la disminución constantes de la criminalidad no se averiguan sino agrupando las cifras de un decenio, ó cuando menos de un quinquenio; tiempo necesario para medir los grados de la delincuencia en el estado moral de los pueblos y naciones, sin que ofusque la vista del observador la falsa luz de cualesquiera circunstancias accidentales y transitorias. Por otro lado, la Sección de Estadística de la Fiscalía no tiene por objeto seguir el movimiento de la criminalidad, sino ejercer la debida vigilancia sobre la administración de la justicia, cuidando de recoger ciertos hechos relativos á las funciones propias del Ministerio fiscal, como sumarios incoados, causas despachadas, sobreseimientos y otros que no siempre arguyen delito ó falta, ni por razón de su origen corresponden todos al mismo año.

Como quiera, todavía las Memorias de los Fiscales suministran un caudal de noticias acerca de la historia contemporánea de la criminalidad curiosas é interesantes; y no es pequeño consuelo ver que el estado moral de la mayor parte de los pueblos de España en el día de hoy, comparado con igual fecha del año anterior, no da motivo á concebir ninguna alarma.

En efecto, si hay comarcas en donde se observa que aumentaron los delitos contra las personas y sobre todo contra la propiedad, como sucede en el territorio de Zaragoza y en las circunscripciones de Albuñol, Bilbao, Cangas de Onís, Ciudad Real, Lérida, Orense, San Sebastián y Zamora, en cambio disminuyeron en Las Palmas, Figueras, Lugo, Montilla, San Clemente y otras que sería prolijo enumerar. La regla general es la criminalidad ordinaria con poca variación, y las excepciones que suponen aumento, coinciden casi siempre con calamidades públicas fecundas en delitos contra la propiedad.

Así se explica el mayor número de hurtos de frutos y leñas en Cangas de Onís, Segovia, Tafalla y Zamora á causa de la miseria producida por los recios temporales del último invierno, y la suspensión de las labores del campo durante dos meses del año. En Antequera hubo asimismo algún aumento en hurtos de frutos, aves de corral y producciones alimenticias, debidos á la falta de trabajo por la decadencia de la fabricación de bayetas, industria allí tan antigua y popular; aumento compensado con la disminución de los asesinatos, homicidios, lesiones, robos y otros delitos graves. En Ciudad Real sobrevino una crisis económica por malas cosechas y la plaga de la lan-

gosta que hizo grandes estragos en los campos. Como es país
de mucho ganado y múchas dehesas, ocurrieron varios incendios, los menos maliciosos, los más casuales pór la quema de
rastrojos y el culpable descuido de los pastores que encienden
lumbre en sus ranchos, ó prenden fuego á los matorrales y ma-
lezas de los montes del común para mejorar los pastos. ·

En Albuñol hubo también incendios en la vega de Motril,
en donde se cultiva la caña dulce, por la cuestión azucarera,
y la crisis que agravó el conflicto entre los labradores y fabri-
cantes. En Lérida contribuyeron al aumento de la criminalidad, la vagancia, el abuso de las armas de fuego extendido á
los moradores del campo, el carácter violento de los montañe-
ses y los bandos políticos que excitan el deseo de vengar ofensas que jamás olvidan, á pesar de las antiguas amistades y los
lazos del parentesco. Algunos incendios que allí ocurrieron, se
atribuyen á discordias entre los vecinos propensos á la venganza. En Orense, después de la brillante campaña de la Guardia
civil contra el bandolerismo, los malhechores dispersos y pre-
validos de las tinieblas de la noche, cometieron algunos robos
con violencia; resabios de pillaje que fomentan la pobreza y el
propósito de burlar la acción de la justicia pasando la frontera
y acogiéndose á la hospitalidad del reino vecino, porque los
tratados de extradición no aniquilan todas las esperanzas de ·
impunidad. En San Sebastián se advierte un notable incremento de delitos graves y aun gravísimos contra las personas
más que contra la propiedad, sea efecto del concurso extraordinario de forasteros durante el verano, sea el desenfreno del
juego, ó que se vayan relajando las antiguas costumbres pa-
triarcarles, como parece probable, á juzgar por el número de
suicidios. Lo cierto es, que la riqueza y la civilización son
grandes bienes; pero tienen sus peligros y tentaciones que se
reflejan en el mundo del crimen.

Entre las causas permanentes de criminalidad se encuentran por principales la embriaguez que produce el abuso de las
bebidas espirituosas adulteradas, y la funesta costumbre de

llevar de continuo armas cortas, blancas ó de fuego; fácil ocasión de cometer delitos de sangre en un momento de arrebato.
La ruda ignorancia es otra causa, según lo acreditan el ejemplo de Ciudad Real, en donde se vió que pocos procesados sabían leer y escribir, y los de Reus y Tortosa, en cuyos términos se observa menor criminalidad en la población urbana que
en la rural. Nada tiene de extraño, porque la cultura del espíritu abre los ojos del hombre á la luz de la razón; y le pone en
camino de usar de su libertad sin ofensa de nadie, cuando la
enseñanza no deja de ser moral y religiosa.

Las comarcas mineras ofrecen á la criminalidad un contingente mayor que el ordinario. En Bilbao hay un crecido número de operarios naturales del país y forasteros, y entre ellos
no pocos licenciados de presidio, ocupados en el beneficio de
aquellos ricos criaderos de hierro. Una población tan numerosa y heterogénea y tanto más irritable cuanto es más común
el vicio de la intemperancia, propende á cometer delitos graves contra las personas, que se preparan en los cafés, tabernas
y otros lugares en donde se expenden bebidas alcoholizadas,
y se ejecutan principalmente en los días festivos y á las horas
avanzadas de la tarde ó de la noche. Lo mismo, poco más ó
menos, sucede en Huelva y Cartagena; pero con todo eso no se
juzgue del aumento de la criminalidad por el número de los
sumarios incoados, pues ocurren en las grandes labores de la
minería siniestros que causan muertes y lesiones de obreros,
como explosiones de pólvora ó dinamita por impericia ó temeridad, caídas profundas al subir ó bajar á las galerías y otras
desgracias casuales que dan origen á una instrucción, cuyo
término natural es un sobreseimiento fundado en que el hecho
no constituye delito.

Las inundaciones y las impetuosas avenidas de los torrentes en la estación de los recios temporales, producen en la costa de Levante y Mediodía multitud de accidentes que tampoco
deben confundirse con los hechos voluntarios; mas no por eso
es menos cierto el aumento progresivo de la criminalidad, so-

bre todo en la circunscripción de Algeciras, por causas muy singulares.

Aparte de que los malhechores, huyendo de la justicia, suelen refugiarse en las asperezas de la sierra de Ronda, y cuando temen ser descubiertos y aprehendidos por la Guardia civil que los persigue, espían la ocasión de embarcarse y ponerse en salvo ganando la costa vecina del Africa francesa, hay en el Juzgado de San Roque un pueblo que por sí solo pesa mucho en la balanza de la criminalidad. Este pueblo es la villa de La Línea en el campo de Gibraltar. Cuenta al rededor de 15.000 habitantes españoles y extranjeros: aquéllos de varias provincias de la Península y Ultramar, licenciados de presidio y delincuentes que bajo nombres supuestos, disfrazados y ennegrecidos, se confunden con los dos ó tres mil trabajadores de los depósitos de carbón de piedra que hay en la bahía, y así desfigurados, burlan las pesquisas de la policía judicial: éstos son ingleses, franceses, italianos, portugueses, alemanes, malteses, griegos, judíos, moros, chinos y negros, y en fin, gente allegadiza de todas las partes del mundo. Juntos unos y otros, forman una población cosmopolita, compuesta de aventureros, de los cuales los menos viven de su trabajo, y los más del contrabando.

Las tabernas, las casas de juego, las mancebías y los hábitos de una vida vagabunda, cuando no criminal, explican muchos delitos que se cometen en el término jurisdiccional de la Audiencia de Algeciras. Mayor sería el número si la Autoridad inglesa, bien servida por su policía, no descubriese á los delincuentes que se refugian en la plaza, y no los expulsase previo aviso á la Guardia civil para que los prenda á su salida, si no quieren ó no pueden embarcarse.

En resolución, no hay motivo para deplorar la malicia de los tiempos, ni la blandura de las leyes, ni la flojedad de los Tribunales. Si los hurtos de productos forestales tuvieron algún incremento, debe atribuirse á la necesidad más que á la perversidad, pues corresponden á provincias en donde la población goza fama de honrada y laboriosa. Además de que son delitos, en su mayor parte leves, todavía quitan fuerza á la intención de delinquir antiguas costumbres y concordias nunca bien claras y definidas respecto de los aprovechamientos de los montes públicos y particulares, á los cuales se creen con derecho ciertas comunidades de vecinos.

II

INSTRUCCIÓN DE LOS SUMARIOS

Con razón quiere la ley de Enjuiciamiento criminal acortar la duración de los sumarios, porque la justicia es más temida por su rapidez que por su severidad; y sin embargo, pocos son los que terminan dentro del mes que fija el art. 324, ni aun antes de los tres, plazo mayor á que se refiere el artículo 302; y esto sin culpa de los Jueces instructores ni de los Fiscales, cuyo celo suele estrellarse contra obstáculos insuperables.

Las causas de tan largas dilaciones son varias, y no todas de fácil enmienda. Es la primera, la tardanza en el cumplimiento de los exhortos, á pesar de los recuerdos del Juez que los libra; dificultad que sube de punto cuando la práctica de alguna diligencia judicial se encomienda á otro residente en Ultramar, ó depende de la tibia voluntad de un Tribunal extranjero, como sucede á menudo en Badajoz, San Sebastián y otras Audiencias situadas hacia los confines de nuestro territorio.

La segunda causa, y no menos principal, es la lentitud con que proceden los laboratorios de Medicina legal en los análisis químicos de las sustancias que los requieren para juzgar si son culpables ó no culpables los procesados. Tal vez los tres que existen en Madrid, Barcelona y Sevilla son insuficientes para las necesidades del servicio químico-forense: tal vez el personal de cada uno sea escaso y mezquino el material; pero, en fin, la justicia no puede contar con la solicitud de la ciencia á la medida de su deseo. Desde el mes de Marzo del año pasado está suspensa la instrucción de un sumario en la circunscripción de Colmenar Viejo por la falta del informe pericial sobre ciertas manchas de sangre; y ahora que tanto se abusa de las materias explosivas, hasta el extremo de emplearlas como instrumentos de muerte alevosa, hay otros sumarios asimismo pendientes de los análisis pedidos á los laboratorios hace meses.

Para extirpar este mal de raíz sería menester aumentar el número de las oficinas de Medicina legal; cuestión de presupuesto que el Fiscal no aborda, limitando su anhelo á obtener mayor prontitud en el servicio químico forense dentro de lo posible.

Otro obstáculo á la breve terminación de los sumarios consiste en la morosidad de algunos centros administrativos, cuando los Jueces instructores reclaman antecedentes necesarios para esclarecer los hechos que se imputan al procesado. No por malicia, sino por descuido, dejan de auxiliar la acción de la justicia; y la censura debe ser más severa, si recae en Autoridades que tienen la obligación de velar por la seguridad pública y perseguir los delitos como altos funcionarios de policía judicial.

También contribuye á la interrupción de los sumarios la ausencia de los procesados cuyo paradero se ignora; pero de esto se trata en capítulo aparte.

III

INSPECCIÓN DE LOS SUMARIOS

Poco hay que decir acerca de la inspección de los sumarios después de lo dicho en la última Memoria; y sin embargo, como este servicio es tan esencial para la buena administra-

ción de la justicia, no parece inoportuno añadir algunas palabras.

De todas las formas de inspección la mejor es sin duda la
directa por el Fiscal; pero á pesar de su reconocida excelencia, en la práctica se va generalizando la que se ejerce por medio de testimonios literales ó en relación. La directa ó personal apenas se usa sino en los Juzgados de la ciudad ó villa en
donde reside la Audiencia, siendo grave la causa que motiva
el sumario. En los de afuera, no muy distantes, suele el Fiscal
delegar sus funciones en el Teniente ó Abogado fiscal ó en el
Fiscal municipal, si el delito es de la mayor gravedad, como
asesinato, homicidio, robo con violencia ú otro á este tenor.
En los demás casos, y aunque sea grave el delito, si es larga
la distancia, se acude á los testimonios.

Dicen varios Fiscales: la inspección directa es casi siempre
dificultosa, y muchas veces imposible. En todo país quebrado,
ir á un pueblo de la montaña por sendas y veredas á falta de
caminos practicables, y atravesar arroyos y torrentes caudalosos en la estación de las grandes lluvias, ó abrirse paso por
entre les nieves que lo cierran como una muralla, es una empresa superior á las fuerzas del hombre más osado. En Palma
y Las Palmas, cuyos territorios comprenden varias islas que se
comunican por medio de veleros que hacen las travesías, la
dificultad es constante é insuperable; y supuesto que la auda-
cia y la fortuna logren triunfar de los obstáculos que salen al
encuentro del Fiscal, llegará al término de su viaje demasiado
tarde, porque instruídas las primeras diligencias, la inspección
pierde su eficacia.

Por otra parte, las perentorias obligaciones del servicio ordinario de la Fiscalía, y sobre todo, la necesidad de concurrir
á los juicios orales, impiden al Fiscal hacer las frecuentes sa-
lidas que requiere la inspección directa, aun limitada á los casos más arduos.

Dicen otros: la delegación en el Teniente ó Abogado fiscal
no acorta las distancias, ni facilita los medios de comunicación

con los pueblos de la sierra, ni abrevia el viaje; y la que se puede hacer por medio de los Fiscales municipales no allana las dificultades, porque, ó no son Letrados, ó son personas de dudosa imparcialidad por sus vínculos con los parientes y amigos del lugar donde se cometió el delito que dió origen al sumario.

He aquí las razones por que la inspección por testimonios más ó menos expresivos constituye la regla, y la directa y delegada forman la excepción. El modo de cumplir este servicio, á decir la verdad, es poco satisfactorio. Algunos Fiscales lo reconocen, y confiesan la imposibilidad de obtener una buena inspección mientras no haya en cada centro de justicia un Abogado fiscal *ad hoc*.

Penetrado el Gobierno de la necesidad de robustecer y facilitar la acción del Ministerio público, presentó á las Cortes un proyecto de ley que fué aprobado por el Senado y pende de la aprobación del Congreso. Obtenida que sea, vendrán las reformas convenientes para la mejor inspección de los sumarios hoy imposibles, careciendo el Gobierno de potestad legislativa y de presupuesto.

IV

PROCESOS ANTIGUOS.

Designamos con este nombre los que se siguen y deben tramitarse guardando las formas del procedimiento antiguo por delitos cometidos antes de la fecha en que empezó á regir el moderno, estableciendo el juicio oral y público en vez del inquisitivo y secreto.

El Real decreto de 14 de Septiembre de 1882 que precede al nuevo Código de Enjuiciamiento criminal, dice en la regla 3.ª del art. 2.º que «las causas por delitos cometidos con anterioridad al 15 de Octubre siguiente, continuarán sustanciándose con arreglo á las disposiciones del procedimiento vigente en la actualidad.» El precepto es tan claro, que respecto de las causas incoadas no cabe interpretación dudosa. La dificultad vino más tarde, cuando se descubrieron delitos cometidos antes del 15 de Octubre, por los cuales se incoaron sumarios después de aquel día que marca el tránsito de un sistema á otro.

El caso no está previsto en el Real decreto citado, cuyo silencio parece que autoriza la práctica de aplicar á los procesados la ley de Enjuiciamiento criminal en vigor al tiempo de la instrucción. La jurisprudencia del Tribunal Supremo ha sido indecisa hasta ahora poco que se ha fijado en este sentido; pero el Ministerio público, salvo el respeto debido á tan grande Autoridad, mantiene la opinión contraria fundada, á lo que entiende, en buena doctrina legal.

El Real decreto de 14 de Septiembre de 1882, en cuanto prepara la ejecución de una ley, es puramente reglamentario y transitorio; de forma que en nada modifica ni podría modificar el derecho establecido. Aunque se le atribuyese la misma fuerza de observancia obligatoria que toda ley verdadera lleva consigo, nunca tendría el vigor necesario para quebrantar, y menos para destruir, un principio constitucional.

Según este criterio, la inteligencia y aplicación del Real decreto de 14 de Septiembre, así en lo que dice como en lo que calla, están subordinadas al art. 16 de la Constitución, que prohibe sean los españoles procesados ni sentenciados sino por el Juez ó Tribunal competente, en virtud de leyes anteriores al delito, y en la forma que prescriban.

Luego todo español que haya delinquido antes del 15 de Octubre de 1882, esté ó no esté incoada la causa, deberá ser procesado en la forma prescrita en las leyes del antiguo procedimiento, á no optar por el nuevo, según la regla 4.ª, art. 2.º del Real decreto de 14 de Septiembre; opción que implica el reconocimiento de un derecho garantido por la Constitución á todos los españoles, tengan ó no tengan causa pendiente.

Además de que la Constitución es la fuente de nuestro de-

recho público y privado, y de que su texto literal tiene una
fuerza obligatoria superior á las leyes ordinarias, y mucho más
á los Reglamentos, hay otra razón escrita en la conciencia universal.

Sería injusto y ocasionado á graves peligros para la libertad
humana juzgar á un delincuente por leyes posteriores á sus
actos. Aunque la pena haya de ser la misma y el procedimiento
más favorable á la defensa del presunto reo, no se puede dar á
la ley posterior fuerza retroactiva sin la voluntad del individuo,
cuyos derechos preexistentes limitan los del Estado. Admitir el
principio opuesto es más que infringir la Constitución: es ir-
contra el derecho natural; y en el orden político, ¿quién pondrá freno á lo arbitrario?

Apuntadas las razones por que esta Fiscalía insiste en su
criterio, añade que el número de causas terminadas por el procedimiento antiguo durante el año de 1886, según la Estadística criminal publicada por el Ministerio de Gracia y Justicia
en 1887, fué de 1.058, y en el de 1887 de 939, quedando pendientes en 31 de Diciembre último 1.009.

Datos más recientes recogidos por la Fiscalía permiten reducir esta cifra á una mitad, siendo las Audiencias de Barcelona, Granada y Madrid por su orden las que ofrecen mayor
contingente de procesos atrasados.

V

PROCESADOS AUSENTES

Suele suceder que se suspenda la celebración de un juicio
oral por la no comparecencia de los procesados, lo cual es probable cuando son varios, y casi cierto, cuando son muchos los
comprendidos en una misma causa. En una de Guadalajara
son 41 los procesados: en otra de Jerez de la Frontera 81, y en
la famosa de Montilla, formada con motivo de las graves alte-

raciones del orden público ocurridas en aquella ciudad el año
1873, hay 152 complicados en quince diferentes delitos además
del de sedición; y ya se comprende cuán difícil es, por no decir
imposible, que en semejantes casos comparezcan todos en un
lugar, el mismo día y á la misma hora. La ausencia de uno
solo obliga al Tribunal á diferir la apertura de sus sesiones, y
aplazar la celebración del juicio por tiempo determinado ó indeterminado.

Es tan necesaria y tan propia de la naturaleza del juicio
oral la presencia del procesado y su intervención en los debates ante el Tribunal y el público, que la suspensión procede
por enfermedad en términos de que el enfermo no pueda concurrir al acto. Quiso y quiere el legislador mantener la perfecta igualdad de condiciones jurídicas entre la acusación y la
defensa; pero por respeto á este principio, ¿será forzoso inte-
rrumpir el curso de la justicia con grave detrimento para la
sociedad? ¿Y consiente la justicia que la ausencia de un procesado sea razón para que los demás, sin participar de su culpa,
participen de su responsabilidad? Unos continuarán presos;
otros, aunque libres, sujetos á comparecer mediante fianza, y
algunos habrá inocentes, esperando con ansiedad la sentencia
absolutoria que no puede dictar el Tribunal.

Como no hay texto expreso en la ley de Enjuiciamiento
criminal aplicable al caso de ser varios ó muchos los procesados en libertad provisional con fianza ó sin fianza, y que siendo todos citados para el juicio, alguno ó algunos dejen de comparecer el día de la vista, se suscitaron dudas que transcien-
den á la práctica de los Tribunales, porque constituir una
Sección de la Audiencia ó Sala de lo criminal y celebrar el juicio en lugar distinto de su residencia ordinaria, si fueren dos
ó más los procesados, no resuelve la dificultad. De aquí tantos y tan diversos pareceres, pues según unos, si á pesar de
las diligencias prevenidas por la ley, los procesados no acuden
al llamamiento del Tribunal, ni alegan causa que disculpe su
ausencia, debe abrirse y cerrarse el juicio oral con los presen-

tes. Otros, pensando lo mismo, fundan su opinión en que la ausencia injustificada del procesado equivale y significa la renuncia tácita de su derecho de defensa. Otros optan por el medio de tenerle por rebelde sin previa declaración de rebeldía, y celebrar el juicio con los presentes, suspendiéndolo respecto de los ausentes hasta que sean habidos ó comparezcan.

Ninguna de estas soluciones es satisfactoria: ninguna se impone con la autoridad de un texto legal. Todas son interpretaciones más ó menos dudosas, mientras no hable el Tribunal Supremo, á quien compete establecer la jurisprudencia; á no anticiparse una reforma que disipe la oscuridad ó supla el silencio de la ley, declarando si la presencia del procesado es siempre y de rigor necesaria para celebrar el juicio oral, y si en el supuesto de admitir alguna excepción por imposibilidad física y de duración ilimitada, bastaría ampliar el sentido del art. 745 de la ley de Enjuiciamiento criminal, ó debería el ausente por su voluntad ser tenido en concepto de rebelde para los efectos del procedimiento, como le llaman los artículos 513, 515, 534 y 535 de la misma. Sea lo que quiera, existe un vacío que importa y urge llenar dictando una regla á la cual se ajuste el vacilante criterio de los Tribunales.

VI

PRUEBA TESTIFICAL

Otra vez, y no sin pesadumbre, se ve obligado el Fiscal á tratar la cuestión de las declaraciones de los testigos, tan grave como elemento de prueba en los juicios orales. Ante la repetición de los perjurios que favorecen la impunidad, las palmarias contradicciones en que incurren los testigos, su obstinada resistencia á decir la verdad, la fuerza del mal ejemplo y el desenfado de algunos que no temen afirmar y sostener que á sabiendas juraron en falso cuando fueron interrogados en el samario, guardar silencio sería culpable. No hay veracidad en los testigos, sobre todo en las causas por delitos contra las personas y por abusos electorales; y á tal punto llega la corrupción, que el Fiscal de cierta Audiencia no vacila en asegurar que allí la prueba testifical es la que menos vale (Orense, Tafalla, Vitoria). Acuden al juicio oral prevenidos por los interesados en la defensa, modifican sus primeras declaraciones ó las contradicen en beneficio de los procesados, y con este sistema de hostilidad pasiva desarman la justicia y queda triunfante la impunidad.

Pueden y deben los Fiscales poner coto, si no remedio, al engaño y la mentira en el período de la instrucción, inspirándose en el preámbulo del Real decreto de 14 de Septiembre de 1882 que fija el verdadero sentido y recta interpretación del art. 715 de la ley de Enjuiciamiento criminal, según dijo esta Fiscalía en su Memoria anterior.

La sobriedad de los Fiscales en formar las listas de los testigos por no gravar el fondo de las indemnizaciones y los gastos del juicio, siempre que los procesados fueren declarados pobres, no es imitada por sus defensores, que suelen presentarlas muy largas, para después renunciar al examen de muchos, ó entorpecer el curso de la justicia con declaraciones ociosas y vanas. No menos de 928 testigos fueron llamados á comparecer en 117 juicios orales que se celebraron en la Audiencia de Las Palmas. Como los defensores no reparan en los perjuicios que su prodigalidad irroga al Tesoro público y tienen mayor libertad de acción, las indemnizaciones ascienden á sumas considerables por viajes de ida y vuelta y jornales perdidos de los que comparecen. Es una deuda sagrada que no admite excusa ni dilación, porque no se repita el caso vergonzoso de volver algunos testigos pobres á sus lugares pidiendo limosna.

Los derechos de la defensa son dignos del mayor respeto; pero el abuso de que los Fiscales se quejan es notorio y pide remedio.

VII

SOBRESEIMIENTOS.

Las muertes y lesiones casuales que tanto abultan el nú-. mero de los sobreseimientos libres, lejos de disminuir, aumentaron durante el último año judicial. A las causas ordinarias de estos. tristes accidentes deben añadirse las desgracias á que dieron ocasión el arrojo y temeridad de los imprudentes que desafían el peligro en las inundaciones ó grandes avenidas de los ríos menos caudalosos, cuando sobreviene el deshielo; las caídas de lo alto de los andamios con motivo de las muchas obras particulares que se construyen en Bilbao y otras partes; las frecuentes explosiones de pólvora y dinamita, siniestros inevitables en toda labor minera activa y fecunda (Bilbao, Cartagena); las muertes repentinas por los fríos intensos y prolongados del invierno; las tempestades de nieve y los aludes que arrasaron casas sepultando en sus ruinas á los moradores (León, Tineo); las defunciones por enfermedad sin asistencia facultativa (Lerma); los disparos involuntarios de armas de fuego, cuyo uso se ha generalizado y extendido desde los pueblos hasta los campos (Algeciras), y otras análogas que originan multitud de sumarios de los cuales resulta averiguado que el- hecho no constituye delito ni falta, y por lo mismo no cae bajo ninguna sanción penal.

Ocurren estos casos fortuitos todos los días, y así no hay razón para censurar de blanda ó perezosa la Administración de la justicia sólo porque el número de los sobreseimientos libres sea considerable, ni tampoco para deplorar un hecho que acaso deba atribuirse al mejor servicio de la policía judicial, ó á la disminución relativa de la criminalidad, si no concurren ambas causas. Como es una cuestión añeja que cada Memoria fiscal renueva, parece conveniente añadir algunas reflexiones á las contenidas en las anteriores.

Los datos incompletos que al tiempo en que esto se escribe posee la Fiscalía, no satisfacen; y por otra parte, la Sección de Estadística no puede menos de ordenar sus trabajos con sujeción al año judicial. En resolución, es preferible acudir á las dos Estadísticas criminales publicadas por el Ministerio de Gracia y Justicia, una relativa al año 1886 y otra al 1887.

Resulta de la primera que de las 56.168 causas despachadas por las Audiencias con exclusión de las inhibiciones, 13.976 terminaron en sobreseimiento libre; y de la segunda que las causas despachadas fueron 58.544 y los sobreseimientos libres 15.017; es decir una relación algo mayor del 25, ó sea 25,60 por 100.

No faltará quien diga que es poca justicia absolver la cuarta parte de los procesados, como si no hubiese sospechas que se desvanecen, hechos que no constituyen delito, muertes y heridas casuales, exenciones de responsabilidad criminal y otras circunstancias que imponen el sobreseimiento libre sin sombra de impunidad. ¡Pues qué! ¿Los sagrados derechos de la inocencia no han de hallar la debida protección en los Tribunales? Tampoco sale mal parada la Administración de la justicia en España, comparando lo que aquí sucede con lo que pasa en otras naciones de Europa, porque si en Francia la relación de las absoluciones con los procesos es de 20,63 por 100, en Italia asciende á 24, en Bélgica á 27,20 y á 29,40 en Inglaterra. Sirvan estas noticias de correctivo á los extravíos de la opinión pública conmovida en un momento de alarma.

VIII

ASOCIACIONES LÍCITAS É ILÍCITAS

Sospechando el Juez municipal de cierta villa que en una casa situada extramuros de la población se fabricaban billetes falsos del Banco de España, entró á reconocerla, y si no encontró lo que buscaba, descubrió que era el punto de reunión de una logia masónica. El Juez municipal se incautó de las llaves del edificio y de los muebles y demás enseres de la sociedad. El de instrucción formó causa, y concluso el sumario, la Audiencia respectiva, de conformidad con lo pedido por el Fiscal en el acto de la vista, acordó el sobreseimiento provisional por no resultar debidamente justificada la perpetración de delito alguno. Con esta ocasión se avivó la polémica sobre si es punible el mero hecho de afiliarse en una logia; pero antes conviene decir respecto á la historia de la masonería breves palabras.

Entre todas las sociedades secretas, fué la masonería la que más ruido hizo en el mundo por más extendida y famosa. Sin remontar su origen á los tiempos remotos de Salomón parece probable su existencia en Europa durante la edad media á fin de proteger los gremios de las artes y oficios que nacieron y crecieron bajo el amparo de las libertades municipales. Como quiera que sea, la historia auténtica de la masonería data de la creación de la Gran Logia ó Gran Oriente en Lóndres el año 1717.

Pretenden los masones que su objeto es el progreso moral de la humanidad y el socorro mutuo de los hermanos. Si fuese verdad, si diesen pruebas de la sinceridad de sus protestas de sumisión á los poderes constituídos según las leyes divinas y humanas, la masonería sería no sólo inocente, sino útil y provechosa.

Sin embargo, se la vió unas veces perseguida, otras tolerada, y por último autorizada en aquellas naciones que admiten el principio de la libertad de asociación. Explican la varia política de los Gobiernos las sospechas y recelos que engendra el secreto de las deliberaciones; el misterio que rodea los trabajos de las logias; los ritos y ceremonias más ó menos pueriles y los terribles juramentos que acompañan al acto de la iniciación; los símbolos y alegorías tenebrosas; los signos ocultos para reconocerse los hermanos cuando llegan á encontrarse:

todo lo cual hiere la imaginación del vulgo, sin alterar á los hombres de buen sentido.

Por lo que hace á España, es sabido que la Monarquía absoluta persiguió con rigor las sociedades secretas como focos perennes de conspiración contra el orden público y los altos poderes del Estado. Todavía el Real decreto de 26 de Abril de 1834 consideró delito grave pertenecer á una sociedad secreta.

El Código penal de 1848 incluyó en el número de las asociaciones ilícitas las sociedades secretas, y en esta parte no introdujo novedad alguna· la revisión de 1850. Más tarde el reformado en 1870 para ponerlo en·armonía con la Constitución de 1869, declaró ilícitas las asociaciones contrarias á la moral y las que tuvieren por objeto cualquier acto merecedor de pena. La ley de 30 de Junio de 1887 reguló el ejercicio del derecho de asociación según el espíritu de la Constitución de 1876, á saber: libertad de asociarse para los fines de la vida humana, vigilancia del Gobierno y sus delegados, y en caso de abuso calificado de delito, represión y castigo por los Tribunales.

Volviendo la vista á las logias masónicas, la ley no las menciona ni conoce por este nombre. Serán asociaciones lícitas, si se someten á la inspección de la Autoridad gubernativa, é ilícitas, si en todo ó en parte guardaron secreto. En el primer supuesto no habrá motivo de alarma, porque ninguna sociedad llegará á tener existencia legal, si su objeto fuere contrario á las leyes y buenas costumbres; y en el segundo intervendrá la Autoridad judicial para disolverlas y aplicar á los culpados las penas que merezcan por su delito.

IX·

DUELO

Según el art. 439 del Código penal «la Autoridad que tuviere noticia de estarse concertando un duelo, procederá á la detención del provocador y á la del retado, si éste hubiere aceptado el desafío, y no los pondrá en libertad hasta que dea palabra de honor de desistir de su propósito.»

El precepto no puede ser más claro y terminante, ni más llana la interpretación. Sin embargo, durante el postrer año judicial ocurrió un caso tal vez no previsto por el legislador, de fácil resolución en el terreno del derecho constituído; pero que aun así se presta á serias reflexiones.

Trátase de una provocación á duelo. Llamado el provocador ante el Juez y requerido para que diese palabra de honor de abandonar su propósito, se resistió á ello, perseverando en la resistencia con una fuerza de voluntad digna de mejor causa. El Juez acordó la detención en la cárcel pública del provocador obstinado, y denegó la petición de soltura en auto que confirmó la Audiencia del territorio.

Fundándose en que la detención preventiva pasaba de algunos meses y podía prolongarse por tiempo indefinido sin procesamiento ni figura de juicio contra la letra y el espíritu de la Constitución que garantiza á todos los españoles y extranjeros el derecho de libertad personal, el duelista se querelló del Juez y de los Magistrados por prevaricación y detención arbitraria; querella justamente desestimada por el Tribunal Supremo, porque en efecto, tanto aquél como éstos no hicieron otra cosa que aplicar el art. 439 del Código penal sin ofensa del 4.º de la Constitución.

En fin, cansado el provocador de tan largo cautiverio, se rindió y fué puesto en libertad al cabo de seis meses de encierro en la cárcel que le sirvió de tortura (1). Es verdad que suya fué la culpa y que el duelo es un delito; mas con todo eso, ¿no parece la ley demasiado rigurosa? ¿No sería posible fijar un plazo á la detención, que por respeto á un falso pundonor acaso dure hasta el fin de la vida? Si esta idea prevaleciese, los artículos 507 y 509 del Código penal que tratan de las amena-

---

(1) Desde el 18 de Agosto de 1887 hasta el 14 de Febrero de 1888.

:zas de un mal constitutivo de delito, darían la clave de la reforma.

X

ABUSOS ELECTORALES

No todos los pueblos poseen el grado de educación política
necesario para gozar de una libertad tranquila. Algunos hay
tan impacientes, que en vez de resignarse al voto de la mayoría de sus convecinos, y esperar con calma el triunfo de su
causa en otra contienda electoral, rompen el freno de sus pasiones, forman bandos enemigos, se vienen á las manos, y entonces menudean los procesos por homicidios y lesiones graves
ó leves (Lérida, Tremp).

Las elecciones municipales excitan más las pasiones y avivan las discordias de color político, porque los intereses del lugar de nuestra habitual residencia son muy allegados al hogar
doméstico y la familia, sobre todo por el deseo de intervenir en
los repartimientos vecinales, procurando cada uno el alivio de
la carga en beneficio propio y de su bandería.

La mayor parte de las causas seguidas por falsedad, coacción ú otros delitos electorales debió su origen á denuncias
privadas, es decir, casi siempre al despecho de los vencidos
y á la sed de venganza; y así se concibe como los Tribunales
hubiesen declarado unas veces que el abuso objeto de la acusación no tenía sanción penal, y otras hayan absuelto por falta
de pruebas. Por estas razones, aunque las denuncias sean muchas, siempre serán pocas las sentencias condenatorias. En
varios casos en que el Fiscal reclamó para su inspección causas por abusos electorales sobreseídas, no encontró sino quejas apasionadas, y en lugar de la luz que buscaba, espesas tinieblas.

XI

SUPLICATORIOS Á LOS CUERPOS COLEGISLADORES

Raras veces sucede procesar á un Senador ó Diputado á Cortes; pero en fin, algunos casos ocurrieron y pueden ocurrir en adelante. La ley ordena que cuando un Juez ó Tribunal encuentre méritos para procesarlos, se abstenga de dirigir el procedimiento contra ellos sin la autorización del respectivo Cuerpo Colegislador, que deberá pedir en forma de suplicatorio. Derívase este precepto del art. 47 de la Constitución, y se funda en un principio del derecho público que está fuera de controversia, á saber: que los Senadores y Diputados son y deben ser inviolables por sus opiniones y votos en el ejercicio de su cargo, cuya inviolabilidad no sería completa ni segura, si en el caso de incurrir en responsabilidad criminal quedasen sujetos al procedimiento ordinario. De aquí el especial de la autorización que el Juez ó Tribunal competente solicitan del Senado ó del Congreso, remitiendo por conducto del Ministerio de Gracia y Justicia, con carácter de reservado, un testimonio de los cargos que resulten contra el Senador ó Diputado, con inclusión de los dictámenes del Fiscal y de las peticiones particulares.

· Claro está que la autorización no es un privilegio de clase, porque la justicia es y debe ser igual para todos, ni mucho menos una puerta que se abre á la impunidad; es un medio de mantener la concordia entre dos altos poderes del Estado. La razón del suplicatorio consiste en el respeto que la justicia guarda á la inmunidad parlamentaria, y los documentos que lo acompañan sirven para probar que hay indicios racionales de haber cometido un delito cierto Diputado ó Senador. Salva la prerrogativa de cada uno de los Cuerpos Colegisladores, rige de todo en todo la ley de Enjuiciamiento criminal.

Ni el Congreso ni el Senado pueden conocer de las cuestiones reservadas á la Autoridad judicial, ni con acceder al suplicatorio se prejuzga nada. Adquirida la seguridad de que la acción de la justicia no encubre ningún atentado contra la independencia del Diputado ó Senador, debe quedar libre y expedita, porque cesa el motivo de la protección.

XII

CÁRCELES Y ESTABLECIMIENTOS PENALES

El estado deplorable de muchas de nuestras cárceles y establecimientos penales es una llaga social muy antigua que exige prontos remedios, si en algo se estima la disminución de la criminalidad. Para esto·se requiere la activa cooperación de las Autoridades administrativas, porque las judiciales carecen de competencia ó la tienen muy limitada en las materias de gobierno.

Hace un año que el Fiscal llamó vivamente la atención de V. E. sobre el abandono en que se hallaban las cárceles de Plasencia, Llerena, Ronda, Granada, Cuenca y Tarragona. Hoy toca el turno á las de Algeciras, Santander, Segovia y Utrera, no como únicas, sino como principales entre las peores. La de Algeciras, capaz de veinticinco ó treinta presos, convertida en establecimiento correccional, aloja de ordinario ochenta ó ciento. Situada en el centro de la población en medio de casas particulares, ni ofrece seguridad, ni la vigilancia es posible. Los presos habitan calobozos húmedos que el aire exterior no purifica; en fin, es un encierro sin capacidad, ni seguridad, ni higiene. También la de Segovia carece de seguridad, como lo prueban dos evasiones de presos en poco tiempo, á lo cual se añade una falta absoluta de régimen y disciplina. La de Utrera amenaza ruina. Caben cuarenta ó cincuenta detenidos ó presos, cuyo número es mucho mayor con los que van de tránsito al presidio de Ceuta. Son frecuentes las fugas, y la insalubridad es tal, que los presos suelen contraer horribles enfermedades contagiosas.

En igual abandono se hallan las cárceles de partido que dependen de la Audiencia de Santander; oscuras mazmorras en donde no penetran el aire, ni un rayo de sol. Además de insalubres, son tan inseguras, que los Alcaides se ven en la negesidad de cargar de hierro y sujetar con fuertes grillos y esposas á los procesados por delitos graves; tortura que tiene su disciplina en la facilidad de la huída. La casa correccional de Torrelavega no está en mejores condiciones, y el establecimiento penal situado en la ciudad, en el que cumplen su condena 600 ó 700 hombres confundidos, ociosos y estrechos, deja mucho que desear bajo el triple punto de vista de la humanidad, la moral y la justicia.

Nada de esto debe causar extrañeza, cuando es sabido que en Alcalá, tan cerca de Madrid, hay un establecimiento penal en donde se reune un número de delincuentes doble del que permite la comodidad del edificio. Hay todavía calabozos infectos, sin más ventilación que las puertas, corto respiro, y hace poco tiempo había pesadas cadenas, grilletes y argollas fijas en la pared y en postes para amarrar á los penados durante muchos días y aun algunas semanas, si no podían redimirse de aquel martirio. Por fortuna, gracias á una visita girada al principio del año corriente por la Direción del ramo, muchos de estos abusos se han corregido, y es de esperar que dé mayores frutos. El presidio de Alcalá entra en un período de reforma, la cual se confirmará cuando sean raros los procesos por abusos de los empleados en dicho establecimiento penal y por lesiones causadas en riñas de unos confinados con otros.

Suavizan estas sombras las nuevas cárceles de Bilbao, San Sebastián, Vitoria, Guadalajara, Vigo y Navalcarnero, construídas según las reglas que la ciencia y el arte aconsejan, y fortifica la confianza en el progreso la reciente inauguración por V. E. de las obras en curso de ejecución para dos más en Barcelona y Valencia: empresa digna de tan notables ciudades, cuya fecunda iniciativa fué alentada por el Ministro á quien cupo la gloria envìdiable de asentar la primera piedra de ambas cárceles, y aprovechó la feliz ocasión de estimular el celo de las corporaciones populares, llevando en aquellas solemnes ceremonias la voz delGobierno. También fueron inauguradas las obras de una cárcel en Sevilla, y se dió principio á la transformación del antiguo monasterio de San Juan de los Reyes en penitenciaría del sistema celular. Además hay en Lérida otra cárcel en construcción. Córdoba, Granada, Málaga y otras ciudades principales de Andalucía no parecen por ahora inclinadas á seguir este impulso; si bien es de esperar que no tardarán en ser arrastradas por la corriente favorable á la reforma.

Entre tanto, cabe hacer algo bueno en nuestras cárceles más descuidadas, aun sin pretender que se levanten edificios de nueva planta, ni se acometan mejoras costosas. En efecto, tres medios se ofrecen á simple vista, llanos y eficaces: promover la iniciativa de las Autoridades á las que compete la administración provincial y municipal, y en caso necesario obligarlas á cumplir las leyes, para que ejecuten y lleven pronto á cabo las obras de reparación de carácter urgente, á fin de que las cárceles reunan las condiciones esenciales de seguridad y salubridad; evitar la tardanza en la conducción de los rematados al punto en que cada uno debe extinguir su condena, y por último, girar frecuentes ó inesperadas visitas para extirpar de raíz los abusos que vician el régimen de las prisiones con mano dura y firme voluntad.

Escrito esto, aparecieron en la *Gaceta de Madrid* los Reales decretos de 9, 11 y 18 de Agosto, cuya letra y espíritu coinciden en casi todo lo esencial con las precedentes indicaciones.

Distribuir la población penal entre los establecimientos en donde por voluntad de la ley debe cada reo extinguir su condena; no trasladar los penados de uno á otro, sino cuando el Ministerio de Gracia y Justicia estime la necesidad ó conveniencia de la traslación; precaver las detenciones arbitrarias

de los reos que deben ser conducidos al punto de su destino;
remitir á los Directores de las cárceles certificación literal de
la parte dispositiva de la sentencia con la designación del establecimiento en el cual haya de cumplirla, acompañada de la
liquidación del tiempo hecha por el Tribunal sentenciador y
de una cartilla histórico-penal que identifica la persona á
quien se refiere, y facilitar la reducción á una sola cárcel de
las existentes en las provincias en donde hubiere varias Audiencias de lo criminal con alivio de las cargas que pesan sobre
los pueblos, son novedades dignas del aplauso de todos los
hombres que aspiran á la disminución de la criminalidad ro-
busteciendo la acción de la justicia, y mejorando el régimen de
nuestras cárceles y establecimientos penales. Todavía falta
mucho por hacer que requiere el concurso eficaz de las autoridades administrativas; pero no se puede negar que el Gobierno,
por ser parte, avanza con ánimo resuelto por el camino de las
reformas.

XIII

INDULTOS.

Antigua es la costumbre de prodigar la gracia del indulto,
sobre todo cuando se otorga á un delincuente sentenciado á la
pena capital. El Rey D. Enrique III de Castilla hizo en el año
1399 una ordenanza, poniendo límites á la facilidad de librar
cartas de perdón, «porque (dijo) de facer los perdones de ligero
se sigue tomar los omes osadía para facer mal.» D. Juan II, á
ruego de los Procuradores á las Cortes de Valladolid de 1447,
no solamente confirmó lo mandado por su ilustre padre, sino
que añadió, «que todos los perdones que yo oviere de facer en
cada anno se guarden para el Viernes Santo de la Cruz, ó que
mi confesor ó quien yo mandare reciba la relación dellos la
Semana Santa, ó me faga complida relación de cada perdón
que á mí fuere suplicado que faga, ó de la condición ó calidad

dél, para que yo tome un número cierto de los que á mi merced ploguiere de perdonar, tanto que non pasen de veinte en cada anno, ó que aquéllos se despachen por aquel anno ó non más.» De aquí proviene la práctica piadosa de los indultos en el Viernes Santo.

Según los estados que acompañan la relación entre el número de los indultos negados y concedidos fué de 13 por 100 en el año de 1884: en 1885 ascendió á 23,81: en 1886 descendió á 12,70, y todavía se redujo á 10 en 1887.

Tomados en conjunto dichos indultos, unos fueron concedidos mediante los informes favorables del Tribunal sentenciador y del Consejo de Estado: otros con uno solo favorable, y algunos con ambos desfavorables; pero de éstos ninguno se otorgó en los últimos dos años.

En la imposibilidad absoluta de individualizar el delito y ante el recelo de que los Tribunales, aplicando la ley, se viesen obligados á imponer tal pena que resultase demasiado severa ó excesiva considerando el grado de malicia y el daño causado por el delincuente, quiso el legislador abrir una puerta á la equidad, y ordenó á los Tribunales que expusiesen al Gobierno su parecer en los casos que se ofreciesen. Así lo hicieron y suelen hacerlo, proponiendo que la ley en aquel caso no se cumple en todo su rigor. Si el Gobierno estima fundada la propuesta y usa de la facultad discrecional de rebajar ó conmutar la pena, no se puede decir con propiedad que otorga un indulto, sino que aplica el art. 2.º del Código penal, adoptando el parecer de la Audiencia. No son actos de gracia, sino de justicia, porque en efecto, el citado art. 2.º reviste al Gobierno de cierto arbitrio judicial para atenuar las penas notablemente excesivas, partiendo del principio que ningún legislador puede apreciar con un criterio absoluto el valor moral de las acciones humanas.

La mayor suavidad de las costumbres y la legítima esperanza de que un buen régimen penitenciario será eficaz para la corrección y enmienda de muchos criminales, avivan el deseo de economizar todo lo posible la pena capital. De algunos Códigos de Europa se va poco á poco desterrando.

En España sucede que apenas se levanta un patíbulo, cuando los Senadores y Diputados, las corporaciones populares, los Obispos, las damas más ilustres y recogidas, los periódicos á una voz, en fin, todo el mundo alza el grito invocando clemencia ante el cercano y terrible espectáculo de un hombre que en la plenitud de la vida entrega su cuello al verdugo. Nadie se acuerda de la sangre inocente derramada por su mano. Al clamor general que pide el perdón del asesino; al torrente impetuoso de esta caridad tal vez ciega ó discreta, ¿cómo puede resistir el Gobierno, siendo tan dulce abrir el corazón á la misericordia? Y entonces ¿qué libertad le queda para aconsejar al Monarca que no ejerza esta prerrogativa de la Corona?

El derecho de gracia es un atributo esencial de la soberanía, porque las leyes son reglas generales, justas en los casos comunes, pero no aplicables sin violencia á los particulares. Cuando existe algún motivo de equidad para moderar la pena impuesta por los Tribunales, el derecho de gracia suple el silencio de la ley y mitiga su rigor, pues si conviene á la defensa de la sociedad que la justicia sea severa, no conviene que sea implacable.

Profesaron ciertos publicistas de grande autoridad la opinión que el ejercicio de la clemencia, por ser una virtud tan grande, no implica la responsabilidad de los Ministros, aunque alguna vez se deslicen por la pendiente de los indultos en las causas de muerte. Esta opinión no se compadece con la razón de Estado, ni con la buena doctrina constitucional, y sólo sirve para probar que cuando el Gobierno propone al Rey la conmutación de la última pena por la inmediata, la censura, para ser justa, debe ser muy fundada. Por lo demás, sabe el Fiscal y no lo olvida, que la demasiada indulgencia de los buenos excita la perversidad de los malos.

Importa en extremo que la justicia se cumpla antes que se

borre la memoria del crimen, pues la ejecución de una sentencia de muerte siempre causa horror, si llega tarde.

XIV.

OBSERVACIONES

Temería el Fiscal del Tribunal Supremo no cumplir su deber de velar por la Administración de la justicia en lo criminal, si antes de cerrar esta Memoria no se hiciese él intérprete de ciertos deseos y peticiones de reforma. V. E. las estimará en lo que valen, y sobre todo juzgará de su oportunidad en
cuanto las más obligarían á ensanchar los límites del presupuesto.

La organización de una buena policía judicial es una necesidad reconocida, es un clamor tan general y constante, que
no pasa año sin que se repita. Hoy por hoy, apenas existe otra
fuerza auxiliar de la justicia que la Guardia civil, cuyo instituto
es más bien perseguir en despoblado á los malhechores, apre-
henderlos y entregarlos á los Tribunales, que hacer el servicio
de policía de seguridad en las poblaciones. Además son tantas
y tan diversas las atenciones de la Guardia civil, que no basta
ni llega para todo; y como depende de varias Autoridades, no
siempre los Jueces y Fiscales la tienen á sus órdenes con la
prontitud requerida. La falta de los medios necesarios de investigación da origen á muchos sobreseimientos provisionales,
por no haber motivo suficiente para acusar á determinada ó
determinadas personas, y quedan impunes los autores de graves delitos cometidos en la oscuridad, sin culpa de los Tribunales.

Quéjanse los Fiscales de que el personal es insuficiente
para despachar todos los negocios de la Fiscalía según convie-
ue, y algunos instan por la creación de una plaza de Abogado
fiscal con quien repartir el trabajo que los abruma, ó siquiera
con destino al servicio de la inspección. Olvidan unos la penu-

ria de los tiempos que imponen grandes sacrificios á los funcionarios públicos, y otros que la ley no autoriza el nómbra-
miento de Abogados fiscales *ad hoc.* Si estas reclamaciones hubiesen de ser atendidas, sería lo más justo dar la preferencia á
las Fiscalías que en los últimos estados aparecen con un número de causas despachadas superior á 1.000, á saber: Albuñol (1.416), Antequera (1.161) y Jaén (1.048). En cambio hay
Audiencias de lo criminal dotadas de Fiscal, Teniente y Abogados fiscales que despacharon en este año judicial un número
de causas mucho menor, por ejemplo, Cuenca (172), Tarragona (336) y Colmenar Viejo (365).

Importa en extremo la buena elección de Fiscales municipales y que sean Letrados, principalmente en los pueblos divididos en bandos políticos, para apaciguar los ánimos y cooperar
sin amor ni odio á la recta administración de la justicia. Encargados de intervenir en la práctica de las primeras diligencias
del sumario á raíz de la perpetración de un delito, comprometen el éxito del proceso, si en el principio de la instrucción se
dejan vencer por sus pasiones como hombres de partido. He
aquí la razón por qué los Fiscales que desconfían de su imparcialidad, actividad é inteligencia, evitan cuanto pueden delegar en ellos la inspección de los sumarios; y no es mayor la
confianza que les inspiran los Jueces municipales en el ejerci
cio de su jurisdicción.

El régimen interior de la Cárcel Modelo exige un estudio
particular respecto de tres puntos de suma gravedad, á saber:

1.º Reducir á límites cada vez más estrechos el departamento de aglomeración, en el cual se confunden y permanecen
ociosos los detenidos por la Autoridad gubernativa, los presos
que la Guardia civil conduce á sus pueblos y los rematados
que van á cumplir su condena.

2.º Examinar si la detención ó prisión preventiva celular
conforme al Reglamento de la Cárcel Modelo, es compatible
con lo establecido acerca del tratamiento de los detenidos ó
presos en el libro II, tít. VI, cap. IV de la ley de Enjuicia-

miento criminal, y sobre todo con el principio que «su libertad
no debe restringirse sino en los límites indispensables para
asegurar su persona ó impedir las comunicaciones que puedan
perjudicar la instrucción de la causa,» según el resto del artículo 520 de la ley citada.

3.º Comprobar si el aumento progresivo de los casos de
enajenación mental observados desde el año 1884 debe atribuirse á la soledad de un encierro más ó menos largo, ó tiene
un origen distinto de la reclusión solitaria.

La solución que la observación y la experiencia dieren á
cada uno de estos tres problemas, determinará una serie de
reformas.

Por último, la administración de la justicia prosigue su camino libre de los tropiezos fáciles de comprender en el período
de transición del procedimiento escrito al juicio oral y público.
La lluvia de dudas y consultas de aquel tiempo ha cesado, gracias á la jurisprudencia establecida por el Tribunal Supremo y
á las instrucciones generalés y particulares de esta Fiscalía en
los casos arduos. No es decir que la administración de la justicia sea perfecta, sino que falta poco para que el nuevo sistema
de enjuiciamiento criminal se desarrolle sin el menor emba-
razo.

Mucho pudieran contribuir á ello las frecuentes visitas de
los Fiscales á los Juzgados de instrucción, pidiendo que en la
de los sumarios se prescinda de inútiles diligencias, excitando
el celo de las Autoridades administrativas que tardan en remitir algún documento ó informe necesario á la comprobación
del delito, reproduciendo exhortos y haciéndolos cursar con
toda brevedad, y en fin, dando rápido impulso á las actuaciones, si advierten morosidad; pero los obstáculos, que siempre
dificultan, y muchas veces imposibilitan la inspección directa
y personal de los sumarios, quebrantan la voluntad y atan las
manos del Fiscal del Tribunal Supremo, cuando piensa si debería tomar la iniciativa, ó descansar como hasta ahora en el
celo espontáneo de sus subordinados. Sepan que su Jefe se lo

agradecerá muy de veras, y que en alguna ocasión propuso á V. E. para una recompensa, que le fué otorgada, al Fiscal que contrajo méritos especiales por los frutos recogidos, prestando sin excitación superior este servicio extraordinario.

Madrid 15 de Septiembre de 1898.

Excmo. Sr.:
MANUEL COLMEIRO.

Excmo. Sr. Ministro de Gracia y Justicia.

EL PODER SOCIAL

LA INSTRUCCIÓN Y EL JUICIO EN LO CRIMINAL *

(Apuntes jurídicos.)

VI

Del juicio.—Sus aspectos subjetivo y objetivo.—Elementos sustantivo y formal de ambos.—Demostración crítica de la verdad justiciable.—Sistemas inquisitivo y acusatorio.—Escrito y oral.—Juicio objetivo.—Silogismo judicial.

La naturaleza y efectos del hecho criminal nos llevó á distinguir dos manifestaciones diversas ó independientes en el modo de proceder el poder social en la persecución de los delitos: la instrucción para colocarse en ciertas condiciones de igualdad con el mismo delincuente y el juicio, ó sea el palenque donde se han de aquilatar los hechos y depurar las responsabilidades, cuyo concepto ó definición podemos, por lo tanto, fijar en los siguientes términos: «Juicio es el esclarecimiento ó demostración racional y crítica de una verdad de hecho y la discusión científica y solemne de sus relaciones jurídicas con la ley, ante la presencia y presidencia del poder social, para la fijación y determinación de éstas por él mismo.»

Juicio, según el tecnicismo jurídico y también según la

---

* Véase la pág. 185 de este tomo.

acepción gramatical, «es el acto de juzgar ó el resultado de ello» según que se considere como función de la entidad moral y social juzgadora, ó como consecuencia de ella ó fin de la justicia: de donde se desprende que son dos los aspectos bajo los cuales ha de considerársele, el *subjetivo* y el *objetivo*, por más que en derecho procesal aparecen con nombres distintos, pues el segundo se denomina sentencia.

Cada uno de estos aspectos del juicio ofrece, ante el análisis de la crítica, dos elementos constitutivos ó componentes, que es de todo punto indispensable distinguir, para el objeto de estos apuntes, y son el *formal* y el *sustantivo*, siendo el uno causal del otro, pero en sentido inverso, según fijemos la atención en el aspecto subjetivo ú objetivo del juicio; pues en el primero, la forma del juicio es causa de la sustancia, es decir del acto de juzgar el Tribunal, y en el segundo, viceversa, la sustancia es causa de la forma, ó sea el resultado de la función de juzgar, é inspira y da forma á la sentencia: tergiversión de términos que responde á ser el juicio y la sentencia una misma cosa bajo aspectos diferentes y cuyo centro de irradiación es el sujeto juzgador al cual convergen los elementos formales y materia del juicio, del cual surge éste en forma de sentencia.

La demostración crítica y racional de la verdad de hecho y la discusión científica de sus relaciones jurídicas con la ley, constituyen el elemento puramente formal del juicio subjetivamente considerado, y hasta puede decirse más, ó sea que es la materia del juicio mientras que el elemento sustantivo del mismo es puramente psíquico y moral, no siendo otra cosa que «el ejercicio del poder iluminado por la inteligencia con la luz de la ciencia» que se realiza en la mente del juzgador, y por lo tanto, ha de presenciar y presidir el acto. Las partes suministran los materiales del juicio, es decir, todo aquello que ha de someterse al mismo, pero con sujeción á ciertos preceptos formales ó ritualidades solemnes, y á la par el Tribunal va juzgando.

En efecto; la acusación y la defensa, que son las partes del

.juicio, hacen afirmaciones distintas de hecho y de derecho, en vista del resultado sumarial, y según su recto sentir y justo móvil que las inspira; una escudriña la malicia de los actos, y otra examina cuanto pueda favorecer; ambas dentro de la más extricta justicia. articulan las pruebas al efecto para fundar sus conclusiones y establecer hipotéticamente las relaciones jurídicas, ó informan al Tribunal á fin de llevar á su ánimo la convicción racional de la justicia y procedencia de todos y cada uno de sus asertos.

Sin embargo, no siempre ha procedido ni puede decirse que proceda el poder social con este orden científico-procesal, pues en el procedimiento inquisitivo, no son solas las partes las que proporcionan los materiales del juicio, es decir, aquello que se ha de someter á su acción, sino que el mismo juzgador viene á hacer afirmaciones de hecho al dar á las diligencias del sumario carácter de estabilidad, que no pueden ni deben tener, ni por su origen, ni por su forma, ni por sus fines que están cumplidos al decretar su conclusión. Sumario que, en el referido procedimiento inquisitivo, se somete al juicio del mismo Juez que la formó, sacrificando así el principio individualista al colectivista social y del Estado.

Que las partes solas deben ser las.que proporcionen los materiales del juicio lo exige la sana crítica; pues nadie debe ser juez y parte en la contienda, lo cual se desconoce al dar al sumario el carácter de estabilidad que le da el procedimiento inquisitivo, porque el Juez viene así á juzgar su misma obra; mientras que resplandece de un modo refulgente en el acusatorio (pero aun susceptible de perfeccionamiento), que se inspira en las teorías científicas de progreso y más que de esto de justicia.

Finalmente, y por lo que afecta al elemento formal del juicio subjetivo ó acto de juzgar que venimos analizando, conviene á nuestros propósitos hacer constar que son dos los sistemas que han luchado y luchan en la ciencia en cuanto á la sustanciación de los juicios; sistemas consiguientes á los procedimientos inquisitivo y acusatorio de que acabamos de hacer mención, y son el escrito y el oral y público. Fúndase el procedimiento escrito, como su mismo nombre lo indica, en la consignación por la escritura de toda la resultancia del juicio, en la tasa de la prueba, en su apreciación eminentemente racional y legal y en la responsabilidad absoluta de esta apreciación: consecuencias todas unas de otras y garantía necesaria la última de la rectitud de las anteriores. Por el contrario, el segundo, ó sea el oral y público, descansa en la oralidad y publicidad de todo el resultado del juicio, en la libertad de la prueba, en su apreciación eminentemente de conciencia y en la irresponsabilidad por la misma; principios antitéticos á los anteriores, pero más prácticos y más perfectos.

En la oralidad se han de apreciar detalles y circunstancias que forman la conciencia y evidencia de la realidad de una verdad de hecho, que constituye su posesión misma; cuyos detalles y circunstancias sería imposible de todo punto transcribirlos al papel por medio de la escritura, y aun suponiendo que esto fuera hacedero, jamás podrían influir directamente en la conciencia, porque la parte de impresión que todo acto ha de producir, depende de la percepción directa del espíritu. ¿Y cómo consignar en la ley como medios de prueba estos detalles y circunstancias? La turbación del testigo al deponer ó prestar su declaración, la poca firmeza de sus afirmaciones en los careos, aquella expresión de aturdimiento y sorpresa con que recibió el reo ó el testigo la verdad que trataba de ocultar, la siniestra mirada del procesado á los testigos que le acusan y descubren, las centellas de ira y de rencor que contra los mismos se le escapan, su decidido empeño de ponerlos en evidencia para infundir sospechas de parcialidad en sus declaraciones, aquel desvanecimiento ó síncope que le produjera la vista del cuerpo del delito, etc., etc., no pueden transcribirse al papel, y sin embargo influyen de un modo decisivo y hasta absoluto en la formación de la conciencia de una verdad.

La oralidad, que ha de fundarse en la apreciación de conciencia, se garantiza únicamente por la publicidad; pues ese pueblo que ha sabido condenar el delito *como malo*, influyendo en la formación de la ley penal, execraría al que no procediese rectamente en esta apreciación, *«responsabilidad que si bien es nula de hecho, con respecto del funcionario inamovible, es muy transcendental y eficaz en el amovible, en el que haya de volver al común de los ciudadanos concluida su misión.»* Además, otra responsabilidad sería de todo punto imposible, porque al hombre no le es dado penetrar los inescrutables arcanos de la conciencia, y finalmente, la apreciación crítica de los hechos, por la posesión que en la misma conciencia exista de su verdad, es el límite del humano poder, y por lo tanto la más perfecta garantía de acierto.

El juicio, bajo su aspecto objetivo, se compone ó le constituye en primer lugar «el resultado de la función de juzgar ó mero juicio y su formalización externa ó sentencia.» En su elemento sustantivo ó mero juicio, concurre la ley como verdad necesaria y preexistente; la realidad de un hecho como verdad contingente, y la relación jurídica entre ambas: la primera rige á la segunda y la tercera es relativa á las dos; las dos primeras son y han de ser independientes de la voluntad del juzgador, pues la ley es obra del Poder legislativo, y el hecho de la conducta humana é individual, y por lo tanto, si juzgar es relacionar dos verdades, ofrecerá mayores garantías esta relación cuanto más extraña sea al juzgador la definición ó atribución del carácter de tales verdades á las mencionadas ley y hecho real; y esto es obvio, porque descansando la justicia en la veracidad de los términos á ellas sometidos, en cuyo carácter se ha de fundar para realizarse, *la definición de la verdad es función ajena al acto de juzgarla.* Por lo tanto, ¿no será más práctico ó independiente que el juzgador *juzgue* (y valga el pleonasmo) *las verdades á su poder sometidas sin que de él reciban el carácter de tales verdades?* La independencia política de los poderes formales nos lo demuestra en parte, al proceder la ley, verdad preexistente de una rama distinta del orden judicial.

El estudio de la verdad necesario, y preexistente ó legal, no nos puede ofrecer. dificultad ninguna para los efectos de este trabajo. Recibe su existencia del Poder legislativo, y tal cual ésté la dicta, el Juez ha de hacer aplicación de ella sin modificarla en lo más mínimo; ahora bien, en cuanto á la verdad contingente ó de hecho, habremos de distinguir su realidad en el tiempo y en el espacio, la intención mera de buscarla y poseerla y los medios de adquirirla.

La existencia real del hecho tiene lugar fuera de la voluntad del juzgador, es completamente ajeno á ella, puesto que procede de la libertad individual, y por lo tanto, para asimilarla á su íntimo sentir y poseerla, precisa indiscutiblemente de medios extraños á sí mismo.

· La mera intención de buscarlo es facultad privativa y hasta sustancial del poder juzgador, en razón á que siendo su fin el restablecimiento del orden perturbado, le es indispensable para ello el conocer y apreciar la perturbación en todos sus detalles y alcance; y de aquí nace la facultad de acordarse en su nombre toda clase de medidas de prevención y la de obligar coercitivamente á todo ciudadano para auxiliar su acción, presidir ó imprimir dirección á los debates del juicio y hasta proponer á la discusión de las partes algún punto no tratado, cuya última atribución, reconocida por la ley, no repole el sistema acusatorio, porque el Tribunal nada afirma, nada inquiere, sino que la somete á la deliberación de la acusación y la defensa.

La posesión de la verdad del hecho no precisa el ejercicio del poder, sino que supone y requiere únicamente el empleo del raciocinio, único medio de elevarse el espíritu humano de la incertidumbre á la evidencia; discernir sobre la realidad de un hecho es muy distinto de juzgarle; por el discurso se adquiere la posesión de la verdad, y con el poder iluminado por la inteligencia se relaciona con la ley. *Conocer la verdad es función puramente racional y peculiar á todo ser inteligente, pero referirla á la ley ó juzgarla es función propia del poder social en su orden judicial,* como tendremos ocasión de aclarar en el transcurso de estos apuntes.

La verdad contingente puede ser, y aun en el día es, adquirida en nuestra patria por el mismo juzgador; pero la ciencia jurídica en alas del progreso tiene demostrado que la perfectibilidad del procedimiento exige *que éste se realice por medio de un organismo extraño al mismo Tribunal,* aunque bajo su presidencia y dirección, por ser estos atributos inalienables del poder social de juzgar, así como lo son la imputación y definición de responsabilidad, fin sustancial de la justicia y relación entre la verdad contingente ó de hecho y la preexistente ó legal.

El juicio objetivo, cuyos elementos ó componentes hemos consignado y distinguido, no es otra cosa que un silogismo perfecto, cuya premisa mayor es la ley, verdad necesaria y preexistente, cuya menor es el hecho real, verdad contingente, y cuya consecuencia es la relación entre ambas premisas, que según sean más independientes y extrañas á la voluntad del juzgador, mayores garantías de imparcialidad ofrecerá la conclusión ó sentencia.

Es evidentísimo que si el juzgador establece por sí mismo siquiera una de las dos premisas, la del hecho, por ejemplo, en vez de admitirlas y fundarse en ellas, tal cual le sean presentadas, se corre el riesgo de que la consecuéncia se desnaturalice, no siendo tal, ora porque el conocimiento del derecho influya *a priori* en la definición de la verdad contingente, ú ora porque el hábito mismo amortigüe la impresionabilidad del juzgador ante el hecho criminoso menos grave y leve sobre todo, cuya impresionabilidad le excita con interés y decidido empeño á escudriñar la verdad real; ó de que se pueda decir con fundamento ó sin él que la malicia ó la ingerencia extraña del caciquismo ú otras por el estilo, arrastran al funcionario judicial á forjar tal ó cual verdad de hecho al abrigo de la irresponsabilidad consiguiente al sistema acusatorio y oral y público é inamovilidad judicial.

Además de todo esto, y dejando á un lado reflexiones de mera oportunidad, que no dejan de hacer fuerza, ¿no será más lógica la conclusión del silogismo judicial? ¿no ha de tener mucha más fuerza y prestigio racional cuanta mayor sea la independencia entre el sujeto que juzga y el carácter de veracidad, realidad y exactitud de las dos premisas? ¿Qué valor dialéctico puede tener la conclusión silogística, deducida de premisas cuya verdad recibe la existencia, ó es definida por el mismo que la deduce? Ninguno, porque se podría decir que las premisas fueron forjadas para una conclusión determinada, *puesto que toda conclusión silogística recibe su valor de la fuerza de verdad de las premisas.*

La verdad del hecho real debe ser, pues, definida por un organismo ajeno al juzgador, pero moral, recto, ilustrado é independiente é inaccesible á la política, que es el cáncer social. Siendo así, jamás podrá decirse que la arbitrariedad judicial inventa verdades legales *ad hoc,* ni por la malicia, ni por influencias extrañas y perniciosas, y es más, puede de esta suerte redimirse al juzgador de la maliciosa murmuración de la ignorancia y de los desairados de la justicia, colocándole al abrigo de ciertos ataques, con lo que resplandecerá su rectitud y justificación de un modo más ostensible.

Pongamos un ejemplo de silogismo judicial:

Mayor. . . . | Todo parricida alevoso es reo de muerte: *verdad necesaria preexistente ó precepto legal.*

Menor. . . . | N. N. mató á su padre, de improviso y sin darle lugar á la defensa: *verdad contingente ó hecho real.*

Conclusión. N. N. es reo de muerte: *relación entre ambas.*

¿Quién podrá negar la veracidad y eficacia de la mayor? Nadie absolutamente, por ser la ley preexistente al delito y tener su origen en otro poder, en el legislativo; de suerte que, en primer lugar, su preexistencia la hace innegable é igualmente justa en su aplicación, puesto que al dictarse no se tiene ni se puede tener en cuenta ningún caso concreto; y en segundo lugar, porque siendo emanación del poder, es obligatorio.

¿Puede decirse, no obstante, esto mismo de la menor? En la actualidad no, porque el mismo juzgador sienta ó define la verdad real ó de hecho, le da el carácter de tal verdad sin que quepa recurso alguno contra un error en este punto, pues la casación admite y parte del hecho probado; y si ese error existe, aunque sea de buena fe y por impotencia, como así es siempre que desgraciadamente acontece, ha de quedar mal parado el prestigio y justificación del poder social, que ya que carece de facultad por sí para no engañarse, debería al menos no tener participación directa en ese error.

Esta facultad del juzgador á que hacemos referencia, ¿no indica, no deja percibir una lamentable confusión entre la mayor y la menor, entre el hecho y el derecho, entre ambas y su relación, y ningún aprecio del valor y fuerza dialéctica que ha de tener toda conclusión lógica? ¿No se comprende fácilmente que á pesar de la probidad proverbial, de la siempre intachable y jamás vulnerada toga española, no se comprende, volvemos á repetir, que no explicándose la sociedad en general la realidad de la verdad de un hecho, no sabrá explicarse tampoco la fuerza moral de la conclusión ó sentencia, y si no duda de la justicia, la creará al menos misteriosa y arbitraria, siendo así que debe resplandecer como tal justicia ante la faz social? Es indudable que así debe ser, y he aquí cómo es progreso científico la introducción de un organismo legal en lo judicial, para que por su conducto reciba la verdad de hecho ya definida, viniendo de esta suerte á ser ostensible y refulgente como la luz del medio día, la justificación judicial. Así, jamás podrá decirle al criminal su conciencia: ¡ese Juez que te ha juzgado, falta á la verdad afirmando que has hecho lo que no hiciste en realidad! Podría decirle: ¡la razón humana representada en ese organismo ajeno al Juez, no ha podido alcanzar la verdad, y ha errado! ¡Culpa es de la imperfectibilidad de la razón, no del Juez! Quedaría, pues, el poder social en su orden judicial al abrigo del error ó irresponsable del mismo. Llegaría de esta suerte al pináculo del prestigio de un poder que emana de Dios, y que, por lo tanto, es incompatible con el error.

Al juzgador se le debe dar como cierto el hecho; al juzgador se le debe presentar la mayor y la menor, para que él, con la luz de la ciencia y la fuerza de su poder, establezca entre ambas las relaciones jurídicas ó de derecho, pronunciando su sentencia al deducir la conclusión; de esta suerte no tendrá el juzgador ante sí más que un problema jurídico que resolver, y estará, por lo tanto, más libre de toda clase de preocupaciones, desenvolviéndose la acción de la justicia social fuera del alcance de toda influencia exterior, y hasta del desprestigio consiguiente al error de hecho, realizándose con mayor libertad ó independencia.

VII

Distinción entre la ley, el hecho y su relación ó *nomen juris.*—Análisis del acto humano ó verdad de hecho.—Sus elementos sustantivo, formal y cualificativo.

La justicia humana es una virtud; el serlo constituye su cualidad sustancial y existencia misma, de donde se deduce que no ha de proponerse otra cosa que la práctica del bien, dando á cada uno lo suyo; al Estado lo que es del Estado, y al individuo lo que es del individuo (haciendo referencia á la materia criminal que motiva estos apuntes), cuya virtud en tanto puede realizarse, en cuanto se funda, apoya y descansa sobre una verdad, puesto que la idea de justicia supone y parte de un concepto de verdad y realidad que es independiente de ella, que existe fuera de ella y es anterior á ella; y envuelve otra de reciprocidad y relación que la es sustancial. Por el primero, se requieren dos verdades, una necesaria ó inmutable, que es la ley, y otra contingente, que es el hecho dañoso ó criminal;

verdades cuya existencia depende la primera de la voluntad
del legislador y la segunda de la conducta humana: la primera es conocida, y desconocida la segunda, porque el hombre
no es omnisciente, ni omnipotente como el Juez Supremo, y si
la justicia humana precisa su definición es por la razón anterior, pero no porque lo exija la esencia de la justicia misma,
sino *per accidens*. Por el segundo concepto de *reciprocidad, sustancial á la idea de la justicia y para su realizacion, se establecen
relaciones científicas y jurídicas entre ambas verdades, la legal y
la de hecho.*

Desde el momento mismo en que intentamos establecer relación alguna entre dos cosas, es condición indispensable, racional y lógica que no sean una misma, sino, al contrario,
múltiples y además sustancialmente distintas, puesto que no
cabe la relación en la unidad, ni en la identidad consigo mismas, y quererla buscar en ellas es una quimera, así como negar la multiplicidad y distinción entre aquellas que se relacionan de algún modo cualquiera que éste sea, repugna á la razón,
lo rechaza la sana crítica, y en manera alguna puede explicarse
ni aun concebirse, siendo de igual modo absurdo confundir
lastimosamente la relación misma con cualquiera de los términos relacionados, por ser cosas esencialmente diferentes, como
acontece con la ley, el hecho y el *nomen juris*, cuya definición
constituye, según venimos estudiando, una función propia y
principal del poder social en lo judicial.

El hecho ó acto humano «es la realización fuera del *Yo*, ó
sea en el orden moral y en el espacio ó mundo visible de una
volición,» ó lo que es igual, «la ejecución de lo que libremente
se quiere,» entendiéndose que hablamos en términos generales, ó sea, no haciendo referencia á los actos «no libres» por
ser excepcionales.

Tres son los elementos constitutivos que se observan en el
acto humano al descomponerle para su análisis; el primero
subjetivo rige á todos los actos y les da el carácter de volitivos;
el segundo es puramente formal ú objetivo y les hace distintos

unos de otros en su desarrollo psíquico y realización externa; el tercero es cualitativo, ó sea por el que reciben la cualidad genérica de buenos ó malos en el orden moral.

Al presentarse en el espíritu humano, el más insignificante, apenas perceptible y tenue deseo, si es detenido en su fugaz curso, por la observadora atención, surge en la mente el proceso psíquico y generador del acto humano, acariciado y complaciéndose después en él la irreflexiva imaginación, causa al mismo tiempo de que por la severa y fría razón se medite el pro y el contra, y conciba y madure un plan para realizarle. Función es ésta puramente subjetiva, á veces rapidísima, que se termina por medio del «quiero» final, en méritos del que la voluntad se identifica y asimila con el acto determinado, dándole en su virtud existencia en sí misma y fuera del *Yo* y perfecta realidad en el orden moral: cuyo «quiero» es su elemento subjetivo, puesto que en méritos de él lo que era un proceso psíquico es un acto perfecto y sale fuera del *Yo*, quedando unido á él, no obstante, por medio de ese mismo «quiero» y en la misma relación del efecto con su causa.

El *quiero* de la voluntad humana es lo inmutable de todo acto, sin el cual no puede explicarse su realización fuera del *Yo* ó exterior, ni su coexistencia en la voluntad, pues mientras ésta «no le quiera», no es determinado ni puede ser real, y por lo tanto, si no existe en el *Yo*, no puede salir fuera de él. Esta volición, este «quiero» final es el principio del hecho real y otro hecho real en sí, porque al querer una cosa la voluntad, recibe su existencia real en ella y queda un acto perfecto en el orden moral, sin el que no podría realizarse en el mundo visible, ó sea en el espacio.

La volición es el principio de la realización del acto, y á no ser por la limitación del poder humano sería su realización misma. Si la voluntad humana, así como es ilimitadamente libre fuera omnipotente, al solo querer quedaría consumado el acto, como lo fué la grande obra del Universo que al solo *Fiat* de la voluntad suprema tomó forma real el pensamiento divino, surgiendo de la «Nada» al mero impulso de aquella omnipotente voluntad. Si el hombre, pues, no realiza sus actos desde que los determina, no es por falta de voluntad, no es porque en ella no existan ya, es por carecer de poder para exteriorizarles al punto en el espacio.

La mera volición, «el quiero» por sí sólo y en abstracto, tal y como le hemos considerado, no representa otra cosa que el resultado de una facultad psíquica que no es la facultad misma, pues ésta es el medio de obtener aquél; no representa otra cosa que el resultado de un esfuerzo de la voluntad, para asimilarse, hacer suyo y dar existencia real á un acto, cuyo objeto y realidad, no obstante, son la forma de esa volición: cosas distintas, pero sustancialmente unidas, sin que pueda separárselas nada más que por abstracción y para los efectos del análisis; «pues querer, sin querer algo» es inconcebible, y sin embargo, una cosa es el querer y otra aquello que se quiere hacer; quiere el sujeto volente, y aquello que éste quiere es el objeto; el mero querer es indiferente y no da cualidad ni forma al acto, porque éstas provienen del algo que se quiere y de sus efectos en los órdenes moral y externo.

En el acto de robar, por ejemplo, tenemos como elemento subjetivo la resolución, la determinación, la volición, «el quiero», y como elemento objetivo y formal el robo, cuyo elemento formal ú objetivo va inherente al cualitativo, que es el constituir un mal, una culpa en el orden moral y además un delito en el legal, si bien esto último supone y precisa ya una relación.

La voluntad humana como tal *facultad,* es esencialmente libre é ilimitada, aunque como *potencia* se ve sujeta y encerrada dentro de muy estrechos y angostos límites: una cosa es querer y otra poder, dice el adagio vulgar, y es infalible, pues aquélla se encuentra limitada en el orden moral y en el externo; en el primero, por la fuerza incontestable del deber, y en el segundo, por la insuficiencia de su poder.

El bien es el fin último de la humana voluntad; á él propende por natural inclinación, y de esto surge la noción primera de la idea del deber. En efecto, si la voluntad propende al bien, *«no debe negarle»*, de suerte que sin menoscabo de la libertad individual, sin que le falte tampoco poder para negarle, la razón nos dice que la inclinación al bien demuestra que éste se nos impone y que ha de obrarle y quererle precisamente. Esta inclinación natural, *que no merma en nada nuestro libre albedrío*, nos conduce á la noción del deber, y hace fuerza á nuestra razón brotando, por decirlo así, de un modo uniforme en toda la naturaleza humana, y revelando la existencia de una ley suprema, cuya primera sanción se encuentra en la conciencia y después en la justicia absoluta, en el Ser Supremo, en Dios.

El bien como aspiración constante de la humana voluntad *é impuesto á ésta por ley suprema*, sin violencia de su libertad ó por medio del deber sancionado en primer término por la conciencia, al acusar al que obra contra él como reo de un mal, constituye por sí solo un orden admirable, majestuoso, necesario al orden social, presidido por la justicia absoluta, esto es, el orden moral, en el que se informa la conducta humana; porque todo acto, sea lo que quiera en el orden legal ó mundo externo, ha de ser precisamente bueno ó malo en el moral: orden del que á nadie le es dado sustraerse ¡ni aun al escéptico! y sobre el cual se desarrolla y desenvuelve el externo, por no ser otra cosa que la exteriorización del anterior, para sancionar lo bueno y castigar lo malo que tenga realidad visible.

Según, pues, que el acto humano constituya en el orden moral una afirmación ó negación del bien, así revestirá la cualidad sustantiva de bueno ó malo; y dado que coexiste en la voluntad, agente por medio «del quiero», así será ésta culpable si es malo, y no culpable si es lo contrario; será culpable, porque el negar el bien es infringir el primer deber del hombre, la fuente y origen de donde arranca y parte, ó mejor dicho, sobre que se fundan y basan todos los demás deberes en absoluto; negación que al existir en la voluntad hace á ésta culpable, *negadora del bien*, y en tanto la conoce el hombre en cuanto su conciencia misma le acusa, le hace reo de ello, sin la cual jamás hubiera podido distinguir el bien del mal, ni aun vislumbrar en su consecuencia noción ninguna del deber.

El robo, el homicidio, la injuria, como actos humanos producen dos efectos, uno en el orden moral y otro en el legal; *el primero se percibe por la humana y recta conciencia en general, y el segundo es efecto de las relaciones establecidas por el poder social* iluminado por la ciencia: *el primero es sustantivo al hecho, es el hecho mismo*, pues no consiste en otra cosa que en afirmar ó negar el bien, que es una idea *una y absoluta*, y por lo tanto, bajo este punto de vista incapaz de relación, y sí sólo de afirmación ó negación, como así lo demuestra la idea misma del mal, que no es relativa al bien, ni mucho menos, sino negativa de él. Concretándonos, pues, á los actos citados de injuria, homicidio y robo, *en primer lugar constituyen una negación del bien* «y una culpa» *según la humana conciencia*, pues siempre y en todos los tiempos fueron reprobados por la conciencia humana, y por eso precisamente el hombre, cuya conducta social se informa en el orden moral, no pudo menos de castigar en sus Códigos tan reprobables actos, adquiriendo de esta suerte, y no arbitrariamente, el carácter legal y jurídico de delitos, carácter que jamás hubieran llegado á tener si esa conducta humana, que la es imposible sustraerse al orden moral, no hubiesé visto *en su conciencia* la execración de semejantes acciones.

¿Cómo podría negarse en vista de esto que el carácter legal y jurídico de los actos definidos como delitos no obedece á otra cosa que á la repugnancia general de la conciencia humana anterior á la ley escrita y que no fué, por lo tanto, ésta quién les dió el carácter *de malos?* Bórrense por un momento los artículos del Código penal, y los actos que él castiga *no serán ya delitos*, es cierto, pero serán *tan inmorales, tan malos* como antes, y veremos á la sociedad sublevarse en masa ante semejante error é imponerse al legislador, no por su voluntad, sino obedeciendo á los impulsos de su conciencia, sanción primera de la ley natural establecida por Dios Legislador, Soberano y Supremo.

En consecuencia, dedúcese de lo expuesto que el acto humano tiene tres elementos sustantivos ó consustanciales: el *subjetivo*, ó sea la mera volición, «el quiero»; el *objetivo* ó forma, ó sea lo que en la volición se quiere y su realidad; y el *cualitativo*, esto es, la afirmación ó negación del bien que en sí envuelven, ó resulta de los dos anteriores elementos inseparables; pues descartar la volición es un absurdo y cualquiera de las dos últimas una quimera, *«porque todo acto afirma ó niega el bien, y es culpable ó no culpable según nuestra conciencia».*

VIII

Análisis del nomen juris.—Relaciones cualitativas, formales y subjetivas primarias, y secundarias ó transcendentales.—Imputabilidad y responsabilidad.—Sus diferencias de la culpabilidad.

La ley penal, el hecho dañoso ó malo y la relación jurídica entre ambos, decíamos que constituían los elementos del juicio objetivamente considerado. Respecto de la primera, afirmábamos que no podía ofrecer dificultad alguna á los efectos de estos ligeros apuntes, por ser un precepto emanante de otro poder distinto del juzgador, y en el análisis del hecho hemos examinado sus componentes, pudiendo, por lo tanto, deducirse de ello cuáles han de ser los términos de la relación entre ambos, según que afecten á la cualidad del acto, á su forma ó al sujeto mismo.

Si relacionar es referir una cosa á otra, es evidente que para establecer relaciones jurídicas entre el acto y la ley, habrá de ser partiendo de sus tres elementos, cualitativo, objetivo ó formal y sustantivo, de donde las podremos distinguir de tres clases, ó sean: cualitativas, formales y subjetivas.

Al hacer el análisis del acto humano nos fué indispensable

por razones de método; y más que de esto de orden lógico, proceder desde el *Yo* ó sujeto, hasta su exteriorización, una vez que el acto tiene su origen en el espíritu y su realización fuera de él; pues bien, del mismo modo y por análogas razones se habrá de invertir aquel orden en este instante, al examinar las relaciones del acto con la ley, puesto que precisamente comienza por referirse á ésta en sus formas, y concluye por el elemento subjetivo para los consiguientes fines del derecho de penar.

La cualidad sustantiva y esencial de todo acto en el orden moral constituye una afirmación ó negación del bien; de igual modo en el orden legal es referible á la ley penal; el acto ha de ser, en primer término, lícito ó ilícito, no prohibido por la ley ó vedado por la misma, constituyendo lo que se llama *delito*.

He aquí la relación primera, la más general, fundamento de todas las demás entre el acto y la ley, á cuyo fin precisamente responde la definición del delito que va á la cabeza de todo Código penal: definición que viene á establecer las fronteras entre lo justiciable y no justiciable y la relación primera que puede decirse responde al elemento *cualitativo legal*, pues así como en el orden moral todo es bueno ó malo, en el legal todo es punible ó no punible, delito ó no delito.

La cualidad primera que ha de reunir todo acto para ser justiciable, es la de ser un delito, es la de referirse á la ley penal en todas las circunstancias que atribuye á aquél; relación cualitativa que no es sólo puramente teórica, sino eminentemente práctica. En efecto; supongamos que se ha encontrado un cadáver con el pecho atravesado por un puñal, señal evidente de muerte violenta y no natural. ¿Puede deducirse de esto qué ha de ser justiciable? No; mientras no se vea antes si reune las condiciones científicas y legales del delito, es decir, que á pesar de conocido el hecho de la muerte violenta, han de entablarse antes entre él y la ley las relaciones cualitativas. Un suicidio, un cadáver de mano enemiga de guerra, un accidente cualquiera, son muertes violentas y hasta de mano airada, y no obstante, si falta al hecho material la relación cualitativa, la primera, «la de ser una acción ú omisión voluntaria penada por la ley», no puede establecerse ninguna otra más.

Una vez investigado que en la mencionada muerte violenta concurre la cualidad *genérica* de delito, ha de referirse á la ley en todas *sus formas y detalles de hecho conocidas y declaradas verdad*, para determinar ó definir la especie de delito que constituye, y para declarar en qué precepto concreto de ella está comprendido. Así según que haya sido ejecutado por padre, hijo ó hermano del matador ó un extraño, así será ó no un delito de parricidio; según que se haya perpetrado ó no con alevosía, será un asesinato ú homicidio, si no concurren ninguna de estas circunstancias.

Pero aun llegan más allá las relaciones entre las formas del hecho y la ley; aun se llega hasta determinar la existencia de circunstancias de agravación, de atenuación y de exención, según la resultancia *de los hechos constitutivos y determinantes de las mismas que se declaren realizados.*

Establecidas las relaciones cualitativas y formales entre el hecho y la ley penal; fundadas en ellas, y deducidas por un encadenamiento lógico y científico, que sólo es dable formar á las inteligencias peritas, han de establecerse las relaciones subjetivas, ó sea entre la ley y el «quiero» determinante del delito ó *primarias*, y con el mismo sujeto volente después ó *secundarias y transcendentales*, para graduar la mayor ó menor malicia del primero y la mayor ó menor culpabilidad de la voluntad. Así, sin salirnos del ejemplo puesto de muerte violenta, según que «el quiero» determinase el acto de matar con menosprecio de la autoridad que representaba el muerto, con abuso de su debilidad, aprovechando las oscuras y espesas tinieblas de la noche, la ventaja del despoblado, etc., así revelará malicia mayor; del mismo modo, menor será ésta si al obrar lo hizo en méritos de circunstancias calificadas de excepcionales de atenuación, así como no revelará malicia alguna si le falta voluntad libre por imbecilidad, demencia ó cualquier enfermedad mental definida por la ciencia médica ó determinada por una circunstancia de hecho concurrente con el principal.

Estas relaciones subjetivas, por las que sólo se trata de averiguar la malicia «del quiero determinante», dan margen á otras subjetivas también, las más transcendentales de la ciencia de penar, que son las de imputabilidad y responsabilidad, ó sea, averiguado el grado de culpabilidad de la voluntad, declarar cómo ha de satisfacer por su culpa.

Decíamos que la cualidad de malo de un acto determinado y querido constituye una culpa y hace culpable á la voluntad.

La culpabilidad, pues, *es un hecho* existente en el orden moral que surge con el acto mismo en méritos de la coexistencia sustancial «del quiero en la voluntad», y viene á ser como la continuidad de esa misma existencia, puesto que una vez realizado sale fuera del *Yo*. Por esto la culpabilidad es un hecho, pero no contingente, dado el acto malo, sino necesario en el orden moral; es la existencia del acto mismo en el *Yo* agente por refracción, y siendo necesario ha de ser y es perceptible por la conciencia únicamente, cuya culpabilidad no se extingue sino volviendo á hacer suyo el acto el *Yo* por *imputación* para sacarlo de sí por medio de la *responsabilidad*.

La culpabilidad no es, pues, la imputabilidad ni la responsabilidad, por más que sea el principio fundamental de ellas, sin la cual no serían ni aun concebibles.

Una vez establecidas las relaciones cualitativas, formales y subjetivas primarias entre el hecho y la ley; sentado ya que el hecho culpable es un delito y de qué especie sea; establecidos los grados de malicia que han concurrido en el quiero final, en razón á las circunstancias modificativas y *sin consideración ninguna á un sujeto determinado,* corresponde imputarle, *tal cual haya sido en sus formas jurídicas y de verdad realizado* para definir y determinar la responsabilidad, procediendo para ello de la manera siguiente: *este hecho, que salió de tu espíritu en méritos del quiero final, del que por ello eres culpable, te se vuelve á hacer tuyo, te se imputa para que de él respondas con esta pena.»*

Aunque parecen muy semejantes la culpabilidad ó imputabilidad, no lo son, y acaso el no vislumbrar bien las diferencias que las separan, sea el motivo fundamental de la divergencia de la escuela antijuradista al afirmar que no hay separación posible entre el hecho y el derecho. *La culpabilidad no denota otra cosa, ni puede significar más, que el hecho dañoso fué ejecutado libremente por el agente,* que por lo mismo coexiste en su voluntad por medio de la refracción percibida por la conciencia y que es necesario imputársele para que responda y borre la culpa. Ejecución libre de un acto es condición precisa del hecho de la culpa sin la que no puede surgir; pero esta ejecución libre se supone mientras no se pruebe lo contrario.

La culpabilidad va íntimamente unida á la verdad del hecho; así, por ejemplo, si decimos: P. fué á casa de J. y se apoderó de los caudales de éste contra su voluntad; aquí tenemos *un hecho y un culpable,* pues á esto equivale el afirmar que P. ejecutó el acto anterior, y precisamente esto mismo es lo que todos los días vemos en las relaciones de hechos probados de los fallos de nuestros Tribunales de lo criminal:

«Resultando que N. N. hallándose en tal sitio y en compañía de A. B. en la tarde de autos, trabáronse de palabras, y pasando á las vías de hecho, el primero infirió el segundo la herida *tal ó cual* que la ocasionó la muerte» ¿A qué equivale esta declaración *de hecho* de nuestros Tribunales de derecho? Pues á decir que N. N. *es culpable* de la herida que infirió á A. B., á menos que se admita después la excepción de falta de libertad. ¿Y cómo no ha de equivaler á esto? ¿Cómo imputar si no un delito al que no es culpable? ¿Y qué ha hecho el Tribunal de derecho para afirmar la culpabilidad? *Pues sencillamente, raciocinar sobre las pruebas y apreciarlas en conciencia,* ni más ni menos.

La imputabilidad, aunque consecuencia necesaria de la culpabilidad, por ser una disposición de la voluntad culpable para hacer suyo nuevamente el acto ya realizado, son cosas muy distintas, puesto que la culpabilidad sigue necesariamente al acto, surge *de la moralidad del acto mismo é ipso facto,* mientras

que la imputación ha de ser posterior precisamente y ha de tener lugar por una volición del culpable á instancia del arrepentimiento en lo moral, ó por un acto extraño al *Yo*, por la fuerza del poder social en lo legal: la imputabilidad se eleva desde
el acto realizado á la voluntad culpable del agente, la representá el hecho en todos sus detalles y circunstancias y se le hace
suyo para que responda: esto en cuanto á la imputabilidad en
el orden legal y jurídico.

Según hemos visto que el juzgador al establecer las relaciones subjetivas de imputación se eleva del hecho al sujeto, verémosle proceder en sentido inverso cuando ha de establecer
relaciones de responsabilidad. El imputar un delito al culpable, se hace después de haber estudiado las consecuencias funestas y dañosas de su acción y dé haber deducido sus grados
de malicia, definiendo jurídicamente los hechos y circunstancias del mismo, elevándose, por lo tanto, desde el acto en toda
su verdad real y definición jurídica, á la voluntad agente; y para
declarar la responsabilidad, se ha de descender desde el sujeto
al hecho mismo, reparando el mal causado, castigando su malicia y corrigiendo la voluntad del agente: Idea de responsabilidad que envuelve la triple de *corrección, castigo y reparación.*
La primera es la más principal, noble y levantada del derecho de penar, infiltrada en él con la sabia del cristianismo
por medio de su máxima divina «corregir al que yerra», obra
de virtud cristiana y al mismo tiempo la mejor garantía de orden y el más eficaz remedio contra el delito y sobre todo contra
la reincidencia. El castigo envuelve una idea de justa reciprocidad, y la reparación finalmente obedece á exigencias de la
equidad, pues á cada uno se debe dar lo suyo.

Las relaciones jurídicas entre el hecho y la ley tienden á
determinar si en ésta está aquél calificado de delito y bajo qué
designación, si los detalles ó circunstancias de hecho que en
el mismo concurren son constitutivas ó determinantes de las
modificativas, y finalmente de imputarle al culpable declarando su responsabilidad. *La separación y distinción entre el hecho*

y el derecho es, pues, palpable y evidente, y sin ella sería inconce-
bible la relación jurídica. Si el hecho y el *nomen juris* no fueran
idénticos, no fueran inseparables, sería innecesario el juicio
para definirle, bastaría el ejercicio del imperio sólo para castigar al reo.

IX Y ÚLTIMO

Deducciones en favor del Jurado

La naturaleza misma de la justicia, virtud y necesidad social humana que envuelve un concepto de reciprocidad entre la
ley penal y el hecho dañoso ó malo, nos demuestra de un modo
palmario la distinción entre el hecho y el derecho ó *nomen ju-*
ris, que es la relación jurídica entre los anteriores; como así se
corrobora no sólo por el análisis del juicio, sobre todo bajo su
aspecto objetivo y carácter dialéctico del silogismo judicial, sino
del de la naturaleza del acto humano, cuyos elementos cons-
tituyentes no son otros que la volición psíquica, la forma externa y la cualidad moral; y la del *nomen juris* que supone dos términos no idénticos, la ley y el hecho y su estudio y relación
científica, llevado á efecto no sólo por un esfuerzo meramente
intelectual de la razón, sino además por un acto de poder iluminado por la ciencia. Impugnar la distinción entre el hecho y el
derecho ó suponerla gratuita y peregrina, es atacar la naturaleza misma de la justicia, del juicio, del acto humano y del
nomen juris.

Definir la verdad y realidad del hecho criminoso, es elevarse desde lo desconocido á lo conocido en alas de la inteligencia, es rendir un tributo á la humana limitación, falta de las divinas dotes de *omnisciencia* y *omnipresencia* para saber y verlo
todo; pequeñez humana que necesita de la justicia para la vida
del derecho y realización del orden, única esfera posible de acción de la libertad, pues fuera de él no puede menos de producir y produce irremisible ó inevitablemente la violencia, la

anarquía y el caos más espantoso; y siéndole al hombre imposible también penetrar en el insondable abismo del corazón ó intimidad del ser, donde tiene su germen y desarrollo el delito, y mucho menos leer en la conciencia, en la que coexiste la culpa, ha de acudir á su razón para suplir su falta de *omnipresencia* y recoger primeramente todos aquellos indicios, todos aquellas huellas y pruebas materiales del delito que puedan desaparecer, tomar las medidas convenientes de prevención y plantear después la lucha con el acusado, en el palenque crítico del juicio subjetivo, descorriendo el velo del misterio de lo desconocido y definiendo racionalmente una verdad, una realidad, la del hecho dañoso ó malo.

Esta definición como función meramente intelectual, no constituye, no puede constituir el acto de juzgarla, *esto es, de relacionar las dos verdades legal y de hecho* para encontrar el *nomen juris*, y constituyendo por otra parte una de las premisas, la menor del silogismo judicial, debe hacerse por un organismo extraño al juzgador, como lo es el Jurado, no sólo para dar más fuerza dialéctica á la conclusión ó sentencia, que depende de la veracidad y realidad de las premisas, sino para revestir al Poder social juzgador de más prestigio, aun del mucho que ha sabido conquistarse poniéndole al abrigo de las consecuencias de la falibilidad humana en la apreciación del hecho, pues en cuanto al derecho basta la casación; y evitar que se puedan formar verdades *ad hoc* para ciertas y determinadas conclusiones, ó de que esto pueda decirse al menos con fundamento ó sin él.

La definición de la verdad de hecho por un organismo ajeno al juzgador, como lo es el Jurado, lo exige no solamente la lógica, que no puede ser desatendida en materia como ésta de exclusivo raciocinio, sino además la necesidad de garantir mejor y en primer término la buena administración de justicia y el prestigio y autoridad moral de los encargados de administrarla, que es tan transcendental como la anterior.

De todo lo expuesto, fácilmente se deduce que la implantación del Jurado, como organismo judicial, no es una exigencia política, sino científico-jurídica y de progreso únicamente. El Jurado vendrá á ser el *paladium* de todas las libertades legítimas, ó mejor dicho, del derecho, porque en estos días en que está perdida casi por completo la fuerza de la sanción que en los pueblos que se precian de cultos y de libres encuentra en el deber, los Tribunales de justicia son su único sostén y salvaguardia. El Jurado vendrá á llenar lo que hoy puede decirse, por lo expuesto, que es una necesidad social y jurídica, siempre y cuando para su implantación se logren vencer las dificultades que se han de presentar, no solamente en su planteamiento teórico, sino después en su desenvolvimiento práctico, dentro de un pueblo como éste, apegado á su tradición, más bien por fanatismo que por convicción, y que á mayor abundamiento carece por completo de sentido jurídico, sin que nada se haya hecho para formarle, y *único posible* cual era la ¡hoy por desgracia perdida! *unidad religiosa, cristiana y católica*, que es la fuente del progreso moral, social y científico del Mundo, la que ha transformado en poco tiempo y por completo la faz de la sociedad, la que se ha infiltrado y domina la ciencia del Derecho, sin que jamás le sea dado emanciparse de su influjo.

El Jurado no juzga ni puede juzgar; el Jurado raciocina, discurre, ejercita su inteligencia para el examen y apreciación crítica de las pruebas de la verdad de hecho; el Jurado no juzga, como tampoco lo hace el Juez de derecho, en el día sobre esa misma realidad ó verdad, pues al sentar sus afirmaciones en sus resultandos y calificarlas de probados, no obra como tal Juez, *no ejercita el poder*, sino que procede como ser inteligente empleando la razón; el Jurado no está revestido de poder, ni tampoco podría estarlo, porque el fin del poder social ejecutivo en su orden judicial, no es otro que «el restablecimiento dél orden perturbado por el delito,» y esto se consigue, no por la definición de la verdad de hecho, sino únicamente por medio de la *imputación* del acto al culpable, *declaración de su responsabilidad*, su *corrección, castigo y reparación del daño*, que son actos de verdadero poder, porque implican superioridad, dominio, coacción y una limitación de la voluntad humana, á la que el Creador hizo ilimitadamente libre, y por lo tanto, sólo Él es quien puede atar lo que desató; siendo de otra suerte, la corrección degeneraría en inaguantable, el castigo en tiránico, la reparación en injusta, y la imputación y declaración de responsabilidad en imposibles en el terreno moral y denigrantes en el externo, siquiera se pretendiesen hacer á nombre de la colectividad social, que no siendo más que un hecho necesario á la naturaleza humana, es origen del derecho á constituirse y gobernarse, que carecería de eficacia sin el auxilio del poder, *que es no sólo fuerza, sino facultad de hacer*, y por lo tanto sólo puede tener principio en el Omnipotente y no en un hecho como el de la asociación natural, que á lo sumo podría dar margen á una *fuerza*, como en el reino animal irracional nos presenta la Naturaleza, por aquello de que la unión la constituye, pero nunca *á una facultad* que implica *legitimidad, superioridad y posibilidad* para realizar aquélla para lo que se va á hacer uso de ella, y *la sociedad entera es impotente para dominar la ilimitadamente libre voluntad humana*, como se aprende allá, en los primeros y elementales estudios de filosofía.

El Jurado no juzga, aunque defina la culpabilidad, que por otro lado es el más apto para hacerlo si reune moralidad acrisolada é ilustración reconocida, no sólo porque aquélla es inseparable del hecho mismo, sino porque no pudiendo ser apreciado más que en conciencia, es incompatible esta apreciación con la inamovilidad judicial, y perfectamente en armonía con la amovilidad del Jurado, que volviendo al común de los ciudadanos, una vez terminadas sus funciones, puede ser condenado á la execración y vilipendio general si prevarica, si da un veredicto contra conciencia.

El Jurado, una vez establecido el juicio oral y público, es de necesidad y se impone, porque constituye su verdadero complemento, sin el cual este sistema es imperfecto y se presta al abuso, y si no ha tenido lugar en nuestra patria, lo que demostrará es la incorruptibilidad de nuestros Magistrados. Pero si esto sucede hoy, ¿puede afirmarse que siempre acontecerá igual? Más aún: existiendo tan ilustrado como recto personal, es menester evitar toda ocasión á la murmuración maliciosa á que hemos aludido, pues nuestros juzgadores hoy día no sólo definen la veracidad de la premisa menor del silogismo judicial (á los que en razón de su inamovilidad no podría alcanzar la vindicta pública, en caso de no hacerlo rectamente), sino que siendo al mismo tiempo «los que han de juzgar esa verdad,» se infringe, aunque de un modo indirecto, el principio incontestable de que «nadie debe ser juez y parte,» y el Juez hoy juzga la verdad por él afirmada irresponsablemente, que á él debe el carácter de tal verdad, y que por eso hace perder su valor lógico y dialéctico á la conclusión ó sentencia.

MARTÍN PERILLÁN MARCOS

ORIGEN Y DESTINOS DEL DERECHO ROMANO

según Giuseppe Carle (1).

El Derecho romano ha sido objeto de muchos y muy profundos estudios, pero estudios hechos sobre los fragmentos positivos que de él han llegado hasta nosotros, pertenecientes á
la época de su mayor desenvolvimiento: sus orígenes, el proceso de su formación y crecimiento, institución por institución, siglo por siglo, las causas á que fué debido el que ese gran monu-
mento jurídico surgiese allí y no en otra parte alguna, «siguen
siendo un gran misterio.» Y es que para resolver problemas
históricos de esta naturaleza, no basta el examen aislado de
leyes y fragmentos sueltos: no basta la exégesis pura de los
textos; es preciso reconstituir la vida entera de aquella sociedad
en cuyo seno se obró tan portentosa creación jurídica; colocarse
en medio de las condiciones religiosas, económicas y sociales
del pueblo romano, haciéndolo revivir en el pensamiento y pensando como él, seguir paso á paso, y siempre paralelamente, la
formación de la ciudad y el desarrollo de sus instituciones públicas y privadas; estudiar, en suma, la vida del Derecho, no
como categoría sustantiva y propia de sí, que es lo que de ordinario se ha hecho hasta ahora, sino en sus relaciones con la

(1) *Le origini del Diritto romano: ricostrusione storica dei concetti che stanno a
base del diritto pubblico e privato di Roma,* per Giuseppe Carle, prof. ordinario
nella Università di Torino. 688 páginas. Torino, 1888.

vida social entera del pueblo romano. No hay otro camino para
llegar á descifrar esa que es la página más brillante de la vida
del Derecho en la historia de la humanidad y descubrir el proceso natural que reguló su formación dialéctica á través de los
siglos.

El voluminoso libro del Sr. Carle es un ensayo de aplicación
de este método fecundo, provocado en él por los numerosos
estudios de legislación comparada sobre las instituciones primitivas del período gentilicio que en estos últimos tiempos han
dado á luz Fustel de Coulanges, Hearn, Karlowa, Mommsen,
Summer Maine, Muirhead y tantos otros. Declara el docto profesor italiano que emprendió su estudio con la idea preconce-
bida de que el Derecho de Roma, tanto público como privado,
había sido fruto de una *evolución* determinada por las condiciones exteriores en que se encontró el pueblo romano; pero la
conclusión á que ha llegado es, dice, bastante diferente: á su
juicio, lo mismo en la formación de la ciudad que en la elaboración de sus instituciones públicas y privadas, siguió Roma
un proceso de *selección:* en vez de ser dominada por los hechos
exteriores, pugnó por dominarlos y someterlos á la lógica
inexorable de su derecho. Los conceptos que constituyen la
base de su legislación pública y privada, es cierto que los encontró en el seno de la organización gentilicia, pero al tras-
plantarlos en la ciudad y aislarlos del medio ambiente en que se
habían formado, los convirtió en otras tantas concepciones lógicas, que luego se fueron desenvolviendo y adaptando á las necesidades de la vida civil y política. Este proceso informativo,
aunque proceso natural, no fué el que determina las creaciones
geológicas por vía de capas ó *estratos,* que se sobreponen unos
á otros, conservando el más moderno el sello y relieve de los
anteriores, sino el que regula la formación de los *cristales,* según el cual, los elementos afines, libres de toda impureza, se
atraen mutuamente y aproximan, ordenándose con arreglo á
ciertas formas típicas que le sirven de ley. Así, el Derecho romano no es una producción determinada exclusivamente por el

medio ambiente y las condiciones exteriores: es ya la obra hecha del espíritu vivo de un pueblo que, ejercitando aptitudes naturales verdaderamente prodigiosas, acertó á discernir y separar la esencia jurídica de los hechos sociales y humanos, y á individualizarla en conceptos típicos, desenvolver luego éstos hasta sus últimas consecuencias, y legar así á las naciones modernas una obra maestra de legislación, sólo comparable, en su género, á las obras maestras del arte griego.

En esta fórmula está compendiada toda la filosofía de la historia jurídica de Roma, tal como la crítica levantada del señor Carle la deduce al término de una investigación paciente y minuciosa, que hace honor á la historiografía italiana, y en la cual, además, ha demostrado que le son familiares los libros más recientes sobre orígenes que ha producido la erudición alemana, británica y francesa, y sin los cuales no puede darse un paso á derechas en este género de estudios.

Viniendo á los hechos, entiende nuestro autor que los comienzos de Roma señalan la transición de la organización gentilicia á la ciudad; que ésta no es una continuación de aquélla, sino que constituye un núcleo nuevo, que, desenvolviéndose gradualmente en medio de las comunidades patriarcales, debía acabar por disolver dicha organización. Cuando penetraron en la Península itálica los primeros inmigrantes aryos, inaugurando un período de violencia y de luchas con los indígenas, hubieron de sentir bien pronto lo necesidad de atraerse á éstos, asignándoles un lugar en la organización gentilicia que traían de Oriente: así se constituyó, de una parte, la aristocracia territorial de los *patres*, de los *patroni*, de los *patricii*, mientras los vencidos eran organizados en la clase inferior de los *servi*, de los *clientes*, y últimamente, de las *plebei*. Esta organización, á pesar de algunas diferencias de pormenor, revistió un carácrer sustancialmente uniforme en toda la península, carácter que puede compararse al de la organización feudal de la Edad Media: componíanla *familia*, *gentes* y *tribus*, ligadas por el vínculo de la descendencia (real ó ficticia) de un antepasado común, que residían respectivamente en la *domus,* el *vicus* y el *pagus;* el territorio estaba dividido en *heredia,* en *agri gentilicii* y *compascua.* En tal estado las gentes itálicas, vémoslas consagrarse á esta gran obra: pasar de la organización gentilicia al estado de ciudad. Tuvo ésta en un principio, como fin primordial, asegurar la defensa común y fortificarse para las luchas diarias que sostenían unas con otras las diversas tribus ó grupos: principió por ser un lugar fortificado (*arx, oppidum, capitolium*), destinado á servir de refúgio en caso de peligro; después se convirtió en sitio para el mercado (*forum*) y lugar de reunión donde se congregaban para tratar de los asuntos comunes los cabezas de familia de las comunidades confederadas (*conciliabulum, comitium*); y últimamente, al abrigo de esa fortaleza común, principiaron á construir sus viviendas los particulares.—Sin embargo, no todas las estirpes habían alcanzado el mismo grado de desarrollo: mientras que los umbro-sabelios conservaban aún la organización gentilicia, y los etruscos habían llegado ya á la ciudad cercada y fortificada, los latinos se hallaban en un estado intermedio: habían progresado únicamente hasta la ciudad de carácter federal, considerada como centro de la vida pública para varias comunidades.

Una de las ciudades así constituídas en Italia fué Roma. Señala nuestro autor en la historia de su fundación dos distintos estadios: 1.º *Latino:* durante él, Roma se organiza, por el tipo de las ciudades latinas, como ciudad federal para varias comunidades gentilicias: 2.º *Etrusco:* Roma se convierte en ciudad cerrada y fortificada. En el período latino, modeló principalmente su constitución política; en el etrusco elaboró su derecho privado. He aquí, á grandes rasgos, la obra realizada en cada uno.

Roma principió siendo un establecimiento de un cierto núcleo de hombres armados (*viri, quirites*), que habían emigrado de la ciudad de Alba con la mira de mejorar de suerte, según una costumbre común á las gentes primitivas, fiándolo los

emigrantes principalmente á la fuerza de su brazo, aunque sin
dar al olvido las ·tradiciones de la estirpe á que pertenecían.
Este grupo de aventureros se estableció en el Palatino: sus luchas con las gentes que ocupaban las colinas próximas del an-
tiguo· *Septimontium* dieron por resultado, primero, la alianza
de hecho, por medio de connubios, y después la confederación
total con las gentes dichas. En este primer período, la ciudad
es federal y exclusivamente patricia: toda su función queda
reducida á servir de centro de vida pública á las varias comunidades gentilicias confederadas. Colocada en el centro de
confluencia de todas ellas, era natural que calcara sus instituciones sobre las instituciones de la organización gentilicia, si
bien perdiendo mucho de su carácter patriarcal y religioso, á
fin de responder á los fines civiles, militares y políticos que se
perseguían con la confederación. El gran trabajo de la ciudad
en este período consistió en discernir y distinguir la vida pública de la vida privada (*publica privatis secernere*), en elaborar
el concepto de la *res publica* en cuanto tiene una existencia
distinta de ·la *res familiaris*, y esbozar en consecuencia la
constitución política (*populus, senatus, rex*), la cual vino así á
resultar·del concurso de todos los elementos que habían entrado á formarla. La *res familiaris* continuó desenvolviéndose en
el seno de la *domus*, del *vicus*, del *pagus*, bajo la potestad de los
cabezas de familia y de gente; siguieron éstas poseyendo las
tierras colectivamente como *agri gentilicii y compascua*, exceptuándose de tal condición únicamente los *haeredia*, asignados
por la gente, y aun por el rey, á cada uno de los cabezas de
familia. El derecho privado sigue regido por la costumbre
(*mos*), todavía circundada de una cierta aureola religiosa (*fas*):
sin embargo, entre las costumbres y tradiciones preexistentes,
hay ya algunas que llevan la sanción de una *lex publica*, preparada por los pontífices, propuesta por el rey, votada por el
pueblo,—origen de las *leges regiae*, en las cuales las instituciones jurídicas conservan todavía aquel carácter religioso propio de las instituciones de las gentes patricias. Ultimamente,

aquel elemento plebeyo cuya formación se había iniciado ya en el seno de las comunidades gentilicias anteriores á la ciudad, cobra gran incremento así como ésta se va desarrollando, principalmente por la aportación de las poblaciones conquistadas: esa muchedumbre, que por hallarse compuesta de elementos de diversa procedencia y por carecer de organización, se denomina *plebs*, no entra todavía á formar el *populus* ni es admitida en las *curias* de la ciudad patricia: su posición es más bien de hecho que de derecho.

El segundo período, en que Roma toma un carácter distinto á influjo de la civilización etrusca, se inicia en tiempo de Tarquino Prisco y se realiza con Servio Tulio: la ciudad abre sus murallas para abrazar dentro de sí, junto con los edificios públicos, las casas particulares: por otra parte, al lado de los *patres* ó *patricii* se forma un nuevo *populus* compuesto de patricios y plebeyos, distribuidos en clases y centurias de carácter esencialmente militar, y cuyos miembros tienen sus derechos, lo mismo que sus obligaciones civiles, políticas y militares, determinados sobre la base del censo. Desde este instante, aquel dualismo que existía en los elementos constitutivos de la ciudad, penetra en las instituciones políticas de Roma. Así, al lado de los magistrados del pueblo, surgieron los tribunos de la plebe; al lado de los comicios curiados y centuriados, constituyéronse los *concilia plebis*, transformados con el tiempo en comicios tributos; al lado de las *leges*, nacieron los *plebiscita*. Del contacto y encuentro entre elementos tan desemejantes, y aun antagónicos, habían de engendrarse rozamientos y luchas, que á la postre dieron por resultado desarrollar y en parte modificar los conceptos fundamentales que servían de base á la Constitución primitiva de Roma.

Mientras tanto, la ciudad se ha dilatado considerablemente. ya, dentro de sus muros, no se realiza tan sólo la vida pública, sino además la vida doméstica y privada; así, la grandiosa obra que se inicia en este período, viene á resumirse en esto: estatuir un derecho privado común á los dos órdenes y crear

aquel arte en que los romanos habían de ser maestros universales, el «ars jura condendi».—Los elementos que habían de vivir juntos al amparo de un derecho común, eran dos: el *patriciado*, rico en tradiciones religiosas, jurídicas y políticas, y la
plebe, hacinamiento confuso de elementos diversos, nuevo todavía en la vida civil y política. El primero poseía la organización gentilicia, fundada en el vínculo civil de la agnación:
la plebe sólo conocía la familia, ligada por el vínculo natural
de la cognación. El patriciado practicaba tantas formas de propiedad cuantos eran los círculos ó grados de la organización
gentilicia; la plebe estaba limitada en cierto modo á la simple
posesión de la tierra donde se hallaba establecida (*mancipium*).
Aquél tenía el *fas*, el *jus*, el *imperium*, los *auspicia*, los *mores
veterum*, mientras que ésta únicamente conocía la *usus aucto-
ritas*. La distancia á que se hallaban colocados los dos elementos, y su modo de pensar y de sentir enteramente distinto así
en religión como en moral, hicieron necesaria la elaboración
de un derecho común á los dos órdenes, enteramente separado
de la religión y de la moral. Esa misma distancia nos explica
la lentitud de esta elaboración y la riqueza de los resultados.
Durante algún tiempo, cada uno de aquellos dos elementos se
atuvo exclusivamente á las costumbres que le eran peculiares;
pero la convivencia de entrambos órdenes dentro de unas mismas murallas y el comercio diario de uno con otro, determi-
naron á la postre un como precipitado del material jurídico que
flotaba en los hechos bajo la forma de tradiciones patricias (*mores veterum*) ó de costumbres de la plebe (*usus*). De esta suerte
se inició la más admirable selección entre cuantas registra en
sus páginas la historia de la humanidad, selección por la cual
el derecho quedó diferenciado de aquellos elementos afines con
que venía confundido; que, por una parte, obedeció á leyes
naturales de formación, y por otra era ya fruto de una elaboración, debida principalmente á los pontífices, los cuales, como
custodios que eran de las tradiciones de las gentes patricias,
poseían ya una verdadera técnica jurídica.

El núcleo central de esta formación vino á ser el concepto del quirite, ó sea del hombre, separado de todas sus demás relaciones para ser considerado exclusivamente como cabeza de familia y dueño de tierras, tal como figuraba en el censo. Por tal modo, el quirite viene á ser una realidad y una abstracción, individuo y jefe de grupo, soldado y agricultor á un mismo tiempo; y el punto de vista desde el cual se consideran los quirites en sus relaciones recíprocas, hallándose determinado por el censó, viene á ser el de lo *mío* y lo *tuyo*. Por esto, toda cuestión de derecho se reduce á un traspaso ó transferencia de lo *mío* á lo *tuyo*, simbolizado en el acto *per æs et libram*, y todo procedimiento viene á representarse en una especie de combate. Este derecho, que constituía un privilegio de los quirites, es denominado *jus quiritium*; sus conceptos fundamentales son los de *caput, manus, mancipium, commercium, connubium* y *actio*: es lo que forma la rígida osamenta de toda la jurisprudencia romana. Pero del mismo modo que en torno de este primer núcleo, que se viene precipitando y consolidando, perseveran en su pristina forma caótica, flotante, las costumbres y tradiciones de los patres y los usos de la plebe, así el primitivo *jus quiritium* atrae hacia sí y se asimila aquellas instituciones preexistentes que podían tener alguna analogía con el derecho ya formado. De este modo, ese mismo derecho quiritario, enriqueciéndose con nuevas formas, se desarrolla gradualmente en el *jus proprium civium romanorum*, que puede considerarse como una continuación de aquella selección que había principiado ya con el *jus quiritium*. Las Doce Tablas dan forma escrita á las bases fundamentales de este *jus civil*; no siendo difícil señalar aun en ellas la soldadura de los varios elementos que entran á constituirlas. Con efecto, en cada una de las instituciones de aquel *jus* que los jurisconsultos llaman *proprium civium romanorum* pueden distinguirse una formación central, debida al *jus quiritium*, y dos laterales, de las cuales la una suele ser de origen patricio y la otra de origen plebeyo. Así, por ejemplo, entre las formas del matrimonio en-

contramos de. una parte la *confarreatio*, de origen patricio, y
por otra, el *usus*, de origen plebeyo, mientras que la *coemptio*
queda en medio como forma esencialmente quiritaria; entre las
formas de testamento, las más antiguas son el testamento *ca-
latis comitiis*, propia del patriciado, y la *mancipatio familiae
cum fiducia*, propia de la plebe, las cuales luego se fusionan en
una, dando origen al verdadero testamento quiritario, el *per
aes et libram*; entre los modos de adquirir y transmitir el dominio, el primero de todos en el orden del tiempo fué el de la
mancipatio, esencialmente quiritario, y al cual hubieron de aco-
gerse más tarde el de la *in jure cessio* y la *usucapio*. Todavía,
sin embargo, no terminó este trabajo selectivo con la formación de un *jus civile*; pues vemos surgir al lado de él un *jus
honorarium*, que derogando al primero, asimila nuevos elementos, si bien haciéndoles revestir formas semejantes á las
que el mismo *jus civile* había consagrado.

Por este mismo maravilloso proceso, el derecho privado de
Roma, que había principiado siendo la selección más rígida
del elemento jurídico que recuerde la historia, y una producción exclusivamente romana, fué atrayendo paulatinamente á
su órbita los principios universales de equidad y de buena fe,
y asimilando aquellas instituciones de las naciones extrañas
que no contradecían la lógica fundamental por que dicho derecho se gobernaba; hasta ser considerado á la postre como un
derecho universal y poder aplicarse á todas las gentes de quienes había tomado materiales para sus elaboraciones jurídicas.

. Tal es, en breve compendio, la síntesis audacísima del sabio catedrático de Turín. Cuando no conociéramos otros productos de la ciencia crítica de los italianos, bastaría éste para
acreditarla entre las más adelantadas y florecientes de Europa.
Libros de tan sublimada doctrina y de erudición tan selecta y
abundante como el del Sr. Carle no son nunca la obra aislada
de un individuo: representan todo un estado social, que no podrían contemplar sin envidia y sin sonrojo naciones, como España, cuyas Universidades no han dado de sí en todo este si-

glo un sólo trabajo original y de investigación sobre jurisprudencia romana—(los únicos, de Berlanga, les son extraños),—
y que hoy aún, ántes que cultivarla, parece que han tomado
á empeño entenebrecerla y ponerla en ridículo con manuales
por lo general insignificantes, fabricados con una desaprensión
y una falta de respeto á la verdad y al público que apena el
ánimo del menos patriota, y con los cuales no podrían compararse las obras de nuestros romanistas del siglo XVI y XVII sin
grave ofensa para éstos y para la justicia. Podrán no confir-
marse algunas de las conclusiones del Sr. Carle: así y todo,
su libro deja tras de sí un reguero de luz, que no será perdida
para la ciencia: su crítica de alto vuelo ha sembrado gérmenes
que fructificarán de seguro al calor de su propio método, cuando sean mejor conocidas aquellas instituciones, aryas y an-
aryas, de la Península italiana que dieron el primer tipo y los
primeros materiales al genio romano para su vasta creación
jurídica, y se tenga una idea más clara que la vaga ó inconsis-
tente de ahora acerca del autoctonismo del derecho positivo,
de la relación fatal, necesaria, que existe entre el conjunto entero de la vida de cada pueblo y su legislación, y la imposibilidad de dar á uno la de otro sin violentar su naturaleza, matando su genio propio, sus energías espontáneas, y en suma,
su personalidad, y privando así de un órgano útil, acaso necesario, á la humanidad.

En esto, que es el alfa y el omega de su sistema filosófico-
histórico, tengo para mí que yerra el Sr. Carle:—1.º En cuanto
funda la génesis y desenvolvimiento del Derecho romano en
el encuentro de dos elementos antitéticos, y la consiguiente
lucha de entrambos por la existencia, sin haber cuidado antes
de definir la naturaleza y el origen del uno, como ha definido
los del otro.—2.º En cuanto atribuye al Derecho romano un carácter de universalidad que las leyes biológicas niegan á toda
legislación positiva, sin admitir excepciones que nada, por
otra parte, sería poderoso á justificar.

Sabemos lo que hay de aryo en la cuna de la civilización

romana; pero ¿qué aportaron á ella los etruscos, y de dónde procedían éstos; en qué tanto eran homogéneos su derecho y el de los latinos, en qué complementarios y en qué inconciliables y antagónicos? La lengua etrusca no se ha dejado reducir hasta el presente á ninguna de las conocidas y clasificadas; lo único que parece cierto es que no cabe en el grupo aryo. Por otra parte, este pueblo había alcanzado un alto grado de civilización cuando vino á fundarse junto á sus fronteras la ciudad de Roma, siendo natural por esto que ejerciera en sus primeros pasos un influjo decisivo: de Etruria aprendió Roma la agricultura; de Etruria (no de Cartago, como pretende la leyenda), la navegación; los concilia provinciae son institución etrusca; etruscos los ritos observados en la fundación de la ciudad, y lo mismo los funerales, la toga pretexta, los agüeros sacados del vuelo de las aves, los combates de gladiadores, etc.; igual origen traían los tres últimos reyes de Roma. ¿Cuál era, pues, al menos en sus líneas generales, el derecho de los etruscos y en qué se diferenciaba del derecho latino? Este artículo es previo por necesidad para pronunciar sobre la historia jurídica de Roma. Y para averiguarlo, es fuerza salir de Italia. Hay historiadores que hacen *lydios* á los etruscos, fundándose en testimonios de autores antiguos; pero ya se anuncia por algunos otra doctrina, probablemente mejor encaminada, según la cual, los etruscos serían una rama de los *ibero-libios:* el relato egipcio de Solón extendía el imperio de los Atlantes hasta la Tyrrenia; los tursos ó tyrrenos figuran al lado de los libios (atlantes) en las guerras marítimas del siglo XVI a. J. C. contra los Faraones de Egipto; y no hubo de beber en malas fuentes Eusebio de Cesarea cuando afirmó que tyrrenos é iberos fueron una misma cosa. Las obras gigantescas de desagüe y canalización cuyos vestigios se descubren aún en la vasta planicie que se dilata desde el Tíber al Arno, entre los Apeninos y el Mediterráneo (Marismas toscanas), y de que la famosa cloaca máxima de Roma, obra etrusca, fué uno de tantos miembros, parecen gemelas de otras canalizaciones que Platón

señala en la Libia, en el país.de los Atlantes, y Estrabón en el
delta del Guadalquivir; la toga pretexta era tanto ibérica
como etrusca; los sacrificios humanos de Caere y Faleria tenían semejante en los sacrificios humanos de los lusitanos;
las Asambleas representativas eran de tal suerte constitucionales en una y·otra península, que se celebraban hasta con
carácter internacional, como, aquel «concilium (Celtiberorum)
inmixtis Turdetanis» que menciona Livio en la historia de
España, y aquel otro cuya memoria nos ha conservado una
inscripción de Hispellum, en la Etruria, análogos á los *miaad*
ó congresos internacionales que todavía hoy celebran los bere-
beres en el Desierto, según Duveyrier. Ahora bien;' de comprobarse este parentesco y descendencia, resultaría, por ejemplo, que al organizar los romanos en nuestra Península los
«concilia provinciae,» no introducían una institución nueva y
extraña á los iberos, sino al contrario, una institución propia
de los iberos y extraña á los latinos, que Roma habría apren-
dido de los etruscos, congéneres de aquéllos; resultaría asimismo, quizá, que el sistema civil de la ginecocracia ibérica,
con la cual se encontró y hubo de transigir el régimen andro-
crático de los romanos, era la misma ginecocracia que parece
traslucirse en varias inscripciones bilingües de Chiusi (Italia),
en que el hijo lleva el apellido de la madre como principal, alguna vez como único, lo mismo que en la Cantabria antigua y
que todavía en el Portugal moderno y·en muchas tribus berbe-
riscas del Gran Desierto africano. Apuntar·el tema es más que
suficiente para que se comprenda toda su transcendencia y la
dificultad de llegar sin él á soluciones ciertas en el problema
planteado por el Sr. Carle. Tal vez se diga que no es posible todavía despejar esa incógnita, por excelencia arcana, de la gente y civilización etrusca; pero no será más sino confesar que
la síntesis es prematura.

·En cuanto á la representación que corresponde al derecho
de Roma en la historia de la Humanidad, paréceme que Carle
ha extremado la nota épica. Ese derecho (dice), sin dejar de

obedecer y acomodarse á las exigencias prácticas, aparece informado, como decía bien el jurisconsulto, en una propia y verdadera filosofía, la cual no se entrega á especulaciones ideales, sino que medita sobre los hechos sociales y humanos, extrae de ellos la esencia jurídica, la modela en conceptos típicos y los desarrolla llevándolos á todas sus consecuencias. Por esto, las construcciones jurídicas del jurisconsulto romano serán siempre modelos, difíciles de sobrepujar, no viéndose, en la división del trabajo que se operó entre los pueblos modernos, uno solo que posea las aptitudes verdaderamente maravillosas del ingenio romano para la elaboración del elemento jurídico; ninguno, además, á quien se brinde la ocasión y el campo que aquél tuvo para aplicar su jurisprudencia á la inmensa variedad de los hechos sociales y humanos. Sobre principios elementalísimos y rudimentarios, tomados de un período arcáico, que bien pudiera llamarse prehistórico, realizó un trabajo de desarrollo lógico é histórico que fué suficiente para organizar y dirigir el mundo durante un largo período de civilización. Y cuando hubo agotado el contenido de aquellos primitivos conceptos que le habían servido de tesis y constituído la base de su grandeza, todavía de su ruina surgió grandiosa y pujante la idea de la humanidad civil y sus leyes pudieron servir de punto de partida para un nuevo estado de cosas sociales y humanas. Sólo Roma, entre las ciudades del Universo, puede personificar en sí misma aquella ley de continuidad que unifica la historia del género humano. Sus raíces se pierden en la prehistoria y las nacionalidades modernas fueron preparadas por ella; ella fué la heredera de las tradiciones del período gentilicio y la que sentó las bases en que descansan los actuales Estados y naciones de Europa. Hasta aquí Carle.

Para nosotros, el Derecho romano es ciertamente, y dentro de su límite, razón escrita, pero no más que cualquier otro derecho positivo. Lo creó Roma para sí, educiéndolo del propio fondo de su vida, y en tal concepto fué legítimo; no lo creó, no pudo crearlo para otros pueblos que no participaban de su genio ni vivían en su medio ambiente, y en cuanto acertó á imponerlo por la fuerza de las armas y el arte de los tribunales, fué ilegítimo, perturbador y violento. No se agotó, no, con los jurisconsultos de la época clásica, y ni siquiera con Justiniano la virtualidad de aquella legislación: ella habría continuado indefinidamente su evolución, de par con el progreso de las ideas y de la vida social, si no hubiese sido destruído por pueblos invasores el potente organismo que la había engendrado y vivido durante tantos siglos. Pues no otra cosa hizo Roma desde antes de la Era cristiana; subyugó razas y naciones; paralizó más ó menos, y en todo caso perturbó el desarrollo de su propia original civilización, y por tanto, de su propio derecho, absorbiéndolas políticamente en una unidad superior de la cual venían á ser miembros irresponsables, sin alma y sin voluntad, privándolas en todo ó en parte de sus órganos tradicionales, ó imponiéndoles otros nuevos y exóticos; cada país contó dos derechos: el propio y tradicional, relegado á la condición de popular, oral y consuetudinario, y el romano, desarrollado, sistemático, accesible al sentido por la escritura y enaltecido con el prestigio del triunfo y la dominación material; al fundarse las Universidades, las gentes de clerecía, educadas en la civilización romana—propiamente no existía otra— entendieron por derecho el primero y no el segundo, y pasando el errado concepto de las aulas á los Consejos de los Reyes, y lo que es peor, á los Tribunales, los derechos indígenas recibieron el golpe de gracia, todo siempre por obra exclusiva del Estado oficial, sin que lo demandase, y antes bien, repugnándolo y resistiéndolo la masa social. En tal estado de confusión y de lucha entre el Poder y los súbditos, ha llegado Europa hasta nuestros días. ¿Cómo no reconocer, en presencia de estos hechos, que la singularidad del Derecho romano y la posición privilegiada que ha ocupado en el mundo durante quince ó veinte siglos, son obra de un accidente; que este accidente ha sido, no un beneficio providencial, sino una inmensa desgracia para la humanidad, y que sin él habría ésta realizado á la hora presente, en la esfera del Derecho, progresos colosales, de que apenas podemos formarnos idea por el ejemplo de tal ó cual pueblo que logró en parte sustraerse al influjo de la legislación romana? ¿Ni cómo no graduar de temerario y precipitado el juicio de que los pueblos modernos poseen menos aptitudes que el romano para el cultivo del Derecho, cuando los vemos luchar con un triple obstáculo que aquél no conoció: primero, el Derecho romano mismo, cuya tradición erudita y universitaria tanto puede todavía para imposibilitar la ecuación entre la legislación y la vida; segundo, la complejidad y riqueza de ésta, por el desarrollo prodigioso que ha cobrado casi de repente en todos sus órdenes y relaciones; y tercero, el régimen parlamentario, grado de evolución que no alcanzó Roma, tránsito para un orden de cosas más perfecto que el suyo, pero que mientras tanto, con el principio no bien entendido de la división de poderes, ha desconcertado y enfriado la acción creadora de la jurisprudencia, sin sustituirla *de hecho* por ninguna otra? Hubieran causado estado las victorias de Breno, de Aníbal ó de Pirro, y veríamos de qué habrían servido las aptitudes jurídicas de los romanos, declarada Italia provincia gala, púnica ó helénica. Hubiérase mantenido Roma, por fuerza exterior ó por vocación propia, dentro de sus fronteras naturales, y veríamos si no habrían producido Grecia, Cartago, Iberia, Germanía, Galia, Egipto, seis, ocho ó diez siglos después, legislaciones civiles tan lógicas, tan puras de elementos extraños al Derecho, tan filosóficas y humanas, como la legislación romana, y en todo caso congruentes, como ésta no, con el genio de los respectivos países y con los predicados y exigencias de su civilización. Midamos lo que han hecho, v. gr., Inglaterra y Aragón, no por méritos de Roma, sino á pesar de su influjo y de su ejemplo, y podremos apreciar en vislumbre el grado de adelanto que habría alcanzado á la hora presente el Derecho civil europeo sin la conquista romana, y el que habrá alcanzado dentro de algunos siglos, á partir del instante, no muy lejano ya, en que las escuelas se reconcilien con la vida, en que el Poder legislativo oficial se resigne á no crear derecho, contentándose con regular el producido por la acción espontánea de la sociedad, y en que el derecho popular y el escrito vuelvan á ser, como fueron en los mejores tiempos de Roma, en los tiempos del edicto pretorio, un mismo y solo derecho.

Joaquín Costa.

· ARANCEL

HONORARIOS QUE DEVENGAN LOS REGISTRADORES DE LA PROPIEDAD

EXAMEN DE TÍTULOS, ASIENTOS DE PRESENTACIÓN
Y NOTAS RESPECTIVAS

Número 1.º

Pesetas.

Por el examen, asiento de presentación, nota marginal y nota
al pie de cualquier título que se refiera á cinco fincas ó menos, cuya inscripción, anotación ó nota marginal se solicite,
exceptuando las cancelaciones y entendiéndose por un título
el documento ó documentos que deban dar lugar á un asiento de presentación.. 1,50

Número 2.º

Si se refiere á más de cinco fincas, se observará la escala siguiente:

	Pesetas.
De 6 á 10..	2
11 á 20..	3
21 á 30..	4
31 á 50..	5

Excediendo de estos números, por las primeras 50 se cobrará lo que
queda indicado, y por las demás 10 céntimos de peseta por cada una que
valga 500 pesetas ó más, y por cada una de las que no lleguen al indicado valor, 5 céntimos.

Número 3.º

Cuando el título que deba examinar el Registrador pasase de 50 folios, cobrará además por cada folio que excediere..... 0,05

Número 4.º

Si el valor de las fincas ó derechos á que se refiere el título no llegare á 100 pesetas, cobrará cualquiera que sea el número de folios que contenga y el de las fincas ó derechos á que se refiera.......... 0,50

Apreciaremos brevemente el texto para no repetirlo en el comentario.

No se refieren estos números á las cancelaciones.

Comprenden los honorarios que señalan los números 1.º, 2.º y 4.º las cuatro operaciones englobadas: examen, asiento de presentación, nota al margen, nota al pie del título, definiéndose éste.

De la combinación de los cuatro números resulta una escala que principia con 50 céntimos (núm. 4.º) como mínimum, si la finca ó fincas á que el asiento se contrae no llegan á 100 pesetas de valor, y por todos conceptos.

Pasando de este valor, cualquiera que sea, se distingue entre las fincas y los folios que el título pueda contener, señalándose:

Por fincas: Hasta cinco, cantidad fija 1 peseta 50 céntimos. De seis hasta 50, 2, 3, 4 y 5 pesetas relativamente. De 50 fincas en adelante, por las 50 primeras lo indicado, y por las demás una exigua fracción decimal (núm. 2.º).

Por folios: Si excede de 50 el título, se devenga cinco céntimos por cada uno (núm. 3.º).

Con ello se atiende á retribuir trabajo tan importante, sin escapar al legislador ni la extensión considerable del documento, ni el número de fincas frecuentemente crecido, que aumentaba la magnitud del asiento de presentación y reclamaba la inversión de largas horas para extenderlo en el libro Diario.

Así queda remediado, con plausible acierto, omisión tan interesante como repetida, que escapó á la previsión de los primeros autores y de los reformadores también, de la primitiva ley Hipotecaria.

Respecto de los folios, se marca el doble que en el antiguo Arancel, pero casi se imposibilita la ocasión del percibo, por no comenzar el devengo hasta los 51 folios, cuando aquél fijaba el límite en 20.

El emolumento y la ocasión son, por tanto, tan escasos, que pudiera prescindirse (y nosotros de buen grado) de fijar un número aparte para tal insignificancia.

Así como se ha tenido en cuenta el número considerable de fincas con notoria previsión, nos parecería justo también que no se hubiese menospreciado el de los documentos, á veces crecido, que constituían el título presentado.

Indudablemente el examen, estudio y la relación en el asiento de siete ú ocho documentos como á veces se han presentado para inscribir una sola finca de herencia, requiere más tiempo y dilatan las proporciones de aquél, más que si se trata de una sencilla escritura de venta ó hipoteca comprensiva de siete ú ocho fincas.

¿Cómo abonarse más honorarios si las fincas exceden de cinco, y no si los documentos exceden de cierto número, por ejemplo de tres, con los cuales ya se abarcan las herencias?

Hallaríamos prudente y justa, igualdad de criterio.

La ley, sin embargo, no lo ha establecido así; y fuerza de razones muy justificadas en esta delicada materia, no permite, á título de interpretación, hacerla extensiva á casos que no están expresamente determinados, con perjuicio de los particulares.

Tal decimos de los derechos reales.

Los derechos gravitan sobre fincas porque no se conciben, ó mejor dicho, no se inscriben sin ellas.

Por ello se contraen estos primeros números del Arancel á las fincas que el título contiene, sea cualquiera el de los derechos sobre las mismas constituídos, que no hace aumentar su número.

Tal creemos, contra los que de contrario opinan, es el pensamiento y texto del número 1.° al que se subordinan los otros 2.° y 4.°

Así, pues, el título comprende un censo ó crédito hipotecario que gravita sobre tres tierras y cuatro casas; devengará por siete fincas, según el núm. 2.°

No altera este concepto la circunstancia de que seis de esas fincas procedan de otra primitiva sobre la cual se impuso el censo; pues las porciones ó trozos segregados de una íntegra finca son, para los efectos del Registro, otras tantas nuevas y distintas fincas á las que se abre número diferente, y cada una es objeto de su respectiva inscripción, y se describen en el título sin lo cual no es éste inscribible.

En cambio, se transmiten seis censos ú otros tantos créditos hipotecarios impuestos sobre una sola finca, ó tres ó cinco; se devenga por el núm. 1.° tan sólo 1 peseta 50 céntimos.

Si contiene cinco fincas y tres servidumbres creadas sobre las mismas, no por eso aumenta el número de aquéllas. Aunque los derechos, como el usufruto, se establezcan en favor de otra persona ajena al contrato; pues las personas no se tienen en cuenta y sí las fincas objeto de inscripción.

¿Por qué estos números no se han hecho extensivos á la cancelación?

¿No produce el título un asiento principal como los demás documentos que originan inscripción, anotación preventiva y nota marginal?

Descartada la cancelación, mayores fundamentos militan para excluir la nota marginal expresiva, no como aquel documento del derecho, sino de un simple hecho que podrá enervar ó corroborar la inscripción á cuyo margen se estampe, pero nunca producirá el efecto de extinguirla para siempre.

Siquiera sea la razón de economía, no deja de abundar la misma para la menos importante operación de todas cuantas se solicitan del Registro.

Perdido queda el tiempo y el estudio en esta parte, si la cancelación (susceptible como cualquiera otra) comprende excesivo número de fincas (las del núm. 2.º), ó considerable de documentos, como, sobre todo, cuando por virtud de la facultad concedida por Real orden de 20 de Abril de 1867, cancelan los herederos ó causahabientes, créditos antiguos y embrollados de sus causantes.

La práctica nos ha hecho ver nueve documentos presentados para cancelar un solo crédito hipotecario proindiviso, á favor de interesados que ya fallecieron, entre distintos títulos de herencia y poderes.

Y sin embargo, el número de documentos para nada se tiene en cuenta como, á nuestro juicio, era procedente.

CANCELACIONES

Número 5.º

Por todas las operaciones, sea cualquiera su forma, que á instancia de parte deban verificarse para la cancelación ó redención de hipotecas, censos ó derechos reales, incluyendo el asiento de presentación y notas marginales, se devengará por cada finca:

	Pesetas.
Si la finca ó derecho vale menos de 50 pesetas..............	0,50
De 50 á menos de 100.............................	1
100 á 500.................................	2
500 á 2.000.................................	4
2.000 á 5.000..................................	5
5.000 en adelante................................	7,50

Si la cancelación se deniega ó se suspende, se aplicarán los anteriores números del Arancel.

Claramente expresa que los honorarios se refieren y abar_ can todas las operaciones hasta llevar á cabo la cancelación ó redención, hasta el punto de que, para alejar dudas que su es plícito lenguaje haría improcedente, todavía reitera su sentido, expresando ir comprendido el asiento de presentación y notas marginales.

Convierte en precepto legislativo la doctrina del Castro, conforme con la ley Hipotecaria, de que la redención no debe hacerse sino por asiento y honorarios de la cancelación. (Resolución de 22 de Julio de 1874.)

Nótese bien que este número de que nos ocupamos, dice: *sea cualquiera la forma en que la cancelación se haga.*

Es, pues, indiferente, si el título contiene varias fincas, que aquélla se efectúe por inscripción como previene el Reglamento (artículos.60, 90, 91 y 93), ó por inscripción en una finca, la más gravada, y nota en las demás como establece la Real orden de 20 de Abril de 1871 sobre cancelaciones, y la Real orden de 12 de Abril de 1884 sobre redención y cancelación de gravámenes mencionados y no inscritos; en armonía ésta con la doctrina sentada por la Dirección en Resoluciones de 18 de Marzo de 1865 y 5 de Noviembre de 1883, que prescriben la nota marginal para tales casos de derechos simplemente mencionados.

Estas disposiciones como de carácter general pueden observarse; aunque su infracción, extendiendo en todas y cada una de las fincas asientos de cancelación, no la consideramos hoy de gravedad para el Registrador, único que con ello invierte más tiempo y trabajo.

Comprende este número, por tanto, la cancelación en sus tres formas: por inscripción, anotación preventiva, nota marginal, según el asiento respectivo en general objeto de ellas.

Aplícase la escala de las cancelaciones á las que se practiquen «á instancia de parte.» Y de esta redacción podría deducirse que en las operaciones de esta clase que no se soliciten, no se devengan honorarios.

Desde luego se devengan; peró no se perciben como en las de oficio, salvo el derecho consignado en el art. 303 del Reglamento, contra el interesado en el nuevo título que se inscribiere si aquél no se pagó, y el que declara la Real orden de 3 de Julio de 1883 sobre anotaciones de embargo, que consideramos aplicables, por analogía, á las cancelaciones; á no ser que el particular goce del beneficio de pobreza ó aparezca insolvente y se acredite.

Pero en la práctica, la benignidad de los Registradores no utiliza este recurso, por la convicción que abriga el procesado absuelto, de que todos los gastos que la sociedad en su interés propio y hasta depurar el delito le causó, han de ser de oficio.

Si el título contiene otro acto ó contrato, es evidente que entonces se devengan honorarios por el asiento de presentación, como correspondiente á la otra inscripción ú operación que ha de practicarse, ó aunque se comprenda en una misma inscripción los dos actos á que el título se contraiga.

Si la cancelación se suspende y anota, se devengan los honorarios respectivos.

Si la cancelación se deniega ó simplemente se suspende, nada se percibe por tal concepto. Unicamente se aplican los honorarios señalados al asiento de presentación y notas.

No es imputable, ciertamente, al Registrador que la operación no se lleve á cabo por defecto del título, y parece insuficientemente retribuído en este caso el estudio de calificación y nota al título, comprensiva de todas las faltas y obstáculos que á la inscripción se oponen. A veces, envuelven cuestiones difíciles de derecho; y aunque esas notas, por forzado laconismo, ocupan breves líneas, son á menudo el fruto de meditaciones tan profundas como deslucidas.

Si la cancelación se suspende y se anota, procedente es el devengo de los honorarios fijados en la escala como hemos dicho.

¿Y cuando, subsanada la falta, se convierte en inscripción, anotación ó nota definitiva respectivamente?

Nada dice este número del Arancel. Sin embargo, por analogía creemos aplicable el párrafo final del núm. 7.º relativo á inscripciones y anotaciones, y con la misma proporcionalidad. Por tanto, entendemos que debe percibirse no más que la mitad de las cantidades que en cada caso y valor correspondería si la cancelación se llevare á cabo.

Si la presentación de otros documentos subsanando la falta para que la cancelación se pueda efectuar, devenga honorarios.

Razones poderosas, fundadas en el innecesario trabajo causado al Registro, y en el descuido imputable sólo al interesado y del que, por tanto, debe éste responder, abundan en pro.

Mas, sin desconocerlas ni rechazarlas, nos inclinamos á la negativa; pues reclama el buen sentido y parece el espíritu de este número, que si la presentación principal no devenga honorarios, con igual motivo, al menos, no debe devengarlos la presentación secundaria ó accesoria.

NOTAS ESPECIALES, INSCRIPCIONES Y ANOTACIONES

Número 6.º

Cuando por consecuencia de la presentación no deba verificarse inscripción ni anotación, y sí extender notas marginales en el antiguo ó nuevo Registro, por cada una de ellas:

	Pesetas.
De un valor menor de 50 pesetas......................	0,25
50 á menos de 100..................	0,50
100 á 500.......................	0,75
500 en adelante....................	1

Por cada una de las notas comprendidas en el art. 16 de la ley, las mismas cantidades.

Se refiere, como expresa su claro contexto, á los documentos que sólo producen al despacharlos una nota marginal como asiento principal; y se hace extensivo á las notas de pago del precio pendiente en la venta ó abono de diferencia en la permuta, ó adjudicación en pago del art. 16 de la ley.

Claro es, que no se aplica á la cancelación cuando ésta se hace por nota al antiguo Registro ó en los libros modernos, en observancia de las Reales órdenes citadas al tratar del número anterior.

Tampoco á las notas que tienden á la mayor claridad y orden del Registro. Por éstas no se devenga.

Aunque alude á la presentación de un documento que presupone, y es lo general, consideramos comprendidas en esta escala las notas que se extiendan aun sin esa presentación y á simple instancia de la parte.

Tales son, las notas de consumación en la compra á retro, que procede extender, transcurrido el plazo para el retracto, con la simple petición verbal del interesado, según la Real orden de 27 de Septiembre de 1867 y Resoluciones de 2 de Junio de 1866 y de 15 de Junio de 1872.

¿Y cuando la nota no puede extenderse por defecto del título y se suspende ó deniega?

Nada dice este número. Pero nos inclinamos á que no se devengan derechos en tal caso, y sí únicamente por el asiento de presentación; aplicando por analogía el último párrafo alusivo á las cancelaciones, cuando se suspende ó niega.

¿Y cuando á virtud del defecto se suspende y toma *nota preventiva* de la nota marginal? ¿Y después para su conversión?

Reproducimos lo expuesto acerca de la cancelación. Entendemos también por analogía, que el Registrador debe subordinarse al último párrafo de la escala núm. 7.º para las inscripciones. Esto es: la mitad de honorarios.

Por tanto, si extiende desde luego la nota ó la preventiva por defecto, percibirá las cantidades íntegras de la escala del núm. 6.º y por la conversión debe limitarse á la mitad de cada una relativamente.

Están comprendidas en este número por fuerza del precepto legal, aunque lo juzgambs contrario al espíritu que informa el actual Arancel, las *notas marginales* en cuya forma han de extenderse en los libros del Registro las anotaciones preventivas de los embargos por contribuciones y débitos á la Hacienda, según previene la Instrucción de 20 de Mayo de 1884, reformada hoy por la de 12 de Mayo de 1888 como especial es esta parte, aunque derogada por lo relativo á los honorarios del núm. 17 que señala..

Y creemos bastante con lo dicho, para que puedan juzgar nuestros lectores lo que callamos dada la índole, que otra cosa no permite, de esta publicación.

También es aplicable á la nota, en caso de defecto, que ha de extenderse en el libro especial de embargos de que se trata, que creó dicha Instrucción hasta que se subsane el defecto del mandamiento.

INSCRIPCIONES

Número 7.º

Por cada inscripción ó anotación y consiguientes notas marginales que no estén comprendidas en los números precedentes, se cobrarán las cantidades fijas que se establecen en las escalas siguientes:

	Inscripciones ó anotaciones extensas.	Inscripciones ó anotaciones concisas.
	Ptas. Cénts.	Ptas. Cénts.
Por cada finca ó derecho cuyo valor no llegue á 50 pesetas..............	0,60	0,50
De 50 á 100 pesetas exclusive....	1	0,90
100 200 íd................	1,50	1,30
200 300 íd................	2	1,80
300 400 íd................	3	2,70
400 500 íd................	4	3,60
500 1.000 íd................	5	4,50
1.000 2.000 íd................	6	5,40
2.000 3.000 íd................	7	6,30
3.000 4.000 íd................	8	7,20
4.000 5.000 íd................	9	8,10
5.000 7.500 íd................	10	9
7.500 10.000 íd................	11	9,90
10.000 12.500 íd................	12	10,80
12.500 15.000 íd................	13	11,40
15.000 20.000 íd................	15	12,50
20.000 25.000 íd................	17,50	15,75
25.000 40.000 íd................	20	18
40.000 50.000 íd................	22,50	20,25
De 50.000 en adelante..............	25	22,50

Por la conversión en inscripción de la anotación tomada por defecto subsanable y por la de suspensión de anotación en anotación preventiva, se devengará la mitad de los honorarios señalados en la precedente escala.

Los diferentes grados de la escala de este número, marcan una muy conveniente división de los valores de la finca, que permite directa y previsoramente atender á la vivencia de todos los Registros de la Península ó Islas adyacentes y Canarias, dado el distinto modo de ser de la propiedad en España.

Discrepa este número de la tendencia que se advierte en general en el Arancel y especialmente en el número referente á las cancelaciones.

En el núm. 5.º se prescinde de la forma en que la cancelación se efectúe. En el siguiente, tampoco distingue entre notas extensas y concisas que ingirió y adicionó la Real orden de 12 de Abril de 1884 sobre redención de censos mencionados.

Por una ú otra operación completa, se perciben los honorarios respectivamente señalados en su integridad.

En la escala de las inscripciones, sin embargo, se señalan distintos tipos según la forma en que la inscripción se haga.

La inscripción extensa, lleva uno; la concisa, viene á ser, generalmente, su tipo, disminuído en el 10 por 100; ascendiendo el importe de éste en proporción que va ascendiendo aquél.

Parecía que desterrado el antiguo sistema que reconocía por base el trabajo material de la inscripción, para sustituirlo por el actual que descansa en el valor de las fincas ó derechos que solicitan el beneficio del Registro, no había de tenerse en cuenta al fijar el gasto para el particular, otra cosa que el valor de la finca ó derecho garantido, siendo completamente indiferente la extensión que por virtud de lo ordenado en el artículo 234 de la ley se diera al asiento.

Ciertamente es difícil que los interesados se penetren de la razón que lo abona.

Ampliamente hemos expuesto estas reflexiones en el número 814 de *La Reforma Legislativa* perteneciente al · año 1887.

Mas, de no derogar el art. 234 de la ley y concordantes del Reglamento, lo cual no estimamos conveniente por el retraso para el despacho de los títulos y otras secuelas que traería consigo, lo hallamos explicado, al menos, por el deseo plausible de proporcionar al interesado alguna economía en el gasto.

La anomalía será, que vendidas dos fincas por el mismo título á dos distintas personas, pagará un adquirente diferente
cantidad que el otro, no obstante que sea igual el precio de
ambas fincas.

El fundamento que ha tenido la ley ha podido antes discutirse. Hoy sólo incumbe se respete por los encargados de en-
tenderla y aplicarla.

INSCRIPCIONES PRIMERAS (1)

Toda inscripción primera ha de ser precisamente de dominio, según dispone terminantemente el art. 228 de la ley.

Exista ó no acto generador del dominio, procede siempre
que se trate de un derecho real ó de la simple segregación ó
agregación de fincas hecha por su propietario y por la sola voluntad de éste solemnemente manifestada.

Esta es nuestra opinión que siempre sostuvimos y que se
halla sancionada por la acertada doctrina de la Dirección en
Resolución de 2 de Noviembre de 1884.

Resulta de aquí, que si se hipoteca una finca ó transmite un
derecho real, hay que inscribir ó trasladar previamente el
asiento antiguo de dominio en su caso.

Que si se hipotecan dos fincas separadas como una, sólo
hay que practicar antes la inscripción de reunión ó agregación.

Que si se transmite una finca registrada en la antigua
Contaduría cuyo dueño no tiene consumado á su favor el derecho, se hace preciso trasladar el asiento, adicionarlo y consumar el dominio, dada la imposibilidad de extender en los libres
antiguos notas marginales que no sean de cancelación ó de
mera referencia, como las que indican la misma traslación ó
transmisión de las fincas.

---

(1)   Véanse nuestros artículos, números 806, 810, 811 y 814 de la *Reforma
gislativa* de 1887.

Por consiguiente, existen ocasiones en que con los mismos documentos presentados hay forzosa necesidad de practicar otros asientos además de los directamente solicitados, y distintos completamente de los que son objeto del documento; viniendo así á representar para el interesado un aumento, por aquella sola vez, de gasto con que no contaba, ni podía apreciar á primera vista por el contenido del documento, ni él puede generalmente acertar á explicarse.

Tratándose de inscripción primera, ó sea, de finca que se registra por primera vez en los libros nuevos, no creemos que á nadie pareciera censurable el que, cual nosotros expusimos en *La Reforma Legislativa*, se hubiera señalado una mitad ó cuarta parte más de los respectivos honorarios, en compensación al mayor trabajo, tiempo ó investigación de cargas del Registro antiguo.

Así se haría una distinción entre la inscripción 1.ª y 2.ª, perfectamente lógica y equitativa, no sólo porque correspondía á la realidad, sino también por obedecer á la misma razón que dictara la distinción admitida por el actual Arancel entre las inscripciones extensas y concisas.

AGREGACIÓN Y SEGREGACIÓN

Puede resultar con la agregación de un crecido número de exiguas parcelas formando una sola y nueva finca, nimiamente retribuído el ímprobo examen, trabajo y múltiples notas marginales, que precisa efectuar para llevar á cabo la inscripción del inmueble así formado, legitimando á nuestro modo de ver, una distinción favorable atendido el mayor ó menor número de fincas agregadas; así como para elevar los honorarios del asiento de presentación se fijó el Legislador en las contenidas en el documento, siempre que excediere su número de cinco, como atestigua el núm. 2.º

EDIFICACIÓN

Si hay que inscribir el edificio construído, cuando éste se enajena ó hipoteca.

Si está construido en suelo ajeno, es indispensable para poder cumplir el art. 20 de la ley.

. Si en suelo propio, no es necesario según las Resoluciones de 22 y 31 de Agosto de 1863 y Real orden de 16 de Septiembre de 1863, por el principio de que lo accesorio sigue á lo principal.

Pero comunmente se sigue la práctica muy conveniente, para evitar errores y pleitos (que aconsejamos), de hacer constar la edificación bien con la carta de pago de las obras, como en Cataluña; bien con un acta notarial ú otro documento á juicio del Registrador, pues no lo hay precisado por fundamento legal.

Esta práctica no está contradicha por la Dirección y aleja confusión en el Registro y abusos de las partes.

Ya en *La Reforma Legislativa* nos hemos ocupado de esta materia. Remitimos á ella á los lectores sin permitirnos en este lugar otras indicaciones. (Véase año 1888.)

Los honorarios, en tal caso, hay que acomodarlos al valor, y como generalmente no lo designa la parte, se reclama la nota á la que puede ilustrar los datos que suministre el Registro respecto al solar inscrito.

SUPERFICIE

Hay que inscribir el suelo para inscribir el vuelo ó la enajenación del arbolado, según las Resoluciones de 12 de Junio de 1863, 1.º de Enero, 22 de Febrero y 23 de Marzo de 1864, y 4 de Noviembre de 1867.

Y para la redención de una servidumbre. (Resolución 1.ª Septiembre de 1863.)

Computándose, por tanto, los honorarios según el valor del dominio que se inscribe ó traslada, y según el del derecho respectivamente, acomodándose á la escala del núm. 7.°

INSCRIPCIONES EXTENSAS Y CONCISAS

Si involuntariamente se extendieran, por creerlas en distintos términos, inscripciones extensas de las dos fincas que comprende el título, se acomodan sin dilación los honorarios á lo procedente, apuntando á una inscripción los de la extensa, y á otra los de la concisa, que es como procede regularlo; y si se cobraran, se regula así y devuelven según previene la Resolución de 19 de Septiembre de 1881 y la de 3 de Marzo de 1877.

Hecha así la redención, resulta la graduación exacta y legal, y no infringido entonces el art. 234 ley, aunque no observado rigurosamente. Esta cuestión ya, á nuestro juicio, obrando así, carece de importancia para el funcionario encargado del Registro, único que, sin perjuicio para el particular, invirtió más tiempo y trabajo del necesario.

No hay que hacer nuevos asientos. (Resolución de 3 de Marzo de 1877 citada.)

Otro aspecto reviste lo contrario; esto es, que en vez de extensas, se hubiesen extendido ambas inscripciones concisas.

Evidente es, entonces, la infracción del art. 234, y ni es posible computar á un asiento los honorarios de una extensa, pues que no se extendió, ni aunque se prescinda de ello perjudicándose el Registrador con lo que de menos percibe, se salvaría el error cometido.

CONVERSIÓN

Concluye este núm. 7.° determinando los honorarios que han de percibirse taxativamente por la conversión de la anotación preventiva y de la anotación suspensiva, en los correspondientes asientos de carácter definitivo.

Prudente y equitativo juzgamos la mitad de honorarios que prescribe, y que es procedente, no cuando por supuesto defecto se llevaran á cabo aquellas operaciones transitorias y provisionales. (Resoluciones de 4 de Enero de 1864, 30 de Marzo de 1867 y 8 de Agosto de 1870.)

Nótese que autoriza la mitad de lo que correspondería según la escala, no la mitad de lo apuntado ya á la anotación provisional.

Como hemos visto, entendemos aplicable este precepto por razón de analogía, á la cancelación y nota suspendidas por defecto, cuando se anotan provisionalmente; y á ellas hacemos extensiva también la reflexión que acabamos de indicar sancionada por la jurisprudencia del Centro.

Si el asiento principal se suspende y toma la anotación provisional procede el cobro.

¿Y si la inscripción simplemente se suspende ó deniega?

Opinan algunos, que á semejanza de lo consignado en el último párrafo de las cancelaciones, cuando se suspende ó niega procede aplicar los honorarios marcados en los números anteriores, según allí se expresa.

Y en este caso, adoptar los del núm. 6.° para las notas, por el mayor estudio también de la calificación.

Compensación muy atendible fuera á la calificación que, como trabajo intelectual, es muy digno, si no el que más, de aprecio; pero entendemos que no procede.

Ni aquellas frases pueden ser en este núm. 7.° iguales á las del núm. 5.°, al que sólo precede el asiento de presentación, ni el silencio de la ley significa otra cosa sino que su espíritu es que se devengue, si se practica inscripción ó anotación, y si no, concretarse el Registrador á las operaciones practicadas y sus complementarias, cuales son el asiento de presentación únicamente y respectivas notas marginales al pie del título.

Más admisible fuera, á prescribirlo, que se devengase como en la conversión, caso de suspensión simple ó negativa que no es imputable al Registrador, la mitad de los honorarios señalados en la escala ó una tercera parte, en justa recompensa de la calificación y estudio de los defectos. Mas la ley no lo autoriza y no cabe interpretación ni aplicación extensiva, con perjuicio de los interesados, á casos que rehusa.

Como el concepto y la cuantía de honorarios dependen de la especie y forma de la inscripción con que está tan íntimamente relacionado el Arancel, forzoso es ocuparnos de las diferentes clases de inscripciones, las más frecuentes al menos.

TRASLADO

No existe un número del Arancel que sea especialmente aplicable á los traslados. No parece que debían sujetarse á los mismos tipos que para las inscripciones; y sería equitativo señalar una mitad de los honorarios respectivos, por una disposición de carácter general. Pero, hasta que ésta se dicte, y dado que el traslado con la adición no deja de constituir la inscripción primera de dominio de la finca, no hay otra solución que considerarla comprendida en la escala de las inscripciones, en la imposibilidad de aplicar otra.

El traslado y adición se reputa verdadera inscripción. (Resolución de 3 de Agosto de 1864.)

El traslado y la adición no deben considerarse y cobrarse como dos asientos, sino como uno. (Resolución de 6 de Noviembre de 1868.)

REINSCRIPCIÓN DE TÍTULOS POR INCENDIO

La propia observación tenemos que hacer mientras la conveniente disposición de carácter general no se dicte, respecto á la destrucción de libros por incendio, inundación ú otro accidente de fuerza mayor y consiguiente rehabilitación de los títulos.

Hay que reproducir las inscripciones, y tomar anotación

preventiva, caducable al año, de los títulos que definitivamente no puedan inscribirse.

La ley de 15 de Agosto de 1873, señala de honorarios tres céntimos por línea, si el valor de la finca excede de 225 pesetas; y si no, la cuarta parte del número 17 del Arancel antiguo.

¿Cómo aplicar esta disposición hoy?.

¿Cómo, por otra parte, devengar las cantidades de la escala núm. 7.° del actual Arancel?

Y sin embargo, mientras precepto nuevo legal no disipe este vacío, no vemos otra escala acomodable que la del número 7.°, si bien limitados los honorarios á la cuarta parte respectiva de cada tipo, armonizándose así el espíritu de dicha ley con el Arancel reformado.

La razón persuade que debe percibirse menos cantidad de honorarios.

(*Se continuará.*)

MARIANO RLANCO TRIGUEROS.

LA CONTRATACIÓN
ANTE LOS REGISTRADORES DE LA PROPIEDAD *

V

Decimos en el art. 3.º que en la actualidad domina nuestro modo de pensar relativo á que la jurisprudencia moderna se dirige á la obtención del resultado que se desea lograr, prefiriendo el fondo á la forma, acerca de lo cual hicimos estudio de varios antecedentes legales que lo justifican, y ahora vamos á demostrar que el Notariado no ha podido sustraerse á este espíritu y tendencia que flotan por todas partes y lo dominan todo, haciendo argumentación científica para deducir conclusiones ajustadas á la ortodoxia legal y en consecuencia de ellas proponer ciertas reformas que faciliten la titulación escrita y los actos que contribuyan á formarla, sólo que el Notariado admite este modo de obrar únicamente cuando se trata de favorecer los intereses de clase, y no lo admite cuando, como en nuestro caso, la reforma ha de redundar en menoscabo de sus privilegios, porque privilegio es el que disfrutan los Notarios, ya que hemos demostrado que la misión de dar fe pueden tenerla y la tienen otros funcionarios sin menoscabos del derecho ni perjuicio de la justicia ni de la equidad. La contradicción no puede ser más evidente, ni tampoco más censurable,

---

* Véanse las páginas 616 del tomo anterior; 5, 97 y 344 de este tomo.

supuesto que cuando se adopta un temperamento, es forzoso aceptarlo en todas sus consecuencias, y no en lo que favorece, rechazándolo en lo que pueda perjudicar las inmunidades de clase debidas á una legislación caduca que debe reformarse.

Al referirnos á ciertas manifestaciones hechas por el Sr. Py y de Puyade con referencia al proyecto de ley del Sr. Maluquer que consignamos en el art. 3.º citado, se consigna lo que dicho señor sostiene acerca de que el Estado, teniendo en cuenta lo que representa la Autoridad en materia judicial, separa aquello á que la Autoridad no entra para nada, aquello en que en realidad sólo da fe de hecho, y lo atribuye á la Institución notarial: si la declaración de herederos en las sucesiones directas, y las que á las mismas equipara, declaraciones que siempre se hacen y siempre se inscriben sin perjuicio, dejan de ser actos de jurisdicción voluntaria y se convierten en informaciones extrajudiciales; si el mismo camino se da á las informaciones posesorias reduciéndolas al valor de una simple escritura.

Este espíritu ha informado la petición hecha á las Cortes por la Junta directiva del Colegio notarial de Cáceres en contra del proyecto de ley del Sr. Maluquer, la cual después de varias consideraciones previas acerca la falta de titulación escrita y los males que esto causa, entra á detallar los medios oportunos, á remediar este estado de cosas, en la siguiente forma:

Medios que pudieran y debieran adoptarse para impedirlo.

1.º Hacer asequible por su facilidad y economía relativa á la vez que en forma fehaciente, el acceso al Registro de la propiedad de todos los bienes inmuebles y derechos reales por ínfimo que sea su valor, y declararse forzosa la titulación ó inscripción. Ambos medios completarían los laudables fines de la ley Hipotecaria, mas no ninguno de ellos aisladamente: el primero, porque no obstante él, la ignorancia y negligencia de la mayoría de los propietarios rurales y la influencia sobre ellos en contrario sentido de leguleyos forzadores de contratos y particiones privadas que se lucran por este medio, es de tal grado, que aun con los beneficios que se les dispensen no solemnizarán sus actos y contratos; y el segundo, porque sería imposible cumplirse en muchos casos por la exorbitancia de los gastos con relación al caudal de que se trate, especialmente en las sucesiones hereditarias de predios de corto valor, por los expedientes judiciales que necesitan instruirse en la mayoría de los casos. Por tales razones, son necesarios los dos extremos, como auxiliares y convergentes al mismo fin. Facilidad y economía relativa de tiempo y gastos á la vez que perfección y solemnidad, es la base fundamental que deben predominar en todos los asuntos de la vida para su mejor éxito y que en la actual se exige ó impone con mayor necesidad.

2.º Para la realización de lo expuesto en, el número precedente, facultarse en las sucesiones hereditarias á los interesados en ellas, para por medio de actas notariales justificar su cualidad de herederos á falta de testamento, el nombramiento de tutores ó curadores, aceptación y obligación para su buen desempeño por los elegidos, omitirse la aprobación judicial de las operaciones particionales en los casos que hoy se exige, y determinarse que las inscripciones posesorias se permitan sólo para las adquisiciones anteriores á la ley Hipotecaria ó á la fecha en que esta resolución se dicte, y que tales posesiones se justifiquen por medio· de acta notarial, cuya copia sea la que se presente para la inscripción; y por igual modo se aclaren ó justifiquen las diferencias ó diversidad de nombres y apellidos que ocurran respecto de una sola persona y que sea necesario identificar para el efecto de la inscripción de títulos en el Registro.»

«En apoyo de esta pretensión concurren las consideraciones siguientes: primera, que la propiedad territorial, fuente y base principal de toda la riqueza y bien social, de donde emanan todos los elementos de subsistencia del género humano, merece ser considerada y atendida con toda predilección, tanto para su conservación como para su garantía ó seguridad y desenvolvimiento, desarrollo y explotación, suprimiendo sistemas de expedientes y trámites, que si bien en lo antiguo fueron necesarios, eran también más tolerables para su mayor economía de papel y derechos, y nada forzosos, por no exigirse al efecto de la toma de razón en las Contadurías de hipotecas y que ya pueden juzgarse innecesarios ó inconvenientes, pues que con las modernas instituciones de los Registros y Notariados, los fines á que conducen pueden suplirse ventajosamente sometiendo á la facultad del último, para que los sancione con su fe extrajudicial, todos los actos ó asuntos de carácter civil que no sean objeto de contienda y que por ello no requieran decisión de Autoridad ó Tribunal judicial. Organizada comŏ se halla la institución notarial, con la garantía de competencia, fidelidad y rectitud que la misma inspira, y la suma de conocimientos jurídicos que se la exige y satisfactoriamente ha adquirido, y establecidos los Registros de la propiedad á cargo de entendidos jurisconsultos, con las facultades que la ley Hipotecaria y su Reglamento les encomiendan, parece lógico y de suma conveniencia social que sea peculiar de la fe extrajudicial todo lo que por voluntad de las partes tenga por fin ú objeto acreditar hechos ó justificar derechos, con la cualidad de sin perjuicio de terceros interesados; y de la competencia judicial, lo que en lo civil sea motivo de contienda y lo criminal para la corrección de los delitos y faltas.»

Omitimos el razonamiento en que se apoya la proposición de las reformas propuestas por la Junta directiva del Colegio notarial de Cáceres por su demasiada extensión. Al final de su instancia dice la Junta citada que los remedios ó reformas propuestas parecen deben estimarse de alta conveniencia social, por los inmensos beneficios que producían al público en general, al Estado y á los fines de la institución hipotecaria y notarial, sin originar daño á nadie, y que por ello pueden considerarse como necesarias y urgentes.

Acerca las reformas propuestas. por la Junta directiva del Colegio notarial de Cáceres, nos limitaremos á hacer algunas observaciones. .

. Nos parece·que no ha estado parca la expresada Junta en su plan de reformas y de argumentación científica, y que·todo le parece bien con tal que redunde, además del provecho públi- co, en provecho y prestigio del Notariado, siendo malo lo que no produzca estos dos resultados, y en su consecuencia el pro- yecto de ley del Sr. Maluquer. Y para la Junta expresada las reformas que propone son altamente beneficiosas y deben es- timarse de alta conveniencia social, *sin originar daño á nadie, y que por ello pueden considerarse como necesarias y urgentes.* Diga la Junta del Colegio notarial de Cáceres que no redundan en daño del Notariado, y estaremos conformes.

Si se aprobase el proyecto de dicha Junta podría suprimir- se el título de *Juzgados de primera instancia* por lo menos á 300 de los que existen en España, quedándóles sólo el título de *Juzgados de instrucción*, porque suprimida la jurisdicción vo- luntaria en aquellos Juzgados no se tramitaría en ellos ningún negocio civil de dicha clase, quedando los demás reducidos á la más mínima expresión. Pero supuesto que esto no redunda en perjuicio del Notariado, éste encuentra que no redunda *en perjuicio de nadie.* Siguiendo este modo de argumentar, nues- tro proyecto, ó mejor, el proyecto de la Comisión de 1864, no redunda en perjuicio de nadie, ni siquiera de la clase notarial.

No es esto decir que nosotros hagamos oposición al proyec- to de la Junta del Colegio notarial de Cáceres; estamos confor- mes en que se apruebe si conviene al bien público; señalamos este modo de obrar á la consideración de los que siguen la po- lémica, á fin de que se vea el terreno en que se coloca el No- tariado en punto á reformas, tanto por lo que respecta al mo- vimiento impulsivo de ellas, como la tendencia que se, sigue con respecto á las mismas. Es bueno para el Notariado todo lo que le favorece; malo é inaceptable lo que no redunda en su provecho y prestigio. Por·lo demás, tampoco el Notariado se ha sustraído á este afán de reformas que se experimenta en nuestros tiempos, porque los males son gravísimos y urge ponerles remedio. Sólo que así como el Sr. Maluquer ha presentado el proyecto de ley sin tener en cuenta otra cosa que el bien general, la Junta del Colegio notarial de Cáceres ha mirado, además, el bien del Notariado, y en esta parte es recusable el proyecto, porque la Junta citada argumenta y proyecta *pro domo sua*.

.·.

Después de leído el plan de reformas propuestas por la Junta directiva del Colegio Notarial de Cáceres, y los proyectos de refundición del Registro en el Notariado, según hemos visto en los anteriores artículos, extraña que los Notarios hayan hecho una oposición tan ruda al proyecto defendido por nosotros, habiendo acudido á las Cortes en contra del proyecto del señor Maluquer, además de la Junta de dicho Colegio, la del Notarial de Palma, cuya instancia ha publicado *La Gaceta jurídico-universal* (continuación del *Progreso de la Notaría*), circulándola á todos los Notarios de España; habiéndose predicado y emprendido en toda la extensión de la palabra la *guerra santa* contra el citado proyecto y la instancia de los propietarios de Calafell, hasta el extremo de que algún periódico notarial ha hablado de convocar en la corte un Congreso de Notarios para combatir la *perniciosa idea;* acerca de lo cual vamos á decir algo por mediar la coincidencia de haberse publicado la ley de 11 de Mayo último (*Gaceta* del 25) reformando los artículos 483, 484 y 710 de la ley de Enjuiciamiento civil, y queremos poner en parangón la conducta de la clase Notarial con la de los Abogados en ejercicio.

No es el desinterés el que brilla en este asunto en la clase de Notarios, pues los extremos á que se entrega en la impugnación del proyecto los creemos altamente interesados, y como quiera que no ha tenido la suficiente calma para discutir el asunto científicamente en la prensa profesional antes de valerse de los medios de que desde el primer momento ha echado mano, á nuestro juicio aquellos medios resultan prematuros, y á mayor abundamiento contraproducentes, porque agravan la cuestión en vez de remediarla, agrandando su esfera de acción y dándole más importancia.

Muchas han sido las leyes que se han publicado reduciendo el campo de acción de los Letrados en ejercicio, y la que acabamos de citar reduce en alto grado los medios con que contaban para poder siquiera ir viviendo de un modo por demás harto modesto en cuasi todas las poblaciones, cabezas de partido y capitales de provincia; y no obstante, no se ha oído de ningún Colegio de Abogados, ni de ningún Letrado, la más mínima queja en contra de la ley mencionada, ni se dijo una palabra en contra del proyecto de ley, que fué suficientemente conocido para que pudiera ser impugnado. La ley de 11 de Mayo anterior elevó las menores cuantías hasta 3.000 pesetas, de suerte que en la inmensa mayoría de cabezas de partido de la Nación no se va á ver un juicio declarativo de mayor cuantía por un ojo de la cara, y no obstante, ningún Abogado ha dicho nada contra ella.

Si se tiene en cuenta que las partes pueden comparecer por sí mismas en los juicios de menor cuantía (caso 3.º del art. 4.º de la ley de Enjuiciamiento civil), y pueden asistir á la vista é informar en ellas (art. 710 reformado y 331 de la misma), se comprenderá que el ejercicio de la Abogacía queda reducido á la más mínima expresión, ya que un juicio de mayor cuantía será *rara avis* en nuestros Tribunales, y en las menores cuantías si los interesados no quieren *comparecer por sí mismos* quedará reducida la intervención del Letrado al escrito de demanda ó contestación, según defienda al actor ó demandado, y en caso de ser punto de derecho á la comparecencia ó vista, que podrá desempeñar por sí el interesado, y en caso de no haber conformidad en los hechos, tendrá lugar la prueba con las limitaciones que señala el art. 693 y siguientes de la ley de Enjuiciamiento civil, es decir, seis días para proponerla y veinte para practicarla, términos que indican que la proposición y práctica de prueba ha de quedar muy reducida, y por tanto que el Letrado apenas si va á ganar para pagar los gastos de matrícula, suscriciones y libros. Véase si con la nueva ley no ha quedado de derecho suprimido en las nueve décimas partes el ejercicio de la Abogacía, y puesto á manos de los propios interesados.

Téngase en cuenta que no se hace precisa la intervención de Letrado, pudiendo los interesados comparecer por sí, en los juicios de desahucio que se ventilan ante los Jueces municipales, que son la casi totalidad de ellos, en los expedientes de jurisdicción voluntaria, en los de menor cuantía, como hemos dicho, en los de árbitros y amigables componedores, en los juicios universales, cuando se limite la comparecencia á la presentación de los títulos de créditos ó derechos, ó para concurrir á juntas; en los incidentes de pobreza, alimentos provisionales, embargos preventivos y diligencias urgentes que sean preliminares del juicio (art. 4.° de la ley de procedimiento civil); y después de leer esta larga serie de excepciones en que los interesados pueden acudir por sí, podremos asegurar que el ejercicio de la Abogacía ha quedado suprimido, y reducido á tan modesta esfera que para ello no hay que hacer el sacrificio de seguir una carrera tan larga y tan costosa, y que exige en sociedad un rango difícil de mantener con los rendimientos que se obtienen.

La legislación hipotecaria ha reducido á su más mínima expresión los litigios, y acabará por evitar todos los que se refieran á la propiedad territorial á medida que vaya perfeccionándose y adquiriendo su completo desarrollo, y no obstante, son los Abogados los que confeccionan leyes como la de 11 de Mayo del corriente año, la Hipotecaria y otras que tienden á disminuir los pleitos y las costas ó gastos de los mismos, porque la clase de Abogados lleva su desinterés hasta el sacrificio, realizándolo por sus propias manos, por individuos de su clase, con aplauso de todos, y sin que la más leve protesta haya anublado el esplendoroso espectáculo que es la gloria de nuestros anales jurídicos. Y no es por falta de organización ni de medios el que no se haya hecho oposición á tantas leyes que si tienen mira al bien general reducen la esfera de acción del ejercicio de la Abogacía, sino por el convencimiento que tiene el Letrado de que el ejercicio de su profesión es un sacerdocio, y tomando el ejemplo de los jurisconsultos de los buenos tiempos de la jurisprudencia en Roma, procura dirigir todos sus esfuerzos al bien general sin mirar al particular, procurando cada día las mayores facilidades al logro de la justicia y al perfeccionamiento de la legislación, con el fin de evitar en lo posible los pleitos y las cuestiones judiciales y aminorar los inconvenientes de éstas por lo que se refiere á su duración y coste, que es la aspiración de nuestros tiempos : *rapidez y economía.*

En el terreno del lucro y del interés pecuniario, á los Letrados les convendría más que continuase el estado anárquico de nuestra legislación, porque es obvio reconocer que cuanto más difícil sea su conocimiento y su estudio, es natural que no se divulgue su noticia entre los profanos, además de que la misma imperfección de la legislación es un semillero de pleitos y cuestiones que se evitarán, en cuanto nacen de tal estado de cosas, con la promqlgación del Código civil, cuya ley de bases se ha promulgado recientemente. Pues bien, nadie ha trabajado ni trabajará con tanto esfuerzo para dotar á nuestra Patria del Código civil, como los Letrados, mejor dicho, es tarea encomendada á ellos exclusivamente, y la realizan con verdadero anhelo de que llegue á su término una obra tan suspirada por todos.

Todo lo contrario sucede en la cuestión de que se trata con la clase notarial, y á nuestro humilde juicio el espectáculo que se ofrece es por demás desconsolador. Apenas se supo la presentación de la instancia de los propietarios de Calafell en el

Ministerio de Gracia y Justicia, empezó una oposición tenaz y porfiada, que se ha acrecentado sobremanera al tomar forma más concreta el pensamiento en el proyecto de ley de D. Juan Maluquer y Viladot. Periódico notarial hubo que al ocuparse de nuestra obra *Estudios sobre legislación hipotecaria y notarial,* en vez de combatir la obra en su fondo científico y en su forma literaria, se complació en el desprestigio personal del autor, empleando una forma desusada y no admitida en el periodismo. Y lo propio ha hecho algún otro periódico allegado á la clase, y en general los periódicos notariales han dicho del proyecto de ley, de la instancia y de los propietarios de Calafell y del libro, poco menos que es una insensatez la idea de la contratación ante los Registradores de la propiedad, siendo así que en nuestros anales jurídicos desarrollan dicha idea en un proyecto de ley los eminentes jurisconsultos que confeccionaron la ley Hipotecaria de 8 de Febrero de 1861, la obra de legislación más perfecta de nuestros tiempos.

Pero la clase notarial no opina del mismo modo que la de Abogados en cuestiones de desinterés. Cuando empezaron á regir los Aranceles notariales reformados por iniciativa del Ministro de Gracia y Justicia, Excmo. Sr. D. Saturnino Alvarez Bugallal, el *Boletín de la Revista de Derecho y del Notariado* (continuación de la *Reforma del Notariado)*, que se publicaba en Barcelona, año 3.°, época 2.ª, núm. 7, correspondiente al 1.° de Abril de 1880, se publicó con orla de luto, y en su primera plana puso con caracteres bastante gruesos el siguiente inserto: «Hoy empieza á regir en la Península la Novísima reforma de los Aranceles notariales, debida á S. E. el Excelentísimo Sr. D. Saturnino Alvarez Bugallal, actual Ministro de Gracia y Justicia, Notario mayor del Reino, etc., etc.»

«Sintetizando nuestro juicio sobre la misma, no dudamos un punto en apreciarla como LA PARTIDA DE DEFUNCIÓN DEL NOTARIADO ESPAÑOL, pues por ella, la respetable clase, cuya moralidad, ilustración y enaltecimiento constituyen una de las más sólidas garantías del bienestar social, ha sido atacada inconsiderablemente en su dignidad y en sus intereses, recibiendo mortal herida.»

«Consuélanos, sin embargo, la fundada esperanza de que su vida será efímera y caduca, porque encierra en sí misma los gérmenes fatales de su inevitable destrucción. Entretanto, la *Revista*, creyendo cumplir con un sagrado deber, da esta pública muestra del pesar que aflije á la noble institución, por cuya defensa y prosperidad vela y velará constantemente.»

Si mal no recordamos, otros periódicos notariales se entregaron á análogos extremos de dolor por el hecho de regir los Aranceles confeccionados en tiempo del Ministro Sr. Alvarez Bugallal, y basta lo dicho para quedar demostrada la diferencia que existe entre la clase de Abogados y Notarios en punto á desinterés, pues son bien patentes las pruebas que hemos aducido respecto al particular; y no queremos insistir más en este punto, concretándonos á indicar solamente la circunstancia de que la legislación hipotecaria y la notarial concordante habían amontonado formalidades sobre formalidades en las escrituras modernas inscribibles hasta el punto que los reformadores del Escriche, ocupándose de este particular consignaron lo que transcribimos en la pág. 167 de nuestra citada monografía *Estudios sobre legislación hipotecaria y notarial*, acerca el sinnúmero de requisitos y formalidades que se exigen en las escrituras inscribibles.

Pues bien, á pesar de que en las escrituras sujetas á inscripción mediaba una diferencia inmensa con las que antes de la moderna legislación hipotecaria se otorgaban; pues al paso que las antiguas eran muy concretas y concisas, cuando se trataba de enajenación de fincas ó constitución de gravámenes, las modernas son cada una de ellas un protocolo por el sinnúmero de advertencias que contienen, con lo cual el Notariado había obtenido una mejora notabilísima en cuanto á percepción de honorarios, es lo cierto que los representantes de diversos Colegios notariales de España acudieron pidiendo quedasen en suspenso los efectos del Real decreto sobre reforma arancelaria

de 11 de Marzo de 1880, cuya exposición, dirigida á S. M. con
fecha 31 de Marzo, dió lugar á la Real orden de 7 de Abril siguiente, por la que se denegó la exposición referida; y aun
cuando el *Boletín de la Revista de Derecho y del Notariado* pre-
sagiaba la muerte del *Notariado español*, es lo cierto que á los
ocho años de regir aquellos odiados y combatidos Aranceles,
le quedan al Notariado bríos como los que demuestra en la actualidad contra la proposición de ley del Sr. Maluquer sobre
contratación ante los Registradores de la propiedad, y nosotros
creemos que la aprobación de dicha proposición de ley y su régimen en España ha de causar poco daño á la clase notarial,
porque el Notariado es institución arraigada que descansa en
la confianza del País, por lo cual consideramos poco acertada
semejante alarma en la clase notarial, que está segura de la
confianza que obtiene entre sus conciudanos; bajo cuyo supuesto no debe haber obstáculo por esta parte al planteamiento de
una reforma que se presenta y apoya en tan sólidos principios
científicos, como son los que quedan mencionados en nuestra
citada monografía, á los cuales hemos añadido los que resultan de nuestros anteriores artículos, teniendo por objeto lo que
hemos indicado en este apartado hacer algunas consideraciones generales debidas á la publicación de la ley de 11 de Mayo,
reformatoria de algunos artículos de la ley de Enjuiciamiento
civil, en relación con la actitud tranquila y digna de la sufrida
clase de Abogados, y la conducta de abierta lucha que ha adoptado la clase notarial ante un proyecto de reforma que se apoya en títulos científicos y antecedentes legales por demás apre-
ciables.

***

No es de ahora la oposición del Notariado á la reforma, supuesto que el proyecto de ley de 11 de Abril de 1864 fué impugnado por la Diputación provincial de Navarra y por ciertos
Notarios, y he aquí cómo se expresa acerca del particular la
Memoria histórica de los trabajos de la Comisión de Codifica-

ción, suprimida por Decreto del Regente del Reino de 1.º de Octubre de 1869, escrita y publicada por acuerdo de la misma, siendo ponente D. Francisco de Cárdenas, Vocal de ella, página 168, Madrid 1871: «Por razones que nunca alcanzó la Comisión, aunque las presumiese, ni el Ministro que encargó á la Comisión el proyecto de ley adicional, ni los que le sucedieron inmediatamente dictaron acerca de él otra resolución que la de mandar imprimirlo. Impugnáronlo, sin embargo, la Diputación provincial de Navarra y ciertos Notarios, más por razones tales que, si merecen ser conocidas, no necesitan ser refutadas. La Diputación de Navarra pedía que quedase exenta aquella provincia de tener Registro de propiedad, alegando que con él se perjudicaba el derecho que tenían adquirido los propietarios de no inscribir sus bienes de ninguna manera y se infringía la ley de sus fueros de 1841, en cuanto dispuso que los Tribunales administraran justicia conforme á ellos en lo tocante al orden civil, hasta la formación de los Códigos generales, toda vez que en dichos fueros no aparecía establecido el Registro. Los Notarios reclamaron solamente contra la facultad de inscribir documentos privados, fundándose en que con ello menguarían los rendimientos de sus oficios» (1).

Se ve, pues, que el Notariado ha hecho una guerra sistemática á todo lo que haya sido minorar sus privilegios, aun cuando las medidas propuestas lo hayan sido por hombres tan eminentes como lo eran los que componían aquella Comisión. Sería curioso conocer por extenso aquellas exposiciones y recursos presentados por los Notarios contra el proyecto de ley adicional á la Hipotecaria de 11 de Abril de 1864, en las que reclamaban *solamente contra la facultad de inscribir documentos privados, fundándose en que con ello menguarían los rendimientos*

---

(1) Componían la Comisión al tiempo de cesar: el Excmo. Sr. D. Manuel Cortina, Presidente; el Excmo. Sr. D. Pedro Gómez de la Serna, el Excelentísimo Sr D. Juan González Acevedo, el Excmo. Sr. D. Pascual Bayarri, el Excmo. Sr. D. Manuel Gallardo, el Excmo. Sr. D. Francisco de Cárdenas, y el Excmo. Sr. D. Cirilo Alvarez.

de sus oficios, porque en dichas instancias deben encontrarse argumentos peregrinos, apoyados en la más pura escuela realista. No hay duda de que el Notariado ha progresado, porque la oposición que entonces se formuló con una ingenuidad y un naturalismo dignos de Zola, se ha verificado ahora á nombre de la ciencia y de los intereses sociales. Pero en el fondo, examinada la oposición de los Notarios de 1864 por lo que dice la expresada Memoria histórica, cen lo que han consignado varios periódicos notariales, bien se ve que en el fondo domina una misma idea. Esto queda demostrado en vista de que la Junta del Colegio Notarial de Cáceres ha propuesto la más atrevida de las reformas, suprimiendo cuasi toda la jurisdicción voluntaria y parte de la contenciosa para adjudicarla á los Notarios.

La Comisión de Códigos citada, en un extenso informe que lleva la fecha de 14 de Abril de 1867 (1), reprodujo su proyecto adicional de 1864 al ser consultada acerca del proyecto de ley de 1866 modificando la ley Hipotecaria, respondiendo de paso, aunque ligeramente, á las reclamaciones antes indicadas de los Notarios y de la Diputación provincial de Navarra (página 170 de la Memoria histórica).

Decía la Comisión al refutar la objeción de los Notarios (página 613): «Los Notarios que han impugnado el proyecto de ley adicional, no han encontrado en él censurable más que la facultad de inscribir documentos privados ratificados por las partes ante los Registradores. El principal fundamento de esta censura es el peligro de que por ello vengan á reducirse los rendimientos de las Notarías. Mas ni este peligro es tan grave como los interesados suponen, ni el otorgar más ó menos escrituras es en todo caso un derecho perfecto al cual deba sacrificarse ninguna medida de interés general.»

«La Comisión, por lo tanto, cumpliendo lo mandado por V. E., se limita á reproducir su anterior proyecto. Si de lo que

_____

(1) Apéndice XXVII de la Memoria histórica citada.

se trata es de facilitar la ejecución de la ley Hipotecaria, y si los medios propuestos no tienen más inconvenientes que los referidos, la Comisión no halla otros más eficaces y adecuados. La Comisión no necesita tampoco alegar nuevas razones en apoyo de su proyecto, puesto que á él acompaña y obra en poder de V. E. una amplísima exposición de sus fundamentos. Sírvase, pues, V. E., haberlo por reproducido, y acordar, como siempre, lo más acertado.»

De suerte, que acerca del particular hubo ya contienda en forma entre los Notarios y la Comisión de Codificación, y ésta insistió en su proyecto que comprendía la inscripción de documentos privados ratificados ante el Registrador, refutando de un modo completo la infundada oposición de los Notarios, consignando al verificarlo las notabilísimas palabras: *Mas ni este peligro es tan grave como los interesados suponen, ni el otorgar más ó menos escrituras es en todo caso un derecho perfecto al cual deba sacrificarse ninguna medida de interés general.* De modo que la Comisión consigna franca y explícitamente que el autorizar contratos y percibir sus rendimientos, no es ningún derecho que tenga el Notariado por juro de heredad, ni es ello un perfecto derecho al que deba sojuzgarse una medida de interés general, como lo era la que propuso dicha Comisión, y lo es la que nosotros defendemos, identificados por completo en el modo de pensar de la misma. Y téngase muy especialmente en cuenta que al impugnar los Notarios el proyecto de ley adicional á la Hipotecaria de 1864, no opusieron ningún argumento acerca de la base científica del proyecto, que bajo este aspecto quedó aceptado por el Notariado español, siendo solamente combatido lisa y llanamente bajo el punto de vista de la utilidad material y pecuniaria de los Notarios. Puede decirse, pues, que quedó aceptada por el Notariado la parte científica del proyecto.

.*.

Veamos ahora el reverso de la medalla por lo que respeta á la clase de Registradores de la propiedad, con referencia á las reformas que el Código civil pueda introducir en el Registro público.

D. Buenaventura Agulló, Registrador de la propiedad de Barcelona, se ocupa en un artículo publicado en el número 860 de la *Reforma Legislativa*, de las reformas que el nuevo cuerpo legal próximo entonces á ver la luz pública pueda introducir en las oficinas del Registro, y dice: «Nosotros no pedimos que se nos deje como ahora, ni que se nos dé sueldo decente si los Registros se llevan en otra forma, que hace años presentimos cambio profundo en nuestro modo de ser, y resignados aceptaremos nuestra futura suerte; ya á nuestra edad somos esclavos del Estado, porque no servimos para cambiar de carrera ó de destino; pero rogamos á los poderes públicos que, si se nos sacrifica, sea en bien del país, y se den al propietario absolutas garantías de que ni pleitos ni desasosiegos de clase alguna les perturbarán en la posesión de su derecho inscrito ó registrado, etc.

«Que se nos sacrifique, pero en aras de la patria, que así la muerte es gloriosa.»

Y D. M. Blanco, contestando á las manifestaciones del señor Agulló, dice, *Reforma legislativa*, núm. 865: «Si el bien social exige un sacrificio, en hora buena que nadie intente perturbarlo; pero ya que funcionarios respetables cuyo celo en el servicio del Estado lo han puesto de manifiesto, y cuya vida, perdiendo el porvenir de otras carreras en que hubieran progresado, la han pasado circunscrita al Registro, ténganse presentes sus servicios, lo imposibilitados que están ya por su edad de adoptar otros rumbos, y no se les deje, ni á sus oficiales, si las reformas lo exigieran, en el abandono.»

En este terreno debía haberse colocado el Notariado y no en el de resistencia, cuyos temperamentos ha adoptado según lo que hemos visto anteriormente, y según lo revelan otros datos que han publicado periódicos y revistas que sería prolijo reseñar.

Por más que el Cuerpo de Registradores de la propiedad se haya mostrado hasta ahora circunspecto en demasía en el asunto de que se trata, ha bastado la presentación del proyecto de ley, y antes de él la instancia de los propietarios de Calafell y el movimiento producido por la publicación de nuestra monografía, para que en la polémica se revelase cierta oculta enemiga de los Notarios en contra del Registro de la propiedad.

En corroboración de ello, léase el núm. 72 de la *Gacetilla Notarial*, de Medina Sidonia, en donde se consigna que «de aprobarse el proyecto de ley del Sr. Maluquer, quedaría en absoluto suprimida la contratación ante Notario sobre propiedad inmueble. ¿Por qué? Primero, porque la contratación ante los Registradores asegura á las partes la inscripción del título; segundo, porque los Registradores procurarían en lo posible poner en práctica el dicho de Juan Palomo, y tiene en su mano poner dificultades para la inscripción de todo título que proviniera de Notario, con lo cual el trabajo de los Registros sería inmenso.»

De suerte que para combatir el proyecto no se repara en llegar hasta la ofensa al digno Cuerpo de Registradores de la propiedad, presentándole como poco escrupuloso y poco justo y sediento de trabajo y de ganancia. ¡Pobre causa la que ha de recurrir á argumentos tan desdichados!

Y dice el articulista en otro lugar de su trabajo: «Si reconoce uno por uno los pueblos de la nación entera en que la propiedad está dividida, no oirá ciertamente ni una palabra que acuse al Notario de ser la rémora para la fijación de la propiedad; escuchará donde quiera diatribas para el Estado por el papel del Timbre; más por el Impuesto sobre derechos reales y transmisión de bienes; más todavía por los inmensos gastos que las sucesiones intestadas representan, y seguidamente les oirá quejarse contra *todos* los Registradores, ellos que sólo saben personificar las leyes. No se pare en palabras; vaya á las casas de los pequeños propietarios, abra sus arcas y encontrará por todas partes escrituras de venta sin registrar por temor á los Registradores; escrituras sin número de promesa de venta con entrega de posesión para evitar el pago del impuesto y las luchas del Registro: siga adelante; penetre en las Escribanías de actuaciones y vea sus archivos, si escuálidos en pleitos, repletos de expedientes posesorios, llenos de mentiras, de perjurios y de estafas. Y cuenta que aquellas escrituras se han pagado con gusto, y estos expedientes cuestan más del doble de cualquier escritura que sea título traslativo de dominio: no se detenga todavía; recorra los Registros de la propiedad y oficinas de liquidación del Impuesto; contemple pasmado aquellas liquidaciones de herencias, y aquellas denegaciones de inscripción, y aquellas otras inscripciones indebidas. Suba, que subir es llegar al santuario de las leyes. Lea esa ley y ese Reglamento del Impuesto; vea el título sobre comprobación de valores y admire cómo el Estado imprime en su bandera el *quia nominor leo* de la fábula. Lea la instrucción sobre el modo de extender los documentos públicos sujetos á Registro y vea cómo los hace interminables el cúmulo de requisitos inútiles qué exige. Estudie á fondo la misma ley Hipotecaria y vea como cada una de sus letras es imán poderosísimo de montes de oro.»

La idea que con tanto.empeño se ha discutido en la prensa profesional transcendió bastante á la prensa política, y siguiendo el impulso de la opinión pública, D. Manuel Fernández Cadórniga escribió una carta desde La Bañeza (León) sobre la crisis agrícola en 25 de Noviembre de 1887, inserta en el *Correo*, de Madrid, núm. 2.800, correspondiente al lunes 28 del citado mes y año, en la cual, entre otras reformas, proponía las siguientes:

«6.º Facultad á los Registradores para que otorguen por comparecencia ante sí de los interesados, todos los contratos de traslación de dominio y demás que graven ó liberen la propiedad inmueble mediante un módico arancel, suprimiendo para estos actos la rueda inútil y costosa de los Notarios.

»7.º Reforma de la ley de Enjuiciamiento civil en el senti-

do de elevar á 3.000 pesetas los juicios de menor cuantía, á
500 los verbales, suprimiendo en los de mayor cuantía los escritos de réplica, dúplica y conclusión, sustituyéndolo todo con
vista pública y estableciendo *la fatalidad* de todos los términos
judiciales, modificando en esto los artículos 310 y 312. Supresión del interdicto de recobrar cuando el valor de lo que en él
se ventile no exceda de 500 pesetas.»

Contra la reforma última no se ha levantado ninguna queja; pero contra la relativa al Notariado, apareció en el propio
periódico *El Correo*, núm. 2.808, correspondiente al 6 de Diciembre de 1887, una carta fechada en Macotera en 1.º del propio mes y año, suscrita por D. Miguel González, en la cual se
leen los siguientes párrafos:

«Sr. Director de *El Correo*.—Muy señor mío y de todo mi
respeto y consideración: Me he encontrado al leer en *El Correo*
una carta de D. Manuel Fernández Cadórniga, de La Bañeza,
sobre la crisis agrícola, que ataca con cierto desdén á una clase, por lo menos tan respetable como la que á dicho señor pueda pertenecer. Hablo del Cuerpo notarial, que ha sido maltra-
tado por el Sr. Cadórniga. ¡Como si los Notarios fuesen los culpables de la crisis agrícola.

»Yo no sé si el Sr. Cadórniga será Registrador; pero si así
fuere, yo le contestaría que mucho más inútiles y más costosos
son los Registros que las Notarías.

»Propone dicho señor, entre otros medios, la supresión de
los Notarios y la investidura á los Registradores para formalizar ante ellos la contratación pública, lo cual equivale á que
un solo funcionario desempeñe y haga las veces de un Notario
y Registrador; y siendo así, implícitamente reconoce que los
Notarios no son una rueda inútil.

»Ya que se puso el Sr. Cadórniga á escribir recetas para
conjurar la crisis, debió haberse extendido un poco más, pidiendo: supresión de la contribución territorial por completo,
soldados, marina, Ministros, Gobernadores, Directores generales, etc., etc., y así no habría gasto alguno; pero yo propon-

go que se supriman también todos los Registros, incluso el de La Bañeza.»

No quisiéramos equivocarnos al sospechar que D. Miguel González es Notario que se puso de mal humor al leer las manifestaciones del Sr. Cadórniga en favor del proyecto que defendemos. De todos modos, creemos que el Cuerpo de Registradores de la propiedad no merece tales ataques, aun en el supuesto de que el Sr. Cadórniga fuese Registrador de la propiedad, que creemos no lo es.

(Se concluirá.)

VICTORINO SANTAMARÍA.

ESTADÍSTICA CIVIL

ANUARIO DE 1887

La publicación de la Estadística de la Administración de justicia en lo civil, cuyo anuario de 1887 ha visto la luz recientemente, no es un servicio nuevo en nuestra patria; antes, por el contrario, fué España una de las naciones que primero prestaron la debida importancia y atención, y dictaron las disposiciones necesarias para la organización y método de los trabajos de Estadística judicial. Ya por ley de 4 de Enero de 1729 encargó Felipe V á todos los Tribunales de dentro y fuera de la Corte, que le dieran noticia mensual, por medio de su Consejo, de todos los pleitos pendientes y fenecidos. Más adelante, Carlos IV, por Real orden dirigida el 18 de Abril de 1792 al Presidente de la Chancillería de Granada, y con motivo de enviarle éste un resumen impreso de los expedientes civiles y criminales que despachara el año anterior de 1791, dispuso que continuara tal práctica, extendiéndola á los demás Tribunales del Reino; y las Cortes de Cádiz de 1812, por el art. 261, número 11 de su Constitución, acordaron que el Tribunal Supremo examinara las relaciones de los pleitos y causas que, según el art. 270, debían remitirle las Audiencias, y según el 277, los Juzgados de primera instancia, copiándolas para conocimiento del Gobierno, ó imprimiéndolas para que llegaran á noticia del público, con objeto de promover así la más pronta y recta administración de justicia.

Las mismas obligaciones, en una ú otra forma, impusieron

el reglamento provisional de 26 de Septiembre de 1835, los Reales decretos de 5 de Diciembre de 1855, 2 de Mayo de 1858, 8 de Julio de 1859, 1.º de Febrero de 1861, 3 de Julio de 1863, circular de 19 de Diciembre de 1868, Real decreto de 8 de Abril de 1878 y ley de Enjuiciamiento criminal de 1862, en el tít. 3.º del libro 1.º

Pero á pesar de esto, ya sea por lo deficiente de nuestros Códigos, ya por causa de trastornos y circunstancias políticas, es lo cierto que, no obstante tantos y tamaños esfuerzos, no se consiguió regularizar el servicio de la Estadística judicial, siquiera en parte, hasta que, al año de funcionar las Audiencias de lo criminal, se publicó el Real decreto de 18 de Marzo de 1884; dándose el triste espectáculo de que, mientras las grandes y pequeñas naciones de Europa, desde Inglaterra á Suecia y desde Francia á Rumanía, le llevaban á total perfección; nosotros nos limitaremos á ofrecer como datos de origen oficial las Estadísticas criminales de 1843 (no publicadas hasta 1845), 1859, 1860, 1861 y 1862, y las civiles de 1861 y 1862 (no publicada hasta 1866).

Con el establecimiento del juicio oral, verdadero progreso en nuestro sistema jurídico, pudo acometerse una reorganización que tal vez, y muy razonablemente, se consideraba irrealizable, y encerrándose en los modestos pero más prácticos límites que marcaba el mencionado Real decreto de 18 de Marzo de 1884, ha podido el Ministerio de Gracia y Justicia ir publicando sin interrupción las Estadísticas de la Administración de justicia en lo criminal, correspondientes á los años 1883, 1884 y 1885, menos extensas y aparatosas que las anteriores; pero que, sin ser absolutamente perfectas, se amoldan más á los adelantos de la ciencia y á las necesidades de la práctica.

Partiendo de esta mejora realizada en lo penal, y á fin de normalizar la publicación, tantos años olvidada, de la Estadística de la Administración de justicia en lo civil, para que completándose ambas, pudieran sus datos reunidos mostrar el estado de nuestras costumbres, la eficacia de nuestras leyr las reformas que en ellas se advierten como más necesarias, el Sr. Alonso Martínez se propuso que cesara este desconocimiento de tan importantes datos, dictando al efecto las prescripciones con arreglo á las cuales había de llevarse á cabo nuevamente su publicación.

Indudablemente la falta de Código civil, cuya clasificación técnica serviría de pauta para la Estadística, ofrece algunas dificultades para distribuir por materias en los respectivos cuadros las cuestiones resueltas por los Tribunales de justicia, y fué el motivo de que las Estadísticas de 1861 y 1862 se ciñeran exclusivamente á la ley de Enjuiciamiento, sin contener más datos que los relativos al aspecto meramente externo de los negocios civiles; pero es de igual modo cierto que esta manera defectuosa de entender la Estadística no podía subsistir, y á no cesar su publicación, es seguro que se hubiera reformado en el sentido de comprender así la parte formal como la intrínseca de los asuntos civiles y de los mercantiles también, puesto que el Derecho mercantil, en suma, sólo es una rama del Derecho civil, y como tal se considera en las Estadísticas de los pueblos más cultos de Europa.

Teniendo presentes estas consideraciones, el actual Ministro de Gracia y Justicia publicó, en 1.º de Enero de 1887, un Real decreto organizando en dicho Ministerio la Sección de Estadística, creando en las Audiencias territoriales unas plazas de Oficiales encargados de este servicio y organizando la publicación anual de la Estadística de la Administración de justicia en lo civil, según se verifica con la de lo criminal desde el año 1883.

.*.

El tomo correspondiente á 1887, que es el primero publicado en cumplimiento del citado Real decreto, ofrece, por consiguiente, para cuantos al estudio del Derecho se consagran, además del interés que las cifras entrañan, el de la novedad, ya que desde hace un cuarto de siglo no han podido apreciarse los datos correspondientes á esta importantísima materia, que tantas enseñanzas ofrece, así en cuanto á la bondad de nuestras leyes como en cuanto á la eficacia de nuestra Administración de justicia.

En la imposibilidad de dar cabal noticia de los datos contenidos en el Anuario, que forma un volumen en 4.° de 316 páginas, cuidadosamente impreso, expondremos las cifras de mayor importancia y que ofrecen más interés, así como las consideraciones capitales que de su estudio se desprenden.

.*.

Siguiendo el orden jerárquico de los Tribunales, empezando por el inferior, se divide la Estadística en cuatro partes, que son:

1.ª Juzgados municipales.
2.ª Juzgados de primera instancia.
3.ª Audiencias territoriales.
4.ª Tribunal Supremo.

A cada parte precede una breve noticia de la organización y atribuciones de los Tribunales á que se refiere, dato que si á primera vista pudiera parecer innecesario entre nosotros, por ser conocido de cuantas personas suelen consultar esta clase de trabajos, es, sin embargo, indispensable, porque establecido el cambio de las Estadísticas judiciales entre las Naciones que las publican; todas consignan este particular, que facilita, en gran manera, el estudio comparativo.

Los datos para la formación de la Estadística civil se han obtenido por medio de hojas, una para cada asunto terminado, tanto en los Juzgados de primera instancia como en las Audiencias territoriales, firmadas respectivamente por los Jueces ó Magistrados ponentes.

Este sistema, dice una de las advertencias del Anuario, que es el mismo que se emplea para la Estadística criminal, permite conocer, con absoluta exactitud, el número de asuntos terminados en el año, pero exige prolija y escrupulosa la-

bor, por lo cual no se ha aplicado á los Juzgados municipales;
siendo éstos 9.355 y 204.294 los asuntos despachados por los
mismos, hubiera sido necesario para su examen y clasificación más tiempo y trabajo del que realmente exige su importancia. Aun cuando por consideraciones de otro orden, los
datos referentes á los recursos despachados por el Tribunal
Supremo de justicia se han recibido de este alto Tribunal condensados ya en estados definitivos, habiéndose limitado el trabajo de la Sección, en esta parte, á amoldar dichos datos al
método y clasificación impuestos á los correspondientes de los
demás órdenes de Tribunales.

Prescindiendo de la división anteriormente expuesta, puede comprenderse la Estadística en dos amplias síntesis comunes á los Juzgados de primera instancia, Audiencias territoriales y Tribunal Supremo, que algunos denominarían *la forma*
y *el fondo*, y que, en otros términos, significan: *el procedimiento* y *el derecho sustantivo*.

En los cuadros relativos al primero se contienen todos los
asuntos despachados durante el año por los Jueces y las Audiencias, hayan sido ó no cuestiones litigiosas, de suerte que á
ellos habrá de acudirse para conocer las cifras exactas de los
negocios despachados, que no pueden convenir en sus totales
con los cuadros relativos al derecho sustantivo. En éstos se
han suprimido todos los asuntos de la jurisdicción voluntaria
y aquellos de la jurisdicción contenciosa que no han sido objeto de contienda entre partes, tales como las informaciones
de pobreza, declaración de herederos *abintestato*, aprobación
de particiones, embargo preventivo, etc., en los que el derecho puede clasificarse por el procedimiento, á fin de que en
dichos cuadros sólo aparezcan aquellas materias esencialmente litigiosas y que han sido motivo de controversia.

Las dificultades de mayor entidad se han presentado en la
clasificación de las materias de derecho, por lo complejo de
nuestra vigente legislación civil. En la imprescindible necesidad de seguir algún método, tanto para esta clasificación como

para uniformar las diversas nomenclaturas con que aparecen
extendidas las 31.226 hojas de los Juzgados y las 2.152 de las
Audiencias, se ha seguido el orden y el tecnicismo del proyecto del Código civil, formado por la Comisión correspondiente,
conservando, empero, las denominaciones actuales á las materias que no tienen similares en dicho proyecto, como, por
ejemplo, el retracto gentilicio, y á las peculiares del derecho
foral, como el contrato de *rabassa morta* de Cataluña, la *viudedad foral* de Aragón, etc. También se han incluído entre las
materias de derecho, las acciones *reivindicatoria* y de *jactancia*, pues si bien el proyecto de Código no las menciona, no
puede prescindirse del aspecto sustantivo común á todas las
acciones, y ya en algunas obras modernas de codificación se
expresan las acciones correspondientes á los derechos que se
establecen.

Por considerar de dificilísima obtención el dato relativo á
la suma total de los gastos de cada asunto, comprendiendo el
papel sellado, los honorarios profesionales y las costas arance-
larias, se ha limitado la presente Estadística á consignar el
importe del papel, dividiéndolo, así en primera instancia como
en segunda y en los recursos de casación, en papel pagado,
de pobres y á reintegrar, debiendo tenerse en cuenta la excepción del uso del papel sellado de que disfrutan las provincias
Vascongadas, Navarra y el Juzgado de Viella, en Cataluña,
éste por privilegio y aquéllas por convenio.

El número de Juzgados municipales existentes es de 9.325,
que aparecen clasificados por orden alfabético dentro de cada
Audiencia territorial.

El cuadro primero se refiere á los asuntos despachados
por cada uno de ellos, y así de éste, como de los restantes,
sólo consignaremos las cifras totales de mayor importancia, ya
que otra cosa nos exigiría mucho mayor espacio del que podemos disponer.

AUDIENCIAS.	Juzgados municipales que comprende	Actos de conciliación	Juicios verbales	Juicios de desahucio	Otros varios	Total de asuntos despachados
Madrid	1.354	4.244	24.793	3.394	1.504	33.929
Albacete	511	2.040	6.475	336	1.563	10.414
Barcelona	1.089	6.243	5.699	2.572	3.043	17.497
Burgos	1.350	3.264	13.308	660	2.578	19.840
Cáceres	384	1.494	5.029	171	1.264	7.952
Coruña	323	4.836	13.622	542	1.603	20.603
Granada	541	3.408	11.257	683	1.602	16.650
Las Palmas	92	325	945	452	740	2.402
Oviedo	82	1.377	5.277	357	1.724	8.735
Palma	64	544	1.406	444	426	2.820
Pamplona	360	1.243	3.544	284	449	5.460
Sevilla	294	3.069	11.458	2.060	1.600	18.487
Valencia	554	2.884	7.024	880	2.732	13.520
Valladolid	1.414	3.294	11.765	707	2.090	17.856
Zaragoza	949	2.547	5.495	424	1.493	9.659
TOTALES	9.325	40.446	126.437	13.063	24.348	204.294

En vez de una hoja especial para cada asunto terminado, han remitido los Juzgados municipales estados por trimestres, comprensivos de los *actos de conciliación, juicios verbales, juicios de desahucio* y *asuntos varios* terminados dentro de dichos períodos, con la clasificación con que aparecen publicados, lo bastante minuciosa en el anuario para conocer la clase de asuntos en que han intervenido. No se comprenden, sin embargo, entre los actos de conciliación, los originados por injuria ó calumnia, porque éstos son preparatorios de juicios criminales y se hallan comprendidos en su Estadística propia.

**

Consta en el estado 2.º la clasificación de los asuntos de que conocieron los Juzgados municipales. De los 40.446 actos de conciliación que aparecen, tuvieron por objeto: 7.582 personas; 14.290 cosas, y 18.574 obligaciones. Atendiendo á la forma en que terminaron, resultan: 4.029 intentados sin efecto; 15.047 terminados con avenencia, y 21.370 sin ella.

De 126.437 juicios verbales, 114.170 tenían por objeto reclamación de cantidad; 3.611 reclamación de bienes muebles; 4.055 de bienes inmuebles, y 4.601 de otros derechos.

Atendiendo á la forma en que terminaron, constan: sin sentencia, por transacción ó desistimiento 50.988, y por caducidad de la instancia 1.371. Por sentencia consentida, absolviendo al demandado, 5.301, y condenándole, 62.274; y por sentencia apelada, absolviendo al demandado, 2.023, y condenándole 4.480.

En cuanto á los 13.063 juicios de desahucio, tomando en cuenta los motivos, se registraron: por haber cumplido el término estipulado 740, por haber espirado el plazo del aviso 1.163, y por falta de pago del precio convenido 11.160. Por la forma de su terminación se registran: sin sentencia, por transacción ó desistimiento, 3.411, y por caducidad de la instancia

191; y por sentencia consentida absolviendo al demandado 336, y condenándole 8.721; por sentencia apelada absolviendo al demandado 134, y condenándole 270.

· Comprende el cuadro 3.º la clasificación de los 24.348 asuntos varios despachados en los Juzgados municipales, clasificándolos según su objeto. He aquí sus cifras: de las actas, 14 fueron de consentimiento para servir ó sustituir en el ejército, 13 de consentimiento para ir á Ultramar, 3.249 de consentimiento y consejo para contraer matrimonio y 157 para fijar perjuicios ocasionados por incendios y otros siniestros.

Hubo además 825 actos de jurisdicción voluntaria, 12 apercibimientos para desahucio, 345 aperturas de libros de comercio, 200 asuntos administrativos, 60 asuntos de comercio, una comparecencia dando palabra de casamiento, 88 competencias ó inhibiciones, 21 consignaciones de cantidad, 15 declaraciones de heredero por pacto preventivo y en capítulos matrimoniales, 10 depósitos de bienes, cantidad ó mercancías, 36 depósitos de personas, 34 ejecuciones de lo convenido en acto conciliatorio y en juicio verbal, 201 ejecuciones de sentencia, 25 embargos, 2.518 embargos preventivos, 4.180 exhortos, cartas-órdenes, comisiones, mandamientos, etc., 17 incidentes de pobreza, 162 informaciones *ad perpetuam*, 9.821 posesorias y 10 sobre extravíos de licencias; 3 inventarios de bienes de menores, 195 prevenciones de *abintestato*, 30 protestos de letras á falta de Notarios, 1 suplemento de consentimiento para contraer matrimonio, 35 tercerías, 2 testamentos por cédula y 2.069 indeterminados.

De estos asuntos varios correspondieron: 1.504 á la Audiencia de Madrid, 1.563 á la de Albacete, 3.013 á la de Barcelona, 2.578 á la de Burgos, 1.261 á la de Cáceres, 1.603 á la de Coruña, 1.602 á la de Granada, 710 á la de Las Palmas, 1.724 á la de Oviedo, 426 á la de Palma, 449 á la de Pamplona, 1.600

á la de Sevilla, 2.732 á la de Valencia, 2.090 á la de Valladolid y 1.493 á la de Zaragoza.

.*.

El cuadro I de la segunda parte contiene, además de los datos referentes al número de Escribanos adscritos á cada Juzgado, población, extensión superficial y número de Juzgados municipales de cada uno de ellos, el total general de asuntos ingresados y despachados durante el año en los mismos. Entre los asuntos se comprenden las apelaciones procedentes de los Juzgados municipales, englobadas por partidos judiciales, pues la separación de cada Juzgado municipal hubiera aumentado considerablemente el volumen del sumario, sin ventaja notable para la claridad y estudio de la Estadística.

Expresa además este cuadro la población, extensión superficial y organización de los Juzgados de primera instancia, y los trabajos realizados por cada uno de ellos en matéria civil y mercantil.

El número de Juzgados de primera instancia asciende á 498, con 1.527 escribanos. Tenían pendientes 16.949 asuntos en 31 de Diciembre de 1886, ingresaron 47.916 en el año 1887, ascendiendo en total á 73.802, de los cuales fueron despachados 39.877, quedando pendientes los otros 33.925.

He aquí los correspondientes á cada Audiencia.

AUDIENCIAS	Número de Juzgados de primera instancia.	Número de Escribanos adscritos á los Juzgados.	Total de asuntos para despachar.	Total de asuntos despachados.	Asuntos pendientes en 31 de Diciembre de 1887.
Madrid	44	159	7.883	4.232	3.651
Albacete	36	100	4.557	2.705	1.852
Barcelona	37	140	8.635	4.346	4.349
Burgos	45	117	5.228	3.373	1.855
Cáceres	28	65	2.965	1.889	1.076
Coruña	47	130	9.974	3.876	6.098
Granada	53	187	5.660	3.479	2.481
Las Palmas	7	48	1.092	468	624
Oviedo	46	53	3.458	2.035	1.423
Palma	6	48	3.025	863	2.462
Pamplona	9	28	4.644	1.468	473
Sevilla	54	178	6.402	3.243	2.889
Valencia	44	126	5.878	3.394	2.484
Valladolid	44	133	5.696	3.792	1.904
Zaragoza	34	75	2.008	1.374	634

Es objeto del cuadro II la clasificación de las apelaciones interpuestas ante los Juzgados de primera instancia, según su forma de terminación.

De las 8.533 apelaciones interpuestas, terminaron sin sentencia: 686 por transacción ó desistimiento y 424 por caducidad; y por sentencia: 4.428 confirmatoria de la del Juzgado municipal, 726 revocatoria en parte y 2.269 revocatoria totalmente.

**

El estado 3.º, que es sin duda uno de los más interesantes, comprende la clasificación por libros, títulos, capítulos y secciones de la ley de Enjuiciamiento civil, de los asuntos terminados en los Juzgados de primera instancia, de cada Audiencia territorial, su duración ó importe del papel sellado invertido en la instancia. He aquí un resumen de estos curiosos datos:

Procedimiento común á la jurisdicción contenciosa y á la voluntaria. Defensa por pobre, 1.084; competencias y contiendas de jurisdicción, 13; recusación de Magistrados, Jueces de primera instancia y asesores, 1; recusación de auxiliares, 1; correcciones disciplinarias, 1.

Jurisdicción contenciosa. Juicio ordinario de mayor cuantía, 1.480; de menor cuantía, 1.435; incidentes, 24; juicios de árbitros y amigables componedores, 9; recursos de responsabilidad contra Jueces y Magistrados, 1; prevención de *abintestato*, 10; declaración de herederos *abintestato*, 5.941; juicio de *abintestato*, 2; aprobación de particiones, 2.209; juicio voluntario de testamentaría, 171; necesario, 70; adjudicación de bienes á que están llamadas varias personas sin designación de nombre, 8; suspensión de pagos, 88; quita y espera, 14; declaración de concurso, 15; quiebra, 17; embargo preventivo y aseguramiento de bienes litigiosos, 322; juicio ejecutivo, 4.857; tercerías, 221; procedimiento de apremio en negocios de comercio, 1; juicio de desahucio, 233; alimentos provisionales, 68; retractos, 130; interdicto de adquirir, 39; de retener ó recobrar, 575; de obra nueva 44; de obra ruinosa, 13; ó indeterminado, 31.

Jurisdicción voluntaria. Adopción y arrogación, 5; nombramiento de tutores, 87; de curadores para los bienes, 282; de curadores ejemplares, 117; de curadores para pleitos, 1.984; discernimiento de los cargos de tutor y curador, 255; depósito de personas, 254; suplemento del consentimiento de los padres, abuelos ó curadores para contraer matrimonio, 235; elevación á escritura pública del testamento ó codicilo hecho de palabra, 1.137; apertura de testamentos cerrados y protocolización de memorias testamentarias, 242; informaciones para dispensa de ley, 7; habilitaciones para comparecer en juicio, 123; informaciones para perpetua memoria, 895; informaciones posesorias, 4.413; enajenación de bienes de menores é incapacitados y transacción acerca de sus derechos, 1.355; administración de bienes de ausentes en ignorado paradero, 5; posesión judicial en los casos en que no procede el interdicto de adquirir, 143; deslinde y amojonamiento, 54; apeos y prorrateos de foros, 48; indeterminados, 263

Jurisdicción voluntaria en negocios de comercio. Depósito y reconocimiento de efectos mercantiles, 10; calificación de averías, 107; descarga, abandono é intervención de efectos mercantiles y de la fianza de cargamento, 1; otros actos de comercio que requieren la intervención judicial perentoria, 123, y nombramiento de árbitros y de peritos en el contrato de seguros, 6.

(*Se concluirá*)

RAMÓN SÁNCHEZ DE OCAÑA.

REVISTA DE LA PRENSA PROFESIONAL EXTRANJERA

Il Diritto commerciale, de Pisa, publica un curioso trabajo de suma utilidad para la reforma del Derecho mercantil.

Con objeto de formar la opinión sobre las modificaciones que la práctica aconsejara introducir en el Código de Comercio, el Ministro guardasellos del reino de Italia invitó á los Procuradores generales de los Tribunales de apelación á que en sus discursos de apertura del año judicial de 1887 se ocupasen del estudio de alguna de las cuestiones relacionadas con la aplicación de las disposiciones de dicho Código, especialmente en la materia de quiebras.

Como era de esperar, todos los funcionarios citados respondieron diligentemente á la invitación, constituyendo sus trabajos un caudal inapreciable de observaciones y enseñanzas deducidas de la experiencia en los cuatro años que llevaba en vigor el referido Código. Todos ellos han sido resumidos en un importante informe del Senador Auriti, del que la revista mencionada extracta la parte correspondiente á las cuestiones que con más frecuencia se habían presentado ante los Tribunales y á las modificaciones propuestas con carácter verdaderamente práctico para la solución de las dificultades que las mismas entrañan.

Sentimos no poder hacer más detenida exposición de los diversos temas tratados con tal motivo, y para dar sólo idea de los más principales bastará indicar que casi todos se refieren á alguno de los extremos siguientes: 1.º *A las dificultades de interpretación suscitadas en la aplicación de muchos de los artículos de dicho Código:* 2.º *A la institución del curador de la quiebra,* institución que, á excepción de tres, la aprueban todos los Procuradores generales, si bien recomendando vivamente la formación de buenas listas de las personas que pueden ser elegidas para dicho cargo: 8.º *A la moratoria,* respecto de la que todos se muestran también favorables, á excepción del de Turín, que conceptúa lesiva para los derechos de los acreedores, y expuesta á dificultades y fraudes dicha facultad, de la que hasta ahora se ha hecho muy poco uso: 4.º *A la eficacia represiva de las nuevas disposiciones sobre quiebras,* muchas de las cuales consideran en extremo rigurosas, especialmente para los pequeños comerciantes que no tienen capacidad ni medios para cumplir estrictamente todas las obligaciones que el Código les impone, y como ocasionados á conflictos y embarazos para el ejercicio del Ministerio público; y 5.° *A la duración de los procedimientos*, respecto de los que todos están conformes en que desde la promulgación del nuevo Código se ha abreviado mucho la duración de los procedimientos contra los quebrados, aunque no se ha llegado aún á toda la celeridad y expedición que sería de desear en este punto.

No necesitamos encarecer la utilidad de estos trabajos que consigo llevan la autoridad de la experiencia adquirida en una larga práctica en el estudio y aplicación de las leyes, y que constituyen uno de los elementos más útiles para la reforma provechosa de la legislación.

E. AGUILERA.

NOTICIAS BIBLIOGRÁFICAS *

El Procedimiento penal teórico práctico para la jurisdicción ordinaria, concordado y comentado por *D. Víctor Covián y Junco.*—Madrid, 1888.— Fuentes y Capdeville, libreros-editores.

Hemos recibido el tomo 1.º de la importante obra que con este título viene publicando el laborioso é ilustrado Sr. Covián y Junco, Presidente de la Audiencia de lo criminal de Almendralejo y miembro de la Sociedad de legislación comparada de París.

Propónese en dicha obra el autor examinar de una manera clara, metódica y breve, en lo posible, todas las cuestiones que tanto en el terreno de la teoría como en el de la práctica se debaten en materia de procedimiento penal, resolviéndolas con arreglo á las leyes, á la jurisprudencia y á la doctrina de los jurisconsultos más distinguidos tanto nacionales como extranjeros.

Con natural modestia y sin otra aspiración que la de recopilar lo escrito en muchos cuerpos legales y en multitud de resoluciones de los Tribunales aclaratorias de las disposiciones de la ley procesal, el autor ha venido á llenar un vacío de que adolecía la literatura jurídica de nuestra patria en que tan escasas son las obras fundamentales sobre teoría del procedimiento judicial especialmente en cuanto afecta al Derecho moderno.

No se limita la que es objeto de esta reseña al solo estudio de la legislación española, sino que con el propósito de llevar á ella todos los principios aceptados por los distintos países en que mayor progreso ha alcanzado esta rama del Derecho para hacer de la misma un tratado útil en todo tiempo por el caudal de doctrina á él aportado, se completará dicha obra por vía de apéndice con una recopilación de los Códigos extranjeros más adelantados hasta el día, de los que no es probable se separe cualquiera otra reforma que en lo sucesivo se intente en la ley procesal, prefiriéndose la inserción íntegra en esta forma á la mutilada que resultaría de hacerlo por medio de concordancias á continuación de cada artículo, sin perjuicio de anotar en éstos lo suficiente para que esta segunda serie sea complemento y comentario provechoso de la primera.

De dicho apéndice ha sido publicado ya el primer tomo, comprensivo de los Códigos de procedimiento penal en Francia, Bélgica é Italia, que, como es

---

* De todas las obras jurídicas que se nos remitan dos ejemplares, haremos un juicio crítico en esta Sección de la REVISTA. De las que versen sobre otras materias pondremos un anuncio en la cubierta de las entregas.

sabido, siguen el sistema *mixto* propiamente dicho, mezcla del *inquisitivo y acu-satorio* que puede muy bien denominarse Escuela francesa.

El tomo segundo de la serie correspondiente á la legislación extranjera, pendiente aún de publicación, comprenderá una reseña histórica y el articulado íntegro de los Códigos de Austria y Alemania, que obedecen al sistema *acusatorio mixto* ó alemán, adicionándolos con disposiciones reglamentarias tan importantes como la Instrucción dictada en el primero de dichos países para la ejecución del Código, la referente al modo de proceder en las causas por muerte violenta y la Ordenanza de los Tribunales en lo penal.

Los restantes estarán consagrados á la exposición de los cuerpos legales inspirados en el sistema *acusatorio puro* ó anglo-sajón, y de aquellos que, como el de Portugal, no pueden clasificarse con precisión dentro de ninguno de dichos sistemas, aunque guardan analogía con todos ellos, con lo cual tendrán término las cuatro secciones en que ha de dividirse la segunda serie ó Apéndice citado; pues en él se prescinde de los Códigos que siguen el sistema *inquisitivo puro*, porque nada podría encontrarse en ellos que no se halle en la instrucción preparatoria ó sumarial de nuestro procedimiento, y especialmente en la legislación francesa.

En otra ocasión (1), al ocuparnos del primero de los tomos indicados, expusimos ya la importancia suma que estos estudios tienen en la actualidad dadas las modernas tendencias del Derecho; y concretándonos, en su virtud. ahora al que hemos recibido de la serie correspondiente á la legislación española, debemos hacer notar las ventajas del plan que se ha trazado el autor y del programa que se propone desarrollar en su obra.

Siguiendo ésta el método generalmente adoptado por los más notables publicistas del Derecho procesal, divídese en dos partes, una general y otra especial, á la primera de las cuales pertenece el tomo de que damos cuenta.

Consta éste de cuatro secciones, en las que extensamente se examinan los principios cardinales del procedimiento penal, se expone la historia de esta parte de la ciencia jurídica, especialmente en lo que hace relación á nuestra patria, y se comentan, por último, con gran erudición las disposiciones del Derecho procesal positivo en España en el orden penal hasta el art. 7.° inclusive de la vigente ley de Enjuiciamiento criminal.

En la primera de dichas secciones, destinada á la filosofía del derecho, después de algunas nociones generales sobre el concepto del derecho penal, del proceso considerado en sí mismo y del juicio penal, así como sobre las clasificaciones y divisiones hechas de dicho procedimiento, fuentes de conocimiento relativas al mismo y ciencias auxiliares para su estudio, se trata de las diversas formas reconocidas ó sistemas seguidos en esta clase de procedimiento por las distintas legislaciones, exponiéndose las ventajas é inconvenientes de cada uno de ellos.

La segunda de las secciones citadas, que es la más extensa de todas, pues comprende casi por completo el indicado tomo, está consagrada á la historia del procedimiento penal desde los tiempos primitivos hasta su expresión en las disposiciones legales vigentes.

En la sección tercera empieza el estudio del derecho positivo, examinándose en ella todo lo relativo al planteamiento de la actual ley de Enjuiciamiento criminal y los principios cardinales de la misma. Y por último, la cuarta se ocupa de las cuestiones prejudiciales á que se refieren los artículos

---

(1)   Tomo 69 de la REVISTA, pág. 156.

del 3 al 7, ambos inclusive, de dicha ley, exponiéndose en esta sección el verdadero concepto de tales cuestiones, su diferencia de las llamadas previas, la división ó clasificación de las mismas por razón de la materia sobre que versan, del periodo-en que han de promoverse ó decidirse y de la autoridad que ha de resolverlas, así como de todo lo relativo á la competencia de las jurisdicciones represivas y no-represivas en esta materia, excepciones prejudiciales que motivan la suspensión del procedimiento hasta su resolución, etc., etc.

Al presente se halla en preparación el tomo 2.° que comprenderá las secciones 5.ª, 6.ª y 7.ª de la obra, las cuales constituyen verdaderos tratados doctrinales sobre la jurisdicción y las acciones en el orden penal.

Las indicaciones que preceden bastan á poner de manifiesto la utilidad é interés de la expresada obra, la cual merece todo género de elogios por nuestra parte, pues publicaciones de tanta importancia deben siempre ser acogidas con aplauso.

Mucho nos complace poder tributar de este modo á su ilustrado autor nuestras desapasionadas alabanzas, con tanto más motivo cuanto que se trata de un distinguido funcionario de la Administración de justicia, que á pesar de las ímprobas tareas de su Ministerio no desatiende su amor á la ciencia, al cual deseamos la necesaria constancia para no ceder ante las dificultades propias de la empresa que ha tomado á su cargo, en la seguridad de que de llevarla á término, como es de esperar de la actividad de que da muestra, habrá prestado con ello un señalado servicio á la ciencia jurídica y á todas las personas aficionadas al estudio de esta importante rama del Derecho tan poco cultivada en nuestro país.

Alegación en derecho á nombre de la Excma. Sra. Doña María del Carmen Hernández, Duquesa viuda de Santoña, *ante la Sala primera de la Excma. Audiencia de Madrid, por el Licenciado D. Nicolás Salmerón, en los autos promovidos por D. Francisco de P. Mitjans, como marido y representante legal de Doña Josefa Manzanedo é Intentas, Marquesa de Manzanedo, sobre nulidad de la Memoria ológrafa y codicilo otorgado por el Excmo. Sr. D. Juan M. Manzanedo, Duque de Santoña.*

Con este título hemos recibido un folleto en que ha sido publicada la alegación en derecho que en uso de la facultad concedida en el art. 876 de la ley de Enjuiciamiento civil ha formulado, en sustitución del informe oral correspondiente, la representación de la Sra. Duquesa viuda de Santoña, en el recurso de apelación interpuesto por la misma contra la sentencia dictada en primera instancia por uno de los Juzgados de esta corte en el pleito de que se hace mención en su epígrafe, por cuya sentencia fueron declarados nulos y sin ningún valor ni efecto el codicilo otorgado por D. Juan M. Manzanedo en 15 de Agosto de 1882 y la Memoria ológrafa suscrita por el mismo en 7 de Febrero de dicho año, y por lo tanto sin eficacia legal los derechos que de ellos quisieran derivarse.

Para la mayor claridad en la exposición de los diversos elementos que deben servir de base á la formación de un juicio cabal y exacto sobre las distintas cuestiones debatidas en el pleito, examínanse en dicho trabajo con la debida distinción: 1.°, los antecedentes de las reclamaciones promovidas por el demandante y el resumen de los hechos relacionados con ellas: 2.°, las pruebas aducidas por la parte demandada: 3.°, las cuestiones litigiosas tales como resultan planteadas en vista de los hechos probados, fijándolas con arreglo á dicho resultado: 4.°, la sentencia apelada, cuyo examen y discusión se hace en relación con tales cuestiones; y 5.°, los fundamentos legales que se suponen infringidos por dicha sentencia, deduciendo de todo ello por vía de resumen el autor del indicado trabajo:

1.° Que la cláusula 12 del testamento otorgado por el Sr. Manzanedo, alegada por el actor como fundamento para solicitar la nulidad declarada por el Juzgado, no tiene la condición jurídica de *derogatoria* ó *ad cautelam* supuesta de contrario, y que por consecuencia son perfectamente válidos la Memoria ológrafa y el codicilo referido, y eficaces los derechos que de ellos se derivan; y

2.° Que carece de acción la hija y heredera del Sr. Duque de Santoña para interponer la demanda origen del juicio.

En vista de estas conclusiones se solicita la revocación de la sentencia apelada, y que en su lugar se absuelva á la expresada Duquesa de la demanda con imposición de las costas al actor.

Respetando los fueros de la litis, según es costumbre en la REVISTA, nos abstenemos de hacer consideración alguna sobre las cuestiones legales que se ventilan en el pleito, y limitándonos á dar cuenta de este trabajo como documento forense notable, cúmplenos indicar que por su estilo, por los profundos conocimientos que revela en la ciencia del Derecho y por el método clarísimo con gran acierto adoptado, corresponde dicha obra al justo renombre que ha llegado á alcanzar en el foro su ilustre autor, y que tanto por estas razones como por el interés de los puntos jurídicos debatidos, merece ser leído por todos los que al ejercicio de la Abogacía se hallan consagrados.

E. AGUILERA.

BIBLIOGRAFÍA EXTRANJERA.

La Question des Passeports, par *Clunet.*—París, 1889, un tomo en 4.°

Una de las cuestiones más importantes en la actual política francesa y que lo será siempre teóricamente en el Derecho internacional, es la del modo de tratar en cada país á los extranjeros. Roma un tiempo los declaró enemigos (*hostis, hospes*); en otro creó para ellos *el prætor peregrinus* y por ellos reformó el carácter de su derecho y ensanchó los moldes de sus locales instituciones. Después de la gran revolución del cristianismo, ninguna tan importante en el Imperio como la constitución de Caracalla, Emperador, por otra parte, de execrable memoria, que concedió libérrimamente á los provinciales el derecho de ciudadanía romana.

En nuestra edad, aun conservando en teoría el amplio derecho de soberanía en cada país que puede cerrar ó abrir sus puertas á los extranjeros como le plazca y consultando el propio interés, la generalización del derecho, el progreso de la constitución, el concepto de la fraternidad universal impiden que se use sin limitación de aquella facultad. China, el Japón, el Paraguay, cuantas naciones han querido sustraerse á estos impulsos (que en verdad fueron pocas) han tenido que abrir sus puertas. Las fronteras se han conver tido en esas delicadas membranas de que nos hablan los físicos á través de las cuales observamos los curiosos fenómenos de la *endosmosis* y de la *exosmosis* y hanse convertido también en esos tubos comunicantes, en los que poco á poco se va estableciendo el nivel de las fuerzas y de las aptitudes y del progreso, como en los que nos muestra la física el de los líquidos.

Natural era que Francia y París llegasen á promover esas cuestiones desde que afluyen á la República y á su capital, lo mismo que antes al Reino y al Imperio, extranjeros de todas clases, condiciones y fortunas. El exceso ha sido tal, que unido á la creciente despoblación de Francia ha llamado seriamente la atención del Gobierno y de los economistas. Natural era también aun pres-cindiendo de la animosidad política y de las apenas dormidas rivalidades entre Alemania y Francia que la primera nación y sus emigrantes produjeran la queja, porque la raza germánica desbordándose por todas partes, hacia Rusia por Oriente, hacia el Occidente á Francia y hacia las nuevas colonias de África y Oceanía, verifica una nueva invasión que no se puede presenciar con los brazos cruzados, ni sin preocupar seriamente á la ciencia y á sus intér-pretes. Como si esto no fuera bastante, Alemania, faltando á los Tratados de 1871, que le obligan á tratar á los franceses como á la nación más favorecida y recelando de la Alsacia Lorena y de sus habitantes, ha establecido tantas formalidades y trabas para que los franceses no viajen por estos antiguos de-partamentos, que naturalmente hubo de producir una legislación de represa-lias, indigna de la ciencia germánica de nuestro tiempo y que producirá á los mismos alemanes grandes perjuicios. Se manda que los viajeros se provean de pasaportes que haya de visar el Embajador de Alemania en París y que no se permita que en tierra alemana residan más de ocho semanas, exigiendo ade-más á los militares del ejército y armada, aun retirados y á los alumnos de Colegios organizados militarmente otra certificación relativa á su conducta, opiniones, objeto del viaje, etc., todo lo cual ha producido que franceses que iban á ver á sus parientes enfermos ó moribundos en Alsacia Lorena hayan sufrido intolerables vejaciones.

El libro de Mr. Clunet examina, á la luz del Derecho internacional, todos estos puntos y como inspirándose en los verdaderos principios jurídicos de la civilización contemporánea y aun confesando que Francia puede volver contra Alemania su propia legislación, entiende que las represalias no deben adoptar-se, al menos con carácter permanente. La obra merece estudio por la abun-dancia de datos que atesora, por los sólidos principios de derecho en que se funda y por el espíritu de fraternidad que la inspira á pesar de lo crítico de las circunstancias en que ha visto la luz pública.

L'Equilibrio Europeo studiato nei trattati, da *Michele Gizira.*—Cata nia, 1888, un tomo en 4.°

Este libro es una *tesis doctoral*, dedicada al examen, aunque sólo en el con cepto histórico, de una interesantísima cuestión de Derecho internacional, que llena por sí sola toda la historia moderna. Por eso el autor comienza su ex-posición con las ligas de las potencias italianas contra Francia y de las que celebraron en pro y en contra de otras potencias, continúa relatando las luchas de Carlos V y de Francisco I, las de las casas de Austria y Borbón, las de toda Europa contra Luis XIV, las de Austria y de Rusia contra los turcos, no examinando las que Europa casi entera sostuvo contra Napoleón, ni las demás que se han sucedido hasta nuestros días. El libro, aunque meramente histórico, repetimos, es digno de leerse, porque en breve espacio comprende bien dispuesta la historia diplomática de tres siglos y la de varias potencias europeás Le falta, sin embargo, el apoyo y significación que únicamente puede dar á los sucesos histórico-políticos la fijación de una doctrina y el señalamiento de un criterio, sean aquélla y éste los que fueren.

Colección de disposiciones del Ministerio del Interior.—Santiago de Chile, 1888.

Hemos examinado este libro, y con su lectura nos hemos confirmado en la idea que ya teníamos acerca de los rápidos adelantos administrativos de la República chilena. Cuantos objetos forman el contenido de la Administración pública respecto á *personas, cosas y procedimientos* figuran en esta colección de disposiciones, siendo notables las que se refieren á las concesiones de obras públicas, telégrafos y teléfonos De menos valer científico, si bien prueban el cuidado del Gobierno en interesantes ramos del servicio público, son los decretos sobre beneficencia y sistemas penitenciarios. En suma, el libro á que se refieren estas ligeras observaciones merece detenido estudio para los que deseen conocer el estado de la Administración pública en una región, quizá hoy la más interesante y de mejor porvenir en la América meridional.

ANTONIO BALBÍN DE UNQUERA.

Del concepto de la jurisdicción administrativa. Discurso leído en la sesión de apertura de la Academia de Derecho de Barcelona, por su Presidente D Juan Homs y Homs, Abogado de aquel Ilustre Colegio.—Barcelona, 1888.

El verdadero concepto de la jurisdicción administrativa, tan discutido por los tratadistas de Derecho, es uno de aquellos problemas jurídicos en que se advierte mayor discordancia de opiniones, cuando se dedica la atención al examen de los múltiples trabajos á este objeto dedicados; por esta causa, sin duda, ha comenzado el suyo el Sr. Homs con un estudio de los principales autores, tan sucinto como completo, antes de entrar á estatuir su concepto de dicha jurisdicción.

La jurisdicción administrativa, como dice el Sr. Homs, ha sido considerada, ya como jurisdicción de la administración, ya como jurisdicción del Poder judicial sobre asuntos administrativos; y aun dentro del primer concepto, unos escritores la limitan á las controversias de derechos entre la administración y los particulares, y otros la extienden á las contiendas de intereses, admitiendo éstos, por consiguiente, la subdivisión de la jurisdicción administrativa en gubernativa y contenciosa.

Antes de pasar al examen crítico de ambas teorías, y de sentar la que, en su concepto, se ajusta más á los principios filosóficos y jurídicos, se ocupa el Sr. Homs brevemente, y como punto de partida, de la división de los poderes públicos.

Partiendo del concepto científico de ésta, y de la esencia y naturaleza del Poder judicial, entiende que sólo á él puede atribuirse dicha jurisdicción; pues el suponerla propia también del Poder administrativo, es desconocer la respectiva naturaleza de ambos poderes.

Afirma que la teoría que encomienda la jurisdicción administrativa á Tribunales que pertenezcan á la Administración, tiene sobre otras la ventaja de que en el hecho satisface casi por completo los derechos de los particulares; pero en teoría parte de una contradicción, tan absoluta, que la hace insostenible, puesto que proclama que lo contencioso-administrativo es una contienda entre derechos, que éstos tienen indispensablemente una acción, y que ésta ha de deducirse necesariamente ante verdaderos Tribunales; no obstante lo cual, vienen á negarse por completo tales verdades, desde el momento en que se afirma que los Tribunales aludidos han de pertenecer á la Administración, dentro de la cual, según Boulatigniere, Laferrière, Batbie, Macarel y otros, tienen el carácter de ordinarios como los que llevan esta denominación dentro del Poder judicial; porque con ello se atribuye á la Administración una función idéntica á la que forma la esencia del Poder judicial, lo cual viene á echar por tierra la distinción y separación de ambos poderes.

Rechazada la idea de toda jurisdicción administrativa, aparente ó verdadera, que resida en la Administración, ¿deberá darse ya por completamente resuelta la cuestión en el sentido de que aquella jurisdicción, como todas, pertenece al Poder judicial, ó será preciso investigar si está mezclada ó confundida con la ordinaria, ó debe, por el contrario, distinguirse de ésta? He aquí las dos teorías que examina seguidamente el Sr. Homs: la que niega la existencia de la jurisdicción administrativa, y la que la reconoce en el Poder judicial, si bien como distinta de la civil.

Después de examinar detenidamente los argumentos en que basan los tratadistas la defensa de una y otra opinión, pasa el Sr. Homs á exponer su criterio favorable á la jurisdicción administrativa como distinta de la ordinaria, pero perteneciendo, como ésta, al Poder judicial, fundándose en la existencia de una materia contencioso-administrativa que puede y debe distinguirse de la contenciosa judicial ordinaria, materia que consiste en la lesión de derechos administrativos particulares; y en que en lo contencioso-administrativo se ventila una cuestión de derecho entre los particulares y la Administración, una verdadera contestación ó un proceso, como dice Serrigny, de la cual, según afirma Vivien, sólo una autoridad imparcial y extraña á la Administración, una jurisdicción propiamente dicha, es la que puede decidir.

Por esto entiende el Sr. Homs que el proceso administrativo debe tener los caracteres propios de todo proceso, correspondiendo por tanto al Tribunal sentenciador la ejecución del fallo recaído; reconociendo también la necesidad de la vía gubernativa, como preliminar de la contenciosa, porque facilita el que la Administración pueda meditar sus resoluciones, y hace que el acto que se supone contrario á un derecho particular aparezca verificado deliberadamente.

Con el desarrollo de esta teoría, por él aceptada, y algunas consideraciones relativas al proyecto presentado á las Cortes en 3 de Febrero de 1881, termina el Sr. Homs su erudito y bien pensado trabajo sobre el concepto de la jurisdicción administrativa, que es digno de atención y de estudio, no tan sólo por la competencia y erudición que patentiza, sino también por la claridad y método, y el sano criterio jurídico con que resuelve así problemas incidentales como la cuestión capital que han sido objeto de su discurso.

RAMÓN SÁNCHEZ DE OCAÑA.

Principios de Política.—Introducción al estudio de la Ciencia política contemporánea, por F. Vón Holtzendorff, traducida, con notas críticas y un estudio preliminar, por *D. Adolfo Buylla* y *D. Adolfo Posada.*

Los ilustrados Profesores de la Universidad de Oviedo, Sres. Buylla y Posada, conocidos ya por la publicación de otros trabajos científicos muy estimados, una vez más se han hecho acreedores á la sincera felicitación de cuantos se interesan por los estudios jurídicos, pues han llenado un vacío que hacía ya tiempo se dejaba sentir en España, traduciendo y publicando la obra aludida, en que el sabio Catedrático de la Universidad de Munich ha expuesto y desarrollado con admirable método doctrinas y problemas de suma actualidad.

Mucho pudiera decirse de obra tan apreciable, muy principalmente encaminada á demostrar el carácter eminentemente científico de la política, que sólo en los tiempos modernos ha tomado un aspecto totalmente distinto del que revistiera antiguamente, debido en gran parte á la resurrección admirable del espíritu positivo que Aristóteles aplicara á aquélla, como en el estudio preliminar aludido se indica, acaso con alguna pasión ciertamente disculpable, pero que no por eso deja de serlo al afirmarse que la institución del Rey, sobre todo en determinados países, denuncian muy á lo vivo, la influencia que, aun hoy, ejercen las costumbres á través del tiempo, y que actualmente es de escasa importancia el hecho de que la Soberanía se ejerza por razón de herencia, por elección de un pueblo, ó como resultado de una guerra victoriosa, pues el Estado no se encarna ya en una persona que ocupe puesto social preeminente, sea cual fuere el título que para ello invoque.

Aun admitiendo como exacta la doctrina admirablemente expuesta, con relación á los elementos que en los pueblos modernos contribuyen á la realización humana del ideal posible del Estado, entre los cuales, los Sres. Buylla y Posada señalan los contenidos en las fórmulas del *Selfgovernment,* de la declaración de los derechos del hombre, de la Sociología y del principio de las nacionalidades, siempre resultará que la institución monárquica, no con el carácter patrimonial de la escuela tradicionalista, sino con el de constitucional que hoy tiene en todos los países civilizados, es otro elemento indispensable para la vida de un gran número de pueblos, que precisamente en la monarquía tienen el baluarte más inexpugnable de sus libertades.

La obra de Holtzendorff, que trata del objeto de la política, del principio jurídico y moral de la misma y del fin del Estado como principio fundamental de aquélla, ya hemos dicho que examina con tanta precisión y amplitud infinidad de puntos importantísimos, que sería preciso escribir otro nuevo libro para dilucidarlos cumplidamente; pero no por eso nos resistimos á la tentación de hacer notar la exactitud de las observaciones hechas respecto á la influencia del arte de la palabra en los tiempos antiguos y modernos, pues mientras que en aquéllos la palabra tenía influencia inmensa, como no podía menos de suceder, cuando «la retórica, en el propio sentido del término, era el arte de persuadir por medio de la palabra á las Asambleas deliberantes, ó á los Tribunales encargados de juzgar, es incontestable que en nuestros estados modernos el fondo del discurso tiende á sobreponerse, cada vez más, á las habilidades y *floreos* de una forma poco adecuada;» siendo también de notar que, por si acaso parecía poca alusión la que el autor dirige á ciertos políticos de pequeña talla, con pretensiones de dirgir á las muchedumbres, más adelante tiene frases felicísimas para ridiculizar á esos apóstoles, no vacilando en sostener que «la tendencia á profetizar en los negocios políticos embrollados, denota ordinariamente, ó presunción ó ignorancia.»

También merecen fijar la atención los notables párrafos que dedica el autor al examen del problema que hoy se conoce con el nombre de parlamentarismo, ó mejor dicho, de sus vicios, acerca del cual afirma que la natural influencia de las Asambleas legislativas en los países de instituciones parlamentarias, nunca debería llegar al punto de que gobiernen ellas mismas, ó á exigir que el Poder ejecutivo esté supeditado en absoluto á su capricho; sino, por el contrario, debe limitarse á estimular al Gobierno, en el caso en que éste proceda con excesiva lentitud, ó que cometa omisiones inexplicables, y á inspeccionar constantemente su conducta y á exigirle cuenta de su faltas y torpezas.

A propósito de los conflictos que ocurren entre el más alto poder político y la permanencia é inflexibilidad de la ley, Holtzendorff trata de hacer una justificación histórica de las revoluciones, afirmando al principio que no puede hacerse teóricamente y *á priori*, por más que, según hacen notar perfectamente sus ilustrados comentadores, es indudable que los razonamientos hechos con aquel propósito tienden á la legitimación racional de los hechos violentos, como lo prueba principalmente la afirmación hecha por aquél de que, «desde el punto de vista histórico y *moral*, puede ocurrir que, dadas ciertas circunstancias y en casos excepcionales, la violación del derecho positivo se justifique;» doctrina sobradamente radical que de ninguna manera puede aceptarse por quienes entienden que el progreso puede cumplirse, y de hecho se cumple sin necesidad de acudir á la violencia, como lo patentizan hoy muchos demócratas que á la teoría de la revolución han sustituido la de la evolución.

Respecto á los usos y moral de la guerra, hubiéramos deseado alguna mayor determinación de conceptos, por más que puede deducirse el que á este propósito tiene el ilustre autor de quien nos ocupamos, al declarar que «es inmoral en la guerra, lo que la moral de la paz condena, siempre que no lo exija el cumplimiento del fin de aquélla.»

Para que sea más exacto el juicio del criterio eminentemente democrático que predomina en la obra que examinamos, no está demás llamar la atención hacia la parte dedicada á tratar de la organización del ejército en la que se expresa que «la opinión sostenida antiguamente de que los ejércitos son por sí mismos un fin, á cuyo cumplimiento deben asignarse los recursos del Estado, se desvanece ante la idea elevada de que entran en el círculo de las grandes instituciones populares que tienen un fin nacional, independiente de la voluntad del Soberano»; idea democrática que no se opone á la de que los representantes ó embajadores de las Naciones, aunque éstas sean republicanas, como la de los Estados Unidos del Norte, deben estar espléndidamente dotadas, porque «las cosas muy baratas, suelen ser ordinariamente malas, y una república que tiene representación en los países monárquicos, no debe prescindir de los procedimientos tradicionales.»

Últimamente, se examinan en la obra repetida cuestiones tan interesan-

tes como la expropiación forzosa, la justicia administrativa y las direcciones
fundamentales de la política conservadora, reformista y radical, que no que.
remos discutir ampliamente por no alargar demasiado este artículo, limitándonos á consignar que el autor entiende que la política radical corresponde
á los periodos de crisis en el Estado, y que, de sus afirmaciones se deduce la
idea de que la política reformista es generalmente la más adecuada para la
gobernación del mismo, si bien la conservadora es necesaria al efecto de ase.
gurar los adelantamientos obtenidos.

LUIS M. MIQUEL IBARGÜEN.

Du Droit de propriété sur les œuvres de litterature et d'art, par *Vladi- mir Pappafava.*—Grenoble, 1887.

Este trabajo es una interesante monografía en que se trata de estudiar
y esclarecer una de las cuestiones más importantes del Derecho civil moderno; cuestión sobre la cual, como dice con mucho acierto el Sr. Pappafava,
todavía no se ha llegado á conclusiones definitivas, puesto que aún está en
tela de juicio el problema de si las creaciones artísticas ó literarias constituyen un título de propiedad permanente, ó efímero y pasajero.

El Sr. Pappafava cree, sostiene y afirma la realidad del derecho de propiedad sobre las obras literarias y artísticas por parte de sus autores; pero
siguiendo el parecer de la mayor parte de los tratadistas y publicistas que
se han consagrado al estudio de estas cuestiones, opina que ese derecho no
puede ser perpetuo, que ese derecho debe ser meramente temporal; y encuentra, después de analizar todas las fórmulas dadas por las leyes y por los autores más eminentes para resolver esta cuestión, que la más aceptable á sus
ojos y en su sentir, es la de la ley francesa, que garantiza á los autores el
derecho de propiedad de sus obras durante toda su vida y á los herederos ó
causahabientes de los autores, durante cincuenta años á partir del falleci
miento del autor.

Antes de llegar á esta conclusión, el Sr. Pappafava expone, de un modo
conciso y completo, los principales argumentos que han sido alegados en
apoyo de las diferentes opiniones que se agitan en esta delicada materia, y
estudia la naturaleza jurídica de los derechos del autor, de una manera razonada y discreta.

Cree que la fórmula á que llega después de hecho este estudio, debiera
ser sancionada y apoyada por las leyes de todos los países civilizados; y entrando ya en el terreno de la legislación comparada, expone rápidamente
las reglas y las leyes que han regido en esta materia en la antigüedad y en
nuestros días en las naciones civilizadas.

Acumula en este punto tan copiosa erudición y noticias tan interesantes,
que en verdad nosotros no conocemos monografía alguna de las muchas con
sagradas al estudio de este importante punto de la ciencia jurídica, que sea
más completa que la del Sr. Pappafava, cuya lectura recomendamos de una
manera muy especial, porque creemos que sin ella no será posible conocer

exactamente lo que debe estimarse y apreciarse acerca de punto tan transcendental como ese.

F. DE A. PACHECO.

———

Noticia bibliográfica de interés general.

El Director del *Diario de las Sesiones del Senado* y Jefe de los taquígrafos de esta Alta Cámara, en donde cuenta *por oposición* treinta y cuatro años de servicios, y de cuya Academia privada, sita en Madrid, calle de la Flor baja, 9, han salido aventajados discípulos que hoy son excelentes taquígrafos de las Cortes, ha publicado la segunda edición de *La Taquigrafía Verdadera.*

Este completísimo tratado teórico-práctico é histórico-crítico, fruto de *40 años* de profundos estudios, de improbos trabajos y de una práctica constante del prodigioso arte taquigráfico, es utilísimo é indispensable, por las innumerables é interesantes noticias que da:

1.º Para los que deseen ocupar las vacantes que ocurran de Taquígrafo de las Cortes, para los estudiantes, Secretarios de Juzgados, Tribunales, Diputaciones provinciales, Ayuntamientos, Academias y demás Centros de discusión, en una palabra, para las infinitas clases de la sociedad á quienes, en alto grado, precisa poseerlo, máxime ahora que la taquigrafía va á funcionar desde luego en el Jurado, y quizá muy pronto á formar parte integrante de la ley de instrucción pública, si los Cuerpos Colegisladores aprueban la proposición del Sr. Hernández Iglesias, la cual quedó pendiente de dictamen de Comisión en el Senado que la tomó en consideración.

Y 2.º Para los legisladores en general y los oradores parlamentarios en particular, así como para los que teniendo que escribir ó dictar mucho, ora para sí, ora para la imprenta, y queriendo ahorrarse tiempo y molestias, se valgan al efecto de taquígrafos.

De todas las obras que en su género han salido á luz, *La Taquigrafía Verdadera* es, hasta ahora, la única escrita por un taquígrafo de las Córtes con título de tal ganado por oposición.

Además de la parte pedagógica ó didáctica, consignada en 27 láminas y 100 lecciones, tan claras y metódicas, que cualquiera, sin necesidad de profesor, puede por sí solo aprender perfectamente la teoría, y llegar después á escribir *150 palabras por minuto, ó siete pliegos en cada hora,* contiene, entre otros muchísimos, nuevos y curiosos datos: la organización del servicio estenográfico en los Parlamentos y Tribunales de los principales países del mundo civilizado; todos los refranes de nuestro idioma (cerca de tres mil), para que, como frases sueltas, el aspirante á taquígrafo los copie en signos convencionales y los traduzca á los vulgares; y, con el mismo objeto, á la vez que con el de amenizar la seriedad del arte, *tres comedias inéditas,* de ellas, dos arregladas del francés y una improvisada por el autor, que es conocido como escritor dramático.

Por último, esta obra, *ya concluída,* encuadernada en rústica, y que consta de un voluminoso tomo de *256 páginas en folio,* se vende *únicamente en Madrid,* calle de Campomanes, 6, imprenta, y en la de la Flor baja, 9, por 10 pesetas en la corte, 11 en provincias y 12 en Ultramar y en el Extranjero.

Los pedidcs, para ser satisfechos, deberán ir acompañados de su importe en libranzas del Giro Mutuo ó letras de fácil cobro, á la vista (nunca en sellos), y dirigidos á D. Luis Cortés y Suaña, el cual, á vuelta de correo, remitirá, *francos de porte y certificados*, todos los ejemplares que previamente se le abonen.

Los señores *libreros*, tanto de España como del Extranjero, satisfarán también al contado los pedidos que hagan acompañados de un volante en que consten éstos, y el timbre, membrete ó sello de sus respectivos establecimientos, y disfrutarán de la rebaja del 20 por 100 si compran desde dos hasta once ejemplares, ambos inclusive; y del 25 si adquieren desde doce en adelante.

LA ACCIÓN POPULAR *

Señores académicos:

Dejan los años y sucesos de la juventud huellas 'hondas en el alma, y con ser por lo común más menudos los hechos y *los intereses* que forman el tejido de la vida en sus principios, de tal suerte y con tan vivos colores se retratan en la memoria, que *se* llega á la edad madura, se pisan los umbrales del último tercio de la existencia, y siguen siendo aquellos recuerdos *como* lo más personal y más propio de nuestro ser.

Así lo siento yo al verme en este sitio, donde me han elevado vuestros votos; y al poner mi pensamiento en lejanos días de ardientes discusiones, unas veces científicas, otras reglamentarias, empeñadas bajo la presidencia de los hombres ilustres, orgullo y gloria ya, en gran parte, de nuestra historia, se me representan ocupando una mayor porción de mi vida que cuantas alteraciones políticas y luchas de escuela ó de partido me han contado como peón de combate, en los largos y agitados años que he faltado de aquí.

Con crecida gratitud recibí el honor de vuestra elección, y

---

* Discurso leido ante la Real Academia de Jurisprudencia y Legislación, por su Presidente el Excmo. Sr. D. Francisco Silvela, al verificar la solemne pertura de la misma, el día 81 de Octubre último.

con afán vengo á inaugurar unas tareas que tan gratas impresiones avivan y restauran en mi espíritu, y como debido tributo á la misión activa que os corresponde dentro del movimiento de nuestro Derecho, me he propuesto ofrecer á vuestra consideración y estudio un punto de doctrina y legislación que,
enlazándose con eternos fundamentos del orden jurídico en todas las sociedades, preocupa en estos momentos la conciencia
del País, dejando en ella la impresión evidente de aspiraciones
honradas no bastante satisfechas y de principios progresivos
consignados en las leyes, más para recreo de los que las escriben y regocijo de los que las leen, que en beneficio positivo ó
defensa real de quienes han de usarlas: me refiero á la teoría
y práctica de la acción pública en el Enjuiciamiento criminal.

El trazado natural de este discurso no consiente llevar á
capas muy hondas los cimientos, y no extrañaréis prescinda
de aquellas exposiciones históricas remotas, sobre el derecho
de acusación pública en las dos ramas oriental y occidental de
los aryos; su condición de institución popular, según Herodoto,
entre los egipcios, que reconocían la facultad aun en los esclavos; sus glorias no menos memorables que sus crímenes en
Grecia; y su confusión en la Germanía y las Galias, con el interés ó la venganza individual (1).

Pero no cabe prescindir de igual suerte, por sucintas que
quieran hacerse las bases de la exposición teórica, de ese maestro maravilloso ó inagotable que se llama el Derecho romano,
de cuyas enseñanzas le será tan imposible emanciparse á la
razón, como á el arte, de la belleza ideal de la estatua y la ar-
quitectura helénicas.

Aun dentro del tesoro inagotable de las enseñanzas roma-
nas, será bueno para mi propósito dejar á un lado las primitivas leyes penales del Derecho pontifical y de las Doce Tablas,
y tan sólo por razón de método, recordaré á vuestra atención,

---

(1)　*De l'acusation publique chez les anciens peuples*, par Emile Fabre.—Paris, 1875.

que de ese derecho antiguo criminal, formado más aún que el
civil, por precedentes, por decisiones sobre crímenes célebres,
por verdadera jurisprudencia, y no por leyes, se deducen con
entera claridad dos principios capitales, que resultan tras de
tantos siglos, de nuevo proclamados como expresión de libertad y progreso, que son: la publicidad del juicio, y la acusación pública como ejercicio de la soberanía popular, mezclándose, no obstante, con ese derecho popular ó de ciudadanía,
una acción del Estado por medio de oficios de república, como
los *quæstores parricidii*, los *triumviri capitales*, el Censor y los
Magistrados que por medio de la *diei dictio* sometían al pueblo
el acta formal de acusación y constituían un verdadero Ministerio fiscal, bajo la sola garantía de su celo por la salud pública, y enlazándose y coexistiendo su oficio y comisión con el
derecho de acusar reconocido por igual y sin limitaciones á
cada ciudadano.

II

Señala un progreso que constituye época en el procedimiento criminal romano el establecimiento de las *quæstiones
perpetuas* presididas por el Pretor, que convirtieron en Tribunal y en ejercicio de jurisdicción permanente lo que antes era
poder legislativo y actos ó leyes que castigaban los delitos,
creando derecho en cada sentencia ó decisión del pueblo sobre
el crimen que se le sometía; pero ante ellas se mantiene el
mismo procedimiento acusatorio, y ante ellas surge la primera
garantía en pro del acusado, que fielmente se transmite hasta
nuestra Ley de Partida. Tal es el juicio previo ó diligencia sumaria, llamada según Aulo Gellio *divinatio*, por ser su
objeto averiguar cuál de los varios acusadores que se pre-
sentaban para ejercitar la acción popular había de llevar la
representación de ese derecho, de la ciudad en primer término. A los Jueces correspondía elegir el acusador, en con-

sideración á las cualidades, edad, buenas costumbres ó interés en el proceso de los varios que se presentaran (1), ley del Digesto que es mera consagración de prácticas y jurisprudencias anteriores, y que por sí sola revela de qué manera el ejercicio de la acusación pública se hallaba encarnado en las costumbres, y al propio tiempo, cómo buscaba la ley garantías de igualdad ó imparcialidad en la acusación misma, cuando la concurrencia de muchos podía hacer temer que llegara á ejercerse presión ilegítima sobre los derechos de la defensa: no quedaban, sin embargo, totalmente excluídos los demás acusadores no designados en la *divinatio* para llevar la voz de la acción pública; seguían con personalidad en el proceso para ayudar al acusador principal, con el nombre de *subscriptores*, y resultaba así respetado y atendido el derecho de cada uno.

En el conjunto de todas esas prácticas y de todas esas instituciones de procedimiento criminal, que alcanzan hasta el completo desarrollo del poder y del absolutismo imperiales, se mantiene con toda claridad y con un desenvolvimiento amplísimo, el principio acusatorio, no debiendo olvidar para juzgar esa, como todas las fórmulas de aquel sistema, que su base y principio fundamental no era otro que el ejercicio permanente de la soberanía popular, lo mismo en la acusación que en el procedimiento y en el fallo: el ciudadano que acusaba, el Magistrado que denunciaba, eran parte de esa soberanía que debía poner en movimiento al poder de la colectividad, á quien correspondía instruir y juzgar; no se perseguía un fin supremo de restablecimiento de derecho violado, anterior y superior al ejercicio de la voluntad; así es que al establecerse las *quæstiones perpetuas* se consideraron como una mera delegación del poder que en orden á la penalidad tenían los comicios, manteniéndose en acción ambos organismos, mientras subsistió la

(1) *Dig. lib. XVIII, tit. II.*—16 *Ulpianus, lib. 2.º de officio consulis. Si plures existant que eum in publicis judicio accusare volunt· judex eligere eum qui accusare causa scilicet cogunta æstimatis accusatorum personis vel de dignitati vel ex eo quod interest vel ætate vel moribus vel alia justa de causa.*

república, y no ya de un modo meramente nominal y con entero abandono en la jurisdicción delegada de los derechos populares, sino con verdadera y eficaz retención de tan alta prerrogativa, como lo demuestra la acusación de Cicerón ante el pueblo, que renovó todos los caracteres de los antiguos decretos populares, verdaderas leyes imponiendo penas á los acusados, ante el Tribunal de la soberanía popular directa.

La delegación de esa soberanía en los sucesivos organismos, que iban haciendo necesarios la extensión del imperio y la complicación creciente de las relaciones políticas de una gran ciudad y un vasto territorio, no disminuyen, sino que, por el contrario, aumentan la amplitud del sistema acusatorio y de la acción pública en Roma, y los autores que más minuciosamente han perseguido las evoluciones de ese procedimiento criminal, difíciles en verdad de determinar con precisión, como todo lo que es derecho elaborado en casos particulares y en prácticas de curia, convienen en que el *quæstor* va perdiendo sus facultades de Juez instructor, con iniciativa para denunciar y perseguir al reo, y se convierte en mero Presidente y órgano del Jurado, y la acusación queda más confiada á la iniciativa privada, si bien empiezan á introducirse garantías y defensas contra los abusos de las acusaciones temerarias ó interesadas, como el juramento de calumnia, la caución de proseguir el juicio hasta sentencia bajo pena de infamia, las multas y hasta la pena del Talión, en el caso de manifiesta calumnia, pudiendo deducir con entera seguridad de estos antecedentes y de estas incompletas y rudimentarias formas del procedimiento, dos ideas capitales, que cuadran á nuestro propósito, que consideramos inseparables y que veremos surgir tras de muchos siglos de investigaciones, ensayos y desengaños, de nuevo enlazadas, más bien por la fuerza de las cosas y por las afinidades naturales de la razón, que por meditado pensamiento de los legisladores; así, al lado del procedimiento romano de la época de las *quæstiónes perpetuas*, que Ortolán califica como la más amplia organización del sistema acusatorio, se desenvelve con grande amplitud también la acción popular que comparte con la del Magistrado, y de los oficios de república esa parte tan esencial en la obra de la justicia humana; y cuando pasados muchos siglos se cambia el concepto fundamental de la justicia penal y deja de ser éste la mera expresión de la voluntad popular, para elevarse á la noción superior del restablecimiento de un principio eterno de derecho violado, de nuevo surge al lado del sistema acusatorio, la necesidad y la aspiración de amplitudes y facilidades para la acción popular.

La acusación pública, como prerrogativa de ciudadanía y ejercicio de un preciado derecho de libertad popular, sufrió durante el imperio suerte un tanto parecida, aunque por causas y con accidentes muy diversos, á la que ha sufrido entre nosotros: murió sin que pueda señalarse el acto legislativo ó la jurisprudencia conocida y segura que pusiera término á su vida; se extinguieron y secaron las raíces que en la conciencia pública deben alimentar tal institución, y nadie las arrancó del cuerpo del derecho positivo, donde quedaron de todo punto olvidadas y estériles. El papel de acusador, dice Laboulaye, descendió de las alturas en que la opinión le había colocado, y fuera de aquellos miserables que hicieron de la delación un infame oficio al servicio de las pasiones de los Emperadores, nadie acusó ya, sino en beneficio del interés propio y por la lesión personal que le hubiese inferido el delito.

La obra de absorción y centralización del poder público en el Emperador fué lenta, y la transformación del principio popular en la doctrina de que el Príncipe es la fuente de todo derecho, así de justicia como de gracia, casi insensible: primero, se transfirió al Senado toda la jurisdicción criminal de los comicios; pasaron después las facultades del Senado, al Consejo privado impérial; se sucedieron los Emperadores con verdadero furor de juzgar, según el dicho Montesquieu (1), y se perdió

---

(1) Montesquieu.—*Esprit des lois*, libro VI, cap. V.

hasta la memoria del principio de que la jurisdicción criminal
naciera y se identificara con la voluntad del pueblo; la antigua
quæstio tomó el nombre de *merum imperium*, y se fué absor-
biendo todo el poder de los Magistrados y Tribunales en Roma,
en el prefecto del Pretorio, y en las provincias, en los Gobernadores imperiales que juzgaban, asistidos de asesores, todos
los asuntos de importancia, quedando la justicia municipal en
las ciudades que gozaban de mayores privilegios, como subordinada á la acción del Gobernador y reducida en la época de
los jurisconsultos clásicos, á juzgar los delitos de los esclavos, y á la imposición de penas leves á los ciudadanos y
libertos: pero ni entonces, ni en el período del Bajo Imperio,
dejaron de figurar en la ley y doctrina las accciones populares
como elemento de la jurisdicción y de los procedimientos criminales, y no en el sentido de mera denuncia de los delitos, en
el cual todas las legislaciones la han mantenido, sino como
fórmula de acusación sostenida en el juicio hasta llegar á sentencia, y basta para demostrarlo recordar el título XVIII, libro IV
de la Instituta que trata de *publicis judiciis*, y que se llama-
ba así según el texto de Justiniano (1), porque pueden enta-
blarlos casi todos los ciudadanos. Se mantenía en estos procesos la obligación de suscribir ante el pretor ó el procónsul la
acusación obligándose á seguir la causa hasta sentencia (2), y
como garantía fundada en condiciones del acusador público se
excluía del ejercicio de este derecho, á no ser por delitos cometidos contra ellos ó sus parientes, á las mujeres, los pupilos,
los condenados por falso testimonio, los infames y los pobres,
señalándose el límite de la pobreza legal en la posesión de 50
áureos (3).

La centralización autoritaria del régimen imperial no podía
menos de llevar á los procedimientos criminales sus consecuen-

---

(1) *Publica autem dicta sunt quod cuivis ex populo exentio eorum plerunque datur.*

(2) § 1.°, ley 7.ª, tít. 11, libro XLVIII del Dig.

(3) Leyes 2, 8, 9, 10, tít. II, libro XVIII del Dig.

cias, que pueden resumirse prácticamente en la reunión, en el oficio del Juez, de todas las facultades propias de la acusación, del procedimiento y del fallo, sin que llegara á distinguirse ó crearse con condiciones definidas cargo alguno que pudiéramos considerar como origen de nuestro Ministerio fiscal, si bien numerosos Senados consultos y Constituciones imperiales encargan al Magistrado la persecución directa de los que se califican de *crimine extraordinaria*, y por procedimientos excepcionales ó extraordinarios también.

Los *Irenarchæ*, *Enunciatores* y *Stationarii*, tenían el carácter de denunciadores de los delitos y de agentes de la policía represiva, y completaban y auxiliaban la autoridad de los Presidentes y Gobernadores en las provincias, pero siempre con un carácter subalterno y sin una verdadera participación en el juicio, terminando su intervención con la denuncia y la entrega al Magistrado de los acusados con un pequeño proceso verbal, cuyos términos se puntualizan en el título del Digesto *de custodie et exhibitione reorum*.

Mayor alcance y significación tuvo dentro del Derecho romano del Bajo Imperio otra magistratura que responde más directamente al ejercicio de las acciones criminales en un interés social, y se enlaza, por tanto, de un modo más científico y directo con el Ministerio público de nuestros días; me refiero al *defensor civitatum*, cuyo nombramiento era popular y cuyo carácter mixto, administrativo y jurídico, mereció gran protección de Justiniano y de otros Emperadores, definiéndose en el Código sus atribuciones para formar un á manera de antejuicio á los acusados de robo, violencia, muerte, rapto y adulterio, y remitirlos con sus acusadores al Magistrado, si hallaban suficientes los indicios para ello, y para proceder también con propia iniciativa en el ejercicio de la acción pública en determinados delitos; pero este ensayo de magistratura popular que parecía tan progresivo y benéfico, quedó estéril en medio de la general y común opresión y descrédito de las libertades municipales y derechos de ciudadanía, y el *defensor*, tan real-

zado en sus privilegios y facultades en la Constitución 7.ª de
Honorio y Theodosio á Cecilio, prefecto del Pretorio, y tan importante por sus funciones, si nos atenemos al texto de la Novela 15, vino á reducirse en la práctica á un empleo subalterno entregado á dependientes mercenarios de los altos Magistrados provinciales, algo así como el fiel precedente de algunos
Jueces municipales de nuestros días.

· Esta evolución completa en las leyes y en las ideas durante el largo período del Imperio, sin llegar á constituir un ministerio público digno de tal nombre, confundiendo esa función
en cargos diversos, mezclándola constantemente con el oficio
de juzgar y aun con el de ejecutar la pena y el de perseguir gubernativamente al culpable, sustituyó el antiguo y primitivo
sistema acusatorio por el inquisitivo, más bien como una consecuencia precisa de la atonía del espíritu público, de la absorción del principio de autoridad por el Emperador y de la
absoluta anulación de la voluntad popular en su ejercicio, que
como una reforma meditada por los jurisconsultos y nacida de
una deliberada convicción y de un pensamiento orgánico nuevo sobre procedimiento penal.

III

Enrión de Pansey, en su obra verdaderamente clásica sobre
«la autoridad judicial en Francia», dice que «la creacion de
una personalidad pública obligada por razón de oficio á vigilar
actos de los ciudadanos, á denunciar á los Tribunales los que
pueden turbar la armonía social y llamar la atención de los
Jueces y la venganza de las leyes sobre todos los delitos, aun
los más pequeños, es uno de los mayores pasos que los hombres han dado en el camíno de la civilización, y que ese instituto perteneee á los tiempos modernos.» Montesquieu declaraba también esa ley admirable (1); é investigando su nacimien-

---

(1) *Esprit des lois*, lib. IV, cap. VIII.

to y origen sólo en aquella medida que puede sernos útil para nuestra explicación y concepto de la acción pública en la actualidad, habremos de señalar como fecha de su aparición en nuestros organismos legales los últimos días del siglo xıv, cuando D. Enrique II. creó la Real Audiencia y Chancillería (1371) y D. Juan I en el ordenamiento de peticiones de las Cortes de Briviesca de 1387, le dió ya el nombre que era sin duda usado con anterioridad para empleos análogos diciendo: «á lo que nos pedísteis por merced que pusiere un buen ome letrado e de buena fama por nuestro Procurador fiscal, á esto vos respondemos que nos place e nos le entendemos poner tal cual cumple á nuestro servicio»; y poco después D. Juan II, en lo que hoy es ley 1.ª, tít. 16, libro 4.º de la Novísima Recopilación, define el Ministerio fiscal ya como una institución acabada, diciendo: «y porque el oficio de nuestro Procurador fiscal es de gran confianza y cuando bien se ejercita se siguen de él grandes provechos, así en la execución de nuestra justicia como en pro de la nuestra hacienda, por ende ordenamos e mandamos que en la nuestra Corte sean deputados dos Procuradores fiscales, Promotores para acusar y denunciar los maleficios, personas diligentes y tales que convengan á nuestro servicio, según que antiguamente fué ordenado por los Reyes nuestros progenitores: y mandamos que los dichos fiscales no puedan poner otro Promotor en su lugar en nuestra Corte sin nuestra licencia»; pero si bien la idea y principio capital de la institución con su nombre y facultades de iniciativa en pro del interés público tienen abolengo tan antiguo, su oficio en el procedimiento ordinario es, en nuestro derecho, modernísimo y no puede llevarse mas allá de 1835, pues la ley 6.ª, tít. 33, lib. 12 de la Novísima Recopilación vigente hasta esa fecha, prohibía que ante las justicias ordinarias de estos reinos y señoríos se nombraran Fiscales, «que generalmente tengan cargo de acusar, ni pedir generalmente cosa alguna de oficio», salvo en casos especiales, en los que cuando el Juez lo estimaba oportuno, terminado el sumario y no habiendo acusador particular, nombraba Promotor á un Letrado mayor de veinticinco años, que aceptaba y juraba el cargo; pero sin que tal diligencia fuera necesaria para el Juez que podía seguir su procedimiento *ex-oficio*.

Perdida totalmente entre nosotros, durante la Edad media, la idea romana primitiva de que la realización de la justicia fuera una manifestación de la voluntad popular, y arraigada por el contrario en los espíritus la noción de las jurisdicciones todas como emanación del poder real ó señorial, era muy lógica la consecuencia de entregar la acción pública y el interés social representado en las acusaciones de los delitos, á delegados del Monarca, y así, al par que los intereses del fisco, que fueron el primer deber que se confirió á los funcionarios de ese nombre en las leyes de Partida (1), no sólo en preceptos legislativos, sino en cédulas de nombramientos particulares, se les señalaba como primordial función el ejercicio de la acción pública, revistiéndoles de las atribuciones y deberes que excitan los elogios de Montesquieu y de Henrión de Pansey para ese progreso de la humanidad hacia los ideales del bien y realización de la justicia. Es muy citada por diversos historiadores de nuestras instituciones jurídicas la Cédula de 22 de Noviembre de 1516 á favor del Licenciado Juan del Prado, en la que se dice: «es nuestra merced e voluntad que como tal podáis pedir e demandar e acusar e defender todas las cosas que complieren á nuestro servicio e á la guarda de nuestra hacienda, corona e patrimonio real e ejecucion de la nuestra justicia»; y á fines del siglo XVII, pero cuando la institución no había sufrido transformaciones esenciales, ni en sí misma ni en los elementos sociales y políticos que le prestaban su sentido y manera de ser, decía D. Manuel Fernández de Ayala en su práctica y formularios de la Real Chancillería de Valladolid: «El Fiscal de lo criminal tiene su asistencia continua en la Sala del crimen, y su ocupación es defender la causa y vindicta pública de todos

---

(1) Ley 12, tit. 18, Partida 4.ª, *Patronus Acci.*

los negocios criminales, sin embargo de que en ellos haya partes interesadas, y en todos los negocios que empiezan de oficio
y justicia en que haya de haber ejemplar castigo, de que resulta que en todos los negocios criminales es parte y con quien
se sustancia, y aunque cese el derecho de la parte por cederle
ó perdonarle, no cesa el del Fiscal, no siendo por indulto ó re-
misión de Su Majestad.»

Es, no obstante, muy digno de ser notado que nuestra legislación Recopilada y nuestros Monarcas creadores del Ministerio fiscal no tuvieron por esta institución el entusiasmo que
en la obra del Estado y en la eficacia de sus delegaciones acusan las palabras de Montesquieu y de Henrión de Pansey más
arriba transcritas: ahí está la ley 1.ª, tít. 33, libro 12 de la Novísima Recopilación, que prohibe á los Procuradores fiscales
«acusar á persona, ni personas, ni Concejos, ni Universidades,
ni otras personas algunas de cualquier ley, estado y condición,
preeminencia ó dignidad que sean; ni les demandar ni denunciar contra ellos cosa alguna civil ni criminal en nuestro nombre, y la de mi Cámara, ni de la mi justicia sin... delator de las
acusaciones..., y que el tal delator diga por ante Escribano público la delación, la cual delación se ponga por escrito porque
no se pueda negar ni venir en duda..., salvo por hecho notorio
ó pesquisas que yo haya mandado facer por cualesquier maleficios.»

Es esta ley de Don Juan II, y se ha considerado con razón
por sus principales comentaristas, como el resumen de la teoría predominante en el siglo xv sobre la acción pública: quedó
siempre en nuestro procedimiento criminal un principio de
desconfianza hacia la acción exclusiva del Estado, un deseo de
limitarla en su ejercicio, con algunas garantías que tuvieran
su raíz en el interés y en la responsabilidad individual del
acusador ó que respondieran por medio de la notoriedad á un
interés, y una alarma generales, ó que se amparasen en la suprema acción y protección del Rey mismo.

Y la doctrina se mantiene dos siglos más tarde en los propios términos, no ya sólo inscribiendo la ley en la Nueva y en la Novísima Recopilación, sino desenvolviendo sus principios. Ayala, en la obra ya mencionada, dice: «acuden algunas personas al Fiscal de S. M., del crimen, á quien dan cuenta de excesos y delitos que han cometido personas comprendidas en los casos de Corte..., y el Fiscal de S. M. con el informe pide á la persona, que para delatar al reo dé fianzas de que en el caso que el reo fuese absuelto y condenado en costas ú otra cosa se entienda con el delator; y dada esta fianza á vista de la Sala, da la querella.»

En España, es preciso confesar, no se desenvolvió la institución fiscal con el vigor y la fuerza de lógica dentro de sus principios, que se observa en su vida y desarrollos en la vecina Francia, ó importa fijar, siquiera sea muy ligeramente, ese diferente concepto histórico de la institución en ambos países, porque las ideas para nuestro renacimiento jurídico desde 1834 á 1868, vinieron casi exclusivamente de allí, en ese extremo de la acción pública; y siquiera desde 1868 acá hayan compartido las modas y patrones legislativos otros pueblos, aún se siente en la doctrina y modo común de pensar poderosa influencia de las ideas francesas sobre esta materia.

IV

Antes de las reformas de 1789, la acción pública en Francia estaba representada de un modo exclusivo y· absoluto por el Procurador del Rey, para todo lo que hiciera relación con delitos públicos (1). «La persecución de los crímenes considerados en su relación con el interés público no pertenece en Francia, decía Jousse (2), más que á los oficiales á quienes el Rey ha confiado este cuidado y á los que. por esta razón les da el nombre de *parte pública,* así como en lo que toca á la repara-

---

(1) Art. 19, lib. 25, Ordenanza de 1670.

(2) Jousse, *Traité de la justice criminelle;* tomo 1.°, pág. 568.

ción de los intereses de aquellos que habiendo recibido ofensa, sea en sus personas, en su honor ó en sus bienes, tienen derecho á ejercitar la acción y á perseguir la condena de perjuicios que resulten de la ofensa que se les ha inferido; pero jamás pueden pedir una pena pública, y por esto se les llama *parte civil.*» Tal era el ejercicio de la acción pública y de la acción civil en Francia en el momento de la revolución de 1789.

La Asamblea nacional creó un nuevo Gobierno fundado en la división de los poderes y en el principio de que toda soberanía reside esencialmente en la nación y que ningún individuo ni corporación pueden ejercer autoridad que expresamente no emane de ella, y forzosamente surgían de tales declaraciones las cuestiones relacionadas con el derecho de acusación, planteándose en la Asamblea en estos términos: «¿Las acusaciones públicas han de ser populares, ó el derecho de intentarlas debe ser delegado?» Thouret sostuvo en memorables debates de Agosto de 1790 los graves inconvenientes de la acción popular. «Cuando todos toman el encargo de velar, decía, llega un momento en el que nadie vela; y cuando todos pueden acusar, el espíritu de partido, las preocupaciones vulgares, lor resentimientos individuales, pueden fácilmente turbar la tranquilidad pública bajo el pretexto de asegurarla; conservemos, pues, la sabia institución de un oficial público encargado de acusar»; pero ese funcionario, añadía Thouret, «debe ser el hombre á quien la nación entregue uno de sus más preciosos derechos», y no sin resistencia por parte de los que sostenían que en la delegación del Poder ejecutivo hecho en el Rey estaba comprendido el derecho de acusación, se escribió en el art. 2.º del cap. V de la Constitución el principio de que el acusador público sería nombrado por el pueblo.

El Código penal de Brumario del año IV, el de instrucción criminal, y la ley de 28 de Abril de 1810, y aun todas las reformas posteriores con las correspondientes variaciones de nombre, no han alterado la esencia de los principios en ese pueblo, tan pródigo en variar sus constituciones y sus formas

externas como mesurado y lento en tocar á sus leyes orgánicas
y á los fundamentos de su vida administrativa y medios de
gobierno, y los expositores de su derecho resumen el sentido
claro, absoluto y lógico de la institución del Ministerio fiscal,
declarando como Magín (1), ó en muy parecidos términos, «que
los perjudicados por un delito no pueden ejercitar la acción pública, que este ejercicio corresponde á los funcionarios que la
ley designa, y es independiente de todo interés privado: esta
verdad es una de las bases fundamentales de nuestra justicia
criminal: la ley no permite que la venganza privada se intro-
duzca en la justicia, y entrega la persecución en manos de los
Magistrados á fin de que tenga los caracteres de imparcialidad
de la ley de quien son órganos.»

En España no podemos señalar modificaciones en el concepto del Ministerio fiscal y de la acción pública, durante los
siglos XVII y XVIII, ni desarrollos del principio que encerraba
esa institución, entre otras razones, porque los estudios jurídicos y la preparación científica que tales reformas y progresos
piden, no ayudaban á ello. Bien conocidos son los lamentos
del ilustre Sempere, que en 1822 escribía: «no me admiro del
menosprecio y profundo olvido del Ordenamiento de Alcalá,
cuando he visto que aun en estos últimos tiempos no había en
las Universidades españolas Cátedras del Derecho español; que
la jurisprudencia se estudiaba únicamente en los Códigos del
Derecho romano, el Decreto y las Decretales, y que aun este
estudio se hacía sin los conocimientos preliminares de la historia de las leyes; que el mayor cuidado de sus Profesores consistía en aprender muchos y largos textos, y en discurrir mil
ridículas sutilezas para conciliar sus antinomias; que en los actos literarios y exámenes necesarios para los grados Académicos, no se exigía instrucción alguna de los Códigos nacionales,
y que apenas se acudía á las verdaderas fuentes del Derecho
español para evacuar algunas citas.»

---

(1) *Traité de l'action publique et de l'action civile en matière criminelle*; t. 1.°, § 14.

Los nombres ilustres de Jovellanos, Campomanes, Macanaz y Floridablanca, enaltecieron el Ministerio fiscal, pero no modificaron su institución, ni fijaron su concepto de una manera clara y definida en nuestro organismo jurídico.

En la idea de los hombres de nuestra primera revolución figuró constantemente el restablecimiento y proclamación de la acción pública como derecho de ciudadanía, expresándose así con gran amplitud en el proyecto de Código de procedimiento criminal presentado á las Cortes de 1821 (1); pero el

(1) Art. 5.º La acción criminal, respecto de los delitos públicos, corresponde, no sólo á los funcionarios encargados de la ley, sino también á cualquier español, exceptuándose en general las personas siguientes:

1.º El que no es ciudadano en el ejercicio de sus derechos.

2.º El que conste judicialmente haber usado de la acción popular y separádose de ella por dinero ú otra recompensa.

3.º El que hubiese deducido dos acciones de esta clase mientras estuviere pendiente cualquiera de ellas.

4.º El menor de catorce años.

5.º Las mujeres.

6.º Los Jueces.

7.º Los eclesiásticos.

Art. 7.º En ningún estado de la causa podrá separarse el que hubiese deducido la acción criminal por delito público.

Por el contrario, en el proyecto de Código penal y de instrucción criminal, mandado formar por Real orden de 9 de Mayo de 1838 á los Sres. D. Ramón López Pelegrín, D. José Hevia, D. Joaquín Sistemas, D. Joaquín Fernández Campany y el Conde de Vallehermoso, se establecía lo siguiente:

Art. 524. En los delitos públicos corresponde el derecho de acusar al Ministerio fiscal.

Art. 526. Siendo omiso el Ministerio fiscal en el ejercicio de la acción pública, podrá el agraviado por el delito deducir su queja sobre ello ante el Juez del partido.

Art. 527. No ejerciéndose la acusación por la parte que haya recibido daño ú ofensa por el delito privado, ninguna otra persona podrá deducirla, aun á pretexto de parentesco ó afecto, sino el padre por las ofensas al hijo que esté bajo su patria potestad, el tutor por los derechos del pupilo, el curador por el incapaz, y el marido ó la mujer respectivamente por el cónyuge ofendido.

Ministerio público no puede decirse que se organizó de un modo ordenado y científico hasta el Reglamento provisional de 1835, que principalmente en sus artículos 101, 105, 106 y 107, describió con gran precisión, y no sin elocuencia sencilla y propia de un documento legislativo, lo que debía ser en lo sucesivo el Ministerio fiscal representando la acción pública, bajo el modelo de las doctrinas francesas, aunque sin la absoluta lógica que lleva á proscribir todo vestigio de iniciativa y representación individual del ciudadano en la persecución del delito público. Los Fiscales y Promotores, dice el Reglamento, como defensores que son de la causa pública y encargados de promover la persecución y castigo de los delitos que perjudican á la sociedad, deberán apurar todos los esfuerzos de su celo para cumplir con tan importantes obligaciones; así deberán denunciar, y en su caso acusar formalmente, las faltas que contra la administración de justicia advirtieren, y acusar también de cuantos delitos se cometieren; empero, todos los Fiscales y Promotores deberán tener siempre muy presente que su ministerio, aunque severo, debe ser tan justo ó imparcial como la léy en cuyo nombre le ejercen, y que si bien les toca promover con la mayor eficacia la persecución y castigo de los delitos y los demás intereses de la causa pública, tienen obligación de defender ó prestar su apoyo á la inocencia, de respetar y procurar que se respeten los legítimos derechos de las personas particulares, procesadas, demandadas, ó de cualquier otro modo interesadas, y de no tratar nunca á éstas sino como sea conforme á la verdad y á la justicia.

Desenvolviendo las propias ideas del Reglamento provisional, y recopilando algunas disposiciones publicadas después, se dictó el Real decreto de 9 de Abril de 1858, verdaderamente orgánico del Ministerio fiscal, y en él se consignó, entre sus atribuciones propias, ejercer la acción pública en las causas criminales, aduciendo los comprobantes de los delitos y faltas y promoviendo el castigo de las personas responsables.

Con ese decreto puede decirse se cierra para la organización y caracteres del Ministerio fiscal, en lo que se refiere á la acción pública, el período anterior á la revolución de Septiembre; y para juzgar y apreciar las modificaciones que el Derecho vigente ha introducido en ese punto, importa dejar claramente establecido lo que era ó lo que quedaba de acción pública en ese Derecho, que dirigiéndome á Académicos presurosos en su mayoría de caminar en la vida, no vacilaré en llamar antiguo.

V

Hemos visto cómo se ha creado ó completado la creación del Ministerio fiscal en la época moderna; cómo se han deslindado y señalado sus atribuciones sobre el patrón de las doctrinas francesas; cómo se le ha confiado el ejercicio de la acción pública, invistiéndole de la representación social y completando el progreso ponderado por Montesquieu y Pansey; pero en verdad que no hemos encontrado ni será posible señalar precepto expreso que con la lógica y franqueza del Código de instrucción criminal francés, conceda al funcionario la representación exclusiva de ese derecho, y arranque al ciudadano la facultad de promover y mantener su acción para perseguir los delitos, que leyes venerandas le otorgaban; el espíritu de la nueva institución, la manera de definirla, el singular constantemente empleado al hablar de la acción pública, que íntegra y sin limitación se le confía, todo parece indicar que no pasó por las mientes de los hombres del Reglamento provisional y del decreto de 1858 que quedaran en nuestros organismos jurídicos restos insepultos del derecho de soberanía popular romana, atribuyendo al ciudadano el ejercicio de la acusación del delito público.

La cuestión, sin embargo, sobre si ha llegado á borrarse ó no de nuestro derecho antiguo la acción pública, está muy lejos de ser llana, y excusa de mayor prueba, el hecho de m trar opiniones enteramente contrarias, acerca de este punto, obras de tanta y tan merecida autoridad como la *Enciclopedia de Derecho* que dirigió D. Lorenzo Arrazola y el *Diccionario* de Escriche. En el extenso artículo que en el primero de esos libros se consagra á la palabra *acusación*, se expone como vigente todo el derecho creado, ó promulgado por mejor decir, en España por el Código Alfonsino, si bien advirtiendo que en la práctica se encuentran pocos ejemplos de acusaciones de delitos públicos sostenidas por personas particulares, á pesar del derecho concedido á todos (1).

Escriche, ó para hablar con entera exactitud, sus ilustres continuadores, estiman que el derecho de las leyes de Partida cayó en desuso, que la facultad de acusar concedida «á todo ome que non es defendido de ello» (2), desapareció por completo con la creación de un poder independiente defensor de los intereses individuales, del ministerio público encargado en nombre del interés general de la persecución y represión de los delitos públicos, quedando solamente reservado á los particulares la acusación ó persecución de los delitos privados que les inferían directamente agravio ó perjuicio (3).

Pero hállense ó no en desuso, es lo cierto que, como regla de vida ó como cuerpo de doctrina, existían esos preceptos en nuestro derecho anterior á las reformas de la revolución de Septiembre; ellos han servido de base á lo que se ha hecho después, é importa, por lo tanto, consagrarles algún ligero análisis.

En el preámbulo de la Partida 7.ª, se desenvuelve con entera claridad la noción del delito en sus dos aspectos del derecho social lastimado y del daño particular, y la doble acción pública y privada que de él nacen; y aparecen constantemen-

---

(1) *Enciclopedia Española de Derecho y Administración*, por D. Lorenzo Arrazola, y otros: t. I, pág. 506.

(2) Ley 2.ª, tít. 1.º, Partida 7.ª

(3) *Diccionario razonado de Jurisprudencia y Legislación:* t. 1.º, pág. 276.

te en todo el título de las acusaciones, unidas la que se otorga como derecho común de todo ciudadano á la que se reconoce en el Juez para proceder *ex-oficio*: pues si bien la ley 28 (1) limita á cinco los casos en que el Rey ó el Juez puede de su oficio escarmentar, «maguer non fuese fecha denunciación nin acusamento, nin fuese fama en razón,» son ellos tan comprensivos, especialmente el caso tercero, que equivale en la práctica á dejar expedita la acción del Magistrado para la persecución, por su propia autoridad, de la inmensa mayoría de los delitos conocidos ó sospechados.

No parece necesario advertir, muy al por menor, que así en estas ligeras indicaciones históricas como en las exposiciones de doctrina, nos referimos siempre al hablar de acción popular, á la acusación propuesta y mantenida en el procedimiento por una personalidad independiente de todo oficio de república, y no al derecho de mera denuncia ó requerimiento del Juez ó el Fiscal para que ellos dirijan la fuerza del poder social al castigo de los delitos, y en ese sentido, único que hacemos objeto de nuestras consideraciones, las leyes de Partida acojen la intervención del ciudadano con la mayor amplitud, si bien se borra en ellas el concepto del derecho de soberanía, que tan á las claras palpita en la primitiva legislación Romana, para confundirse con una mera utilidad social y de defensa; y así define la ley 1.ª (2) la acusación diciendo: «es profaçamiento que un ome faze á otro ante del Juzgador afrontándolo de algún yerro ó agravio»: su utilidad es castigar al uno, dar satisfacción al otro y escarmentar á los demás.

Pero el procedimiento acusatorio fué totalmente absorbido por el inquisitivo: la denuncia y la fama pública dieron á Alcaldes, Corregidores y Jueces, dentro de nuestro organismo gubernativo y judicial, libre acceso para la investigación y per-

---

(1) Ley 28, tit. 1.º, Partida VII.
(2) Ley 1.ª, tit. 1.º, Partida VII.

secución de todo delito; al ciudadano se le buscó tan sólo para denunciador de los maleficios y daños, y su misión terminaba tan pronto como los había puesto en conocimiento de la autoridad pública en cualquiera de sus varias y confusas formas y jurisdicciones; ¿ni cómo era posible que aquella acción popular romana, perdida en el rincón de un Código como planta exótica, viviera en un medio ambiente tan contrario á los principios que le dieron origen, como eran el procedimiento canónico, y la justicia y el poder público, teniendo por ideal del progreso, la centralización en la monarquía, de las facultades y medios destinados á crear y mantener el orden social y la vida interior y extensiva de la nación? En ese concepto están escritas las leyes de la Novísima que tratan de las acusaciones, y á nadie ocurrió entonces ni después escribir un precepto que arrancase al ciudadano el derecho de formular y perseguir la acción por delito público, porque ni memoria había de que nadie pretendiese tan extremo privilegio, y de común consentimiento se entendió reducido á denunciar á las justicias, para que ellas procedieran á lo que hubiere lugar.

En las leyes y decretos que sobre delitos políticos y de orden público aparecen profusamente durante las varias fases de la revolución española, hállase de nuevo el nombre de la acción popular, solicitándola con empeño los legisladores para que viniera en apoyo de los intereses permanentes del gobierno y la sociedad, y es de notar que los delitos para los que con entera claridad se establece la intervención dél ciudadano, no sólo en la denuncia, sino para seguir el proceso hasta su fin, son los de imprenta.

El Real decreto de 10 de Abril de 1884, es de todas las leyes procesales dictadas hasta el día, donde con más resolución y franqueza hallamos reconocida la acción popular, pues no sólo se faculta á todos los españoles para denunciar los impresos subversivos y sediciosos, sino que cede la ley el paso y preeminencia á los ciudadanos que se arrojen á Fiscales de imprenta voluntarios, y dice, que cuando esos beneméritos y bien intencionados sujetos concurran con los Promotores, tengan éstos el carácter de coadyuvantes.

Pero no hay noticia de que á ese inocente reclamo del decreto del 44 acudiese ningún ejemplar de acusador particular de delitos públicos de imprenta, y en ese, como en todos los órdenes de la jurisdicción penal, ha sido hasta el año de 1872 práctica y doctrina inconcusa, que el poder social no tenía más representación en el orden jurídico para el ejercicio y mantenimiento de las acusaciones que el Ministerio público, y aun en el pleno imperio de las ideas que la revolución de Septiembre trajo al derecho procesal, se escribió sin atenuaciones ni distingos el párrafo 8.º del art. 838 de la Ley orgánica del Poder judicial, definiendo las atribuciones del Ministerio, y colocando entre ellas la de ejercitar la acción pública en todas las causas criminales, sin más excepción, que la de aquéllas que según las leyes, sólo pueden ser promovidas á instancia de parte agraviada.

Ahora bien: si la acción pública, á diferencia de todas las demás, puede ser susceptible de un ejercicio múltiple que la libre y exceptúe de la natural acumulación, impuesta por los principios generales del procedimiento en todos los casos en que varias personas ejercitan un mismo derecho sobre una misma cosa y contra una misma persona, vale la pena esa singularidad de consignarse en la ley de un modo expreso, y exigir en las reformas sucesivas, no sólo términos claros para la expresión de tal pensamiento, sino procedimientos y fórmulas adecuadas para producirle y hacerle efectivo. En la ley orgánica de 1870 nada de eso se encuentra, y bajo su imperio, y estudiando su letra y espíritu, no podemos menos de considerar que en ella siguió siendo el Ministerio fiscal la institución cantada por Montesquieu y Pansey, el guardador único del antiguo derecho popular romano de acusar á los delincuentes, siquiera todos los ciudadanos tuviesen libre el camino, como el poder del Estado, para excitar su celo y requerir su intervención en un interés social.

Pero poco después, en la ley de 22 de Diciembre de 1872, ya se definía la acción pública en parecidos términos á los que emplea la ley de Enjuiciamiento criminal vigente.

De todo delito ó falta, decía el art. 1.º, «nace acción penal para el castigo del culpable, y puede nacer también acción civil para la restitución de la cosa, la reparación del daño y la indemnización de perjuicios causados por el hecho punible.»

La acción penal es pública: todos los españoles, hayan sido ó no ofendidos con el delito, pueden querellarse ejercitando la acción popular: los extranjeros sólo pueden querellarse por los delitos cometidos contra sus personas ó sus bienes, ó las personas ó bienes de sus representados.» (Artículos 2.º y 172.)

Aparece aquí ya la acción popular al lado de la acción pública confiada al Ministerio fiscal, pero con razón dice un eminente Magistrado comentando estos preceptos legales: «los particulares la ejercitan ó pueden ejercitarla conjuntamente con el Ministerio fiscal, pero no son dos acciones, es una sola fraccionada en su ejercicio, es la acción penal emanada del mismo delito, idéntica en su naturaleza y encaminada al propio fin de la reparación social, reparación á que contribuyen la Autoridad y el particular con su recíproco esfuerzo, auxiliándose mutuamente, siguiendo la propia senda y acudiendo al propio Tribunal (1).

VI

La ley vigente de Enjuiciamiento criminal, al enumerar en su preámbulo los progresos y reformas que permitían reducir las atribuciones del Tribunal á el fallo según su conciencia y como juez imparcial del campo, menciona la de haber otor-

---

(1) Ferrer y Minguet.—*Ensayo teórico práctico de los deberes y atribuciones de los Promotores fiscales:* t. 1.º, pág. 294.

gado «una acción pública y popular para acusar, en vez de limitarla al ofendido y sus herederos»; y siguiendo las huellas
de la ley de 1872, se establece como forma de la acción popular la querella; con la prestación de fianza para estar á las resultas del juicio; pero no dijo más la ley, y cuando desenvolvimientos del espíritu público, en los que sería notoria ingra-
titud y pasión manifiesta no ver la influencia beneficiosa y progresiva del juicio oral, han traído á debate y han prestado vida
á la acción popular, escrita un poco al descuido en las leyes
novísimas, se ha producido la duda sobre lo que es en nuestro
enjuiciamiento esa acción popular, sobre lo que debe ser en las
reformas que en él se introduzcan y sobre el sentido en que
deben inspirarse, así las interpretaciones como los desarrollos
y complementos de que ese derecho está indudablemente nece-
sitado.

La acción representa ó significa un derecho y un *modus* ó
forma y acto material para exteriorizar y dar vida á ese derecho:
la acusación romana contenía clarísimas esas dos nociones,
pero ya hemos visto cómo se fueron borrando sus principios,
cómo se transformó el acto de participación de la soberanía,
en mero auxilio de las funciones protectoras del Estado, y
predominando ese segundo concepto en escuelas, tribunales y
comentaristas, se ha creído por algunos ver en la acción popular tan sólo una facilidad ofrecida á muchos para poner en
movimiento la acción pública, y se ha dicho, es verdad, que el
art. 101 de la ley de Enjuiciamiento criminal declara que todos
los españoles pueden ejercitarla, es cierto, que pueden querellarse hayan sido ó no ofendidos por el delito; pero esto es para
principiar un sumario, para perseguir un delito olvidado ó desconocido; pero cuando el procedimiento se incoó, cuando el
Ministerio fiscal ha ejercitado la acción pública ó el directamente lesionado ha producido su querella, entonces la acción pública está agotada, ya se ha puesto en ejercicio, y al Ministerio
fiscal, al interesado y al Tribunal toca exclusivamente intervenir en el procedimiento.

Este era, y es todavía, el sentir de muchos, y en algún caso en que se había tratado de utilizar la acción popular en procesos criminales, eso se había resuelto por los Tribunales. La Audiencia de Madrid en auto ejecutorio de 8 de Junio último, confirmando una providencia que desestimó una querella por acción pública, presentada en un procedimiento incoado por actor particular lesionado por el delito, y en el que era parte el Ministerio fiscal, consideró «que si bien con arreglo al art. 101 de la ley de Enjuiciamiento criminal la acción penal es pública, y todos los españoles pueden ejercitarla con arreglo á la ley, y que en relación con el mismo artículo está la doctrina que establece el 270, que se refiere á una de las formas en que aquélla puede ejercitarse, haciendo que se principie un sumario, en manera alguna puede tener esto aplicación, cuando el procedimiento está incoado y se están practicando cuantas diligencias se creen útiles para el esclarecimiento de los hechos»; esto es, que la acción popular no es más que una manera de poner en ejercicio la acción pública, no es un procedimiento con sustancia propia, que responda á un derecho con vida independiente y fin separado aunque armónico del social, tal como le representa el Ministerio público; y añadía en su segundo considerando el auto, «que al incoarse la acción popular en un procedimiento ya comenzado, sería preciso cumplir con lo preceptuado en el art. 113, que obliga á litigar bajo una misma dirección y representación á juicio del Tribunal, cuando son dos ó más las personas por quienes se utilicen las acciones derivadas de un delito ó falta.»

No ha menester el auditorio que me honra con su atención que yo insista en demostrar la gravedad y alcance extraordinario de esta diferencia de apreciaciones sobre lo que es la acción popular en nuestro Enjuiciamiento. Si es tan sólo un medio de poner en ejercicio la acción pública, y si una vez ejercitada ésta por el Ministerio fiscal se considera cumplido y satisfecho el fin social y obligado el ciudadano español, no lesionado por el delito, á someterse, á juicio del Tribunal, á la dirección y representación ya establecidas, menguada reforma habrían introducido en el antiguo sistema las dos leyes de 1872 y 1882; pues como decía un escritor distinguido en un estudio de actualidad sobre estas cuestiones, «la acción pública es universal de todos los países y de todos los tiempos, y el progreso en los conocimientos de historia jurídica consistiría en encontrar noticias de alguna legislación antigua ó moderna, en que no haya estado admitida la acusación ó querella ó acción pública» (1). Pero reducido el derecho del ciudadado á los límites que ese autor y la opinión de no pocos Letrados le señalaba, como en la mayoría inmensa de los casos el Ministerio fiscal ó la acción del lesionado promueven el procedimiento, la intervención de la acción popular sería reducidísima, nula en la práctica, y subordinada en todo caso á la unidad de dirección que el arbitrio del Tribunal le trazara, obligándola á sujetarse á las inspiraciones del querellante particular.

Mas después, y en una causa memorable, ha recibido ya interpretación más amplia la ley de Enjuiciamiento criminal en ese punto, inaugurándose una práctica y dejando sentada doctrina que responde á los principios en que se apoya y á los fines á que se dirige la acción popular, y que, en mi sentir, debe quedar como definitivamente triunfante en ese punto.

Seis vecinos de esta corte, directores de otros tantos periódicos, representados por Procurador, acudieron á la Audiencia de Madrid en Agosto último, entablando querella en causa criminal, cuyo sumario había pasado á aquel Tribunal, y éste desestimó la querella; pero consideró que si bien «la ley no se ocupaba en ninguno de sus artículos de que los no perjudicados en el delito puedan mostrarse parte en cualquier estado de la causa, después de su incoación y antes del trámite de calificación, como la ley no se opone, antes bien, en su desenvolvimiento favorece el ejercicio de la acción penal, como no se establece diferencia entre el perjudicado y el que no lo es, res-

---

(1) D. Fernando Cos-Gayón.—*La Época* del 17 de Ágosto de 1888.

pecto del modo de ejercitar la indicada acción, y como el artículo 110 sólo establece que se le ofrezca la causa por si quiere ser parte en ella, no ve que haya inconveniente en igualar á unos y á otros en todo lo que se refiere á mostrarse parte, tomando la causa en el estado que tiene, siempre que sea antes de la calificación.»

Esta interpretación de la ley, tímidamente expresada, y haciéndola arrancar de omisiones y consentimientos tácitos del legislador, es la que, en mi sentir, responde á la naturaleza y condición de la acción popular, cuyo principio no es otro que el derecho del ciudadano á perseguir el fin social de la justicia independientemente de la representación que para ello tiene el Estado; no puede considerarse ese derecho hoy como se estimaba en Roma, como participación de la soberanía; no es tampoco un derecho natural ó individual: pero es una función que se confía al ciudadano al igual del derecho de sufragio ó de elegibilidad para cargos públicos, y que le coloca en la categoría de perjudicado por el delito, desde el momento en que se presenta ante los Tribunales procurando la persecución de ese delito, la averiguación de sus autores, y la fiscalización de lo que los representantes del Estado hayan hecho ó dejado de hacer para cumplir debidamente su misión.

No cabe dudar que la acción pública, en el terreno de la pura ciencia, debiera ser una sola; que los fines del Ministerio fiscal al ejercitarla se confunden en un todo con los de la acción popular, y que ésta representa un principio de desconfianza de aquélla; pero á la extensión del principio acusatorio debían responder fórmulas y amplitudes de procedimiento que pusiera al alcance de todos los ciudadanos la intervención de tan absolutas funciones, y al propio tiempo, la mayor participación del sentimiento público en la vida de las instituciones judiciales, llevaba consigo el restablecimiento en la ley y en la práctica de la acción popular, y de su ejercicio y su mantenimiento como derecho del ciudadano, distinto y separado de el del particular ofendido y del Ministerio fiscal representante del Estado.

Nuestra ley de Enjuiciamiento criminal, al escribir ese principio incompleto y no claramente desarrollado de la acción popular, más bien que en las instituciones de nuestro antiguo derecho y de la legislación romana que le sirvió de modelo para lo que en él había de más ordenado y científico, se ha inspirado en los principios de la legislación inglesa, adicionándolos como declaraciones generales y sin gran desarrollo orgánico, á las bases francesas que habían servido para reorganizar nuestro Ministerio fiscal desde el Reglamento provisional en adelante.

Sabido es que en Inglaterra el Ministerio público no existe como institución organizada, sino como potencia en el Estado de instituirlo allí donde conviene á sus intereses poner en movimiento la acción pública, bien por medio de el *Attorney general*, que forma parte del Gabinete, bien por cualquiera otro de los miembros de aquel foro á quien puede confiar su representación el Gobierno (1). La tímida reforma introducida por la ley de 1879 (2) y completada por la de 1882, no es sino un ensayo para dar mayor estabilidad á ese organismo, habiéndose decidido á adoptar los principios de las legislaciones del continente muchos jurisconsultos de aquel país, movidos por los grandes y notorios abusos que la necesidad de la acción particular, para perseguir los delitos en Inglaterra, lleva consigo, ya en la inferioridad del acusador y en su falta de interés por la persecución del delito, ya en transacciones escandalosas que recuerdan las bárbaras composiciones de los Códigos de la Edad Media.

Pero no obstante esos abusos, se hace allí posible el orden social sin ministerio público organizado y con sistema acusatorio absoluto, por la existencia real y positiva de un gran espíritu individual, temeroso de los abusos del Poder ejecutivo,

---

(1) Glasson.—*Histoire du droit et des institutions politiques, civiles et judiciaires de l'Angleterre*, t. 6.º *Le droit actuel*.

(2) *Annuaire de legislation etrangere*, XI, pág. 18.

y dispuesto á imponerse sacrificios considerables y espontáneos
de tiempo, de responsabilidad y de dinero, á trueque de participar directamente del ejercicio del poder. Así se han creado
asociaciones privadas que se cuentan ya por centenares, encargadas de perseguir determinadas clases de delitos, como los
escritos y grabados obscenos, los fraudes y falsedades en documentos mercantiles, los abusos del trabajo de los niños y
otras muchas; á menudo las Corporaciones y las parroquias
intentan acciones criminales, y las grandes ciudades como
Manchester y Liverpool, crean y dotan plazas de Abogados distinguidos á quienes encargan la persecución dé los crímenes
que se cometan en su término municipal, á lo que se añaden
las pingües suscriciones que se cubren en un momento, cuando alguna causa llega á herir el sentimiento público y apasio-
nar en algún sentido la opinión.

En España, desgraciadamente, no podemos contar con tales y tan eficaces iniciativas; pero porque ellas sean raras en
producirse, turbias en manifestarse y endebles en mantenerse,
¿debemos cortar los caminos por donde pudieran guiarse hacia
el bien y el progreso de instituciones y costumbres? ó por el
contrario, ¿es el deber de legisladores, jurisconsultos y ciudadanos todos que se crean en situación de educar y dirigir á los
demás, facilitar los medios y perfeccionar los procedimientos
que más favorezcan tan progresivos movimientos de la opinión?

Hizo Tocqueville, en su obra magistral *La Democracia en
América*, una observación que puede servir de disculpa á muy
considerables desatinos en orden á reformas sociales y jurídicas, pero en la que no cabe negar se encierra una gran verdad, y es «que la libertad necesita permanecer escrita mucho
tiempo en las leyes, antes de que penetre en las costumbres»;
y yo, que como discípulo de la escuela conservadora he de ha-
blaros, os he de decir que no le temo á ese principio ni á sus
más extremas aplicaciones, aun á nuestra raza latina dotada
de tantas cualidades difíciles y de tantos méritos borrascosos,
siempre que se trate de libertades y amplitudes como esta de

la acción popular, que exigen para ejercerse con fruto, verdad y sinceridad en los sentimientos que las mueven, esfuerzo individual y persistente para llevarlas adelante, convicción desinteresada y amor á la justicia para perseguir un resultado. Á la acción del pueblo, ó al derecho individual, ó á la función social y política, que para ejercitarse necesita de tales condiciones, y que sin ellas resulta ineficaz pero inofensiva, hay que dejarla paso franco en leyes y organismos jurídicos, sociales y políticos, sin temor... qué digo sin temor, con esperanza, con solicitud, con buen deseo de que se generalice y haga familiar y extienda á tòdas partes su acción viril y purificadora.

Las libertades temibles, las innovaciones peligrosas, son aquellas que piden al Estado y á la ley organismos de carácter preceptivo, apoyados y fortalecidos por el presupuesto y cuyo procedimiento y funciones se imponen por mandato de la autoridad pública, de suerte, que el pueblo mismo que las abomina y detesta, que se siente sin fe y sin pasión y sin capacidad para disfrutarlas, tiene que ajustarse más ó menos á sus fórmulas, y burlando las más de las veces la misma ley, hace ridículo escarnio de la preciada conquista y convierte en instrumento de tiranía ó en semillero de inmoralidades, lo que se juzgó institución progresiva y benéfica: en este genero de novedades toda cautela me parece escasa, toda timidez en el ensayo justificada, porque si la institución no responde á necesidades reales y positivas, si se crea el organismo contando con elementos de cultura que no existen, como la función se ha de realizar necesariamente, es siempre á expensas de violencias, de hipocresía, de alteraciones de la verdad, con las cuales todo régimen moral es imposible, y sobre cuyos fundamentos sólo se alzan prosperidades y bienandanzas ficticias, verdores presurosos, que la primera helada seca y aniquila.

De ahí nace para mí una distinción fundamental en orden á las reformas jurídicas, sujetas á las propias leyes de elaboración que las sociales y políticas; nada debe parecernos excesivo, nada asustarnos y preocuparnos por su amplitud y libe-

ralismo, cuando se trata de abrir ó facilitar caminos para que
las actividades y energías individuales dejen sentir su acción
sobre los organismos existentes, cuando esa actividad es espontánea, verdadera, y tiene por fin realizar una función social ó coadyuvar á ella, y no apoderarse de la fuerza del Estado para imponer sus soluciones; y en ese concepto, la libertad del pensamiento, de la enseñanza, de la asociación, de la
participación en las funciones jurídicas por movimiento de la
voluntad, como es la acción popular, y no por precepto de la
ley, me parecen un bien positivo, al que con tranquilidad de
conciencia podemos prestar nuestro apoyo, porque son como
moldes preparados, que no se llenan ni utilizan sino á medida
que las necesidades y los medios sociales verdaderos lo requieren; pero aquellas otras reformas que unos pocos escriben y
fraguan, sin consideración á las fuerzas y aptitudes de los que
necesariamente han de ponerlas en ejercicio, deben, por el
contrario, preocuparnos por extremo; ellas son las grandes fau-
toras del desorden moral en un país, le educan en el menosprecio de la sinceridad, sin el cual no hay régimen político es-
table, ni moralidad pública posible, y agrandan los desvíos
entre la sociedad y el Estado, entre el país y las fuerzas é instituciones que lo dirigen y representan; razón por la cual importa pensar en la responsabilidad que se contrae, elaborando
tales reformas á la ligera, y no teniendo muy presente y á todas horas y para toda clase de programas y desenvolvimientos,
la triste y ya no corta experiencia, de que las libertades y los
progresos fácilmente los otorgamos aquí por duplicado, en
comparación con los pueblos más adelantados y cultos; pero
las energías, las costumbres, las cualidades para ejercitarlos
con fruto, esas... recelo andar muy rayano á la adulación si
digo que, por lo común, las adquirimos á medias.

Francisco Silvela.

ARANCEL

DE LOS

HONORARIOS QUE DEVENGAN LOS REGISTRADORES DE LA PROPIEDAD *

VENTA DE VARIAS FINCAS POR UN PRECIO ENGLOBADO
(Véase casos respectivos al valor.)

Proindiviso.—Cuando se inscribe la cesión ó transmisión de parte alícuota, ó de mitad, tercera ó cuarta parte indivisa de una finca, deberá regularse los honorarios (nos parece justo y equitativo), no por el valor total de la finca, sino por los correspondientes á la participación indivisa ó parte alícuota de que se trata.

Lo propio estimamos aplicable, cuando vendida ó transmitida la totalidad de una finca se limitase la inscripción á la mitad ó parte indivisa que sólo tiene el vendedor, y se denegase en las demás.

DE UNA FINCA ENCLAVADA EN DOS Ó MAS TÉRMINOS

Se reputa la parte de cada término municipal como finca distinta, pues que lo es según el Registro; y se computan los

---

* Véase la página 891 de este tomo.

honorarios de la inscripción extensa según el valor de cada una.

Si no consta, se está en el caso de la *venta* de varias fincas por un precio englobado.

Lo dicho sólo es aplicable á la hipoteca, si consta la responsabilidad de cada fracción. Si no, se suspende hasta que se distribuya la responsabilidad; pues aunque materialmente sea una finca para los efectos del Registro, son tantas como los términos en que se halla enclavada.

PERMUTA CON MUEBLES

Se equipara á la venta, aunque no medie abono de suma alguna, por razón de diferencia.

Y se computa el valor por el de los muebles.

VENTA Y REDENCIÓN

Cuando la redención se efectúe por venta al mismo censatario del censo, ó derecho á percibir las pensiones aunque produzca cancelación, hay dos actos: la venta cuyos honorarios se regulan por el precio; y la cancelación, por extinguirse el censo por consolidación. Pues el contrato se ha de inscribir tal cual es.

Cuando se otorga redención como extinción del derecho simplemente, sólo tiene aplicación la escala de cancelaciones.

VENTA É HIPOTECA

Ocurren varios casos:

1.º De varias fincas por precio englobado.

Es inscribible en cuanto á la venta, como decimos en otro lugar, con la nota sólo para computar los honorarios. No en cuanto á la hipoteca aunque se solicite.

2.º De una finca.

Según la Resolución de 30 de Octubre de 1871, no procede hacer inscripción separada de la hipoteca á menos que expresamente se solicite.

Hoy esta cuestión, de todos modos, carece de importancia en nuestro sentir; toda vez que desde el momento en que en la escritura de venta se constituye hipoteca que ha de quedar subsistente, se.añade su importe al precio estipulado en el contrato según la regla primera de los finales.

. HIPOTECAS

Se atiende como para el impuesto de derechos reales, á la cuantía de la hipoteca ó derecho que se garantiza; computándose, por tanto, el capital, los intereses de los años respectivos y costas si las hay.

Aunque conste el valor de las fincas (que ya se sabe no es requisito para las inscripciones) no ha de servir de tipo sino la obligación ó cuantía por que cada una se obliga, que naturalmente es inferior á aquél.

Pues deben regularse los honorarios por el valor de estas obligaciones. (Resoluciones de 13 de Junio y 12 de Agosto de 1863.)

Cuando comprende varias fincas, se atiende á la cuantía de la responsabilidad respectiva de cada una.

CESIÓN DE CRÉDITO

Lo mismo en la cesión de crédito hipotecario que gravita sobre una ó más fincas; pues sólo debe servir de base la forma en que el crédito ó la responsabilidad se distribuyó.

Si no consta distribuída por referirse la cesión á un crédito hipotecario razonado en la antigua contaduría (Resolución de 1.º de Febrero de 1887), debe reclamarse la prevenida nota para el efecto de los honorarios solamente; procediéndose en caso negativo, según la regla 8.ª de las generales.

Si se ceden á la vez en un título dos créditos, se computan los honorarios respectivos á la cuantía de cada uno.

DERECHO REAL

Cuando se trate de un derecho real, servirá de tipo el valor de éste. (Resolución de 13 de Julio de 1863.)

CENSOS

Si consta el capital, claro que éste sirve de base. Si sólo la renta, se capitaliza ésta según las reglas fijadas en la fundación primeramente, ó al 3 por 100 si el interesado no suministra la nota.

Si gravita sobre dos ó más fincas, se exige según las reglas generales la distribución, y en último caso se distribuye con equidad su importe proporcionalmente entre las fincas afectas, aunque el Registrador pueda prescindir y cobrar la cuota que le pareciere.

VENTA JUDICIAL

Cuando son los mismos la cantidad en que se tasó la finca y el precio del remate, nada hay que observar.

Pero ocurre frecuentemente (en casi todos los casos) que difieren, siendo mayor la una y menor el otro.

¿A qué valor de estos dos se atiene el Registrador?

Al líquido del remate rebajadas cargas.

El precio obtenido en el remate del inmueble, por consecuencia de las sucesivas rebajas autorizadas por la ley de Enjuiciamiento civil para atraer licitadores á la subasta, y conseguir segura y definitivamente la enajenación precisa para realizar el crédito, no es imputable al funcionario encargado del Registro, ni significa el verdadero valor de la finca, como lo representa la exacta tasación de la misma verificada por peritos de una y otra parte y admitida por el Juzgado.

Si el espíritu del Arancel actual fuera, más bien que aproximarse, como se aproxima, ceñirse por completo al Reglamento del impuesto de derechos reales, no ofrecería duda la base del precio; pero no siendo así, autorizando expresamente cargas que se acumulan al precio y lo aumentan, y también la investigación del verdadero valor según establecen las reglas generales del final, nada más lógico y natural entendemos, que admitir ese verdadero valor cuando resulta probado con plena prueba del mismo título presentado, sea ó no inferior el precio del remate, dependiente éste por lo general de circunstancias accidentales y extrañas, que ni hacen relación á la ley económica de la oferta y el pedido, ni á aquellas otras causas que constituyen apreciación ó demérito de la propiedad.

ADJUDICACIÓN JUDICIAL

Lo propio decimos de la adjudicación al acreedor en parte ó en total pago de su crédito. Ya en el título se consigna esplícitamente y de un modo que aleja toda duda, que dicha adjudicación se hace por las *dos terceras partes* del importe ó valor en que la finca ha sido estimada pericialmente.

Porque el acreedor utilice un derecho que le da la ley, saliendo además con la adjudicación gananciosa, no ha de mermarse la entidad de la finca ó derecho, ni afectar á los extraños.

Igual doctrina es aplicable á la adjudicación de un derecho.

EMBARGOS.—MANDAMIENTOS

Sirve de tipo la cuantía; pero si es mayor que el valor de la finca, entonces el valor de ésta, según el art. 303 del Reglamento.

Pero si no consta, ni el interesado manifiesta el valor, queda privado de todo este beneficio según la Real orden de 18 de Junio de 1874 que, con los notables comentaristas Galindo y

Escosura, consideramos no derogada por la reforma del art. 303 verificada en 1876, y por tanto, que no se le afecta; aun más bien se acomoda el actual Arancel á ella en la forma de manifestarse el valor por el interesado; pues se prescinde ya del documento en que conste la declaración *jurada* que dicho artículo reglamentario prescribe.

También se devenga honorarios en las anotaciones de embargo en juicio civil ó criminal, aunque el procesado salga absuelto y se declaren las costas de oficio, á no ser que obtenga y acredite el beneficio de pobreza ó la insolvencia, según la Real orden de 3 de Julio de 1883.

¿Y en las inscripciones de fianza hipotecaria *apud acta* para la libertad provisional de los procesados, ordenada en virtud de mandamiento judicial con arreglo al art. 595 de la ley de Enjuiciamiento criminal?

Si están sujetos á honorarios los embargos decretados de oficio contra los procesados, con más razón, y por analogía con dicha Real orden, las expresadas hipotecas, que al fin son voluntariamente á elección, constituídas por el que las presta, en atención al beneficio que reporta el procesado, aunque lo sean *apud acta* y por virtud de la providencia judicial; pues esto, que respecta á un privilegio de forma justificado, no altera su naturaleza, su carácter voluntario y su fin de conveniencia particular.

Lo propio decimos si, para el cumplimiento de ejecutoria criminal declarando exento de responsabilidad á un loco, se constituye á elección la fianza hipotecaria por el padre, con el fin de tener el hijo demente bajo su custodia y protegido con los cuidados de su paternal afecto; pues redunda en su provecho ó en el del incapacitado, y le es lícito renunciar, dejando á éste que sea entregado en el establecimiento público destinado al efecto, del cual el cariño del padre le sustrae con su voluntaria fianza.

EMBARGOS POR CONTRIBUCIONES Ó DEUDAS A LA HACIENDA

Las anotaciones preventivas de esta clase de embargos, según la Instrucción de 20 de Mayo de 1884 reformada por la de 12 de Mayo de 1888 y art. 48, han de extenderse por notas marginales en los libros del Registro.

Cuando se suspenda por defecto (que equivale á la anotación suspensiva), ha de hacerse constar en el libro ó cuaderno especial de embargos, prevenido por la misma Instrucción.

¿Ha de aplicarse en estos casos la escala de las notas, número 6.°?

Contrario es, ciertamente, á la forma establecida por la ley Hipotecaria para las anotaciones, y contrario también al espíritu en general que informa el Arancel; pero no puede decirse derogada la Instrucción en esta parte, sólo sí, sustituído el número 17 del antiguo Arancel, que prescribía, por el 6.° del actual.

En el mismo defecto de cita incurre la Instrucción reformadora de 12 de Mayo de 1888.

Es un defecto grave prevenir la aplicación de un Arancel que hacía cosa de medio año quedó derogado. Descuido indisculpable del Legislador. Falta de inspección y armonía entre los departamentos ministeriales.

DE OTRAS ANOTACIONES.—DE EMBARGO PREVENTIVO. RATIFICACIÓN.—PRÓRROGA.

No pierde su carácter la anotación preventiva, por serlo tan sólo de embargo preventivo que ha de ratificarse, según lo establecido por la ley de Enjuiciamiento civil, en el correspondiente juicio bajo pena de nulidad.

Ni la de ratificación de esta clase de embargos. Verdaderamente que el asiento principal ya obra extendido, y esta operación es confirmatoria posterior, por lo que haría admisible, á primera vista, el señalamiento de la mitad de honorarios. Pero es la operación que le da carácter y efectos. Sin embargo, como lo mismo sucede con la conversión, parece propio que se fijase como para éstas tan sólo la mitad de los honorarios, y fundado en ello consignarlo así la ley; pero no lo ha hecho.

El Registrador, pues, está autorizado para percibir el importe íntegro, tanto por la anotación del embargo preventivo, como por la de ratificación.

¿Y la anotación de la prórroga?

Operación ésta verdaderamente secundaria, que se contrae á prolongar los efectos de la anotación ya extendida, hasta quedar por el lapso del tiempo caducada ó convertida mediante otro nuevo asiento y mandamiento; veríamos equitativo se hubiese fijado tan sólo la mitad de los honorarios, como para la conversión, al menos. Y cuenta que este es un asiento todavía de mayor importancia que el de simple anotación de la prórroga.

Tampoco lo ha hecho así la ley, y el Registrador está igualmente autorizado para exigir el íntegro importe como otra anotación cualquiera.

POSESORIOS

Suele fijarse como estimación de la finca una cantidad en el escrito, completamente arbitraria, al placer del interesado y en discordancia, casi siempre, con la que arroja la capitalización del líquido imponible computado á razón del 3 por 100 en las rústicas, y al 5 por 100 en las urbanas, según previene el art. 303 del Reglamento vigente.

En esta divergencia, no ha de servir de guía aquel valor caprichoso, postergándolo al que arroja la certificación de amillaramiento; ni ha menester el Registrador pedir al Alcalde el dato ó nota especial, toda vez que resulta plenamente justificado el valor con la misma certificación que se acompaña.

Se hace constar en la inscripción, y se devenga según el valor que de la estadística ó amillaramiento resulta.

Si son varias fincas amilladas que paguen en globo la contribución, y no consta la cuota líquida ni el valor en la solicitud, ó éste no es exacto, se reclama entonces la nota, ó distribuye la capitalización, en su defecto, para regular los honorarios con equidad, ó sirve de guía la inscripción anterior, como cuando no consta el valor, según expresamos al ocuparnos de las reglas generales finales.

Cuando la divergencia surge entre el posesorio que cita menos, y la venta más; como el precio que en ésta se consigna resulta de un documento auténtico, afirmándose que es el verdadero y justo valor de la finca, lógico es, natural y procedente, tomar por base la venta para el devengo, siempre que ambos documentos se presenten á la vez para ser inscritos sucesivamente, ó se ajuste la inscripción á la misma fecha, aunque discrepe la fecha en que cada uno fuera autorizado.

La jurisprudencia del Centro, según decimos más adelante, rechaza que, presentados á un tiempo el posesorio y la venta por valor englobado, puedan ser las fincas del primero y cobrarse como de mayor cuantía, y las del segundo título de menor, por no alcanzar el valor total entre ellas distribuído. (Resolución de 25 de Junio de 1873.)

Violento fuera destruir por medio de la acción de los Tribunales el fraude intentado por los particulares con tan manifiesta ocultación (por no decir falsedad); y lamentable é injusto soportar aquel censurable intento ante prueba tan evidente.

La ley tampoco quiere, ni puede admitir, que el Registrador sea víctima tan cándida en sus legítimos intereses del capricho de los particulares.

Nada más justo que aceptar, por tanto, el valor reconocido y aceptado por las partes en la venta. Y como interesa justificarlo siempre á simple vista, prudente es consignar algún dato en la inscripción del posesorio.

¿Cómo? No cabe exponer en ésta el precio de la venta que aun no se ha inscrito; porque las frases de la fórmula «Todo lo referido» y la otra de «Y siendo conforme, etc.,» darían lugar á que se cometiese úna inexactitud.

Nosotros usamos esta fórmula al final de la inscripción posesoria ú otra semejante:

«Y siendo conforme todo lo dicho con el documento á que me refiero y vendiéndose seguidamente esta finca por *(tanto),* extiendo la presente, etc., etc.

Estos mismos fundamentos son lógicamente aplicables á la permuta y venta, á la herencia y venta; en una palabra, á aquellos títulos lucrativos ú onerosos, (especialmente los primeros) en que la ocultación es mayor, que van inmediatamente seguidos de otros de igual fuerza y validez legal, en que se estampa un mayor valor como el justo y verdadero de las fincas objeto de inscripción; siendo juntamente presentados, ó mejor aun, inscritos.

ANOTACIÓN Y CONVERSIÓN POSESORIA

Suspendida la inscripción posesoria por el defecto de no constar la finca amillarada, y tomada anotación preventiva con arreglo á la Real orden de 14 de Junio de 1884, si al convertirla por haberse subsanado el defecto, resulta del líquido imponible ser mayor el valor, se devengará por éste la mitad de lo que correspondería si la inscripción se hiciera, no la mitad de lo que importó la anotación extendida; sin perjuicio del derecho del Registrador á exigir lo que percibió de menos.

Como hicimos notar al principio, el párrafo final del número 7.° relativo á las conversiones, autoriza la mitad·de honorarios de la escala, es decir, la mitad de lo que correspondería á practicarse la inscripción; lo cual es muy distinto de si fuera con relación á la anotación provisional extendida.

De aquí, que este asiento puede tener apuntado 5 pesetas, si en el título se fijó á la finca 500 de valor. Y por resultar después del líquido amillarado ascender éste á 3.000 pesetas, los honorarios correspondientes á la conversión, serán: no 2 pesetas 50 céntimos mitad del primero, sino 4 pesetas mitad de lo que corresponde á la inscripción si se practica, según la escala de este núm. 7.º

(Se continuará.)

Mariano Blanco Trigueros.

LA CONTRATACIÓN
ANTE LOS REGISTRADORES DE LA PROPIEDAD *

VI

Nuestro impugnador D. Domingo Pou, ha hecho en *La Notaría* argumento de que los Registradores de la propiedad no han defendido nuestro proyecto, no por delicadeza, como aseguramos nosotros, sino porque no lo encuentran defendible ni aceptable, y en su consecuencia afirma que la opinión del Cuerpo se ha demostrado contra el proyecto en esta forma implícita. Podemos asegurar al Sr. Pou que los Registradores de la propiedad han callado por delicadeza, pues sabemos la opinión de muchos de éllos favorable al proyecto. Interin, y mientras no veamos á tan digna clase manifestar su parecer de un modo explícito, no puede hacerse argumento del silencio de la misma, y la polémica, por ahora, no cuenta con este valioso antecedente, de capital importancia para su decisión. Algunos datos, no obstante, deben obrar en la Memoria extraordinaria sobre estadística, consignados por algunos Registradores favorables al proyecto, mientras que creemos que no los hay en contra del mismo.

Y cuando se combate un proyecto por anticientífico, precisa que los que lo impugnan tengan dogma definido y sepan á qué atenerse respecto á la conclusión que sustentan, y en el

---

* Véanse las páginas 616 del tomo anterior; 5, 97, 244 y 410 de este tomo.

campo notarial sucede todo lo contrario. El Notariado aún está discutiendo el carácter, atribuciones y demás relativo á lo que es el Notario y lo que representa. Hemos visto anteriormente que en dos periódicos de la clase, la *Gacetilla Notarial* y *La Notaría*, se pide la refundición del Registro de la propiedad á la Notaría, lo cual lleva á la conclusión de que las ocupaciones y la misión de ambos funcionarios, Notario y Registrador, son idénticas, porque de lo contrario no podría unirse lo que es distinto é incompatible, bajo cuyo supuesto el proyecto merece la aprobación del Notariado con la sola diferencia de que la refundición debe hacerse del Registro á la Notaría, y no como proponemos nosotros, lo cual seguramente no aceptan otros periódicos de la clase.

Pero la divergencia es más honda, y se ha manifestado entre la *Gaceta jurídico universal*, dirigida por el Notario de Madrid, D. Juan E. Ruiz Gómez, y la *Gacetilla Notarial*, cuyos periódicos discuten con verdadero empeño el concepto del Notariado, defendiendo conclusiones antitéticas, y sosteniendo ambos que la solución que defiende el adversario hace posible el proyecto de ley del Sr. Maluquer. Veamos lo más culminante de la polémica, que es lo suficiente á nuestro objeto, supuesto que se trata de una cuestión por el mismo Notariado promovida, y que él debe resolver, sin que su solución nos importe, supuesto que nosotros tenemos la cuestión por resuelta con autoridades y antecedentes de verdadera importancia, relacionados en nuestros artículos y en nuestra monografía citada. El proyecto que cuenta con tantos antecedentes legales en España y el extranjero, no puede sufrir ningún percance porque los periódicos notariales españoles decidan el concepto del Notariado en uno ú otro sentido.

Tomamos de la *Gaceta jurídico universal*:

Dice el Sr. Ruiz Gómez al refutar las últimas apreciaciones del Sr. Maluquer: «Los contratos y disposiciones de última voluntad son actos *esencialmente privados y secretos:* no pertenecen al Derecho público ó administrativo. En su cele-

LA CONTRATACIÓN ANTE LOS REGISTRADORES 501

bración no debe consentirse como necesaria ni como conveniente la ingerencia del poder público.»

Y dice la *Gacetilla Notarial*:

«La contratación y la testamentifacción y todos los demás actos de la vida civil del pueblo, que en buenos principios constituyen la competencia del Notariado, requieren la autenticidad para la ordenada existencia, y el Estado, que al proveer á esta imperiosa necesidad de la autenticidad de los actos de la vida civil del pueblo crea y legisla el Notariado para establecer un sistema científico de autenticidad, desenvuelve una Institución de derecho público.»

Como se ve, la *Gaceta jurídico universal* y la *Gacetilla Notarial* son entre sí á manera de los polos opuestos; tan opuestos, que sus opiniones resultan antitéticas.

Y las consecuencias lógicas de esas opiniones entrañan la misma antítesis.

El Sr. Ruiz Gómez define en el Notariado una *Facultad-cargo*.

Nosotros definimos en el Notariado una *Institución del Estado:* una Institución pública de Derecho público, una Institución informada de los caracteres esenciales del poder público. á saber: autoridad, imperio, respeto é insignia.

El Sr. Ruiz Gómez ve en el Notario un profesor.

·Nosotros vemos en el Notario una autoridad.

¿Quién yerra? Tal vez nosotros. Pero si es así, importa mucho que nuestro error se demuestre; lo primero, porque el error es sustancia venenosa, y el antídoto es la salud; lo segundo, porque el error no cunda y se propague.

Pero creemos que el error está de parte del Sr. Ruiz Gómez; y aunque en nuestra pequeñez pudiera calificarse de ridícula pretensión toda advertencia, lo advertimos, no obstante, al ilustrado director de la *Gaceta jurídico universal*, á fin de que depure sus propia convicciones y vea si contienen algo que, aun siendo bueno, pueda reformarse y convertirse en superlativo.

Porque con la *Facultad-cargo* que sostiene el Sr. Ruiz Gómez, es posible el proyecto del Sr. Maluquer, y con la Institución que nosotros sostenemos, la idea del Sr. Maluquer es imposible.»

Por el contrario, el Sr. Ruiz Gómez sostiene que es posible el proyecto del Sr. Maluquer si se adopta la solución que propone la *Gacetilla Notarial*, es decir, si se considera que el Notariado es Institución.

Dejemos al Notariado sostener sus dudas y sus cuestiones, que á nosotros no nos importa más que hacer observar, que si ellos aun han de decidir y resolver lo que es la función notarial, á nosotros nos basta ver lo que sucede en el extranjero y los precedentes legales de nuestra patria para dar por bueno el proyecto, haciendo observar solamente que no será muy seguro el criterio del Sr. Ruiz Gómez, cuando un periódico tan autorizado como la *Gacetilla Notarial* sostiene que con la conclusión del Sr Ruiz Gómez defendida en la *Gaceta jurídico universal* es posible el proyecto del Sr. Maluquer. Y esto que se trata de dos periódicos Notariales y que al Sr. Ruiz Gómez se le concede gran autoridad en el campo notarial. Los profanos, como dicen los Notarios, supuesto que los conocimientos notariales son una cosa especialísima no asequible á cualquiera mortal ni mucho menos, hemos de limitarnos á un terreno más limitado y al de los precedentes legales de la legislación extranjera y española, y sin alzar tanto el vuelo científico en discusiones que resultan estériles, concretarnos á puntos de vista verdaderamente útiles y dignos de ser tenidos en cuenta y abrazar la conclusión que se presenta más autorizada por la práctica.

Digamos solamente en contestación á los periódicos Notariales que están buscando la fórmula ó el concepto, en virtud del cual es imprescriptible á favor del Notariado la facultad de dar fe en los contratos, y por ende imposible el proyecto de ley del Sr. Maluquer, que la Comisión de Códigos que en 1867 reiteró el proyecto de ley de 1864, dijo contestando á la oposición de los Notarios: *Mas ni este peligro es tan grave como los interesados suponen, ni el otorgar más ó menos escrituras es en todo caso un derecho perfecto al cual deba sacrificarse ninguna medida de interés general.* La cuestión discutida por los periódicos Notariales la tenemos, pues, resuelta por aquella Comisión compuesta de hombres eminentes, y creemos que su autoridad es suficiente para que no tengamos que esforzarnos en este punto, resuelto ya de un modo inapelable. .

.

Dejemos á los periódicos Notariales citados sostener una discusión basada en distingos bizantinos, impropios de nuestros tiempos y del carácter de la época moderna, y veamos cómo el proyecto se va abriendo paso de un modo irresistible, que no podrá detener la heróica resistencia del Notariado á que el mismo avance y llegue á ser ley.

El Congreso jurídico de Barcelona, á que han sido convocados todos los jurisconsultos españoles incluso el Notariado, dentro las amplias bases de la convocatoria y constitución del mismo, de todos conocidas, puso á discusión el tema tercero formulado del siguiente modo: ¿Es conveniente el establecimiento de la hipoteca marítima? En caso afirmativo, ¿sobre qué bases debiera organizarse?

Cuatro ponencias había para cada tema, y de las cuatro relativas al tercero, las tres sostienen y defienden la teoría objeto de nuestro trabajo, no entrando en detalles la de D. Marcelino Isábal; pues dice solamente que en cuanto á la constitución, forma de inscripción, extensión y extinción de la hipoteca marítima, la ley que la organice deberá acomodarse en general á las disposiciones de la vigente legislación hipotecaria sobre inmuebles, salvando todas aquellas diferencias que surgen de la distinta naturaleza de las cosas, objeto respectivamente de una y otra.

La ponencia de D. Agustín de Ondovilla y Durán, auxiliar de la Dirección general de los Registros civil y de la Propiedad y del Notariado, dice en la segunda parte de su trabajo, base 6.ª:

«La hipoteca naval puede constituirse:

»1.º Por escritura pública.

»2.º Por póliza.

»3.º Por documento privado, ratificado ante el Registrador mercantil por los otorgantes, ó al menos por el dueño de la nave, ó su apoderado.»

La ponencia de D. Raimundo Durán y Ventosa en la base tercera sienta:

«El contrato de hipoteca naval puede hacerse:

»1.º Por escritura pública.

»2.º Por póliza de corredor que, además de éste, suscriban las partes.

»3.º Por documento privado suscrito por los interesados ante testigos, y presentado por aquéllos al Registrador que debe hacer la inscripción.»

En la primera parte de su trabajo, el Sr. Durán estudia lo relativo á la forma de constitución de la hipoteca marítima, en la siguiente forma:

«¿Cuál debe ser la forma extrínseca del título constitutivo de de la hipoteca? Desde el simple convenio verbal *(nudum pactum de hypotheca)*, sin solemnidad de palabras ó fórmulas, autorizado por el Derecho romano y que bastaba para la sustancia del acto, hasta la escritura pública y solemne, son múltiples las formas extrínsecas de la convención, y por lo tanto, lo que importa estudiar es cuál ó cuáles de estas formas deben ser admitidas para constituir una hipoteca naval.

»En mi concepto, todas las que permitan la justificación perfecta de la constitución de la hipoteca, deben ser admitidas para constituir la naval; sólo la convención verbal, por lo mismo que exige prueba de testigos, en defecto de confesión, debiera eliminarse. Decía en otra ocasión, y séame lícito repetirlo ahora: «Suele ser sumamente sencilla la forma de la convención: de ordinario basta en todas las naciones que se haga constar por escrito. No se considera de necesidad la escritura pública; un contrato privado, con la firma de los contratantes, es lo único que exigen las leyes, y con tanta facilidad se celebra esta convención, que en algunos países, como Inglaterra, á fin de no omitir en los contratos ningún dato necesario para su validez, existen unas minutas impresas cuyos blancos llenan las partes, firmándolas luego sin otra solemnidad. Una cosa semejante se hace también en nuestro país con las pólizas de fletamento, de seguros, etc.; de suerte, que no es nuevo entre nosotros esta forma de consignar y estipular las convenciones, que facilita en gran manera el que puedan celebrarse entre personas legas en Derecho, sin que se expongan á incurrir en alguna omisión que vicie el contrato. La razón que existe para que no se exija escritura pública para la constitución de la hipoteca marítima, siendo así que en casi todas las legislaciones se exige para la hipoteca común, es triple, á saber: primera, la lentitud con que se procede á la celebración de los actos ante Notario, que pugna con la celeridad de los negocios mercantiles; segunda, lo costoso que suele ser un documento, que muchas veces debe tener corta duración atendido lo caras que resultan las escrituras para los préstamos civiles, los cuales, generalmente, se hacen por un largo plazo; y tercera, el que la idea de escritura pública se aviene mal con la costumbre arraigada entre los comerciantes, de realizar la mayor parte de los negocios por medio de meros documentos privados, fiados en la buena fe que preside en todas la operaciones comerciales.» Y realmente es así: la rapidez que caracteriza la celebración de todos los actos mercantiles, exige un modo sencillo y pronto de constituir una hipoteca naval, lo cual, si no siempre puede conseguirse por medio de un documento público, se obtiene con seguridad, mediante un simple contrato privado; las dificultades que generalmente ofrece el poder realizar un préstamo con hipoteca naval, y la tasa, casi siempre elevada de su interés, importa el que deba procurarse facilitar á los contratantes el medio de realizar el contrato en la forma más económica posible, huyendo de los cuantiosos gastos que generalmente ocasiona el otorgamiento de una escritura pública. La escasa duración de los préstamos navales justifica también el que se hagan constar en documentos privados, cuya legitimidad puede ser comprobada fácilmente.

»Expuestas así las razones en que me apoyo para sostener que la forma extrínseca del título hipotecario naval debe ser un documento escrito, sea público ó privado, claro está que no ha de existir inconveniente alguno en que la hipoteca se constituya por medio de póliza de corredor que, además de éste, suscriban las partes. Tiene esta forma el mismo carácter de contrato privado; pero reviste además la solemnidad de intervenir en él el corredor, ó sea un Notario, en asuntos mercantiles.

»Y aquí conviene ocuparme de una de las garantías de que ha de revestirse la hipoteca naval.

»El contrato privado facilita ciertamente en gran manera la operación; pero pudiera ser un inconveniente en su día la justificación de su autenticidad. Para evitarlo, creo que habría de bastar el que se exigiese que en el contrato intervinieran, suscribiéndolo, dos testigos; y que, para verificar la primera inscripción, debiesen presentar el documento al Registrador las dos partes contratantes.

»Si la hipoteca fuese constituída en documento extranjero, no veo la razón legal para negarle su validez, teniendo debida autenticidad en España según nuestras leyes y tratados, y por tanto, creo que así se debiera consignar al regularse en nuestro país la hipoteca naval.»

La ponencia de D. Faustino Alvarez del Manzano y Alvarez Rivera, sienta la base siguiente acerca de la constitución de la hipoteca marítima: «9.ª, la hipoteca debe constituirse por escrito, ora público, ante Notario ó corredor, ora privado, á la orden ó sin esta cláusula.»

Razonando el Sr. Alvarez del Manzano acerca del particular,. sostiene la siguiente doctrina: «Las singularidades que presenta el buque, y que le distinguen de las otras cosas muebles por un lado, y por otro, la índole particular del derecho hipotecario, que descansa en parte en el principio de publicidad, exigen que el contrato de hipoteca marítima se celebre por escrito. Mas la conveniencia de facilitarla, como institución de crédito, se opone á la necesidad de que ese escrito sea público y permite que se constituya por escritura privada. Queda, pues, al arbitrio de los contratantes, la mayor ó menor solemnidad con que ha de constar su convenio (1).

«Desde el momento en que la cláusula á la orden puede útilmente insertarse en todo título de crédito, y no es esta ocasión de demostrarlo, el escrito en que se contenga la hipoteca de que se trata podrá extenderse en esa forma; en tal caso, el derecho hipotecario se trasmitirá por endoso. Que esto es posible, no obstante los reparos que suelen hacerse por algunos, lo acredita el precedente que ya en España existe respecto á la hipoteca terrestre ó sobre inmuebles (2).

»Establecida la marítima por documento público ó privado, á la orden ó sin esta cláusula, surtirá efecto entre los interesados; pero no con relación á terceros, que quizá no tengan conocimiento de la misma. Es preciso para ello hacerla pública, y esta publicidad se consigue fácilmente, consignándola en un Registro que se encuentre á disposición de todo el mundo. Este Registro será en España el mercantil, ya que en él han de anotarse la imposición, modificación y cancelación de los gravámenes de cualquier género que sobre los buques pesen (3). Cumplido ese requisito, nadie podrá ya quejarse de ignorancia; y por eso el documento inscrito producirá efecto

---

(1)   Lo mismo se dispone en la ley belga, art. 185, y en el Código italiano, art. 485. En Inglaterra suele haber impresos según el modelo adjunto al *Merchant shipping act,* de modo que no hay más que cubrir los blancos.

(2)   Ley Hipotecaria, art. 153.

(3)   Código de Comercio, art. 22, núm. 8.°

legal en perjuicio de tercero desde la fecha de su inscrip.
ción (1).»

En vista de estos antecedentes, la Comisión de conclusio.
nes, compuesta de los Sres. D. Eduardo Atard, D. Ignacio Hi.
dalgo Saavedra y D. Juan Bautista Orriols, formuló las del te.
ma 3.ª, y la 6.ª en la siguiente forma: «También podrá otor.
garse en documento privado, suscrito por los interesados y
presentado por éstos al Registrador que haya de verificar la
inscripción, identificando ante el mismo sus personas.»

A esta conclusión no podía faltarle la oposición de algún
Notario, y en efecto, la impugnó el que lo es de Madrid, Don
José Gonzalo de las Casas, manifestando que en su concepto
existen graves peligros en autorizar la hipoteca marítima por
otro documento que no sea la escritura pública otorgada ante
Notario ó póliza suscrita por corredor.

Dicha oposición resulta formulada, á pesar de que, como
hemos visto, es universal el hecho de constituirse la hipoteca
en virtud de documento privado. Está visto que el Notariado
español no quiere reconocer con respecto del particular ni siquiera lo que forma la legislación de todos los países, demostrando con ello un exclusivismo censurable.

A la fecha en que escribimos no se ha verificado el escruti-
nio de la votación recaída á dichas conclusiones; pero esperamos que la de nuestro estudio será votada por una inmensa
mayoría, quedando con ello consagrado el sistema por nosotros
defendido de un modo solemne, supuesto que actualmente el
Registro mercantil lo llevan los propios Registradores de la
propiedad, de suerte, que ante el mismo funcionario de nuestro
proyecto se verificará por documento privado la constitución
de la hipoteca marítima.

---

(1)   Código de Comercio de España, art. 26.
En Francia, los recaudadores de Aduanas; en Bélgica, el conservador de
hipotecas terrestres de Amberes; y en Inglaterra, el *registrar of shipping*, son
los encargados de las inscripciones relativas á la hipoteca marítima.

El sistema australiano y de Costa Rica, tienen aplicación en España en virtud de lo dispuesto en el art. 153 de nuestra ley Hipotecaria en su párrafo 4.°, que establece: si la hipoteca se ha constituído para garantizar obligaciones transferibles por endoso ó títulos al portador, el derecho hipotecario se entenderá transferido, con la obligación ó con el título, sin necesidad de dar de ello conocimiento al deudor, ni de hacerse constar la transferencia en el Registro.

Este precepto se halla confirmado por la Resolución de 23 de Junio de 1888, de la cual haremos un extracto por ser muy notable bajo el punto de vista de nuestro estudio.

Habiendo quedado aplazado parte del precio de una venta, el comprador entregó á los vendedores cuatro pagarés, dos á la orden de cada uno de ellos, y á su pago fué hipotecado el solar vendido.

Enajenado éste sucesivamente á dos compradores, por hallarse ya satisfecho el crédito hipotecario á que se ha aludido, reclamó el último se formalizase el título de su adquisición y al par se cancelase la hipoteca; á dicho efecto se otorgó una escritura pública por virtud de la que uno de los vendedores como tenedor de los cuatro pagarés, dos de ellos por endoso que le hizo el otro vendedor, dió por extinguida la obligación que aquéllos representaban y consintió en la cancelación de la hipoteca.

Presentado este documento en el Registro de la propiedad de Málaga, no fué admitida la cancelación por no estar otorga_ da por las personas á favor de las que aparece inscrita la hipoteca, sin cuyo consentimiento no puede ser cancelada conforme el art. 82 de la ley; no siendo, por otra parte, los pagarés á que el documento se refiere, los títulos transmisibles por endoso de que hablan los artículos 153 y el citado 82 de la misma ley.

Impugnada en la vía gubernativa dicha calificación, se alegó que la obligación de que se trataba era de las transmisibles á la orden, lo cual probaba la capacidad con que otorgó la cancelación el tenedor de los pagarés, siendo por lo tanto gratuita' la apreciación del Registrador que negaba á dichos documentos el carácter de títulos endosables, y oído el Registrador, informó que era de confirmar su nota porque las inscripciones hipotecarias de que se trataba se habían extendido, no en favor de personas inciertas ó indeterminadas, sino de los vendedores especialmente designados, y garantizaban diversos pagarés transmisibles por endoso, por lo cual no cabía hacer la cancelación sino en la forma que previene el primer párrafo del art. 82 de la ley: porque para las cesiones de créditos hipotecarios exige el art. 153 de dicha ley tres requisitos que no se cumplieron en los endosos hechos á favor del que consentía la cancelación, por lo cual sería éste representante del cedente, mas no su legítimo representante; porque el artículo 72 del Reglamento hipotecario quedaría infringido en su letra si se admitieran como documento fehaciente los pagarés endosados, y porque confirman esta doctrina varias Resoluciones que citaba de la Dirección general.

El Juez delegado dejó sin efecto la nota recurrida, cuya providencia fué confirmada por la Presidencia y por la Dirección general que establece la siguiente doctrina:

«Vistos los artículos 82 y 153 de la ley Hipotecaria:

»Considerando que los documentos llamados á la orden son transmisibles por endoso, y es indudable que los cuatro pagarés entregados por D. Manuel de Guzmán y Rivera á los vendedores de la huerta de Montero eran documentos de ese género:

»Considerando que la transmisión de los créditos endosables no requiere la intervención activa ni pasiva del deudor, bastando para la cesión de ellos el simple endoso firmado por el acreedor ó por persona legítimamente autorizada por él:

»Considerando que por concurrir todas esas circunstancias en el endoso hecho por D. Miguel Téllez á favor de D. Eduardo Palanca, adquirió éste la propiedad de los dos pagarés extendidos á la orden del primero:

»Considerando que constituída la hipoteca de cuya cancelación se trata en garantía de esos pagarés, ó sea de obligaciones transferibles por endoso, el precepto aplicable al caso es el párrafo 4.º del art. 153 de la ley, según el que el derecho hipotecario se entiende transferido con la obligación ó con el título sin necesidad de dar conocimiento al deudor ni de hacer constar la transferencia en el Registro:

»Considerando que si por todas estas razones es innegable el perfecto derecho de dominio que asiste á D. Eduardo Palanca sobre los pagarés en cuestión, hay que reconocer su plena capacidad para consentir en la cancelación de la hipoteca, en que es único interesado;

»Esta Dirección general ha acordado confirmar la providencia apelada.»

Lo que ocurre en Australia y demás países que se rigen por el sistema de sir Roberto Torrens, y lo que establece el Código civil de Costa Rica respecto la transmisión de las cédulas hipotecarias aun por endoso en blanco, una vez emitidas con los requisitos y garantías que determina, ocurre en España con respecto á la cesión de títulos transmisibles por endoso ó al portador, entendiéndose transferido el derecho hipotecario con el título, con la notable circunstancia, según la Resolución de nuestro estudio, de que puede transmitirse el derecho hipotecario en virtud de la cesión por endoso del pagaré que ostenta tal cualidad en el Registro, aun cuando el derecho conste en los libros de dicha oficina inscrito especialmente á nombre de persona determinada.

Porque en este caso dejan de tener observancia los artículos 20 de la ley Hipotecaria y su Reglamento para la cancelación del referido derecho en el Registro, supuesto que dichos artículos exigen precisa ó ineludiblemente que el que cancela tenga inscrito su derecho en los libros del mismo, y en nuestro caso esto no es necesario, entendiéndose, según se establece en la Resolución citada, que *el derecho hipotecario se entiende transferido con la obligación ó con el título, sin necesidad de dar conocimiento al deudor ni de hacer constar la transferencia en el Registro.*

Como para la transmisión por endoso no se necesita la intervención del Notario, tenemos con respecto al particular, aceptado en España el sistema de Costa Rica y el de Australia, con la ventaja de que la transmisión no se ha de ratificar ante ningún funcionario público, sino que es garantía de autenticidad el endoso, confirmado por la posesión del título. En nuestra Patria, tenemos, pues, adoptados aquellos sistemas de un modo el más radical, y si la transmisión de un pagaré hipotecario á la orden es título suficiente para la cancelación, aun sin ratificación ninguna y aun cuando la hipoteca esté inscrita á nombre de persona distinta de la que cancela, quedando sin efecto para dicho caso los artículos 20 de la ley Hipotecaria y su Reglamento, lo mismo debería acontecer con respecto á las demás transmisiones de la propiedad, bajo el sistema propuesto que reune la garantía de la ratificación ante el Registrador; pues no son de apreciar más los derechos de los acreedores que los del propietario de la finca, que tiene en ella la *plena in rem potestas,* y si científico y conveniente se considera el sistema para un caso, científico y conveniente debe ser estimado para los demás, porque tan dignos de consideración son los derechos de los acreedores como los de los terratenientes. Por esto dijo uno de los ponentes al tema 3.º del Congreso jurídico de Barcelona que debía establecerse el sistema de constitución de la hipoteca marítima en virtud de documento privado, porque el art. 153 de nuestra ley Hipotecaria permite la transmisión del propio derecho hipotecario por endoso, disposición confirmada todavía, si cabe, en mayor escala, al decidirse que dicha transmisión puede verificarse en dicha forma, aun cuando la hipoteca conste en el Registro á nombre de persona determinada, que verificado el endoso, es por lo mismo distinta de la que consta en el Registro.

Y debe tenerse en cuenta que el Registrador de Málaga fundaba su negativa en que *el art. 72 del Reglamento hipoteca-*

rio quedaría infringido en su letra si se admitiesen como docu-
mentos fehacientes los pagarés endosados; de suerte que produce efectos en el Registro el contrato privado de cesión del crédito hipotecario que representa el endoso, y no se considera
precisa la escritura pública á que se refiere el art. 72 del citado Reglamento, por más que el último párrafo del art. 72 no
hace necesaria la escritura para la cancelación en todos los
casos, sino en aquellos en que lo hace preciso el art. 82 de la
ley, supuesto que el mismo contiene ciertas excepciones según
las cuales no se hace necesaria la escritura pública para la
cancelación de ciertas inscripciones de derechos hipotecarios.
Antecedente es éste que lo consideramos de muchísima valía,
porque viene á aumentar los que pueden considerarse de derecho universal, esto es, de derecho que va generalizándose
en naciones distintas que pertenecen á razas diversas; porque
este problema, puesto sobre el tapete en España, y ya resuelto en naciones extranjeras de un modo más radical que el
propuesto, puede considerarse de Derecho cosmopolita; porque
todas las legislaciones tienden al mismo fin: el perfeccionamiento del sistema hipotecario con tendencia á la sencillez, y
la baratura y el enaltecimiento de la propiedad inmueble, y
del crédito territorial, libre de trabas formularias que al fin
y á la postre á nada conducen conforme hemos visto, y en
España no está el crédito territorial á más altura que en otros
países en que se observan menos solemnidades, antes bien,
puede asegurarse que éstos nos aventajan en tales instituciones de crédito, lo cual prueba que no es el cúmulo de requisitos que se exigen lo que contribuye á fomentar el crédito territorial, antes por el contrario, impide su desarrollo.

(*Se concluirá*)

VICTORINO SANTAMARÍA.

Ensayo de un plan orgánico de un curso de Derecho mercantil de España, y de las principales naciones de Europa y América. *

Estimable, por más de un concepto, es el trabajo de Domínguez Vicente en su *Ilustración y continuación á la Curia filípica* (1), mas no responde á las exigencias científicas de su tiempo.

Cerca de doscientos años hacía que el .docto Hevia Bolaños había publicado su obra; sintetizaba ésta el desenvolvimiento jurídico-comercial del siglo XVI, y no era posible que con algunas aclaraciones y adiciones pudiera convertirse en genuina expresión del estado de la ciencia á fines del siglo XVIII. Era necesaria una completa refundición, y Domínguez se contentó con agregaciones y aclaraciones de doctrina que ni mejoraron el plan primitivo, ni constituyeron un conjunto de principios en armonía con las necesidades cuya urgente satisfacción el comercio reclamaba.

¿Qué importa, por consiguiente, que adicione cada capítulo con indicaciones bibliográficas, si éstas, ni aun en la parte que se refiere á España, son tan completas como fuera de desear y era posible en aquella época, ni tampoco constituyen una gran novedad en relación con las abundantes citas de la obra primi-

---

* Véanse las páginas 35 y 298 del tomo 72.
(1) Madrid, 1790.

tiva? ¿Qué importa que amplíe las doctrinas referentes á la letra de cambio y á la libranza, si conserva en gran parte los defectos en este punto ya notados y los aumenta por haber incluído estas adiciones en el capítulo de los *Cambios y Bancos*, colocado por Hevia en el lugar en que se encuentra, atendiendo únicamente á la consideración de *mercaderes* que tienen esas instituciones como personalidades jurídicas, singulares ó colectivas?

Por otra parte, siguen preteridos contratos de la importancia del de comisión (ya estudiado en 1542 por el Licenciado Villalón) y el de préstamo á la gruesa ya conocido y reglamentado en la antigüedad clásica bajo el nombre de *foenus nauticum*, y que aún no había cedido su puesto á la hipoteca naval.

Los reformadores y adicionadores de la conocida *Librería de Escribanos*, del Notario de reinos D. José Febrero, en su laudable afán de convertir esta obra en una verdadera enciclopedia del Derecho español, agregáronla, en distintas ocasiones, diferentes tratados de Derecho mercantil que no debemos olvidar en esta ligera reseña. Mas, ni las adiciones de Marcos Gutiérrez (1), que revelan la influencia de la *Curia filípica* y que suplen algunas de las deficiencias que en ésta hemos señalado, ni los incompletos apéndices de Aznar y Notario (2), relativos á sociedades, letras de cambio, fletamento, seguros, etc., ni la *Jurisprudencia mercantil*, de Tapia (3), extracto de las Ordenanzas de Bilbao y de la doctrina de antiguos tratadistas, ofrecen, en forma y fondo, novedades dignas de ser notadas, ni otra cosa podía suceder dado el período de verdadera decadencia que

(1) D. José Marcos Gutiérrez, *Librería de Escribanos, Abogados y Jueces*, 1801, 5.ª edición, 1819. 7.ª edición póstuma, 1829.

(2) D. Miguel Aznar y D. Diego Notario, *Febrero adicionado*, 1.ª edición anónima, 1817. En la de 1825 aparecen los nombres de los autores de la reforma.

(3) D. Eugenio de Tapia, *Jurisprudencia mercantil*,—en el *Febrero novísimo*,—1828. De esta misma obra, refundida con arreglo al Código de Comercio, nos ocuparemos más adelante.

atravesaban los estudios económicos y jurídicos en España.

Hechas estas indicaciones críticas acerca de nuestra literatura jurídico-comercial, anterior á la publicación del Código de Comercio de 1829, vamos á dirigir una rápida ojeada á los trabajos modernos (1).

---

(1)   No ha sido nuestro propósito enumerar todas las producciones que acerca del Derecho mercantil nos han legado los jurisconsultos españoles en los siglos XVI, XVII y XVIII, pues esto nos hubiera alejado muy mucho de nuestro objeto, y no era tampoco este momento oportuno para ello. Los siglos XVI y XVII constituyen un brillante período en la historia de la literatura jurídica española: la decadencia, iniciada ya en el siglo XVII, domina por completo en el XVIII. Así es que son muchas las obras de esa época que tratan de Derecho mercantil y que pudiéramos citar, además de las indicadas en el texto: sirva de ejemplo la siguiente incompleta lista:

Christóforo de Villalón, *Provechoso tratado de cambios y contrataciones de mercaderes*. Valladolid, 1542.

Luis de Alcalá, *Tratado de los préstamos que pasan entre mercaderes y tratantes· y por consiguiente de los logros, cambios, compras adelantadas y ventas al fiado*. Toledo, 1546. La primera edición es de 1543.

Saravia de la Calle, *Instrucción de mercaderes*. Medina del Campo, 1544.

Tomás de Mercado, *Suma de tratos y contratos*. Salamanca, 1569.

Bartolomé Frias de Albornoz, *Arte de los contratos*. Valencia, 1573.

Francisco García, *Tratado utilísimo de todos los contratos cuantos en los negocios humanos se pueden ofrecer*. Valencia, 1583.

Miguel de Palacios, *Praxis theologica de contractibus et restitutionibus*. Salmanticae, 1585.

Bartolomé Salvador de Solórzano, *Libro de Caxa y Manual de cuentas de mercaderes y otras personas*. Madrid, 1590.

Luis López, *Tractatus de contractibus et negotiationibus sive Instructorium negotiantium*. Salmanticae, 1592.

Juan de Hevia Bolaños, *Laberinto de comercio terrestre y naval*. Lima, 1603.

Blas Flores Díaz, *Lucubrationes in decisiones in supremo lusittaniae senatu olim decretas et per Antonium a Gama doctisimum senatorem digesta*. Olisipone, 1608.

Gaspar Rodrigues, *De annuis et menstruis reditibus*. Metymae á Campo, 1601.

Juan de Salas, *Tratatus de emptione et venditione, de usuris, de censibus, de cambiis, de ludo*. Lugduni, 1617.

Gaspar de Hermosilla, *Additiones, notae, resolutiones ad Glossas Gregorii Lopezii super quintam Partitam*. Beatiae, 1684.

En el renacimiento que de los estudios jurídicos se ha operado en España, á impulsos de la revolución filosófica del presente siglo, el Derecho mercantil, á pesar de su grande importancia histórica, no ha llamado como debía la atención de nuestros jurisconsultos.

Felipe de la Cruz Vasconcillos, *Tratado único dé intereses, si se puede llevar dinero por prestarlos*. Madrid, 1637.

Juan de Solórzano y Pereira, *De jure indiarum*. Madrid, 1639.

José Niño y Mur, *Albarani sive Chirographi mercatoris analysim cum additionibus Joannis Francisci de Cuenca*. Caesaraugustae, 1644.

Pedro de Oñate, *De contractibus tria volumina.—De contractibus in genere*, Romae, 1646.—*De contractibus lucrativis*, Romae, 1647.—*De contractibus onerosis*, Romae, 1654.

Juan B. de Larrea, *Decisiones Granatensis Senatus*. Lugduni, 1647.

Gaspar de Ecalona y Agüero, *Arcae Limensis Gasophilacium*, etc. Matriti, 1647.

Francisco Salgado de Mendoza, *Labyrinthum creditorum*. Lugduni, 1651.

José Vela, *Dissertationes juris controversi tam in Hispalensi quam in Granatensi Senatu*. Granatae, 1658.

Alfonso de Olea, *De cessione jurium et actionum*. Pinciae, 1652.

Juan Ramos del Manzano, *Academica Analecta ex L. Ἀξίωσις sive deprecatio XI. D. De lege Rhodia de jactu*, 1659.

Manuel Román Valerón, *De transactionibus tractatum*. Lugduni, 1665.

José Veitia y Linage, *Norte de la contratación de las Indias Occidentales*. Sevilla, 1672.

José Domínguez Vicente, *Discursos jurídicos sobre las aceptaciones, pagas, intereses y demás requisitos y cualidades de las letras de cambio*. Madrid, 1732.

José A. Abreu, *Tratado jurídico-político sobre las presas marítimas*. Madrid, 1756.

Miguel Jerónimo Suárez, *Tratado legal teórico-práctico sobre las letras de cambio*. Madrid, 1788.

José Domínguez Vicente, *Ilustración y continuación á la Curia filípica*. Madrid, 1790.

Antonio de Capmany, *Código de las costumbres marítimas de Barcelona*. Madrid, 1791.

En esta enumeración hemos prescindido de los escritores portugueses, algunos de ellos muy notables, como Santerna, Gama, etc. Del mismo modo hemos pasado en silencio muchas obras relativas á la reprobación de usuras, así como otras de nuestros más ilustres jurisconsultos (Covarrubias, Antonio Gómez, Carleval, etc.), que contienen doctrinas de Derecho civil que pueden ser aplicadas á la contratación especial del comercio.

Verdad es que se redacta y publica un Código (1) basado en el francés, en nuestras antiguas Ordenanzas y en el magis. tral tratado de Mr. Pardessus, y que, por su doctrina, es uná. nimemente considerado como un efectivo progreso, como una obra muy superior á su modelo, y sirve de base á nuevos tra. bajos de codificación en Europa y en América (2); mas el im.

(1)　Don Pedro Sáinz de Andino, *Proyecto de Código de Comercio*, Madrid 1828. Conocida es la historia de este Código. Fernando VII nombró en 11 de Enero de 1828, una Comisión encargada de redactar un Código de Comercio. Formaron esta Comisión, D. Bruno Vallarino (Presidente), D. Ramón López Pelegrín, D. Cesáreo M. Sanz, D. Manuel M. Cambronero, D. Antonio Porcel y D. Pedro Sáinz de Andino (Secretario); y en poco más de un año fué ultimado el proyecto compuesto de 462 artículos que se concretaba á sentar los principios generales de los diferentes contratos mercantiles, dejando su desenvolvimiento á los Tribunales. D. Pedro Sáinz de Andino presentó también al Monarca un proyecto de Código en el que, siguiendo opuesto sistema al adoptado por sus compañeros, procuró resolver las grandes cuestiones que la aplicación del Código francés había suscitado, acudiendo para ello á la doctrina de nuestros antiguos tratadistas, y principalmente á la obra de Mr. Pardessus (*Cours de droit commercial*). Aceptado por el Rey este proyecto, fué promulgado como ley general del Reino en 30 de Mayo de 1829.

(2)　En Europa ha influido directa y principalmente, en la redacción del Código portugués, obra de D. José Ferreira Borges, sancionado por el Regente D. Pedro en 18 de Septiembre de 1833. El autor enumera las fuentes á que acudió para la formación del Código, en los siguientes términos: «En la compilación de este Código tuve á la vista, no sólo todos los Códigos comerciales que conozco, esto es, el de Prusia (sería el *Allgemeines Landrecht* de 1794), el de Flandes (sin duda se refiere al proyecto de Código de Holanda, publicado en 1826 y en 1829), el de Francia, el proyecto del Código de Italia (debe aludir á los trabajos para la publicación del Código sardo), el Código de España y las leyes comerciales de Inglaterra, y el derecho de Escocia, sino que también las Ordenanzas de Rusia y casi todas las parciales de Alemania (gracias á los trabajos de Phoosen y Boucher), además de todas esas colecciones marítimas, preciosos monumentos de la antigüedad...» (Carta de D. J. Ferreira al D. de Brag., de 8 de Junio de 1833.)

La siguiente brevísima noticia de la Codificación mercantil en la América latina, da una idea bastante exacta de la influencia española en las repúblicas hispano-americanas, que, como se verá, ha sido predominante.

AMÉRICA CENTRAL.—*México*. Después de la emancipación, continuaron en

pulso dado por el eminente mercantilista D. Pedro Sáinz de Andino (1) muere al nacer, tal vez por no encontrar favorables condiciones de existencia. Las luchas políticas absorben por completo la febril actividad española, profundamente

---

vigor las Ordenanzas de Bilbao, á las que se añadieron algunas disposiciones particulares, siendo de notar, entre ellas, la ley para la organización de los Tribunales de Comercio de 15 de Noviembre de 1841. En 16 de Mayo de 1854, se publicó un Código de Comercio (Código Santa Ana), dividido en cinco libros, modelado en el Código español y que fué derogado por ley de 1.º de Noviembre de 1855. Restablecidas las Ordenanzas de Bilbao, se dictaron diferentes disposiciones correctorias y complementarias, sobre todo, después de la publicación del Código civil de 1873 (por ejemplo, las leyes de 22 de Mayo y 15 de Diciembre de 1882 sobre Bancos, etc.). En 15 de Diciembre de 1883, se autorizó al Poder Ejecutivo para expedir un Código de Comercio, que fué publicado en 20 de Abril de 1884, aprobado en 31 de Mayo y declarado vigente desde 20 de Julio. Aunque este Código recuerda, en algunas de sus disposiciones, la legislación española, representa una bien distinta dirección por las nuevas é importantes doctrinas que establece y que acusan las influencias alemana é inglesa.

Repúblicas de Guatemala y de Honduras. Emancipadas de España, estas repúblicas conservaron en vigor las Ordenanzas de Bilbao, hasta que han publicado Códigos de Comercio (Guatemala en 20 de Julio de 1877 y Honduras en 27 de Agosto de 1880), que como el Mexicano de 1884, representan nuevas tendencias y se basan en doctrinas bien diferentes de las que inspiraron los Códigos francés y español.

República de San Salvador. El Código de Comercio, publicado en 1.º de Diciembre de 1855, está basado en el español, cuya clasificación adopta.

Nicaragua. El Código de Comercio, publicado en 12 de Marzo de 1869, reproduce con leves variantes la doctrina contenida en el Código español.

Costa Rica. El Código de Comercio de 1850 es también un reflejo del Códi-

---

(1) Además de su *Proyecto de Código de Comercio,* Madrid, 1829, escribió Sáinz de Andino un *Ensayo crítico sobre la contratación de la Bolsa de Comercio y las ventas simuladas de los efectos públicos,* del que tan sólo se ha publicado (Madrid, 1845) la primera parte, relativa á las lonjas de comercio y régimen de su contratación: la segunda, debía concretarse á la contratación de la Bolsa de Madrid. También se debe al Sr. Sáinz de Andino la redacción de la *Ley de Enjuiciamiento mercantil* de 24 de Junio de 1830, y de la *Ley de Bolsa* de 10 de Septiembre de 1831.

preocupada con la revindicación de las libertades patrias, ho-
lladas por el despotismo de Fernando VII, combatidas por los
fanáticos partidarios del Pretendiente y regateadas por el Tro-

go español. En estas tres repúblicas el Derecho anterior á sus citados Códi-·
gos estaba constituido por las Ordenanzas de Bilbao.

Haití. El Código de Comercio de 28 de Marzo de 1826, obra del Abogado
de los Tribunales de París, Mr. Blanchet, es una casi reproducción del Código
francés. Hoy puede decirse que ha caído en desuso.

AMÉRICA MERIDIONAL.—*Estados Unidos de Venzuela.* Como en todos los Estados que se formaron de las antiguas Colonias españolas, las Ordenanzas de
Bilbao continuaron en vigor hasta la publicación de un Código de Comercio
El período de Codificación empezó con el Decreto de 7 de Abril de 1885, por
el cual se mandó formar cuatro Códigos; civil, penal, militar y mercantil, con
sus respectivas leyes procesales: en 28 de Mayo de 1846 se publicó, bajo el
título de Código de Comercio, un conjunto de disposiciones que comprendían sólo, la organización de los Tribunales y el procedimiento en materias
mercantiles; y por último, se formó el Código de 29 de Agosto de 1862, basado
principalmente en los Códigos francés y español, y que ofrece la particularidad de que los títulos en que se dividen sus cinco libros, están subdivididos
en leyes y éstas en artículos.

Estados Unidos de Colombia. El Código de Comercio de Nueva Granada de
1.° de Junio de 1853 (fundado en el español), estuvo poco tiempo en vigor,
pues en la Confederación establecida en Río Negro (8 de Mayo de 1863), quedó
limitada la jurisdicción federal al comercio extranjero y de cabotaje, dejando á cada Estado la regulación de los negocios interiores. El de Cundinamar-
ca había publicado en 8 de Enero de 1859, un Código de Comercio, y los demás Estados de la Confederación le han adoptado con ligeras variantes. Estos Códigos comprenden, tan sólo, el comercio en general y el terrestre, y en
ellos se descubre la influencia de las leyes españolas. En cuanto á la legislación marítima un Código federal, y por tanto, común á todos los Estados, ha
sido publicado en 10 de Marzo de 1873.

República del Perú. Para sustituir á las Ordenanzas de Bilbao, se resolvió
por la ley de 10 de Enero de 1852, que se adoptase el Código de Comercio español con las modificaciones que el Consejo de Estado, previa audiencia del
Tribunal del Consulado, creyese indispensables. El Consejo presentó sus trabajos, y el Congreso, por ley de 30 de Abril de 1853, ordenó que el nuevo Código comenzase á regir el 15 de Junio del mismo año. Existen trabajos de revisión y reforma.

República de Bolivia. El Código de Comercio de 12 de Noviembre de 1834

no que, olvidando se había consolidado merced al apoyo que le prestaran las ideas modernas, recuerda, tan sólo, los *buenos tiempos del antiguo régimen* y procura falsear los principios democráticos con ese doctrinarismo constitucional, causa princi-

---

(llamado Código de Santa Cruz), está calcado en el español. La escasa importancia y extensión de sus costas, ocupadas por el desierto de Atacama y el realizar casi todo su comercio exterior por el puerto peruano de Arica fué causa, sin duda, de que los legisladores de Bolivia prescindieran del libro referente al comercio marítimo: en cambio se da gran importancia al procedimiento mercantil.

Chile. Sustituyó á las Ordenanzas de Bilbao un Código de Comercio redactado por D. Gabriel Ocampo, publicado en 23 de Noviembre de 1865, y vigente desde 1.º de Enero de 1867. Basado en el Código español, es, sin embargo, más completo que éste, pues se ocupa de los contratos de seguros en general y particular de la vida, contra incendios, etc., de cuenta corriente y de prenda, y presenta un notable conjunto de doctrinas digno de ser estudiado. Existen disposiciones complementarias, como son: la ley especial de la Marina (de la misma época que el Código), y la de 4 de Abril de 1874, que regula la inspección de la carga de las naves, y correctorias, como lo es la ley de quiebras de 1879.

República Argentina. En 1.º de Mayo de 1857, el Ministro de Gobierno y de relaciones exteriores, Dr. D. Dalmacio Velez Sarsfield, y el jurisconsulto Doctor D. Eduardo Acevedo, presentaron á las Cámaras de Buenos Aires un proyecto de Código de Comercio, que vino á ser ley en 6 de Octubre de 1859. Este Código fué declarado *nacional* de la República Argentina por ley de 10 de Septiembre de 1862. Está basado en el Código español, y con los de Chile, Guatemala, Honduras y México de 1884, constituye la legislación más notable y original de la América latina. Por ley de 80 de Septiembre y Decreto de 14 de Octubre de 1870, se encomendó á los Doctores Villegas y Quesada un est... lio de revisión del Código de Comercio, y en Abril de 1873 presentaron sus trabajos, que fueron en el mismo año sometidos á la aprobación del Congreso. Esto escribíamos en 1884; pero hoy al publicar este modesto ENSAYO, debemos añadir los siguientes nuevos datos: En 9 de Diciembre de 1886, el Presidente de la República ha dado encargo «para proyectar las reformas que sean conveniente hacer en el Código de Comercio» al Dr. D. Lisandro Segovia, haciendo constar en la exposición de motivos del Decreto «que las reformas al Código sometidas á la consideración del Il. Congreso, hace más de 12 años, son deficientes, y que después de haber sido formuladas, varias

palísima de nuestra actual decadencia; y esas agitaciones y
turbulencias del Estado son la más pesada rémora que oponerse puede al desenvolvimiento progresivo del comercio y al

---

Naciones han reformado su legislación comercial de conformidad á los adelantos de la ciencia y á las necesidades del comercio.» El Dr. Segovia, con
una actividad digna de ser imitada, ha cumplido el encargo presidencial, presentando en 18 de Marzo de 1887 los dos primeros libros, y en 5 de Mayo del
mismo año los últimos títulos del lib. 2.°, y los libros 8.° y 4.° de un proyecto
de Código de Comercio. El Poder Ejecutivo en mensaje de 4 de Julio del referido año, ha sometido á la deliberación del Congreso Nacional dicho proyecto, que ha sido publicado por orden de la Cámara de Diputados. (Proyecto
de Código de Comercio redactado por encargo del Poder Ejecutivo de la
Nación, por el Dr. Lisandro Segovia. Edic. ordenada por la C. de D. D., Buenos Aires, 1887.) Esto proyecto que consta de 1619 artículos, divídese en cuatro libros: El 1.° De las personas del comercio: El 2.° De los contratos y obligaciones mercantiles en general: El 8.° De los derechos y de las obligaciones
que resultan de la navegación: Y el 4.° De la quiebra. Está en general discre-
tamente redactado y revela un profundo estudio en copiosas fuentes, pero se
notan en él algunas deficiencias.

República del Uruguay. El Código de 26 de Mayo de 1865 (llamado Código
Oriental del Uruguay), en vigor desde 1.° de Julio, es una completa reproducción del Código argentino; mas en 1878 ha sido modificado, introduciendo en
él importantes reformas.

Paraguay. Han estado en vigor las Ordenanzas de Bilbao hasta que, en
1870, ha sido introducido el Código de Comercio argentino.

Imperio del Brasil. El Código de Comercio de 25 de Junio de 1850, reconoce como fuentes los Códigos portugués, español y francés. Existen importantes disposiciones posteriores, que no es momento oportuno de enumerar, siendo las principales las leyes y decretos sobre Bancos de 1860; la ley de Sociedades anónimas de 4 de Noviembre de 1882; el Reglamento de la marina
mercante de 11 de Abril de 1874; la ley sobre concordatos en las quiebras, de
6 de Mayo de 1882, etc., etc.

Entre las obras de jurisconsultos españoles, que generalmente se consultan en la América latina citaremos: el *Diccionario razonado de legislación* y
jurisprudencia, de Escriche; los *Tratados de Derecho mercantil*, de Bacardi, Hu-
bra, Martí y Viso; los *Códigos de Comercio*, de V. Caravantes y de La Serna y
Reus; y las monografías de Navarro Zamorano (*Tratado legal sobre las letras
de cambio*), y de Lastres (*Operaciones de Bolsa.*)

de las ciencias económica y jurídica. Así es, que el renacimiento de los estudios jurídico-comerciales toma, en nuestra patria, bien pequeñas proporciones (1).

En dos series podemos clasificar los tratados de Derecho mercantil español posteriores al Código de Comercio de 1829: una, comprensiva de todas las obras que siguen el método predeterminado con pocas é insignificantes modificaciones; y otra, que abraza aquellas que presentan direcciones metódicas de más importancia, emancipándose del forzado molde de la ley escrita.

Pertenecen á la primera los trabajos de Tapia, Vicente y Caravantes, Saavedra, Laso y Viso (2).

---

(1) De los tratados generales más importantes damos noticia en el texto, prescindiendo de los *Diccionarios de Derecho mercantil* (Avecilla, Madrid 1849.— Amorós, Barcelona 1861 —Perecaula, Madrid 1870.—Zarzoso, Valencia 1861) y de los *Códigos de Comercio concordados y anotados* (Gómez de La Serna y Reus, Madrid 1855, última edic., 1878.—Ros Biosca, Valencia 1878, etc., etc.) En cuanto á las monografías, diremos únicamente que, en general, las pocas publicadas no presentan verdadero interés científico; pero que merecen especial mención, la ya citada del Sr. Sáinz sobre *Bolsas de Comercio;* el *Tratado legal sobre letras de cambio,* de Navarro Zamorano (Madrid 1845), obra notable, no sólo por la exposición que hace del Derecho español, sino por el *Apéndice de legislación extranjera;* el *Diccionario de Derecho marítimo de España,* de A. Bacardi (Barcelona 1861;) y los *Tratados de quiebras,* de González Huebra (Madrid 1856), y de D. Manuel Cuervo (Habana 1861).

También se han publicado algunos trabajos dignos de ser notados en nuestras *Revistas* jurídicas, particularmente en la GENERAL DE LEGISLACIÓN Y JURISPRUDENCIA.

(2) D. Eugenio Tapia, *Adiciones al Febrero novísimo.—Elementos de jurisprudencia mercantil.* Valladolid, 1829, 1837. Valencia, 1838, 1845-46. París, 1869.

D. José de Vicente y Caravantes, *Código de Comercio extractado.* Madrid, 1850 (Las ediciones anteriores, Madrid, 1841, 1846. Barcelona, 1848, son anónimas). —D. Joaquín Aguirre y D. J. Manuel Montalbán, en las ediciones 2.ª y 8ª del *Febrero reformado,* por los Sres. García Goyena y Aguirre, agregaron á esta obra un tratado de jurisprudencia mercantil, que recibió nuevas amplifica·

Escritas estas obras para servir á las necesidades de la enseñanza en nuestras Escuelas (Saavedra, Caravantes, Laso, Viso), ó para complementar una antigua enciclopedia del Derecho español (los reformadores del Febrero, Tapia, Aguirre, Montalbán y Caravantes), constituyen una serie de simples exposiciones elementales de la doctrina del Código, que ni satisfacen las exigencias del científico, ni resuelven las cuestiones suscitadas en la práctica. En fondo y forma, se doblegan al yugo de la ley escrita: concrétanse á trasladar, con leves variantes de estilo, el articulado del Código y á modificar tímidamente el método por éste adoptado, y ni influyentes, ni influídas, apenas dejan otra huella de su paso que algún agradable recuerdo en las aulas y el puesto que ocupan en la Bibliografía jurídica. Distínguense, sin embargo, la *Jurisprudencia mercantil*, de Tapia, por las referencias que hace á la doctrina de los antiguos tratadistas; el *Código de Comercio extractado*, de Vicente y Caravantes, por las cuestiones que formula y su importante, aunque algo deficiente, *Biblioteca*, y las *Lecciones elementales de Derecho mercantil*, de Viso, por sus notables condiciones didácticas.

Enfrente de estas obras podemos enumerar los trabajos de Bacardi, Martí de Eixalá, González Huebra, Rubio López, Carreras y Soler (1), caracterizados por un más amplio criterio

ciones en la 4.ª edición publicada por D. José de Vicente y Caravantes, Madrid, 1852, tomo III, páginas 264-391.

D. Damián de Sogravo (Domingo Saavedra), *Elementos de Derecho mercantil español*. Madrid, 1846.

D. Eustoquio Laso, *Elementos de Derecho mercantil de España*. Madrid, 1849.

D. Salvador del Viso, *Lecciones elementales de Derecho mercantil*. Valencia. 1853, 1864.

(1) D. Alejandro Bacardi, *Tratado del Derecho mercantil de España*. Barcelona, 1840.

D. Ramón Martí de Eixalá, *Instituciones del Derecho mercantil de España*. Barcelona, 1848. Las numerosas ediciones de esta obra—la más notable de nuestra moderna literatura jurídico-comercial—desde la 4.ª (Barcelona, 1865), han

de libertad, en lo que se refiere á la ordenación sistemática de su contenido, pero representantes, á pesar de este elemento común, de diversas tendencias doctrinales.

El *Tratado de Derecho mercantil*, de D. Alejandro Bacardí, no se distingue por su originalidad en lo que respecta á la forma, ni en lo que mira al fondo: fiel trasunto del plan desenvuelto por M. Pardessus, en su famoso *Cours de Droit commercial*, es, por su contenido, un simple arreglo de la obra francesa que toma como modelo, procurando poner en armonía su doctrina con las prescripciones de la legislación española (1).

A pesar de este defecto, el trabajo de Bacardí, que se distingue por sus buenas condiciones didácticas, generalizando en las aulas las doctrinas que habían presidido la formación de nuestro Código de Comercio, ha prestado grandes servicios en la enseñanza y representa dignamente en nuestra literatura ese elemento de imitación y asimilación, que viene á constituir el necesario antecedente de todo renacimiento jurídico. Los antiguos elementos nacionales no respondían á las nuevas necesidades que el progreso económico jurídico había creado, y de la propia manera que habíamos podido formar un buen Código, utilizando las doctrinas de la legislación francesa, de tal modo, que la asimilación habría sido completa; también podíamos y debíamos llevar á nuestras Universidades las teorías de los jurisconsultos franceses y aprovechar sus profundas enseñanzas, cuidando, sin embargo, de no convertirnos en

---

sido adicionadas por el conocido y eminente mercantilista D. Manuel Durán y Bas.

D. Pablo González Huebra, *Curso de Derecho mercantil.* Madrid, 1853-54. Barcelona, 1859. Madrid, 1867.

D. José Rubio López, *Novísimo manual de Derecho mercantil.* Madrid, 1857.

D. Mariano Carreras y González, *Elementos del Derecho mercantil de España.* Madrid, 1860, 8.ª edición. Madrid, 1878.

D. Eduardo Soler, *Manual de Derecho mercantil.* Madrid, 1882.

(1) Bacardí, ob. cit. El mismo autor reconoce esta falta de originalidad.

serviles imitadores, renunciando en absoluto á todo intento de concepciones originales.

Mas, por fortuna, esta tendencia á la emancipación de extranjeros yugos, siquiera sean científicos, tan natural en el genio español, se manifiesta en las dos más importantes obras de nuestra literatura jurídico-comercial. Son éstas, sin disputa, las *Instituciones de Derecho mercantil*, de Martí de Eixalá, y el *Curso de Derecho mercantil*, de González Huebra (1).

Dedicadas ambas á la enseñanza universitaria y representando una y otra la dirección genuinamente española de los estudios de Derecho mercantil en la primera mitad del presente siglo, ofrecen, no obstante, caracteres bien diversos.

Escrita con gran alteza de miras la obra de Martí de Eixalá, distínguese, en cuanto á la forma, por una notabilísima y original sistematización de la doctrina, y, respecto al fondo, por la íntima unión de los elementos económico y jurídico y por las excepcionales condiciones didácticas de su exposición clara y elemental del Derecho español. Satisface, pues, las exigencias del científico y las necesidades de la enseñanza.

Apártase también el trabajo de González Huebra del forzado molde de la ley, pero las modificaciones que introduce en el método predeterminado adolecen de timidez y no se caracterizan por su originalidad: expone con claridad la doctrina legal, pero descuida la indagación y enunciación de los principios, y no se preocupa de la fusión del elemento económico en el jurídico: en cambio, presenta con gran lucidez las más graves cuestiones prácticas y las resuelve con imparcial y recto juicio. Atiende, pues, á las necesidades de la práctica, y no descuida las exigencias de la enseñanza en lo que se refiere al conocimiento del Derecho positivo.

La superioridad de la primera está en su carácter esencialmente científico y en el plan orgánico que desenvuelve. La

---

(1) Martí de Eixalá, ob. cit. Barcelona, 1848.
· González Huebra, ob. cit. Madrid, 1853-54.

segunda recobra el terreno perdido, cuando se trata de exponer é interpretar el derecho escrito y de resolver las dudas que surgen de su aplicación. No se excluyen la una á la otra; antes por el contrario, en una síntesis superior se completan y armonizan.

Martí de Eixalá divide su obra en cuatro libros. El primero constituye, bajo el título de *Prolegómenos*, una verdadera *Introducción* al estudio del Derecho mercantil: es una notable investigación de los principios en que se fundamenta esta rama de la ciencia jurídica, determinando la naturaleza del fenómeno sobre que recae, y el orden y las causas porque los diferentes, contratos, así como las instituciones y personas auxiliares, van apareciendo en la esfera del comercio y los efectos que su aparición produce: enlaza este estudio con la historia del Derecho mercantil, y deriva de estos precedentes, á manera de corolarios, los principios fundamentales de cuya indagación se trata. En el libro segundo, después de fijar los actos que se reputan de comercio, presenta la doctrina referente al comerciante y á sus auxiliares. El tercero está dedicado á los contratos *fundamentales* y *auxiliares* del comercio, subdividiendo éstos en auxiliares del comercio en general, del comercio terrestre y del marítimo, y concluye exponiendo las obligaciones que se producen entre las personas auxiliares del comercio y los que se valen de su ministerio ó servicio. Por último, el libro cuarto contiene la doctrina referente á los medios ya directos, ya indirectos, ya especiales en el caso de quiebra, de asegurar el cumplimiento de las obligaciones mercantiles.

Unas nociones preliminares, ligeramente escritas, constituyen la *Introducción* de la obra de González Huebra. Divídese ésta en tres libros: el primero trata del comercio, de los comerciantes y de los agentes auxiliares: el segundo, de las obligaciones y contratos que clasifica, atendiendo á las diferentes leyes á que están sujetos, en *comunes* con el Derecho civil y *peculiares del mercantil* (seguros, cambio), subdividiendo

los primeros, en contratos que *preparan* otras operaciones mercantiles (sociedad, préstamo, comisión), contratos *constitutivos*
del comercio (compraventa, permuta), y contratos *accesorios*
(fianza, depósito, transporte); y por último, el libro tercero
está dedicado al estudio del comercio marítimo. Como se ve,
González Huebra elimina de su trabajo el tratado de quiebras,
por considerarle parte integrante del Derecho procesal.

Resumen estas dos obras de los estudios jurídico-mercanti-
les en España, durante la primera mitad del presente siglo,
parece natural fueran á su vez punto inicial para nuevos des-
cubrimientos científicos; mas, en esta rama del Derecho, nuestra literatura ha permanecido estacionaria, y las obras doctrinales posteriores á los trabajos de Martí de Eixalá y de Gon-
záles Huebra, no han rebasado el límite por éstos trazado.

El *Manual* de Rubio y López (1) no es más que un compendio de las *Instituciones* de Martí de Eixalá que, ni en fondo
ni en forma, ofrece novedad alguna; y los *Elementos del Derecho mercantil de España*, de D. Mariano Carreras y González (2), como toda obra que tiene por fin generalizar el conocimiento de una ciencia, se distinguen por su exposición clara
y fácil, aspirando únicamente á ser un sencillo y sucinto resumen de trabajos anteriores. Sin embargo, el Sr. Carreras, al
adoptar el plan seguido por Martí de Eixalá, intenta mejorar-
le, introduciendo algunas oportunas y discretas reformas. Es,
pues, una obra elemental con tendencia sistemática.

No es, por consiguiente, extraño que el estacionamiento de
nuestra literatura jurídica haya producido un verdadero des-
equilibrio entre los estudios de Derecho mercantil en España
y los grandes progresos realizados por la ciencia y la legislación en la Europa moderna, sobre todo en los últimos veinte
años. Así es que, si el Código de 1829, en lucha abierta con
las costumbres comerciales y las exigencias científicas, provo-

---

(1) *Novísimo Manual de Derecho mercantil.* Madrid, 1857.
(2) Tercera edición. Madrid, 1878.

ca la necesidad de una reforma, los trabajos doctrinales existentes, por muy estimables que fueran hace treinta años, no
pueden hoy satisfacer las aspiraciones del científico, ni acudir
á las necesidades de la práctica. .

La *firma mercantil*, las *marcas de fábrica y de comercio*, el
contrato de *edición*, las sociedades *cooperativas*, los *cheques*, la
cuenta corriente, la *hipoteca naval*, la *moratoria*... son instituciones preteridas en esas obras, y que viven, no obstante, en
las costumbres del comercio, exigen un detenido estudio, y
dan lugar á cuestiones prácticas que ha de resolver la pericia
de los Letrados ó la justicia de los Tribunales.

¡Y cuántas nuevas cuestiones se suscitan para el jurisconsulto cuando aplica su actividad al estudio de la ciencia jurídico-comercial moderna! Ya se trata de aquilatar la eficacia y
transcendencia de la teoría de la *sustantividad* del Derecho
mercantil ó de resolver el problema fundiendo el Derecho mercantil en el civil en un *Código de la contratación*; ya se presenta, al lado del sistema de *leyes territoriales*, el ideal de las *leyes
internacionales;* ya hay necesidad de estudiar los diferentes sistemas cambiarios y de decidir si ha de triunfar sobre el antiguo *cambio trayecticio* la invasora *teoría alemana*, ó si se ha de
modificar ésta al contacto de la *doctrina inglesa;* ya aparecen
los difíciles problemas de la *inmovilización* de los valores moviliarios y de la *movilización* de los bienes inmuebles, del *seguro forzoso*, del *seguro por el Estado*...; ya, por último, la extensión siempre creciente de las relaciones comerciales entre los
diferentes pueblos, los medios de comunicación, cada día más
poderosos y eficaces, y la tendencia á la formación de leyes
internacionales hacen necesario substituir al estudio del *Derecho nacional* un estudio de *Legislación comparada* que, viniendo en auxilio del jurista para resolver los más importantes problemas de la ciencia, y para decidir, en ocasiones, las más
complicadas cuestiones prácticas, prepare al mismo tiempo las
reformas legislativas, imprimiendo en éstas la irresistible tendencia á la unidad que caracteriza hace tiempo, en lo que se

refiere á esta rama del Derecho, los más notables trabajos de los jurisconsultos.

Ahora bien: ¿pueden bastar para satisfacer todas estas apremiantes necesidades del estudio, de la enseñanza y de la práctica nuevas ediciones de obras ya anticuadas, aunque se las agreguen importantes aditamentos de reputados profesores? No, no es posible que simples adiciones, por muy notables que sean, si respetan la obra primitiva, transformen ésta de tal manera que la coloquen en las condiciones que los modernos progresos demandan.

(Se continuará.)

RAFAEL DE UREÑA Y SMENJAUD.

LA EVOLUCIÓN Y LA REVOLUCIÓN EN EL DERECHO

Puesto que el Derecho, como se ha dicho por Lerminier, es la vida, y ésta una sucesión de cambios, la ciencia jurídica y las legislaciones que consignan sus progresos están sujetas al poder de las circunstancias, y estas modificaciones constituyen el adelanto en la teoría y en la práctica. El Derecho natural prescribe corto número de reglas inflexibles, que no son bastantes para todas las relaciones de los hombres y de los pueblos, y al Derecho constituído incumbe la tarea de extender y aplicar aquéllas á los casos particulares. Su conjunto forma los Códigos, y su modificación las evoluciones y las revoluciones de que vamos á tratar; aquéllas debidas á lentos y bien preparados cambios de la opinión pública; éstas casi siempre extrañas á ella, y además impuestas, ó por el Poder legislativo, sin la conveniente preparación, ó por desordenados movimientos de las turbas populares.

No es muy antigua la diferencia observada entre las evoluciones y las revoluciones, y aun el uso de estas palabras es moderno. La escuela histórica en materia de codificación se decide por las primeras, y la filosófica por las segundas. La evolución no aparece sino cuando es viable; la revolución, cuando quiera que place al Magistrado imponerla. Los resultados de unas y otras son también muy diferentes; los pueblos dotados del don de mando, los que se han distinguido en la esfera del Derecho, jamás han apelado á las revoluciones para conseguir progresos jurídicos. La evolución deja siempre huellas profundas en la constitución de las naciones, en el derecho familiar y en el de propiedad, mientras las revoluciones suelen pasar como torrentes, arrastrando consigo bienes y males, suscitando á su paso contradicciones, fundadas en particulares intereses más que en los dictados de la sana razón. La ciencia prepara la evolución, y tiene que admitir las revoluciones como punto de partida de sus progresos; Roma y la Gran Bretaña son los grandes modelos del primero de estos procedimientos; Atenas y Francia los países más caracterizados por el empleo del segundo.

Como se ve, no son los climas ni las razas las causas determinantes de la elección de sistema, sino más bien el respeto con que los individuos y los pueblos miran las legislaciones, una vez establecidas, y la educación jurídica y política que unas á otras se legan las generaciones. Cuando un pueblo se cree destinado á grandes empresas, suele ser paciente en sus experiencias y muy poco inclinado á cambios repentinos; parece que le comunica la Providencia algo de su sabia lentitud. Cuando, por el contrario, se apasiona por los brillantes ideales belicosos ó pacíficos, entonces infunde en sus hombres políticos el espíritu de innovación, hace y rehace constantemente sus Códigos, eleva una eterna tribuna en medio de su foro, convierte las discusiones en tempestades preñadas de rayos, y suele desdeñar como preocupaciones las creencias de la antigüedad. En sus formas de gobierno varía tanto como en la organización de la familia, y suelta la rienda á cuantas diversas opiniones comparten la teoría de la propiedad. Las naciones que en este caso se hallan suelen centralizar el poder en pocas manos, que sin embargo lo retienen breve tiempo, y se ven continuamente amenazadas en su posesión. Cuando son frecuentes las revoluciones, son largas las dictaduras; en tales sociedades se levantan, como por una especie de necesidad periódica, los Pericles y los Bonapartes; el sufragio popular se concede fácilmente, pero se falsea y violenta con gran facilidad. Los pueblos atraídos á su órbita, copian las instituciones que aquéllos les ofrecen; pero sin verdadera razón, las desfiguran, las empeoran, y no consiguen darles mucha duración. Suelen ser también los pueblos más violentamente conmovidos por los sistemas filosóficos; patria de los grandes oradores y poetas, tan generalmente escasos en hombres políticos de verdadera importancia, cuyas obras desafían el transcurso de los siglos y se imponen á las veleidades de la opinión.

El primer pueblo en quien se presentan los caracteres opuestos, es el romano entre los occidentales. Allí, el imperio de la tradición en las leyes fué de tan remota fecha como el principio de la nación. De otro anterior, que fué el *etrusco*, tomó la organización política, y ésta siguió viviendo entre los latinos, á pesar del cambio de las instituciones, de los crímenes de los gobernantes y de la misma revolución que expulsó á los Reyes. El nombre, el número y la duración de la Magistratura distinguía de aquéllos á los Cónsules, quedando, por otra parte, íntegra á los nuevos funcionarios la extensión del poder. Cuando la república se transforma en imperio, éste reune todas las magistraturas antiguas y con ellas se constituye la nueva; el nombre de república, sin embargo, no perece, como tampoco desapareciera en la pasada época, puesto que se conservó en un sacerdote el nombre de rey. Los Emperadores se hicieron más tarde cristianos, y como tales pasaron á ser súbditos en vez de superiores y jefes de la nueva religión; mas no se crea que por eso renunciaron á la denominación de Pontífices que llevaron hasta Graciano. Pereció Roma, y al elemento latino que se conservó en el imperio alemán, se debió la pretensión de llamarse todavía romano; y aun el mismo establecimiento de los Papas en la Ciudad Eterna y la propagación del derecho de aquel pueblo por todas partes, vino á confirmar á los demás en la opinión de que el lábaro y el águila no eran más que una misma bandera de perpetua dominación. Mudóse la Sede del Supremo jerarca de Occidente á Oriente, y pasó á Constantinopla desde Roma, y romanos siguieron creyéndose y llamándose los bizantinos, porque la diferencia de tiempos y lugares no les parecía razón bastante para considerarse un pueblo diferente del antiguo, aunque lo fuese en realidad.

Otro tanto podemos asegurar de la nación inglesa, cuya monarquía, nobleza, representación popular y principales instituciones jurídicas parecen siempre idénticas á las primitivas. El Rey es el primer señor feudal, como en los tiempos de Guillermo el Conquistador; el jurado actual oculta sus profundas raíces en los más remotos siglos; el Parlamento relaciona su existencia con las primeras reuniones de los hombres libres, y la enseña *Nolumus leges Angliæ mutari*, aparece en todas partes como el pensamiento unánime de la nación. Hay sin duda revoluciones en su historia, y el P. D'Orleans ha podido narrarlas, como las de los Romanos Vertot; pero no es fácil descubrirlas más que estudiando mucho sus instituciones, que apenas ofrecen cambios al exterior. Se han sucedido en su territorio pueblos invasores, en su trono varias dinastías; hánse arruinado ciudades y levantado otras; las ricas se han empobrecido; y las miserables convertido en verdaderos emporios de la industria y del comercio; la nobleza de los primeros tiempos ya no existe, puesto que la mayor parte no cuenta más antigüedad que la del siglo décimoquinto, y á pesar de todo esto, no hay una institución en la Gran Bretaña que no reconozca remotos orígenes, ni en su constitución un cambio que no venga disfrazado con algún resto de leyes ó costumbres antiguas, formando á las veces, entre lo vetusto y lo nuevo, conjuntos que parecen monstruosos á juicio de las naciones del Continente. El Senado romano, que llegó á recibir en su seno galos, españoles, africanos, bárbaros, y el Parlamento británico que también ha sufrido grandes modificaciones, tuvieron siempre la misma política, gracias á la cual el Gobierno de ambos países jamás perdió su admirable unidad. Aquel Senado se degradó hasta decretar honores divinos á los monstruos mayores que han conocido los siglos; este Parlamento se arrastró durante una centuria á los pies de los Tudor, y sin embargo, la humillación no descendió hasta los pueblos, ni manchó el lustre del imperio, ni rebajó el prestigio de los romanos ni el de los ingleses ante el resto de la humanidad. Cambió la religión oficial de la Gran Bretaña como había cambiado la de Roma, y se conservó el fausto del culto, la pompa de las Catedrales, se perpetuaron en su parte externa los recuerdos de la creencia antigua, el derecho canónico y los Tribunales eclesiásticos no se proscribieron; las leyes que habían venido elaborando los siglos no se reunieron en Códigos; las revoluciones del Continente se estrellaron en las playas de las islas, y las cuestiones suscitadas por las leyes agrarias, que en otras partes hubieran arruinado el país, ni en la Gran Bretaña ni en Roma hicieron más que mantener despiertas las fuerzas y en saludable movimiento el espíritu público.

La volubilidad del carácter ateniense ya está retratada en el mito de la fundación de la ciudad. Neptuno, para darle nombre y asegurarle su producción, con un golpe de su tridente hizo salir de la tierra un vigoroso corcel; y Minerva, la diosa virgen, un olivo del suelo que hirió con su lanza. Lo primero pareció bien, y todos los sufragios estaban á favor del numen del mar: lo segundo mejor, y todos siguieron á Minerva; después se hizo con los oradores, filósofos y políticos, lo mismo que con los dioses. Así es que todos los enemigos de Atenas ganaban en lides con ésta, dividiendo los pareceres de los ciudadanos. Quien hablaba mejor ó más á gusto del pueblo era dueño de todo; Atenas era el paraíso de los intrigantes. El día que treinta tiranos vendidos á los extranjeros quisieron dominarla, impusiéronle el más ignominioso yugo. Dracón y Solón le daban como querían y cuando querían las más opuestas legislaciones. Los tratados de paz que celebraban los atenienses con pueblos menos cultos, solían ser contrarios á los compatriotas de Piristrato; Solón, fingiéndose loco, los arrastraba á expediciones aventuradas, ó los retraía de ellas; el ostracismo tan pronto caía sobre Arístides como sobre la hez del pueblo; Milciades, el libertador de la nación, perecía en un calabozo sin que nadie protestara. Cuando un general los estimulaba á la navegación, todo era cuidar del puerto, armar naves, presentar batallas; cuando otro les persuadía de la ventaja de los ejércitos terrestres, odiaban la navegación; eran los atenienses cínicos con Diógenes, misántropos con Timón, filósofos con Sócrates, justos con Arístides, corrompidos con Alcibiades; eran el verdadero monstruo de cien cabezas ante cuyos rugidos temblaba y se declaraba vencida toda la elocuencia de un Demóstenes.

¿Y qué diremos de Francia, que ni con Luis XIV, ni con Napoleón III ha descansado jamás ni dejado que descanse Europa! Dividido el país en dos grandes partes, una regida por el derecho llamado *escrito*, y otra por el *consuetudinario*, llegado el momento de la dictadura encargada á un general victorioso, la espada les impuso una sola ley, un Código general, como con el dominio de una república enemiga de la religión se proscriben de las escuelas todos los emblemas de la religión católica. La centralización cree obrar prodigios, y todas las formas de gobierno son igualmente centralizadoras. Hemos preferido citar, antes que ningún otro, el concepto jurídico, porque el Código de Napoleón, que después han admitido tantas naciones, más ó menos modificado, no es fruto de una evolución, sino de una revolución en el derecho; y tan violenta fué la modificación de la ley civil, como la destrucción de los privilegios de la nobleza y del clero en la célebre noche del 4 de Agosto. La sucesión de cambios políticos de toda especie en el vecino país, no es comparable con la que puede observarse en los demás del Continente. La organización judicial, el sistema representativo, el sufragio en todas sus formas, la representación nacional, nada encuentra su constitución definitiva, nada tiene sus verdaderos orígenes en la república antes de 1789; en la monarquía, tal como en nuestros tiempos se admite antes de 1815 á 1830. El imperio segundo no tuvo las bases que el primero, ni la república actual es parecida á las dos anteriores. El último período napoleónico, en dieciocho años, tuvo dos fases bien marcadas, y el medio mismo que sirvió para dar principio á la pri-

mera, causó la destrucción de la segunda. Europa conoce esta
.debilidad del espíritu francés, ya observada por César: los his-
-toriadores antiguos decían que los galos al concluir de las batallas eran menos que mujeres, y al comenzar de las mismas
se mostraban más que hombres. Francia ha querido ser potencia colonial de primer orden, y apenas en algunos breves períodos lo ha conseguido; parece que la Providencia que en muchas ocasiones le ha concedido con franca mano el don de la
inspiración, le ha negado el de la perseverancia. En la propagación de las ideas que apadrina semeja al apóstol; mas, en su
-defensa, carece de la constancia y del valor de los mártires.

Por más que los dos sistemas de la evolución y de la revolución tengan sus partidarios, y uno y otro cuenten por modelos grandes ejemplos históricos, el primero es el único susceptible de producir verdaderos adelantos. Es el propio de la naturaleza y el más digno del espíritu humano. Cuando el romano Lucio Mumio tomó y saqueó la ciudad de Corinto, de
tantas preciosidades como allí se encerraban, de fragmentos
de los metales fundidos en el incendio se formó, según decían
los antiguos, un nuevo metal que se prefería por los magnates
al oro y á la plata. Cuando los eclécticos toman parte de una
institución extranjera y parte de otra para reformar las de su
país, todo puede salir de semejante operación, menos un resultado que se parezca al de la mezcla de los metales en Corinto.

El procedimiento de la evolución en el derecho transforma
de tal manera las doctrinas y las instituciones, que los restos
de lo antiguo no impiden los buenos efectos que se esperan de
lo nuevo; y esto es necesario, porque ya en el Evangelio se
ha dicho que si se remienda lo viejo con paño nuevo, éste
lleva tras de sí aquél, y el vestido se pierde y queda inútil.

Si se recuerda la historia de Pedro el Grande de Rusia, se
comprenderá fácilmente que la evolución es el único medio
capaz de reformar la constitución de un pueblo. El Czar quiso
civilizar al suyo, pero fué por el empleo de la fuerza y dedicando igual empeño á la fundación de la capital y á la crea-

ción de la marina que á la reforma de los trajes y al corte de las barbas. Mientras los sucesores de Pedro no variaron de conducta, la civilización del Imperio ruso presentó el mismo aspecto de las plantas conservadas en invernaderos.

Los antiguos sistemas de gobierno diferían, entre otras cosas, de los actuales, en que el poder legislativo no estaba obligado á funcionar casi mecánica y reglamentariamente cierto número de meses cada año. No quiere esto decir que tenemos nosotros cuantas leyes necesitamos, ni que faltasen á los antiguos; indicamos esta circunstancia para explicar de qué manera no se deja tiempo á los cambios por evolución en el terreno del derecho, con la no interrumpida modificación de las leyes. Cada partido pone en acción esta máquina legislativa, y cada uno según sus particulares intereses, errores é opiniones sobre la materia. No de otra suerte cada orador movía en direcciones opuestas las voluntades del pueblo ateniense. La renovación de las leyes parece un fenómeno moral de cierta época del año, como la caída de las hojas ó la recolección de las mieses.

Ciertos jurisconsultos filósofos han tratado de precisar cuántos años debían transcurrir desde la promulgación de una ley hasta su modificación ó derogación; y por lo mismo que los fenómenos del mundo moral no se rigen por la misma periodicidad que los del físico, no han podido convenir en la resolución del problema. Instituciones en apariencia tan contrarias al derecho natural como algunas de Licurgo, el reparto de las tierras en suertes iguales, la reglamentación de las relaciones conyugales, el uso de las monedas que permitió á su pueblo, excluyendo el uso de los metales que todos los demás empleaban, labraron durante siglos la felicidad de Esparta, y no bien se variaron por *revolución*, comenzó la decadencia y no tardó en consumarse la *ruina* del pueblo. El chino ha subsistido siglos y siglos con un gobierno que en rigor es el familiar y patriarcal aplicado á centenares de millones de hombres; la nación ateniense, que era una hormiga en comparación de este coloso, tuvo por evolución muy pocas y por revolución infinitas modificaciones en sus leyes. No pueden, por consiguiente, darse reglas generales para semejantes cambios; pero sí confiar al buen sentido de los gobiernos y de los pueblos la designación del momento en que la ley es mala sólo por ser antigua, y en que la nueva comienza á ser buena sólo por ser recién promulgada; esto es, el punto y hora precisos en que la evolución en el derecho debe aparecer, y fuera de los cuales los cambios sólo por el opuesto procedimiento son posibles.

Los físicos y matemáticos jamás emplean la palabra *revolución* para expresar movimientos desordenados, sin ley fija ni constante, y otro tanto debieran hacer los jurisconsultos y políticos. La etimología de esta palabra tampoco envuelve ningún concepto de confusión ni desorden. Nosotros estamos convencidos de que si el lenguaje científico pudiese, como debería, sobreponerse al vulgo, evolución y revolución serían palabras sinónimas, y cualquiera de ellas podría emplearse por la otra en los estudios filosóficos y jurídicos.

Antonio Balbín de Unquera.

ESTADÍSTICA CIVIL [*]

ANUARIO DE 1887

(Conclusión.)

El cuadro IV, último de la segunda parte del Anuario, contiene la clasificación, por materias del derecho civil sustantivo, Código de Comercio y leyes especiales, de los asuntos que terminaron en los Juzgados de primera instancia durante el citado año, cuyas cifras más importantes damos á continuación.

DERECHO CIVIL SUSTANTIVO

Personas.

Derechos y obligaciones entre marido y mujer, 54; pruebas de la filiación de los hijos legítimos, 2; hijos legitimados, 2; reconocimiento de hijos naturales, 13; efectos de la patria potestad respecto á las personas de los hijos, 17; peculio adventicio, 1; declaración de ausencia, 1; tutela de menores, 2; curatela ejemplar, 4; tutela de pródigos, 2; personas inhábiles para ser tutor y curador y su remoción, 4; cuentas de tutela, 16; restitución *in integrum*, 2.

Cosas.--Propiedad.

Deslinde y amojonamiento, 5; edificios ruinosos, 13; concesión de bienes, 23; dominio de las aguas, 36; aprovechamiento de las aguas de dominio privado, 1; adquisición de la posesión, 36; efectos de la posesión, 502; usufructo, 7; uso y habitación, 1; servidumbres en materia de aguas, 26; servidumbre

---

[*]   Véase la pág 430 de esto tomo.

de paso, 95; de medianería, 25; de luces y vistas, 38; de pastos, 5; desagüe de los edificios, 1; servidumbres voluntarias, 5; acción reivindicatoria, 333.

Modos de adquirir la propiedad.

Donación, 15; sustitución de herederos, 4; fideicomiso, 1; legítimas, 50; mandas y legados, 50; albaceas ó testamentarios, 1; revocación ó ineficacia del testamento, 37; sucesión intestada, 6; viudedad foral, 3; cuarta marital, 4; dimisión de bienes con arreglo al Código *repetitæ prolectiones* ley *Hac edictale*, 1; disposiciones comunes á las herencias por testamento ó sin él, 79; bienes sujetos á reservas, 1; petición de herencia, 62; colación y partición, 87; patronatos, 23; mayorazgos, 11.

Obligaciones.

Obligaciones en general, 211; imputación de pagos, 1; pago por cesión de bienes, 16; compensación, 2; donaciones esponsalicias, 16; dote, 27; restitución de la dote, 1; bienes de la propiedad de cada uno de los cónyuges, 5; liquidación de la sociedad de gananciales, 2; contrato de compraventa, 503; retracto convencional, 25; retracto legal, 37; retracto gentilicio, 86; permuta, 11; arrendamiento de predios rústicos, 262; arrendamiento de predios urbanos, 177; de servicios, 135; servicio de criados y trabajadores asalariados, 36; obras por ajuste á precio alzado, 42; mejoras hechas por los arrendatarios, 9; transportes por agua y tierra, tanto de personas como de cosas, 2; censo enfitéutico, 74; foros, 22; *rabassa morta*, 1; censo consignativo, 40; reservativo, 15; sociedad universal, 1; particular, 35; con personalidad jurídica, 1; mandato, 93; préstamo, 3.352; depósito, 16; secuestro, 4; transacción, 9; compromisos, 53; fianza, 22; prenda, 1; hipoteca, 659; gestión de negocios ajenos, 1; cobro de lo indebido, 5; obligaciones que nacen de culpa ó negligencia, 39; prelación de créditos, 63; prescripción del dominio y demás derechos reales, 7; acción de jactancia, 5.

CÓDIGO DE COMERCIO

De los comerciantes y del Comercio en general. Operaciones de Bolsa, 3.

Contratos especiales de Comercio. Compañías colectivas, 8; en comandita, 4; anónimas, 4; término y liquidación de las Compañías mercantiles, 6; cuentas corrientes, 16; comisión mercantil, 3; depósito mercantil, 2; préstamo mercantil, 14; compraventa y permuta mercantiles, 168; contrato mercantil de transportes terrestres, 10; seguros contra incendios, 5; de transportes terrestres, 1; afianzamientos mercantiles, 2; contrato y letras de cambio, 234; libranzas, vales y pagarés á la orden, 211; cartas-órdenes de crédito, 1.

Comercio marítimo. Oficiales y tripulación de buques, 1; contrato de fletamento, 4; contrato á la gruesa ó préstamo á riesgo marítimo, 4.

Suspensión de pagos, quiebra y prescripciones. Quiebras, 16.

LEY HIPOTECARIA

Forma y efectos de la inscripción, 3; anotaciones preventivas, 1; extinción de la inscripción y anotación preventiva, 11: prescripción de la acción hipotecaria, 3; hipoteca por bienes reservables, 1; por razón de tutela ó curaduría, 1; rectificación de los asientos del Registro, 3.

LEY DE EXPROPIACIÓN FORZOSA

Demolición de una casa, 1.

LEY DE PATENTES DE INVENCIÓN

Usurpación de patentes de invención, 3.

De todos estos asuntos, que ascienden en total á 8.575, terminaron sin sentencia: por transacción ó desistimiento, 2.528, y por caducidad de la instancia 116; y por sentencia: consentida, absolviendo al demandado, 452; condenándole, 4.062; por sentencia apelada absolviendo al demandado, 549; y condenándole 868.

∗∗∗

El cuadro I de la tercera parte contiene datos, tan interesantes como útiles en la práctica, relativos á la población, extensión y organización de cada una-de las Audiencias territoriales. .

∗∗∗

Son objeto del cuadro III los trabajos realizados por todas las Audiencias territoriales en materia civil y mercantil. He aquí las cifras totales.

En 31 de Diciembre de 1886 había pendientes en todas las Audiencias 2.169 asuntos; durante el año 1887 ingresaron 3.969 apelaciones procedentes de los Juzgados de primera instancia y se incoaron 47 asuntos en las Audiencias, ascendiendo en total á 6.185 los asuntos para despachar. De éstos se despacharon 3.409 apelaciones y 41 asuntos incoados en las territoriales, que ascendieron en junto á 3.450, quedando, por consiguiente, otros 2.735 asuntos pendientes de despacho al terminar el año 1887.

∗∗∗

Según los datos que constan en el cuadro III, clasificados por el Juzgado de que procedían, se interpusieron 2.118 apelaciones ante las Audiencias territoriales, de las cuales terminaron: sin sentencia, por transacción ó desestimiento 280; y por caducidad de la instancia 149; por sentencia confirmatoria de la del Juzgado 1.131; revocatoria en parte 195, y revocatoria totalmente 363. De estas apelaciones se interpusieron 360 ante la Audiencia de Madrid, 64 ante la de Albacete, 461 ante la de Barcelona, 138 ante la de Burgos, 47 ante la de Cáceres, 219 ante la de la Coruña, 98 ante la de Granada, 16 ante la de las Palmas, 93 ante la de Oviedo, 26 ante la de Palma, 55 ante la de Pamplona, 174 ante la de Sevilla, 122 ante la de Valencia, 215 ante la de Valladolid, 90 ante la de Zaragoza.

⁎⁎⁎

Clasificados por el procedimiento los negocios terminados en todas las Audiencias, resultan:

Libro I.—Procedimiento común á la jurisdicción contenciosa y á la voluntaria.

Defensa por pobre, 74; competencias y contiendas de jurisdicción, 14.

Libro II.—Jurisdicción contenciosa. Juicio ordinario de mayor cuantía, 863; de menor cuantía 474; incidentes 6; juicio de árbitros y de amigables componedores 3; recursos de responsabilidad civil contra Jueces y Magistrados 2; juicio de *abintestato* 2; juicio voluntario de testamentaría 8; declaración de concurso 3; quiebra 3; juicio ejecutivo 277; tercerías 133; juicio de desahucio 39; alimentos provisionales 25; retractos 18; interdicto de adquirir 6; de retener ó de recobrar 163; de obra nueva 16; indeterminado de la jurisdicción contenciosa 3.

Libro III.—Jurisdicción voluntaria. Relevación del cargo de curador 1; elevación á escritura pública de testamento ó codicilo hecho de palabra 1; informaciones para dispensa de ley 1; venta de bienes de menores é incapacitados y transacción acerca de sus derechos 2; posesión judicial en los casos en que no procede el interdicto de adquirir 1; indeterminado de la jurisdicción voluntaria 13.

Jurisdicción voluntaria en negocios de comercio. Depósito y reconocimiento de efectos mercantiles, 1.

De estos asuntos, cuya suma total asciende á 2.152, duraron: hasta tres meses, 524; de tres á seis, 620; de seis á doce, 636; de uno á dos años, 241; de dos á tres, 55; de tres á cuatro, 20; de cuatro á cinco, 9; de cinco á diez, 30; de diez en adelante, 17. El importe del papel sellado invertido en la instancia

. fué: papel sellado por valor.de 106 947,40 pesetas; de pobres, 3.085,10, y de reintegro 11.687,20.

.*.

Los recursos de casación preparados por infracción de ley ó de doctrina legal clasificados por materias, ofrecen las siguientes cifras contenidas en el cuadro II: Alimentos provisionales, 5; cesación de alimentos, 1; filiación, 3; reconocimiento de prole, 5; declaración de hijo natural, 1; entrega de un niño, 1; entrega de hija, 1; enajenación de bienes de menores, 1; abono á un curador de intereses de capital de un menor, 1; discernimiento del cargo de curador *ad bona*, 1; nombramiento de curador ejemplar, 1; modificación del cargo de curador, 2; cesación del cargo de curador, 1; ampliación de la fianza del tutor y curador de una menor, 1; apeo y prorrateo, 1; derribo de un balcón, 1; división de bienes, 1; de fincas comunes, 1; propiedad de aguas, 1; aprovechamiento de aguas, 3; prorrateo de aguas, 1; interdicto de retener y recobrar, 3; posesión de bienes, 1; reposición de terrenos, 1; tercería de dominio, 27; usufructo, 1; servidumbres, 8; entrega de bienes, 1; reclamación de bienes, 1; reivindicación, 35; reconocimiento de donación, 1; nulidad de sustitución de herederos, 2; caducidad de la sustitución de herederos, 1; relevación de confianza testamentaria, 1; legítima, 2; derecho á percibir legados, 1; pago de un legado, 1; reclamación de legados, 2; cumplimiento de un legado, 1; caducidad de un legado, 1; interpretación de cláusula testamentaria, 1; nulidad de testamento, 15; oposición de herencia, 1; juicio de *abintestato*, 5; declaración de herederos, 5; nulidad de declaración de herederos, 2; prevención de testamentaría, 1; nulidad del nombramiento de administrador de testamentaría concursada, 2; testamentaría, 8; petición de herencia, 13; pérdida de herencia, 1; pago de derechos hereditarios, 1; reclamación á un heredero de créditos hereditarios, 1; agravios á cuentas particionales de testamentaría, 2; exhibición de partija, 1; inclusión y exclusión de bienes

en inventario de testamentaría, 2;. partición de bienes, 8; adjudicación de bienes de una capellanía, 1; desamortización de
patronato, 1; reconocimiento de carga benéfica, 1; mejor derecho á bienes que fueron vinculados, 4; cumplimiento de un
convenio, 2; de un contrato, 49; de una obligación, 1; nulidad
de contrato, 11; de un laudo, 1; rescisión de contrato, 14; restitución de bienes dotales, 2; entrega de bienes, 2; compraventa de una casa, 1; nulidad de venta, 2; retracto, 8; retracto
convencional, 1; desahucio, 6; desocupo de bienes, 1; abono
de rentas, 1; de salarios y labores, 3; de derechos periciales, 1;
pago de pensión, 1; reconocimiento de censo, 7; nulidad de
enfiteusis, 1; renta foral, 1; liquidación de cuentas de sociedad
particular, 1; administración de bienes, 1; liquidación de cuentas de una administración de bienes, 2; rendición de cuentas,
8; pago de cantidades, 46; pago de pesetas, 65; depósito de
cantidad, 1; devolución de documentos, 2; reclamación de un
resguardo de valores, 1; amigables componedores, 2; cumplimiento de lo convenido en acto de conciliación, 1; firma de
escritura, 1; otorgamiento de escritura, 5; rescisión de escritura de transacción, 1; aseguramiento de bienes, 1; prestación de
fianza por prolongación de obras, 1; indemnización de daños y
perjuicios, 8; graduación de créditos, 1; preferencia de créditos, 1; tercería de mejor derecho, 13; prescripción de la acción
reivindicatoria, 1; constitución de una sociedad minera, 1; uso
de título industrial, 1; declaración de valores, 1; entrega de
establecimiento, 1; declaración de avería gruesa, 1; seguro de
incendios, 2; pago del importe de una ¡letra de cambio al que
la aceptó por el que la libró, 1; falsedad de un pagaré, 1; suspensión de pagos, 1; clasificación de quiebra, 1; quiebra, 2;
por la comisión liquidadora de una quiebra presente la operación de adjudicación, 1; nulidad de inscripción, 1; de hipoteca, 1; ampliación de hipoteca, 1; reclamación de hipoteca, 1;
liberación de cargas hipotecarias, 1; defensa por pobre, 65;
declinatoria de jurisdicción, 1; incompetencia, 1; fijación de
atribuciones, 1; acumulación, 1; caducidad de instancia, 1; in-

cidente de costas, 1; pago de costas, 2; responsabilidad civil, 1; cumplimiento de ejecutoria, 2; despacho de ejecución, 1; ejecución de sentencias, 12; embargo preventivo, 4; alzamiento de embargo, 1; de retención, 1; nulidad de embargo, 1; oposición á embargo, 1; nulidad de actuaciones, 6; suspensión de procedimiento, 1; nulidad de acuerdos, 1; de expediente administrativo, 1; de un requerimiento do pago hecho al Ministerio fiscal por el Estado, 1; retención de fóndos de una Compañía de ferrocarriles para pago de derechos fiscales, 2. De estos 608 recursos fueron quejas por denegación del testimonio para interponerlos, 13; interpuestos, 312; admitidos, 236; denegados, 76, y admitida la casación, 64; denegada, 164, y desiertos, 317.

•

Por quebrantamiento de forma constan en el cuadro IV: interpuestos 34; admitidos 29; denegados ninguno; quejas por denegación de admisión 4; declarados con lugar 3; sin lugar 21, y desiertos 13.

De los recursos interpuestos proceden de la Audiencia de Madrid 75; de la de Albacete 8; de la de Barcelona 64; de la de Cáceres 7; de la de·Granada 9; de la de Las Palmas 3; de la de Oviedo 5; de la de Palma 1; de la de Pamplona 6; de la de Sevilla 10; de la de Valencia 14; de la de Valladolid 18, y de la de Zaragoza 12; del Juzgado de Albuñol 1; del de Cádiz (San Antonio) 1; del de Gijón 1, y del de Mancha Real 1.

•

Adviértese desde luego, en cuanto á la estructura del anuario, la falta de un método acabado en las clasificación y distribución de las materias, debida á la carencia del Código civil con arreglo al cual se confecciona en los demás países esta clase de estadísticas.

La posesión de un cuerpo completo del derecho civil que no ha de hacerse esperar mucho tiempo, merced á la poderosa iniciativa y asidua actividad del Sr. Alonso Martínez, cuyo firme propósito de satisfacer esa gran necesidad tantos años ha sentida en nuestra patria, hemos de ver realizado en breve plazo, puesto que va muy adelantada su publicación en la *Gaceta*, hará que las estadísticas sucesivas (excepto la de 1888) puedan ofrecer una clasificación científica, en consonancia con la del derecho vigente, aumentando así en alto grado su interés y utilidad.

De todas suertes, y no obstante este vicio de origen que se ha tratado de remediar, amoldando la estadística al proyecto de Código, es forzoso reconocer, como lo hacemos nosotros muy gustosos, que la Sección de Estadística del Ministerio de Gracia y Justicia ha sido más afortunada en la confección de la primera de la *Administración de justicia en lo civil* que lo fué en la primera de la *Administración de justicia en lo criminal*, cuyas deficiencias é imperfecciones hicimos notar oportunamente en esta REVISTA.

En cuanto á las consideraciones que ocurren en presencia de los múltiples datos que el Anuario contiene, hemos de limitarnos, ya que otra cosa nos haría prolongar demasiado este artículo, á indicar no más que algunos de los muchos asuntos, dignos de fijar la atención, y que acusan la necesidad de reformas en la ley, si han de llenar las exigencias de la ciencia y de la práctica.

Adviértase, en primer término, la defectuosa y anómala división territorial judicial, al examinar el número de Juzgados municipales que comprende cada una de las Audiencias territoriales, pues en tanto que en algunas, como las de Valladolid, Madrid y Barcelona, se aproxima su número á 1.500, en otras, como la de Oviedo, sólo existen 81; pudiendo asegurarse también que igual desproporción existe en el número de asuntos de que conocen los Juzgados y respecto á la extensión y población de cada uno de ellos.

La evidente utilidad y conveniencia que para los litigantes encierra el trámite previo de la conciliación, queda patentizada con cifras elocuentísimas, que nos demuestran que el 37 por 100 de los actos de conciliación terminaron con avenencia, evitando, en igual proporción, más de 15.000 reclamaciones judiciales.

Respecto á los juicios verbales es también de notar un dato que corrobora el vicio, tan lamentado por todos, que entrañan los llamados *juicios convenidos*, escudo y baluarte de la usura que, por su medio, coloca un dogal al cuello á las infelices víctimas de la necesidad y la desgracia; y esto no puede dudarse desde el punto que se observa que de los 126.437 juicios verbales que se celebraron, 114.170 fueron para reclamación de cantidad, es decir, confesiones en juicio de deudas que no existen ó son infinitamente más pequeñas de las que allí se hacen constar, á fin de que el prestamista tenga expedita la reclamación civil y aun la acción criminal, ya que en muchos casos se hace constar como depósito la entrega de cantidad.

Las cifras relativas á los desahucios hacen ver que el origen del mayor número fué la falta de pago en los alquileres, no obstante lo gravoso que hoy resulta para el propietario el entablarle y las facilidades que, al amparo de la ley, encuentra el inquilino de mala fe para burlar los legítimos derechos del propietario, que á más de perjudicarse en sus intereses con la falta de pago, ha de sufragar casi siempre, pues tanto viene á significar el adelanto de las costas del juicio, todos los gastos que éste ocasiona.

Otro asunto que acusa graves defectos en la administración de la justicia municipal, es el relativo á los incidentes de pobreza en los Juzgados municipales; pues es verdaderamente absurdo é incomprensible que litigaran en concepto de pobres ante los Juzgados de primera instancia 1.084, y ante los municipales sólo acudieran 17. ¿En qué estriba esta anomalía? ¿Consiste en la diferencia que suponen las costas del Juzgado municipal y las de primera instancia? Seguramente no. Pero como el examen de este importante asunto exige espacio de hoy carecemos, nos limitamos aquí á plantearle, dejando para otra ocasión su detenido estudio.

RAMÓN SÁNCHEZ DE OCAÑA.

DE LA IRRETROACTIVIDAD DE LAS LEYES *

CAPÍTULO IV

(Continuación.)

§ 1.º

De las servidumbres.

168. Para resolver cómo deben ser aplicados á las servidumbres los principios antes expuestos es necesario distinguir entre las servidumbres legales y las convencionales ó contractuales.

Las legales deben su origen á las necesidades de la conve.

---

* Véanse las págs. 501 del tomo 68 de REVISTA; 17, 89 y 448 del 69; 81 y 320 del 70; 479 del 72, y 284 de este tomo.

niencia social y á la utilidad pública; y corrésponde, por lo tanto, al poder exclusivo del legislador el establecerlas, modificarlas ó suprimirlas. Cuando no existen y la ley nueva viene á establecerlas por primera vez, es evidente que siempre que concurran las circunstancias de hecho constitutivas de la servidumbre, debe considerarse constituída ésta aunque tales circunstancias hayan comenzado á tener existencia mientras rigiera la ley anterior.

Con tal que en este caso persistan dichas circunstancias. después de estar en vigor la nueva ley, debe sin género de duda reconocerse la existencia de la servidumbre legal, pues siendo éstas una restricción de los derechos de propiedad, tiene que ser aplicada inmediatamente la ley nueva que restrinja dichos derechos en interés público, ó que por este motivo regule su ejercicio en consideración á determinadas circunstancias de hecho.

169. La regla que precede debe, sin embargo, extenderse con la reserva de respetar los derechos perfectos, adquiridos bajo el imperio de la ley anterior.

En su virtud, si estando en vigor una legislación que no admitiese ciertas servidumbres, establecidas después por una nueva ley, se hicieren obras ó se ejecutasen algunas construcnes contrarias á dichas servidumbres, no podría la ley nueva ser eficaz para hacer demoler tales obras ni las construcciones ó los trabajos ya ejecutados, porque su autoridad sólo podría extenderse á los trabajos, construcciones y edificios que quisiera comenzarse después de la prohibición consignada en la misma, y de ningún modo alcanzaría á los que hubieren sido terminados antes de que dicha prohibición existiese.

Esto no obstante, el mero hecho de no hallarse las obras indicadas á la distancia establecida por la nueva ley, puede autorizar al actor que quisiere obtener su demolic ión para entablar la oportuna demanda con tal objeto; pero en todos estos casos debe prosperar la excepción propuesta por parte del demandado, cuando llegare á probarse haber sido emprendidas y terminadas dichas obras antes de empezar á regir la citada ley.

170. Hemos dicho *emprendidas* y *terminadas*, porque no bastaría la simple facultad de hacer tales obras, concedida por la legislación anterior, para pretender ejecutarlas después de estar en vigor la nueva ley. En efecto; el imperio de ésta en materia de servidumbres prediales es absoluto ó inmediato en cuanto á impedir cualquier acto nuevo contrario á sus disposiciones que tuviere lugar después de haber empezado á regir.

171. Así, por ejemplo, mientras estaba en vigor el Código austriaco (que no establecía respecto del derecho de abrir ventanas para vistas sobre el fundo del vecino las limitaciones sancionadas después por el Código civil italiano en cuanto á la distancia que debe mediar), podía el propietario de un muro en las provincias italianas que se regían por la legislación austriaca abrir en él las ventanas para vistas que quisiese sobre el fundo del vecino, valiéndose de la facultad concedida al mismo por dicha legislación vigente entonces; pero después que en esas provincias fué promulgado el Código civil italiano, sus disposiciones hubieron de ser obligatorias desde luego para todos los actos análogos posteriores; y por lo tanto, si bien deben ser respetadas las ventanas abiertas antes de su promulgación, porque no puede menos de reconocerse á favor del propietario de la finca en que se hicieran el derecho legalmente adquirido ya, no sucede lo mismo en cuanto á las que fueren abiertas después de estar en vigor el expresado Código, respecto de las cuales no sólo podrá oponerse el dueño del fundo vecino á que se abran dichas ventanas sobre su propiedad sin que se observen las reglas establecidas por él acerca de la distancia, sino que puede pedir además que en conformidad á lo dispuesto en el mismo (1) sean cerradas, aun cuando éstas

_____

(1) Cofr Casación de Turín 17 de Febrero de 1882, de Spinola C. Lavagnino *Monitor de Tribunales*, 1882, pág. 351, y 7 de Diciembre de 1871. Monit. 1872, pág. 81 Milán 29 de Enero de 1884 *Monit*, 1884, pág. 362.

fuesen iguales y se hallasen en las mismas condiciones que las abiertas, mientras regía la legislación austriaca.

La razón de esta diferencia estriba en que en este último caso no existe ningún derecho adquirido antes de la promulgación de la nueva ley que tenga que ser respetado.

Haciendo aplicación de estos mismos principios, es necesario admitir que si la servidumbre fué adquirida mientras estaba en vigor la ley antigua, y con arreglo á ella el propietario del fundo sirviente podía construir á una distancia menor (por ejemplo) de tres metros, si éste no hubiese hecho uso de ese derecho hasta después de publicarse la nueva ley que modificase dicha disposición, en el sentido de que una vez adquirido el derecho de abrir una ventana para vistas sobre el fundo vecino no pudiera el propietario del fundo sirviente construir sino á mayor distancia, necesariamente tendría que quedar sujeto en ese caso dicho propietario á las limitaciones de la nueva legislación.

En vano sería que contra esto se adujese la consideración de que estando constituída la servidumbre de vistas mientras regía la ley antigua, debería reconocerse que con arreglo á ella había adquirido también el propietario del fundo sirviente el derecho de construir á la distancia establecida por dicha ley, porque si bien es cierto que debe estimarse como un derecho adquirido la servidumbre constituída bajo el imperio de la legislación anterior, no puede merecer tal consideración, ni admitirse igualmente como derecho adquirido, la facultad concedida por ella al dueño del fundo sirviente para construir á una distancia mayor ó menor determinada por la misma.

En efecto, esa facultad depende de la ley que estuviere en vigor al tiempo de ponerla en ejercicio, y no puede, por lo tanto, llegar á constituir un derecho adquirido y perfecto, sino mediante el acto de la persona que haya hecho uso de ella con arreglo á la ley vigente, ó lo que es lo mismo, no se adquiere el derecho hasta que se haga uso en debida forma de dicha facultad. En su virtud, al publicarse una ley nueva que prescri-

biese una distancia no exigida antes, sus preceptos habían de
imponerse á todas las construcciones que en adelante hubieran
de empezarse, y no por esto podría decirse que tuviera autoridad retroactiva dicha ley, ni que perjudicase los derechos adquiridos, puesto que sólo vendría á disponer respecto del porvenir, ó sea para los actos posteriores á la misma.

172. Los mismos principios deben aplicarse en el caso de
que una ley nueva aboliese una servidumbre legal. Por consecuencia de dicha abolición, todas aquellas cosas ó todos aquellos actos que no pudieran llevarse á cabo rigiendo la ley antigua, podrían, sin embargo, ser ejecutados estando en vigor la
ley nueva que hubiese quitado la prohibición establecida en
ella.

También en este caso, las obras hechas en contradicción con
las prohibiciones impuestas por la legislación anterior, antes de
haber empezado á regir la ley nueva, habrían podido ser demo-
lidas mientras regía aquella legislación, pero no se tendría derecho á pedir su demolición después de promulgada la ley nueva, porque el derecho de demandar dicha demolición es una
mera facultad y no puede, por lo tanto, ser considerada como
un derecho adquirido hasta que no hubiere sido definitivamente ejercitada.

173. Asimismo debe ser aplicada, respetando los derechos
ya adquiridos bajo el imperio de las legislaciones anteriores, la
ley nueva que aboliese una servidumbre real, y en su consecuencia no podrían anularse ni hacerse ineficaces en virtud de
ella las servidumbres adquiridas con anterioridad, mediante un
acto del hombre terminado y perfeccionado mientras regía la
ley antigua.

Debemos, sin embargo, observar que no puede considerarse como acto del hombre bastante eficaz para constituir una
servidumbre adquirida, el hecho de haber ejercitado solamente
el *dominus servitutis*, pues tal hecho, aunque externo, no sig-
nificaría otra cosa que el ejercicio del derecho que directamente nace de la ley, y por lo tanto, el haber ejercido de he-

cho una servidumbre legal por un tiempo más ó menos largo, no puede conceder el derecho de ejercer la misma servidumbre en el porvenir, cuando la ley nueva no la admita más en adelante. Pero cuando, por el contrario, ha tenido lugar un *acto externo positivo* por parte del hombre, en virtud del cual manifestando la voluntad de adquirir la servidumbre la haya así adquirido (como sucedería, por ejemplo, ejecutando obras, edificando construcciones, haciendo trabajos para adquirir y ejercer la servidumbre, etc., etc.), en este caso deberá ser aplicada la ley que aboliese dicha servidumbre, respetando las que hubieren sido adquiridas por tales medios bajo el imperio de las disposiciones legales anteriores.

Y si para conseguir los fines de la ley nueva fuese necesario dejar sin efecto dichas servidumbres adquiridas ya, no negamos que pueda ser acordado esto; pero en consideración á que las mismas constituyen verdaderos derechos patrimoniales perfectos del *dominus servitutis*, que han quedado estables y permanentes con las obras y con las construcciones ejecutadas, habiendo de considerarse como incorporados al fundo dominante, debería entonces reconocerse á favor del dueño de éste el derecho á ser indemnizado, porque la aplicación de la ley abolitiva equivaldría, en efecto, á una verdadera expropiación.

174. Con arreglo á las leyes que antes regían en las diversas provincias italianas, cualquiera podía desviar el agua de los torrentes, y estaba también permitido á los ribereños construir las exclusas y demás obras oportunas para derivar dichas aguas, así como el usarlas para las necesidades de la industria y de la agricultura. El nuevo Código civil italiano abolió ese derecho y ordenó, por el contrario, que ninguno pudiese derivar aguas públicas sin haber obtenido una concesión del Gobierno ó sin haber adquirido previamente tal derecho en virtud de un título legítimo. A consecuencia de esta nueva disposición, surgió la duda sobre si podrían ó no continuar derivando dichas aguas aquellos que hubiesen construído las presas ó

las demás obras cuando tenían derecho á hacerlo, ó sea cuando estaban vigentes las anteriores leyes que lo permitían.

Algunos jurisconsultos, y entre ellos Gabba, opinan que la ley, al abolir el derecho perteneciente á los colindantes de las aguas públicas para desviar de ellas la cantidad necesaria para el riego de sus fundos, produjo no sólo el efecto de prohibir la construcción de nuevas exclusas ó de cualquiera otra clase de obras para en adelante, sino también el de impedir que continúen derivando aguas por medio de las construidas cuando estaba en vigor la legislación anterior, «pues si la opinión contraria fuese verdadera, dice el citado escritor, ¿qué efecto surtiría la ley?»; y añade también: «para derivar una cantidad cualquiera de agua son necesarias ciertas obras hidráulicas, pero como estas obras no crean derecho alguno á las aguas derivadas, sino que sólo son un medio necesario para dicha derivación, la servidumbre de que se trata conserva el carácter de limitación legal de la propiedad del curso de agua, limitación que el legislador puede quitar del mismo modo que la pudo establecer» (1).

Debemos, sin embargo, observar en contrario, que cuando un estado de cosas se ha establecido en virtud de la ley en vigor, la servidumbre así creada, como permitida que es por la ley, debe considerarse como incorporada al fundo mediante la obra ejecutada; de lo que resulta que por interés de la agricultura y por el respeto debido á los derechos creados conviene reconocer dicha servidumbre como adquirida definitivamente por el fundo. El propietario de una finca que bajo la protección de la ley vigente construyese costosos edificios, cerrase y cavase los terrenos para mejorarlos, y que en tales condiciones de cosas regulase la explotación agrícola de la misma, pagando por consecuencia de ello los correspondientes tributos, crearía

---

(1) *Teoría de la retroactividad*, vol. 2.°, pág. 64. Confr. MANTELLINI, *El Estado y el Código civil*, vol 2.°. pág 118; y GIANZANA, *Las aguas en el Derecho civil*, vol. 1.°, núm. 296.

sin duda una servidumbre á favor de ella; y habiendo llegado
á formar el uso del agua obtenida por este medio una insuperable condición de la finca misma, resultaría un desconcierto
demasiado grave si la ley nueva no lo respetase y pudiera ser
aplicada sin mantener tal estado de cosas quedado ya definitivo y permanente á consecuencia del ejercicio de los derechos
adquiridos bajo el imperio de las leyes precedentes. Por esto
nos parece debe admitirse como regla que la ley nueva abolitiva puede suprimir solamente las servidumbres legales no creadas, aun en el momento de empezar á regir la misma, y que
deben respetarse y mantenerse aquellas que hubieren sido
ejercitadas por actos externos según la ley anterior y hubieren
llegado á quedar definitivas y permanentes cuando se tenía potestad para constituirlas (1).

175. Después de las servidumbres legales debemos ocuparnos de las convencionales, ó sean aquellas que se establecen
por medio de las convenciones de las partes. El propietario
puede limitar sus derechos de propiedad con las servidumbres
que tuviere por conveniente, y adquirir en favor de sus propios
fundos cualquiera clase de ellas, con tal que no sean contrarias
al orden público. La ley regula también el uso y la extensión
de estas servidumbres, pero sólo á falta de disposición correspondiente en el título convencional de que traen origen. Por
lo tanto, por el principio general de que los derechos adquiridos mediante un contrato no pueden ser menoscabados por una
ley posterior, las servidumbres establecidas mediante convención deben ser respetadas al sobrevenir la ley nueva. Las que
se derivan de la ley que regula ciertas circunstancias de hecho
acerca de las cuales no han pactado nada expresamente las
partes y que se llaman también servidumbres legales, pueden

_____

(1) Confr. DALLOZ, *Rep.*, véase Aguas, núms. 408 y 291, y la sentencia del
Tribunal de apelación de Casal en la causa Visconti con la· Hacienda, y la
sentencia del Tribunal de casación de Turin en la misma causa de 11 de Ju
lio de 1861 en la *Colección oficial*, año 1861, pág. 435.

ser modificadas por la ley nueva, pero solamente para el porvenir y no en cuanto al pasado.

En efecto; el legislador puede disponer que en lo sucesivo no dé origen á ésta ó aquella servidumbre una determinada convención ó cierta relación de derecho ó de hecho llevada á cabo por las partes, pero semejante disposición no podría surtir más efecto que el de regular la adquisición de las mismas servidumbres en el porvenir; pues en cuanto al pasado, las servidumbres adquiridas ya con arreglo á la ley anterior deberían ser respetadas como cualquier otro derecho real adquirido y perfecto. Es, pues, evidente que aquel que conforme á la ley antigua tenga derecho á abrir un foso, ó que le haya construido y abierto antes de la promulgación de la ley nueva, no podría ser obligado á cerrarle porque una ley posterior regulase de distinto modo los derechos de los fundos vecinos.

176 Lo mismo debe decirse de las sevidumbres que se derivan del destino dado por el padre de familia á las cosas objeto de ellas. La ley vigente, en el momento en que el propietario pone las cosas en el estado de que trae origen la servidumbre, es la que se debe aplicar para decidir si tal modo de adquisición debe ó no ser admitido (1), y si puede serlo para todas las servidumbres indistintamente, ó sólo para las aparentes y continuas. Cuando la ley admita y determine las consecuencias jurídicas de dicho destino respecto de las servidumbres recíprocas, instituídas de hecho entre dos ó más fundos que pertenezcan á un mismo propietario, éste es título bastante para considerar constituídas las servidumbres impuestas á

---

(1) Tal modo de adquisición era desconocido en los países en que regia el Derecho romano. Así es que en el Piamonte la jurisprudencia anterior al Código albertino había fijado la doctrina de que quien adquiria fundos una vez comunes no podía alcanzar ningún derecho de servidumbre que no hubiese sido estipulado en el acto de su adquisición, cualesquiera que fuesen las disposiciones de los dueños respecto de tales fundos proindivisos. Confr. Casación de Turin, 17 de Noviembre de 1858. *Coll. officiale*, 1858, pag. 412.

dichos fundos por el padre de familia, las cuales no pueden ser modificadas por la publicación de una ley nueva.

Conviene hacer constar, que cuando la servidumbre tenga por fundamento el destino dado por el padre de familia á las cosas objeto de ellas, es menester tener en cuenta la ley que estuviese vigente en el momento en que dicha aplicación ó destino adquiere carácter constitutivo de servidumbre; pues según queda expuesto, esta ley es la que ha de regular la servidumbre nacida de ese acto.

De aquí, que si se tratase, por ejemplo, de una servidumbre de vistas, no debería regularse por la legislación vigente cuando fué abierta la ventana, sino que es necesario estar en su lugar á la que estuviese en vigor en el momento en que hubiere llegado á ser permanente y definitivo el destino dado por el padre de familia, porque sólo entonces es cuando puede considerarse constituída la servidumbre. Hasta que el propietario á quien pertenezcan los dos fundos contiguos no lo disponga de cualquier modo, no puede admitirse ni suponerse siquiera que quiso imponer una servidumbre á cargo de un fundo en beneficio de otro, porque cualquier acto que en este sentido ejecutara sirviéndose de uno de ellos en favor del otro, lo sería para su comodidad y utilidad y no constituiría más que el legítimo ejercicio de su incondicional y absoluto derecho de propiedad. Por lo tanto, sólo cuando los dos fundos pertenecientes en propiedad á un mismo dueño sean transmitidos por él á dos personas distintas ó hayan sido puestos ó dejados por él en determinadas condiciones el úno respecto del otro, entonces únicamente es cuando puede considerarse como título constitutivo de las servidumbres continuas y aparentes el destino definitivo dado á dichos fundos por el padre de familia. Será necesario estar en su virtud á la ley vigente en aquél momento para decidir si puede ó no ser admitido tal modo de constituir la servidumbre y cuál sea el carácter y la naturaleza de la que así fuere constituída.

177. La ley nueva puede también regular las consecuen-

cias ulteriores de una servidumbre adquirida según la ley antigua. Así, volviendo al ejemplo ya citado antes, aquel que
hubiese abierto un foso para el uso de una toma de agua con
anterioridad á la promulgación del nuevo Código, no podría
ser obligado á cerrarle aunque la distancia á que se hallare
del fundo del vecino no corresponda á la fijada por el art. 575
de dicho Código; pero si después de la promulgación de éste
quisiere profundizarle y la obra cediese en perjuicio del vecino, éste podría demandar la aplicación de la ley nueva y hacer decidir con arreglo á ella si el propietario del foso podía ó
no tener derecho para pofundizarlo. La servidumbre adquirida
bajo el imperio de la ley anterior debe ser respetada, pero las
ulteriores consecuencias de la servidumbre misma que tienen
lugar después de haber empezado á regir el Código vigente
caen bajo sus preceptos imperativos, sin que pueda aducirse
en contrario que la ley antigua, bajo cuyo imperio fué construído el foso, permitía buscar el agua á cualquier profundidad, aun á riesgo de secar la fuente· del vecino, porque no se
puede considerar esta facultad como un derecho adquirido (1).

Es, pues, necesario reconocer como principio, que la ley
nueva, reguladora de las relaciones recíprocas de las propiedades inmuebles y que establezca ciertas reglas que hayan de
observarse en las construcciones y plantaciones, debe ser aplicada inmediatamente á todas las construcciones y á todas las
plantaciones que se quieran ejecutar después de haber empezado á regir dicha ley; y por consecuencia de ello, las reglas
impuestas por la ley nueva vienen á ser aplicadas también en
el caso en que las servidumbres hubiesen sido adquiridas bajo
el imperio de una legislación anterior.

178. Para lo concerniente á los modos de adquisición de las
servidumbres, la regla general es que, tratándose de servi-

---

(1) Confr. Tribunal de casación de Roma, 18 Mayo 1878. Com. de Frascati
contra P. Pallavicini. *Foro ital.*, 1878, pág. 645, y la nota de GIANZANA á la
misma.

dumbres constituídas bajo el imperio de legislaciones abolidas
después por una nueva ley, es necesario referirse á dichas legislaciones para decidir acerca de la validez de su adquisición.
Así, por ejemplo, para resolver si una servidumbre pudiera ser
constituída mediante convención estipulada verbalmente ó si
fuese indispensable un título escrito, y si en este caso debe el
título exigido estar formado por un acto público ó simplemente por una escritura privada (1), ó para decidir si es ó no admisible la prescripción ó la posesión inmemorial, y todo cuanto
concierne en suma á la duración y al modo de la posesión para
la adquisición de la servidumbre; para todo esto, repetimos,
debe estarse á lo dispuesto en la ley anterior bajo cuyo imperio hubiere nacido y sido constituída la misma (2).

179. Una grave cuestión ha surgido en el derecho transitorio, á propósito de las servidumbres establecidas por concesión
del Príncipe, sistema legal vigente aún y que prevaleció en
los tiempos del feudalismo, por el que se consideraban las cosas del Estado y las del uso público como pertenecientes en
pleno dominio al señor.

En dichos tiempos, estimándose también los ríos, aun los
navegables, como propiedad del Príncipe (3), éstos gravaron

---

(1) Según el Código albertino, la adquisición de la servidumbre de presa
era nula si no era establecida ésta en un acto público, y el Tribunal de Turín,
con razón, estimó que la escritura privada, aunque es admitida para tal efecto por el Código vigente en la actualidad, no podía ser título eficaz para establecer dicha servidumbre si ésta había sido constituída mientras estaba en
vigor el Código sardo ó albertino. Sentencias de 4 de Marzo de 1871 y 4 de
Julio de 1874.—*Jurisprudencia de Turín*, vol. 8, pág. 878; vol. 11, pág. 621.

(2) Confr. Tribunal de Cantazaro. Sentencia de 20 de Agosto de 1867.—
Alatri-Ramines en el *Foro ital.*, 1877, vol. 1.°, pág. 1058.

(3) En el libro II, tít. 56, *Feudorum*, se encuentra una Constitución del emperador Federico «*Quae sunt regalia*» la cual, establece: «*Sunt regalia armandia
viae publicae, flumina navigabilia et ex quibus fiunt navigabilia, portus ripatica vec-
tigalia.*» Véanse también Reales cédulas de 1770, § 1.°, tít. 7, libro VI, que declararon del patrimonio real todos los ríos, y el § 2.° del mismo título, que
estableció pudiera adquirirse la propiedad de las aguas de los ríos por concesión del Príncipe.

dichos ríos con varias servidumbres en provecho de los particulares, dando á éstos por concesión onerosa, remunerativa ó
gratuita la facultad de utilizar diversas servidumbres como,
por ejemplo, el derecho de pesca y el de construir los artefac-
tos necesarios para ella, el derecho de travesía y de acarreo, el
derecho de establecer algún molino, etc., etc., de todos los
cuales se encuentran numerosos ejemplos en Lombardía, donde los duques de Milán no conocían leyes prohibitivas de ningún género para enajenar las cosas del dominio público.

Habiendo sobrevenido el derecho público moderno que san-
ciona el principio de la inalienabilidad de los derechos pertenecientes al Monarca ó á la Nación, han surgido muchas cuestiones con motivo de la aplicación de las leyes nuevas respecto
de aquellos que en virtud de las concesiones del Príncipe habían adquirido derechos patrimoniales sobre las cosas públicas, sobre todo en Lombardía donde varios derechos de toma
de aguas, de pesca, de travesía ó pasaje, de acarreo flotante y
otros semejantes, se hallaban establecidos por concesiones de
los duques, y adjudicados á particulares que no estaban en posesión de ellos (1).

Sin entrar en un minucioso examen de tales controversias,
podemos establecer la regla siguiente: cuando los particulares
estén en posesión de los derechos reales adquiridos con arreglo
á la legislación anterior, aunque ésta se halle inspirada en los
principios feudales y sea incompatible con el derecho público
moderno y con la progresiva civilización, deben, sin embargo,

---

(1) Confr. la sentencia del Tribunal de casación de Turín de 11 de Julio
de 1861, en el pleito Visconti contra la Hacienda pública. *Coll. ufficiale* de 1861,
página 425; la del mismo Tribunal en el pleito Malaspina contra la sociedad
ferroviaria Cavalleranaggiore, de 27 de Abril de 1871, y la de 24 de Mayo de
1882, en el pleito Galvagni di Bubbio contra la Hacienda, y la dictada por
el Tribunal de casación de Roma con fecha 24 de Mayo de 1880 en el pleito
Apolloni-Renna Tommasini; y Gianzana, *Digesto italiano*, artículo *acque private*,
núm. 903 y siguiente.

reputárseles en posesión legítima de tales derechos, debiendo ser considerada la concesión ó la convención, en cuya virtud le fueron adjudicados por el Príncipe, como título legítimo para reclamar el respeto de sus respectivos derechos.

En efecto, no pueden ser considerados éstos más que como verdaderos derechos civiles patrimoniales y, en tal concepto, deben ser respetados al promulgarse una ley nueva, siempre que hayan quedado perfeccionados según las leyes anteriores, cualquiera que sea la causa de que traigan origen. Especialmente cuando la concesión haya sido hecha por título oneroso, no puede menos de admitirse y reconocerse como un derecho perfecto el adquirido por el particular en este caso, puesto que la facultad concedida por dicho título para aprovecharse de las cosas públicas objeto de la misma, no viene á ser otra cosa que la justa correspondencia de la prestación hecha por su parte: facultad concedida para ello por quien tenía derecho para disponer de tales cosas y para recabar una renta de ellas según las leyes entonces vigentes.

Aquel que sucede en el ejercicio del poder soberano, tiene siempre el derecho de reivindicar ó reclamar para sí las razones ó las prerrogativas todas de la soberanía que hubiesen sido por casualidad distribuídas ó concedidas á los particulares por el soberano anterior; pero teniendo lugar en este caso la expropiación de un derecho patrimonial perteneciente á un particular en virtud de un título válido debe observarse el principio de derecho común, á saber: que ninguno puede ser despojado ni obligado á ceder sus cosas, sino mediante una justa y previa indemnización (1).

_____

(1)   Este principio fué consagrado por primera vez en una sentencia del Parlamento de París. Habiendo sido construídos sobre el Sena y sobre Morra ciertos establecimientos que impedían el paso de las naves, cuyas construcciones habían sido hechas en virtud de concesiones de los señores feudales que habían transformado los derechos del Rey en derecho de la propiedad ordinaria, el Parlamento decretó, en 13 de Enero, la destrucción de las mismas,

180.   Las dos reglas expuestas sirven para resolver toda controversia sobre la materia en cuanto se refiere á las cuestiones de derecho transitorio, así como para decidir si pueden ó no ser consideradas como legítimamente adquiridas, por los particulares que estuvieron en posesión de ellas, las servidumbres establecidas sobre cosas públicas y, por lo tanto, si deben ó no ser asimiladas á verdaderos derechos civiles patrimoniales.

En este punto, todo debe depender de las leyes anteriores bajo cuyo imperio hubieren sido constituídas dichas servidumbres, y también es necesario referirse á las mismas leyes anteriores para decidir si puede considerarse válidamente constituída la servidumbre por la posesión inmemorial ó mediante prescripción. En su virtud, una servidumbre discontinua adquirida por prescripción mientras estaba en vigor en las provincias italianas el Código civil austriaco, deberá ser reconocida y conservada en la actualidad, á pesar de que el Código civil vigente (art. 630) no admite que tal servidumbre pueda ser adquirida por dicho título. Pero entiéndase bien, que para ello sería necesario que la prescripción de treinta años exigida por el Código austriaco para su adquisición estuviere terminada y completa antes de la promulgación del Código italiano, sin cuyo requisito no podría considerarse perfecto y adquirido dicho derecho.

Nos parece oportuno hacer notar aquí que no es necesario para que en este caso constituya la prescripción un válido tí-

---

pero «con la condición de indemnizar á los propietarios.» DALLOZ, Rep., véase concesión administrativa, página 841.

Habiendo abolido el legislador italiano los derechos del *Ademprivio* y de *Cuatorgia* en la Cerdeña, por la ley de 25 de Abril de 1865, dispuso que los pueblos que se subrogaban en el lugar del Real Patrimonio, en cuanto á la propiedad de bienes sujetos á aquella servidumbre, debían indemnizar á los antiguos propietarios por los derechos de que quedaban expropiados.

.tulo de adquisición (1), que á más de quedar terminado-el lapso de la misma antes de la promulgación del nuevo Código, deba ser de igual modo declarada por sentencia antes de la ley nueva.

Cuando la prescripción hubiere quedado terminada antes de empezar á regir el nuevo Código, debe considerarse adquirida la servidumbre, y mediante la prueba del lapso de todo el término exigido para la prescripción puede ésta ser declarada posteriormente si se demandase al Tribunal la declaración de la adquisición por prescripción después de estar en vigor dicho Código.

181. Mayor motivo de controversia existe en cuanto á las servidumbres discontinuas y las no aparentes, cuando se pretende haber sido adquiridas por la posesión *ab immemorabili*. El Código albertino disponía en su art. 649, á propósito de dichas servidumbres, que «la posesión, aunque fuese inmemorial, no basta para establecerla, sin que por esto se pueda, sin embargo, impugnar la servidumbre de esta naturaleza que hubiere sido ya adquirida con anterioridad por la posesión.»

El Código civil italiano dispone en su art. 630, «que las servidumbres continuas no aparentes y las discontinuas, sean ó no aparentes, no pueden ser establecidas sino mediante un título, y que la posesión, aunque sea inmemorial, no basta para establecerlas.»

Según el derecho antiguo, muchas servidumbres discontinuas y no aparentes podían ser adquiridas por medio de la posesión inmemorial (2); y habiendo dispuesto el legislador en el

---

(1) Encontramos conforme al principio expuesto la ley transitoria italiana, cuyo art. 21 dice así: «Las servidumbres continuas no aparentes y las discontinuas, sean ó no aparentes, que hubieren sido adquiridas por medio de la posesión con arreglo á las leyes anteriores á la fecha·de la promulgación del nuevo Código, serán conservadas en adelante.»

(2) Así ocurría según las Reales constituciones que estuvieron en vigor en el Piamonte hasta la promulgación del Código albertino y con arreglo al derecho común vigente en los otros puntos de Italia antes de dichos Códi-

art. 21 de la ley transitoria que las servidumbres adquiridas mediante la posesión en conformidad á las leyes anteriores debían ser respetadas y reconocidas, surgió naturalmente la cuestión y la duda de si podían ó no seguir subsistiendo válidamente tales servidumbres, adquiridas por medio de la posesión inmemorial según las leyes anteriores. .

Respecto de esta cuestión, nos parece que no encontrándose en la legislación anterior una disposición expresa por la que se sancione la regla de que la posesión inmemorial sea insuficiente para constituir una servidumbre no aparente, debe reputarse adquirida ésta mediante la posesión *ab immemorabili*, porque tal modo de adquisición era admitido por el derecho común y por el derecho feudal para el efecto de adquirir aun aquellas cosas que eran por su naturaleza imprescriptibles (1). Por otra parte, cuando la posesión es tan larga se debe presumir el justo título, y una vez admitida dicha presunción según la ley, podría considerarse legalmente adquirida la servidumbre en virtud del título justamente presunto.

Para resolver con acierto en este punto, debe examinarse, en primer lugar, si con arreglo á la legislación bajo cuyo imperio tuvo lugar la posesión *ab immemorabili* podía ó no ser considerada ésta como fuente de derecho y además suministrar la prueba de que dicha posesión inmemorial había tenido efecto antes de ser promulgada la ley nueva que excluyese tal modo de adquisición, y del resultado que este ofrezca ha de depender la resolución que haya de adoptarse.

También debe ser admitida dicha prueba aun después de promulgada la nueva ley, porque en tal caso responde al

---

gos. Confr. CEPOLLA, *De servitutibus*, libro 1.º, cap. 19, núm. 4. Conf. Tribunal de Turín, 30 de Julio de 1864. BETTINI, tomo 17, cap. 2.º, pág. 420. Id., 17 de Enero de 1865, *Giurisprudenza tor*, tomo 1.º, pág. 282. Casal, 2 de Marzo y 26 de Julio de 1868. Id., tomo 5.º, págs. 681 y 645.

(1)   Véase el artículo de SCUPPER en el *Digesto italiano*, epígrafe *ab immorabili*.

objeto de establecer un derecho precedentemente adquirido.

182. Viniendo ahora á ocuparnos de las servidumbres llamadas personales, debemos hacer notar que no pueden ser consideradas en las mismas circunstancias que las prediales; pues si bien es verdad que, como éstas, modifican los derechos de propiedad, están sin embargo establecidas siempre en beneficio de ciertas personas, entre las cuales existen determinadas relaciones personales ó razones de estado y de familia.

Así sucede, por ejemplo, en el usufructo legal concedido por la ley al padre sobre los bienes del hijo sujeto á la patria potestad y el establecido en favor del cónyuge sobreviviente sobre una parte del patrimonio del cónyuge difunto. Siendo estas servidumbres legales personales un accesorio de la patria potestad ó de los derechos de sucesión del cónyuge supérstite, convendrá para determinar la eficacia ó ineficacia de la ley nueva respecto de dichos usufructos referirse en su caso á los principios ya expuestos acerca del ejercicio de la patria potestad ó á los que más adelante hemos de exponer sobre los derechos de sucesión del cónyuge superviviente.

183. En cuanto al usufructo voluntariamente constituído, y todo lo que con el mismo se relaciona, se debe considerar como regla general que la validez de dicha constitución ha de juzgarse con arreglo á la ley vigente en el momento en que fuese constituído el usufructo. De aquí, que si la ley en vigor permitiese establecer el usufructo progresivo ó perpetuo sería válido y eficaz, y como tal debería estimarse un legado de usufructo progresivo hecho bajo el imperio de dicha ley si la sucesión hubiere sido abierta antes de dejar de regir la misma, aun cuando después no se admitiese más esa clase de usufructo por la ley posterior que estuviese vigente cuando se diere lugar á la progresión. La eficacia de dicho legado no podría ser destruída ni aun en el caso de que la ley posterior hubiese abolido la sustitución fideicomisaria, toda vez que los legados de usufructo progresivo no revisten por su propia naturaleza

el carácter de sustituciones fideicomisarias (1), y no podría
por lo tanto considerárseles comprendidos en la ley nueva que
hubiese abolido los fideicomiso s.

Por la misma razón ha sido considerado válido y eficaz,
aun después de la promulgación del Código italiano, el usufructo perpetuo admitido por la ley austriaca en favor de las
personas morales permanentes. Y si bien se ha limitado á
treinta años, á contar de la promulgación del nuevo Código, la
duración de tal usufructo, esto ha sido para armonizarlo con la
moderna legislación, puesto que en el art. 518 del expresado
Código se dispone que el usufructo establecido en favor de las
personas ó corporaciones morales no puede exceder de dicho
término.

184. Los derechos y deberes del usufructuario y del nudo
propietario deben ser determinados también por la ley que
estuviere en vigor cuando fué constituído el usufructo. La razón de ello estriba en que, naciendo esos derechos y deberes
del pacto, revisten las formas de las relaciones derivadas de
la convención ó del contrato y, como éstas, tienen que regirse
por la legislación vigente al tiempo de celebrarse el contrato.

En su virtud, para decidir, por ejemplo, cuáles sean las re-
paraciones extraordinarias que corresponde hacer al propietario y las ordinarias que gravan al usufructo, no es necesario
referirse á la ley vigente en el momento en que ocurriere el
hecho que las motivase, sino á aquella bajo cuyo imperio fué
establecido el usufructo. También es necesario estar á la ley
con arreglo á la cual nació el usufructo, para resolver si pertenecen al usufructuario ó al propietario los frutos *estantes*,
y los semejantes á ellos, cuando el usufructo hubiere terminado. Y lo mismo debe decirse de la locación ó arrendamiento hecho durante el usufructo y de su eficacia, en cuanto á la

---

(1) Confr. Cass. de Turin, 10 Julio 1872 (Martinelli e Pivanti), *Monitor de
los Tribunales*, 1872, pág. 1039.

duración del mismo, después de extinguido dicho usufructo, etc., etc.

La nueva ley solamente podría ser aplicada cuando ella
sujetase á nuevas disposiciones determinados actos no tenidos
en cuenta por la ley anterior. Así sucedería, por ejemplo, en
el caso de que la ley nueva declarase que por ciertos actos se
extinguía el usufructo, si el usufructuario no hubiese adquirido con anterioridad el derecho de ejecutar dichos actos sin incurrir en la pérdida ó extinción del usufructo. La mera falta
de una disposición legal relativa al particular, no podría ser
alegado en contra de esto como fundamento de un derecho adquirido (1).

Si la ley nueva impusiese al usufructuario la obligación de
prestar fianza, y no le eximiese expresamente de ella la legislación vigente cuando fué constituído el usufructo, nos parece
que podría ser obligado el usufructuario á prestar la fianza
con arreglo á la nueva ley. Esta, en efecto, puede sujetar á
nuevas garantías el ejercicio de los derechos adquiridos bajo
el imperio de la legislación anterior, y entre dichas garantías
debe considerarse la fianza, la cual no afecta al fondo de la
servidumbre de usufructo sino al modo de ejercitarla.

Antes de terminar este tratado, nos parece conveniente consignar, que las disposiciones de la ley nueva relativas á la conservación de la servidumbre de usufructo son aplicables también á aquellas que hubieren sido adquiridas bajo el imperio
de las leyes anteriores. Esto mismo debe decirse respecto de
la transcripción si fuese exigida por disposiciones posteriores,
para el efecto de establecer su prioridad en cuanto á terceros, etc., etc.

(Continuará.)

---

(1) Véase lo expuesto en los párrafos 88 y 45.

PASQUALE FIORE.

EL PROYECTO DE CÓDIGO CIVIL *

II

Desde la publicación de nuestro artículo anterior, en que nos ocupábamos de lo que podríamos llamar parte general de la ley de 11 de Mayo último, referente á las bases con arreglo á las cuales debe publicarse el futuro Código civil, toda vez que en ella se trata de los preceptos establecidos en cuanto á la fecha en que ha de empezar á regir, condiciones que han de cumplirse para ello, y carácter que debe tener mientras se publique ó hasta que sea un hecho la formación de cuerpos legales que rijan en las provincias ó comarcas forales, se ha adelantado notablemente en los trabajos preparatorios é indispensables para que dicho Código empiece á regir, pues según parece están al terminar los últimos títulos por la Comisión de Códigos y el Ministro de Gracia y Justicia. Debido á ello, ha empezado á publicarse ya el Código en la *Gaceta de Madrid*, y todo induce á creer que hay el propósito decidido y formal de que en muy breve plazo exista un cuerpo de doctrina conforme al que se rijan las relaciones privadas de los españoles, aunque insistimos en nuestra opinión de que hasta Marzo próximo, lo más pronto, no llegará á conseguirse tal propósito.

Hoy hemos de entrar á tratar ya, aunque muy someramente, pues nuestra idea no es otra que la de trazar líneas generales, dejando para otra ocasión más propicia y para plumas más

---

* Véase la pág. 41 de este tomo.

autorizadas el estudio detenido y concienzudo que podrá hacerse cuando el Código se conozca en totalidad, de las bases
con arreglo á las cuales ha de redactarse aquél; y desde luego merece muy particular atención la 1.ª, según la cual, ha
de acomodarse en principio al proyecto de 1851, en cuanto
en éste se contiene el sentido y capital pensamiento de las
instituciones civiles del derecho histórico patrio, debiendo formularse aquél sin otro alcance y propósito que el de regularizar, aclarar y armonizar los preceptos de nuestras leyes,
recoger las enseñanzas de las doctrinas en la solución de las
dudas suscitadas por la práctica.y atender á algunas necesidades nuevas con soluciones que tengan un fundamento científico ó un precedente autorizado en legislaciones propias ó
extrañas, y obtenido ya común asentimiento entre nuestros ju-
risconsultos.ó que resulten bastante justificadas, en vista de
las exposiciones de principios ó de método hechas en los Cuerpos Colegisladores.

Por de pronto, y aparte de la notable redacción de la base
que nos ocupa, merece fijarse algún tanto la atención en el
hecho de que en la primera parte se concreta y limita el alcance del proyecto hasta el punto de que tan sólo ha de observarse lo establecido en el de 1851, como reflejo y resumen, di-
gámeslo así, del derecho histórico patrio, mientras que en la
segunda parte se amplían las facultades conferidas á los redactores del nuevo Código, hasta el extremo de que no sólo deben
establecer principios que resuelvan las dudas existentes, sino
que hasta pueden innovar el derecho antiguo con principios
de legislaciones propias ó extrañas bastante justificadas por
las exposiciones de doctrinas ó de método hechas ante los
Cuerpos Colegisladores.

Ya sabemos que una ley de bases no puede cercenar hasta
tal punto las facultades de aquellos á quienes se encomiende
la redacción de cualquier Código que haga innecesario ó inútil este encargo, y tampoco se nos oculta que es materialmente imposible la discusión parcial de todos y cada uno de los pre-

ceptos contenidos en Códigos tan extensos, como necesariamente ha de ser el civil; pero también ha de tenerse presente que en un país constitucionalmente regido, no se han de dar
al Poder ejecutivo facultades tan amplias y absolutas que
se le constituya en definidor de derechos ó innovador de preceptos legales que, á más de este carácter, tienen en su apoyo
el prestigio del tiempo y la autoridad que le prestan la manera
de ser y las costumbres de los pueblos. Tal condición es propia del Poder legislativo, que de ninguna manera debe abdicar
sus atribuciones para que las ostente el ejecutivo; y por lo tanto, no hay más medio de armonizar estos principios con aquella necesidad, que establecer y fijar en las Cámaras concreta-
mente las innovaciones y modificaciones que se crean precisas, para que el Gobierno se limite á darlas el desarrollo conveniente sin alterar su capital sentido.

Si á esta idea obedece la ley de 11 de Mayo último, como
parece demostrarlo el hecho de que respecto á varias instituciones civiles se determina el concepto con arreglo al que ha
de formularse el nuevo Código, nada puede oponerse; pero es
de temer que, independientemente de las modificaciones consignadas en dichas bases, se establezcan otras que se consideren precisas *para atender á algunas necesidades nuevas que tengan un fundamento científico, ó que se estimen bastante justificadas.* Esto, como se ve, es tan abstracto, que el Ministro y la
Comisión de Códigos, en realidad, tienen una libertad amplísima, pues sus individuales opiniones, por muy respetables que
sean, no debieran ser suficientes para introducir innovaciones
en la vida civil de nuestra patria.

⁂

Otro tanto se puede decir respecto á la base 2.ª de la ley
que nos ocupa, expresiva de que los efectos de las leyes y de
los Estatutos, así como la nacionalidad, la naturalización y el
reconocimiento y condiciones de existencia de las personas jurídicas *se ajustarán á los preceptos constitucionales y legales hoy*

vigentes con las modificaciones precisas para descartar formali-
dades y prohibiciones ya desusadas, aclarando esos conceptos
jurídicos universalmente admitidos en sus capitales fundamentos, y fijando los necesarios, así para dar algunas bases seguras á las relaciones internacionales civiles, como para facilitar
el enlace y aplicación del nuevo Código y de las legislaciones
forales en cuanto á las personas y bienes de los españoles en
sus relaciones y cambio de residencia ó vecindad en provincias
de derecho diverso, inspirándose hasta donde sea conveniente
en el principio y doctrina de la personalidad de los Estatutos

A este propósito, también se ocurre la duda, á simple vista,
de que en el caso de no creerse conveniente dichos principio y
doctrina, no se sabe cuáles serán los que habrán de tenerse en
cuenta, pues la ley no los determina. Además, la doctrina de
los Estatutos generalmente admitida, ha nacido precisamente
de la lucha constante entre el principio *personal* y el *territorial,*
sin que llegue á resolver por completo los conflictos que de
esta lucha nacen, y hasta ocurre frecuentemente el caso presentado con notable precisión por D. Manuel Torres Campos en
su obra titulada *Principios de derecho internacional privado ó*
de derecho extraterritorial de Europa y América en sus relacio-
nes con el Derecho civil de España, al ocuparse de las dificultades que se presentan, cuando existe lucha de Estatutos,
cuando en un país se considera la materia como del personal
y en el otro del real, y cuando se trata de actos en que intervienen personas de nacionalidades diversas por naturalización,
ó por origen, que se refieren á cosas situadas en diferentes Estados, y que ya han tenido lugar en uno distinto de aquel á
que pertenecen las personas, ó en que se encuentran las cosas.
«Cada Estado, dice el Sr. Torres Campos, bajo cuya soberanía
cae de alguna manera una relación de derecho, trata de some-
terla toda á sus leyes, especialmente cuando están interesados
sus súbditos y cuando tiene medios de concederles protección.
Consecuencia es de esto, que la jurisprudencia en los asuntos
que nos ocupan, nos revele el absoluto predominio del princi-

pio territorial.» No obstante, en España predomina el principio personal, acaso debido, como indica el mismo distinguido
escritor, á que «la proximidad á Francia, el generalizado conocimiento de su idioma, la influencia de los publicistas franceses, cuyas obras son casi las únicas que están al alcance de la
generalidad de nuestros hombres de ciencia, y el escaso desenvolvimiento científico, han contribuído á que en España no
se haya hecho otra cosa que seguir á Fœlix.»

Ahora bien; dentro de la doctrina de la personalidad de los
Estatutos, ¿deberá seguirse dando preferencia al principio personal, como hasta ahora se ha hecho? ¿Deberá concederse al
territorial, ó sería oportuno y conveniente buscar un término
que armonizara ambos principios, como intenta la escuela filosófica? Nada de esto aclara la base segunda de la ley de 11 de
Mayo, y la importancia de la cuestión ó problema planteado es
tan grande, que bien merecía que nuestros legisladores hubieran puesto algo de su parte para resolverlo de un modo preciso y categórico.

Las bases 3.ª y 4.ª se refieren á la forma ó manera de celebrarse el matrimonio y á las relaciones jurídicas de los cónyuges y sus descendientes; y tanto una como otra no alteran sustancialmente la actual legislación.

I. Admitida como se halla la existencia de otros cultos distintos del católico, es consecuencia lógica la de que se establezca un medio civil común para celebrar el matrimonio los que
no profesen aquella religión; pero desde el instante en que el
Código fundamental establece como oficial la católica, es natural también que al matrimonio canónico se den todos los efectos civiles, si bien en esto puede seguirse el criterio en que se
inspiraron el famoso Real decreto de 9 de Febrero de 1875 y
varias disposiciones complementarias del mismo, según las
cuales, única y exclusivamente podían celebrar matrimonio
civil los españoles que pública y solemnemente abjuraran el

catolicismo, ó puede adoptarse el temperamento de establecer ambas formas de matrimonio, dejando en libertad á los que piensen contraerle para que utilicen la que crean conveniente.

El primero de dichos sistemas es el que ha prevalecido en el proyecto de Código, pues la citada base 3.ª se limita á establecer que el matrimonio civil se celebrará del modo que se determine, en armonía con lo establecido en la Constitución del Estado, pero antes se consigna que el matrimonio canónico deberán contraerlo todos los que profesen la religión católica; y á seguida se expresa que dicho matrimonio producirá todos los efectos civiles respecto de las personas y bienes de los cónyuges y sus descendientes, cuando se celebre en conformidad con las disposiciones de la Iglesia católica admitidas en el Reino por la ley 13, tít. 13, libro 1.º de la Novísima Recopilación; en lo que se ve claramente manifestada la idea de respetar lo establecido, pues sólo es una mera formalidad extrínseca y accidental la de que, al acto de la celebración asista el Juez municipal ú otro funcionario del Estado, toda vez que en la propia base se establece que dicha asistencia ha de ser con el *solo fin* de verificar la inmediata inscripción de matrimonio en el Registro civil.

II.   En cuanto á las relaciones jurídicas derivadas del matrimonio respecto á las personas y bienes de los cónyuges y sus descendientes, paternidad y filiación, patria potestad sucesiva del marido y de la mujer sobre los hijos no emancipados, efectos civiles del contrato y cuantas constituyen el derecho de familia, la base 4.ª expresa que habrá de acomodarse el Código á los principios esenciales en que se funda el estado legal presente, sin perjuicio de lo dispuesto en las bases 17, 18, 22 y 25.

Antes de pasar adelante, nos parece oportuno rectificar la palabra *contrato* que se emplea aludiendo al matrimonio; porque lo cierto es que el canónico á que se da preferencia y todos los efectos civiles, jamás ha sido considerado más que como un Sacramento, y aun el matrimonio civil, á lo sumo, podrá admitirse que sea la expresión de un contrato, pero no el contrato mismo; toda vez que el matrimonio, considerado civilmente, es una persona jurídica constituída por el consentimiento de quienes lo contraen con arreglo á las leyes. Pero es más; ni aun la forma de contraerlo puede admitirse en buenos principios que sea la aplicable á los contratos mientras se mantenga la indisolubilidad del vínculo, pues si entre los contratos se considerara comprendido el matrimonio, sería forzoso admitir que lo constituído por la voluntad de las partes debería dejar de existir también por la simple voluntad de los contrayentes.

Por lo demás, nos parece plausible la conducta del legislador al aceptar los principios esenciales de lo que hoy existe con las únicas modificaciones á que se refieren las citadas bases, de que nos ocuparemos al tratar del usufructo foral, de la sucesión intestada, de las capitulaciones matrimoniales, y de la condición de la dote y de los bienes parafernales y de su administración, que son los puntos á que se refieren aquéllas.

·*·

La base 5.ª dispone que no se admita la investigación de la paternidad sino en los casos de delito, ó cuando exista escrito del padre en el que conste su voluntad indubitada de reconocer por suyo el hijo, deliberadamente expresada con ese fin, ó cuando medie posesión de estado; añade que se permitirá la investigación de la maternidad y se autorizará la legitimación bajo sus dos formas de subsiguiente matrimonio y concesión real, limitando ésta á los casos en que medie imposibilidad absoluta de realizar la primera, y reservando á terceros perjudicados el derecho de impugnar, así los reconocimientos como las legitimaciones cuando resulten realizados fuera de las condiciones de la ley; y concluye autorizando la adopción por escritura pública y con autorización judicial, á cuyo efecto habrán de fijarse las condiciones de edad, consentimiento y prohibiciones que se juzguen bastantes á prevenir los inconvenientes que el abuso de este derecho pudiera traer consigo para la organización natural de la familia.

Nós parece plausible el criterio contrario á la investigación de la paternidad, pues á nadie se le ocultan los peligros que podría acarrear la facultad para hacer ese género de investigaciones, que se convertirían en arma poderosa de alarma y perturbación en manos de personas desprovistas de sentimientos nobles y generosos, y deseosas de provocar lamentables escisiones en las familias si no se compraba su silencio, como indica perfectamente el Sr. García Goyena en sus notables comentarios al proyecto de Código de 1851. Acaso pudiera decirse otro tanto respecto á los peligros que ofrece la facultad de investigar la maternidad; pero en cambio no se nos ocultan los mofivos poderosos que por otra parte existen para justificar este procedimiento, como también el de obtener, por medio de una de las llamadas gracias al sacar, la legitimación, por más que no nos explicamos cuándo será posible hacerlo, según la base que nos ocupa, toda vez que aquella forma sólo se admite para el caso en que no sea posible la legitimación por subsiguiente matrimonio, con lo que parece aludirse á los en que se trate de hijos que no sean naturales, y precisamente para éstos es para los únicos que creemos justa y posible la legitimación.

Nada hemos de oponer, pues desde luego consideramos prudente y racional la base 6.ª con arreglo á la cual se caracterizarán y definirán los casos de ausencia y presunción de muerte, estableciendo las garantías que aseguren los derechos del ausente y de sus herederos, y que permitan en su día el disfrute de ellos por quien pudiera adquirirlos por sucesión testamentaria ó legítima, sin que la presunción de muerte autorice al cónyuge presente para pasar á segundas nupcias; y del propio modo entendemos que es plausible y está justificado el restablecimiento del consejo de familia y la institución del cargo de protutor á que se contrae la base 7.ª, expresiva también de que la tutela de los menores no emancipados, dementes y de los declarados pródigos por interdicción civil, se pueda diferir por testamento, por la ley ó por el consejo de familia.

Esta institución y la del protutor, especialmente la primera, son tanto más necesarias, cuanto que en la práctica se observa que la plausible conducta del Ministerio fiscal, que actualmente representa los intereses de los menores, no es bastante para amparar estos derechos que la mayor parte de las veces se hallan á merced de la mala fe de personas que explotan aquellos intereses, sin tener conocimiento de ello el Ministerio público, que de esa manera se ve en la imposibilidad absoluta de que tengan resultado práctico sus nobles esfuerzos y desvelos por tan sagrados intereses.

.*.

Ultimamente, y por lo que al derecho de familia se refiere, la base 8.ª fija la mayor edad á los veintitrés años para los efectos de la legislación civil, estableciendo la emancipación por matrimonio y la voluntaria por actos entre vivos, á contar desde dieciocho años de edad en el menor; y la base 9.ª se limita á mantener los principios existentes en todo lo relativo al Registro del Estado civil; por cuya razón nos abstenemos de transcribirla literalmente.

Tal vez haya quien pretenda que la mayor edad debiera haberse fijado en los veinte ó veintiún años, é indudablemente la tendencia de la época es la de disminuir la edad para el completo disfrute de todos los derechos civiles; pero todo lo que sea prudencia en cuanto á innovaciones de esta índole, nos parece recomendable, pues no ha de olvidarse que se trata, no sólo de lo que más afecta al hombre, que es su vida íntima, harto respetable por sí sola, sino también de lo que atañe á relaciones originarias de derechos que revisten cierto carácter público por hallarse interesadas terceras personas.

LUIS M. MIQUEL IBARGÜEN.

REVISTA DE LA PRENSA PROFESIONAL EXTRANJERA

En el último número de la revista italiana titulada *Archivio Giuridico*, encontramos un interesante artículo de Emilio Bianchi sobre *la inhabilitación y la ausencia del marido en materia de autorización marital*, en cuyo trabajo se examina la cuestión de si es ó no necesaria dicha autorización cuando el marido se halla inhabilitado para el ejercicio de los derechos civiles ó cuando se encuentra lejos de su domicilio, aunque sin haber recaído la declaración legal de ausencia.

Dos son las razones en que, según los tratadistas, se inspira la ley al establecer la necesidad de la autorización marital para los actos ó contratos en que hubieren de intervenir las mujeres casadas. Unos la consideran exigida como garantía del orden de la familia, y otros impuesta para proteger la debilidad de su sexo, discutiéndose aun, entre las modernas legislaciones que admiten dicha institución, si deben restringirse los casos en que la autorización sea necesaria, si debe permitirse su concesión en general por medio de un solo acto público para todos los casos en que fuere indispensable y, por último, si conviene fijar previamente en la ley los casos en que no es precisa dicha formalidad por conservar íntegra ó recobrar la mujer casada la plenitud de su capacidad jurídica.

En cuanto á este último punto, el novísimo Derecho italiano, inspirándose en el primero de los criterios referidos, ha venido á introducir una innovación importante, pues haciendo las antiguas leyes, de acuerdo con el Código francés, necesaria siempre la autorización judicial cuando el marido no podía prestarla por imposibilidad física, jurídica ó legal, con la única excepción de no exigirse dicho requisito para que la mujer casada se dedicare al comercio, el nuevo Código civil ha establecido distinción entre esos casos, reconociendo algunos en los cuales no es precisa autorización alguna ni de parte del marido, ni de los Tribunales.

Así resulta del art. 135 del mismo, según el que, la mujer casada puede gozar de la plenitud de su capacidad jurídica sin necesidad de previa autorización si su marido es menor de edad, ó se halla ausente, ó sufriere interdicción, ó fuere condenado á la pena de cárcel por más de un año, y finalmente, cuando estuviere legalmente separada de su marido por culpa de éste, quedando limitada por el art. 136 de dicho Código la autorización judicial á los casos en que el marido negase la suya, ó hubiese oposición de intereses entre los cónyuges, ó si éstos viviesen separados, ya sea legalmente, ya por mutuo consentimiento, ó si la separación fuese motivada por culpa de la mujer ó común de ambos.

Es decir, que la facultad reducida antes al ejercicio del comercio, se ha extendido en la nueva legislación á otros muchos que tienen su fundamento, no en la ficción legal del consentimiento presunto del marido, sino en la imposibilidad física ó moral que hace inoportuna su intervención en los asuntos concernientes al patrimonio parafernal de la mujer.

Esta distinción introducida es conforme al objeto á que obedece la autorización marital, pues estando fundada, según dicha legislación, no en el principio de la incapacidad de la mujer, sino en la consideración al orden de la familia y en el homenaje debido al jefe de la misma, viene á faltar su razón de ser cuando el marido no puede ejercitar su autoridad por causa de incapacidad ó por cualquiera otra circunstancia puramente personal ó por haberse hecho indigno para ello; en cuyos casos justo es que la capacidad jurídica de la mujer, limitada hasta entonces por dichos respetos, adquiera toda la amplitud de que es susceptible y que sea excluida una ingerencia extraña que se resolvería siempre en una ofensa á su dignidad y en una disminución de sus derechos.

A esta facultad concedida por el nuevo Código y que no tiene precedente alguno en los anteriores, se le ha dado por la doctrina y la jurisprudencia una extensión grande, estimándose por analogía ó por interpretación extensa de la ley que cesa la necesidad de la autorización, no solamente en el caso de estar sujeto á interdicción el marido, sino también cuando se halla simplemente inhabilitado para el ejercicio de los derechos civiles por minoría de edad, incapacidad, prodigalidad ó por cualquiera otra causa, y que del mismo modo no es precisa dicha formalidad, no sólo cuando el marido está ausente, en el sentido jurídico de esta palabra, por legal declaración hecha en forma, sino también en los casos en que se halle en estado de ausencia presunta ó fuera de su domicilio con circunstancias tales que impidan á la mujer obtener su autorización como, por ejemplo, la ignorancia de su paradero, la larga distancia del punto en que se hallare, etc., etc.

Para sostener esta inteligencia en cuanto á la inhabilitación, se ha dicho que sería un absurdo permitir que el marido pudiera autorizar á su mujer para ejecutar aquellos actos que él personalmente no puede llevar á cabo en interés·propio por causa de su incapacidad: que si bien en menor grado que la interdicción civil, la inhabilitación priva al que es objeto de ella, de la plenitud de capacidad y voluntad necesaria para que el marido tenga en sus manos la suprema dirección de la familia: que sería además irritante el que la mujer del menor de edad, del incapaz ó del pródigo, tuviera que estar sometida á la autoridad del curador de su esposo; y por último, que constituyendo una limitación de la libre capacidad de la·mujer casada la necesidad de la previa autorización, deben interpretarse extensamente las excepciones de dicha limitación autorizadas por la ley.

En cuanto á la ausencia presunta, se ha sostenido que cuando el marido se aleja voluntariamente de su domicilio, y no da señal de si dejando á su mujer en tal abandono que ignore no sólo cuál sea su paradero, sino hasta si vive, debe suponerse por estos hechos que hizo abdicación del derecho que le concedía la ley en el orden de la familia, siendo innecesaria su autorización aun cuando la ausencia no haya sido legalmente declarada en forma.

Apesar de todas estas consideraciones, el articulista entiende que no se ajusta á los preceptos de la ley ni á los buenos principios jurídicos la amplitud que se da de este modo á las disposiciones del art. 135 del Código civil italiano, y con numerosos razonamientos impugna dicha inteligencia, porque la interdicción, única cosa de que habla el indicado artículo, es muy distinta de la inhabilitación que puede reconocer por causa muchos y diversos motivos distintos de aquellos que aconsejan la excepción de la autorización marital establecida por el referido Código, y porque la ausencia presunta ó el mero abandono de su domicilio por parte del marido no puede alterar de modo tan notable el orden de la familia, ni este estado de hecho puede surtir un efecto tan importante que permita dispensar á la mujer casada de la consideración que al marido se debe, y por lo tanto, de la necesidad de su autorización.

Aun cuando muchas de estas dudas se hallan resueltas ya en nuestro Derecho, sin embargo no deja de ser de utilidad el conocimiento de las doctrinas expuestas en dicho trabajo por las cuestiones que aun pueden suscitarse en esta materia, especialmente en los casos de separación voluntaria de los cónyuges ó en que el marido estuviere cumpliendo condena por delito que no lleve consigo la interdicción civil, y en algunos otros cuya enumeración es innecesaria.

En este concepto, recomendamos la lectura de dicho artículo, en el que, á más de las opiniones del autor, pueden encontrarse multitud de notas que le completan con las decisiones más importantes de la jurisprudencia italiana y el parecer de los jurisconsultos más distinguidos que de esta materia se han ocupado, haciendo así mucho mayor su valor é interés.

Il Circolo giuridico, de Palermo, ocupándose de los Códigos de Comercio en Inglaterra da cuenta de un proyecto de ley para la codificación y revisión de las diversas disposiciones legales que regulan las compras y ventas de mercancías, presentado recientemente en la Cámara de los Lores por Lord Herscell, Canciller y Presidente de la Alta Cámara durante el último ministerio Gladstone.

El sistema, de antiguo seguido en Inglaterra, de hacer leyes nuevas todos los días sin enmendar ni derogar en lo más mínimo las anteriores, ha dado en muchas ocasiones lugar á interminables complicaciones en los pleitos mercantiles por la confusión con tal motivo creada.

Estos resultados han hecho fijar la atención en la necesidad de la codificación del derecho comercial inglés, si no en su totalidad, al menos en alguna de sus partes, y á este objeto obedece el proyecto de ley que indicamos.

Excusado es decir que cuanto á dicho fin conduzca ha de producir utilidad suma, pues en ningún país es tan necesaria hoy la codificación como en Inglaterra, por efecto de esa confusión de leyes antes indicada que por mucho tiempo ha hecho se considere como imposible dicha empresa.

Pero cualquiera que sea el juicio que merezca la posibilidad ó imposibilidad de llegar á una codificación general de las leyes inglesas, la experiencia ha demostrado ya que no es irrealizable esta aspiración, al menos en cuanto á algunas materias, siempre que se proceda con cuidadosa atención; pues sabido es que hace cuatro ó cinco años votó el Parlamento una ley que codificaba todos los textos legales relativos á las letras do cambio, á los billetes de Banco, etc., ensayo que, unido al que ahora se intenta, hacen concebir la esperanza de que poco á poco se conseguirá coordinar toda la jurisprudencia comercial y poner en claro el confuso conjunto de las antiguas leyes.

De desear es, pues, que, cual merece, sea aprobado en breve el proyecto referido, dándose así un nuevo paso eficaz para la completa formación de un Código de Comercio inglés, necesidad tanto más sentida é imperiosa por ser este un país eminentemente mercantil y hallarse en pugna y abierta contradicción muchas de las leyes por que se rige esta rama del Derecho.

En el cuaderno 5.º, volumen 6.º de *Il Diritto commerciale* se publica un artículo del Abogado de Florencia, Rodolfo Calamandrei, *sobre los requisitos de*

los usos de comercio, cuya lectura la consideramos de utilidad por el interés que entraña la materia tratada en el mismo.

El autor estima que los usos de comercio, para que puedan adquirir la fuerza jurídica que les convierte en una de las fuentes del derecho consuetudinario, deben estar constituidos por una serie de actos que sean *lícitos, positivos, voluntarios, frecuentes, públicos, generalmente observados, ejecutados con la intención de obligarse,* y repetidos *por largo tiempo.*

Partiendo de esta base, el articulista examina por separado cada uno de los requisitos indicados, estudiando las dudas que su inteligencia ofrece y las cuestiones que pueden suscitarse en la práctica para fijar, en vista de ello, el justo concepto de los mismos, en armonía con las declaraciones de la jurisprudencia y las opiniones de los más distinguidos tratadistas.

Aunque algunos creen que para tener existencia jurídica el uso, es en todo caso necesario que esté sancionado por cualquiera decisión judicial, en el artículo de que nos ocupamos se sostiene, por el contrario, que si bien una jurisprudencia favorable imprime gran autoridad al uso, no es éste un requisito esencial del mismo, porque las sentencias en este caso no pueden crear lo que no existe ni destruir lo que tiene ya existencia, no haciendo otra cosa que patentizar ésta, puesto que aun antes de que en ella se sancione tiene la costumbre su propia eficacia jurídica.

Además de considerarse preciso dicho requisito, se daría el absurdo de que una costumbre pacíficamente admitida por largo tiempo en el comercio pudiera ser invalidada por no haber sido jamás sometida al juicio de los Tribunales, por lo mismo que era universalmente aceptada.

* *

En el *Journal du Droit international privé et de la jurisprudence comparée,* entre otros importantes trabajos se publica un artículo sobre la propiedad intelectual según la legislación inglesa, suscrito por F. Bolt, *solicitor* en el Tribunal Supremo de justicia de Inglaterra.

En la imposibilidad de hacer su reseña con la detención que requiere, nos limitamos á dar cuenta de dicho artículo, recomendando también su lectura.

E. AGUILERA.

NOTICIAS BIBLIOGRÁFICAS *

Tratado teórico-práctico de lo contencioso-administrativo y del procedimiento especial en los asuntos de Hacienda, por *D. Fermín Abella.* —Segunda edición corregida y aumentada con las disposiciones vigentes, por D. Joaquín Abella, Abogado y Director de *El Consultor de los Ayuntamientos y de los Juzgados municipales.*

La ilustración y competencia reconocida de D. Fermín Abella, de quien es digno continuador su hijo D. Joaquín, y la circunstancia de que la obra

---

* De todas las obras jurídicas que se nos remitan dos ejemplares, haremos un juicio crítico en esta Sección de la REVISTA. De las que versen sobre otras materias pondremos un anuncio en la cubierta de las entregas.

mencionada haya merecido la honrosa distinción de que se declarase de texto por la Dirección general de Instrucción pública, no sólo nos ahorran consignar los indisputables méritos que la avaloran, sino que más bien nos obligan á ser mucho más exigentes en nuestro juicio crítico de lo que nuestro carácter nos aconseja constantemente.

Si á esto se agrega que las relaciones de amistad que nos unen con Don Joaquín Abella nos colocan en la situación de temer ser excesivamente parciales al juzgar con extrema benevolencia la obra que nos ocupa, habrá de comprenderse y hasta explicarse que más bien hayamos procurado encontrar algún pequeño lunar, extremando los errores insignificantes de que adolece aquélla como toda obra humana.

Su primera parte, dedicada á examinar ideas generales y conceptos necesarios para determinar la naturaleza, organización y condiciones de lo contencioso-administrativo, es la más interesante al efecto de hacer el juicio crítico de las opiniones y competencia del autor; pues la segunda parte, únicamente está dedicada á transcribir la legislación vigente en la materia, así como las disposiciones que regían con anterioridad; y en la tercera parte, simplemente se ha ordenado una serie de formularios de gran utilidad práctica. Repetimos, que la primera de dichas partes es la que ofrece mayor interés por cuanto en ella se refleja el pensamiento del autor, sin que por esto dejemos de reconocer la valía que ha de ofrecer y la importancia que tiene la reseña y aplicación de los principios legales establecidos, y por lo mismo hemos de detenernos con especialidad en cuanto se refiere á los conceptos ó ideas generales, que tienen relación más ó menos directa con lo contencioso-administrativo.

Y á este propósito, entendemos que merece observarse el error en que generalmente se incurre, y en que también ha incurrido el ilustrado autor del libro de que tratamos, al confundir dicha materia con la de lo contencioso del Estado; pues aparte de otros puntos en donde se observa el mismo error, se expresa más claramente en el prefacio ó prólogo al enunciarse la idea de que el tratado que se publica se refiere á las «múltiples materias que abraza lo contencioso del Estado, y á las complejas cuestiones que surjen al contacto de la Administración con los derechos del individuo,» sin tenerse presente que el procedimiento contencioso del Estado, no sólo es el específicamente conocido con el nombre de «contencioso-administrativo,» sino que tiene un carácter mucho más genérico y amplio, toda vez que en él se comprenden todas las cuestiones de procedimiento civil y criminal que afectan ó interesan al Estado. Las relaciones existentes entre éste y las demás personas jurídicas ó individuales pueden alterarse, bien sea en el orden civil, en el criminal, ó en el simplemente administrativo, y por eso, el Estado litiga como persona jurídica en los Tribunales ordinarios de justicia, tiene interés particularísimo en ciertos y determinados procedimientos criminales que se siguen para castigar delitos que le afectan tan directa y particularmente como los de defraudación, contrabando, malversación de caudales públicos, etc.; y por último, interviene también en los procedimientos encaminados á revocar en vía contencioso-administrativa cierta clase de resoluciones que los funcionarios y los centros adoptan, independientemente de las que son propias y discrecionales de la Administración, pues no debe olvidarse nunca que en ésta constantemente ha de distinguirse el doble concepto que tiene como poder y como persona jurídica.

Aunque parece entender lo mismo el ilustre autor del Tratado de lo contencioso-administrativo, sólo considera que existen los poderes legislativo y ejecutivo, acerca de lo cual no habremos de expresar extensamente nuestro criterio conforme al de los que entienden que existen además los poderes judicial y armónico; pero si debe notarse que el mismo Sr. Abella reconoce que en el poder ejecutivo existen dos conceptos distintos, á saber: el de la política y el de la administración propiamente dicha, que bajo la dirección de aquélla ejerce la gestión y representación de los intereses morales y materiales de la sociedad. Entendemos que hay cuestiones pura y exclusivamente administrativas, como son, por ejemplo, las referentes á sanidad, policía de los cementerios y otras idénticas; creemos también que hay otras cuestiones administrativas intimamente relacionadas con las políticas, verbigracia, las referentes á la organización de la enseñanza y al ejercicio de los llamados derechos individuales; y de ahí nuestra opinión favorable á que en gran parte de asuntos sea preciso reconocer la justicia con que se pretende la absoluta independencia entre la política y la administración; pero no por eso dejamos de reconocer y aplaudir el concepto admirablemente desarrollado de que el Poder ejecutivo obra en ocasiones como director y factor supremo de la sociedad, que es lo que incumbe á la política, y obra otras veces como simple administrador de los intereses morales y materiales.

Pero dejando aparte las anteriores consideraciones, y volviendo al tema de que el Sr. Abella ha confundido lo contencioso del Estado con lo contencioso administrativo, hemos de insistir sobre este punto, porque debido á ello se confunde lo referente á la vía gubernativa y á la administrativa, como lo comprueba el hecho de que, al tratar del Estado como litigante, y al ocuparse del precepto según el cual no puede demandarse al Estado ni citársele de evicción, sin que previamente se haya apurado la vía gubernativa, se citan varias disposiciones que más bien son aplicables á la administrativa, y en cambio se hace caso omiso del Real decreto de 23 de Marzo de 1886, que es el vigente en la materia, toda vez que las leyes de 31 de Diciembre de 1881 y 24 de Junio de 1885, únicamente se refieren al procedimiento administrativo en materias de Hacienda. Si esto se hubiera tenido presente en la obra repetida, es bien seguro que no se hubiera incurrido en el error de afirmar en la página 514 que «en la vía gubernativa se resuelven algunos asuntos de plano, cuando no exigen más su levedad y escasa importancia,» siendo así que en el Real decreto de 1886 se prescriben ritualidades precisas para la sustanciación de resoluciones en vía gubernativa, que siempre motivan la formación de expediente.

Con las anteriores observaciones, hechas más bien con el propósito de demostrar que hemos leído con todo desapasionamiento el libro del Sr. Abella, es bien seguro que se estimará mucho más sincera la idea de que, á nuestro juicio, debe aquél figurar en la biblioteca de cuantos se interesen por esta clase de estudios, intimamente persuadidos de que en él encontrarán sana y abundante doctrina con multitud de datos de todo punto estimables.

LUIS M. MIQUEL IBARGÜEN.

LA CONTRATACIÓN
ANTE LOS REGISTRADORES DE LA PROPIEDAD *

VII

Antes de terminar hemos de hacer una reseña de los valio-sos antecedentes que aparecen de la Información escrita y oral para la crisis agrícola y pecuaria, publicados en los tomos or-denados por la Comisión para llevar á efecto la Información referida, antecedentes de inmensa valía en nuestra cuestión, por la importancia de las entidades que han dado sus auto-rizados pareceres, ó por los luminosos informes emitidos.

Contestación de la Cámara de Comercio de Alicante á la pregunta 19 del interrogatorio sobre la crisis agrícola, y es: *¿Qué medios pudieran emplearse para crear el crédito agrícola?* «El establecimiento de Bancos regionales, tomando como base los fondos de los pósitos; debiendo advertir que ésta ó cual-quier otra forma que se aceptara para la creación de los Ban-cos agrícolas, sería ineficaz no modificándose la ley Hipoteca-ria en este punto. El que suscribe entiende que una ley que permitiera inscribir en el Registro de la propiedad, por un mó-dico derecho de registro, pagarés redactados en forma espe-cial, dando á estos documentos todo el valor de una escritura pública, resolvería en su parte más esencial el problema que

---

* Véanse las páginas 616 del tomo anterior; 5, 97, 244, 410 y 499 de este tomo.

se plantea en esta. pregunta, puesto que á la vez que se re-
ducían los enormes gastos que hoy supone una escritura de
hipoteca, se aseguraba una sólida garantía á los préstamos.»
Este dictamen está suscrito por D. Carlos Fael, Presidente de
la Cámara citada, y obra, en cuanto al particular transcrito, en
el tomo 2.º de los publicados por la Comisión de la Información agrícola, pág. 105.

En la contestación de la Cámara de Comercio de Madrid al
interrogatorio para la Información agrícola, se lee (tomo 2.º,
pág. 574): «Una de las causas, por no decir la más principal,
que influye en la abundancia de capitales que buscan su empleo en la industria y el comercio, es la facilidad con que se
transmite la propiedad de los valores moviliarios que son objeto de préstamo ó descuento, y cuya transmisión se verifica
las más de las veces por medio de un simple endoso. Esta facilidad permite que los Bancos de emisión presten ó descuen-
ten con esa garantía, lanzando un nuevo capital á la circulación que aumenta la riqueza del país, y haciendo que el pres-
tatario pueda utilizarle en el desarrollo de su comercio ó de su
industria. El mismo Estado sólo cobra una cantidad muy insignificante, bajo el nombre de impuesto del timbre, sobre todas estas transmisiones de dominio.»

«Por el contrario, los préstamos sobre bienes inmuebles son
difíciles de realizar por la multitud de requisitos que, según
nuestra legislación, se necesitan para transmitir la propiedad
ó la hipoteca de las mismas, lo largo del procedimiento, lo costoso de su tramitación y los derechos que el Estado percibe sobre cada una de estas operaciones. Además, no se permiten
con carácter legal los préstamos sobre los aperos de labranza,
ganados, cosechas, etc., puesto que no existe la hipoteca mue-
ble, y esto representa para el agricultor un capital inamovible
que podía utilizar y con él aumentar sus beneficios, y nosotros creemos que el remedio para todas estas dificultades,
que impiden los préstamos á la agricultura, sería estudiar y
reformar nuestra legislación, en el sentido de aproximarla lo

más posible al sistema *Torrens*, en el cual los títulos de propiedad de los bienes inmuebles están representados por cédulas transmisibles por medio de endoso. Pero no basta tener una
legislación que facilite, en cuanto posible sea, la transmisión
ó hipoteca de bienes inmuebles; es necesario además fomentar
la creación de Bancos locales, á semejanza de los que funcio-
nan en Escocia, que acostumbren al agricultor á hacer uso
del crédito y á familiarizarse con las operaciones del mismo,
y para esto sería conveniente dejarlos á la iniciativa particular, y no pedir privilegios que, en último término, sólo redun-
darían en beneficio de unos pocos y á costa de todos los contribuyentes; y es claro que los capitales acudirían para su colo-
cación á esos Bancos, teniendo por modelo á los Bancos esco-
ceses, y estudiando aquellas instituciones en lo que fueran
adaptables á nuestro país, no limitando las operaciones á sólo
la agricultura, sino también auxiliando á la industria y al comercio de cada localidad, y fijándose más bien para abrir créditos á los pequeños colonos en su honradez y en su laboriosidad, que son la base de las *Cash Credit*, usados en Escocia,
y que tanto contribuyen á hacer un país floreciente de uno de
los más pobres por las condiciones de su suelo.

»Cierto que en los comienzos no serían pocas las dificultades que habría que vencer combatiendo la rutina y la preocupación, dos factores importantes que hacen á nuestros agricultores en general desconfiados y recelosos; pero poco á poco se
irían modificando sus ideas, y se acostumbrarían á utilizar el
capital necesario que podrían encontrar á un interés módico,
se variarían y mejorarían los sistemas de cultivo, y nuestra
agricultura iría saliendo del estado tan precario en que se encuentra.

«Acabamos de hablar de la modicidad del interés, y, efectivamente, este es un gran obstáculo para proporcionar capitales
á la agricultura en un país donde el interés del dinero es tan
elevado en otros empleos más cómodos y en donde los pequeños agricultores tienen necesidad de empeñar los frutos y acu-

dir á la usura que les presta con un precio exorbitante; pero modificando nuestra legislación como antes hemos indicado, pudiéndose prestar ó hipotecar sobre los granos ya recolectados, y tratando de conseguir que los Bancos que se establecieran sirvieran también á la vez de grandes almacenes de depósitos, siempre que la localidad lo permitiese, á semejanza de los antiguos pósitos modificados en este sentido, el interés no sería excesivo, y el agricultor encontraría la remuneración de su trabajo. Lo excesivo de las contribuciones ó impuestos de toda clase que hoy agobian á la tierra, es otro de los factores que en general contribuyen á empobrecer al agricultor, y es evidente que estudiando el modo de rebajarlos, según las condiciones de cada comarca y el género de cultivo, esto es, haciéndolos equitativos, se conseguirá disminuir en gran parte los perjuicios que esto ocasiona en la actualidad.

»En resumen, creemos que las medidas más generales, y que puestas en práctica podrían influir en mejorar la situación actual de la agricultura en España, serían:

»1.ª Modificación de nuestra ley Hipotecaria.

»2.ª Creación de Bancos locales para facilitar los préstamos; y

»3.ª Rebaja de los impuestos que pesan sobre las clases productoras.»

Al contestar el Consejo provincial de Agricultura, Industria y Comercio de Castellón la pregunta 18 del interrogatorio citado, relativa á la asociación para fines agrícolas, dice (tomo 3.º de la Información escrita, pág. 527): «Es indudable que la asociación había de producir excelentes resultados á la agricultura de este país, en el que podía establecerse mejor que en otro un Banco que aplicase el sistema llamado *Acta Torrens*, que rige en algunos estados de América, con lo cual bajaría el interés del dinero.»

El Fomento Vendrellense elevó á la Comisión de la información agrícola un extenso y razonado informe pidiendo la contratación privada ratificada ante el Registrador á los efectos de la inscripción, el cual obra en los folios del 360 al 366 ambos inclusive del tomo 4.º de la Información escrita.

El Consejo provincial de Agricultura, Industria y Comercio de Valladolid, al tratar de los remedios para conjurar la crisis agrícola, dice (tomo 4.º de la Información escrita, pág. 523): «Reducir los tributos, rebajar los intereses que paga al Estado, y sobre todo, y ante todo, *crear, bajo amplia base, el crédito agrícola*, de suerte que el *agricultor tenga el dinero necesario para la industria al* 4 *por* 100, son los cimientos sólidos sobre que hay que fundar nuestra regeneración agraria.

»Nunca podrá insistirse bastante sobre este punto, y sea que se aplique el sistema con éxito empleado en la ayer pobre Alemania, sea que se conceptúe practicable el ideado por Sir Roberto Torrens, que tan buenos resultados da en Australia y Norte América, y que tiene por objeto movilizar la propiedad, de todos modos hay que modificar nuestra ley Hipotecaria para dar amplia solución al problema del crédito agrícola, sin el cual es imposible todo adelanto, segura la muerte del labrador, y como consecuencia, la de toda la Nación en plazo más ó menos largo, pero nunca lejano.»

La Diputación provincial de Valladolid, al contestar la pregunta 19 del cuestionario, relativa á la creación de Bancos agrícolas, dice (tomo 5.º, pág. 9): «Ventajas indudables traería el establecimiento de Bancos de préstamo sobre fincas rústicas, urbanas y frutos. Para conseguirlo sería conveniente:

»1.º Que se constituyeran aquéllos provisionalmente con el capital que tienen en la actualidad los Pósitos.

»2.º Que se suprimieran por su excesivo coste las escrituras públicas y las dificultades que ocasiona su inscripción en el Registro de la propiedad, supliéndolas por obligaciones privadas, á las que se acompañe certificación del Registro, en que se haga constar el dominio, valor y si están ó no afectos á algún gravamen.»

En la contestación de la Diputación provincial de Orense se consigna y propone, asociándose al sentimiento y deseos predominantes de la inmensa mayoría de las Corporaciones y centros consultados: «12 Que se autoricen los contratos de traslación de dominio, cuyo precio no exceda de 500 pesetas, por documentos privados presentados al Registro por los otorgantes ó ratificados ante el Registrador, siempre que conste inscrito el inmueble ó derecho real á favor del transferente». (tomo 5.°, pág. 334).

El Ayuntamiento y varios propietarios de Muros, al contestar la pregunta 19, dicen (tomo 5.°, pág. 366): «Favoreciendo la inscripción de la propiedad en el Registro por medios más económicos, y que una Sociedad que con interés módico auxiliase al agricultor, pudiera crearse crédito suficiente que favoreciese la agricultura en esta región, impidiendo la usura.»

D. Angel de Monte, vecino de Madrid, remitió á la Comisión de la Información agrícola el Informe presentado á la Comisión creada por Real decreto de 7 de Julio de 1887 para estudiar la crisis que atraviesa la agricultura y la ganadería. En él se encuentran los siguientes datos en extremo interesantes (tomo 5.°, pág. 381 y siguientes):

«Medios que pueden adoptarse: Propone en primer término el catastro, que lo clasifica por el triple objeto científico, fiscal y jurídico. Dice que el catastro jurídico tiene por objeto y por resultado principal, asentar de un modo fehaciente, sobre bases seguras é invariables, la prueba del derecho de propiedad sobre los bienes inmuebles. Este catastro tiene que ser necesariamente *parcelario*, y la distinción del *catastro por masas* sólo debe considerarse como una subdivisión del catastro fiscal.»

El catastro por masas de cultivo tiene un vicio de origen en el principio que le sirve de base; porque si bien el terreno en estado natural, puede estar dividido en grandes extensiones, que se distinguen unas de otras por sus productos, no siempre sucede lo mismo con las tierras cultivadas, y porque la manera de explotar un terreno pocas veces obedece á las leyes de la Fisiología vegetal, sino más bien á las de conveniencia que impone la economía agrícola, y á menudo la rutina ó ignorancia.

Las extensiones de terreno que el catastro por masas considera han de ser grandes, porque, como masas de cultivo, las pequeñas porciones no responderían á su objeto. De aquí resulta que la necesidad de esta especie de catastro es indeterminada. Tanto más difícil ha de ser la determinación de este límite, que constituye la unidad catastral, cuanto que se debe tener en cuenta, no sólo el valor del terreno ocupado por las masas de cultivo que se consideran, sino también la del que le rodea.

De esta indeterminación de la unidad catastral, y de la necesidad de atenerse para fijarla á la apreciación personal del encargado de la evaluación, resulta que la confección del catastro por masas depende de estas mismas apreciaciones. Así es que no puede extrañarse que éstas sean tan diversas como el criterio de los peritos que las emitan.

Considerando el catastro por masas bajo el punto. de vista de sus aplicaciones, se ve que, si bien proporciona con mayor aproximación que el actual sistema de amillaramientos y de cartillas evaluatorias una cifra que representa la totalidad de la riqueza imponible que sirva de base para establecer el impuesto territorial, no es susceptible de reunir los datos necesarios para la repartición entre los contribuyentes, sino únicamente los cupos correspondientes á cada municipio, quedando en pie gran parte de las dificultades que actualmente existen para conseguir el más equitativo repartimiento.

El catastro jurídico es, de toda evidencia, el único medio que hoy se conoce de dar solución completa y tan exacta como lo permite el estado actual de las ciencias que sirven de base á sus procedimintos y á los problemas que entraña la existencia de la contribución territorial.

La unidad catastral, que en este último caso es también la unidad contributiva, es la finca; pero la palabra con que se designa la unidad catastral implica la necesidad de considerar el territorio nacional dividido en *parcelas*, cuyo carácter distintivo no es otro que la relación que enlaza á cada una de estas unidades con su respectivo propietario.

Si se comparan los gastos y demás exigencias del catastro fiscal con el jurídico, resulta que la diferencia entre ambos, en cuanto á las operaciones topográficas de precisión, consiste en la que representan los gastos de una tercera red de triángulos.

Las operaciones de detalle no han de causar más gastos en un catastro que en otro, ó serán susceptibles en el jurídico de mayor exactitud, á consecuencia de poderse emplear en ellas instrumentos que permitan una ejecución más rápida.

Efectos del catastro jurídico.—Los efectos más salientes del catastro jurídico son:

1.º De establecer el asiento de la propiedad territorial sobre bases invariables, determinando la cabida y la figura de todas las parcelas y representándolas distintas unas de otras en los planos parcelarios y en los libros catastrales como lo están sobre el terreno; de indicar sus propietarios; de evitar toda confusión, toda incertidumbre, toda usurpación, y de presentar, sobre los planos y piezas catastrales, las parcelas tales como son en realidad.

2.º De asegurar al crédito agrícola todo el desarrollo de que es susceptible; de satisfacer su verdadero objeto, facilitando las mejoras y extendiendo sus beneficios á todos los propietarios, hasta los más pobres labradores y cultivadores.

3.º De asegurar los préstamos hipotecarios y la validez de todos los convenios relativos á los inmuebles, dando completa seguridad á todos los que tienen una parte de su fortuna hipotecada sobre la propiedad.

4.º De facilitar y asegurar el repartimiento más justo y equitativo de la contribución territorial.

5.º De suministrar los elementos positivos y datos ciertos para la estadística de alto interés político, administrativo y económico y agronómico, dando así una base fija á los grandes trabajos de utilidad pública.

6.º La conservación del catastro jurídico no exige el empleo de ningún procedimiento científico, de ningún signo algebráico, que fatigan la atención y abruman la memoria. Este sistema tan sencillo basta para satisfacer todas las necesidades; está al alcance de todas las inteligencias, y sus resultados, tan claros y patentes, no reclaman explicaciones ni comentarios para ser bien comprendidos.

7.º   Los planos parcelarios, los de conjunto de los términos municipales, así como la división por secciones, se pueden reproducir en tan gran número como se quiera, por un procedimiento muy económico. De este modo se pone á disposición de todos el plano de cada término municipal, los planos de secciones y parcelas al módico precio de una peseta y hasta de 40 y 30 céntimos de peseta cada hoja respectiva.

Así, pues, se pone al alcance de las personas de más modesta fortuna y de todas las inteligencias los planos catastrales y los datos estadísticos; y así, por medio del catastro parcelario, cada propietario puede desde luego hacer, con la cédula catastral á la vista, la enajenación de sus propiedades como se enajena un título de la Deuda pública. De este modo se ponen los libros catastrales en armonía con el régimen hipotecario, y no sólo se movilizará la propiedad territorial, sino que se facilitará grandemente la transmisión de bienes y las operaciones de compra y venta.

El Ayuntamiento de Guarrate, provincia de Zamora, propone en contestación á la pregunta 19 (tomo 5.º, página 515): «La creación de Bancos hipotecarios con documentación fácil y económica.»

El Consejo provincial de Agricultura, Industria y Comercio de Jaén, á la pregunta 19 contesta (tomo 5.º, página 555): «Como quiera que el crédito puramente agrícola en esta provincia no existe y se hacen préstamos con pagarés, etc., es sumamente necesario formarlo con garantías sólidas, pues de lo contrario, los labradores no pueden subsistir, porque, como ya hemos manifestado, necesita ciertos datos, y muchas veces no encuentra el labrador quien le preste. Por lo tanto, debería hacerse que las escrituras con ó sin hipoteca, fueran como las letras de cambio; no entrando aquí en algunas consideraciones,

porque sería ofender la ilustración de la digna Comisión y hacernos demasiado largos, concluyendo nuestro aserto con decir
que formando el crédito agrícola bajo buenos auspicios, el agricultor hallará dinero en los prestamistas, que se aumentarían,
y por consiguiente, su interés sería mucho más bajo.»

Contestación del Ayuntamiento de Noya, Navarra, á la pregunta 19 (el mismo tomo, página 576): «Las bases para la creación del crédito agrícola en esta región estriban en el préstamo del dinero al 5 ó 6 por 100, dando á los *cheques* ó documentos bancarios que se expidiesen para acreditar los préstamos, el
valor de documentos públicos, con la cualidad de ser ejecutorios sin intervención de Notario, ni Registro de la Propiedad,
ni pago de derechos á la Hacienda.»

El Ayuntamiento y Junta pericial de Brihuega, provincia
de Guadalajara, dice (ídem, página 598): «Otro tanto acontece
con la manera de transmitir por razón de venta; hay en los
pueblos infinidad de fincas que, por su escaso valor, no tienen
sus dueños títulos de ninguna clase; de manera que se hallan
imposibilitados de transmitirlas, pues tienen que principiar por
adquirir títulos, otorgar escrituras, llevarlas al Registro, etc.,
y en todas estas operaciones, costosas y vejatorias, se invierte
mayor cantidad que la que realmente representan. Pues bien:
refórmese la legislación de una manera sencilla y fácil para
cuando se trate de la adquisición de fincas cuyo valor no llegue
á 250 pesetas; exíjanse derechos módicos en estas transacciones, y nos encontraríamos con que muchas fincas que en la
actualidad no se labran ó que son tierras blancas, en pocos años
pasarían á otras manos que las cultivarían con mayor esmero ó
tratarían de explotarlas dedicándolas á plantíos, si eran susceptibles de ello, y por de pronto la Hacienda cobraría religiosamente la contribución; pues se ve prácticamente en esta villa, y
lo mismo sucederá en las demás, que la mayor parte de las deudas proceden de testamentarías sin formalizar, y pobres ancianos que ya no pueden trabajar y que se han visto en la imposibilidad absoluta de ceder sus fincas á otros por carecer de títu-

los. Conceden tanta importancia los informantes á este asunto, por tratarse de una zona en que la propiedad, además de ser de un valor insignificante, se halla subdividida de una manera extraordinaria, y la facilidad en transmitirla de unos á otros proporcionaría inmensas ventajas, como queda demostrado, y hasta por medio de cambios y compras llegarían á formarse fincas de alguna extensión que representarían mayor valor y rendimientos que en la actualidad, único medio de remediar este mal, pues no ven facilidad en obligar de una manera violenta á que los pequeños propietarios cedan sus fincas á los demás.

La Sociedad económica aragonesa de Amigos del País, al contestar á la pregunta 6.ª del interrogatorio, que se refiere á las causas sociales, legislativas y administrativas que influyen en la producción agrícola y en su comercio, dice (tomo 5.º, página 776) entre otras cosas: «Que como causas legislativas influyen las trabas de la legislación civil para la transmisión de la propiedad, principalmente el impuesto de derechos reales y las deficiencias de los sistemas hipotecarios vigentes.»

De lo que hemos extractado de los tomos de la Información agrícola, puede colegirse que á lo que se aspira de una manera más ó menos manifiesta, es á la sencillez del sistema Torrens, recomendado de un modo directo por importantes Corporaciones que han remitido sus informes á la Comisión de la Información citada. En su consecuencia, en este apartado aparecen reunidas numerosas é importantes manifestaciones á favor de nuestro sistema, que tiende á la sencillez, la economía, y á obtener la inscripción de toda la propiedad territorial, especialmente el de la Diputación provincial de Orense, que acepta íntegramente nuestro sistema, reduciendo la cuantía de los contratos privados que deberían admitirse en el Registro á 500 pesetas.

.·.

El Congreso jurídico de Barcelona ha votado por inmensa mayoría la conclusión 6.ª del tema 3.º, relativa á que pueda constituirse por documento privado la hipoteca marítima. He aquí el resultado de la votación de la conclusión citada: 145 votos afirmativos, 65 negativos, 15 abstenciones y un voto condicional. Queda, pues, consagrado por el segundo Congreso jurídico de España el sistema de la contratación ante los Registradores de la propiedad, aun cuando por ahora se limite sólo á la hipoteca marítima; pues siendo los fundamentos del sistema los mismos, y respecto la hipoteca terrestre, estando corroborados con el inmenso cúmulo de antecedentes legales que hemos explicado, no hay que dudar que la proposición de ley del Sr. Maluquer cada día se enriquece con nuevos fundamentos y nuevas é importantes manifestaciones de conformidad.

**

La opinión respecto al problema de nuestro estudio, queda formada de un modo acabado entre todas las personas imparciales que no tienen derechos que defender con relación al mismo, especialmente desde la publicación de la notabilísima Resolución de 23 de Junio último, acerca de la cual dice *La Reforma Jurídica*, de Barcelona:

«*Jurisprudencia hipotecaria.*—Es importantísima la Resolución de la Dirección general de los Registros de 23 de Junio, que insertamos á continuación:

»En el número del 15 de Febrero de esta Revista publicamos un artículo de nuestro colaborador D. Francisco Andreu y Grau en el que, relatando un caso práctico, defendía la doctrina que con carácter general ha establecido la Resolución citada; doctrina altamente científica y que abre nuevos horizontes en la importante materia de la transmisión de los créditos hipotecarios, para llegar, en día no lejano quizá, á establecer igual simplicidad en las transmisiones de la propiedad inmue-

ble, desideratum por el que abogan ilustres jurisconsultos, entre ellos dos de nuestros compañeros de redacción en varias
monografías de todos conocidas.

»1.º Que la transmisión de los créditos endosables no requiere la intervención activa ni pasiva del deudor, bastando
para la cesión de ellos el simple endoso firmado por el acreedor ó por persona legítimamente autorizada por él.

»2.º Que constituída la hipoteca en garantía de unos paga-·
rés, ó sea de obligaciones transferibles por endoso, el precepto
aplicable al caso es el del párrafo cuarto del art. 153 de la ley,
según el que, el derecho hipotecario se entiende transferido
con la obligación ó con el título, sin necesidad de dar conocimiento al deudor ni de hacer constar la transferencia en el Registro.

»Y 3.º Que el que tiene dominio sobre los pagarés que le
han sido endosados, es el que reune plena capacidad para cons-
sentir en la cancelación de la hipoteca, en que es único interesado.»—(*Gaceta* 2 de Agosto.)

Como decíamos anteriormente, estas conclusiones traspa-
san los límites del sistema Torrens hasta llegar al lindero del
sistema del Código civil de Costa Rica, el más sencillo que
hasta la fecha se conoce, y el *summum* en materia de legislación hipotecaria.

*   *   *

Que el derecho de dar fe en los contratos civiles no es imprescriptible á favor del Notariado en la forma en que éste lo
sostiene, lo demuestra el art. 1324 de nuestro Código civil, que
ha hecho poner el grito en el cielo á la *Gaceta del Notariado*,
la cual en el número de 2 de Diciembre de 1888 publica el siguiente trabajo:

«MEDIDA TRANSCENDENTAL

• »La *Gaceta del Notariado*, que ha saludado con júbilo la
aparición en la *Gaceta de Madrid* del Código civil, que le con-

sidera como la obra legislativa más grande de este siglo, que ansía todas las reformas que sean compatibles con el bien del país y el servicio público, pero sin truncar las·bases capitales en que descansan nuestras seculares Instituciones, tiene hoy que lamentarse del art. 1324, publicado en la *Gaceta* del viernes último, que dice así:

«Siempre que los bienes aportados por los cónyuges no sean ·»inmuebles y asciendan á un total, los de marido y mujer, que »no exceda de 2.500 pesetas, y en el pueblo de su residencia »no hubiere Notario, las capitulaciones se podrán otorgar ante »el Secretario del Ayuntamiento y dos testigos, con la decla-»ración, bajo su responsabilidad, ·de constarles la entrega, ó »aportación en su caso, de los expresados bienes.

»El contrato ó contratos originales se custodiarán, bajo re-»gistro, en el Archivo del Municipio correspondiente.

»Cuando entre las aportaciones, cualquiera que sea su va-»lor, haya alguna ó algunas fincas, ó los contratos se refieran »á inmuebles, se otorgarán siempre por escritura pública ante »Notario, conforme á lo prevenido en el art. 1321.»

»Con verdadera sorpresa hemos leído dicho artículo, que rompe con lo más fundamental de la ley del Notariado, según la cual sólo hay en España una sola clase de Notarios, que serán los encargados de la *autorización, guarda y custodia de los protocolos*. Dicho artículo es, pues, enteramente contrario á la ley del Notariado.

»La *Gaceta del Notariado* no puede pasar desapercibido dicho artículo, llamando sobre él la atención de las Cortes por su gravedad y transcendencia, más que por su importancia—puesto que la intervención de los Secretarios de Ayuntamiento quedaría reducida á las dotes de cónyuges mayores de edad en que se renunciara á toda hipoteca por la mujer—por la ingerencia de los Secretarios de Ayuntamiento en la autoriza-ción de contratos encomendados por la ley del Notariado sola y exclusivamente á los Notarios públicos.

»Creemos que este artículo no está bastantemente pensado,

ó que estaría pensado para proyectos de otro orden y se habrá deslizado en el Código por la precipitación con que se publica en la *Gaceta*, pues no se halla dentro de las bases aprobadas por las Cortes para la redacción del Código, que no autorizaron al Gobierno para reformar la ley del Notariado.

»Nos limitamos, pues, á llamar la atención del Sr. Ministro de Gracia y Justicia sobre este artículo, cuya transcendencia ha pasado seguramente desapercibida, pues que responde, acaso inconscientemente, á la tendencia un tanto demoledora de las antiguas y respetables Instituciones de España que han dado en llamarse Justicia histórica y Notariado; Instituciones que ni agradaron nunca ni pueden agradar.»

El art. 1324 transcrito, por más que limite la facultad de autorizar las capitulaciones matrimoniales á los Secretarios de Ayuntamiento, cuando en las aportaciones matrimoniales haya alguna ó algunas fincas, ó los contratos se refieran á inmuebles, demuestra varias cosas, entre ellas, que la facultad de dar fe no es exclusiva de los Notarios, sino que el Estado puede atribuirla á los funcionarios públicos que considere conveniente, y en los casos del artículo la concede á los Secretarios de Ayuntamiento, y que nuestro sistema de contratación ante los Registradores de la propiedad es posible, científico y conveniente, y que debe adaptarse desde luego, pues si pueden otorgarse capitulaciones matrimoniales ante los Secretarios de Ayuntamiento, mejor pueden ratificarse los contratos sobre inmuebles ante el funcionario encargado del Registro de la propiedad; y creemos que el precedente que motiva este párrafo ha de producir por resultado inmediato la adopción del proyecto de ley del Sr. Maluquer, por aparecer demostrada, según los antecedentes legales del Código civil, la conveniencia de facilitar la contratación y lo científico del sistema. Por lo demás, no es de admitir lo que asegura la *Gaceta*, de que el art. 1324 se había deslizado en el Código por precipitación, sino que se ve desde luego que el legislador quiere entrar de una vez en el camino de reformas tan útiles como la propuesta en dicho artículo, para seguir adoptando la defendida por nosotros, porque dado ya el primer paso, la reforma avanzará á paso de jigante en el campo de las leyes patrias, y se impone de un modo irresistible.

**

Hemos llegado á la última parte de nuestro trabajo, ó sea á reducir el mismo á conclusiones categóricas para que le sirvan de compendio; pero antes de formularlas hemos de pedir á nuestros amables lectores nos dispensen de los defectos en que hayamos incurrido y de la falta de método que en él se nota, supuesto que todo trabajo de polémica, al cual se aporten á cada momento nuevos antecedentes, se aprovecha de ellos en el estado en que la discusión se encuentra, y ésto es lo que hemos hecho nosotros. Además, como tarea que tiene un plazo reducido para verificarla en medio de otras imperiosas é ineludibles ocupaciones, supone premura en su confección, y en su consecuencia, además de otras cualidades que nos faltan para combatir á los poderosos adversarios de la idea, siempre resulta que ha de verificarse por medio de trabajos escritos á vuela pluma y sin el debido detenimiento. Hechas estas manifestaciones, á nuestro juicio puede reducirse la síntésis de nuestra réplica á las conclusiones siguientes:

1.ª   Que la parte esencial ó de fondo de nuestra obra *Estudios sobre legislación hipotecaria y notarial*, relativa á impedir con la reforma propuesta las enajenaciones en fraude de terceros adquirentes y la presentación de títulos falsos en el Registro de la propiedad, y unir en un solo acto el *título* y *modo* de adquisición, no ha sido combatido por el Sr. Ruiz Gómez bajo ningún aspecto, ni por el Cuerpo Notarial en debida forma, y por lo tanto, queda en pie lo sostenido en dicha publicación.

2.ª   Que según el trabajo del Sr. Ruiz Gómez, el Registrador tiene actualmente varias atribuciones que pertenecen á la Notaría, no obstante lo cual la propiedad y la contratación no han sufrido por ello perjuicio. Debe tenerse en cuenta que según el Sr. Castillo, Notario de Medina Sidonia, la materia objeto del Registro de la propiedad es también objetiva del Notariado.

3.ª Que en varios países extranjeros se otorgan é inscriben los contratos sujetos á registro con mucha más facilidad que la propuesta por nosotros, y el Sr. Maluquer en su proyecto de ley, y no llega el mismo á lo que en Prusia se verifica, distando mucho más de lo que se verifica en virtud del Acta Torrens, y de lo que ocurre en Costa Rica. Conviene llegar lo más pronto posible á la sustantividad de la ley Hipotecaria y á obtener todas las ventajas del crédito territorial según la moderna tendencia de movilizar todos los valores.

4.ª Que el sistema de contratación por documento privado fué desarollado en España en el famoso proyecto de ley de 1864, por la Comisión de Códigos que redactó la propia ley Hipotecaria, proyecto reproducido por la misma Comisión en 1867, que desestimó la oposición que los Notarios hicieron al de 1864, habiendo sido los documentos privados registrables en las antiguas Contadurías de hipotecas, por lo cual el sistema no es nuevo en España.

5.ª Que los periódicos Notariales han propuesto la refundición del Registro á la Notaría, en cuya forma lo consideran aceptable, bajo cuyo supuesto la cuestión queda reducida á un punto de detalle no esencial, y que los precedentes están á favor del proyecto presentado á las Cortes.

6.ª Que los propios periódicos están discutiendo aún el concepto del Notariado y del Notario, sosteniendo que si se considera al Notariado como *Institución*, es posible el proyecto de ley del Sr. Maluquer, y afirmando los adversarios de esta idea, que el proyecto de dicho Diputado es posible, si se considera el Notariado como *Facultad-cargo*.

7.ª Que en el extranjero se halla admitida la constitución de la hipoteca marítima por documento privado, y el Congreso jurídico de Barcelona se ha decidido por este sistema en España, cuyo documento privado deberá presentarse por los interesados al Registrador mercantil (que es el mismo Registrador de la Propiedad), según nuestro sistema.

8.ª   Que los Notarios no tienen adquirido (según la Comisión de Códigos citada) un derecho perfecto, al cual deba sacrificarse ninguna medida de interés general. Además, en los muchos países en que rigen sistemas más radicales que el propuesto, no se notan perjuicios por semejante modo de contratar é inscribir, antes bien, se extienden aquellos sistemas á nuevos países, defendiendo su propagación y aplicación hombres eminentes.

9.ª   Que el Notariado, además de pedir la refundición á la Notaría del Registro de la propiedad, ha formulado proyectos muy radicales que tienden á mejorar á los Notarios, quitando muchas atribuciones á los Juzgados de primera instancia, y en cambio se opone á una reforma propuesta con toda prudencia como por vía de ensayo, por no llegar la misma en mucho á lo que se verifica en el extranjero respecto de contratos inscribibles.

10.ª   Que el proyecto de ley del Sr. Maluquer adquiere cada día nuevos y valiosos adeptos, por lo cual no dudamos que será aprobado y planteado dentro de breve plazo, mayormente después de dictada la Resolución de 23 de Junio de 1888, que traspasa los límites del sistema Torrens.

11.ª   Que en tanto es esto cierto, en cuanto se ha reconocido por los Notarios que nuestra legislación, respecto á contratación debe modificarse por lo gravosa que resulta, y los propietarios, convencidos de ello, piden la reforma por considerarla útil.

Victorino Santamaría.

LA ANTROPOLOGÍA EN EL DERECHO PENAL [*]

SEÑORES:

El Presidente del Tribunal Supremo, en la solemne apertura de los Tribunales, celebrada en 15 de Septiembre de 1887, dijo, refiriéndose á la escuela antropológica: «Bien puedo concluir asegurando que los Tribunales de justicia rechazarán absolutamente, en su diaria aplicación, teorías y doctrinas tan destructoras de todo régimen social, condenándolas y anatematizándolas abierta y decididamente.»

Tal vez ese trasconejado anatema, se dirija contra lo que dejó sin espurgar la Inquisición, porque atenta sólo á judaizantes y herejes, no vió el fruto temprano de la antropología criminal en la novela picaresca, ni rebuscó, como diría Luna, el intérprete de la lengua española, autor de la segunda parte del *Lasarillo de Tormes,* los cartapacios en el archivo de la jacarandina de Toledo.

El Licenciado Chaves, autor de la *Relación de la cárcel de Sevilla,* cuya tercera parte, como también el famoso entremés, se atribuyen muy fundadamente al príncipe de los ingenios, es algo más que un revelador de la vida y miserias de la cár-

---

* Tema de discusión en la Sección de Ciencias exactas, físicas y naturales del Ateneo científico, literario y artístico de Madrid, para el curso de 1888-89.—Exposición leída en la noche del 6 de Diciembre por Rafael Salillas, Secretario primero de la Sección.

çel, en cuyo concepto lo citan algunos correccionalistas españoles. Sin necesidad de contradecir el neo-platonismo reinante
en aquella época, ni andar á vuelta con ningún género de
filosofía, ni empeñarse en ergos *y* distingos; ejerciendo su profesión, no como Abogado que se limita á recabar excusas y
contrapruebas, sino como observador atento y cuidadoso, llegó
á conocer el delincuente y las asociaciones criminales. La
jerga, la literatura, el arte, el tatuaje, la vanidad, la insensibilidad, la religiosidad, muchos, en fin, de los caracteres que
se precisan en *L'uomo delinquente* del Profesor Lombroso, figuran en la obra de este Abogado ilustre, á quien no han de re-
gatear honores de antropólogo los modernos positivistas.

Y este esfuerzo no es unilateral; constituye un ciclo iniciado con las primeras y formales manifestaciones de la literatura
castellana. Mateo Alemán, en sus *Aventuras y vida de Guzmán
de Alfarache*, demostró exacto conocimiento de la hampa y de
la bribia y verdadera intuición de los factores biológicos y sociales de la delincuencia. Su tipo, es el delincuente habitual,
y su propósito, él lo dice: «Como el fin que llevo es fabricar un
hombre perfecto, siempre que hallo piedras para el edificio las
voy amontonando.» No se consideró heterodoxo por buscar el
mal en otras fuentes y en otros ejemplos que los asendereados
de los moralistas. Admite la herencia, y la expone desde el
origen, en forma que podría denominarse *atavismo del pecado
y del delito original*. «Este camino corre el mundo; no comienza de nuevo, que *de atrás le viene al garbanzo el pico;* no tiene
medio ni remedio; así lo hallamos, así lo dejaremos; no se es-
pere mejor tiempo ni se piense que lo fué el pasado; todo ha
sido, es y será una misma cosa. El primero padre fué alevoso;
la primera madre mentirosa; el primer hijo ladrón y fratricida.» Admite el libre albedrío, pero no tan decantado y generalizado como los metafísicos y los jurisconsultos. «No fué
necesario transcurso de tiempo como algunos afirman y yerran.
Porque como después de la caída de nuestros primeros padres, con aquella levadura se acedó toda la masa corrompida

de los vicios, vino en tal ruina la fábrica de este reloj humano, que no le quedó rueda con rueda, ni muelle fijo que las moviese. Quedó tan desbaratado, sin algún orden ó concierto, como si fuera otro contrario, en ser muy diferente del primero en que Dios lo crió, lo cual nació de la inobediencia sola. De allí le sobrevino ceguera en el entendimiento, en la memoria olvido, en la voluntad culpa, en el apetito desorden, maldad en las obras, engaño en los sentidos, flaqueza en las fuerzas, y en los gustos penalidades: cruel escuadrón de salteadores enemigos, que luego, cuando un alma la infunde Dios en un cuerpo, le salen al encuentro pegándosele; y tanto, que con su alhago, promesas y falsas apariencias de torpes gustos, la estragan y corrompen volviéndola de su misma naturaleza. De manera que podría decirse del alma, estar compuesta de dos contrarias partes, una racional y divina, y otra de natural corrupción.» Garofalo casi coincide en muchas de sus apreciaciones. Lo que califica genéricamente de torpe amor, «le parece tan propio de nuestro ser, tan uno y ordinario nuestro, tan pegado y conforme á nuestra naturaleza, que no es más propia la respiración ó el vivir»; y ciertas inclinaciones delincuentes ó pecaminosas, tan naturales «como lo es la luz del sol, el frío de la nieve, quemar el fuego, bajar lo grave ó subir en su esfera el aire sin dar lugar al entendimiento, ni consentir al libre albedrío.» Estudia la ascendencia, y el pícaro cuyas aventuras refiere á modo de autobiografía, es hijo de logrero, vicioso y renegado, que se alzó dos ó tres veces con hacienda ajena, y de mujer cortesana que por parte de madre tenía más «enjertos que los cigarrales de Toledo.» Conoce la incorregibilidad, y refiriéndose al hurto, dice: «Comencelo desde la niñez, aunque no siempre lo usé; fuí como el árbol cortado por el pie, que siempre deja raíces vivas, de donde, al cabo de largos años, acontece salir una misma planta con el mismo fruto.» Cree excepcional y milagrosa la corrección: «quien una vez ha sido malo, siempre se presume serlo en aquel género de maldad. La proposición es verdadera, pero no hay alguna sin excepción. ¿Qué sabe nadie de la manera que toca Dios á cada uno, y si, conforme dice una auténtica, tenía ya reintegradas las costumbres?» Sin embargo, tan positivista en la disciplina penal como en el estudio del delincuente, la eliminación absoluta le parece el gran procedimiento contra ciertos criminales, que no los llamó habituales, instintivos ó natos, pero que así los considera. «No es el rejalgar—dice— tan sin provecho, que deje de hacerlo en algo; dineros vale, y en la tienda se vende; si es malo para comido, aplicado será bueno. Y pues con él emponzoñan sabandijas dañosas, porque son perjudiciales, atriaca sería mi ejemplo para la república, si se atosigasen esos animalazos fieros, aunque caseros y al parecer domésticos (que aqueso es lo peor que tienen); pues figurándosenos humanos y compasivos, nos fiamos de ellos: fingen que lloran de nuestras miserias, y despedazan cruelmente nuestras carnes con tiranías, injusticias y fuerzas.»—«¡Oh, si valiese algo para poder consumir otro género de fieras! Estos que lomi-enhiestos y descansados andan desempedrando calles, trajinando el mundo, vagabundos, de tierra en tierra, de barrio en barrio, de casa en casa, hechos espuma-ollas, no siendo en parte alguna de algún provecho, ni sirviendo de más, que como los arrieros en la alhóndiga de Sevilla, de meter carga para sacar carga, llevando y trayendo mentiras, aportando nuevas, parlando chismes, levantando testimonios, poniendo disensiones, quitando las honras, infamando buenos, persiguiendo justos, robando haciendas, matando y martirizando inocentes. ¡Hermosamente parecerían, si todos perecieran! Que no tiene Bruselas tapicería tan fina, que tanto adorne ni tan bien parezca en la casa del príncipe, como la que cuelgan los verdugos por los caminos. Premios y penas conviene que haya: si todos fueran justos, las leyes fueran impertinentes; y si sabios, quedaran por locos los escritores: para el enfermo se hizo la medicina, las honras para los buenos, y la horca para los malos.»

Cervantes, que en el otoño de 1597 engendró en la cárcel de Sevilla «la obra más discreta, más hermosa, más grande del ingenio humano», hizo también profundo estudio de la criminalidad, condensado en *Rinconete y Cortadillo*, que, en mi opinión, aun puede servir de obra de texto á muchos encopetados criminalistas; de seguro indicador á la policía, variando la jerga, los lugares truhanescos, los trajes, poco las fisonomías y casi nada los procedimientos para delinquir; de modelo de crítica á la prensa, en su análisis de los defectos de organización de la que se ha dado en llamar *justicia histórica*, sin duda porque aun subsiste mucho del tradicional empirismo; y, en fin, á la escuela antropológica de testimonio de que lo que se ofrece como novedad, y es nuevo por el molde científico en que está vaciado, no lo es en nuestra gloriosa literatura: orgullo que se arroga un español humilde á quien satisface estar «hablando con el uso de su aldea».

Quevedo, que, por ser universal en todo el alcance de su genio, subió á las alturas del saber y descendió á los tugurios sociales; que con la misma mano escribió *La Política de Dios* y las desenvueltas y transcendentales *Jácaras;* que habló como ninguno nuestra lengua en riqueza de combinaciones y variedad de estilos, y á la vez *garló germanía* con truhanesca perfección, deja en sus obras sinnúmero de tipos, que convencionalmente se han llamado picarescos, y son estudios del natural, bocetos antropológicos, apuntes para una ciencia que debió ser de origen español, pues aquí fué espontáneamente sentida, ya que no formulada, despuntando los primeros brotes en la patria universal del derecho, al calor del fecundo renacimiento italiano.

Pero, señores, no es posible insistir en la demostración. El asunto merece un libro que debe escribirse en justa reivindicación de nuestras tradiciones y para ofrecer á la ciencia un valioso donativo. La afinidad científica busca lo que le pertenece y desecha lo que adventiciamente se le agregó. Esos libros que figuran en la biblioteca clasificados como obras de ingenio, van, sin perder sus bellezas literarias, al estante de los libros de ciencia; y aquellos otros, que á tantos doctores des-

ojaron, se reducen á obras de fantasía, á veces sin los adornos
del estilo. Gracias á la intuición de nuestros literatos, se puede
ordenar un libro de antropología criminal española, muy rico
en la parte sociológica y en la psicológica, y más que ningún
otro en el conocimiento de las sociedades delincuentes. La
ciencia jurídica de aquel tiempo no dejó tras sí más que procesos archivados. Pasó por las cárceles encopetada, altiva, sin
rozarse con la realidad para no deslustrar la toga. Sin decir
que erigió un templo á la diosa Themis, ni que fundó un sacerdocio, se la ve avasallada por la ley escrita, revistiéndola
de sutilezas y comentarios, y defendiéndola de toda innovación. Allí se esterilizan los gérmenes de la educación clásica,
que, al reverdecer, dan motivo á que se crea en la aparición de
una especie desconocida.

No de otro modo puede producir extrañeza la antropología
criminal, sino ignorando que fueron sus primeros intérpretes
lós pitagóricos, Zopiro, Sócrates, Platón, Aristóteles, Trogo,
Polemone, y que hasta Homero, el padre de la poesía, distingue en el desvergonzado Tersite la cabeza aguda, la mirada
extraviada y el cuerpo jiboso, es decir, las manifestaciones
frenológica, fisionómica y degenerativa. Sorprende que se estudie la embriología del delito, analizando la criminalidad en
la escala zoológica, y ya Platón afirmó que la semejanza del
hombre, sobre todo en la cara y en la cabeza, con ciertos animales, indica en el que la tiene predominio de las mismas
disposiciones. Asombra la comparación entre el hombre criminal y el primitivo ó el salvaje, y éste viene á ser el sistema de
Trogo. Parece insensatez el empeño en descubrir el tipo criminal á fin de precisarlo con sus peculiares caracteres, empresa que acometió Polemone. Tres métodos fisionómicos menciona Aristóteles: el de Platón, el de Trogo y el que consiste
en observar la impresión que las pasiones y afectos dejan en
la fisonomía, indicando el inglés Parsons, en una lista que publicó en 1746, cuarenta y un autores antiguos que se ocuparon
de la expresión, cuyo estudio comprende una interesante lite-

ratura desde el libro del napolitano Porta y la disertación latina sobre el mismo asunto de Goclenio, en el siglo XVII, hasta *La expresión de las emociones en hombres y animales*, de Carlos Darwin, publicada en Londres en 1872.

¿Qué importan alegatos de tal índole, si se pretende ventilar la cuestión en un terreno estrictamente jurídico y se alega que nuestras tradiciones literarias no son textos legales, y que en punto á filosofía positiva cabe elegir entre burlarse con Plinio y observar y estudiar con Aristóteles? Pues bien: la ciencia jurídica española no ha adoptado temperamentos intransigentes; ha combatido las categóricas absolutas del determinismo apreciando á la vez sus indicaciones, colocándose en vías de razonable transacción. No son deterministas ni Doña Concepción Arenal, ni D. Manuel Alonso Martínez, ni D. Fernando Cos-Gayón, ni D. Manuel, D. Luis y D. Francisco Silvela.

A la más eminente de nuestros tratadistas penitenciarios, no estorban sus ideas de pura religiosidad, ni sus exquisitos sentimientos de mujer y de madre, ni su acendrado amor al prójimo, para la serena apreciación de los hechos naturales. Aprecia científicamente las reacciones recíprocas del hombre físico y del hombre moral; cree que «la *insensibilidad* es, en la mayor parte de los delitos, una concausa, en algunos la causa verdadera»; su procedimiento penal consiste en sensibilizar al delincuente que, por lo mismo, tiene necesidad del *dolor*. Cree también en la incorregibilidad, y sólo por la naturaleza del delito el delincuente «es ó parece más *incorregible*.» No padece ese automorfismo de los novelistas románticos y de algunos jurisconsultos que ven las cosas á través del mismo cristal de los que declararon constitucionalmente que los españoles son justos y benéficos. «No hay enmienda posible—dice la Sra. Arenal—sin una reacción de la conciencia contra el mal realizado, y esta reacción no se verifica sin que un dolor venga á despertarla. Este dolor puede ser el remordimiento, lo es en algunos casos, pero no en los más: el criminal vulgar, si quedara completamente·impúne, si pudiera ostentar su maldad triunfante, no se arrepentiría: duele ver que el hombre llega tan abajo, pero llega.»

D. Manuel Alonso Martínez repugna el determinismo en cuanto «hace.del ser pensante el maniquí de la materia», pero cree que presta un servicio á la ciencia poniendo de relieve la virtualidad y la energía de la fuerza de los móviles que asedian al libre albedrío. El ilustre codificador no considera antijurídico admitir ciertos hechos naturales, como el atavismo, exponiéndolos con la verdadera sencillez del que observa sintiendo. «Ciertamente, dice, no seré yo quien desconozca la influencia de nuestros instintos y pasiones sobre la voluntad. Un padre de numerosa familia tiene, dentro de su propio hogar, una excelente clínica donde estudiar las enfermedades del espíritu. Hijos de un mismo matrimonio, aun en los casos en que no es lícito dudar de la fidelidad de la esposa, nacen con inclinaciones bien distintas, enderezándose los unos naturalmente y sin esfuerzo al bien, y los otros al mal. Esta diversa inclinación se mantiene tenazmente, sin que basten á borrar las diferencias entre hermanos la identidad de educación ni la eficacia del ejemplo; prueba clara de que, si al fin se logra vencer *el natural* de cada criatura, no siempre es fácil la victoria. Para mí es evidente que la propensión al mal ó al bien se hereda como los vicios de la sangre: quién sale al padre, quién á la madre; éste á uno de sus abuelos maternos, aquél á un ascendiente más ó menos remoto de la línea paterna. Por consiguiente, si fuera realizable en esta mísera vida el ideal de la justicia *absoluta;* si la inteligencia de los Jueces pudiera averiguar con exactitud matemática los grados de culpabilidad, como se miden con el termómetro los grados de la temperatura, no se podría aplicar la misma pena á dos culpables de idéntico delito, aun supuesta la igualdad de las circunstancias externas, por ser desigual en ellos la intensidad de la fuerza de los resortes que obran sobre su voluntad. Mayor esfuerzo ha menester, sin duda, para dominarse el de temperamento bilioso que el de temperamen-

to linfático; el que siente á su despecho la tentación de la codicia, que el que nació desprendido y generoso.»

Enderezarse naturalmente y sin esfuerzo al bien ó al mal...;
heredar la propensión al bien ó al mal como se heredan los vicios de la sangre...; reconocer que se siente á despecho la tentación de la codicia, y que se nace desprendido y generoso...;
establecer diferencias entre dos delincuentes de idéntico delito, fundándose en la intensidad de la fuerza que los mueve á
delinquir... ¡Esto es, plantar jalones de la nueva ciencia, desviar la atención de los vuelos metafísicos y convidar al estudio
de los delincuentes! Unicamente cae el Sr. Alonso Martínez en
el error de suponer que, «si la escuela determinista estuviera
en posesión de la verdad, no habría que pensar en la mejora
de las prisiones, sino en la construcción de manicomios.»

D. Fernando Cos-Gayón, á quien sus prestigios de hacen-
dista oscurecen otros talentos como pensador aventajado en
materias jurídico-penales, al combatir á Rœder y los correccionalistas de su escuela, cuyas teorías «no son más que la consecuencia lógica de las doctrinas que reducen ó anulan por completo la importancia y los derechos del Estado para engrande-
cer hasta lo absoluto los derechos del individuo», se coloca precisamente en el punto de elección de la nueva escuela, para
evitar, tanto la brutal reacción de la Edad Media en que el
Estado absorbía al individuo, como la contrarreacción que inició Beccaria, y que es, según fórmula de Spencer, el individuo contra el Estado. De este modo, el derecho de penar se
encierra en un concepto, á mi parecer indiscutible, porque no
niega ningún derecho respetable, y que no es otro que la legítima defensa social. Y si no es indiscutible este principio, lo
que se controvierte, como hace ver el Sr. Cánovas, es «la determinación especulativa de lo que ha de tenerse por principal
ó por secundario», puesto que los que se fundan en la ley moral le ponen por límite indispensable el colectivo interés, y los
que opinan que el derecho de penar nace del interés ó de la
defensa, lo limitan en la ley moral.

El Sr. Cos-Gayón, más aficionado á pruebas y demostraciones numéricas que á silogismos, conoce el tipo de delincuente incorregible por haberlo visto en la realidad y en la estadística penitenciaria de todos los países; sabe que no tiene medio ni remedio,—según la frase de Mateo Alemán,—y le aplica el aforismo Hipocrático, acudiendo «al cauterio, si la medicina no basta; y á la amputación, si el cauterio es insuficiente. «Con criminales, dice, que no se han corregido y no se corregirán, han existido y existirán siempre las sociedades, sin exceptuar las más cultas. Sin justicia y sin sanción penal, toda sociedad medianamente organizada es imposible.» Y cerrando las puertas de la Iglesia á los que se apoyan en las grandes esperanzas del Cristianismo para generalizarlas á una doctrina penal más mística que científica, les advierte que en el Evangelio, ni en toda la Patrología, encontrarán ninguna de tres cosas: «ni que el Cristianismo crea en la enmienda de todos los pecadores, ni que rechace las penas perpetuas, ni que conceda la absolución sin penitencia.»

Si en algunos tratadistas llegan á confundirse el derecho y la moral, el delito y el pecado, por alambicar el concepto espiritual y ético, en las ideas del Sr. Cos-Gayón se relacionan la justicia de los cielos y de la tierra, el infierno y el presidio, el fallo del Supremo Juez y el de los Tribunales competentes.

· D. Luis Silvela, uno de nuestros más eminentes, aunque más vacilante correccionalista, interrumpe más de una vez la bien ordenada serie de principios metafísicos que desarrolla en su conocido tratado de *Derecho penal*, obra de erudición, cultura y análisis filosófico, con intercadencias temerosas, que se parecen á las contracciones que produce la realidad, cuando se vive en un medio demasiado imaginativo. Desde el concepto de la integridad de las leyes morales, «mantenidas, en en parte, por el remordimiento que sigue á la falta», de igual modo que «las leyes fisiológicas tienen su garantía en el dolor físico que acompaña á su violación», paralelismo demasiado absoluto; desde el grado de libertad humana, á partir del *posse*

non pecare, la autonomía y heteronomía de las acciones, hasta
el concepto de la pena, establecido con metafísica bondad, hay
sus apartes de positivismo incipiente. «El hombre hecho á
imagen de Dios, como racional y libre, no pierde jamás irremisiblemente tales atributos, con los cuales siempre la rehabilitación es posible», dice el Sr. Silvela. «Pero si irremisiblemente los perdiera...» Al formular la dubitativa expone una
feliz intuición del delincuente nato; y más adelante afirma que
se pueden perder irremisiblemente tales atributos, porque si á
los diez años, como límite máximo, «la corrección no se ha alcanzado, es lícito desesperar de ella.» De manera que cree que
en todo corazón empedernido se puede formar una sola lágri-
ma que lavará en un minuto todas las manchas del alma; y
cree al mismo tiempo, que el encierro perpetuo y la muerte son
las únicas penas tranquilizadoras sin la enmienda: es decir,
«que las misas no aprovechan á los condenados, aunque se las
diga San Gregorio.»

El ser tan creyente como Lacordaire, no le impide ser tan
radical como Lombroso y tan rigorista como Garofalo. Unicamente excede en optimismo á todos los redentoristas, cuando
asegura que el arrepentimiento, «primer movimiento del ánimo que se duele de haber obrado mal y de haber delinquido,
rara vez deja de sentirlo el culpable, sobre todo si se halla sujeto á un procedimiento criminal»; y aventaja también en ob-
jetividad á los antropólogos y psicólogos positivistas, cuando
afirma que «numerosos, casi infinitos, pueden ser los actos que
directamente den á conocer la corrección del culpable.» Por
no acudir á otras demostraciones, en prueba de que ese conocimiento es tan difícil que, según Doña Concepción Arenal,
«Dios sólo sabe cuándo un culpable está verdaderamente corregido», valga la sabiduría de un proverbio popular, que merece ser trasladado á las leyes, y dice: «Al que hace un yerro,
y pudiendo no hace más, por bueno le tendrás.»

Al citar á D. Luis Silvela, forzoso es advertir que este ilustre apellido significa para los antropólogos italianos casi la ga-

rantía de una reforma penal en nuestro país sobre bases positivas, como lo proclamó Garofalo, y como lo ha declarado Lombroso en un documento reciente. Y claro es que no aludo al respetable D Manuel Silvela, que aunque individuo y Presidente de honor del primer Congreso de Antropología criminal celebrado en Roma en Noviembre de 1885, sacó partido únicamente para lucir su donaire en la Academia de Legislación y Jurisprudencia. Me refiero al autor del proyecto de Código penal de 1884, que difiere en mucho de las aspiraciones de la escuela positiva, pero con la que lo hace concordar en muchos particulares el sentido de' oportunidad del legislador; ventajas que está muy lejos de reunir el proyecto italiano, según manifestaciones del profundo autor de *La criminología.*

Y este sentido de oportunidad que reconocen los positivistas italianos en D. Francisco Silvela, trae á la memoria las cualidades y excelencias del «mayor talento de jurisconsulto que haya este siglo logrado España», según declaración del Sr. Cánovas, á quien sigo en el elogio de D. Joaquín Francisco Pacheco, del que «no fué gran metafísico, porque le enamoraba únicamente la realidad perceptible y cognoscible»; del que fué criado expresamente para ecléctico, «condición de espíritu preciosa en la exposición de las ciencias sociales, imposibles de constituir bajo un' *apriorismo* intolerante» (aceptando «que el eclecticismo siempre ha querido ser equilibrio de las acciones y reacciones en que cifra el moderno positivismo la vida»); del que «era todo templanza, todo diafanidad y exactitud, todo sentido común elevado hasta las proporciones de genio.»

Contrista que en la ciencia española no haya más que planetas tardíos que recorran su órbita iluminando un derrotero que después nadie vuelve á seguir. La influencia jurídica de Pacheco se extinguió en el correccionalismo, en una importación alemana que no ha podido fecundar en nuestro carácter. La memoria de Pacheco no vive en la Universidad, ni se transmite á la juventud para educarla en el espíritu de observación.

Aquellas doctrinas no han podido seleccionar, porque no han sido cultivadas. Él inició un ciclo que debió continuarse en investigaciones de carácter sociológico y biológico, como ha sucedido en Italia, donde la nueva escuela no es una improvisación, es un proceso evolutivo. Aquí hay pensadores de claro entendimiento, aunque algunos resultan eclécticos desequilibrados que discurren *a priori* preferentemente; hay manifestaciones sinceras de los hechos reales, intuiciones reveladoras, pero todo salteado, sin conexión, insuficiente para constituir un medio evolutivo y á flor de nuestro carácter impresionable, y por lo mismo superficial. Así nos llega á parecer nuevo lo olvidado, y las letras del alfabeto signos de cábala. Por no recapacitar, el espanto nos influye, y fijos en ideas religiosas, que con las políticas se dividen la casi totalidad de nuestro ser, es suficiente mirar con los ojos y huir los silogismos, para ser tachados de materialistas y ateos, y para que el Sinaí de la justicia española fulmine rayos, afortunadamente inofensivos. Causará extrañeza cuando el suceso se distancie, y nadie será capaz de comprender que un sencillo cambio de método y aun menos la preferente aplicación de un método ya conocido y ensayado con fortuna en otras ciencias, á los estudios jurídico-penales haya podido adquirir en tan elevadas esferas las proporciones de un conflicto social. Y el cambio no puede ser ni más natural, ni más procedente, ni más conforme con el desenvolvimiento de las ideas, porque lo que comunmente llamamos novedades filosóficas y científicas, no son más que evoluciones del pensamiento, ligadas siempre con una fórmula y un progreso anterior en un orden serial tan preciso, que alguna vez se habrá de demostrar gráficamente en líneas ordenadas, no necesitándose dar un salto brusço de las ideas espiritualistas á las doctrinas positivistas, que nacieron espontáneamente en cuanto se.produjo la conjunción determinante. No es menester para pasar de uno á otro campo más que dar un paso breve ó detenerse en territorio intermedio de aclimatación, á lo que obedecen el meta-positivismo y el positivismo crítico. Unos aceptan la integridad de las doctrinas, otros una parte, diferenciándose, ó en lo que los fisiólogos llaman tiempo de reacción, ó en lo que los militares consideran objetivo de una campaña, pudiendo llegar por movimientos rápidos á la capital de un reino sin poseer las de las provincias. Esto puede ser el éxito y no la conquista; de igual modo que anticipar una idea, no es realizarla ni reducirla á términos de fácil aplicación.

Por lo mismo, no incurriré en el error de señalar únicamente como antropólogos ó jurisconsultos positivistas á los que mantienen la integridad de un sistema; ni consideraría como victoria aventajar en ésta ú otra discusión á contradictores de escuelas diferentes, «que la verdad no está en la boca del que afirma, sino en la cosa de que se trata.»

Tampoco dividiré los bandos, poniendo de una parte á los médicos y de otra á los jurisconsultos, ni me atreveré á señalar los mejores paladines, según el color de la muceta. Cuando se dice que los Médicos pretenden suplantar á los Abogados en los juicios criminales, se desconoce que Ferri, Garofalo, Tarde, Puglia y otros son mantenedores de la ciencia del Derecho, ya en la cátedra, ya en la magistratura, y que de hacer un recuento resultarían probablemente más Abogados que Médicos entre los actuales criminalistas. Si se analizan las ideas, más radicales son las de Ferri que las de Lacassagne. El catedrático de Derecho penal de la Universidad de Siena niega rotundamente el libre albedrío; al catedrático de Medicina legal de la Facultad de Lyon le asusta el fatalismo del positivismo materialista y le opone la iniciativa social, en cuya conciencia creé para resistir una demolición y una negación, en su concepto perjudicial ó innecesaria. Los Abogados consideran indispensable oponer negaciones rotundas á las afirmaciones de los metafísicos: los Médicos se limitan á observar los hechos naturales y á enriquecer la ciencia. Benedikt, el eminente neurólogo vienés, no ridiculiza que las investigaciones se encaminen á descubrir las leyes de una ciencia que se llame del alma; Marro no entra en la cuestión de la libertad moral, y refiere á sus lectores á las disputas entre teólogos sobre la gracia y la predestinación, á las controversias de San Agustín y Pelagio, luteranos, calvinistas y católicos, jansenistas y molinistas.

Definidos los campos, ya puede proclamarse que las doctrinas antropológicas no son nuevas sino muy antiguas, pues tienen sus raíces en las de la filosofía y tradiciones genuinamente españolas. En vez de ser demoledoras de todo régimen social, las engendra el propio instinto de conservación. No renacen á influjo de la medicina, sino del método científico. Si los Médicos las mantienen, no es que ambicionen extender su clínica, que demasiado grande y difícil se la ofrecen otras lacerías humanas, porque indiquen á los Magistrados que no hay delito sino delincuentes, de igual modo que Corvisart contestaba: «no conozco la pleuresía, sólo puedo enseñar pleuríticos.» No pretenden sustituir las prisiones con manicomios, como equivocadamente se predica: el loco criminal es tan loco como cualquier loco, y tan ofensivo como cualquier criminal; y así los manicomios de seguridad y de salud, que en nuestro país se llamarán probablemente judiciales, son instituciones intermedias entre la verdadera cárcel y el verdadero manicomio, según fórmula de Carrara. No se empeñan en pueriles rehabilitaciones, aunque tampoco apadrinan ningún rigor inútil. Desconfían de la corrección, pero afirmando que se puede conseguir en el impúber y en el delincuente ocasional; y no creen en el remordimiento, aunque al delincuente por pasión con sus remordimientos lo consideran suficientemente castigado. No vienen á disolver los Tribunales de derecho, sino á rectificar la enseñanza, para su mayor inteligencia y prestigio. No aspiran á derrotar, sino á transigir; no son campo de discordia, sino de observación, que convida á cuantos quieran descender á la realidad, aunque no se desprendan de sus alas.

Si analizamos el por qué de nuestras diferencias, es posible que no lo lleguemos á encontrar. ¿Qué dice la antropología, que el delito reside en la organización del delincuente, ó en el medio físico, ó en el medio social? ¿No aseguran los más religiosos que el alma tiene una parte de natural corrupción y que son sus enemigos mundo, demonio y carne, factores que, con distintos nombres, no se diferencian de los que la antropología llama sociales y biológicos? D. Antonio Cánovas del Castillo declara que «el mal tiene su primera raíz en el ser mismo del hombre, llaméislo esto consecuencia del pecado original, llaméislo como quiera.» ¿Qué dice la antropología, que el delito es una lesión del sentido moral, que, ó falta, ó es débil, ó está latente en quien delinque? ¿No dicen los correccionalistas que el delincuente no se determina, sino que es determinado? ¿Y asombra que esta lesión se pueda adquirir por herencia directa ó por atavismo? ¿Qué mayor herencia y atavismo que la del pecado original que á todos nos comprende, y qué más lucida parentela, según Mateo Alemán, que la de un primer padre alevoso, una primera madre mentirosa, y un primer hijo ladrón y fratricida? Preguntad qué es el sentido moral, y á la vez os preguntaremos qué es el libre albedrío, y resultarán ambas cualidades definidas como el imperativo categórico de Kant y como la *recta ratio* de Cicerón; que afirmar el sentido moral no es negar terminantemente el libre albedrío, aunque suponer libre albedrío y sentido moral en todos los seres de la especie humana y en todos los momentos de la vida es afirmar lo que no existe. Achacadnos que todo nuestro empeño se cifra en localizar ese sentido, y os habremos de oponer que también se le ha buscado al alma un sitio de residencia, sin gran fortuna en las averiguaciones. Que el libre albedrío puede no existir ó ser imperfecto, lo tenéis aceptado al eximir de responsabilidad al loco, al imbécil y á quien no cuente una determinada edad. En el Código se consigna la falta de ese atributo en los menores de nueve años y su imperfecto desarrollo desde los nueve hasta los catorce cumplidos y desde los quince á antes de cumplir los dieciocho. Ni siquiera podéis tacharnos de exageración porque la antropología señale caracteres á la delincuencia. ¿De qué suma de hechos, de qué serie de observaciones se deducen esas exenciones y atenuaciones de responsabilidad? ¿De la experiencia universal? ¿Del común sentir? Dar valor á la experiencia universal fundada en indefinidas suposiciones y negárselo al propio tiempo á la experiencia científica, es antinomia que, evidentemente, acusa prejuicios tenaces ó inercia profesional.

La ciencia penal fundada en la antropología y la que desciende de la metafísica, no son dos ciencias diferentes, ni siquiera antagónicas. Nacen y existen coetáneamente, se buscan y se relacionan, se separan y riñen, para luego darse la mano, y en definitiva se compenetrarán. Vivieron juntas en las inteligencias de Platón y de Aristóteles, sólo que, como hay dos tendencias invencibles, una á la realidad y otra á la idealidad, la ciencia penal se subió á las nubes con la metafísica, á la vez que se quedó en la tierra con los hombres. De aquí dos diccionarios diferentes: uno que desfigura lo real, otro que naturaliza lo ideal. En las nubes de la metafísica, la justicia, por ejemplo, es un concepto, y en la historia de los hombres es la venganza: tal vez en un descenso de las nubes se produjo la fórmula que hace de la venganza una idea. El hombre se pierde, se desvanece en la metafísica, que lo reduce á un solo atributo y á un solo fin, de tal manera, que en el laboratorio panteísta, destilando de silogismo en silogismo, queda la humanidad reducida á una sola sustancia envuelta en formas diferentes á las que necesariamente se impone. Así, desde las nubes de la teoría correccional, el mayor malvado parece un ángel caído, que por estar caído no deja de ser ángel. En la tierra, las impresiones llegan más directamente á los sentidos, y aun lo espiritual se materializa. El pueblo, que no disimula lo que siente, y que se vale también de un lenguaje figurado, siente lo que es el alma, pero no sabe reducirla á una sola esencialidad, ni se acostumbra á la idea de que todas las almas sean iguales, y dice *alma atravesada, de Caín, de caballo, de cántaro*, con lo que, sin desmentir la espiritualidad del concepto, lo niega en algunos hechos naturales. El pueblo, que también tiene su metafísica y fe, que aun le permite hacer héroes y semidioses, conoce el *hombre fiera, animal, bruto, salvaje, mal bicho:* es decir, sabe que la especie humana toca las regiones más sublimes y se confunde con la pura animalidad. El pueblo, que desconoce la ciencia, pero que sigue un gran procedimiento científico, el de la observación, no entiende de localizaciones, y sin embargo, ha procurado localizar los sentimientos y las cualidades: el amor, en el corazón; el valor, en el corazón, en los órganos viriles y en el hígado; el juicio, en la cabeza. Se tiene mucho ó poco corazón, bueno ó malo; *ahigadado,* quiere decir valiente; *malos hígados,* índole dañina, lo mismo que *malas entrañas; ser duro de cascos, tener cascos de calabaza ó malos cascos, ser cerrado ó duro de mollera, ser mala cabeza, estar tocado ó podrido de la cabeza, tener seco el cráneo y el juicio en los calcañares ó en los talones,* indica ó mala inclinación ó necedad ó locura. Y estas condiciones pueden ser naturales y adquiridas, pero casi siempre las estima el pueblo como naturales, sintetizándolas en un solo calificativo al decir *mal engendro.*

Diráseme que no hay suficiente fundamento científico en las creencias populares, y que en el sentir del pueblo hay realidades y supersticiones; diráseme que á la filosofía popular le falta altura de pensamiento, y que lo que el pueblo cree son cosas que la filosofía menospreció, lastre inútil que dejó caer al remontarse á los espacios de lo absoluto. Me atengo á lo que es evidente: á que el pueblo vive en la tierra y da fe de lo que le comunican los sentidos, y á que los filósofos hablan de lo que está muy lejos, confiándose en ocasiones á la fantasía.

Y es más; así como nuestra vida tiene relaciones de sangre con la vida vegetal y mineral, los hombres colocados en el más superior estrato social, tienen también relaciones invencibles con los estratos inferiores, relaciones que se dejan conocer hasta en el lenguaje, de tal modo que en momentos de la vida ordinaria, el hombre más alejado de la familiaridad callejera, por inteligencia, cultura y gustos exquisitos, habla con sencillez el lenguaje del pueblo y emplea sus mismas locuciones. Esas palabras que he tomado del repertorio popular, las usamos todos, nos son habituales; y no excluyo á los señores Abogados, que por exigencias del oficio y variedad de asuntos, emplean un lenguaje de aplicación y hablan diversamente según se hallen en estrados á la derecha ó á la izquierda. El Abogado defensor necesita remontarse á las nubes para demostrar que un mal engendro es inocente, y el Fiscal ó el Abogado que acusa, no temen llamar las cosas por su nombre y emplean los mismos calificativos populares, con toda su rudeza.

Cuando se ha de vivir en la realidad, es difícil sostenerse en los espacios: la realidad se impone. El derecho fundado en principios metafísicos, se mantiene como planta de estufa en la cátedra y en el libro; pero en la vida forense, á falta de estudios positivos, inventan los juristas prácticos una especie de psicología vulgar, mereciendo que D. Luis Silvela los moteje de que rara vez saben tratar *humanamente de las cosas humanas.* Este mismo autor reconoce que dentro de la psicología empieza á formarse una ciencia particular llamada Psicología criminal, necesaria para «conocer lo que ordinariamente se llama la intención del culpable, esto es, hasta qué punto el hombre en cada acción se ha dejado dominar por los impulsos exteriores, y cuál es la parte que en el hecho ha tenido la libertad, y cuál es la que ha tenido la necesidad.» Claro que se pretende que esta psicología sea puramente metafísica y sin ningún fundamento biológico, por considerar que las cuestiones en que ha de entender no se basan en lesión ni perturbación orgánica; reservando á la medicina el determinar «hasta qué punto la enfermedad ó el imperfecto, el vicioso desarrollo físico, ha podido influir en la libertad moral del agente.»

Tal división es insostenible y expuesta á incurrir en contradicciones y confusiones. De un lado se coloca la materia influyendo en el espíritu; enfrente el alma humana, padeciendo enfermedades. Los Médicos, con la creación de esa psicología, no pueden intervenir ni en los casos de locura en que no

se reconozca lesión ni perturbación orgánica, ni en los casos
de embriaguez. ¡Declarar que la embriaguez es enfermedad
del alma, cuando al influjo del alcoholismo atribuye Morel, el
gran clínico de enfermedades mentales, la abolición completa
del sentido moral, la disminución de la sensibilidad física, la
depresión de las fuerzas y la causa más sensible de la degeneración! ¡Esto sí que es invadir el campo y salirse de madre!
Exceso que no se debe reprender, porque manifiesta las incer-
tidumbres de un movimiento de aproximación.

Es inútil disimularlo. La Medicina se ha ingerido en el Derecho y el Derecho en la Medicina. Para fundar una ciencia
que estudie el alma humana, se aspira á fundar una patología
y una clínica espiritual; para hablar del espíritu se apela á calificativos materiales, sin perjuicio de llegar artificiosamente á
un deslinde de lo que debe corresponder á cada patología y á
cada clínica, olvidando las reacciones recíprocas del hombre
físico y del hombre moral, fundamento jurídico indispensable.
Búsquese la verdad por diferentes caminos, aunque á prevención de que en último término no puede haber más que una
psicología, como en el hombre, biológicamente considerado, no
hay más que un ser indivisible. A la mencionada psicología
criminal se le encomienda medir en cada acción las resistencias individuales y los impulsos exteriores, que es lo propio
que abandonar el estudio del delito para fijarse en el delincuente y buscar savia en las dos ramas de la antropología criminal. Queriendo y sin querer, se ha de llegar al mismo resultado, de no empeñarse sistemáticamente en vivir fuera del
mundo perceptible y cognoscible, enseñando idealidades que
no constan ni pueden constar en ninguna ley humana. A este
empeño debe atribuirse el divorcio entre el Derecho penal que
se enseña en la cátedra y el que aplican los Tribunales de justicia. En aquélla, se glosa el libre albedrío, prescindiendo de
toda clase de hechos y sin ninguna referencia á los datos de
observación; en éstos, aunque se parta de la responsabilidad
del agente, el hecho y sus circunstancias constituyen indis-

pensablemente la materia de estudio, y por igual determinación el Código tiene fundamentos biológicos.

Situémonos en el punto en que coloca la cuestión el art. 8.º del Código penal.

No delinquen el loco, el imbécil y el menor. ¿Por qué? Porque no se les reconoce libre albedrío. Se reconoce, por lo tanto, que la integridad del libre albedrío requiere condiciones de desarrollo físico y condiciones de integridad fisiológica. Hasta los nueve años, el libre albedrío no alcanza el desarrollo que la ley estima para la responsabilidad; de los nueve á antes de cumplir los quince, se puede ó no obrar con discernimiento.

Dice la escuela antropológica, que en el niño hay más elementos de criminalidad, por carencia ó imperfección del sentido moral y menos facultades para ejercitarla, dejándose, sin embargo, conocer en su esfera de acción. Entre el niño con generales ó especiales caracteres de criminalidad, y el adulto en parecidas condiciones, hay la diferencia de que el uno es modificable y el otro no, y se pide que el delincuente adulto, según sus caracteres, sea eliminado absoluta ó relativamente del medio social, y se pide para el impúber un medio educador que pueda reintegrarlo socialmente.

Dice el Código, que el menor de nueve años y el mayor de nueve y menor de quince, si estos últimos no obran con discernimiento, son irresponsables; y esta irresponsabilidad obedece á un criterio muy semejante al de la antropología, pues se reduce á la no aplicación de una pena correccional ó aflictiva, no á desconocer las tendencias que implica el acto cometido y el peligro que supone. Por eso el menor declarado irresponsable «será entregado á su familia con encargo de *vigilarlo y educarlo*, ó llevado á un establecimiento de beneficencia destinado á educación de huérfanos y desamparados».

Hay, pues, evidente concordancia entre el Código y la Antropología en la apreciación de este hecho natural. Las diferencias surgen de aquí en adelante; y no son propiamente diferencias, sino saltos de concepto que descubren falta de observación y de conocimientos biológicos, no precisados en la época en que el Código se redactó. Además, se reconocen estados de irresponsabilidad, es decir, influencias patológicas y coacciones psíquicas, en la locura, imbecilidad, fuerza irresistible, miedo insuperable, etc., afirmaciones que contrarrestan el exclusivismo metafísico teorizante y conducen la cuestión al terreno propiamente antropológico; al concepto del hombre normal y del hombre anormal.

El hombre normal, según el Código, es el que ha cumplido dieciocho años de edad. El hombre anormal, es el menor que no ha adquirido el desarrollo moral correspondiente, ó el mayor afectado de imbecilidad ó locura. La clasificación en que implícitamente conviene el Código es verdadera; la generalización, no. Es imposible admitir esa normalidad fundada en la suposición de una igualdad absurda, de la que no estamos convencidos, en todos los seres de la especie humana, mayores de dieciocho años, que no sean ni imbéciles ni locos ó no reunan otras circunstancias de exención. Se acepta una hipótesis, antropológicamente negada, al establecer el precepto legal, partiendo de la apreciación de una ley de desarrollo, sin tener en cuenta las condiciones individuales, la herencia y los modificadores fisiológicos. Porque, indudablemente, á un desarrollo uniforme, debe corresponder uniformidad de condiciones. ¿Existen? Si separo la cuestión del terreno jurídico, se contestará unánimemente que no. Apreciada la cuestión en conjunto, se dirá que hay variedad de condiciones morfológicas, fisiológicas y psicológicas, pero con uniformidad de condiciones jurídicas. El criterio es, por lo absoluto, tan peligroso, que si la responsabilidad hubiera de estimarse fijando las circunstancias de exención, según los caracteres morales que presentan el menor de nueve años y el mayor de dieciocho, el asunto se complicaría al demostrar biológicamente que hay hombres tardíamente niños, y hay niños prematuramente viejos.

O se ha de negar que el hijo se parece á sus padres ó á sus

ascendientes, ó se ha de admitir que el generador transmite sus condiciones orgánicas en el momento en que genera. El óvulo y el licor de la fecundación, sufren los accidentes de la edad, y llegan, como todos los gérmenes, á la madurez y á la decadencia hasta extinguirse. La actividad genésica del hombre que falta en la primera y en la última parte de la vida, puede ejercitarse, sin embargo, antes de que el individuo complete su desarrollo y después que ha comenzado á decaer. El procreador será, en tal caso, ó deficiente ó decadente; su fecundación defectuosa y el germen fecundado, ó prematuro ó tardío. La edad, con sus imperfecciones, se imprimirá en la nueva vida, y el nuevo ser no tendrá, generalmente, la edad contada desde el nacimiento en adelante, sino la edad anticipada ó retardada de sus progenitores. Este es un hecho apreciado en los caracteres morales y en la disposición orgánica. Hijos de padres viejos, padecen en la infancia cálculos vesicales y otras enfermedades de viejos ó de adultos. De igual manera se les anticipa la reflexión al entusiasmo, la tristeza á la alegría, la insensibilidad á los afectos; que muchos trastornos morales y muchas condiciones orgánicas, obedecen á ese importante modificador de la herencia que adelanta el ejercicio de las funciones reproductoras ó lo amplía fuera de sazón, transmitiendo á la par el decaimiento de las fuerzas físicas reflejado también en las morales. Cada edad tiene un aspecto psicológico impreso en caracteres anatómicos. Las alteraciones propias de la vejez tienen su fundamento anatómico en «degeneraciones grasosas pigmentosas de las células nerviosas de la sustancia cortical de los hemisferios cerebrales, porosidades, atrofia de los tubos nerviosos, ateromasia de los vasos sanguíneos, condensación del tejido conectivo y aparición de cuerpos amiloides en la periferia del cerebro.» Nuestro pueblo no ha averiguado lo que el anatómico Kosjurin, pero ha dicho lo propio en un refran: «De padres viejos, hijos tropezadores.»

Y esta influencia de la edad de los padres en las condiciones físicas de los hijos, reconocida por Aristóteles y por De la

Fontaine, ha sido precisada últimamente por el Dr. Marro en los caracteres psíquicos y en la delincuencia. Los individuos normales por él examinados eran, en gran proporción, hijos de padres que generaron en el período de completo desarrollo; los padres de los locos estaban, en su mayoría, ó en el período de inmadurez, ó en el de decaimiento; los padres de los criminales transmitieron á muchos la influencia de la edad, dejándose conocer en el delito. Resultaron hijos de padres decadentes, los estafadores, pues como afirmó Quetelet, la estafa es el delito de la edad madura; y los asesinos y homicidas, en quienes se demuestra la ausencia del sentimiento afectivo. Son hijos de padres jóvenes los delincuentes contra la propiedad, llevados al hurto y al robo por el ocio ó inclinaciones á los placeres y al amor.

He aquí cómo el criterio de uniformidad y generalizaciones es inadmisible, y en este punto convienen por distintos caminos la escuela correccionalista y la antropológica. Aquélla, defendiendo el tratamiento celular, dice que toda clasificación, dicotomizándose, tiene que parar en la individualización; y ésta hace notar que el delito conduce de una manera obligada al estudio del delincuente en cada tipo. Sin acudir á clasificaciones técnicas, encontraremos concordancias que nos sean familiares. Todos distinguimos en la escala social los dos tipos extremos de una serie. El uno, sea cualquiera el aspecto en que se le considere, se aproxima á la perfección; el otro está sumamente rebajado. Déseles el nombre que se quiera, son en definitiva expresiones del carácter humano y del carácter bestial. Es el uno manifestación del progreso de las estructuras humanas sobre la animalidad inferior; el otro representa el retroceso al estado primitivo ó prehumano de Sergi. Si entre el tipo bestial y el tipo humano existen, como no puede menos de suceder en las gradaciones naturales, caracteres intermedios, resultarán, sumándolos, dos series, desde el punto en que se inicia la progresión y desde el en que empieza la degeneración. La serie normal no corresponde á la antropología criminal ni á la patológica, y se caracteriza biológica ó jurídicamente por su adaptación. La serie anormal, por falta absoluta ó relativa de resistencia biológica, se va extinguiendo en sus individuos ó en sus descendientes, ó va dejando signos marcados de inferioridad, y va perdiendo el sentido moral, que es la ley de adaptación jurídica definida por Garofalo, ley que consiste en el desarrollo de ese sentido, en la medida media en que se halle en las razas humanas superiores.

Ya sé que la influencia de ese *apriorismo* intolerante de que habló desde este mismo sitio el Sr. Cánovas, apartará á muchos de esta clasificación, considerándola atentatoria á los fundamentos del derecho. Lo atribuiré al escaso vuelo de mi inteligencia; pero no puedo explicarme que se nieguen realidades de tan evidente notoriedad que están reconocidas en la ley, sobre todo no buscando ampliacion de términos á la irresponsabilidad, que es lo que se teme, más bien disputándoselos, aunque se sustituya la responsabilidad moral por la social. Tampoco me doy cuenta del por qué los que admiten verdades, como la de que la vida se halla sujeta á una ley de progresión y decaimiento, se asombren de que lo que ocurre en el individuo ocurra también en ese gran organismo del que somos células, que progresa, y al progresar ha de desintegrarse de sus elementos inútiles. Y la contradicción es mayor, cuando los mismos que explican cierto género de decadencias y progresiones, se resisten á aplicar el principio selectivo como ley biológica, hecho que consiste en una modalidad particularísima de la educación, que por un lado nos hace ver sin preocupaciones, y por otro nos sugestiona con prejuicios.

Bien es verdad que ciertas afirmaciones están reñidas con la educación universitaria, que en las ciencias que llamamos morales y políticas no ha aceptado, si no es por excepción, el método positivo. Las inclinaciones positivistas que se advierten en algunos Abogados, son producto de su experiencia; en manera alguna proceden de la Universidad. Allí no se les ha hablado más que del ente moral, y no puede exigírseles que se de-

claren convencidos de la existencia del tipo delincuente. Allí
se les ha hablado de la libre voluntad, no del hombre y del medio en que vive. Es tan ajena la educación jurídica al conocimiento del individuo, que la transformación en la enseñanza
que ha de seguir como consecuencia al predominio de las investigaciones antropológicas, podrá denominarse de igual modo
que el período geológico que se caracteriza por la aparición del
hombre.

El hombre apreciado desde su origen, y en el medio en que
vive, es campo de investigaciones de la antropología. Lo clasifica, según sus caracteres, en normal, loco y delincuente; y al
delincuente en nato, habitual, ocasional y pasional. Al hombre
anormal, lo considera más ó menos influido por la degeneración, ya sea primitiva, que no presenta otra estructura que la
morbosa y patológica; ya regresiva ó atávica, que reproduce las
estructuras de la animalidad inferior; ya adquirida ó secundaria, que sobreviene en la vida individual y en individuos perfectamente normales, por vivir en oposición á las condiciones
biológicas y por estados morbosos accidentales que determinan
la degeneración individual.

Este estudio comprende una infinidad de problemas transcendentales, ni todos formulados, ni todos los formulados resueltos, que se han de traducir prácticamente en reformas del
Código penal y de los sistemas penitenciarios, con el objeto de
combatir el delito y depurar la especie humana en la medida
de lo posible.

¿Me incumbe formular todos esos problemas? Si así fuera,
declinaría el encargo por carecer de autoridad. No son mis opiniones las que se han de discutir, sino las de la escuela positiva; no son estos apuntes los que han de realizar el fin práctico
que se persigue, sino las enseñanzas de los criminalistas, pe-
nólogos, frenópatas, hombres de ciencia y de ley, que intervengan en el debate. A mí me corresponde únicamente decir, á manera de heraldo: «La Sección de Ciencias exactas, físicas y naturales del Ateneo, ha creído que discutir la influencia de la

antropología en el Derecho penal, era promover con la Sección de Ciencias morales y políticas las mismas fecundas relaciones que se advierten entre la ciencia penal, la psiquiatría y la antropología.»

Por si la información puede cumplirse, desempeño mi cometido, que se reduce á proclamar el tema y á abrir las puertas del palenque.

RAFAEL SALILLAS.

LOS MAGISTRADOS SUPLENTES

Insertamos á continuación los principales fundamentos de una exposición redactada sin duda con el propósito de elevarla al Ministerio de Gracia y Justicia, en la que se indica, bajo determinados puntos de vista, la deficiencia de la ley en cuanto al nombramiento de Magistrados suplentes. Sin detenerse á considerar el acierto y eficacia de los remedios que se proponen, es indudable que la situación en que hoy se encuentran aquellos funcionarios reclama algún beneficio en su favor, cumpliendo así con un deber de justicia. Por otra parte, las dificultades que de continuo surgen para constituir los Tribunales cuyo personal no está completo, son tan frecuentes y á veces tan insuperables, que hay necesidad de que exista algún estímulo para que acepten aquel cargo los letrados, siquiera ese aliciente no traspase los límites de las concesiones otorgadas á otros funcionarios sustitutos. He aquí las consideraciones de los exponentes:

«Creados por la ley adicional á la orgánica del Poder judicial los suplentes de Magistrados como elementos de gran valer para la marcha normal de los Tribunales de Justicia, por no poder el Gobierno de S. M. ir tan lejos como deseara en dotación del personal, se dice, Excmo. Señor, en el preámbulo de aquella ley, que se les otorga la consideración que merecen, y se les reconocen derechos que pueden servirles de estímulo eu su carrera.

»Son, en efecto, ciertas las consideraciones; el suplente ejerciendo, tiene los honores y consideraciones todas del Magistrado; pero como los recurrentes crean no lo son lo mismo los derechos, vienen á representarlo á V. E. con el justo respeto y deferencia.

»Dos son esos derechos establecidos en la parte dispositiva de la ley:

»El primero, el abono para derechos pasivos de la tercera parte del tiempo que tuvieren el carácter de suplentes ó el mayor que realmente sirvan: derecho reconocido igualmente á favor de los sustitutos Fiscales y otros:

»El segundo, considerar á los suplentes, mientras lo sean, dentro de las primeras cuotas, á fin de que adquieran las condiciones necesarias á ser nombrados Magistrados ó funcionarios asimilados en el turno de letrados.

»El primer derecho, Excmo. Señor, resulta claramente bastante difícil de adquirir, y por tanto más ó menos ilusorio, porque siendo, según el art. 241 de la ley orgánica, los derechos pasivos regulados por los años de servicio como en las demás carreras y leyes y disposiciones á ellos referentes, y fijando éstas el mínimum de veinte años para derechos pasivos, el abono de la tercera parte del tiempo á los suplentes, aun haciéndoseles por entero el de los ocho años de carrera, supone y exige treinta y seis años de ejercicio del cargo, correspondientes á los doce años que faltan hasta los veinte: y como los suplentes se sacan general y fundadamente y conforme al art. 17 de la ley adicional, de Abogados más ó menos antiguos y de edad de los Colegios, uniendo así al derecho la madurez de la razón, de aquí que puede seguramente establecerse, que no es fácil llegue un suplente de Magistrado á obtener ni aun el mínimum de derechos pasivos, porque no es fácil sirva el cargo treinta y seis años, sobre los diez, quince, veinte ó más que lleve de ejercicio de una profesión como la de Abogado. Y como tampoco el mayor tiempo que realmente sirva, rebajaría ese número de años á hacer, ni con mucho, necesaria, menos de una

mitad más, de aquí que aunque eso supusiera una mitad de
abono en el ejercicio, resultaría también una proporción muy
difícil, pues necesitaría por lo menos veinticuatro años de suplente, que, como los treinta y seis, no es fácil los lleve suplente alguno.

»El segundo derecho, Excmo. Señor, es con evidencia verdaderamente inútil por innecesario, á muchos ó la mayoría de
los suplentes de Magistrados, pues que saliendo por las mismas condiciones necesarias al cargo de los que han pagado
siempre las primeras ó de las primeras cuotas del subsidio, y
llevando con ellas el tiempo de ejercicio de la profesión, bastante para tener, aparte de la suplencia, derecho á ser hasta
Magistrados de Audiencia territorial, nada que no tengan les
da el cargo de suplentes. Así sucede á los recurrentes Abogados de más de veinte años de ejercicio dentro de las primeras
cuotas.

»Siéndoles, pues, inútil este derecho, y difícil sobremanera
el primero, porque rarísimo sería poder ejercer cincuenta y seis
ó más años la Abogacía, siendo á la vez, ó sin ejercer, suplente de Magistrado treinta y seis, los recurrentes vienen ejerciendo con gusto y honrados sobremanera con él, el cargo de
suplentes de Magistrados de Audiencia de lo criminal, realmente por su amor á la ley, á la justicia y al trabajo, y por corresponder á la gran deferencia que envuelve su nombramiento, más que por esperar ningún resultado positivo dentro de los
sancionados por la ley, pues no es lógico contar en ellos las
eventualidades que traer pudieran las necesidades de la Administración de justicia, como pudieran ser entre ellas, su unificación en lo civil por Audiencias provinciales, complemento
del Código de eterna loa para V. E., ó los que la consideración
de V. E. se dignara otorgar á los suplentes en cada caso especial de cuarto turno.

»Esto, Excmo. Señor, y el ser justo y aun inevitable que
el hombre provea y atienda á su presente y á su porvenir, trae
á los recurrentes á molestar á V. E. en solicitud de alguna

más efectiva recompensa para el cargo de Magistrados suplentes, si es verdad y no erróneo el resultado que ofrecen las dos
establecidas.

»Y para acordarla, nadie mejor que V. E. á quien la Administración de justicia debe en lo criminal su vida ó indudable mejoramiento actual, y en lo civil la unificación por siglos
ansiada y sólo obtenida al fin por las grandes dotes y constantes esfuerzos y perseverancia de V. E., á quien así por ello,
como verdadero legislador de la edad presente, deben y tributan y tributarán siempre los tiempos honor y gloria incesantes
é imperecederos, como los recurrentes aprovechan en su pequeñez esta primera ocasión.de tributárselas.

»Y en ninguna ocasión mejor, Excmo. Señor, que ahora,
cuando al llegar á su complemento el desenvolvimiento de las
leyes con el inmediato planteamiento del Jurado, es innegable
que éste exige de los Magistrados, y si cabe decirlo así, un trabajo más minucioso y más pronto, sesiones dobles y de más
detalles; más horas continuadas, sentencias inmediatas; y en
conjunto, más trabajo material y hasta moral; y por tanto, y
por las condiciones generales á la edad y circunstancias de los
Sres. Magistrados, un trabajo igualménte mayor á los suplentes.

»Ahora bien, Excmo. Señor: si es cierta la deficiencia, siquiera no lo fuera en general, de los derechos reconocidos como estímulo en su carrera á los suplentes de Magistrados, ¿cómo aumentar éste y suplir aquélla?

»Tan delicado es esto, Señor, que sólo al superior talento
de V. E. está reservado, y mucho más dada·la justa trabazón y
orden por V. E. ya establecidos en la carrera judicial.

»¿Es de crear un turno especial de ingreso en la carrera
para los suplentes de Magistrados que lleven años determinados de ejercicio como tales, y reunan además las condiciones
legales exigidas en el cuarto turno, siendo este ingreso en la
categoría que estas condiciones revistan?

»¿Es de colocar si no, dados ciertos años de ejercicio, á los suplentes de Magistrados, como funcionarios asimilados en turno anterior al cuarto?

»¿Envuelve esto ingreso que rechace el derecho desarrollado en los turnos establecidos, y en la ley, y cabe sólo aumentar el tiempo de abono para derechos pasivos, y la consideración en las solicitudes, dentro del turno cuarto?

»¿Hay fórmula de conciliación entre ser y no ser en la carrera judicial, como sucede al serlo para el porvenir por los derechos pasivos y al presente por los honores y consideraciones, y no serlo por no tener más turno que el de los letrados?

»No es indudablemente de nosotros resolverlo, y osadía indisculpable fuera el intentarlo siquiera.

»Cábenos sólo hacer presente á V. E. lo que creemos una necesidad; la de que las omisiones de la ley orgánica de 1870, que se suplieron con esos derechos en la adicional de 1882, se llenen cumplidamente, reconociendo derechos de justa efectividad al presente y que sean sin excepción aplicables, atendidas las condiciones y circunstancias de los suplentes de Magistrados y el peso de este cargo.»

Al hacernos eco, como en lo sucesivo nos proponemos verificarlo, de las observaciones y justos clamores de los funcionarios encargados de administrar justicia, es uno de nuestros principales propósitos obtener el concurso de los interesados en ilustrar el punto concreto sobre que versan aquellos razonamientos; y así esperamos la opinión de otros compañeros para determinar la nuestra. Sirva, sin embargo, de idea anticipada la que abrigamos respecto á la imposibilidad de que prosperen desde luego las justas aspiraciones de los Magistrados suplentes, porque debida su creación á los preceptos de una ley, sólo en virtud de otra disposición de igual clase podrán modificarse los derechos de aquellos funcionarios, al menos con la extensión que indican los exponentes.

A. MARTÍNEZ.

Ensayo de un plan orgánico de un curso de Derecho mercantil de España, y de las principales naciones de Europa y América. *

Así es, que las *Instituciones del Derecho mercantil* de Martí de Eixalá, á pesar de las discretas é interesantes notas y adiciones del ilustre profesor de la Universidad de Barcelona, Don Manuel Durán y Bas, no han llenado el vacío que se nota en nuestra literatura jurídica.

En breves y terminantes frases nos da cuenta el adicionador de Martí de Eixalá de los fines por él perseguidos (1):

«Nuestro único propósito, dice, es dar á la obra la utilidad de un libro no envejecido por efecto de los cambiós de la legislación y de la aparición de nuevas publicaciones análogas. Adicionarla, pues, acomodándola al estado actual de nuestra legislación mercantil; completarla en alguno de los puntos en que lo había proyectado el autor; amplificarla en otros, he aquí en qué consiste nuestro trabajo. Respetar el pensamiento fundamental de la misma revelado en su método, y conservar intacta su doctrina manteniéndola en su integridad, pero dar á la aplicación del método mayor desarrollo y á la exposición de la doctrina algún mayor cumplimiento, he aquí la forma en que hemos querido realizar nuestro empeño. Y acomodar el

---

* Véanse las páginas 85 y 298 del tomo 72, y 514 de este tomo.

(1)   Véanse las numerosas ediciones de la citada obra adicionadas por D. M Durán y Bas.

libro á las necesidades actuales de la enseñanza y á las exigencias cotidianas de la práctica, he aquí nuestro único guía al
darle cima.»

Y el eminente mercantilista ha realizado, en gran parte,
tan levantado propósito; mas para su total consecución no bas-
taban adiciones, era necesario una refundición completa de la
obra.

En efecto; de todas las nuevas instituciones por nosotros
ad exemplum enumeradas; de todas las cuestiones que hemos
indicado y de otras muchas que son objeto de continuos estudios por los jurisconsultos modernos, ¿qué se contiene en
las nuevas ediciones de la obra de Martí de Eixalá? Nada, absolutamente nada.

Y, sin embargo, todos los días se giran cheques, se abren
y cierran cuentas corrientes, se constituyen sociedades cooperativas, se celebran contratos de edición...; á cada momento se
se lamentan los comerciantes de la imperfección de las leyes
mercantiles, y de que los usos y costumbres del comercio estén
en contradicción con la ley escrita; en todas partes se discuten
las nuevas teorías sobre sociedades, sobre el cambio, sobre
quiebras, y parece que se respira una atmósfera saturada de
los nuevos principios, que impulsa, aun á los más doctrinarios,
á radicales reformas.

Necesario es encaminar los estudios del Derecho mercantil
por otros derroteros y enunciar con claridad los nuevos problemas económico-jurídicos, presentando en cada caso la solución
adecuada, sin dudas, vacilaciones, ni desalientos.

Mas, por desgracia, nuestra literatura jurídica no registra
obra alguna que se dirija á la consecución de tan transcendentales fines.

Unicamente se publica un pequeño *Manual de Derecho mercantil* por el Profesor de la Universidad de Valencia, D. Eduardo Soler (1), que si bien marca nuevas direcciones doctrinales

_____

(1)   Madrid, 1882.

y enuncia algunas importantes teorías, pasa en silencio notables instituciones, y su carácter de obra elemental no permite considerarle sino como un excelente trabajo de iniciación en los estudios modernos (1). En cuanto al plan orgánico que adopta, diremos tan sólo, que, evitando caer en el tradicional sistema de personas, cosas y juicios, divide la materia en dos partes, precedidas de una *Introducción:* parte general y parte especial. La primera contiene la teoría de la obligación y del contrato mercantiles y del sujeto de comercio; y la segunda desenvuelve la doctrina referente á las distintas obligaciones y contratos.

Y debemos ahora preguntarnos: ¿qué dirección tomará nuestra literatura jurídico-comercial?

Que una restauración de estos estudios se prepara en nuestra España, parece indicarlo el haberse, por fin, roto el inconcebible maridaje que existía en las Universidades entre el Derecho penal y el Derecho mercantil; el haberse dado en ellas el carácter de legislación comparada á la exposición crítica de esta rama del Derecho, y los importantes trabajos de reforma del antiguo Código de 1829, ó por mejor decir, la formación de un nuevo Código (2).

---

(1) Sin embargo, la exposición de la doctrina se resiente de alguna oscuridad impropia de las obras elementales.

(2) Escritas estas consideraciones en 1884, hoy, al darlas á la prensa, creemos es nuestro deber completarlas con algunos nuevos datos que, por desgracia, no confirman nuestros halagüeños pronósticos.

El proyecto que se discutía en las Cámaras legislativas cuando nosotros escribíamos este desaliñado ENSAYO, ya constituye nuestro Código de Comercio vigente.

En efecto; la reforma del Código de 1829, intentada ya á los cinco años de su formación (Real decreto de 18 de Junio de 1834) y que ha pasado por tantas vicisitudes, ha tenido por término la publicación de un *Proyecto provisional*, ordenada por ley de 7 de Mayo de 1880; la presentación á las Cortes por el Ministro de Gracia y Justicia, D. Manuel Alonso Martínez, de un *Proyecto definitivo* en 20 de Marzo de 1882; y, por último, la promulgación de un nuevo *Código*

IV

DETERMINACIÓN DEL PLAN ADOPTADO

En medio de tan distintas clasificaciones, descúbrese, no obstante, algo esencial, por todos reconocido; este algo no es

---

de Comercio en 22 de Agosto de 1885, declarado vigente desde el 1.º de Enero de 1886.

Poco diremos de este nuevo Código, toda vez que habiendo tenido presente en la formación de nuestro plan orgánico del Derecho mercantil la doctrina del *Proyecto definitivo,* que fué el aprobado por las Cortes y sancionado por la Corona con algunas modificaciones, las nuevas prescripciones legales ocupan su puesto en nuestro ENSAYO, y no tendremos que hacer otra cosa, para ponerle en armonía con la legislación vigente, sino cambiar la frase *Proyecto definitivo de Código español,* por esta otra: *Código español de 1885.*

En su método sigue la clasificación tradicional. Divídese en cuatro libros: el primero, *de los comerciantes y del comercio en general,* comprende la doctrina referente al comerciante y á los actos de comercio, al registro y á la contabilidad mercantiles, á la teoría general de la contratación, á las Bolsas, ferias, mercados y tiendas, y á los Agentes mediadores del comercio; el segundo, *de los contratos especiales del comercio,* regula los de sociedad, comisión, mandato, depósito, préstamo, compraventa, permuta, transporte terrestre, seguros, fianza y cambio; el tercero concrétase al *comercio marítimo;* y el cuarto se ocupa *de la suspensión de pagos, de las quiebras y de las prescripciones.*

En cuanto á su contenido, fúndase en la teoría de la sustantividad del Derecho mercantil, inspírase en un amplio criterio de libertad, aunque transige á veces con elementos privilegiarios de la legislación anterior, y desenvuelve algunas de las doctrinas modernas, si bien en ocasiones acepta con timidez las reformas y vacila con frecuencia al dar solución á los problemas. Así es que en la doctrina del derecho del cambio, por ejemplo, se observa que al aceptar las soluciones de la legislación alemana, no quiere olvidar por completo la tradicional teoría del cambio trayecticio (núm. 8, art. 446); coincidiendo en ciertos puntos con la ley inglesa (art. 544), falta á las más elementales nociones de la lógica y no admite las letras de cambio giradas al portador, y aspirando á ser el más genuino intérprete de las ideas modernas, mantiene todavía la necesidad de la cláusula de *valor recibido en cuenta ó entendido,* cuando ya han prescindido de ella las leyes alemana, suiza, escandinava, italiana,

más que el asentimiento unánime de que *la idea del comercio en su consideración económico-jurídica* debe ser la piedra angular en que descanse todo el sistema del Derecho mercantil.

---

belga, etc., y la misma Inglaterra tan aferrada á la teoría de la expresión de la causa en los contratos. Por otra parte, aunque el nuevo Código regula las *operaciones de Bolsa,* las *Sociedades de crédito,* los *Bancos de emisión y descuento,* etcétera, los *seguros contra incendios y sobre la vida,* los *cheques* y los *abordajes,* instituciones preteridas por el Código de 1829, pasa en silencio otras muchas, como son los *contratos celebrados por teléfono,* las *sociedades cooperativas,* los *mandatos de consignación de cosas fungibles,* las *casas de compensación ó liquidación* (Bankers Clearing House) y los contratos de *report (dobles),* tan común en la Bolsa de Madrid, de *edición,* de *cuenta corriente* y de *hipoteca naval; mantiene* en un inconcebible estacionamiento la legislación referente al comercio marítimo; deja sin resolver importantes cuestiones prácticas (por ejemplo, todas las relativas á la falsificación en los documentos á la orden, la referente al derecho de tachar y anular la aceptación una vez escrita, que ha dado ocasión á diferentes sistemas legales, etc.); reproduce, sin rectificar ni aclarar, textos del antiguo Código que habían engendrado dudas é interpretaciones diversas, limitándose á simples variantes de estilo (arts. 325, 326 y 450, que son en la esencia los artículos 859, 860 y 488 del Código de 1829, etc.); cae en importantes é imperdonables contradicciones (por ejemplo, reglamenta el *seguro sobre la vida* en los arts. 416 al 431, y en el núm. 2.º del art. 781 declara *nulo el contrato de seguros que recaiga sobre la vida de tripulantes y pasajeros,* etc.), é incurre en errores jurídicos de tanta transcendencia como los de confundir el contrato de *comisión* con el de *mandato,* y el valor con la cantidad *importe* de la letra. En una sola frase, el Código de 1885, á pesar de sus muchos defectos, hubiera sido uno de los más notables de Europa si se hubiera publicado treinta años antes, es decir, á mediados de siglo.

En cambio, puede servirnos de consuelo recordar ¡que los escaños del Congreso estuvieron desiertos durante la discusión del proyecto de Código y que el Senado le aprobó sin debate alguno!

Nada tiene, pues, de extraño que ya se piense en la necesidad de su reforma.

La promulgación de un Código siempre trae consigo un especial desenvolvimiento de la literatura jurídica, una serie de publicaciones exegéticas y dogmáticas que dan nuevo carácter á los estudios y representan importantes direcciones doctrinales. Mas el Código de Comercio de 1885 tan sólo ha producido diversas *ediciones* de su texto (como son las publicadas por la REVISTA GENERAL DE LEGISLACIÓN Y JURISPRUDENCIA, y por los Sres. Romero Girón, Gallostra, Abella, etc., ect.), con notas y concordancias, algunas de ellas muy

He aquí, pues, el verdadero punto de partida de nuestro proceso metódico, que es también el principio generador del plan que hemos adoptado.

Ahora bien; inútil es que intentemos demostrar aquí la necesidad de una *Introducción* al estudio del Derecho mercantil, como primer necesario elemento de todo buen sistema. Tiempo ha que se han rectificado en este punto las ideas, desterrando para siempre el antiguo error de creer que la *Introducción* es un algo separado y distinto de la ciencia y no una parte integrante de ésta.

En efecto; lo primero que debemos procurar en el estudio de una ciencia, es explicarnos cuál es ésta, es informarnos del objeto que se presenta á nuestra investigación. Vamos á dirigir nuestra actividad al estudio del Derecho mercantil de España y de los principales Estados de Europa y América: es decir, vamos á penetrar en el estudio de una de las ramas de la ciencia del Derecho—la que se denomina Derecho mercantil,—considerándola en esa manifestación de su vida, que se nombra Derecho positivo, y no circunscrita dentro de los límites del Estado nacional español, sino en su forma de Legislación comparada, abarcando la de los principales Estados de esos dos continentes representantes genuinos de la civilización moderna. Pues bien; para cumplir esta racional prescripción metódica,—que nos ha de dar sólida base para nuestros posteriores trabajos,—para encontrar el fundamental concepto que buscamos, procediendo analíticamente, preciso es que, descomponiendo en sus más simples elementos un tan complejo objeto, determinemos: primero, cuál es el concepto del Dere-

---

estimables por sus referencias á legislaciones extranjeras; y refundiciones de obras ya anticuadas (como son la de Viso, por el Sr. Salom y Puig, y la de Carreras, por el Sr. González Revilla), que extractan el articulado de la ley y á las que han añadido sus autores, sin duda para adaptarlas á las necesidades de la enseñanza, algunas ligeras y poco importantes indicaciones de legislación comparada, ya incorporadas al mismo libro (Salom y Puig), ya formando un *apéndice* por separado (González Revilla).

cho y cuáles las diversas manifestaciones de su vida para llegar á conocerle como Derecho positivo; segundo, cuál es el concepto del comercio económicamente considerado, para que la unión de ambos términos—Derecho, Comercio,—nos de idea sencilla y clara de lo que debemos entender por Derecho mercantil; y por último, que investiguemos qué justas exigencias lleva consigo el estudio de la Legislación mercantil comparada.

No de otra manera se puede determinar el objeto y carácter de estos estudios, toda vez que, si no conocemos cada uno de sus términos, mal podemos formarnos conocimiento cierto y verdadero del todo que por ellos está constituído.

Frecuentemente se censura por algunos (1), que muchos tratadistas de una rama particular del Derecho,—el mercantil, el político, el penal—abran su indagación con la del Derecho, sin comprender que, en la determinación del objeto especial, de sus estudios no se puede prescindir de elemento alguno de los que integran su contenido.

Mal se puede fijar el concepto del Derecho mercantil, por ejemplo, si al dar comienzo á la investigación se echa en olvido el primer término—Derecho—para preocuparnos tan sólo del segundo elemento—mercantil,—determinando única y exclusivamente el concepto económico del comercio; haciendo titánicos pero vanos esfuerzos para realizar el imposible de explicar la *última diferencia*, prescindiendo en absoluto del *género próximo*, como diría uno de nuestros antiguos escritores, usando la frase gráfica de los escolásticos. Que tan sólo, conociendo lo que cada término es por sí, se puede apreciar racionalmente la relación misma.

«Es imposible, dice Herbert Spencer (2), concebir la idea de un todo sin que nazca al mismo tiempo la idea de las partes

---

(1)   Posada Biesca, entre otros, en su *Programa de Derecho político y administrativo*. Madrid, 1886, pág. 15.

(2)   *Les Bases de la morale evolutioniste*, 1881.

que le constituyen, y no se puede concebir la idea de una parte sin provocar al punto la idea del todo al cual ella pertenece. Mas es preciso añadir, que no se podría tener idea correcta
de una parte sin tener también una idea correcta del todo correspondiente. El conocimiento inadecuado de uno de sus términos, lleva consigo, de muchos modos, el conocimiento inadecuado del otro.»

Una vez determinado el objeto de nuestro estudio, no sólo
por sus límites propios, sino también por el todo sustantivo
fundamental y real á que pertenece, necesario es proceder al
examen de sus *relaciones* con las ciencias afines, toda vez que
la ciencia es una y que los órdenes de verdades que la constituyen no son un simple agregado, sino que forman un perfecto organismo. Estudio interesante que, á la vez que concreta
y aclara, complementa y comprueba el concepto indagado y
obtenido del Derecho en relación al comercio, nos presenta un
cuadro bastante variado de sus *ciencias auxiliares*.

Mas nuestro trabajo quedaría incompleto si no diéramos
clara y exacta noticia de las *fuentes del conocimiento* jurídico
comercial, fijando las *especiales en cada uno de los Estados* cuya
legislación ha de ser sistemáticamente expuesta, trazando á
grandes rasgos su *desenvolvimiento histórico* é indicando, al
propio tiempo, las *principales obras científicas* que el estudio de
esas fuentes ha engendrado.

Por último, la aplicación del *método*, ya de *investigación*,
ya de *construcción*, ya de *enseñanza* científicas al estudio del
Derecho mercantil español y extranjero, cierra el cuadro de
las materias que la introducción comprende, dándonos de esta
manera el concepto de la ciencia jurídico-mercantil, los medios
para investigar en sus fuentes de conocimiento los principios
de su orden, el enlace sistemático de las distintas verdades que
en sí encierra y el método más adecuado para llenar debidamente la noble y sagrada misión del maestro.

Tal es el contenido de la *Introducción* que, por lo expuesto,
se observa; no es un anticipo autoritario de ideas, sino antes

bien *una parte de la ciencia misma, que tiene por objeto la inda-gación de su total concepto.*

Ya tenemos el punto de partida: vamos á estudiar una re-lación económico-jurídica que al comercio se refiere, ó por me-jor decir, vamos á estudiar el comercio jurídicamente conside-rado, y la primera exigencia metódica es que conozcamos este objeto *en sí mismo y en sus esenciales elementos.* He aquí el pri-mer miembro de nuestra clasificación.

Trátase de una relación jurídica, y por tanto, en ella el análisis descubre *sujeto, objeto, fin* y *medio.* De este modo, no por ser el Derecho mercantil un fuero de personas, un derecho especial de determinada clase de ciudadanos, sino antes bien por ser el primer elemento que en la relación económico-jurí-dica del comercio encontramos, puede decirse que inaugura-mos nuestro estudio con la doctrina relativa al comerciante.

No significa esto que la cualidad de comerciante sea condi-ción necesaria para la realización del acto mercantil; pues la calificación jurídica del contrato depende única y exclusiva-mente de su naturaleza. Mas en la teoría del sujeto del comer-cio, no sólo se agita esta cuestión, hoy por fortuna resuelta por la ciencia y la ley con idéntico criterio: hay en ella otro problema más hondo, el relativo á la individualidad jurídica de las sociedades y á su calificación legal de comerciantes. Y cosa rara: la mayor parte de los jurisconsultos alemanes, que, siguiendo las prescripciones de la ley otorgan esta considera-ción de comerciantes á las sociedades mercantiles, niegan al propio tiempo, de todo en todo, su individualidad jurídica; y para que la contradicción sea más notoria, á pesar de esta ne-gación, exponen la doctrina á ellas referente en el tratado de personas.

En este punto, no basta rectificar estas ideas, no basta reco-nocer que las sociedades mercantiles son entes colectivos, in-dividualidades jurídicas; es preciso algo más. De ordinario los escritores que esto reconocen incurren en otro error de tanta ó más transcendencia, cual es, el no distinguir el doble aspecto que las sociedades presentan: que si son entes colectivos, son también formas contractuales. Como entes colectivos, tienen de propio derecho puesto importante en el tratado de personas; como formas contractuales, deben ser estudiadas entre los actos auxiliares del comercio.

Del mismo modo, al determinar el *objeto* del comercio (*la mercancía*), debemos evitar el defecto en que incurren algunos jurisconsultos, como Vidari, Thöl y otros muchos, de llevar á este tratado el estudio de importantes contratos, que tienen natural y lógicamente otro puesto bien distinto en una exposición sistemática.

No basta conocer los elementos de la relación jurídico-comercial; es preciso estudiar también el resultado de esta relación, ó sea *el acto de comercio.* He aquí el segundo miembro de nuestra clasificación.

Si graves, y en ocasiones, insuperables dificultades se levantan, como ya hemos hecho notar, para la calificación legal de los actos de comercio, no son menores las que se encuentran cuando se trata de agrupar estos distintos actos por medio de sistemáticas distinciones. Los legisladores suelen obrar en este punto arbitrariamente, y los jurisconsultos nos muestran clasificaciones artificiales que no resisten una severa crítica.

Los Códigos de Comercio, lo mismo los que aceptan el casuístico sistema de enumeración de los actos que se consideran mercantiles (francés, italiano, alemán, chileno, argentino, mejicano, etc.), que aquellos otros—ciertamente los menos—que, á ejemplo del español y del peruano, se limitan á definiciones generales más ó menos prácticas (1), regulan los

---

(1) El Código mejicano de 1884, al frente de la enumeración que hace de los actos que reputa mercantiles, coloca la siguiente definición: «Actos mercantiles son los que constituyen una operación de comercio ó sirven para realizar, facilitar ó asegurar una operación ó negociación comercial» (apart 1.° del art. 18). La inutilidad de estas definiciones legales hace ya mucho tiempo está plenamente demostrada. Por otra parte, siendo lógicos en la aplicación de la doctrina contenida en semejante concepto, no se concibe la existencia

contratos mercantiles agrupándolos en forma tal, que no se descubre más elemento sistemático que el que ha aportado la tradición, distinguiendo el comercio terrestre-del marítimo. Así es que, bajo el epígrafe *Del comercio en general* (Código francés y los que le siguen—los italianos, el holandés, el grie-

---

de clase alguna de contratos que puedan ser excluidos de la calificación de actos positivos de comercio.

Aunque el texto se refiere al Código español de 1829, el sistema esencialmente se conserva en el de 1885. Hay, sin embargo, una diferencia: el Código de 1829 en los artículos 17 y 1199, y el peruano en los artículos 16 y 1250, limitan su doctrina á todas aquellas «operaciones que en el Código se declaran actos positivos de comercio», por más que el común sentir de los intérpretes haya algún tanto modificado semejante rigorismo, mientras que el Código vigente da más amplitud á la definición, diciendo: «serán reputados actos de comercio, los comprendidos en este Código y *cualesquiera otros de naturaleza análoga* (apart. 2º del art. 2.º). «La Comisión—dice la exposición de motivos, —se decidió al fin por una fórmula práctica exenta de toda pretensión científica, pero *tan comprensiva*, que en una sola frase enumera ó resume *todos los contratos y actos mercantiles conocidos hasta ahora*, y *tan flexible*, que permite la aplicación del Código á las combinaciones del porvenir.»

Prescindiendo de la orgullosa pretensión del legislador de haber regulado en el nuevo Código todos los contratos mercantiles conocidos hasta el día, cuando, *sin causa justificada*, presenta tantas y tan grandes deficiencias como las que hemos señalado, haremos notar aquí, que los sostenedores de la teoría (hoy en moda) de la sustanciabilidad del Derecho mercantil, no han podido ponerse aún de acuerdo para formular una definición de los actos de comercio, y mucho menos para aceptar un criterio fundamental (ni teórico ni práctico) para su calificación, así como no aciertan á explicarse cómo van desapareciendo de los Códigos de Comercio determinados contratos para ser regulados por la legislación civil, y cómo por una serie de aproximaciones, de día en día más numerosas é importantes, van fundiéndose en el crisol de la unidad las teorías generales de la contratación civil y de la contratación comercial. En comprobación de nuestra tesis, basta comparar el Código de Comercio portugués de 18 de Septiembre de 1888 con el nuevo Código que le ha sustituido, obra del Ministro de Justicia, D. Francisco Antonio da Veiga Beirão, aprobado por ley de 28 de Junio de 1888, promulgado por decreto de 28 de Agosto y vigente desde 1.º de Enero de 1889. Y sin embargo, el fenómeno es de fácil explicación, sin más que recordar que «esos mismos actos y contratos pueden y deben ser concebidos, no como especialísimos del comer-

go, el brasileño, etc.), ó *De los contratos del comercio en general, sus formas y efectos* (Código español de 1829 y los americanos que le copian—los del Perú, Costa Rica, Nicaragua, etc.), ó *De los actos de comercio* (Códigos alemán, austriaco y húngaro) ú otros títulos análogos, como *De las operaciones del comercio* (Código mexicano de 1884), *De los contratos* (Códigos argentino y oriental del Uruguay), *De los contratos y obligaciones en general* (Código chileno), etc. (1), todas las legislaciones codificadas han regulado, tan sólo, los contratos referentes al comercio en general y al comercio terrestre, dejando para otro libro la reglamentación de los relativos al comercio marítimo (casi todos los Códigos citados) (2), ó abandonando esta

cio ó determinada industria, sino como generales en la vida social. La compraventa, la sociedad, el préstamo, el seguro, la prenda, la hipoteca, el depósito, etc., etc., podrán, en ciertos casos, realizar directa ó indirectamente el hecho comercio ú otro cualquier fenómeno social, pero nunca por eso perderán su esencia, su característica naturaleza. Y conforme la legislación civil va perfeccionándose y acomodándose á las necesidades de nuestro siglo, así esos contratos, sean ó no reputados como mercantiles, quedan sujetos á idéntica legislación.» (Véase nuestro artículo *Los Tribunales de Comercio en España*. Revista de Asturias, tomo IV, págs. 268 y siguientes.)

(1) El Código español de 1885 adopta el siguiente título: *De los contratos especiales del comercio.*

(2) El epígrafe de ese libro es, por regla general, *Del comercio marítimo.* Sin embargo, algunos Códigos varían la denominación; así el Código argentino, dice: *De los derechos y obligaciones que resultan de la navegación,* y el italiano de 1882, *Del comercio marítimo y de la navegación.*

Son complemento de los Códigos de Comercio, en lo que se refiere al Derecho marítimo, diferentes leyes que, si bien con carácter administrativo, vienen á influir notablemente en el Derecho privado. Italia ha codificado esta legislación en su importante *Codice per la marina mercantile* de 1865, revisado por ley de 25 de Mayo de 1877 y publicado por ley de 27 de Octubre, dictándose además en 20 de Noviembre de 1879, un Reglamento para su ejecución. En Francia se ha hecho en 1867 una recopilación de la legislación administrativa, bajo el título *Réglement sur l'administration des quartiers, sous-quartiers et syndicats maritimes, l'inscription maritime, le recrutement de la flote, la police de la navigation, les pêches maritimes.* En España, aunque se ha hecho una recopila-

importante rama del tráfico al Derecho consuetudinario y á una variada serie de ordenanzas y leyes (Imperio austro-húngaro) ó considerando necesaria una Codificación especial (Turquía en el Código marítimo de 1864.—Egipto al reorganizar sus Tribunales en 1875 y en 1883.—La República de los Estados Unidos de Colombia en la confederación de Río Negro de 8.de Mayo de 1863 y en su Código federal de 10 de Marzo de 1873) (1).

Ahora bien; aceptada esa clasificación tradicional, obsérvese que no carece de lógica el oponer el comercio en general y el terrestre al marítimo como lo hacen los Códigos portugués de 1833 y mejicano de 1854 y el proyecto definitivo de Código

---

ción, ni tiene carácter oficial, ni en ella se citan las fuentes legales, careciendo, por tanto, de importancia.

La ley alemana sobre los hombres de mar (27 de Diciembre de 1872), aunque contiene disposiciones, ya de carácter administrativo, ya de carácter penal, puede ser considerada como parte integrante del Código de Comercio; pues ha venido á sustituir al título 4.° del libro V, artículos 528-556. (Véase el art. 110 de la citada ley.)

Tampoco debe preterirse la legislación disciplinal y penal de la marina mercante, que en Italia se contiene en la parte segunda del *Codice per la marina mercantile;* en Francia en el *Décret-loi disciplinaire et penal sur la marine marchande* de 24 de Marzo de 1852; en Portugal en el *Código penal é disciplinar da marinha mercante* de 4 de Julio de 1864, etc., etc.

Por último, son también fuente interesante para el estudio del Derecho marítimo, las *Ordenanzas de Aduanas,* que á pesar de su aspecto financiero, suelen en ocasiones regular algunas materias del Derecho mercantil privado.

(1) Las naciones que no tienen Código de Comercio han entrado en el camino de la codificación dictando leyes especiales para el comercio marítimo; tal sucede en Inglaterra con su ley sobre la marina mercante (merchant shiping act,.1854) que constituye un verdadero Código, comprendiendo tanto disposiciones acerca del Derecho privado como relativas al Derecho administrativo y que ha sido con frecuencia modificado por diversos bills; en Noruega con su ley de 24 de Marzo de 1860, y en Suecia con la de 23 de Febrero de 1864, y á imitación de Alemania han codificado también su Derecho cambiario (ley escandinava de 7 de Mayo de 1880, reproducida en la de Islandia de 18 de Enero de 1882, y ley inglesa de 18 de Agosto de 1882. Bills of Exchange act, 1882.)

español (1), si bien en el primero esta idea constituye la base del sistema (Parte primeira. *Do commercio terrestre.*—Parte segunda. *Do commercio maritimo*), y en los otros refiérese principalmente á la parte relativa á los actos mercantiles (Código mejicano de Santa Ana. Libro II. *Del comercio terrestre.* —Proyecto definitivo de Código español. Libro II. *De los contratos especiales del comercio terrestre* (2).

---

(3)   Denominamos *Proyecto definitivo de Código de Comercio español* al presentado al Congreso de los Diputados por el Ministro de Gracia y Justicia, Don Manuel Alonso Martínez, en 20 de Marzo de 1882, para distinguirle del *provisional* fechado en 6 de Febrero de 1875 y publicado en 1881 para los efectos del art. 1.º de la ley de 7 de Mayo de 1880.

(2)   El Código mejicano de 1884, como ya hemos visto, ha aceptado para su libro segundo el epígrafe más general *De las operaciones de comercio;* y el Código español de 1885 ha vuelto al *proyecto provisional* (*De los contratos de comercio*) determinando más la idea (*De los contratos especiales de comercio*), denominación que ha adoptado el nuevo Código portugués de 1888.—(*Livro II. Dos contratos especiaes de commercio.*) Este Código (obra importante y notable por muchos conceptos) prescinde del sistema seguido por el Código de 1833 y acepta la clasificación generalmente admitida.—(*Livro I. Do commercio em geral.*—*Livro II. Dos contratos especiaes de commercio.*—*Livro III. Do commercio maritimo.*—*Livro IV. Das fallencias.*).

(Se concluirá.)

RAFAEL DE UREÑA Y SMENJAUD.

EL ARTÍCULO 2.º DE LA LEY HIPOTECARIA

El rigor de la letra es el único fundamento de algunos Registradores de la propiedad, al oponerse á que se reflejen en sus libros las consecuencias naturales y legítimas de ciertos proveídos á los cuales se llega por medio de reglas contenidas en nuestra ley procesal civil.

Últimamente ha sido objeto de la resistencia de los Registradores, un auto recaído en expediente sobre nombramiento de curador ejemplar interino.

La base de la negativa no era otra que el rigor de la letra.

No podía desconocerse que el auto en cuestión se había obtenido en la forma que la ley determina, y que se pedía en la legal á los Registradores de la propiedad, el que hiciesen las anotaciones debidas. Dos funcionarios celosísimos, estudiosos é inteligentes, como salvo rarísima excepción, lo son cuantos tienen á su cargo la directa y práctica aplicación de la ley Hipotecaria, se opusieron sin embargo demostrando un empeño tenaz y decidido de no acudir á otra argumentación que al rigor de la letra.

Los artículos de la ley Hipotecaria y su Reglamento no ampararon las consecuencias de los proveídos judiciales sino cuando éstos eran ejecutorias obtenidas después de la tramitación completa y acabada de un juicio solemne. En efecto; la letra del art. 2.º en su caso cuarto, dijo: que se inscribirían las ejecutorias en que se declarase la incapacidad legal para administrar, ó la presunción de muerte de personas ausentes, ó aquellas en que se impusiere la pena de interdicción ó cualquiera otra por la que se modificase la capacidad civil de las personas en cuanto á la libre disposición de sus bienes.

A confirmar la doctrina expresada vino el Reglamento dictado para la ejecución de la ley Hipotecaria, pero algo amplió su sentido ó aclaró sus conceptos al preceptuar que no tan sólo se inscribirían las ejecutorias que declarasen la incapacidad de alguna persona para administrar sus bienes, ó modificasen con igual expresión su capacidad civil en cuanto á la libre disposición de su caudal, sino también todas aquellas que produjesen legalmente una ú otra incapacidad aunque no la declarasen de un modo terminante.

¿Cerró el paso la ley Hipotecaria á que en el Registro de la propiedad quedaran garantidas declaraciones judiciales hechas con arreglo á la ley pero sin haberlas precedido contención alguna?

No era entonces conocida por no haber nacido, la institución del curador ejemplar interino cuyo nombramiento se hace, no en virtud de ejecutoria decisiva de un litigio, sino por un auto al cual sólo precede una información que admite y oye el Juez árbitro en apreciar su eficacia.

El auto que así se dicta, surte, como proveído judicial, sus debidos efectos; modifica la capacidad de una persona que sólo asistida de un curador y con intervención de éste puede moverse en adelante; pero según opinión de los señores Registradores, respecto á la contratación sobre inmuebles el curador no puede coartar la libertad del incapacitado, de donde se deduce que lo mismo que el mandato judicial trataba de evitar sea lo que suceda.

Si por ser autos únicamente y formular su parte dispositiva *diciendo* y no *fallando* son aquéllos letra muerta, podía el legislador haberse evitado la labor y el estudio que empleó en precaver males frecuentísimos con la creación del curador ejemplar interino.

El rigor de la letra no puede traer tales consecuencias. Por lo menos pudieran señalarse infinidad de casos en que han surtido efecto en los libros del Registro de la propiedad, proveídos judiciales que ni se dieron ni podían darse en forma de sentencias.

¿Qué contención, qué debate, 'qué litigio precede al auto de declaración de quiebra?

¿No separa tal declaración hecha por el Juez de la libre administración de sus bienes al quebrado?

¿No se modifica ó suspende la capacidad civil de la persona á quien afecta?

Un proveído de tanta transcendencia moral y legal se dicta sin audiencia ni citación del quebrado, y surte sus efectos aun cuando el comerciante fallido formule su oposición; es decir, que, como sucede en las apelaciones en un solo efecto, lo que el apelante cree que le perjudica y contra justicia lesiona sus derechos, se lleva á cabo y cumple en todas sus partes mientras el recurso se sustancia.

Las providencias acordadas sobre la persona ó bienes subsisten y tienen efecto práctico ó inmediato, conforme á los artículos 1025 y 1029 del Código de Comercio de 1829, por el cual se sustancian las quiebras.

Puede suceder que el quebrado tenga inmuebles, y como no reflejándose su situación legal en el Registro de la propiedad, quedaba en perjuicio de sus acreedores, en posibilidad de enajenarlos, el auto en cuestión se entrega al señor Registrador, en cuyos libros constan las fincas del fallido, y queda impedida toda contratación sobre los bienes raíces que por el pronto se garantizan de una manera eficacísima.

Son varios los casos en que estos proveídos, que como queda demostrado no son ejecutorios, han surtido sus efectos en el Registro de la propiedad, sin que pueda citarse una excepción producida por el rigor de la letra de la ley Hipotecaria. Pues si los autos de declaración de quiebra surten sus efectos, á pesar de la terminante expresión de la ley Hipotecaria, ¿por qué no han de ser de igual condición los proveídos judiciales sobre nombramiento de curador ejemplar?

La cuestión queda planteada de una manera clara y precisa, afirmando:

1.º   Que cuantos proveídos judiciales nazcan de la observancia y aplicación de la ley de Enjuiciamiento civil deben surtir sus efectos en el Registro de la propiedad cuando modifiquen la capacidad civil de una persona respecto á la libre disposición de su caudal.

2.º   Que la institución del curador ejemplar interino debe gozar del amparo de la ley Hipotecaria y su Reglamento y ser eficaz en la práctica.

3.º   Que si bien la ley de Enjuiciamiento civil no ha señalado la forma de sustanciarse ó tramitarse el antejuicio al final del cual se obtiene el nombramiento de curador ejemplar interino, esta deficiencia no puede servir de apoyo al Registrador, cuyas atribuciones no llegan á la censura ó crítica de la manera de dictarse las decisiones judiciales.

4.º   Que el rigor de la letra de la ley Hipotecaria no puede dejar ineficaces disposiciones que también son leyes, y ya que no derogan completan el alcance de las anteriores.

Y formuladas estas conclusiones, queda iniciada una cuestión práctica, sobre la cual no se solicitará en vano la atención y el estudio de los que en pro ó en contra son convocados á aducir doctrinas y á buscar soluciones.

No son estas líneas sino una iniciación tímida, susceptible de ampliación, como los trazos primeros de un dibujo que pide mejor lápiz para marcar los contornos.

Después del dibujo vendrá el colorido, porque en toda clase de trabajos el método se impone como necesidad imperiosa.

F. SACRISTÁN.

LAS SOCIEDADES MERCANTILES
ANTE LA HACIENDA

Aquellos importantes factores del orden económico, ¿cómo
han sido apreciados al aplicarse las disposiciones referentes al
impuesto de derechos reales y transmisión de bienes? ¿Semejantes disposiciones son claras y explícitas, ó por el contrario,
se hallan redactadas en términos tan ambiguos y oscuros que
vengan á crear verdaderos conflictos en la práctica? A examinar tales cuestiones va encaminado este trabajo, sin más aspiración que indicar soluciónes, á fin de ver si es posible que desaparezca la disparidad de criterios existentes en las oficinas
encargadas de aplicar dichos preceptos, fijando el sentido de los
mismos.

Dispone el párrafo 1.° del art. 14 del Reglamento del impuesto de derechos reales y transmisión de bienes de 31 de Diciembre de 1881: 1.°, que los bienes y derechos reales aportados á toda clase de Sociedades, excepto la conyugal, pagarán
0,50 por 100 de su valor; y 2.°, que igual cuota satisfarán al
tiempo de disolverse, convertirse ó transformarse, así como
por las adjudicaciones ó transmisiones que se hagan á los socios ú otra Sociedad de los bienes ó derechos reales que constituyan el todo ó parte del haber social, con la sola excepción

de que si se adjudican los mismos bienes ó derechos que se aportaron, sólo se satisfarán 0,25 por 100.

Como se ve, el legislador ha previsto con gran lujo de detalles cualquier movimiento de riqueza que lleve consigo las operaciones de una Sociedad, exigiendo en el acto el impuesto; y si bien no hemos de discutir su cuantía, que nos parece justa y aun moderada, sí hemos de procurar fijar el sentido de las frases *transformarse ó convertirse*. ¿Se ha querido decir con ellas que toda simple variación, aunque no sea más que de nombre, debe pagar impuesto; ó por el contrario, se ha querido aludir á una modificación total que lleve consigo verdadero movimiento y hasta transmisión de caudales?

No se nos oculta que dos opuestas escuelas han de pretender que sobre este punto prevalezcan sus contrarios criterios, y seguramente los adeptos del sistema fiscal han de ver en aquellas dos palabras un apoyo eficaz para exigir el impuesto á la más pequeña evolución que sufra cualquiera Sociedad, mientras que sus contrarios, exagerando los términos opuestos, en muy pocas ocasiones creerán cumplirse las condiciones á que se refieren tales palabras. Opinamos nosotros, despojándonos de todo apasionamiento, que no sólo tenemos que acudir para fijar su verdadero valor al sentido gramatical, sino también al propósito del legislador.

Convertirse, entendemos que gramaticalmente supone tanto como dejar de existir una especie, para que surja ó se cree otra distinta con sus elementos esenciales y con el mismo sello característico; mientras que *transformarse* es palabra de significación menos amplia en el desenvolvimiento de su concepto, pues tan sólo supone una variación de los elementos que informan su esencia, viniendo á ser distinta según el objeto á que se aplica.

Ahora bien; teniendo en cuenta el criterio que domina en la exacción del impuesto de derechos reales de gravar toda transmisión y aun evolución de bienes ó derechos, creemos que con las palabras *transformarse ó convertirse* se han querido gravar todos aquellos actos realizados por una Sociedad que alteren el capital de la misma ó el objeto de la industria á que se dedique, así como la ampliación de fines especulables, pero que jamás pueden referirse á simples alteraciones de estatutos, tan frecuentes en las Sociedades, y originadas por el hecho de que después de su constitución se encuentran deficiencias y hay necesidad de llenar vacíos en estatutos posteriores que perfeccionan las bases generales señaladas al principio, siendo de advertir que por la simple alteración del capital social, á nuestro juicio, debe satisfacerse el impuesto correspondiente á la diferencia habida entre el anterior y el que nuevamente se aporte, pues de girarse la liquidación sobre el total, y habiéndose satisfecho ya por las anteriores aportaciones, se infringiría el artículo 35 del citado Reglamento, que taxativamente preceptúa que por una sola convención no se exija más que el pago de un derecho.

Siguiendo en el examen del art. 14 del Reglamento mencionado, nos encontramos con que en él se establece una distinta forma de tributación, según esté representado el capital social por acciones ú obligaciones; pues en el primer caso, la cantidad que se ingrese será el capital aportado, y en el segundo, el capital desembolsado ha de considerarse como préstamo, satisfaciéndose al ingreso el impuesto de 0,10 por 100, con la particularidad de que, en el caso de haber amortización, ha de pagarse cón arreglo al capital al llevarse á efecto dicha amortización, lo mismo en cuanto á las obligaciones que se emitan en lo sucesivo, como las anteriores á la promulgación del mencionado Reglamento; y notándose que también varía el tipo de cotización, según se trate de acciones ú obligaciones. En el primer caso, el impuesto es de 0,50 por 100, y en el segundo, considerándose el capital desembolsado como préstamo, sólo se satisface 0,10 por 100; sobre cuyo extremo, con fecha 21 de Marzo de 1887, se ha dictado un importantísimo Real decreto-sentencia, en el que, á virtud de la reclamación interpuesta por la Compañía del ferrocarril del Norte contra la Real orden del Ministerio de Hacienda de 27 de Noviembre de 1883, confirmando cierta liquidación girada por la oficina de esta capital se declaró: 1.°, que el tipo regulador como cuota exigible para las hipotecas constituídas en garantía de obligaciones por Compañías de ferrocarriles es el de 0,50 por 100; 2.°, que la base liquidable debe ser el capital garantido y no el desembolsado; y 3.°, que igualmente están sujetas al impuesto las dos anualidades de intereses que la ley Hipotecaria garantiza en perjuicio de tercero.

Nada más que palabras de elogio podemos tener á propósito de este Real decreto-sentencia, por el que viene á establecerse para la emisión de acciones hipotecarias de Compañías de ferrocarriles igual tipo de liquidación y las mismas condiciones que para las hipotecas en general; si bien en la práctica puede, en nuestro concepto, surgir la duda de si este precepto que taxativamente hace referencia á las acciones hipotecarias emitidas por las Compañías de ferrocarriles, es aplicable á las acciones que reunan esta condición emitidas por toda clase de Compañías ó Sociedades. Opinamos que existen las mismas razones, y que, por tanto, la aplicación del indicado Real decreto-sentencia es de carácter general, pero de todas suertes debiera aclararse esta duda, pues bien pudiera ser origen de diferente aplicación por las oficinas liquidadoras del impuesto y de enojosas reclamaciones administrativas.

Respecto á las obligaciones hipotecarias emitidas por las Sociedades, á tenor del art. 11 de la ley de Presupuestos de 1887-88, deben satisfacer 0,10 por 100, conforme á lo dispuesto en el párrafo 13 del art. 2.° de la ley de 31 de Diciembre de 1881. (Art. 14 del Reglamento.)

Por último, en dicho art. 14 del Reglamento se preceptúan prolijos medios de fiscalización para que no se defraude el impuesto por este concepto, disponiéndose que las Sociedades que emitan acciones ú obligaciones deberán presentarse en las oficinas liquidadoras al hacer efectivos los capitales representados por aquéllas, y al verificarse la amortización total ó parcial de

las obligaciones para realizar el pago de los derechos correspondientes, y sin perjuicio de las responsabilidades administrativas que se establecen en el mismo, serán considerados como
defraudadores los representantes legales de las Sociedades que
lleven á efecto aquellas operaciones sin haber pagado previamente el impuesto.

AGUSTÍN M. MIQUEL IBARGÜEN.

Consulta de D. José Miranda, Cura de la parroquia de Valdesoto, y respuesta de los Reverendísimos Padres Maestros del Convento de San Esteban de Salamanca, Orden de Predicadores, sobre contratos de ganados. *

CONCLUYE LA RESPUESTA

RESPÓNDESE Á LA DUDA SOBRE LA SEGUNDA ESPECIE DE CONTRATOS QUE LLAMAN DE MEDIA GANANCIA

23. Este contrato se distingue, como lo demuestra su forma y nombre, del antecedente en que se extiende á más, haciéndose cúmulo del capital y aumento ó frutos de él, para que todo su valor, sacado el precio en que se estimó al principio, se reparta por mitad entre los dos contrayentes. Y en cuanto á la primera parte de él, Silvestro, loc. cit., q. 7, resp. 1, dice así: «*Si dans det accipienti bobem vel vitulum triendos ad annum sic, quod tunc eis venditis, dans accipiat suum capitale, et lucrum, dividatur est licitum secundum Archid, si dans retinet in se periculum fortunæ, et accipiens non obligetur ei in aliqua supplere, si animalia vendantur minus quam fuerant empta, alias capitale esset salvum quod non licet.*» Lo mismo dice San Bernardino, Serm. 40, art. 2, cap. 1, y San Antonino, loc. cit., núm. 41: con que observándose las condiciones de que la pérdida del capital ó su disminución no sea por cuenta del tenedor, sino en caso de culpa ó dolo, es el contrato corriente.

24. Para resolver en cuanto á la segunda parte, ó segundo

---

* Véanse las páginas 677 del tomo anterior y 265 de este tomo.

modo de hacer este contrato con vacas de cría, que por lo más común se disminuye, como se expone en la consulta núm. 4 y siguientes, es menester primero examinar qué fuerza tiene la estimación del precio, y si equivale á venta ó no. San Bernardino, Serm. cit., art. 1, cap. 3, casu 3, y San Antonino, núm. 40, siguiendo á Baldo, loc. cit., q. 8, dicen que la estimación del precio no es venta. Angel, núm. 8, y Silvestro, que le sigue, q. 6, respons. 5, dicen que si por una ú otra sentencia se alegan leyes del Digesto, en que se fundan una y otra, son en parte verdaderas, y concuerdan en lo más.

Azor, loc. cit., q. 11; Molina, disp. 420, y Bonacina, loc. cit., núm. 6, pretenden reducir estas dos sentencias á concordia, diciendo que si la estimación del precio es á fin de que, aunque perezca el capital sin culpa del tenedor, éste deba pagar en todo evento el precio en que se estimó, es venta. Pero si la estimación del precio es sólo á fin de que el tenedor le deba restituir en caso de que perezca el capital por dolo ó culpa suya, en tal caso no es venta, y el peligro casual va por cuenta del dador.

25. De aquí infiere Bonacina, que en caso de ser venta, será usura, si el dador, además del precio del capital, lleva parte de la ganancia ó cría; y en caso de no ser venta, dice que si el capital se pierde casualmente, le pierde enteramente el dador, y si se pierde por culpa del tenedor, éste debe restituir, no el precio en que se estimó, sino el que valía cuando se perdió, menos que se haya sacado en justo pacto lo contrario; y conforme á esto dice, núm. 9: «*Ulterius patet illicitam videri societatem qua titius tradit Cayo duas vacas hoc pacto est in fine tempore prescripti lucrum dividatur, pretium vero illarum tradatum titio justa estimationem quam bacœ habebant tempore traditionis. Otoc. tamen limita, nisi gravamina mercede justa compensentur.*»

Esta doctrina, además de hacer inútil en estos contratos de aparcería la estimación del capital, pudiendo haber excusado los autores disputar sobre lo que se deba practicar cuando se da el ganado apreciado, no tanto reduce á concordia las dos sentencias referidas, cuanto las impugna. Para cuya declaración es menester referir lo que dicen unos y otros, aunque sea con alguna prolijidad.

26. Baldo dice así: «*Octavo quæro: dedi asinam meam in Socidam in quinquenium, et est consuetudo, quod in fine quinquenni dividantur asina, et fœtus, ul pecudes, et fructus pecudum: interim asina perit naturaliter: numquid rusticus tenebitur mihi ad aliquid? Dic, quod non: quia eodem modo esset peritura penes me, etiam si fuerit estimata, quia in contractibus non ordinatis ad dominium transferendum, estimatio non facit emptionem, ff. co leg. cum duobus damna, etc.; ff. locati leg. 3 et hoc per regulam traditam; ff. de contraend. emp. leg. cum manu sata § nemo. sed quid si perit casu fortuito, cui resisti non posuit? Textu dicit in D. 3 damna, quod periculum est comune: unde si asina erat estimata decem, rusticus tenebitur mihi quinque reficere, nam, si mi reficeret, totum damnum meum esset, quod est contra illum textum, qui dicit: quod damnum est comune; et sic aliter judicamus de casu fortuito, et aliter de casu naturali; si intervenit culpa rustici, tenetur emendare totam asinam; quia ante tempus societatis dividendæ, tota asina mea est, licet estimata fuerit tradita.*» San Bernardino y San Antonino no hacen más que trasladar esta doctrina.

27. Silvestro, casi trasladando á Angel, dice así: «*Quintum. Si vero hujusmodi animalia dentur estimata, et sine terra laboranda, periculum casus fortuiti est commune. leg. cum duobus damna ff. pro socio: quia estimatio in hoc casu facit emptionem leg. estimata ff. solemni matrimon. et sic dominium pro parte remanet apud tradentem, et etiam pro alia parte ratione communionis, in illum, cui communicatur, etiam sine traditione transfertur, leg. 1, § in societate, ff. pro socio: et perinde est, ac si dans mutua et præcium societatis socio ul ipse posuisset aliam medietatem, et communiter ab ipsis res esset empta, et sic in societate possita: unde quilibet tenetur pro dimidio, nisi culpa, vel dolo alterius eveniret, quo casu esse solus culpabilis dicto § dam-*

na, et ita tenent multi, maxime Angelus, quod tamen aliqui (los referidos con Baldo) *limitant de periculo fortuito; non autem de naturali; sed est solius dantis: quia etiam apud eum erat peritura. Quod ideo dixit: quia credit estimationem hoc casu non facere emptionem, in quam, venditionem, quod tamen est falsum ut patet in leg. 3, ff. locati, unde cum hoc casu meliora menta naturalia communicentur leg. si à fuerint ff. pro socio, combenit etiam naturalia pericula dividi: sed tamen hoc limita veram, nisi aliud sit convenium exprese* (de esta suerte explica la sentencia contraria), *et sic intelligitur § nemo in leg. cum manu sata* ff. *de contrahend. empt. ul nisi aliud sit de consuetudine, quia intelligitur actum quod est consuetum: unde si pactum sit quod periculum capitalis non sit commune non erit licitus contractus, nisi is qui allebiatur in uno, in alio equivalenti gravetur.* Leg. *secundum naturam.* ff. *de re judic.*

28. Si se reflexiona esta doctrina de unos y otros claramente se ve, que, aunque son opuestas las sentencias en el modo de hablar, es muy poco lo que en la realidad se distinguen. Convienen unos y otros, lo primero en que si perece el capital por culpa ó dolo de uno de los compañeros, de éste sólo es todo el daño. Convienen lo segundo, en que si perece el capital por casualidad inculpable, el daño es común, de tal suerte, que debe el tenedor restituir al dador la mitad del precio en que se estimó; y de esta suerte se conforman unos y otros con la resolución del referido § *damna,* que dice así: «Damna, quæ imprudentibus (scilicet ignorantibus, seu providere non potentibus) accidant, hoc est, damna fatalia, sociis non cogentur præstare, ideoque si pecus est matum datum est, et in latrocinio, aut incendio periit, comune damna tunc est; si nihil culpa aut dolo acciderit ejus, qui estimatum pecus accepit, quod si á furibus (de quienes se debía precaver) subreptum sit, proprium ejus detrimentum est: quia custodiam præstare debuit, qui estimatum accepit: hæc vera sunt et pro socio erit actio, si modo, societatis contrahendæ causa, pascenda data sunt, quamvis estimata.»

Convienen lo tercero, en que la estimación del precio no es venta en el sentido que la entendieron Azor y los demás citados, núm. 24, esto es, que en este caso no hay venta por la cual el dador traslada todo el dominio de la vaca apreciada al recipiente; pues unos y otros convienen en que todavía se compadece con la estimación del precio el contrato de *compañía* y comunicación de daños y ganancias, como consta del referido § *damna*.

29.   La distinción, si alguna hay, consiste en que Angel y Sivestro dicen que es otro género de venta que hace el dador, no al tenedor, sino al común ó compañía de los dos, que es otra tercera persona ficta, cuya parte ó miembro es también el dador; y viene á ser virtualmente lo mismo que si con dinero de los dos, poniendo cada cual la mitad del precio, ó por mejor decir, poniendo el dador por su parte la mitad del precio y prestando al otro recipiente la otra mitad, con todo esto junto se comprase en nombre de los dos á otro extraño una vaca, la cual se había de tener á aparcería. Y en este sentido viene á tener este contrato alguna ó mucha similitud con el otro que llaman *de medio á medio*, de que se hablará después.

30.   Esta doctrina no la niega, por lo menos expresamente, Baldo, como se ve, sino la otra venta entre personas particulares. Aunque por cuanto dice que en caso de pérdida, ó muerte natural, del capital, no debe ser el daño común (como quiere Angel y Silvestro), sino sólo del dador, parece que niega aun esta venta ó por lo menos no la conoció. Y así pasaron San Bernardino y San Antonino. Mas la doctrina de Angel y Silvestro parece más fundada. Lo uno, porque en la comunicación de bienes que se hace en el contrato de compañía, aunque no sea en forma expresa de *compra y venta*, no obstante que virtualmente equivalga ó pueda equivaler y tener el efecto de ella. Consta de la ley 1.ª *in societate* ff. *pro socio*, cuya decisión es: «*in societate omnium bonorum omnes res, quæ cocuntium sunt, continuo comunicantur.*» Y se añade en la ley 2.ª la razón: «*quia licet specialiter traditio non interveniat, tacite tamen videtur in-*

tervenire»; y asimismo la glosa: *«quia quod suo nomine possidebat, nomine communi videatur, incipere possidere, et sit possesio acquiritur in comuni et dominium.»* De suerte, que la vaca que era antes privativamente del dador, puesta en aparcería, estimando el precio de ella, ya es igualmente de los dos. Lo otro, por lo mismo que confiesa Baldo que la pérdida casual es daño de los dos; porque si de ningún modo hubiera venta ó efecto de ella, sino que el dador quedase siempre con el mismo dominio privativo que tenía antes sobre el capital, de la misma suerte había de correr por su cuenta el peligro casual y el natural.

Y así en la edición de las obras de Baldo en León, año de 1539, se puso á la margen del lugar citado esta nota: *«inter casum fortuitum, et casum mortis, non reperit diferentiæ rationem, licet Baldus hic, et in lege cum duobus § si in eo eunda ff. eodem facit istam diferentiam, unde forte verior est opinio, quam ipse indistinte ponit in leg. si pascenda subp. de pactis.»*

Sobre esta ley *si pascenda,* dice Baldo así: *«¿quærit hic Petrus ponamus, quod vos estimatus datus est rustico in Soccidam, casu fortuito perit vos, cujus est periculum? Dicit ipse quod est commune periculum: unde rusticus tenetur emendare Domino medietatem extimationis, ut ff. pro soció leg. cum duobus § si autem non fuit estimatus, totum periculum est Domini. Hæc sunt vera, nisi Pastor fuisset in culpa: quid tunc totum periculum est Pastoris secundum Petrum: Conclude tres casus: interdum totum periculum est Pastoris ratione culpæ: interdum totum domini ratione retenti dominii* (nótese esto) *rei inestimatæ: quia perit casu fortuito: interdum commune periculum ratione estimationis: sed opponitur: ipsa estimatio fecit emptionem: totum periculum est Pastoris, ut leg. necesar de peric. et commod. rei venditæ. Respondeo, quod illa estimatio non facit emptionem, quod ex se apparet: quia fructus bobis debent esse communes: nam, si esset emptio, essent solius emptoris: unde adest, quod estimatio, in qua tota utilitas non pertinet ad recipientem, non facit proprie emptionem. Et hic notabitur dictus § damna.»* De esto último se convence que la venta que niega Baldo es aquella en que el dador traslada enteramente el dominio al recipiente, pero no niega que la estimación del precio haga que la pérdida sea en daño común, como consta de aquellas palabras: *«interdum commune periculum ratione estimationis.»* Sin que haga también que el dominio sea común, que virtualmente es equivaler al contrato de compra y venta en la forma explicada con doctrina de Angel y Silvestro.

31. De aquí se infiere contra la opinión de Bonacina: primero, que aunque la estimación del precio tenga virtual equivalencia ó efecto de venta, no por eso es usura que el dador participe de la ganacia; seríalo si fuese venta de persona á persona, trasladándose todo el dominio de una á otra, pero no siendo venta en el modo explicado, esto es, haciéndose la venta de modo que el comprador sea el común ó compañía, cuya parte es el dador que, por tanto, queda con parte del dominio; y si todavía pareciese que el contrato hecho en esta forma no es venta, quedaremos en cuestión de *nombre*, que importa poco con tal que el daño que inculpablemente acaeciere sea común, según la decisión del referido § *damna*, y, por consiguiente, sea también el dominio común: y segundo, que el dador tiene derecho á cobrar, ante toda repartición, el precio en que se estimó el capital (habiendo de qué), y no aquél solo que valía cuando pereció, porque el deudor de este precio es el común; y así, habiendo en este bastante para pagar, lo debe hacer. Estimóse la vaca en veinte ducados, v. g., lo que en fuerza de lo dicho es lo mismo que haber puesto el dador diez y el tenedor otros diez, que recibió prestados del dador. Pues antes de la repartición á nadie se hace injuria sacando cada uno sus diez ducados y restituyendo después el tenedor al dador los diez que recibió prestados de él, y así se verifica que justamente saca el dador antes de partir los veinte ducados en que se apreció la vaca, ó el equivalente de ellos.

Sólo puede tener verdad la doctrina de Bonacina en caso

de que se pierda el capital por culpa del tenedor, que entonces debe éste restituir al común, no el precio en que se estimó la vaca, sino el que valía (fuese más ó menos) al tiempo en que se perdió. Pero después de reintegrado el común en esta pérdida, siempre queda la obligación de que del mismo común cobre el dador el precio en que al principio se estimó la vaca.

32. Pero resta averiguar de qué manera han de ser los dos compañeros participantes del daño, ó si en cualquiera evento en que, por casualidad ó naturalmente, perezca el capital, se deba repartir el daño, de suerte que nunca sea todo para el dador, porque esto parece que se infiere de la doctrina dada, y en la Consulta no se dice si se practica así; y antes bien, diciéndose en el núm. 13 que en el primer modo de celebrar este contrato (esto es, cuando se dan bueyes ó vacas, no para criar, sino para que mejoradas en sí mismas y vendidas se reparta la ganancia), queda el peligro á cuenta del dador, lo que debe ser así, como se ha resuelto arriba, núm. 23; y no diciéndose en el núm. 14 y siguientes de la Consulta que su_cede lo contrario cuando se dan en este segundo modo de contrato vacas apreciadas para criar, puede suceder también que el peligro de ellas (si acaso mueren sin dejar crías) corra únicamente por cuenta del dador, mayormente asentándose en el núm. 17 de la Consulta, que el que las dió siempre queda dueño de ellas.

33. A esto se dice: lo primero, que en doctrina de Silvestro es así, que en este segundo modo de contrato nunca está á peligro del dador todo el daño que se puede padecer por pérdida del capital sin que deje crías de que se pueda reintegrar, sino solamente por mitad; y así concluye la doctrina referida número 27: «*Sed adverte, quod in fine societatis opportet socium solvere danti medietatem dati animalis, quia illa fuit mutuata.*» Y si los contratos se hacen en esta forma, fácilmente se deduce lo que se debe practicar en los casos siguientes:

Lo primero, puede perecer el capital por culpa del tenedor; y esto puede suceder, ó quedando efectos con que se pueda

reintegrar, ó no quedando: en uno y otro caso debe restituir
el tenedor, no el precio en que se estimó al principio, sino
aquello que valía al tiempo en que pereció, como queda dicho
al fin del núm. 31. Hecha esta restitución inmediatamente al
común y no al dador, se debe hacer de la cantidad restituída y
efectos del capital, si han quedado, un cúmulo, y éste, ó no
alcanza todavía el precio en que so estimó al principio el capital, ó alcanza y no sobra, ó sobra. En el primer caso, al tiempo
de deshacer la compañía, después de haber sacado el dador
lo que hay, de lo que falta deberá todavía el tenedor dar la
mitad, y la otra mitad la perderá el dador. En el segundo, se
llevará todo lo que hay el dador y nada el tenedor. En el tercero, se repartirá lo que sobre de ganancia.

Lo segundo, si perece natural ó casualmente el capital, y
no quedan efectos de que se pueda sacar el precio en que so
estimó, ó aunque queden no son bastantes, deberá el tenedor
restituir la mitad del precio, ó la mitad de lo que falta para
su cumplimiento, al dador, quien perderá la otra mitad; si
quedan los efectos precisos y no vale más que el precio en que
se estimó el capital, se los llevará todos el dador, y solamente
cuándo sobra, habrá ganancia que repartir. Y nada de esto se
opone á la constitución de Sixto V referida, núm. 2, pues aquélla habla en términos de quedar enteramente salvo el capital
en todo evento, aunque no queden frutos de él, y aquí no es
así.

34.   La duda que de esta doctrina podría resultar, por cuanto el tenedor, además de estar á su riesgo la mitad del capital,
pone también la custodia y sustento de él y de las crías, está
precavida con lo que se dice en la Consulta números 2 y 3, conforme á la doctrina que inmediatamente á la referida, núm. 27,
da Silvestro, casi trasladada de Angel, loc. cit., núm. 9, donde
dice así: «*Sed in hoc casu diligentive advertendum est. Nam possit
quilibet sociorum ponere tantum respectu animalium quæ estimata
tradita sunt, sed rusticus socius plus ponit respectu operam est
et custodiæ: non videtur quod fructus permedium sortiri debeat,*

et de hoc alios dubitare vidi, et ideo putarent arbitrio boni viri convenire, ut æqualitas servetur. Quod si talis custodia animalium, quam ponit rusticus sit, aut fieri potest per pupilos, aut minores, quorum operæ non sunt in magna estimatione (licet aliquæ sint in puberis operæ, ut leg. fin. ff. de liberali causæ), et tunc si quam aliam utilitatem ex animalibus percipit socius rusticus quam alius... quæ vero similiter cum opera pastoris compensari possit, tunc isti fructus in foro conscientiæ æqualiter partire possunt.»

35. Dícese lo segundo, que, aunque Silvestro no da más doctrina que ésta, de ella se infiere que se puede concebir el contrato de forma que, en caso de perecer natural ó casualmente el capital, sin quedar efectos ó no quedando bastantes para igualar el precio en que se estimó, sea todo el daño del dador, sin que le deba restituir cosa alguna el tenedor; porque, asentado que la estimación del precio es venta que hace el dador al común, así como se debe hacer en nombre del común la compra con dinero de los dos, parte que pone el dador y parte que éste presta al tenedor, así también se puede hacer con dinero que todo lo ponga el dador en recompensa de la industria, expensas y trabajo del tenedor: como en el caso en que, no teniendo vacas ninguno de los dos y queriendo hacer aparcería, el dador pusiese cincuenta ducados á su riesgo y el tenedor hubiese de comprar con ellos dos vacas á otro extraño y mantenerlas á aparcería: á esto puede equivaler la estimación del precio. Y es el ejemplo claro en dos comerciantes v. gr., en sedas que hagan contrato de compañía, habiendo de poner uno la industria solamente y el otro mil ducados: en este caso, lo mismo sería poner los mil ducados en dinero, qué en sedas que lo valiesen, y de la misma suerte quedarían á riesgo del dador puestos en géneros, que puestos en ser. Lo mismo puede suceder en nuestro caso, suponiendo, como se debe suponer, que las vacas no se aprecian, ni sirven de capital en cuanto á su ser material, sino en cuanto son fecundas, conforme á lo dicho, números 11, 16, 17 y 19. El contrato de esta

forma, siempre que al tiempo de deshacer la compañía haya efectos de que sacar el precio, en que se estimó el capital, se deberá sacar antes de repartir las ganancias; y si no quedasen, habiendo perecido natural ó casualmente, se quedará el dador sin él, si falta todo ó sin la parte que faltase, como se practica en los demás contratos de compañía, sobre lo que se puede ver lo dicho por Cayetano *in sum. verb. societas*, y si hubiese pérdida por culpa del tenedor, éste deberá satisfacer el importe al dador. No parece que pueda haber otro modo más que los dos dichos para hacer este contrato; y cuál de los dos sea adaptable á la materia presente, lo dirá la práctica y el juicio en que estén los contrayentes.

RESPÓNDESE Á LOS DOS ÚLTIMOS CONTRATOS

36. De la doctrina que se acaba de referir, núm. 34, consta la justificación de la tercera especie de aparcería, que llaman *de medio á medio*, mayormente porque, aunque es más costoso el cuidado y trabajo de mantener las vacas en los parajes donde se practica este contrato, son también de mucha mayor estimación, como se expresa en el núm. 8 de la Consulta, las utilidades de la leche, y que por esta razón parece que sería suficiente el salario de un pastor, si por los dos se alquilase. Y añádense las mayores libertades que se refieren, núm. 19, á favor del tenedor que ellos estiman y procuran sacar y mantener, parece que todo su trabajo y cuidado queda bastantemente recompensado. Y así es razón que, siendo el capital por iguales partes de los dos, se repartan con la misma igualdad los frutos de él.

37. La misma doctrina se debe tener presente para el último contrato, pero con advertencia de que, aunque sea de tan poco costo el cuidado de la yegua, no por eso es indigno de toda estimación, sino que merece algunas, aunque cortas, conforme á la referida ley última *de lib. caus.* Y así es menester ver si el tenedor de la yegua percibe alguna, aunque corta, utilidad del

uso de ella. Si la percibe, puede pasar el contrato, que ya tiene introducido la costumbre. Pero, si ninguna, aunque cortísima, utilidad percibe, ó la que se dice en el núm. 7 de la Consulta, que percibe, no es suficiente recompensa del trabajo de cuidarla, debe el comprador de la mitad de la yegua pagar á su compañero lo que á arbitrio de prácticos se juzgase que merece por su trabajo el tenedor. Si este contrato se hace regularmente entre personas á quienes no hay motivo de presumir que les constriñe necesidad, podrá aplicarse con lo que queda dicho arriba en la primera regla lo que se dijo en la tercera.

Este es nuestro sentir, salvo *meliori,* en este Convento de San Esteban de Salamanca, Orden de Predicadores, á 8 de Junio de 1741.

Por la copia,

B. D. DE R.

Llanes: Enero de 1888.

ARANCEL

HONORARIOS QUE DEVENGAN LOS REGISTRADORES DE LA PROPIEDAD *

MANIFESTACIONES DE LOS ASIENTOS, CERTIFICACIONES
Y BUSCA DE ANTECEDENTES

MANIFESTACIÓN

Número 8.º

	Pesetas
Por la manifestación del Registro, por cada finca cuyo valor no llegue á 100 pesetas.....................................	0,25
De 100 pesetas á menos de 500...........................	0,50
500 ó más, sea cualquiera su valor.....................	1

Tiene por base exclusivamente la finca, sea cualquiera el número de las inscripciones ó cargas que sobre ella graviten, y el de los Registros que siguiendo las inscripciones del propio número *duplicado*, *triplicado*, etc., se hubieren abierto en los libros. Tampoco se tiene en cuenta los diferentes dueños á quien pertenezca ó personas interesadas en ellas y en las cargas.

---

* Véanse las páginas 891 y 488 de este tomo.

Los honorarios son por cada finca.

No obstante, si varias fincas están comprendidas en el mismo asiento en la antigua Contaduría, se consideran como una sola. Así se resolvió. (Resoluciones de 4 y 6 de Agosto de 1863 y 22 de Agosto de 1865.)

También por analogía creemos aplicable este número, aunque se limita á finca, al·caso de manifestación de un derecho real ó asiento antiguo general y no designe fincas, y sin embargo, pueda interesar á los particulares conocer é investigar.

CERTIFICACIONES LITERALES

Número 9.º

Por la primera página de las certificaciones literales se cobrarán los honorarios correspondientes, según la siguiente escala:

	Pesetas.
Si en todo ó en su mayor parte se refiere á finca ó fincas, derecho ó derechos que valgan menos de 400 pesetas..........	0,50
De 400 á menos de 500.................................	4
500, sea cualquiera su valor..........................	2

Número 10.

Por las demás páginas que comprendan las certificaciones se cobrarán la mitad de los honorarios consignados en el número precedente.

Son precisos y terminantes.

Como la certificación puede interesarse de los asientos y cargas de una finca, ya de los asientos y cargas de un derecho, los tipos de la escala se aplican según se trate de uno ú otro, como expresamos más detalladamente en el siguiente número.

Se presta, en las certificaciones literales, un trabajo puramente material, y éste es el que se retribuye, por lo que excediendo de 500 pesetas el valor de la finca ó derecho de que se trata, se devenga sólo una cantidad igual de 2 pesetas, que era el tipo señalado por el antiguo Arancel.

Lo consideramos equitativo.

CERTIFICACIONES EN RELACIÓN

Número 11.

Por cada asiento de que se expida certificación en relación:

	Pesetas.
Si se refiere á finca ó derecho que valga menos de 50 pesetas..	0,25
Si vale de 50 á menos de 100.............................	0,40
100 » 300.............................	0,70
300 » 500.............................	1
500 » 2.500.............................	1,50
2.500 ó más, cualquiera que sea su valor............	2

La relación de cada asiento en una misma certificación no se cobrará más que una vez, aun cuando se refiera á varias fincas.

Se contrae á fincas y también á derecho con separación, pues que de unas y otro cabe pedir ó reclamar la certificación.

Entendido así, se evitan dudas que por de pronto ha de suscitarlas este número á alguno.

De finca.—Los asientos de que se certifique, pueden ser de dominio de la misma, de hipoteca ó gravamen. Por cada una se cobran las cantidades señaladas, según el valor de la finca, aunque la carga sea de otro menor.

De derecho real.—Idem, íd. Pues pedida la certificación del dominio y cargas que se refieran ó graviten sobre un censo, un crédito hipotecario, etc., los asientos respectivos pueden ser también de transmisión, de anotación, hipoteca ú otro gravamen impuesto sobre el censo principal de que se trata y de distinta cantidad.

Por cada uno se percibe la cuota fijada, según el valor del derecho.

Por tanto, el asiento en relación comprensivo de un gravamen, que es de 50 pesetas cuando la finca ó fincas valen más de 500 pesetas sin exceder de 2.500, devenga, no 40 céntimos, sino 1,50 pesetas, atendido el valor de la finca de que se trata y en armonía con la jurisprudencia de la Dirección. (Resolución de 16 de Marzo de 1881.)

Se sienta en ésta la doctrina de que tratándose de certificación de libertad de una finca, sirve de tipo el valor de ésta, aunque el gravamen sea de la menor cuantía (50 pesetas).

Según el último párrafo de este número, la relación de cada asiento en una misma certificación no se cobrará más que una vez, aun cuando se refiera á varias fincas.

¿Quiere esto decir que cuando 20 ó 30 fincas resultan afectas al mismo censo ó gravamen hipotecario, relacionada la carga, se percibirán los honorarios como si se tratase no más que de una finca? Nos parecería injusto, y en casos dados vendría á resultar que por la manifestación simple se devengarían 20 ó 30 pesetas, mientras que por la certificación sólo 1,50 pesetas, contrayendo responsabilidad el Registrador, y en la manifestación no.

Esto sería un absurdo.

Por ello creemos que este precepto es aplicable al caso en que están gravadas varias fincas y comprendidas en el mismo asiento.

En rigor, el asiento aquí examinado y existente, es uno: que no haría más que reproducirse en la certificación, si se van exponiendo sucesivamente y con separación ordenada cada una de las fincas. (Resoluciones de 4 y 6 de Agosto de 1863 y 22 de Agosto de 1865.)

Esto es lo que la ley quiere evitar, el que por esa reproducción se vuelvan á devengar honorarios. Y no tiene lugar cuando cada finca cuenta su inscripción ó asiento especial del gravamen, aunque sea el mismo, porque entonces son distintos asientos. Así conviene la jurisprudencia del Centro.

En una palabra, esto es aplicable al Registro antiguo y no al moderno.

¿Por qué esta escala no contiene otros tipos superiores acomodándose á la del núm. 13? Véase lo que más adelante exponemos.

NEGATIVAS

Número 12.

Cuando las certificaciones deban contener expresión ó referencia de no existir asiento ninguno ó asiento de clase determinada respecto de fincas ó derechos reales, se cobrará:

			Pesetas.
Por lo referente ó cada finca ó derecho que valga menos de 50 pesetas			0,12½
De 50 á menos de 100			0,20
100 » 300			0,35
300 » 500			0,50
500 » 2.500			0,75
2.500 ó más, cualquiera que sea su valor			1

¿Cuándo no debe contener la certificación, expresión ó referencia de no existir asiento alguno ó de clase determinada?

Cuando se pida relación de gravámenes de todas clases ó varios, y la que se libre sea afirmativa, pues sólo debe percibirse lo correspondiente á cada asiento de gravamen incluído. Así se resolvió. (Resolución de 28 de Septiembre de 1882.)

Si se pide de asientos determinados, y los hay de una clase y de otra no, puede apuntarse la referencia negativa de los de la última.

¿Es acomodada y proporcional esta escala, cuando citándose el tomo y folio de la finca no se comprenden asientos en la certificación por no resultar gravámenes pedidos?

¿Por qué ésta y la anterior del núm. 11 no llevan otros escalones, marcando superiores tipos como la escala del número 13? Véase lo que decimos al tratar de este número, y en general de las certificaciones.

BUSCAS

Número 13.

Por la busca en el antiguo ó nuevo Registro para hacer la manifestación, cuando no se determina el folio y libro en que se halla la finca, ó para expedir las certificaciones á que se refieren los números precedentes, por cada finca y año que se haya de consultar se cobrarán los honorarios que determina la escala siguiente, no pudiendo exceder en cada caso del importe que también se determina:

	Por cada año, si la busca se refiere sólo á 30 años ó menos, y refiriéndose á más de dicho período, por los primeros 30 años. Pesetas. Cénts.	Por cada año que exceda de 30 cuando la busca se refiera á 31 ó más años. Pesetas. Cénts.	Máximum de honorarios que podrán cobrarse por cada finca que se consulte, sea cualquiera el número de años consultados. Pesetas. Cénts.
Por cada finca ó derecho cuyo valor no llegue á 50 pesetas...	0,02	0,01	1,50
De 50 á 100 exclusive...	0,03	0,01½	2,25
100 á 200 id...	0,04	0,02	3
200 á 300 id...	0,05	0,02½	3,75
300 á 400 id...	0,06	0,04	5,40
400 á 500 id...	0,08	0,05	7
500 á 1.000 id...	0,09	0,06	8,20
1.000 á 2.000 id...	0,11	0,07	9,60
2.000 á 3.000 id...	0,12	0,08	11
3.000 á 4.000 id...	0,13½	0,09	12,25
4.000 á 5.000 id...	0,14	0,10	13,20
5.000 á 7.500 id...	0,15	0,10½	14
7.500 á 10.000 id...	0,16	0,11	14,70
10.000 á 12.500 id...	0,18	0,11½	15,85
12.500 á 15.000 id...	0,19	0,12	16,50
15.000 á 20.000 id...	0,21	0,13	18
20.000 á 25.000 id...	0,22	0,15	20
25.000 á 40.000 id...	0,24	0,16	22
40.000 á 50.000 id...	0,25	0,18	23,50
50.000 en adelante...	0,30	0,20	25

Los honorarios que fija, bien claramente expresa que son para el antiguo y nuevo Registro, y, además, por finca y año, y no por otros conceptos. En este criterio estaban inspiradas las Resoluciones de la antigua Dirección de 31 de Enero de 1863, y las dè 4 y 6 de Agosto de 1863 y 22 de Agosto de 1865 citadas, cuando se justifica la busca.

No procede, por tanto:

1.º Cobrar por finca y año, cuando se facilite el tomo y folio en que obra la finca, si las citas son exactas, y no se pide de fecha, pues excusa la investigación y examen de índices.

2.º Cobrar en la expresada forma, atendido el número de personas que han poseído el inmueble ó derecho, durante todo el período á que la certificación haya de contraerse.

Ya la Dirección resolvió así: que en las certificaciones de gravámenes, proceden los derechos por fincas, no por personas. Y es justo. (Resolución de 5 de Junio de 1863.)

3.º Tampoco efectuarlo así, cuando las dos ó más fincas de que se trata aparecen en un mismo asiento, pues entonces se consideran como una finca sola, cual sucede en las manifestaciones, según la doctrina de las citadas Resoluciones de 4 y 6 de Agosto de 1863 y 22 de Agosto de 1865.

Admitido (y fuerza es reconocerlo) que ésta sea la recta y exacta interpretación de la ley, encontramos las tres deducciones racionales.

La segunda, lógica, y en armonía con la ley, que así prescinde para la inscripción, del número de personas que juegan en ella, pues su fin son las fincas.

La tercera, lógica, y en armonía con la jurisprudencia anterior del Centro, pues si se buscan tres fincas antiguas y se hallan de golpe juntas en el mismo asiento, sería devengar honorarios triples por una sola operación, que para todas sirve.

Mas la primera entraña, puede decirse, la dificultad de este artículo, nacida de su redacción y del deseo laudable que le anima, que es el de excusar gastos por investigaciones que son del todo innecesarias desde que se cita el tomo y folio en que se halla la finca, pues que con estos datos se la encuentra incontinenti.

¿Quiere decirse en absoluto, que siempre que se cita el tomo y folio de la finca ó derecho ya no procede devengar honorarios por busca, lo mismo se trate de manifestación que de certificación, ó se concreta á la primera y no es aplicable á la segunda?

Si se circunscribe á la manifestación, se infringe el número 13, que comentamos, en esta primera parte.

Si se extiende también á la certificación, se corre riesgo de infringir este mismo número en la escala extensa con que termina.

En la práctica sería casi inútil, porque conmunmente suele fijarse y comprenderse ese dato en las instancias de los particulares. Legalmente lo sería también por la contradicción consigo mismo, autorizando ó queriendo premiar por una parte lo que por otra enerva, y más singularmente con el espíritu que anima estas diferentes operaciones que van marcándose separadamente.

Nosotros entendemos:

Que para las manifestaciones no ofrece duda; citándose el tomo ó libro y folio, es improcedente devengar los honorarios por busca que marca la escala de este número.

Tienen estos emolumentos por objeto, recompensar el trabajo minucioso, penoso y de verdadero gasto que representa la incesante formación de índices.

Por tanto, si se suministran los datos para encontrar seguidamente la finca, ya sea en el Registro antiguo, ya en el moderno, se hace innecesario apelar á los índices, cesando la razón de la recompensa.

Respecto de las certificaciones, puede interpretarse afirmativamente también, dada la redacción del núm. 13, ó mejor aun, su espíritu, pues que está la frase referente al tomo y folio entrecomada.

Nosotros distinguimos y aplicamos el mismo criterio racional y equitativo con que venimos analizando esta materia.

Si lo que se pide ó la clase ó especie de certificación que se interesa, es tal que la cita del tomo y folio hace innecesaria, por completo, la investigación y examen de asientos ó de índices, no procede devengar los honorarios de busca.

Por el contrario, si la certificación es tal que la cita no excusa la investigación, procede el devengo.

Creemos suficientes estas indicaciones, pero por si no está demás sobradas explicaciones, pondremos ejemplos:

A pide certificación literal ó en relación, en que conste tiene inscrito á su favor el dominio de *tal* finca (que describe), citando el tomo y folio donde esté inscrita.

O de una hipoteca, censo ú otro derecho real en igual forma.

No proceden los honorarios por busca.

En otro caso:

B pide certificación, como dueño que es de la finca *tal* (que describe citando el tomo y folio), de los asientos de toda clase ó de cargas, ó las hipotecas, etc., desde la citada inscripción ó desde asientos ó fecha anterior á la que adquirió é inscribió la finca.

Aquí procede, porque la *cita* que se hace no excusa en manera alguna la busca que de asientos ó años anteriores ó posteriores ha de practicarse por el Registrador, y abunda aquí, por tanto, el fundamento legal.

Hay un caso en que por la proximidad ó coincidencia de fecha, se hace inaplicable la escala de honorarios de busca comprendida en este número.

Cuando coincide la petición de inscripción con la de certificación, ó cuando aquélla es tan reciente, que sólo han transcurrido algunos días de su fecha.

Parece contrario á la equidad cobrar ni siquiera un año de buscas, que no ha transcurrido en este caso.

Es, pues, inaplicable. Y la inaplicación del núm. 13 da por

resultado cierta anomalía, ó mejor dicho, una impropiedad, á saber:

Que la certificación acreditando la libertad de una finca de 2.500 pesetas, por ejemplo, vale solamente una peseta, y por mucho que ascienda su importe, aunque exceda de 50.000, 100.000, un millón de pesetas, no devenga más que *una peseta* por la escala del núm. 12 (negativa), única aplicable, puesto que el núm. 13 no lo es ni procede tenerlo en cuenta en este caso.

Con ello se quebranta la equidad que, al parecer, recomienda mayor retribución, y sobre todo, el principio de proporcionalidad que informa el Arancel y acredita especialmente en este mismo número su detallada escala, y que está tan encarnado en la conciencia del público, como acomodado al buen sentido.

Creemos aplicable la escala, no sólo cuando se trata de finca, sino cuando se trata de un derecho, pues también se certifica de los derechos.

Muestra esta escala, en su subdivisión, tanto detalle, tanto escalonamiento, descendiendo á insignificantes céntimos y fracciones de céntimos, que demuestra, bien á las claras, el laudable propósito de acomodar el gasto á la entidad del trabajo y del alcance del documento solicitado.

Señala, por año, los derechos de busca formando dos escalas y tipos, según que no excedan de 30, ó que pasen de ese período; y contiene en otra tercera escala el máximum de honorarios para cada finca por estos conceptos, según su valor respectivo.

Tres escalas de distintos emolumentos en este mismo número, revelan hasta dónde se ha llevado la minuciosidad y el estudiado esmero en la materia.

Es extensiva, tanto al Registro antiguo, como al moderno. Justo es recompensar así el costoso y constante trabajo de índices. Pero, como hemos dicho en artículos anteriores, publicados en 1887 en el ilustrado periódico *La Reforma*, este mé-

todo lo vemos adecuado á la antigua Contaduría, en que la investigación, sobre ser más penosa, exige un estudio de las personas, mientras que para el Registro moderno que se lleva por
fincas, anotándose uno tras otro los asientos que constituyen
su historia, parecería preferible y mejor recompensado el trabajo, señalar los honorarios con relación al número de esos
asientos que precisara examinar; y no por el de años, que bien
han podido transcurrir, formando un largo período, sin que la
finca haya experimentado movimiento, traspaso, ni gravamen.

Al paso que en uno ó dos quinquenios, cuyos honorarios
son insignificantes, ha podido sufrir la finca traspasos, hipotecas y embargos que, aunque cancelados en la actualidad,
hagan complicado su examen y estudio.

¿Llena todas las exigencias? Á pesar de sus detalles y múltiple escalonamiento, resulta, en nuestro concepto, nimia,
atendido el riesgo que el Registrador va corriendo.

Marca sólo nueve céntimos para la finca de 500 pesetas, y
el Arancel antiguo anterior 31 céntimos y ¼ por año, si bien
para el Registro antiguo; y aunque al extenderlo al moderno
razones admisibles justificaran la disminución, nunca tanto.

Lo general, en las certificaciónes de fecha, es el período de
treinta años para la prescripción de la acción real. Escasísi-
mas se reclaman de más largo período. Y á no ser los mandamientos judiciales que adolezcan de esa omisión, permitien-
do aplicar desde la creación del Registro, según previene el
Reglamento y la Resolución de 28 de Septiembre de 1882, y
Real orden de 11 de Mayo de 1888, á fenómeno atribuímos
la certificación en que se pida y sea aplicable semejante fecha
ó período y los honorarios consiguientes.

Pues el total de emolumentos que el Registrador tiene derecho á percibir por examinar y comprobar el estado de una
finca de 500 pesetas en el espacio de treinta años, sólo asciende á 2,70 pesetas.

Y el de una finca de 1.500 pesetas, 3,30 pesetas.

Compútese ahora la negativa, y se tendrá:

* Que si la finca de 1.500 pesetas carece de gravámenes, obtiene el particular una certificación que acredita que su finca está libre de toda clase de cargas en treinta años, por el simple gasto de 4,05 pesetas; siendo así que la inscripción del mismo inmueble, de menos compromiso ó importancia para él, le representa seis pesetas, según el núm. 7.º del actual Arancel.

La inscripción de una finca ó derecho de 800 pesetas de valor, devenga 5 pesetas; la certificación de libertad de cargas en treinta años sólo importa 3 pesetas 45 céntimos.

De aquí, desproporción con las inscripciones.

Vengamos ahora al caso de que no procede busca por las citas, y lo reciente de la inscripción.

El particular obtiene la certificación de que en la inscripción de su finca, de valor de 1.500 pesetas, no existen cargas, por el insignificante honorario de 75 céntimos de peseta; siendo así que la simple manifestación efectuada por el mismo interesado, sin auxilio del Registrador, ni responsabilidad para éste, vale una peseta; y la inscripción, lo que hemos dicho, seis pesetas.

Desproporción también en la manifestación.

No hallamos, pues, se acomode esto, ni la combinación de su cuota, con las de los números anteriores 11 y 12, al interés y eficacia que ese documento, verdadera póliza de seguro, tiene para el particular, que puede libremente con su certificación contratar hoy y mañana sin dilaciones ni suspicaces temores; ni con el trabajo, y singularmente la responsabilidad del Registrador (1), que mira su fortuna comprometida á trueque de tan nimia retribución; ni se atempera á las convicciones mismas del interesado, en cuya conciencia tampoco anida la idea de que una certificación, un documento de tan eficaz valía, represente mucho menos gasto que una inscripción. Esta debiera ser la medida.

---

(1) Véase *La Reforma Legislativa* de 1887, números 808, 810, 811 y 814, en que se insertan nuestros artículos sobre la reforma del Arancel.

Comprendemos que en la literal se limite á los folios, y fuera de cierto valor, todo sea.igual, porque no abunda sino el trabajo material.

Comprendemos igualmente la retribución proporcionada en las otras escalas de los números 11, 12 y 13, aunque desiguales en su magnitud, pues unas son más largas y otras más cortas.

No está precisamente el mal en esas escalas alusivas al contexto ó especie de operación que por ellas se premia; y en en este sentido las aplaudimos y hallamos equitativas, aunque la tercera un tanto nimia.

La falta no está, desde luego, en ellas, sino más bien en una omisión sustancial.

La del valor de la finca ó derecho de que se trata, en general, prescindiendo (fuera de la literal) de la operación ó extremos que respecto de la misma se solicite; es decir, de su clase.

Bien, así como el núm. 13 contiene un máximum, podía señalarse un máximum de honorarios por todos conceptos, y también un mínimum que equivaliera, á lo menos, á una inscripción de la finca ó derecho. Esto sería lo más justo.

DE OTRAS CERTIFICACIONES

Sin plazo.

Cuando no se expresa en el mandamiento el período ó fecha á que la certificación ha de contraerse, procede aplicar los honorarios por buscas desde la creación del Registro. (Resolución de 28 de Septiembre de 1882 citada) (1).

Hoy habrá de comprender todo el Registro antiguo, pues

---

(1) Á pesar de ser crecida la cuenta del Registro por derechos de busca (1.000 pesetas), impugnada por el Procurador de la parte, la Dirección la aprobó.

según la Real orden de 11 de Mayo de 1888, es indispensable, para tener por cumplido el art. 1489 de la ley de Enjuiciamiento civil, que obre en autos certificación en que, con referencia á todo el período desde la instalación del Registro, se haga constar la libertad ó el gravamen del inmueble embargado.

DE INSCRIPCIÓN PRIMERA Y POSTERIORES

En algunas comarcas, mal aconsejados los interesados, suelen concretarse á una certificación de cargas limitada medte á lo que conste en la inscripción primera y posteriores.

Rara es la costumbre, y no ofrece la bastante seguridad que el comprador ó prestamista han menester hoy hasta transcurrido, por lo menos, el término de treinta años para la prescripción de la acción real.

Es lo cierto, que el Registrador no incurre en responsabilidad (certificando bien según lo pedido) respecto de las cargas que pudieran aparecer de la antigua Contaduría, puesto que no ha de remontarse á esas fechas ni ha comprobado la inscripción primera de arranque ó cabeza de la finca, ni es la manera, según el art. 283 de la ley, de acreditar la libertad de éstas con perjuicio de tercero desde el siglo pasado en que se creó la antigua Contaduría, ni se le suministran datos para hacer la investigación, ni tampoco tiene el Registrador derecho á reclamarlos, dado el estrecho y limitado círculo que se le traza, del que no puede salir.

No permite la índole de este estudio ocuparnos en el examen detenido de esta clase de certificaciones, tan singular y anómala, que no es ninguna de las comprendidas taxativamente en la ley Hipotecaria, atendida esa forma fundada en un concepto equivocado.

Basta hacer constar que existe.

Penoso es resolver las dificultades que suscita la aplicación del Arancel con un criterio seguro de justicia y de equidad, puesto que no existe número especial que á dichas certificaciones se refiera. Como que la ley no las establece, mal podría el Arancel presumir su existencia y abono.

¿Se computan como uno solo todos los gravámenes, á veces numerosos, que se consignan en la inscripción primera? Demasiado beneficioso para el astuto interesado, parece duro, oneroso, para el Registrador, burlándose por completo el trabajo de índices y la investigación esmerada con que se recogieron aquellas cargas que figuraban en distintos y á veces múltiples y complicados folios.

¿Se reputan distintos puesto que se pide, no de asiento, la certificación, sino de cargas, y cada una constituye carga diferente?

Nos parece inconsiderado á pesar de ello, porque pueden resultar varios censos ó cargas dimanantes sólo del título que motivó la dicha inscripción primera, y por lo tanto, no inscritos, sino simplemente mencionados, y conjuntos.

Perplejos, lo confesamos, hemos estado á veces, ya con el antiguo, ya con el nuevo Arancel, deseando obrar con recta conciencia y estricta justicia entre los intereses que se miran encontrados.

Nuestra opinión, con desconfianza del acierto en este punto, más que en los otros, es considerar:

Como cargas distintas, las que según las citas de la inscripción primera dimanan de asientos antiguos ó modernos, también diferentes.

Y como una sola, las demás que se mencionan y se consignan del título en la inscripción primera. Las varias del Registro antiguo ó moderno que derivan de un solo y mismo asiento, en armonía con el espíritu y doctrina del Arancel y de la antigua jurisprudencia de la Dirección.

Respecto de los asientos posteriores, una por cada uno de los mismos.

Esto nos parece lo más equitativo y racional.

Respecto á las buscas, limitada así la certificación, procede aplicar el Registro moderno ó desde dicha inscripción primera, máxime cuando ésta no se cita, ni el tomo y folio.

BUSCAS CON RELACIÓN Á PERSONAS

Número 14.

Pesetas.

Por la busca con relación á personas, se cobrará por cada persona y año, sean las que quieran las fincas ó derechos que se encuentren lo mismo en el antiguo que en el nuevo Registro... 0,20

¿Puede suscitar alguna duda? Su redacción está clara, respecto al concepto en que proceda la aplicación.

No cabe tener en cuenta, para nada, el mayor ó menor número de las fincas que al hacer la investigación se encuentran respecto de las personas de que se trata.

Sólo pueden aplicarse honorarios por cada una de las personas, si son varias, y año. Otra cosa, será un abuso.

Así, como tratándose de fincas son indiferentes, del todo, las personas, aunque sean varios los que las hayan poseído en el período á que la certificación ha de contraerse, así también, cuando aquel documento se refiere á personas, es improcedente la apreciación de las fincas.

Es innegable que se contrae á buscas.

Pero ¿qué tipo ha de aplicarse, puesto que, como antes hemos dicho, no están marcados los honorarios por la certificación en sí misma, en su concepto íntimo, no en su clase, sino por su forma y operaciones?

Las fincas, sea cualquiera su número ó importancia, están estimadas y comprendidas en las respectivas escalas graduales para aplicar la cantidad adecuada á su valor apreciado.

Si no consta, se reclama la nota.

Pero no sucede lo propio respecto de las personas. Estas no se sujetan á precio ó valor.

Aquí surge la dificultad grave ó invencible; evidente, á poco que se medite.

Cuando se encuentren fincas, todavía menos mal, ó se expresen en la instancia.

Porque cabe aplicar los honorarios señalados por la certificación literal, ó en relación, además de la busca, tomando por base el valor caso que conste.

¿Pero si es negativa, la que se solicita respecto á todos los bienes, créditos ó derechos, que aparezcan en favor de persona determinada?

No hay honorarios aplicables. Habían de ser fijos; pues el número 12 contiene en primer lugar una escala; y en segundo, se refiere á fincas ó derechos, y de ningún modo á personas.

Este es un vacío importante, que suscitará una grave dificultad en la práctica, y que no sabemos cómo haya podido. escapar á la penetración del legislador.

SI EXISTEN VARIOS AYUNTAMIENTOS

Si el Registro comprende diversos Ayuntamientos y, por tanto, en varios índices de personas ha de practicarse la busca, ¿se aplicarán los honorarios una sola vez, ó por cada Ayuntamiento?

El índice se reputa uno para todo el Registro, aunque distribuído en varias secciones correlativas á cada Ayuntamiento.

Por ello opinamos, que han de aplicarse los honorarios una sola vez por persona y año, sea cualquiera el número de Ayuntamientos del partido hipotecario.

REGLAS GENERALES PARA GRADUAR EL VALOR

Pueden reducirse á términos muy sencillos, simplificando las extendidas con claridad y precisión al final del Arancel.

Reglas 1.ª, 2.ª y 3.ª

1.ª Para el efecto de graduar los honorarios, se entiende por valor de las fincas que están gravadas con hipotecas, el precio por el que se transmitan, más el que representen las hipotecas cuando quedan subsistentes.

2.ª El valor de los censos, pensiones y demás gravámenes de naturaleza perpetua, temporal ó redimible, no se acumulará al precio de transmisión.

3.ª Cuando ésta se verifique á título lucrativo, se entenderá disminuído el valor de la finca con el que representen los gravámenes de cualquiera clase que tengan.

TRANSMISIONES Á TÍTULO ONEROSO

En las transmisiones á título oneroso, ventas, cesiones, adjudicaciones en pago, etc., se atiende al valor ó precio de la finca aumentado con el de las hipotecas que quedan subsistentes.

Los censos y demás cargas perpetuas ó temporales no se acumulan.

TRANSMISIONES Á TÍTULO GRATUITO

Sirve de base: el valor de la finca ó derecho rebajado con el de las cargas ó gravámenes de toda clase; censos, hipotecas, etc., que graviten sobre los mismos.

Para nada entran los embargos que no son cargas reales.

El fondo, pues, de la regla 1.ª, es atenerse al precio. Admite tres excepciones, una consignada ya en la misma, á saber:

a) Que la finca esté gravada ó se grave con hipotecas, pues éstas se acumulan al precio y lo aumentan.

b) Que en el título mismo conste probado el verdadero valor, como en la venta judicial ó adjudicación en pago al acreedor, previa subasta en su caso y tasación pericial.

c) Si temiéndose ocultación, se reclama y obtiene nota oficial del líquido imponible, y capitalizado arroja un resultado mayor. O bien, caso de no recibirse la nota, la inscripción anterior lo suministra.

Sólo han de computarse las hipotecas *cuando quedan* subsistentes.

No es necesario que se exprese en la escritura que se cancelan. Basta queden extinguidas.

Por tanto, no procede computarlas aumentando el valor en las ventas.

Cuando el comprador queda con el precio para pagar las hipotecas que se dice existen sobre la finca enajenada.

Cuando se vende judicialmente á persona distinta del acreedor, previo remate, y se expresa quedar depositado el precio en la mesa del Juzgado ó Escribanía para pagar á los acreedores hipotecarios.

En estos ú otros casos análogos, es improcedente subir el valor apreciando las hipotecas, porque resultaría superior al verdadero de la finca, que es lo que se propone y á lo que aspira la regla 1.ª de las generales del Arancel.

SI DEBEN ACUMULARSE TODAS LAS HIPOTECAS PARA AUMENTAR EL VALOR

Hay algunas que entiendo no deben computarse.

Todas las hipotecas constituídas en garantía de préstamo que queden subsistentes, sí procede acumular, porque representan un más valor del inmueble que completa el adquirente, y por virtud de las que se rebajó el precio en el contrato, pues éstas figuran como equivalente de este precio.

No sucede así con la que se constituyó para garantir el precio pendiente en la venta á plazos. Esta no debe acumularse.

Las hipotecas por arrendamiento, ó para la evicción y saneamiento de otra finca, ó en seguridad sencillamente de una obligación futura, ó simple promesa de venta, etc., sería injusto acumularlas, porque constituyen una simple garantía; y aunque queden subsistentes al otorgarse y presentarse la escritura de venta, no representan un más valor de la finca, como el crédito hipotecario, que jurídicamente equivale en el prestamista á la cuasi adquisición de un trozo del inmueble; y al quedar subsistente, no puede ofrecer duda que cualquiera que sea el precio reconocido por los contratantes, se fijó teniendo en cuen el valor de las hipotecas preexistentes.

La clara redacción del precepto legal hace innecesario demostrar, que cuando el acreedor compra la misma finca á su favor hipotecada, ó se le adjudica voluntaria ó judicialmente en pago de su crédito, extinguiéndolo, ó cuando en el mismo título de compraventa comparece el acreedor hipotecario que percibe en el acto parte del precio y cancela la garantía hipotecaria, en ningún caso, en fin, en que por el instrumento otorgado se extingue además la hipoteca, puede computarse el importe de ésta para aumentar el valor de la finca:

(Se continuará.)

MARIANO BLANCO TRIGUEROS.

DE LA IRRETROACTIVIDAD DE LAS LEYES *

CAPÍTULO VI

(Continuación.)

§ 2.º

Del derecho de enfiteusis y de superficie.

185.   La enfiteusis es un derecho real sobre cosa inmueble, en virtud del cual el enfiteuta puede gozar y disfrutar de la misma del modo más amplio posible á condición de no deteriorarla y de pagar al concedente ó señor directo un canon anual ó las otras prestaciones eventuales que establezca la ley, bajo la cual fué constituído, ó la convención (1).

---

*   Véanse las págs. 501 del tomo 68 de REVISTA; 17, 89 y 448 del 69; 61 y 520 del 70; 479 del 72; 222 y 551 de este tomo.

(1)   Varias discusiones se han promovido á propósito de la enfiteusis y de su utilidad bajo el aspecto de la economía social y de la prosperidad de la

Semejante derecho tiene su fundamento en el contrato enfitéutico, y necesario será referirse á los principios que expondremos después respecto de los contratos para resolver la influencia que pueda ejercer la ley nueva en cuanto se refiere á
las relaciones jurídicas nacidas de dicha convención.

Por ahora sólo tenemos que ocuparnos de dicho derecho
considerado como un *jus in re aliena*, para examinar la influencia de la ley nueva sobre el contenido de este derecho, que no
puede considerarse al igual de cualquiera otro nacido del pacto
bajo todos sus aspectos, por lo que requiere la especialidad de
su estudio, puesto que constituye un verdadero derecho real
sobre cosas de otro, y como tal está sujeto á los principios generales que regulan el goce y el ejercicio de los derechos reales, sin que por esto se le pueda negar el carácter y la naturaleza de un derecho *contractual*, habida consideración á su origen. Esto hace que la regla de derecho transitorio aplicable á

---

agricultura, así como por el diverso modo como se ha entendido su índole y
su carácter jurídico.

Cuando fué discutido el proyecto de Código civil italiano, fué objeto de
larga controversia si debía ó no ser mantenida la enfiteusis, que era admitida
hasta entonces por casi todas las legislaciones vigentes en los diversos países
de Italia, y no faltaron fuertes sostenedores de la abolición de la misma.
Estos opinaban que si tal institución pudo reportar muchas ventajas en la
Edad media, no puede, sin embargo, en los tiempos modernos favorecer á la
propiedad territorial, pero por el contrario, prevaleció el partido de conservar la enfiteusis, si bien haciéndola sufrir importantes transformaciones.

En el nuevo Código fueron en efecto aceptadas todas las soluciones re-
clamadas por las exigencias de la agricultura y de la libre comercialidad de
los bienes, y se cuidó de hacer desaparecer el antiguo concepto del dualismo,
del dominio y de la incertidumbre del mismo, quitando á dicho contrato
aquella marca feudal que derivaba de la admisión de cierto señorío en el
dominus y cierta sujeción respecto del mismo por parte del enfiteuta.

Debiendo, sin embargo, respetarse los derechos adquiridos mientras estaba en vigor la anterior legislación, informada en criterio diverso, menester es reconocer la enfiteusis precedentemente constituída con el concepto que
prevalecía en la ley bajo cuyo imperio tuvo existencia y con los derechos
adquiridos según aquel sistema legal.

la enfiteusis sea tan especial como especial es el derecho cita-do (1).

186 Si la ley nueva aboliese la enfiteusis perpetua y no hi-ciere ninguna reserva expresa respecto de las que ya hubiesen sido constituídas bajo el imperio de las leyes anteriores que la reconocían y admitían, no se podría negar ni desconocer la au-toridad de dicha ley nueva para hacer ineficaz también las enfiteusis perpetuas constituídas legalmente con anterioridad á su promulgación.

La razón de esto se deriva del principio general de que cuando es abolida en absoluto por una ley nueva una institu-ción determinada, dejan de ser eficaces todos los derechos que de la misma hubieren nacido, aunque hayan sido adquiridos legalmente, porque el reconocimiento de éstos es incompatible con la institución abolida.

La abolición produce, pues, en estas circunstancias el efec-de una verdadera expropiación, y por lo tanto, sólo puede es-tar justificada en aquellos casos en que la reclamen las exi-gencias del bien público, siempre que esté dentro de los lími-tes de dicha exigencia, y cuando además se provee lo condu-cente para que sean debidamente compensados los que por vir-tud de tal abolición quedaren privados de sus derechos ó fue-ren perjudicados por la disminución de parte de su patrimonio.

Una legislación nueva que sancionase una reforma tal en

---

(1) La enfiteusis no es la locación, no es la venta, ni la prestación por la renta constituída á consecuencia de la cesión de un inmueble, sino una ins-titución *sui generis*. Según la teoría sostenida por algunos, el dominio directo no se transmite al concesionario ó enfiteuta, sino que se retiene por el con-cedente, y de aquí que el derecho de éste sea un derecho real. De lo cual re-sulta que la prestación debida por el enfiteuta no es una prestación personal y movible por su naturaleza como lo es la renta pactada por efecto de la cesión de un inmueble; ella es la equivalencia ó correspondencia del derecho que concierne al concedente, y por lo tanto, por su propia naturaleza perso-nal, nacido no de una obligación, sino de un derecho real.—Véase COLAMARI-NO, *Dei contratto di enfiteusi*, Nápoles 1879.

una teoría de enfiteusis sin satisfacer las dos condiciones antes indicadas, deberá ser considerada injusta.

187 Con razón es criticada generalmente por esto la legislación francesa en materia de enfiteusis; pues habiendo abolido por la ley de 4 de Agosto de 1789 la feudalidad y los derechos feudales sin indemnización sometiéndoles á tributación, no hace ninguna reserva para la enfiteusis, por lo que la prestación debida á causa de ella, y sobre todo el laudemio, han de considerárselas suprimidas sin indemnización, especialmente después del 17 de Julio de 1793 que abolió sin ella todas las rentas señoriales, los derechos feudales, censuarios, fijos y eventuales.

Esta ley, que el tribuno Duchesne llamó espoliadora (1), viene á serlo realmente por haber sido aplicada á la enfiteusis confundiendo la prestación ó canon debido á consecuencia de ella con las prestaciones ó tributos señoriales á pesar de la sustancial diferencia que entre ellos existe, como lo ha demostrado ya, entre otros, Merlín (2).

Para evitar semejantes consecuencias, conviene que la ley nueva por la cual sea abolida la enfiteusis, respete las constituídas con anteriorioridad á ella, como se hizo en la ley transitoria para la aplicación del Código sardo que no admite la enfiteusis perpetua, ó bien que se sustituyan los derechos adquiridos, abolidos por dicha ley, con otros derechos ó compensaciones equivalentes como se hizo en la legislación toscana.

188 Si la ley nueva sancionase el principio de la liberación de la enfiteusis sin limitar su aplicación respecto de las enfiteusis perpetuas ó temporales constituídas antes de regir la misma, no cabe duda alguna de que semejante disposición debería libertar también las enfiteusis perpetuas precedentemente constituídas. El legislador italiano, para evitar toda contro-

---

(1) Véase la relación al Tribunado en la sesión del 27 ventoso del año octavo.

(2) Merlín. *Rep.* V. *Fief.*, sec. 2, § 7, y *Rente seigneuriale.*

versia en este punto, ha dispuesto en el art. 30 de la ley transitoria, que de la facultad de redimir el fundo ó rescatar la
renta según las reglas respectivamente establecidas en el Código civil, pueden aprovecharse también los enfiteutas ó deudores de rentas simples ó territoriales constituídas bajo el imperio de leyes anteriores á dicho Código, á pesar de cualquier
pacto en contrario.

189 Fué objeto de grave discusión la justicia ó injusticia
de la ley que declaró redimibles todas las rentas perpetuas y
aun los censos debidos á título de enfiteusis, concediendo así
al enfiteuta el derecho de expropiar á aquel á quien estima-
ban como señor directo las leyes bajo las cuales había sido
constituída la enfiteusis del dominio directo del fundo dado por
él en enfiteusis, no obstante que en conformidad de dichas leyes era considerado como propietario, si bien con las restricciones y las limitaciones que constituyen los derechos del enfiteuta.

Estas discusiones tuvieron eco también en el seno de la
comisión que examinaba el proyecto del Código civil italiano
cuando se trató de aplicar el principio de la redimibilidad aun
á las enfiteusis constituídas mientras estaban en vigor las legislaciones anteriores (1). La redimibilidad, especialmente de
la enfiteusis temporal establecida bajo el imperio de las legislaciones precedentes que consagraban como máxima de derecho la irredimibilidad, se ha demostrado con sólidos fundamentos no ser conforme á los principios de la justicia y al respeto
debido á los derechos *contractuales* legalmente adquiridos.

Se ha objetado, con razón, que debiendo asegurarse una
equitativa indemnización á los que habían de sufrir las consecuencias de la ley que declarase la liberación de la enfiteusis, era muy difícil determinar y fijar en límites justos y pro-
porcionados dicha indemnización, según el período de tiempo
que faltase por correr para que quedase terminada la dura-

---

(1)   Véanse las informaciones verbales. Sesión del 3 de Octubre de 1865.

ción de la suma que hubiere sido pactada á su constitución. Que, por otra parte, no se podía, contra la ley del contrato, obligar ni menos constreñir á contentarse con el precio de la redención al que dentro de pocos años habría de recobrar su fundo. Que el legislador no podía contra la voluntad del dueño sustituir el precio de la cosa por la cosa misma, y que de cualquier modo que se quisiera establecer la indemnización, no se evitaría por eso el despojo (1). Y por último, que las razones que militan para justificar la redimibilidad de las enfiteusis perpetuas no concurren en las temporales, las cuales, teniendo una duración limitada, no pueden dar lugar á graves inconvenientes (2). Sin embargo, á pesar de todas esas consideraciones que han sido objetadas, prevalece la opinión de aquellos que quieren sea extensivo el derecho de rescate aun á las anfiteusis temporales.

No creemos acertado desechar en absoluto las razones económicas y sociales que han hecho adoptar el principio del rescate sin limitación alguna, pero consideramos como una expropiación sin la correspondiente compensación la redimibilidad de la enfiteusis temporal autorizada por la ley transitoria y como una violación de los derechos nacidos de un contrato, si bien es verdad que queriendo indemnizar los derechos del señor directo en todo lo posible, dispone el legislador que en las enfiteusis temporales puede recibir un aumento el capital que ha de pagarse por la redención, cuyo aumento, en el caso de no estar de acuerdo los interesados, debe ser fijado por la Autoridad judicial mediante una peritación y teniendo en cuenta todos los perjuicios que puedan ocasionarse al concedente ó señor directo, y que además debe pagarle el enfiteuta tres cuar-

---

(1)　La ley sarda de 13 de Julio de 1857, restringe el rescate ó redención á sólo las enfiteusis perpetuas.

(2)　Véanse las informaciones verbales de la Comisión. Sesión del 3 de Octubre de 1865.—Opinión de PRECERUTTI.

tos del laudemio en dichas enfiteusis temporales. Pero esto no puede decirse que sea suficiente en todos los casos.

190 · Los derechos pertenecientes á aquel que era considerado como señor directo y los que corresponden al enfiteuta, deben ser determinados según la ley que estuviera vigente cuando fué constituída la enfiteusis. Esto sucede en cuanto al derecho de obtener el laudemio en el caso de transmisión del fundo enfitéutico, y de aquí que si cualquiera ley nueva dispusiera que no debe darse ninguna prestación al concedente por la transmisión del fundo, tal disposición no sería aplicable á las enfiteusis constituídas con anterioridad á su promulgación.

Del mismo modo debe regularse también la cuantía del laudemio, debido por el nuevo enfiteuta al concedente, en conformidad á lo que sobre el particular dispone la ley bajo cuyo imperio hubiere sido constituída la enfiteusis, y no con arreglo á la que estuviere vigente al tiempo de verificarse la transmisión.

191 Lo mismo debe decirse respecto del derecho de prelación perteneciente al *dominus* en caso· de enajenación del fundo. Este derecho, lo mismo que todos los demás contractuales adquiridos y perfectos, debe ser respetado en las enfiteusis constituídas con anterioridad, aun cuando no fuese admitido por la ley nueva.

192 El derecho de pedir y obtener la devolución debe ser regulado también por la ley anterior. Sin embargo, si la ley nueva admitiese distintas causas de caducidad, no tenidas en cuenta por la legislación antigua, el *dominus* podría aprovecharse de los beneficios de las disposiciones de dicha ley nueva para pedir y obtener la devolución del fundo enfiteutico, siempre que esos motivos ó causas de caducidad de la enfiteusis establecidas de nuevo tuvieren lugar ó persistiesen después de haber empezado á regir dicha ley. Esto mismo sucede, por ejemplo, en el caso de deteriorarse el fundo, si este deterioro fuese considerado como una de las causas de caduci-

dad por la ley nueva, aun cuando no la estimase como tal la legislación anterior (1).

En el supuesto, pues, de que el deterioro del fundo hubiese en este caso continuado después de la promulgación de la ley nueva, el señor directo podría exigir la devolución del mismo.

193 Para resolver cuáles sean las condiciones necesarias para que tenga lugar la caducidad de los derechos pertenecientes al enfiteuta, así como, por ejemplo, para decidir si puede ó no utilizarse con pleno derecho la acción de caducidad por el solo hecho de la falta de pago del canon, ó si, por el contrario, fuere preciso para ello que preceda la interpelación judicial y la justificación de la mora, debe estarse á lo dispuesto en la ley, bajo cuyo imperio hubiere sido constituída la enfiteusis, y no á lo que establezca la que estuviere vigente en el momento de promoverse el juicio. La razón en que esto se funda consiste en que la acción, y por lo tanto el derecho, y el término dentro del cual debe ser ejercitada, y las condiciones sustanciales á que dicha acción se halla subordinada, han tenido todas ellas su origen en las relaciones contractuales nacidas con ocasión del contrato celebrado para la constitución de la enfiteusis, y, por lo tanto, deben ser regidas por la ley vigente cuando dichas relaciones hubieren tenido su existencia legal. En su virtud, si la enfiteusis fué constituída mientras estaba en vigor el derecho común, que subordinaba la acción de caducidad á la condición de la mora trienal (2), el concedente no podría privar de este beneficio al concesionario ó enfiteuta, ni pedir, por consiguiente, la devolución del

---

(1)   La ley francesa de 29 de Diciembre de 1790, publicada y puesta en vigor para los Estados de Parma el 11 de Agosto de 1808, á la cual se ajustan los artículos 21 y 22 de las disposiciones transitorias para la aplicación del Código de dicho país, no reconocía otros derechos de caducidad que aquellos que resultasen de los pactos expresamente consignados por las partes en el contrato en que hubiere sido constituída y dejó sin efecto todos los demás que tuvieran su origen en las leyes.

(2)   P. 2, *Cod. de jure, emphyt.* (466).

fundo enfitéutico hasta que no hubiese transcurrido por completo el trienio.

En cuanto concierne á los derechos y obligaciones del enfiteuta, deben aplicarse también las disposiciones de la ley vigente al tiempo de constituirse la enfiteusis.

Así, para decidir si en el caso de venta queda ó no libre el enfiteuta de toda obligación personal para con el señor directo por lo que concierne al pago del canon, y lo mismo para apreciar si en el caso de devolución del fundo dado en enfiteusis puede ó no tener derecho el enfiteuta á la debida compensación por las mejoras que el mismo hubiere hecho, y en los demás casos que igualmente pudieran citarse, habrá de estarse en todos ellos á lo dispuesto en la ley bajo cuya vigencia fuere constituída la enfiteusis.

194 Las disposiciones de la ley nueva deben, por el contrario, ser aplicadas para todo lo relativo á la conservación de los derechos derivados de la enfiteusis. Si en ella se dispusiera, por ejemplo, que el señor directo ó concedente tenía el derecho de hacer renovar el documento en que hubiere sido constituída la enfiteusis, ó si exigiera el requisito de la transcripción en el Registro, etc. etc., para todo esto debería regir la ley nueva, por hacer relación á las condiciones establecidas para la conservación de los derechos que nacen del contrato enfitéutico.

195 La prueba de dicho contrato, tratándose de enfiteusis antiguas, debe ser hecha con arreglo á la ley antigua también, y, por lo tanto, si la escritura no reuniese los requisitos exigidos por tal ley deberán ser admitidos los demás medios de prueba equivalentes para justificar la constitución de la enfiteusis, siempre que el juicio se siga bajo el imperio del Código civil italiano.

196 El derecho de superficie es también un derecho real sobre cosa ajena que se puede adquirir mediante contrato. Innecesario es detenernos á examinar cuándo debe ser aplicadas respecto de este contrato la ley nueva ó la antigua, en el

caso de ser distintas, para la regulación de las relaciones jurídicas entre el *superficiarius* y el *dominus soli*, porque las grandes analogías que existen entre el derecho de superficie y la enfiteusis, á pesar de tener por objeto ésta el suelo y aquél el subsuelo, hacen aplicables al derecho de superficie los principios ya expuestos respecto de la enfiteusis, sin que exista diferencia alguna entre ellos.

(Continuará)

PASQUALE FIORE.

NOTICIAS BIBLIOGRÁFICAS *

Redención de censos enfitéuticos, por *D. Ildefonso Par*, Abogado y ex Decano del Iltre. Colegio de Abogados de Barcelona.

La ley de 10 de Enero de 1879 declara que las expropiaciones forzosas han de hacerse incluyendo en ellas cuantos gravámenes afecten al derecho de propiedad, sin que puedan revivir en los nuevos solares que se formen.

Claro es que semejante manera de extinguirse dichas cargas, supone la conveniente liquidación entre los interesados, ó sea el censualista y el censatario, por lo que se refiere á los censos enfitéuticos por ejemplo; y en la previsión de que no hubiese avenencia entre aquéllos, la ley dispone que se suspenda el pago de las cantidades correspondientes, procediéndose al depósito de las mismas hasta que los Tribunales resuelvan el desacuerdo, sin perjuicio de que la Administración se incaute desde luego de las fincas. .

En tal sentido, y para evitar el sinnúmero de litigios que podrían motivarse á propósito de semejante disposición legal, el Sr. Par ha publicado el notable opúsculo de que se ha hecho mérito, con la valiosa cooperación del Ayuntamiento de Barcelona, á quien lo dedicó; y en él señala como regla precisa y segura para determinar la manera de hacerse dicha liquidación, lo establecido en la Real cédula de 17 de Enero de 1805, ligeramente modificada por la ley de Señorios de 1823. En la primera se establece que la redención de censos enfitéuticos se haga consignando por el canon un capital regulado á

---

* De todas las obras jurídicas que se nos remitan dos ejemplares, haremos un juicio crítico en esta Sección de la REVISTA. De las que versen sobre otras materias pondremos un anuncio en la cubierta de las entregas.

razón de uno y medio por ciento; y por derecho de laudemio, la cantidad que
eu el espacio de venticinco años sea capas de redituar al tres por ciento otra
igual al importe de una cincuentena del valor de la finca, rebajadas las cargas á que esté sujeta; y en la ley de 1823 se previno, que las redenciones se
hicieran en dinero y no en los reales *vales* de que hablaba dicha cédula.

Por lo mismo, y después de demostrar el Sr. Par que en Barcelona, igual
que en toda Cataluña, se halla vigente la citada Cédula, entiende, que á tenor
de sus prescripciones y de la ley de 1823, pueden evitarse un sinnúmero de
pleitos siempre enojosos; motivo por el que felicitamos muy sinceramente al
distinguido publicista, que con su apreciable trabajo ha confirmado el buen
nombre que tiene entre los hombres de ciencia.

**

Enrique Cood, por *Miguel Luis Amunátegui Reyes.*

El nombre de D. Enrique Cood, muy conocido para cuantos tienen la más
ligera noticia de la vida moderna en la República de Chile, pues en ella ocu-
pó honrosos cargos, como Diputado, Ministro é individuo de Comisiones tan
importantes como la del Tribunal arbitrial chileno-boliviano, y Agente y Procurador legal del Gobierno de Chile en los Tribunales arbitrales, lo es más
para cuantos se interesan por los estudios jurídicos, y en especial por los de
la Codificación civil y por materias tan importantes como el Derecho mercantil, á las que mostró particular predilección, siendo muy notables, entre
otros trabajos suyos, varias observaciones hechas al proyecto de Código civil
chileno, formulado por D. Andrés Bello, y un proyecto de ley que presentó á
la Cámara referente á la naturaleza y condiciones que deben tener los cheques.

Lo expuesto es bastante para demostrar cuán digno de aplauso es el trabajo del Sr. Amunátegui, en el que se hace una biografía completa de Don
Enrique Cood, transcribiendo algunos de sus notables trabajos.

Discurso leído en el acto inaugural de la constitución definitiva del Colegio de Profesores y Peritos mercantiles de la Habana, por el De- cano Doctor *D. Augusto Martínez Ayala.*

Con viva complacencia hemos leído este trabajo que, si honra mucho á
su autor, no honra menos á los individuos del Colegio de Profesores y Peritos

mercantiles, por el buen acuerdo que tuvieron al elegir por Decano al señor Martínez Ayala.

Ocúpase éste de la jurisdicción comercial que, en su opinión, se halla últimamente relacionada con el problema político del Jurado, y hace profundas observaciones encaminadas á demostrar que la legislación mercantil es hoy un conjunto homogéneo y armónico de principios enlazados por lógica relación que constituye una rama importantísima del Derecho positivo nutrida por la savia que éste la comunica.

Dado este supuesto, y toda vez que entre los actos civiles y los mercantiles existe gran diferencia á juicio del Sr. Martínez Ayala, es perfectamente lógica la consecuencia de que debe haber una jurisdicción mercantil como la hay en lo civil.

Ahora bien: los Tribunales de comercio que el Sr. Ayala estima de necesario restablecimiento, han de constituirse á la sombra de las nociones de justicia y de publicidad en que se informan y deben informarse las leyes orgánicas de la época moderna, según entiende aquél, que en su virtud pregona la conveniencia de que dichos Tribunales se constituyan por el sufragio universal de los comerciantes.

No es esta la ocasión, ni nos creemos con la competencia suficiente para discutir con el Sr. Ayala alguna de sus ideas, con las que no estamos del todo conformes; pero lo dicho es bastante para dar á comprender que el trabajo que nos ocupa merece estudiarse detenidamente por cuantos se interesen por el adelantamiento del Derecho mercantil.

LUIS M. MIQUEL IBARGÜEN.

Lecciones de Derecho constitucional: por *Eugenio María Hostos*, Director de la Escuela Normal, Catedrático de Derecho constitucional, internacional y Economía política.—Santo Domingo, 1887.

Es de todos sabido que en los últimos años se han acrecentado extraordinariamente las relaciones científicas entre nuestra patria y las Repúblicas americanas de origen español, á lo que han contribuido mucho en España la Real Academia de Jurisprudencia y la Unión ibero-americana, y en Santo Domingo la cooperación de estadistas tan autorizados como el Sr. Heureaux, actual Presidente de la República; el Sr. Gautier, Ministro de Relaciones exteriores, y el Sr. Galván, Presidente de la Corte Suprema de Justicia, y publicistas tan distinguidos como D. Federico Henríquez y Carvajal.

A pesar de todo esto, presumimos que la obra del Sr. Hostos es aquí generalmente desconocida, siendo así que se trata de una producción que puede someterse sin recelo al fallo del crítico más desapasionado y exigente, ó de aquel que, como el modesto que en esta REVISTA le ha caido en suerte, no participe de muchas de sus teorías filosóficas y jurídicas.

En el tratado del Sr. Hostos se descubre, desde luego, gran originalidad en la investigación de los principios, y la producción científica de los demás se halla de tal suerte asimilada por el autor, que es difícil separar su obra personal y la indispensable que todo publicista ha de buscar en la cooperación ajena.

A esto contribuye también en gran parte el carácter orgánico que con indudable acierto ha dado al Derecho, que no concibe como una amalgama de teorías heterogéneas, sino como un organismo perfecto, que manifiesta en una gran variedad la unidad de su esencia.

Bien es verdad que la anterior indicación sólo puede referirse á la especulación científica, porque cuando trata de la política legislativa tiene que transigir con algunas imperfecciones de la organización de la sociedad, señaladamente respecto á la función electoral.

Aparte de esto, se puede trazar en pocas líneas en su esencia el sistema político del Sr Hostos, que será ó no aceptado, pero que no puede desconocerse que ofrece gran unidad y está claramente expuesto, á lo que contribuyen mucho los resúmenes que con el título de recapitulación tiene cada parte y que prestan utilidad á una obra didáctica.

El Sr. Hostos distingue perfectamente el Estado y la sociedad, que concibe como un organismo de organismos, lo que le lleva á defender la autonomía de cada uno de ellos. De aquella distinción arranca la conveniencia de que corresponda el progreso del Estado al de la sociedad, porque es imposible aplicar una organización muy adelantada al Estado, cuando la de la sociedad es embrionaria.

Al tratar de las funciones del Poder del Estado, agrega la electoral, como hizo Bolívar en el proyecto de Constitución para la República que lleva su nombre, exponiendo en las siguientes palabras su esencia y las diferencias que la separan de la función legislativa: «lo primero que hace la sociedad al manifestar su poder, es pesar, ponderar, excogitar medios de acción; todas las operaciones mentales y materiales que efectúa en ese estado constituyen la función electoral. Se elige para determinar qué se ha de hacer ó qué conviene hacer: cuantos actos se relacionan con la determinación forman parte de la función de legislar.»

Para el ilustrado Catedrático dominicano cuya obra examinamos, la forma de gobierno natural es la democracia representativa, en que hay elección para delegar el ejercicio de todas las funciones.

En este punto censura duramente al parlamentarismo, que considera un error jurídico y una práctica embarazosa, que sólo presta alguna utilidad y tiene explicación en las Monarquías, donde coexisten la soberanía de la Nación y la del Rey.

Todo Estado gobernado por una democracia representativa entiende que ha de organizarse en forma de federación, la que produce dos corrientes: una externa, que tiende á constituir unidades nacionales con fracciones separadas, y otra interna, que origina la variedad en todas las unidades nacionales existentes.

Respecto á la constitución, sienta algunas afirmaciones de importancia, salvo, á nuestro juicio, el considerarla como un pacto bilateral y el creer en absoluto ilegislables les llamados derechos individuales.

Desde luego debe hacerse mención de la que se refiere á los derechos de los autores, que permite apreciar la opinión que acerca del particular existe en la América española, en un sentido muy distinto del que caracterizó al penúltimo Congreso celebrado por la importante Asociación literaria y artística internacional. Entiende el Sr. Hostos que el Estado debe vigorizar el derecho de propiedad intelectual, siempre que la iniciativa particular no alcance á hacerlo efectivo, ya por medio de leyes que aseguren su protección, *ya por medio de tratados internacionales que universalicen la jurisdicción nacional,* ya por medio de privilegios de invención.

Hace correlativo del derecho de sufragio el deber de votar, exceptuando á las mujeres, para las que cree debe ser potestativa aquella facultad, y á la obligación del Estado á enseñar contrapone el deber del ciudadano á aprender, aunque parece que no reconoce su deber á instruirse, sino á aprender necesariamente lo que el Estado le enseñe y que considere que es el *mínimum* de la instrucción común.

Sentado el privilegio de que sin delegación no hay representación y de que no puede haber delegación sin elección, extiende á todos los cargos el sufragio, que para él ha de ser universal y organizado de suerte que garantice la representación proporcional de todos los partidos, con cuyo objeto hace una exposición de los modernos sistemas electorales.

Distribuye el Poder legislativo en dos Cámaras; el Congreso que es la representación individualista de todo el Estado, y el Senado cuyos miembros son elegidos por las Sociedades regionales, que reunidas constituyen la Nacion. Admite, además, una Pre-Cámara, distinta de la Cámara adicional de Stuart Mill y con más facultades é independencia que las actuales Comisiones parlamentarias, compuesta de especialistas que sean órganos de alguna actividad social en el orden económico, jurídico, científico, etc., y encargada de preparar los proyectos de ley é intervenir en su discusión, imponiendo, si es necesario, el veto suspensivo ó las modificaciones que hayan introducido los demás órganos que realizan la función legislativa.

Procura demostrar que es justo y conveniente exigir la responsabilidad por sus actos á los legisladores, que en esto no han de ser privilegiados respecto á los mandatarios que ejercen las demás funciones del Poder del Estado, pues de lo contrario, añade, serian indiferentes todas las formas de gobierno; pero sólo encuentra medios indirectos para hacerla efectiva, dada la deficiente organización del cuerpo electoral.

Respecto á la función ejecutiva, las reformas más notables que propone, son: el establecimiento de un organismo independiente encargado de la gestión económica y el ingreso en todos los cargos administrativos mediante ejercicios de oposición ante un Tribunal docente, con lo que cree que desaparecería la milicia burocrática que trastorna á todos los partidos y está adscrita al servicio de quien los nombra antes que al del Estado.

Acepta la obra de que damos cuenta, el principio de la organización del Poder judicial para ser lógico con la teoría que sustenta; pero en vista de las imperfecciones actuales del cuerpo electoral, y la falta de órganos distintos y apropiados por las diversas funciones que debieran encomendársele, no aconseja que se aplique por ahora aquel principio, y cree que de momento puede vigorizar en gran manera á dicho Poder, el Jurado.

Reune la obra del Sr. Hostos un mérito análogo al que hace poco señalábamos respecto á la última de Derecho internacional publicada por el señor Alcorta, y es que permite completar la noticia del movimiento jurídico contemporáneo con interesantes datos acerca de la producción doctrinal y legislativa de la América española.

Creemos que bastan estas líneas, desordenadamente escritas, quizás por haber leído con alguna premura la obra del Sr. Hostos, para comprender no sólo la importancia absoluta de ésta, sino la relativa que supone un trabajo escrito enmedio de múltiples y variadas tareas profesionales y en un centro científico que, si mereció ser llamado Atenas del Nuevo Mundo, ha tenido que dedicarse durante largo tiempo, con preferencia, á la pacificación y regeneración del País, lo que no ha consentido que se escribieran muchos libros como el que acabamos de analizar someramente.

José Malcquer y Salvador.

La hipoteca naval en España; estudio de legislación mercantil comparada, por *D. Leopoldo González Revilla*, Doctor en Derecho, Abogado con ejercicio, Oficial del Consejo de Estado (por oposición), Profesor de la Academia de Jurisprudencia, etc., etc.—Madrid, 1888.

No hace tres años todavía que en la Real Academia de Jurisprudencia, en el Ateneo de Madrid, en el Congreso Nacional Mercantil y en la prensa diaria, comenzó el ilustrado mercantilista, autor del libro que examinamos, una activa y constante propaganda para instaurar en España la hipoteca naval, vigente en otras naciones y desconocida en la legislación de nuestro País; propaganda que acentuó con redoblado esfuerzo con motivo de la publicación del Código de Comercio de 1885, y de la necesidad de proceder á su reforma en muchas materias, que el comercio, por órgano de sus Cámaras y de otras corporaciones é individualidades, ha expuesto en varias ocasiones ante los poderes públicos.

Encariñado el Sr. González Revilla con la institución á cuya propaganda consagraba sus brillantes dotes de escritor y sus asiduas investigaciones, fué profundizando con especial atención los problemas con ella relacionados y todas las obras y legislaciones que de ella se ocupan, llegando á la posesió r de un caudal de doctrina y de una copia de erudición, que sólo puede estimarse en su justo valor con el atento examen de su notable trabajo, que ha de ser estudiado con verdadero interés por los cultivadores del Derecho mercantil, y constituye un valioso libro de consulta para cuantos se dedican á profesiones ó negocios relativas al comercio marítimo.

La estructura de la obra obedece á un bien meditado plan, en el que se hallan combinadas gradualmente las materias que han de ser objeto de conocimiento, hasta llegar á la exposición de lo que el autor conceptúa más aceptable y conveniente para ser convertido en derecho positivo.

Comienza en el capítulo I exponiendo la teoría de la hipoteca naval, que no es, en su concepto, sino «un derecho real constituido sobre una nave ajena en garantía de un crédito, en cuya virtud el acreedor, si no se le paga la deuda en el plazo convenido, puede hacer embargar y vender la nave hipotecada.» Examina luego la necesidad y ventajas de la hipoteca naval y de sus sucedáneos, como la prenda de la nave, que juzga de imposible realización práctica; define luego la nave y su contenido, determinando cómo ha de distinguirse su *personalidad civil* y cuanto se refiere á licencia, patente, letra de mar, certificado de Registro y domicilio de la nave.

Estudia la condición jurídica, la posesión y los derechos reales sobre la nave, como base para fundamentar y razonar la posibilidad de la hipoteca naval; cuestión que es, en nuestro sentir, la de mayor importancia que el problema ofrece, y en la que la hipoteca marítima ó naval, que de ambos modos se designa, no presenta aquella solidez de base y aquella virtualidad propia que exige la ciencia en las instituciones jurídicas, puesto que se hace necesaria para su existencia la del seguro marítimo, sin cuyo poderoso amparo no hubiera obtenido en la ciencia ni en la práctica carta de naturaleza; ya que no cabe identidad de instituciones de derecho para regular el crédito hipotecario territorial y el naval, dadas las profundas diferencias que existen entre los bienes inmuebles ó raíces á que el primero se aplica, y los bienes *mixtos* ó *mueble-inmuebles* como los tratadistas modernos denominan á las naves.

Ocúpase, por último, en este capítulo, de la estadística de la hipoteca y del concepto y fundamento del Registro naval.

Dedica el capítulo II á la parte histórica ó precedentes legales de la institución, examinando los precedentes griegos, romanos y de la Edad Media; las costumbres de Bretaña y Normandía, y la declaración del Parlamento de Burdeos en 1612, que consideraban las embarcaciones como inmuebles; y la prohibición de hipotecar las naves, establecida en las Ordenanzas de 1681, y en el Código francés de 1807.

Viniendo luego á la Edad Moderna, examina separadamente la legislación de Inglaterra y los preceptos de la *Merchant shipping act*, respecto del *mortgage* de las naves (que es como una pignoración ó venta con pacto de retro), así en esta nación como en los Estados Unidos y el bajo Canadá; la legislación francesa con todos los precedentes de la Comisión revisora del Código en 1865, el proyecto de ley de 1867, las peticiones é información de 1870, el proyecto de 1872 y la oposición de que fué objeto, hasta llegar á la ley vigente de 1885 cuyos preceptos da á conocer; la legislación belga contenida en el art. 190 del Código y en la ley de 1879; la legislación holandesa, según su Código, y la práctica de la hipoteca naval en este país; la legislación danesa, en la que existe además de la *Pant iskibet*, ó prenda propiamente dicha, otra especie de prenda, creada por ley de 1758 llamada *Bulbreve* para los buques en construcción y como garantía del acreedor por gastos de obra; la legislación de Alemania, en cuyo Código no existe la hipoteca naval, por más de que en Prusia se reputaran inmuebles las naves desde tiempo inmemorial; y la ley de 24 de Junio de 1861, introductiva en este reino del Código alemán, donde se dispone que la garantía sobre las naves se constituye por medio de una inscripción (*vintragung*); la legislación de Italia, cuyo Código organiza la institución, aunque no con el nombre de hipoteca, sino con el de *pegno navale;* y por último, el Código del Uruguay, según el cual, la hipoteca no podrá tener lugar sino sobre bienes raíces ó su usufructo, ó sobre *naves*.

Este examen histórico de la institución, de verdadero interés para los amantes del estudio del derecho marítimo, y que revela improbas y asiduas investigaciones por parte del autor, termina con el examen de diversas cuestiones especiales, entre ellas las relativas al Derecho internacional privado, en materia de hipoteca naval.

Dedica el capítulo III al examen de la hipoteca naval, opinando que, según establece la legislación francesa, los buques sólo pueden ser hipotecados por la convención de las partes, quedando excluidas respecto á ellos las hi_ potecas legales y judiciales, que son siempre una traba al crédito de aquéllos sobre cuyos bienes pesa. Cree que sólo debe extenderse el crédito hipotecario naval á las embarcaciones de mar, como acontece en el derecho francés, y respecto á la extensión de la hipoteca, que puede establecerse no sólo en los buques terminados, sino sobre los que estén en construcción, y pueden afectar á toda la nave ó sólo á una parte de ella. Respecto á la capacidad subjetiva para hipotecar, entiende que sólo reside en el propietario de la nave, como sucede en el derecho común, debiendo exigirse, á semejanza de lo que sucede en Francia, un poder especial para hipotecarlas por medio de apoderado.

En cuanto á la forma de la hipoteca naval, afirma que siendo materia tan grave, no es posible admitir la latitud de las leyes comerciales respecto á las pruebas, y de aquí que se halle establecido como principio general en todas las legislaciones que debe constituirse por escrito, aunque todas las legislaciones admiten como bastante el otorgamiento de un documento privado, sin exigir la escritura notarial para evitar dilaciones y gastos, y teniendo en cuenta que también se considera suficiente para la enajenación de las naves; estableciéndose en cambio la publicidad de la hipoteca, cuyas disposiciones en la legislación francesa expone á continuación. Termina este capítulo con una reseña de los preceptos que, respecto á este punto, contienen otras varias legislaciones.

Los efectos de la hipoteca, que son muy distintos si el buque gravado, á causa de los riesgos marítimos, pereció ó se hizo innavegable, ó si llegó felizmente á puerto, pues que en cada caso hay un medio distinto de hacer efectiva la garantía, son objeto de especial y detenido estudio en el capítulo IV, en el cual examina dichas hipótesis, el derecho de persecución, el de preferencia, la concurrencia y graduación de los acreedores de la nave, los modos de extinguirse la hipoteca, entre los cuales está la *purgue* (que el autor traduce *purga* por razones que atinadamente explica), consistente, como es sabido, en el beneficio que concede la ley al tercer adquirente de cosa hipotecada, no obligado personalmente, para que pueda librarla de todas las hipotecas inscritas anteriormente á la inscripción en el Registro del título de su adquisición.

Consagra el capítulo V al estudio de los tratadistas españoles de derecho mercantil, entre los cuales no existe ninguno que se haya ocupado con extensión de la hipoteca naval; pues los trabajos publicados en España respecto á esta materia, son únicamente: dos artículos insertos en los tomos de los años 1877 y 1898 de esta REVISTA DE LEGISLACIÓN, suscritos por D. Agustín Ondovilla y D. E. Serra Verdalet; otro de D. Raimundo Durán, publicado en la *Revista del Derecho y del Notariado*, de Barcelona, y otro del distinguido catedrático Sr. Azcárate, incluido en las *Actas del Congreso Español de geografía colonial y comercial;* una nota consagrada á la hipoteca naval on la obra del Sr. Sánchez Román, *Estudios de ampliación del Derecho civil y Códigos españoles,* y la proposición de ley presentada en 1885 al Congreso de los Diputados por el Sr. Fernández Hontoria para implantar en España esa institución, que se publicó en un folleto, en el cual se insertaron también el preámbulo y el discurso pronunciado por su autor al apoyarla, y la respuesta del Sr. Ministro de Gracia y Justicia.

Se ocupa después de los preceptos del art. 4.º del decreto de 22 de Noviembre de 1868, de la discusión del Código de Comercio hoy vigente y de las deficiencias que en él se advierten, así como de los precedentes legales que respecto á la hipoteca pueden señalarse, exponiendo luego los trabajos hechos su pro de esta institución en el Congreso español de geografía colonial y comercial de 1883, en el Congreso de navieros de 1886 y en el Congreso mercantil del mismo año, que admitió la enmienda presentada por el Sr. González Revilla pidiendo su planteamiento en España; terminando esta parte de su obra con el resumen del estado actual de la cuestión y de los proyectos y trabajos pendientes respecto á hipoteca naval, cuya última palabra parece ser el haber merecido el proyecto de la Comisión la aprobación del Consejo de Ministros, que reconoció la necesidad de su pronto establecimiento.

Todo cuanto se refiere al organismo interno de la institución en España, á la marina mercante y su clasificación legal, nomenclatura y estadística de las embarcaciones existentes en 1.º de Enero de 1888, y al desarrollo completo del plan para su establecimiento en España, comprendido en el texto de las diez bases de la proposición que presentó el Sr. González Revilla, constituye el capítulo VII, en el que, desarrollando las bases indicadas, se ocupa, entre otros puntos, de la hipoteca de la nave en construcción, fuentes ó títulos de la hipoteca naval, hipoteca eventual, relación entre la hipoteca y el seguro marítimo, graduación de la hipoteca y anotaciones preventivas; mostrando gran originalidad y solidez de base las doctrinas del autor acerca de estos extremos, especialmente en cuanto á la reforma del art. 580 del Código de Comercio, que establece los créditos privilegiados.

En el séptimo y último capítulo de la obra continua desarrollando las referidas bases en cuanto á la forma y transmisión de la hipoteca, y se ocupa del Registro naval en Alemania, Inglaterra, Holanda, Italia y Francia, indicando la manera cómo debe establecerse en España, y criticando duramente la legislación actual sobre Registro mercantil.

La obra, que tiene el indudable mérito de ser la primera escrita en nuestro País sobre esta materia, y que reune á una gran erudición la claridad y precisión en el lenguaje que exige todo tratado científico, ha sido lisonjeramente juzgada por la Real Academia de Ciencias Morales y Políticas y por los Centros consultivos de la Marina, y viene á llenar una verdadera necesidad de nuestra literatura jurídica, en la cual no habían sido estudiadas hasta ahora, con la debida profundidad, importantísimas cuestiones de Derecho mercantil marítimo. La acogida que ha de merecer tan notable publicación por cuantos han de menester del conocimiento de tales materias, será la más autorizada confirmación de nuestro juicio.

RAMÓN SÁNCHEZ DE OCAÑA.

Del silenzio come sorgente di obbligazioni, del Prof. *Frderico Persico*. (Atti della Reale Academia di scienze morali é politicha di Nápoli, vol. XXII, 1888.)

El examen jurídico del silencio y de sus efectos, ha sido objeto de muchos trabajos en gran parte reconocidos en la literatura jurídica. Así no es raro se haga frecuentemente mención de las obras de Coccejo (1), de Winter (2), de Berne y de Koderischius. Además de estos tratados especiales (3), examina la

---

(1) COCCEJI II, *Silentio en las exercitationes curiosas. Palatinæ. Traioctinæ et Viudrinæ. Disputatio XLIII resp. Tohaunes Kentzler.*—Hamburg, año 1862, vol I, págs. 504-513. Lemgoviæ, 1722.

(2) EO CHR. WINTERI, Dip. II *de silentio.* Helms, 1815.

(3) A éstos se pueden añadir: YUST CHR. YDEN, *Tractatus de jure silentii.* Hannoverse, 1740.

NE. CHR. LYNEKERI. *Disp. de silentio.* Tenal, 1688.

CHR. NUSLERI, *Disp. de iure silentio.* Rintel, 1689.

ID. HERM Á SODE, *Disp. de silentio.* Trf., 1605.

ID. STEIN, *De silentio.* Regioni, 1705.

ID. TESCHEMAKER, *De iure silentii.* Ultraj., 1730.

ID. SUADA, *Silens et loquens.* Marp., 1647.

G. SCHUTZ, *De recta silendi ratione.* Froncof, 1657.

HENR. PETR. BEUMER, *De silentio innoxio.* Trf., 1698.

TEOD. HENR. BEUMER, *De silentio noxio.* Trf., 1698.

MAGNUS CRACKAN, *De silentio præjudicante.* Alf., 1705.

TRONC Á VICTORIA, *De silentii obligatione.* Lagdoni, 1557.

HENR. BROKES, *De silentio consensum inferente.* Vitel., 1734.

HIPP. Á COLLIDAS, *Harpocrates sive de vera ratione silendi.* Lagdoni, 1608.

CARD. EUSCHI. en las *Conclusiones practicæ in ordine alphabetico digestæ.* Romæ, 1605-1608.

TAC. TRID. LUDOVICI, *Disp. de impositione silentii.* Hol., 1702.

CHR. LUDOV. CRELLII, *Observationes de paena silentii et conscientia delicti aliesi.* Vitel, 1742.

ha sido también con gran frecuencia en las obras de los comentadores de las fuentes del Derecho romano y de los doctores de todas las escuelas, así como por los jurisconsultos ideo-moralistas de la escuela holandesa, por los canonistas y en mayor abundancia por los escritores sobre la materia de *prœsumptionibus* y de *probationibus*.

Pero no puede decirse que se haya hecho un examen verdaderamente riguroso y con resultados concretos, científicos y sostenidos por las autoridades del derecho positivo, así antiguos como modernos. De una parte, se ha estudiado esta materia en relación con el Derecho civil ó con el procedimiento criminal, resolviéndose un gran número de cuestiones sin un concepto general y absoluto; y de otra, los trabajos hechos constituyen más un estudio ético que legal, más de moralista que de jurista.

Sobre este tema el Prof. Persico ha hecho un especial trabajo nacido de la observación y que es de suma utilidad; pues inútilmente se buscaría en el Código civil una disposición ó una regla que, aplicada á cualquiera controversia, directamente la resolviese; y sin esfuerzo de interpretación expone algunos ejemplos que son resueltos por el principio de que el hecho propio perjudica, máxima que no se encuentra en el Código civil, mientras que el Derecho romano en aquella numerosa serie de casos expuestos con sutil análisis por los jurisconsultos, la determina en el p. 18, C. *de non numerata pecunia*, IV, 30.

Así es que no se hallan reglas específicas acerca de la culpa, la negligencia, el dolo, ni nada se encuentra en dicho Código sobre el silencio. Háblase en él de un mandato tácito, de una tácita aceptación de herencia, de una tácita reconducción, en cuyas disposiciones el silencio es supuesto y casi penado; pero esto no constituye una regla que sirva para determinar cuando el silencio es lícito ó indiferente y cuándo perjudica. Precisamente en la obra de que damos cuenta, el entendido Catedrático de Nápoles pretende, conforme con el antiguo Derecho romano y con los escritores que le siguen, examinar la naturaleza jurídica del silencio y cuándo sea indiferente ó no, así como los casos en que produzca una obligación por parte del que calla.

Comienza dicho estudio definiendo el silencio como la completa abstención de todas las manifestaciones del pensamiento, con exclusión de aquellos actos que por sí mismos infieren la voluntad del agente ó equivalen á ella aunque no se hable.

Para que exista el silencio jurídico, es menester que esta abstención sea voluntaria y acerca de un hecho dañoso á nosotros ó á los demás, y del cual tengamos conocimiento.

El autor cita, en apoyo de su opinión, la frase del célebre Coccejo (1), *en de etti te prœsente sciente ac tacente transigatur, vel sententia inter alios feratura non tamen id tibi prœjudicat, si nesciveris rem ad te pertinere.*

_____

(1) *De silentio*, IV.

Acerca del hecho de si del silencio puede nacer una obligación, se objeta que el silencio es un hecho negativo, una cosa indiferente, incapaz de producir un mal, é insusceptible de inculpar falta alguna á nadie. Además, la ciencia ó el conocimiento de los hechos es un estado de la inteligencia y no un acto de la voluntad, que son los únicos que pueden producir una responsabilidad; finalmente, una máxima romana (1) ha determinado la naturaleza del silencio, considerándole como aquel acto por el cual no se afirma ni se niega. Advierte, sin embargo, el autor que la ciencia, unida á la tolerancia de un hecho dañoso jurídicamente, puede indicar un consentimiento presunto. Los romanos le llamaron *patientia*, y de ésta hacían derivar una responsabilidad (2), y Dionigi Godofredo ha analizado exactamente los varios estados de la voluntad, del *velle*, del *nolle* y del *non nolle* (3), de lo que resulta que el *non nolle*, callando, es también una firme expresión de la voluntad y equivale á la aprobación, por cuyo motivo producía en Derecho romano la *actio tributoria* (4).

El autor examina también los casos en los que el silencio perjudica cuando una ley precisa impone al que calla la obligación de hablar, llamando á éstos casos de consentimiento *fictus*; esto es, supuesto por la ley, en conformidad con lo que el art. 1151 del Código civil italiano, con una norma general, comprende también los casos negativos del silencio, refiriéndose á la conocida distinción de la culpa en *culpa commissionis* y *culpa omissionis*.

Establecido así como del silencio puede nacer una obligación, pasa á examinar en qué casos sucede esto y dentro de qué límites. Con tal objeto examina la teoría de Winter (5), *Ubicunque silens et potuisset et debuisset loqui ibi in suum præjudicium siluisse videtur*, la cual parece exacta; pero no lo es por la indeterminación de la palabra *debuisset*, que en su significación comprende todos los deberes, sin distinción alguna entre los deberes religiosos, morales, de honor, de urbanidad y deberes jurídicos, de modo que con la teoría del escritor de Brunswick se vuelve al punto de donde se parte.

Sabiamente observa el autor que es necesario, ante todo, indagar si se puede establecer una regla única para todos los casos, ó muchas por los diversos aspectos de los hechos que pueden ocurrir y ser sometidos al examen del jurisconsulto. Expone después de ello una clasificación, distinguiendo por primera vez el silencio inofensivo de aquel que puede producir daño. Respecto del primero establece que el silencio no perjudica cuando el consentimiento debe ser expresado en el acto para que sea válido; que el silencio no

---

(1) P. 142, D. 50, 17.
(2) F. 45, D. 5, 2.
(3) *Comm. ad leg.* 8, D. *de reg. jur.*
(4) P. 1, § 8, D. 14, 4.
(5) *De silentio*, pág. 6.

puede causar perjuicio á una acción que debe ser ejercitada contra un hecho criminal; que no tiene eficacia alguna el silencio, si el hecho es negativo por ambas partes; y en fin, que el silencio no daña si en vez de un hecho que puede alterar un derecho se trata de una mera invitación, de una orden ó de una simple proposición.

En cuanto al silencio que daña, rige en general la máxima que aquel que puede protestar ó contradecir un hecho y se abstiene de hacerlo, se le considere obligado y tenido á la reparación de los daños; de esta máxima, impugnada por muchos, se tienen numerosos ejemplos en el Derecho romano (1), y sólo se oponen á ella el p. 8, § 1, D. 3, 3, y el p. 8, § 15, D. 20, 6. El primero de éstos contiene una excepción á la regla expuesta en favor del mandatario, puesto que según él, ninguno *inscitus* puede recibir un encargo gratuito y gravoso como el mandato, mientras que para el mandante rige la regla general, como resulta del p. 6, § 2, D. 18, 1; y el segundo se refiere al acreedor que deja en silencio vender el peño por el deudor y no se presume que lo consiente, pues conserva el peño también respecto de los otros poseedores (2). Sobre el mismo asunto se tiene en contrario el p. 158, D. 50, 17. *Creditor qui permittit rem venire pignus demittit.*

Otra especie de silencio jurídicamente dañoso es aquel que tiene por objeto un lucro en daño de otros produciendo las acciones redhibitorias, cuya idea en el Derecho romano era muy amplia y comprendía también el caso *si quis in vendendo prædio confinem celaverit quem emptor si audisset empturus non esset* (3)

El punto más importante examinado en dicho trabajo se refiere á la cuestión de si debe responderse del silencio sobre un hecho dañoso ejecutado por un tercero, cuando otros reciben por él un daño que con la denuncia del que calla pudiera evitarse. Sobre esto se ha empeñado una muy grave controversia entre los juristas modernos, especialmente los franceses. Mr. Toullier ha sostenido la opinión afirmativa (4), creyendo ser una especie de complicidad el hecho de no impedir una acción nociva cuando se puede evitar, y se funda principalmente en el p. 121, D. 50, 17, el cual tiene una significación muy general para poder derivar de él apoyo para tal teoría, que es la de Domat. Demolombe (5) tiene la opinión contraria, opinando que dicha doctri-

---

(1)   P. 2, D. 50, 1; p. 4, § 8, D. 27, 7; p. 7, § 2, D. 28, 1; p. 16, D. 14, 6; § 8, Inst. 1, 12; Nov. 128, cap. 17; p. 19, D. 39, 3; p. últ., C. 8, 56; p. 8, C. 8, 45; p. 60, D. 50, 17; p. 6, C. 4, 85; p. 11, D. 19, 2.

(2)   P. 9, D. 20, 6.

(3)   P. 85, § 8, D, 18, 1.

(4)   Vol. 11, núm. 117.

(5)   Vol. 81, pág. 414, núm. 499.

na pertenece más á la moral que al Derecho. El autor cree muy general la teoría de Toullier y excesivamente estrecha la de Demolombe; pero se inclina más á la primera que á la segunda, en la convicción de que no es menester ser obligado *legalmente*, según Demolombe, para impedir un daño, sino que basta serlo por un deber de justicia natural.

Debemos, sin embargo, observar que si bien es verdadera y conforme á justicia la conclusión del Profesor Persico, no creemos que en la práctica pueda ser exacta y completamente aplicada, porque para ello sería en muchos casos menester probar un estado psicológico ó un hecho negativo de imposible justificación.

El último capítulo está dedicado á los efectos del silencio en materia criminal. Para los Códigos penales modernos no es obligatoria la revelación por parte de aquellos que tuvieren conocimiento de algún hecho punible ó delito; los romanos, sin embargo, establecían muchas penas para el silencio voluntario sobre los delitos cometidos por otros, y varios fragmentos del Código de Justiniano dan de ello testimonio (1).

Este trabajo termina, por último, con una ingeniosa frase que compendia toda la enseñanza práctica de la doctrina, *l'uomo deve andare cauto come nel parlare, anche nello estare zitto.*

Tal es el trabajo del Profesor Persico que consideramos verdaderamente muy importante por la materia que es objeto de él y por el modo como es tratado, con exactitud y con abundancia de doctrina. Solamente nos permitiremos hacer dos observaciones sobre el mismo. En primer lugar, creemos que habría sido conveniente una más precisa y científica distinción entre la materia del silencio y la de la confesión, distinción derivada del carácter intrínseco de los dos actos y explicada en los diversos efectos de ellos. Y á más de esto, no comprendemos por qué causa el ilustre escritor, habiendo tenido en consideración, tanto la doctrina romana y la intermedia como la moderna, ha prescindido de la *Rota romana*, la cual en sus decisiones acerca de gran número de casos contiene máximas importantes de las cuales queremos citar algunas, como son las que se relacionan con las siguientes materias: (2) los efectos del silencio para la validación de un acto nulo: (3) que el silencio, ó sea la tácita renunciación en materia de interdictos posesorios, no perjudica al que sabía era salvo su derecho: (4) que el silencio y el no contradecir no

---

(1) P. 14, D. 29, 5; p. 1, § 22, D. h. t.; p. 2, D. 4, 8, 9; p. 6, D. h. t.; p. 5, §§ 6 y 7, C. 9, 8; p. 1, § 4, C. 9, 24; p. 1, C. 9, 89; p. 8, § 1, C. 9, 12; Nov. 134, C. 10.

(2) 12 de Enero 1609, núms. 3 y 4.

(3) 26 de Junio 1618, núm. 5.

(4) 10 de Abril 1606, núm. 9.

perjudica al que antes ha protestado: (1) que el silencio no perjudica cuando hablando ó contradiciendo no se puede impedir el acto: (2) que aquel que calla no se entiende consentir lo que le es contrario: (3) que aquel que calla conscientemente se presume consentir aquello que cede en su utilidad: (4) que aquel que calla acerca de cosas prohibidas tiénese como si disimulase, no como si aprobase: (5) que el silencio indica aprobación: (6) que aquel que calla se entiende haber aceptado por su conveniencia y para su ayuda: (7) que se tiene como doloso el silencio que trae conveniencia á nosotros y daño á los demás: (8) que el simple silencio respecto de las cosas dañosas no constituye consentimiento: (9) que el silencio de mucho tiempo es equiparado al consentimiento: (10) que el silencio hace inferir la simulación: (11) que el silencio de diez años en el pedir una gruesa suma hace presumir que no es debida: (12) que del silencio en el no pedir el pago judicial ó extrajudicialmente, se presume la donación del dinero: (13) que el silencio de mucho tiempo hace presumir el pago: (14) que el silencio por mucho tiempo de un menor hace que cuando el mismo es ya mayor no pueda impugnar el contrato, y si solamente excepcionar la nulidad si es llamado en juicio (15), etc., etc., no haciendo mención de muchas otras reglas que se refieren al silencio en cuanto á la prescripción y á la presunción.

***

La rappresentanze politiche ó omministrativa; considerazioni ó proposte di *Federico Persico*. Napoli, 1885; un vol. in 8.° di págs. VIII-252.

Este autor que hemos visto es sumamente entendido en las materias de Derecho privado, lo es también en aquellas que se refieren al Derecho público.

---

(1) 26 de Junio 1613, núm. 5.
(2) V. Pablo Rubeo, not. núm. 35, á 5 de Mayo 1645.
(3) 5 de Julio 1604, núm. 5.
(4) 8 de Diciembre 1610, núm. 6.
(5) 28 de Abril 1597, núm. 45. A esta máxima observa el anotador Pablo Rubeo, que *silentium cum nihil sit nosa protet aliquid operari.*
(6) 8 de Noviembre 1627, núm. 22 (Rev. Coccino).
(7) 4 de Febrero 1631, núm. 29 (Coccino).
(8) 5 de Marzo 1638, anot. de Pablo Rubeo, núm. 207.
(9) 2 de Diciembre 1639, núm. 8.
(10) 10 de Junio 1648, núm. 15.
(11) 1.° de Julio 1642, núm. 8.
(12) 18 de Junio 1647, núm. 6.
(13) 26 de Mayo 1653, núm. 12.
(14) 4 de Mayo 1667, núm. 13, y 13 de Mayo 1657, núm. 8.
(15) 6 de Febrero 1662, núm. 25.

Las ciencias políticas, que han tomado nuevo y grande desarrollo en los últimos años de este siglo, en sus trabajos y en sus estudios, si no piden el concurso del jurista y la crítica del comentador, han menester de una gran síntesis que coordine los sistemas, proponga otros nuevos y todos los compare para establecer la mejor forma y el mejor régimen de los gobiernos y de las representaciones.

El proyecto de un sistema de ordenamiento de las representaciones políticas y administrativas, es explicado por el profesor Persico, en la obra de que damos cuenta, con abundancia de cuidadosas investigaciones sobre las principales cuestiones y teorías que se agitan en la materia. Este ilustrado catedrático de Nápoles propone una triple representación que hace derivar de un triple sistema orgánico de elecciones. Establece para ello tres centros que deben ser representados; esto es, el *burgo* ó común menor, la ciudad y la provincia, y hace corresponder á ellos una triple repartición de los colegios electorales según las clases sociales. Pone por base de su sistema la representación de las clases que ya había propuesto en otra obra suya y que concuerda cuasi con el sistema del profesor Prins de Bruxelles. Las diferencias de índole de las poblaciones rurales y de las ciudades, son muchas; siendo las primeras sobrias y laboriosas, mientras que en las ciudades abundan, en las varias condiciones de vida, los desórdenes y los tumultos: por esto es conveniente establecer un orden diverso de repartición de las representaciones. Así, para los *burgos* propone la distinción en los tres colegios de los propietarios ó industriales, de los colonos y artesanos, y de las otras artes ó profesiones civiles; para las ciudades, los colegios de los sacerdotes, de los militares, de los propietarios, de los industriales y de los colonos; cada uno de estos colegios tendrá un número de candidatos en proporción de sus miembros. Esto, para las representaciones administrativas: para las políticas, las representaciones locales constituidas orgánicamente deberán elegir los diputados del Cuerpo legislativo y político. De este modo, los *burgos*, las ciudades y las provincias, distinguidos por clases, eligen sus representantes administrativos, los cuales nombran los representantes políticos.

Tal es el sistema propuesto por el ilustre catedrático de Nápoles, sistema que nosotros en general creemos aceptable. Solamente, sin embargo, debemos observar. ¿Por qué no tiene el autor en alguna consideración un elemento político muy importante cual es la *región*? Cualquiera que sea el régimen de un país, y en los de Italia especialmente, existen diferencias sociales, económicas y políticas de las que no se puede prescindir, y sería muy conveniente hacer intervenir á las regiones como unidades políticas en la creación de la representación nacional, confiriendo á ellas la composición del Senado, que en un gobierno parlamentario debe ser necesariamente electivo.

Además, en la parte especial del proyecto del entendido profesor, su trabajo contiene muchos cuidadosos exámenes, y especialmente una importante

observación sobre el común sistema de tomar por ejemplo para las instituciones políticas de los Estados del continente las de Inglaterra, que tienen especiales condiciones de ser por su historia y por la índole de su pueblo.

Examina también los partidos políticos y el carácter jurídico del representante, y merece citarse, por su claridad, la exposición del régimen parlamentario con las diferencias entre el gobierno constitucional y el representativo. Es éste un capítulo muy importante, en el que se examina el origen
inglés del sistema y la conveniencia del régimen parlamentario, sobre cuyo
tema hemos también leído en la *Revista de España* (núm. 486) las discretas
observaciones del Sr. D. Conrado Solsona, que concuerda cuasi con el profesor de Nápoles, declarando las diferencias de los varios sistemas de gobiernos
parlamentarios, constitucionales y representativos, diferencias que traen su
origen del proceso histórico oculto y lento, y especialmente del estado de
la generación presente, que el autor español llama la generación de la duda,
del afán sin límite, del ansia sin medida y de la fe sin venda, sin resigna-
ción y sin reposo, que no es otra cosa que la ambición resuelta; modos todos
éstos de ser de la política práctica y que se refieren á las más importantes
cuestiones del régimen del Estado, y especialmente de las representaciones
de las clases de la sociedad y de los poderes del Estado.

*
* *

**La divisione dei poteri nello stato actuale della dottrina é della legis-
lazione,** por *Alexandro Malgorini.* Palermo, 1886; un vol. en 8.° de 80 págs.

Problema antiguo y variamente resuelto ha sido el de la división de los
poderes del Estado. Los diversos sistemas seguidos y las varias resoluciones dadas á una materia tan importante como ésta, han producido la falta de
una verdadera teoría científicamente exacta sobre el fundamento principalísi-
mo del Derecho público moderno, y no creemos engañarnos al afirmar que
este trabajo del ilustre profesor Malgorini constituye un examen cuidadoso y
un análisis científico de dicha tesis estudiada en la doctrina y en la jurisprudencia. En el análisis de los poderes del Estado expone el autor el método
objetivo de Montesquieu y el formal subjetivo de Rousseau, y haciendo la
comparación de los mismos, deduce como conclusión que es menester no clasificar á *priori* los poderes que constituyen la soberanía, sino adoptar un criterio por el cual pueda juzgarse de las manifestaciones de la misma, el cual
criterio no puede ser el de Rousseau, ó sea el de la antítesis entre la voluntad y la fuerza física, entre la causa moral y la material de las acciones humanas.

De la noción de los fines del Estado cuya misión es mantener entre los hombres el derecho y adelantar el bien social, el entendido autor deduce la distinción fundamental de los poderes en *imperio jurídico y gestión administrativa*. De esta división se derivan otras subdivisiones que son, en cuanto al *imperio jurídico*, las de *Poder legislativo*, que hace las leyes; de *Poder ejecutivo* que las aplica y las hace observar, y de aquel poder que guarda la justicia en las relaciones internacionales y que el autor denomina, según Locke, *Poder f*. *derativo*.

Los criterios diferenciales entre los poderes de índole imperativa y el de administración, son muy ciertos y precisos en su determinación, por la diferencia de que la administración no constituye un poder como el *imperius* y la *potestas*, si bien se halla provista de la energía operativa, necesaria para la utilidad pública y para el respeto de las leyes.

Sobre la división de los poderes, el autor sabiamente rechaza la división mecánica y prefiere una división orgánica que los separa en dos grupos: en el primero, los Poderes legislativo, federativo y ejecutivo; en el segundo la jurisdicción civil, criminal y administrativa; los poderes del primer grupo deben estar en un solo sujeto, el cual los dirija al fin del Estado, si bien debe concordar con los demás sin tener influencia alguna sobre la jurisdicción fuera de la de nombrar los Magistrados y las de los derechos de gracia y de amnistía.

Esta división es, á nuestro entender, muy justa y preferible á las otras, porque determinando exactamente la acción de cada poder, siempre en relación con la de los otros, hace inútiles todas las comunes teorias de los contrapesos y de las resistencias, en las cuales no tenemos ninguna fe, especialmente en las instituciones políticas de la Europa continental.

En la división de los poderes en la constitución inglesa según los estatutos y según la *common law*, el Poder legislativo es atribuído al Parlamento compuesto del Rey, de los Lores y de los Comunes; el Poder federativo, el Rey é igualmente el Poder ejecutivo, pero con el concurso de las Cámaras por el derecho de aprobar los subsidios propuestos por la Corona, mientras que el magisterio de buen gobierno y el contencioso-administrativo son atribuídos á los propietarios de la tierra, no como en derecho feudal, sino como pública delegación, constituyendo el célebre *self gouvernement*, útil al Estado y á los ciudadanos. Las costumbres parlamentarias han introducido en Inglaterra el régimen parlamentario, el Gobierno de gabinete, por el cual la Cámara de los Comunes tiene el poder dirigente de la Nación, mientras que el poder judiciario ha mantenido su independencia y sus prerrogativas.

En el último capítulo, el autor hace la comparación entre el sistema inglés y el italiano, especialmente acerca del poder judiciario, que en Inglaterra es más independiente del Gobierno que en Italia, y aunque no sea aplicable en este pais en el estado actual del ordenamiento judiciario, cree el autor que lo sería en el caso de la división del Reino en ciertas grandes *regiones judiciales* como en la época del Imperio romano. Así habría en cada región un Tribunal único dividido en dos secciones, de primera y de segunda instancia respectivamente; los Jueces de primera instancia (conservando como jurisdicción extraordinaria los *pretori*), viajarían por los distritos de la región, para fallar los pleitos, remitiendo los difíciles al juicio colegiado de la sección, mientras que los Jueces de segunda instancia conocerían de las apelaciones contra las sentencias de primera instancia: sobre los Tribunales regionales existiría un Tribunal Supremo.

Respecto de los otros poderes, Italia tiene cuasi el mismo sistema que Inglaterra, toda vez que tiende al Gobierno parlamentario. Sin embargo, bueno es observar con el entendido autor, que en Italia es necesario consagrar al Rey una parte mayor de la soberanía que en Inglaterra, y que es indispensable afirmar para el decoro de la Monarquía las *prerrogative della Corona.*

Della coordinazione giuridica della imposte secondo la legislazione comparata, por *A. Malgorini.* Parma, 1885; un vol. en 8.º de 120 páginas.

Creemos necesario hacer mención también de este trabajo del prof. Malgorini, que demuestra profundos conocimientos de las disciplinas históricas y económicas. Es muy difícil hacer un resumen de toda la obra, puesto que examina con extensión las diversas legislaciones en la materia, no descuidando el estudio del sistema tributario romano, con minuciosas investigaciones.

En la última parte del libro, el entendido autor hace la crítica de los resultados de la comparación de las legislaciones, según los que se pueden reducir á tres los sistemas de imposición: por el primero, el ciudadano concurre á los gastos públicos en proporción del rédito de sus fondos: por el segundo, en proporción del valor capital de los bienes que adquiere; y por el tercero, en proporción de los ingresos que disfruta.

Capital, rédito medio é ingreso individual son las tres medidas fundamentales de un sistema tributario, y sin embargo, deben ser coordinadas ya que su coexistencia es un corolario del principio de justicia social. Este punto ha examinado el autor, y primeramente habla del impuesto sobre el capital, demostrando cómo el impuesto único sobre el capital sería injusto y dañoso á la pública economía, si bien es necesario un impuesto especial sobre el capital coordinado con otros sobre la renta. Examinando este impuesto sobre la renta, demuestra que debe ser de dos modos: *real* sobre los fondos productivos, y *personal* sobre los productos ó ingresos.

El penúltimo párrafo está dedicado al examen del impuesto indirecto en cuanto al método de su imposición y á la forma más conveniente. Hecho el parangón con *l'income taxe* y con las *assesseds taxes* de la Inglaterra, el autor prefiere el sistema de unir el método indiciario con el inquisitivo y la forma indirecta del impuesto, toda vez que los impuestos personales ó directos «recaen sobre el contribuyente con el rigor inexorable de una obligación de término preciso, mientras que el pago del impuesto indirecto coincide con un acto de consumo..., el cual es voluntario, á lo menos en cuanto á las circunstancias de modo, de tiempo y de cantidad en que es llevado á cabo, y que también está, por lo tanto, más conforme con los medios de que el contribuyente disponga.»

V. MANGANO

FIN DEL TOMO 73

ÍNDICE

Lightning Source UK Ltd.
Milton Keynes UK
UKHW020404070219
336748UK00007BC/468/P